Interdisziplinäre Studien zur Wissensgesellschaft

herausgegeben von

Prof. Dr. Dr. Ino Augsberg
Prof. em. Dr. Gunnar Folke Schuppert
Prof. Dr. Peter Weingart

Band 1

Ino Augsberg | Gunnar Folke Schuppert [Hrsg.]

Wissen und Recht

Nomos

Onlineversion
Nomos eLibrary

Die Deutsche Nationalbibliothek verzeichnet diese Publikation in der Deutschen Nationalbibliografie; detaillierte bibliografische Daten sind im Internet über http://dnb.d-nb.de abrufbar.

ISBN 978-3-8487-6900-1 (Print)

ISBN 978-3-7489-2147-9 (ePDF)

1. Auflage 2022

Vorwort zur Schriftenreihe „Interdisziplinäre Studien zur Wissensgesellschaft“

Die Rede von der Wissensgesellschaft ist inzwischen nicht nur weit verbreitet, sondern als Darstellung gesellschaftlicher Wirklichkeit nahezu Konsens. Die gesellschaftlich relevanten Akteure müssen sich darauf einstellen und täglich damit umgehen (lernen). An der Politik der zwei ersten Dekaden des 21. Jahrhunderts ist deutlich geworden: Ohne Wissen ist schlecht Regieren und jeder Politik ist zunehmend auch eine unübersehbar kognitive Dimension zu eigen. Zahlreiche Veröffentlichungen der letzten Jahre legen davon Zeugnis ab, sei es, dass sie empirische Beispiele dafür liefern, sei es, dass sie diesen Sachverhalt reflektieren.

Eine wissenschaftliche Reflexion dieser Situation muss jedoch nicht nur konstatieren, wie stark die gegenwärtige Gesellschaft von Wissen abhängt. Sie muss überdies fragen, was über dieses Wissen selbst und die genannte Abhängigkeit ihrerseits gewusst wird. Die Frage nach dem Wissen der Wissensgesellschaft führt so zur Frage nach den Möglichkeiten und Grenzen des Wissbaren, der Verschränkung von Wissen und Nichtwissen mit verschiedenen sozialen Eigenlogiken oder der Zunahme von Wissenskonflikten.

Diese Schwierigkeiten sind durch die globale Pandemie ab 2020 wie unter einem Brennglas noch einmal drastischer hervorgetreten. Die Bewältigung dieser globalen Vielfachkrise und ihrer vielgestaltigen Nebenwirkungen produziert am laufenden Band politische, rechtliche, wirtschaftliche und viele weitere soziale Herausforderungen. Verschwörungstheorien haben eine Konjunktur wie seit dem 18. Jahrhundert nicht mehr. Neuere technische Entwicklungen kommen hinzu: Welche Rolle wird die sogenannte Künstliche Intelligenz spielen? Welche neuen Wissensakteure betreten die Bühne? Zahlreiche weitere Beispiele und Fragen ließen sich aufrufen, doch schon diese wenigen Stichworte genügen, um die These zu wagen, dass es mehr denn je des Nachdenkens über Wissen und seine Rolle in der und für die Gesellschaft bedarf. Dazu wollen die Herausgeber dieser Reihe ein interdisziplinäres Diskussionsforum bieten.

Berlin, Bielefeld und Kiel, im Januar 2022

Vorwort zum Band

Nachdem die Rechtswissenschaft sich der Frage nach dem Verhältnis von Recht und Wissen lange Zeit durch die scheinbar ebenso eindeutige wie selbstverständliche Trennung von Tatsachen- und Rechtsfragen enthoben glaubte, wird seit einigen Jahren innerhalb der Disziplin immer intensiver über die Thematik einer „kognitiven Dimension des Rechts" diskutiert. Im Zentrum der Diskussionen steht dabei die Frage, inwiefern jene Trennung von Tatsachen- und Rechtsfragen einerseits aufzuheben ist, weil die für die Rechtsanwendung erforderliche Wissensbasis durch das Recht selbst (mit-)bestimmt wird, andererseits aber die Trennung zugleich – und zwar aus ihrerseits bereits normativ vorbestimmten, vor allem legitimationstheoretischen Gründen – erhalten bzw. restituiert werden muss.

Die Beiträge des vorliegenden Bandes nehmen diese Fragestellung auf. Sie setzen dabei Gedanken fort und entwickeln sie weiter, die zunächst im Rahmen eines Workshops am Berliner Wissenschaftszentrum Anfang September 2019 vorgestellt und debattiert wurden.

Unser herzlicher Dank gilt allen Beiträgerinnen und Beiträgern für ihre Vorträge und Texte sowie dem WZB, das den Workshop und damit auch den vorliegenden Band ermöglicht hat.

Berlin und Kiel, im Januar 2022

Inhalt

III. Wissensgenerierung und Wissensverarbeitung im Rechtssystem

IV. Verdichtungsprozesse normativen Wissens

V. Wissen und Recht im Zeichen der Digitalisierung

I.
Einleitung

Wissen und Recht – eine Problemskizze

Ino Augsberg

I.

Die Formel „Wissen und Recht" impliziert eine Struktur, bei der zwei offenbar grundsätzlich getrennte, jeweils für sich bestehende Bereiche durch die Konjunktion nachträglich miteinander verknüpft werden sollen. Wissen und Recht sind demzufolge zwar nicht notwendig gänzlich unabhängig voneinander zu denken; sie können (und müssen vielleicht sogar) aufeinander bezogen und in dieser gegenseitigen Implikation verstanden werden. Strukturell handelt es sich jedoch um zunächst einmal selbständige, durch ihre jeweilige Eigenart klar abgegrenzte Bereiche.[1]

In diesem Verständnishorizont meint Wissen offensichtlich vorwiegend Tatsachenwissen.[2] Denn gerade als ein solches Wissen ist es dem Recht im engeren und eigentlichen Sinn am deutlichsten gegenübergestellt. Wie eingespielt und daher wirkmächtig diese Verständnisvariante ist, zeigt sich in klassischen Rechtssprichwörtern wie dem Grundsatz *da mihi factum dabo tibi ius* und, allgemeiner gesprochen, anhand der geläufigen Unterscheidung zwischen Rechts- und Tat(sachen)frage im juristischen Prozess.[3] Diese einschlägigen Hinweise und die dazugehörigen Verfahren indizieren das Alter und damit einhergehend die scheinbare Selbstverständlichkeit dieser Perspektive. In jüngerer Zeit verschärfte insbesondere der Neukantianismus im 19. Jahrhundert die Differenz noch einmal, indem er sie als die strukturell unüberwindbare Dichotomie von Faktizität und Normativität bestimmte. Namentlich Kelsens einflussreiche Distinktion zwischen Kausalität und Zurechnung und die entsprechende Unterscheidung zwischen Norm- und Kausalwissenschaften schließt unmittelbar an dieses

---

1 Vgl. zu diesem Ausgangsproblem und seinen Folgen genauer den Beitrag von Ino Augsberg, i. d. Bd.

2 Vgl. für eine genaue Aufschlüsselung der vielfältigen für den Prozess der Rechtsanwendung entscheidenden unterschiedlichen Wissensformen den Beitrag von Wolfgang Hoffmann-Riem i. d. Bd.

3 Vgl. zu dieser Unterscheidung in rechtshistorischer Sicht näher den Beitrag von Peter Collin i. d. Bd.

Philosophem an.[4] Die auf diese Weise zementierte Differenz spiegelt sich noch in neueren Bestimmungen wider, die zwar auf den ersten Blick ganz anders, nämlich nicht länger bewusstseinsphilosophisch, sondern dezidiert „nachmetaphysisch" ansetzen, näher betrachtet aber dennoch gerade die genannte Unterscheidung weiter tradieren. Insbesondere die von Habermas weiterhin als zentrale zu bewältigende Problematik genannte Differenz von „Faktizität und Geltung"[5] sowie die systemtheoretische Unterscheidung zwischen kognitiven und normativen Erwartungshaltungen sind hier zu nennen.[6] Luhmann bezieht sich sogar ganz ausdrücklich auf die Figur des sogenannten „naturalistischen Fehlschlusses" und erklärt (und akzeptiert damit implizit) diese im eigenen Theorieschema als Ausdruck der Ausdifferenzierung des Rechts, also seiner autopoietischen Struktur – einer Struktur, die ihrerseits durch die Dopplung von kognitiver Offenheit und normativer Geschlossenheit jene (neu-)kantianische Unterscheidung noch ein weiteres Mal nachhallen lässt.[7]

Die Differenz taucht zudem, sicher nicht zuletzt über Webers Forderung nach Wertfreiheit der Wissenschaft vermittelt (die als solche ebenfalls in das Luhmann'sche Ausdifferenzierungsaxiom transformiert und darin zugleich bewahrt wurde),[8] als Problem immer dann wieder auf, wenn es darum geht, wissenschaftliche Expertise und politische Entscheidung zugleich miteinander zu verknüpfen, um das politische Handeln mit hin-

4 Vgl. Hans Kelsen, Reine Rechtslehre, Wien, 2. Aufl. 1960, S. 1 ff., 78 ff. Daran anschließend etwa Matthias Jestaedt, Das mag in der Theorie richtig sein… Vom Nutzen der Rechtstheorie für die Rechtspraxis, Tübingen 2006, S. 37 ff.

5 Vgl. Jürgen Habermas, Faktizität und Geltung. Beiträge zur Diskurstheorie des Rechts und des demokratischen Rechtsstaats, Frankfurt a.M., 5. Aufl. 1997. Zu dem damit verknüpften Problem auch den Beitrag von Wolfgang van den Daele i. d. Bd.

6 Vgl. Niklas Luhmann, Rechtssoziologie 1, Reinbek bei Hamburg 1972, S. 40 ff.; ders., Das Recht der Gesellschaft, Frankfurt a.M. 1993, S. 77 ff.; kritisch dazu den Beitrag von Thomas Vesting i. d. Bd.; sowie etwa Karl-Heinz Ladeur, The Postmodern Condition of Law and Societal "Management of Rules". Facts and Norms Revisited, ZfRsoz 27 (2006), S. 87 ff.

7 Vgl. zur Übersetzung des naturalistischen Fehlschlusses Niklas Luhmann, Die soziologische Beobachtung des Rechts, Frankfurt a.M. 1986, S. 21; zur Differenz „kognitiv offen" und „normativ geschlossen" etwa ders., Das Recht der Gesellschaft, a.a.O., S. 77.

8 Vgl. klassisch Max Weber, Die Objektivität sozialwissenschaftlicher und sozialpolitischer Erkenntnis, in: Archiv für Sozialwissenschaft und Sozialpolitik 19 (1904), S. 22 ff. (wiederabgedruckt in ders., Gesammelte Aufsätze zur Wissenschaftslehre, Tübingen 1922, S. 146 ff.); dazu Niklas Luhmann, Soziale Systeme. Grundriß einer allgemeinen Theorie, Frankfurt a.M., 4. Aufl. 1994, S. 147.

reichend Sachverstand auszustatten, und doch beide Bereiche über die ihrerseits normativ begründete Figur der Zuständigkeit, die in dieser Perspektive vor allem auch eine erforderliche Verantwortungsübernahme für die getroffenen Entscheidungen bedeutet, klar auseinander zu halten.[9] Die normativ verbindliche Entscheidung muss sich danach zwar einerseits auf wissenschaftliche Beratung stützen, weil davon ihre eigene Rationalität und Legitimität (zumindest: auch) abhängt.[10] Sie muss andererseits aber strukturell zugleich von dieser entkoppelt sein, wenn sie ihren eigenen Auftrag angemessen erfüllen soll und dafür ihre, wie eine im einschlägigen Kontext häufig bemühte Formel lautet, „juristische Eigenrationalität" bewahren muss.[11] Auf diese double-bind-Situation antworten die rechtlichen Vorschriften zum Umgang mit extrajuridischem (typischerweise: Sachverständigen-)Wissen.[12] Wie prekär die Differenz zwischen „Normativität" und „Faktizität" gleichwohl bleibt, zeigt sich an der Ambiguität des Kompetenzbegriffs, der zwischen formaler, normativ zugeschriebener Zuständigkeit und sachlicher Befähigung oszilliert. Dennoch bleibt die Differenz auch hier bestehen. Wenn daher Luhmann einmal etwas boshaft notiert, dass manche „Annahmen wie etwa die, daß Konkurrenz um das Amt die am besten Befähigten ins Amt bringe, […] als durch Erfahrung widerlegt

---

9 Vgl. dazu die Beiträge von Wolfgang van den Daele und Margrit Seckelmann i. d. Bd. Ausführlich ferner etwa Peter Weingart, Die Stunde der Wahrheit? Zum Verhältnis der Wissenschaft zu Politik, Wirtschaft und Medien in der Wissensgesellschaft, Weilerswist 2001; sowie aus juristischer Sicht Laura Münkler, Expertokratie. Zwischen Herrschaft kraft Wissens und politischem Dezisionismus, Tübingen 2020.

10 Vgl. etwa Andreas Voßkuhle, Das Konzept des rationalen Staates, in: Gunnar Folke Schuppert/ders. (Hrsg.), Governance von und durch Wissen, Baden-Baden 2008, S. 13 ff. (14). Ausführlich zum Zusammenhang von (staatlicher) Herrschaft und Wissen ferner Gunnar Folke Schuppert, Wissen, Governance, Recht. Von der kognitiven Dimension des Rechts zur rechtlichen Dimension des Wissens, Baden-Baden 2019, S. 192 ff.; sowie jetzt die Beiträge in Roland Römhildt/Gunnar Folke Schuppert/Peter Weingart (Hrsg.), Herrschaft und Wissen, Baden-Baden 2022 (i.E.).

11 Vgl. dazu etwa den Beitrag von Ann-Katrin Kaufhold i. d. Bd. Zum gesamten Problem – skeptischer – ferner den Beitrag von Christian Bumke i. d. Bd.

12 Vgl. etwa Andreas Voßkuhle, Sachverständige Beratung des Staates, in: Josef Isensee/Paul Kirchhof (Hrsg.), HStR, Bd. III, Heidelberg, 3. Aufl. 2005, § 43; ders., Expertise und Verwaltung, in: Hans-Heinrich Trute u.a. (Hrsg.), Allgemeines Verwaltungsrecht – zur Tragfähigkeit eines Konzepts, Tübingen 2008, S. 637 ff. Ausführlich Patrick Scholl, Der private Sachverständige im Verwaltungsrecht. Elemente einer allgemeinen Sachverständigenlehre, Baden-Baden 2005.

gelten“[13] könnten, dann ist mit der an dieser Stelle genannten Erfahrung wiederum nur eine kognitive Erwartungshaltung angesprochen, die an der normativen (und damit enttäuschungsresistenten) Zuschreibung einer Kompetenz qua Befugnis nichts ändert.

II.

Das in jener Formel „Wissen und Recht“ unausdrücklich mitgesagte Trennungsaxiom dürfte der erste Grund sein, weshalb die recht(swissenschaft)liche Aufmerksamkeit für das Wissen als eigenständiges Problemfeld klassischerweise eher gering blieb[14] und das Thema erst in jüngerer Zeit vermehrt Beachtung gefunden hat.[15] In dem Maße, in dem das Wissen weitgehend mit der Sachverhaltsermittlung gleichgesetzt und diese zum einen nur als Problem der Rechtspraxis und zum anderen als kaum rechtsspezifisches Geschehen begriffen wurde, bestand offenbar kaum Anlass, sich aus speziell juristischer Sicht mit diesem Phänomenbereich zu beschäftigen. In dieser Sicht stellte sich die Wissensproblematik lediglich als ein Beweisproblem dar, und zwar dergestalt, dass nur das Vorliegen

---

13 Niklas Luhmann, Legitimation durch Verfahren, Neuwied am Rhein und Berlin 1969, S. 14.

14 Vgl. zu diesem Befund nur Thomas Vesting, Kommentar, in: Alexander Somek, Wissen des Rechts. Mit Kommentaren von Andreas Funke und Thomas Vesting, Tübingen 2018, S. 127 ff. (133 ff.).

15 Vgl. grundlegend Karl-Heinz Ladeur, Das Umweltrecht der Wissensgesellschaft. Von der Gefahrenabwehr zum Risikomanagement, Berlin 1995; daran anschließend Burkard Wollenschläger, Wissensgenerierung im Verfahren, Tübingen 2009; Thomas Vesting, Die Bedeutung von Information und Kommunikation für die verwaltungsrechtliche Systembildung, in: Wolfgang Hoffmann-Riem/Eberhard Schmidt-Aßmann/Andreas Voßkuhle (Hrsg.), Grundlagen des Verwaltungsrechts, Bd. II: Informationsordnung – Verwaltungsverfahren – Handlungsformen, München, 2. Aufl. 2013, § 20; Ino Augsberg, Informationsverwaltungsrecht. Zur kognitiven Dimension der rechtlichen Steuerung von Verwaltungsentscheidungen, Tübingen 2014. Ferner etwa Wolfgang Hoffmann-Riem, Innovation und Recht – Recht und Innovation. Recht im Ensemble seiner Kontexte, Tübingen 2016, S. 302 ff.; Schuppert, Wissen, Governance, Recht, a.a.O.; sowie die Beiträge in Hans Christian Röhl (Hrsg.), Wissen – Zur kognitiven Dimension des Rechts (DV Beiheft 9), 2010; Indra Spiecker gen. Döhmann/Peter Collin (Hrsg.), Generierung und Transfer staatlichen Wissens im System des Verwaltungsrechts, Tübingen 2008; Schuppert/Voßkuhle (Hrsg.), Governance von und durch Wissen, a.a.O.; Die Verwaltung 51 (2018), Heft 3: Verwaltungssachverstand; Laura Münkler (Hrsg.), Dimensionen des Wissens im Recht, Tübingen 2019.

oder Fehlen der jeweils normativ geforderten Beweise, nicht dagegen der etwaige Zusammenhang zwischen der behaupteten allgemeinen Beweismöglichkeit und den dazu dienlichen Beweismitteln mit Fragen der allgemeinen Erkenntnistheorie als Problem anerkannt wurde.[16] In rechtshistorischer Sicht lässt sich das entsprechende Grundverständnis im Sinn eines dezidierten Desinteresses der Juristen an jener Frage auch daran zeigen, dass die Trennung von Rechts- und Tatfrage im juristischen Prozess in Deutschland im 19. Jahrhundert in einer organisatorischen Regelung Ausdruck fand, die sich zwar hierzulande nicht durchsetzen konnte, aber heute noch für das amerikanische Justizsystem charakteristisch ist: Für die scheinbar einfache Tatfrage war danach ein aus Laien zusammengesetztes Geschworenengericht zuständig, die eigentlichen Rechtsfragen sollten dagegen Berufsrichter beurteilen.[17]

Ein zweiter möglicher Grund für die zu beobachtende langanhaltende gewisse Abstinenz gegenüber jenem Thema sowohl auf Seiten der Rechtspraxis als auch der Rechtswissenschaft schließt an dieser ersten Erklärung an, setzt die Akzente aber noch einmal etwas spezifischer. Er verweist auf die Eigenart des Wissens, das traditionellerweise in den Rechtsanwendungsprozessen und für diese zugrunde gelegt werden konnte. Danach bildete, wie der Bezug auf die Beweisproblematik bereits anzeigte, die Schwierigkeit der Wissensfeststellung für die Rechtsanwender offenbar kein grundsätzliches, das heißt kein epistemologisches Problem. In Frage stand nicht die Möglichkeit der Erkenntnis überhaupt, sondern nur deren konkrete Gewinnung im einschlägigen Sachzusammenhang, das heißt mit Bezug auf die konkret vorliegenden örtlichen und zeitlichen Gegebenheiten.

An einem sehr geläufigen Rechtsgebiet, das auf den ersten Blick typischerweise mit Wissensdefiziten zu kämpfen hat, lässt sich diese Differenzierung zwischen epistemischen und epistemologischen Schwierigkeiten näher verdeutlichen.[18] Offensichtlich zeigt der übliche Begriff der „Ge-

---

16 Vgl. zu Letzterem dagegen klassisch Michel Foucault, Die Wahrheit und die juristischen Formen, in: ders., Schriften in vier Bänden. Dits et Ecrits, Bd. II: 1970–1975, Frankfurt a.M. 2002, S. 669 ff. Näher dazu, insbesondere mit Blick auf die Figur des Zeugen und die Konstruktion einer juristischen Tatsache, den Beitrag von Karl-Heinz Ladeur i. d. Bd.

17 Vgl. dazu näher den Beitrag von Peter Collin i. d. Bd.

18 Vgl. dazu näher den Beitrag von Katharina Reiling i. d. Bd.; ferner etwa Wollenschläger, Wissensgenerierung im Verfahren, a.a.O., S. 62 ff.; Liv Jaeckel, Gefahrenabwehrrecht und Risikodogmatik. Moderne Technologie im Spiegel des Verwaltungsrechts, Tübingen 2010; Ino Augsberg, Von der Gefahrenabwehr zu Risikomanagement und Opportunitätswahrnehmung – Neue Paradigmen im Verwal-

fahr" im Polizeirecht die Schwierigkeit, anhand der konkret bestehenden äußeren Umstände das Vorliegen einer derartigen Gefahr – die selbst ein relationales Wahrscheinlichkeitsurteil ist – mit hinreichender Sicherheit festzustellen.[19] Nur deswegen werden, als Reaktion auf diese Unsicherheit, das heißt zu ihrer Kompensation, dogmatische Zusatzkonstruktionen wie Anscheinsgefahr, Scheingefahr und Gefahrverdacht benötigt.[20] Aber diese Konstruktionen betreffen näher besehen gerade nicht die strukturelle Ebene der Erkenntnis, also im einschlägigen Zusammenhang: die grundsätzliche Bestimmbarkeit eines zum etwaigen Schadensereignis führenden Kausalzusammenhangs. Problematisch und deswegen ergänzungsbedürftig erscheint lediglich der möglicherweise (zu) stark perspektivisch verkürzte Blick auf das zu beurteilende Geschehen und die Frage, ob angesichts der Umstände für die an sich gebotene angemessene Einschätzung der Sachlage hinreichend Zeit zur Verfügung steht.

Implizit mitgedacht ist damit in dieser Konstruktion, dass das allgemeine Wissen, das die einzelnen neuen Beobachtungen zu einem kohärenten, die eigentliche Lage darstellenden Bild zusammenfügen könnte, allen Beteiligten zur Verfügung steht. Es fehlen demnach nur die einzelnen Elemente, nicht dagegen die Struktur, in die jene Elemente einzufügen wären.[21] Diese Struktur – insbesondere in Gestalt eines allgemeinen Kausalitätsmusters sowie eines allgemeinen Kontextes, der allen einzelnen Geschehnissen im Sinn einer „Normalität" immer schon voraus- und zugrunde liegt – wird vielmehr von der jedermann zugänglichen Erfahrung zur Verfügung gestellt.[22] Die denkbare Zuspitzung des Problems, dass diese Struktur selbst fehlen und damit schon die in ihren Leerstellen vorgesehenen Elemente als solche gar nicht erst identifizierbar sein könnten, bildet für das klassische Polizeirecht dagegen offenbar kein virulentes Problem.

---

tungsrecht, in: Claudia Peter/Dorett Funcke (Hrsg.), Wissen an der Grenze. Zum Umgang mit Ungewissheit und Unsicherheit in der modernen Medizin, Frankfurt a.M./New York 2013, S. 209 ff.

19 Vgl. dazu etwa Jaeckel, Gefahrenabwehrrecht und Risikodogmatik, a.a.O., S. 87 ff.

20 Vgl. näher etwa Hoffmann-Riem, Innovation und Recht – Recht und Innovation, a.a.O., S. 352 ff.

21 Vgl. grundlegend Ladeur, Das Umweltrecht der Wissensgesellschaft, a.a.O.; daran anschließend Wollenschläger, Wissensgenerierung im Verfahren, a.a.O.; Ino Augsberg, Konzepte rechtlicher Steuerung und die Verteilung von Wissen im Bereich der Administrative, VerwArch 111 (2020), S. 36 ff.

22 Vgl. zu diesem Problem des klassischen Gefahrenabwehrrechts und seiner Abgrenzung zum jüngeren Risikorecht den Beitrag von Katharina Reiling i. d. Bd. Ferner Karl-Heinz Ladeur, Recht – Wissen – Kultur. Die fragmentierte Ordnung, Berlin 2016, S. 48 ff.

Wissen ist, wenn es überhaupt aufgrund seines momentanen Fehlens relevant wird, bloßes Noch-nicht-Wissen, das im weiteren Zeitverlauf ermittelt werden könnte und allenfalls aufgrund des bestehenden Zeitdrucks, also der akuten Handlungsnotwendigkeit, die kein weiteres Abwarten gestattet, nicht vollumfänglich zur Verfügung steht.[23] Für die so rekonstruierte Perspektive des traditionellen Gefahrenabwehrrechts bildet demnach vorwiegend die fehlende Zeit für die Wissensermittlung, nicht dagegen das unzureichende Wissen als solches, die der angemessenen Aufgabenerfüllung im Wege stehende Schwierigkeit.

III.

Bestimmt man das Ausgangsproblem in dieser Form, dann ergeben sich unmittelbar zumindest drei unterschiedliche Wege, wie das Thema „Wissen und Recht“ nunmehr anders und das heißt: in einer gegenüber dem skizzierten bisherigen verengten Verständnis erweiterten Perspektive untersucht werden kann.

1. Erstens lässt sich die vorgebliche Differenz zwischen Wissen und Recht dadurch zurückweisen, dass die Restriktion des Wissens auf Tatsachenwissen implizit oder explizit zurückgewiesen und stattdessen das Recht selbst – und zwar in seinen vielfältigen unterschiedlichen Formen, sowohl als staatliches als auch als religiöses Recht, und noch allgemeiner gefasst: als (verschiedene Formen von) Normativität – als Hauptgegenstand des Wissens verstanden wird.[24] Die Thematik „Wissen und Recht“ erscheint in dieser Sicht als Frage nach dem „Wissen des Rechts“ in dem Sinn, dass „erkannt wird, was Recht ist“[25]. Noch schärfer zugespitzt bildet das Recht in dieser Perspektive nicht allein das Objekt, sondern ebenso das Subjekt, und noch genauer formuliert sogar das Medium des so verstandenen Wissens: Rechtliche Regeln stehen danach weder erst am Ende eines bestimmten Prozesses der Wissensverarbeitung noch organisieren sie selbst diese Verarbeitung von außen. Die Regeln können selbst als spezifische

---

23 Vgl. zur Unterscheidung der unterschiedlichen Formen des Nicht-Wissens Wolfgang Hoffmann-Riem, Wissen als Risiko – Unwissen als Chance. Herausforderungen auch an die Rechtswissenschaft, in: Ino Augsberg (Hrsg.), Ungewissheit als Chance. Perspektiven eines produktiven Umgangs mit Unsicherheit im Rechtssystem, Tübingen 2009, S. 17 ff.

24 Vgl. dazu die Beiträge von Thomas Duve und Burkhard Josef Berkmann i. d. Bd.

25 So prägnant Burkhard Josef Berkmann i. d. Bd.

Form eines sozialen Grundwissens verstanden werden.[26] Entsprechendes gilt für die gewissermaßen in noch einmal spezifischerer Form kondensierten Metaregeln zum besseren Verständnis und zur präziseren Anwendung des Rechts, die unter dem Namen „Dogmatik" geführt werden.[27] Aber auch Parömien wie das oben zitierte „da mihi factum..." lassen sich in dieser Perspektive als spezifische Form verdichteten Wissens über Recht entziffern. Das Wissen des Rechts zeigt sich dabei in seinerseits ausdifferenzierter, vielfältiger Gestalt; es darf nicht mit einer statischen Konzeption von „Rechtserkenntnis" oder „Rechtsfindung" gleichgesetzt werden.[28] Zugleich führt dieses erweiterte Verständnis des Zusammenhangs von Recht und Wissen, das heißt nun: von Recht als einem bestimmten Typus eines in sich noch einmal vielfältigen Normativitätswissens, dazu, diese sozialen Regeln und ihre Entwicklung nicht ausschließlich einer kleinen Kaste spezifisch qualifizierter Personen, die als solche dann aufgrund ihres besonderen Wissens eine eigenständige Profession bilden, zuzuschreiben. Der veränderte Blick auf das „Normativitätswissen" legt es vielmehr nahe, die traditionelle Verengung der Perspektive auf das „Juristenrecht" und die Gerichte aufzubrechen und vermehrt solche Prozesse in den Blick zu nehmen, die für die überkommene vorwiegend gerichtszentrierte Sicht allenfalls als peripher erscheinen konnten.[29] Das schließt allerdings nicht aus, sondern ein, dass auch das Phänomen des „Richterrechts" in einer speziell an epistemischen Fragen interessierten Perspektive noch einmal gesonderte Aufmerksamkeit erhalten kann.[30]

Es liegt auf der Hand, dass eine derartige Erweiterung des Untersuchungshorizonts, die auch bislang weniger thematisierte Formen von Normativität in den Blick nimmt, zugleich und insbesondere komparative Ansätze nahelegt, die die unterschiedlichen zunächst in die Analyse mit aufgenommenen Normativitätsformen nicht einfach als identisch begrei-

---

26 Vgl. den Beitrag von Thomas Duve i. d. Bd. Ähnlich auch in theoretischer Sicht Alexander Somek, Rechtliches Wissen, Frankfurt a.M. 2006; ders., Wissen des Rechts, a.a.O., v.a. S. 25 ff.

27 Vgl. dazu näher die Beiträge von Christian Bumke und Nils Jansen i. d. Bd. Ausführlich zur Funktion der Dogmatik Christian Bumke, Rechtsdogmatik. Eine Disziplin und ihre Arbeitsweise. Zugleich eine Studie über das rechtsdogmatische Arbeiten Friedrich Carl von Savignys, Tübingen 2017. Zu „Regeln und Routinen" (und damit auch der Dogmatik) als Wissensspeicher ferner Augsberg, Informationsverwaltungsrecht, a.a.O., S. 188 ff.; sowie allg. Schuppert, Wissen, Governance, Recht, a.a.O., S. 131 ff., v.a. 151 ff.

28 Vgl. dazu den Beitrag von Christian Bumke i. d. Bd.

29 Vgl. die Beiträge von Thomas Duve und Thomas Vesting i. d. Bd.

30 Vgl. dazu die Beiträge von Christian Bumke und Nils Jansen i. d. Bd.

fen, sondern sie zugleich in ihren jeweiligen Eigenheiten bestimmen und zueinander ins Verhältnis setzen. Gerade dieses komparative Verfahren kann ein noch einmal geschärftes Wissen über „das Recht" in seinen unterschiedlichen Erscheinungsformen erbringen.[31]

2. Zweitens kann es darum gehen, die besonderen Herausforderungen des Wissens in der modernen Gesellschaft zu skizzieren und dementsprechend zu zeigen, wie das Recht – vorwiegend in seinen Spezialbereichen – auf diese Herausforderungen reagiert, also wie es gelingt, trotz immer komplexerer Anforderungen die hinreichenden epistemischen Grundlagen für die Rechtsanwendung zur Verfügung zu stellen.[32] Ausgangspunkt der Beobachtung ist dabei offenkundig nicht nur ein gesteigerter Wissensbedarf in rein quantitativer Hinsicht, sondern eine qualitative Veränderung des benötigten Wissens, das nicht länger in Form einer gewissermaßen „passiv" gemachten Erfahrung zur Verfügung steht, sondern eine entsprechend modifizierte, die eigenen Möglichkeitsbedingungen mitreflektierende Technik der innerjuristischen Wissensgenerierung erfordert.[33] Dabei kann der Hauptakzent auf organisatorischen, prozeduralen oder materiellen, also sachgebietsspezifischen Fragen liegen.[34] Letztere umfassen beispielsweise den Umgang mit neueren Technologien wie der Gentechnik oder der Nanotechnologie, deren Einschätzung noch derartig unsicher ist, dass die kognitive Bewertung sich noch nicht zu der traditionellen Prädizierung „Gefahr" verdichten konnte.[35] Übergreifende Darstellungen, die eher strukturelle Unterschiede der Wissensproduktion hervorheben, sind also ebenso gut möglich wie deutlich spezieller ansetzende Untersuchungen, die sektorspezifische Analysen vornehmen und dabei einzelne

---

31 Vgl. zu derartigen komparativen Perspektiven die Beiträge von Burkhard Josef Berkmann und Nils Jansen i. d. Bd. Ausführlich mit Bezug auf die unterschiedlichen Formen religiösen Rechts bereits Burkhard Josef Berkmann, Internes Recht der Religionen. Einführung in eine vergleichende Disziplin, Stuttgart 2018.

32 Vgl. etwa Ladeur, Recht – Wissen – Kultur, a.a.O., S. 48 ff., v.a. 55 ff.

33 Vgl. dazu allg. etwa Peter Weingart/Martin Carrier/Wolfgang Krohn, Nachrichten aus der Wissensgesellschaft. Analysen zur Veränderung der Wissenschaft, Weilerswist 2007, S. 38. Zu der entsprechenden Herausbildung eines „experimentellen" Denkens und Wissens ferner die Beiträge von Thomas Vesting und Karl-Heinz Ladeur i. d. Bd., jeweils mit Bezug auf die einschlägigen Untersuchungen von Hans-Jörg Rheinberger.

34 Vgl. zu einer Differenzierung entlang dieses Schemas etwa Augsberg, Informationsverwaltungsrecht, a.a.O., S. 50 ff., 85 ff., 125 ff.

35 Vgl. dazu näher etwa den Beitrag von Karl-Heinz Ladeur i. d. Bd.; speziell zur Nanotechnologie ferner ders., Recht – Wissen – Kultur, a.a.O., S. 97 ff.

Aspekte der Wissensgenerierung besonders hervorheben. In dieser zuletzt genannten möglichen Hinsicht bietet es sich dann etwa an, die Untersuchungsperspektive noch einmal präzisierend zu fragen, auf welche Weise extrajuridisches Wissen in einzelne spezielle Regelungsgebiete integriert werden kann.[36] Damit wird eine spezielle Technik der Wissensgenerierung in einem speziellen Feld der Rechtssetzung und -anwendung analysiert und auf diese Weise eine hohe Detailgenauigkeit der Beobachtung ermöglicht. Zugleich zeigen sich bei derartigen Betrachtungsweisen auch Probleme, die als solche über den speziellen Bereich, in dem sie zuerst entdeckt wurden, hinausweisen, also wiederum auf einer stärker generalisierenden Ebene angesprochen werden können, so insbesondere die Problematik von etwaig benötigten spezifischen Transformationsprozessen,[37] aber entsprechend etwa auch die Frage danach, in welchem Maße es unterhalb des spezialisierten Wissens der einzelnen Sozialbereiche weiterhin einen „Raum des allgemein Praktischen" gibt, einen lebensweltlich-kulturellen „common ground", an den alle übrigen, stärker spezialisierten Sozialbereiche ohne aufwendige Übersetzungsarbeiten anschließen können.[38] Dieses Untersuchungsziel lässt sich dann seinerseits noch einmal erweitert fassen und in seiner immensen Relevanz für das gesamte Themenfeld unterstreichen. Denn jener „Raum des allgemein Praktischen" verweist auf eine Form des Wissens, die in ihrer Bedeutung nicht nur, aber insbesondere auch mit Bezug auf Rechtsanwendungsprozesse kaum zu überschätzen sein dürfte: die verschiedenen Formen eines *tacit knowledge*, das heißt eines notwendig implizit bleibenden Wissens, das im Gegensatz zum expliziten Wissen nicht kommuniziert und „gelehrt", also als solches eigens thema-

---

36 Vgl. dazu namentlich den Beitrag von Ann-Katrin Kaufhold i. d. Bd. Zu weiteren entsprechenden Perspektiven die Beiträge in Ino Augsberg (Hrsg.), Extrajuridisches Wissen im Verwaltungsrecht. Analysen und Perspektiven, Tübingen 2013. In etwas stärker generalisierender Sicht ferner den Beitrag von Margrit Seckelmann i. d. Bd. Kritisch gegenüber der Differenzierung zwischen juristischem und extrajuristischem Wissen Schuppert, Wissen, Governance, Recht, a.a.O., S. 303 ff.

37 Vgl. dazu den Beitrag von Ann-Katrin Kaufhold i. d. Bd.; dies., Transfer und Transformation ökonomischen Wissens im Recht der Bankenaufsicht, in: Augsberg (Hrsg.), Extrajuridisches Wissen im Verwaltungsrecht, a.a.O., S. 151 ff. Ferner, gegenüber der Betonung des Transfers insbesondere ökonomischen Wissens in das Recht stärker den allgemeinen Aspekt der Lernfähigkeit hervorhebend, den Beitrag von Katharina Reiling i. d. Bd.

38 Vgl. zum „Raum des allgemein Praktischen" den Beitrag von Christian Bumke i. d. Bd.; sowie zum „common ground" den Beitrag von Wolfgang van den Daele i. d. Bd.

tisiert werden kann, sondern sich nur in seiner praktischen Anwendung zeigt.[39]

Möglich sind in diesem Bereich der Untersuchung des im Recht benötigten Wissens ebenso Analysen, die anhand von einzelnen Referenzbereichen sowohl allgemeine Strukturen als auch spezielle Eigenarten identifizieren und dabei bestimmte Neuerungen aufweisen, die etwa im Bereich verfahrens- oder organisationsrechtlicher Bestimmungen als Reaktion auf die allgemeine Aufgabe der Wissensgenerierung schon entstanden sind und/oder gerade noch weiter entstehen[40] – aber auch, wo etwaige epistemische Prozesse, etwa in Gestalt der Transformation außerjuristischer Expertise in innerjuristisches Wissen, zwar offenbar existieren, aber als eine Art „black box" selbst von außen, das heißt in diesem Kontext: aus der Perspektive der Rechtswissenschaft, (noch) nicht näher bestimmt werden können.[41] Dabei kann der Blick auf das konkrete Rechtsgebiet zeigen, welche neuen epistemischen Herausforderungen bereits zu gewärtigen sind. Ebenso möglich ist aber auch eine gewissermaßen von der anderen Seite her ansetzende Betrachtung, die die Veränderung der epistemischen Grundstrukturen in den Blick nimmt und von daher fragt, welche Konsequenzen diese Transformationen für das Recht bedeuten. Der typische, aber keineswegs einzige Anwendungsfall für diese Art Transformation ist jener Prozess, der verkürzend unter den Titel der „Digitalisierung" gestellt wird[42] und sich dann beispielsweise in die genaueren Fragen nach der Bedeutung von algorithmenbasierter Entscheidungsfindung oder dem

---

39 Vgl. dazu etwa die Beiträge von Thomas Vesting und Wolfgang Hoffmann-Riem i. d. Bd., jeweils mit Verweis v.a. auf die klassischen Untersuchungen von Michael Polanyi.

40 Vgl. mit besonderem Bezug auf Verfahren Wollenschläger, Wissensgenerierung im Verfahren, a.a.O.; mit Bezug auf eine Umstellung der Verwaltungsorganisation den Beitrag von Katharina Reiling i. d. Bd., sowie ausführlich dies., Der Hybride. Administrative Wissensorganisation im privaten Bereich, Tübingen 2016; mit Bezug auf die Herausbildung von „Wissensinfratstrukturen" ferner den Beitrag von Hans-Heinrich Trute i. d. Bd. Zu weiteren sektorspezifischen Untersuchungen ferner etwa die Beiträge in Münkler (Hrsg.), Dimensionen des Wissens im Recht, a.a.O.; sowie monographisch Michael Riegner, Informationsverwaltungsrecht internationaler Institutionen. Dargestellt am Entwicklungsverwaltungsrecht der Weltbank und Vereinten Nationen, Tübingen 2017.

41 Vgl. zu einem entsprechenden Beispiel aus dem Bereich des Finanzmarktrechts den Beitrag von Ann-Katrin Kaufhold i. d. Bd.

42 Vgl. dazu jetzt ausführlich Wolfgang Hoffmann-Riem, Recht im Sog der digitalen Transformation. Herausforderungen, Tübingen 2022.

Einsatz sogenannter „Künstlicher Intelligenz“ im Recht entfalten lässt.[43] Mittelbar bestätigt sich auch in dieser Untersuchungsperspektive noch einmal die herausragende Bedeutung des *tacit knowledge*, denn dieses lässt sich, mangels expliziten Gehalts, (zumindest bislang) kaum in die digitale Form übersetzen; es verweist damit auch auf die Grenzen, die diesem Transformationsprozess (noch) gezogen sind.[44]

3. Drittens schließlich kann die behauptete Differenz auch dadurch zurückgewiesen werden, dass die Differenz gewissermaßen von der normativen Seite aus aufgehoben wird. Das Wissen, das vom Recht scheinbar durch eine sachliche Kluft getrennt diesem gegenübersteht, ist dieser dritten Untersuchungsrichtung zufolge implizit immer schon von der normativen Grundaufgabe betroffen. Es wird sogar, schärfer noch, durch diese eigentlich als solches überhaupt erst konstruiert, das heißt als Wissen selbst wiss- und erkennbar (um dann als solches, das heißt als „Sachverhalt“, durch das Recht weiter operationalisiert zu werden).[45]

In dieser Perspektive bildet bereits die Feststellung, was unter welchen Voraussetzungen als (hinreichend) gewiss, eindeutig und damit sicher und verlässlich gelten darf, oder was in einem gegebenen Kontext den Status beanspruchen darf, „relevant“ oder „wichtig“ zu sein, eine normative Entscheidung.[46] Noch weiter ausgreifend geht es darum, die immer schon in unsere Lebenswelt, das heißt etwa in die uns umgebenden Dinge, aber auch speziell in die Technik eingeschriebene Normativität als solche deutlich zu machen.[47] Auch diskursive (Begründungs-)Praktiken und nicht zuletzt das als (implizite) Letztbegründung des gesamten trans-

43 Vgl. dazu die Beiträge von Wolfgang Hoffmann-Riem, Wolfgang Schulz und Johannes Schmees i. d. Bd. Ferner etwa Hans Heinrich Trute, Rechtliche Herausforderungen der Digitalisierung. Daten – Algorithmen – Wissen, in: Bär, Christian/ Grädler, Thomas /Mayr, Robert (Hrsg.), Digitalisierung im Spannungsfeld von Politik, Wirtschaft, Wissenschaft und Recht, Berlin/Heidelberg 2018, S. 313 ff.; Schuppert, Wissen, Governance, Recht, a.a.O., S. 100 ff.; Horst Eidenmüller/ Gerhard Wagner, Law by Algorithm, Tübingen 2021. Zur möglichen rechtlichen (Gegen-)Steuerung ferner die Beiträge in Thomas Wischmeyer/Timo Rademacher (Hrsg.), Regulating Artificial Intelligence, Cham 2020.

44 Vgl. die Beiträge von Wolfgang Hoffmann-Riem, Wolfgang Schulz und Johannes Schmees i. d. Bd.

45 Vgl. dazu den Beitrag von Karl-Heinz Ladeur i. d. Bd.

46 Vgl. dazu die Beiträge von Ino Augsberg und Nils Jansen i. d. Bd.

47 Vgl. allg. mit Bezug auf die Kultur die Beiträge von Thomas Vesting und Wolfgang van den Daele i. d. Bd.; mit Bezug auf die Technik den Beitrag von Wolfgang Schulz und Johannes Schmees i. d. Bd.

zendentalpragmatischen Verfahrens fungierende Verbot des performativen Selbstwiderspruchs zeigen sich in dieser Betrachtungsweise in ihrem immanenten normativen Charakter.[48] Dieser erscheint damit zugleich als eine bestimmte Form der Verschleifung jener klassischen Differenz von Sein und Sollen, die in der Rede von „Faktizität und Geltung" noch als Problem angesprochen und bewahrt wurde. Das so verstandene Wissen stellt sich demzufolge in emphatischem Sinn als ein „legal knowledge" dar.[49]

Diese juristische Grundierung des Wissens kann zunächst einmal das Wissen betreffen, das dann wiederum vom Recht als scheinbar rechtsexternes Moment in Bezug genommen wird. Das Wissen des Rechts ist in diesem Sinn eine juristische Konstruktion jener Realität, die dann vom Recht in seinen genuin juristischen Prozessen als „Sachverhalt", „Tatfrage" etc. in Bezug genommen wird und demnach den spezifisch juristischen Fragestellungen angeblich immer schon voraus- und zugrunde liegt. Der juristische Umgang mit Realität ist danach ein Doppelschritt: Realität wird juristisch konstruiert, um sodann – in einem weiteren Konstruktionsschritt – die Konstruiertheit wieder zu verdecken. Der US-amerikanische Rechtsanthropologe Lawrence Rosen hat diesen Doppelschritt auf eine prägnante Formel gebracht: „Legal systems create facts in order to treat them as facts."[50] Für die rechtliche Analyse geht es demnach darum, diese Mechanismen zu durchschauen und genauer mit Bezug auf ihre jeweilige Funktion zu erläutern. Der konstruktive Charakter kann und soll dabei jedoch gerade nicht als solcher erkannt und damit zugunsten einer „wahren", nun nicht länger nur konstruierten Wirklichkeit überwunden werden. Statt die Konstruktion als bloße Illusion zu diskreditieren und zu bekämpfen, geht es eher darum, auf den illusionären Charakter eines unmittelbaren Zugriffs auf die „Welt an sich" zu verweisen.[51]

Auch dieser Aspekt lässt sich prägnant an neueren Veränderungen des Wissens demonstrieren: Die Frage nach der Digitalisierung des Rechts im Allgemeinen und den Anforderungen des Einsatzes von so genannter

---

48 Vgl. dazu näher den Beitrag von Wolfgang van den Daele i. d. Bd.

49 Vgl. die Beiträge von Thomas Vesting, Karl-Heinz Ladeur und Ino Augsberg i. d. Bd.

50 Lawrence Rosen, Law as Culture. An Invitation, Princeton/Oxford 2006, S. 68.

51 Vgl. dazu den Beitrag von Margrit Seckelmann i. d. Bd., mit Verweis u.a. auf einschlägige Untersuchungen von Christoph Möllers und Ino Augsberg. Zur Wertungsabhängigkeit scheinbar „rein empirischer" Untersuchungen ferner Corinna Coupette/Andreas M. Fleckner, Quantitative Rechtswissenschaft. Sammlung, Analyse und Kommunikation juristischer Daten, JZ 73 (2018), S. 379 ff.

„Künstlicher Intelligenz“ im Besonderen führt auf den ersten Blick zu einer Art Renaissance des alten *Legal Realism*, weil danach nunmehr offenbar dessen Versprechen endlich eingelöst werden kann, nämlich juristische Entscheidungen wie – wenngleich mit einer spezifischen Methode, nicht streng deduktiv, sondern nur induktiv, unter Einsatz von *Big Data* – errechenbare Ereignisse behandelt werden können. Ein genauerer zweiter Blick zeigt jedoch gerade, dass diese Form der Berechnung doch (noch) nicht gelingt; er verweist dadurch indirekt auf die komplizierteren Verfahren der juristischen Wirklichkeitskonstruktion.[52] Entsprechendes gilt für den an den neuen Technologien aufscheinenden spezifischen Charakter der juristischen Person, weil in der Frage ihrer möglichen Übertragbarkeit auf nicht-menschliche Akteure zugleich der Konstruktionscharakter der angeblich „natürlichen“ Person deutlich wird.[53] Diese Art Einsicht in die soziale – und das heißt im hier interessierenden Kontext vor allem: juristische – Konstruiertheit dessen, was „Realität“ oder „Wissen“ genannt wird, bedeutet im Übrigen gerade keine vollständige Beliebigkeit dessen, was im Einzelnen gewusst wird. Innerhalb der Konstruktion bleiben die Unterscheidungen von „wahr“ und „falsch, „richtig“ oder „illusionär“ nötig und daher als solche bestehen; sie büßen lediglich ihren objektivistischen Anspruch ein, für ein unabhängig von jeder Konstruktion gegebenes An-sich-Sein zu stehen.[54] Ebenso wenig bedeutet die Insistenz auf der Konstruiertheit, dass das Recht sich seine eigene Welt vollständig selbst herstellt. Im Gegenteil kann gerade ein genauerer Blick auch verdeutlichen, in welchem Maße diese Konstruktion selbst und damit das rechtliche Verfahren im Ganzen von kulturellen Voraussetzungen abhängt. Die explizite kognitive Ordnung des Sozialen basiert danach wiederum auf einem vielfältigen, insbesondere in die kulturellen Institutionen (wie etwa Sprache und Medien) eingeflochtenen impliziten Wissen, das in seiner lebensweltlichen Selbstverständlichkeit häufig kaum bemerkt wird, aber eben dadurch in

---

52 Vgl. die Beiträge von Wolfgang Hoffmann-Riem, Wolfgang Schulz und Johannes Schmees i. d. Bd.

53 Vgl. dazu wiederum die Beiträge von Wolfgang Hoffmann-Riem, Wolfgang Schulz und Johannes Schmees i. d. Bd. Allg. ferner etwa Gunther Teubner, Die Episteme des Rechts. Zu erkenntnistheoretischen Grundlagen des reflexiven Rechts, in: Dieter Grimm (Hrsg.), Wachsende Staatsaufgaben – sinkende Steuerungsfähigkeit des Rechts, Baden-Baden 1990, S. 115 ff. (117); ders., Digitale Rechtssubjekte? Zum privatrechtlichen Status digitaler Softwareagenten, AcP 218 (2018), S. 155 ff.

54 Vgl. dazu den Beitrag von Wolfgang van den Daele i. d. Bd.

seiner Funktion als „kognitive Infrastruktur" der gesellschaftlichen Prozesse nur umso wirkmächtiger ist.[55]

Die Verflechtung von Wissen und Recht kann aber auch noch weiter (oder vielmehr: noch enger) verstanden werden. Das Wissen selbst und damit auch das reflexive Wissen über Wissen, das heißt in diesem Zusammenhang: die Erkenntnistheorie, ist danach nicht neutral und universal. Es ist je schon rechtlich tingiert. Eine sich darauf einstellende Epistemologie ist demnach in einem mehrfachen Sinn als „juristische Epistemologie" zu bezeichnen. Ihre Aufgabe besteht darin, den möglicherweise grundlegenden „Juridismus" des Erkenntnisprozesses als solchen zu bestimmen und dann gegebenenfalls in seinen problematischen Effekten auch zu kritisieren[56] – dabei aber ebenso zu bedenken, dass diese Kritik selbst, und das heißt zugleich: der gewisse intellektuelle Vorrang, den in der allgemeinen Bewertung ein „kritisches Bewusstsein" zu genießen scheint, ihrerseits bereits eine Konsequenz dieser Bewegung sein könnte.[57]

Die Verflechtung von Wissen und Recht lässt sich aber auch noch einmal in eine andere, nunmehr stärker wiederum die rechtsexterne Sphäre berücksichtigende Sicht vorantreiben, indem gefragt wird, in welchem Maß das Recht nicht nur implizit, in Gestalt eines spezifischen Juridismus des Denkens und der Erkenntnis, unsere Vorstellung davon geprägt hat, was und wie gewusst werden kann. Neben die impliziten Formen rechtlich bestimmter Wissbarkeiten treten in dieser Perspektive die expliziten normativen Bestimmungen, die Grenzen für den Erwerb und die Weitergabe von Wissen setzen.[58] Wer nach Wissen und Recht fragt, darf demnach nicht so etwas wie die Geschichte des *copyright* vernachlässigen.[59]

---

55 Vgl. dazu näher den Beitrag von Thomas Vesting i. d. Bd.; ders., Kommentar, a.a.O., S. 138 ff. Zur Lebenswelt als „Universum der Selbstverständlichkeit" prägnant Hans Blumenberg, Realität und Realismus, hrsg. v. Nicola Zambon, Berlin 2020, S. 153. Zur „kognitiven Infrastruktur" des Rechts näher Ladeur, Recht – Wissen – Kultur, a.a.O., S. 75 ff.; Schuppert, Wissen, Governance, Recht, a.a.O., S. 164 ff.

56 Vgl. etwa Daniel Loick, Juridismus. Konturen einer kritischen Theorie des Rechts, Berlin 2017.

57 Vgl. dazu den Beitrag von Ino Augsberg i. d. Bd.

58 Vgl. dazu den entsprechenden Hinweis in dem Beitrag von Burkhard Josef Berkmann i. d. Bd. Allg. zum Problem ferner Dan Wielsch, Zugangsregeln. Die Rechtsverfassung der Wissensteilung, Tübingen 2008.

59 Vgl. dazu ausführlich Monika Dommann, Autoren und Apparate. Die Geschichte des Copyrights im Medienwandel, Frankfurt a.M. 2014.

IV.

Die auf diese Weise erfolgende Verdeutlichung, wie eng Wissen und Recht mit- und ineinander verflochten sind, lässt allerdings die Frage danach offen, warum ungeachtet dessen die Differenz als solche mit offenbar derart erheblichem Aufwand konstruiert wird. Plausibilisieren ließe sich dieser Aufwand nur, wenn die Konstruktion für einen spezifischen Zweck benötigt wird. Wozu also dient die Inszenierung der Trennung von Wissen und Recht? Worin liegt ihre soziale Funktion?

Zumindest ein Aspekt dieser Funktion klang implizit schon in der Ambiguität mit, die der Kompetenzbegriff – ganz entsprechend übrigens wie die meisten einschlägigen Termini aus diesem Bereich, etwa Norm, Standard, Maßstab etc. – in einer doppelten, sowohl de- als auch präskriptiven Lesart aufweist. Die Differenzierung von Fakten und Normen entlastet einerseits den normativen Bereich, weil dieser dadurch auf etwas (scheinbar) anderes verweisen kann, für das er nicht mehr verantwortlich ist (oder wiederum genauer: nicht verantwortlich zu sein glaubt oder behauptet). Umgekehrt entlastet aber auch die Normativität den Bereich des (Fakten-)Wissens, weil normative Zuständigkeiten nicht nur faktisch festgestellte Tatsachen (etwa intellektuelle Kapazitäten handelnder Personen), sondern vor allem nicht feststellbare Zustände überspielen können. Der Mehrwert der Präponderanz des Normativen zeigt sich insbesondere dort, wo faktisch keine absolute Gewissheit gewonnen, also nicht einfach zunächst noch gegebenes Nicht-Wissen sukzessive durch Wissen beseitigt werden kann, wo vielleicht nicht einmal die Fiktion einer solchen Gewissheit überzeugend erscheinen könnte, und eben deswegen auf alternative Lösungen gesetzt werden muss, die kognitive Gewissheit durch normative (Vor-)Entscheidungen substituieren.[60] Das gilt erst recht in Situationen, in denen mangels hinreichenden Wissens eigentlich nicht gehandelt werden kann, aber wegen der Größe der Gefahr dennoch gehandelt werden muss.[61] In eben diesem Sinn bezeichnet Autorität, und zwar gerade nicht als faktisch nachprüfbare Sachkompetenz, sondern als normativ zugewiesene Zuständigkeit, einen klassischen Mechanismus der Ungewissheitsabsorption.[62] Diese Ungewissheitsabsorption meint allerdings nicht notwen-

---

60 Vgl. zu dem Erfordernis des Umgangs mit Ungewissheit und entsprechenden rechtlichen Strategien insbesondere mit Bezug auf die aktuelle Pandemiebekämpfung den Beitrag von Hans-Heinrich Trute i. d. Bd.

61 Vgl. dazu wiederum den Beitrag von Hans-Heinrich Trute i. d. Bd.

62 Vgl. allg. Niklas Luhmann, Die Religion der Gesellschaft, Frankfurt a.M. 2000, S. 103.

digerweise, dass die Ungewissheit als solche erkannt und anerkannt wird. Im Gegenteil: Typisch für den Einsatz von Autorität dürfte gerade die jede weitere Nachfrage ausschließende autoritative Feststellung dessen sein, was als hinreichend gewiss zu gelten hat. Das entsprechende Verfahren funktioniert demnach seinerseits vermutlich umso besser, je weniger der dezisionistische und damit kontingente Charakter des Vorgehens offen hervortritt.[63]

Stärker generalisierend lässt sich dem die Einsicht entnehmen, dass die Thematik von Wissen und Recht notwendig die von Nichtwissen und Recht umfassen muss.[64] Wer wissen will, was das Recht weiß und wissen muss, muss auch wissen, was das Recht nicht wissen kann, aber wissen müsste und eben deswegen auf dem Wege spezifischer Kompensationsstrategien funktional zu ersetzen versucht.[65]

V.

Die nachfolgenden Beiträge gehen diesen unterschiedlichen Perspektiven nach und buchstabieren sie in verschiedenen Richtungen genauer aus. Sie deuten damit zumindest an, was gegenwärtig über den Problemzusammenhang „Wissen und Recht“ bereits gewusst wird und gewusst werden kann – und ebenso, was es künftig darüber zu wissen gilt, was also in diesem Bereich noch genauer erforscht und gewusst werden sollte.

---

63 Vgl. dazu den Beitrag von Nils Jansen i. d. Bd.

64 Vgl. dazu die Beiträge von Hans-Heinrich Trute und Wolfgang Hoffmann-Riem i. d. Bd. Allg. ferner etwa Arno Scherzberg, Wissen, Nichtwissen und Ungewissheit im Recht, in: Christoph Engel/Jost Halfmann/Martin Schulte (Hrsg.), Wissen – Nichtwissen – Unsicheres Wissen, Baden-Baden 2002, S. 113 ff.; Ivo Appel, Methodik des Umgangs mit Ungewissheit, in: Eberhard Schmidt-Aßmann/Wolfgang Hoffmann-Riem (Hrsg.), Methoden der Verwaltungsrechtswissenschaft, Baden-Baden 2004, S. 327 ff.; Hoffmann-Riem, Wissen als Risiko – Unwissen als Chance, a.a.O.; ders., Innovation und Recht – Recht und Innovation, a.a.O., S. 325 ff.

65 Vgl. dazu näher Augsberg, Informationsverwaltungsrecht, a.a.O., S. 244 ff.

Literaturverzeichnis

Appel, Ivo, Methodik des Umgangs mit Ungewissheit, in: Eberhard Schmidt-Aßmann/Wolfgang Hoffmann-Riem (Hrsg.), Methoden der Verwaltungsrechtswissenschaft, Baden-Baden 2004, S. 327 ff.

Augsberg, Ino, Von der Gefahrenabwehr zu Risikomanagement und Opportunitätswahrnehmung – Neue Paradigmen im Verwaltungsrecht, in: Claudia Peter/ Dorett Funcke (Hrsg.), Wissen an der Grenze. Zum Umgang mit Ungewissheit und Unsicherheit in der modernen Medizin, Frankfurt a.M./New York 2013, S. 209 ff.

–, Informationsverwaltungsrecht. Zur kognitiven Dimension der rechtlichen Steuerung von Verwaltungsentscheidungen, Tübingen 2014.

–, Konzepte rechtlicher Steuerung und die Verteilung von Wissen im Bereich der Administrative, VerwArch 111 (2020), S. 36 ff.

–, Juristische Epistemologie. Das Verhältnis von Wissen und Recht aus rechtsphilosophischer Sicht, i. d. Bd.

Augsberg, Ino (Hrsg.), Extrajuridisches Wissen im Verwaltungsrecht. Analysen und Perspektiven, Tübingen 2013.

Berkmann, Burkhard Josef, Internes Recht der Religionen. Einführung in eine vergleichende Disziplin, Stuttgart 2018.

–, Kanonisches Recht im Spannungsfeld von Theologie und Rechtswissenschaft, i. d. Bd.

Blumenberg, Hans, Realität und Realismus, hrsg. v. Nicola Zambon, Berlin 2020.

Bumke, Christian, Rechtsdogmatik. Eine Disziplin und ihre Arbeitsweise. Zugleich eine Studie über das rechtsdogmatische Arbeiten Friedrich Carl von Savignys, Tübingen 2017.

–, Erzeugung und Gebrauch von Wissen in der Rechtsdogmatik, i. d. Bd.

Collin, Peter, Entscheidungswissen in Gerichten mit Laienbeteiligung – rechtshistorische Perspektiven, i. d. Bd.

Coupette, Corinna/Fleckner, Andreas M., Quantitative Rechtswissenschaft. Sammlung, Analyse und Kommunikation juristischer Daten, JZ 73 (2018), S. 379 ff.

Die Verwaltung 51 (2018), Heft 3: Verwaltungssachverstand.

Dommann, Monika, Autoren und Apparate. Die Geschichte des Copyrights im Medienwandel, Frankfurt a.M. 2014.

Duve, Thomas, Rechtsgeschichte als Geschichte der Erzeugung von Normativitätswissen?, i. d. Bd.

Eidenmüller, Horst/Wagner, Gerhard, Law by Algorithm, Tübingen 2021.

Foucault, Michel, Die Wahrheit und die juristischen Formen, in: ders., Schriften in vier Bänden. Dits et Ecrits, Bd. II: 1970–1975, Frankfurt a.M. 2002, S. 669 ff.

Habermas, Jürgen, Faktizität und Geltung. Beiträge zur Diskurstheorie des Rechts und des demokratischen Rechtsstaats, Frankfurt a.M., 5. Aufl. 1997.

Hoffmann-Riem, Wolfgang, Wissen als Risiko – Unwissen als Chance. Herausforderungen auch an die Rechtswissenschaft, in: Ino Augsberg (Hrsg.), Ungewissheit als Chance. Perspektiven eines produktiven Umgangs mit Unsicherheit im Rechtssystem, Tübingen 2009, S. 17 ff.

–, Innovation und Recht – Recht und Innovation. Recht im Ensemble seiner Kontexte, Tübingen 2016.

–, Recht im Sog der digitalen Transformation. Herausforderungen, Tübingen 2022.

–, Der Umgang mit Wissen bei der digitalisierten Rechtsanwendung, i. d. Bd.

Jaeckel, Liv, Gefahrenabwehrrecht und Risikodogmatik. Moderne Technologie im Spiegel des Verwaltungsrechts, Tübingen 2010.

Jansen, Nils, Kanonisierungs- und Dogmatisierungsprozesse in Recht und Religion, i. d. Bd.

Jestaedt, Matthias, Das mag in der Theorie richtig sein... Vom Nutzen der Rechtstheorie für die Rechtspraxis, Tübingen 2006.

Kaufhold, Ann-Katrin, Transfer und Transformation ökonomischen Wissens im Recht der Bankenaufsicht, in: Ino Augsberg (Hrsg.), Extrajuridisches Wissen im Verwaltungsrecht. Analysen und Perspektiven, Tübingen 2013, S. 151 ff.

–, Klimawissen im Finanzmarktrecht. Zu Transfer und Transformation von ökologischem und ökonomischem Wissen in der Sustainable Finance Regulierung, i. d. Bd.

Kelsen, Hans, Reine Rechtslehre, Wien, 2. Aufl. 1960.

Ladeur, Karl-Heinz, Das Umweltrecht der Wissensgesellschaft. Von der Gefahrenabwehr zum Risikomanagement, Berlin 1995.

–, The Postmodern Condition of Law and Societal "Management of Rules". Facts and Norms Revisited, ZfRsoz 27 (2006), S. 87 ff.

–, Recht – Wissen – Kultur. Die fragmentierte Ordnung, Berlin 2016.

–, „Legal Knowledge" in der Wissensgesellschaft, i. d. Bd.

Loick, Daniel, Juridismus. Konturen einer kritischen Theorie des Rechts, Berlin 2017.

Luhmann, Niklas, Legitimation durch Verfahren, Neuwied am Rhein und Berlin 1969.

–, Rechtssoziologie 1, Reinbek bei Hamburg 1972.

–, Die soziologische Beobachtung des Rechts, Frankfurt a.M. 1986.

–, Das Recht der Gesellschaft, Frankfurt a.M. 1993.

–, Soziale Systeme. Grundriß einer allgemeinen Theorie, Frankfurt a.M., 4. Aufl. 1994.

–, Die Religion der Gesellschaft, Frankfurt a.M. 2000.

Münkler, Laura, Expertokratie. Zwischen Herrschaft kraft Wissens und politischem Dezisionismus, Tübingen 2020.

Münkler, Laura (Hrsg.), Dimensionen des Wissens im Recht, Tübingen 2019.

Reiling, Katharina, Der Hybride. Administrative Wissensorganisation im privaten Bereich, Tübingen 2016.

–, Hybridisierung administrativer Wissensorganisation, i. d. Bd.

Riegner, Michael, Informationsverwaltungsrecht internationaler Institutionen. Dargestellt am Entwicklungsverwaltungsrecht der Weltbank und Vereinten Nationen, Tübingen 2017.

Röhl, Hans Christian (Hrsg.), Wissen – Zur kognitiven Dimension des Rechts (DV Beiheft 9), 2010.

Römhildt, Roland/Schuppert, Gunnar Folke/Weingart, Peter (Hrsg.), Herrschaft und Wissen, Baden-Baden 2022 (i.E.).

Rosen, Lawrence, Law as Culture. An Invitation, Princeton/Oxford 2006.

Scherzberg, Arno, Wissen, Nichtwissen und Ungewissheit im Recht, in: Christoph Engel/Jost Halfmann/Martin Schulte (Hrsg.), Wissen – Nichtwissen – Unsicheres Wissen, Baden-Baden 2002, S. 113 ff.

Scholl, Patrick, Der private Sachverständige im Verwaltungsrecht. Elemente einer allgemeinen Sachverständigenlehre, Baden-Baden 2005.

Schulz, Wolfgang/Schmees, Johannes, Möglichkeiten und Grenzen der Künstlichen Intelligenz in der Rechtsanwendung, i. d. Bd.

Schuppert, Gunnar Folke, Wissen, Governance, Recht. Von der kognitiven Dimension des Rechts zur rechtlichen Dimension des Wissens, Baden-Baden 2019.

Seckelmann, Margrit, Wissen, Technik, Recht, i. d. Bd.

Somek, Alexander, Rechtliches Wissen, Frankfurt a.M. 2006.

–, Wissen des Rechts. Mit Kommentaren von Andreas Funke und Thomas Vesting, Tübingen 2018.

Spiecker gen. Döhmann, Indra/Collin, Peter (Hrsg.), Generierung und Transfer staatlichen Wissens im System des Verwaltungsrechts, Tübingen 2008.

Teubner, Gunther, Die Episteme des Rechts. Zu erkenntnistheoretischen Grundlagen des reflexiven Rechts, in: Dieter Grimm (Hrsg.), Wachsende Staatsaufgaben – sinkende Steuerungsfähigkeit des Rechts, Baden-Baden 1990, S. 115 ff.

–, Digitale Rechtssubjekte? Zum privatrechtlichen Status digitaler Softwareagenten, AcP 218 (2018), S. 155 ff.

Trute, Hans Heinrich, Rechtliche Herausforderungen der Digitalisierung. Daten – Algorithmen – Wissen, in: Christian Bär/Thomas Grädler/Robert Mayr (Hrsg.), Digitalisierung im Spannungsfeld von Politik, Wirtschaft, Wissenschaft und Recht. 2. Band: Wissenschaft und Recht, Berlin/Heidelberg 2018, S. 313 ff.

–, Ungewissheit in der Pandemie – Wissensinfrastrukturen als Antwort?, i. d. Bd.

van den Daele, Wolfgang, Normativität und Faktizität. Zur Begründung normativer Geltungsansprüche in der Praxis von Diskursen, i. d. Bd.

Vesting, Thomas, Die Bedeutung von Information und Kommunikation für die verwaltungsrechtliche Systembildung, in: Wolfgang Hoffmann-Riem/Eberhard Schmidt-Aßmann/Andreas Voßkuhle (Hrsg.), Grundlagen des Verwaltungsrechts, Bd. II: Informationsordnung – Verwaltungsverfahren – Handlungsformen, München, 2. Aufl. 2013, § 20.

–, Kommentar, in: Alexander Somek, Wissen des Rechts. Mit Kommentaren von Andreas Funke und Thomas Vesting, Tübingen 2018, S. 127 ff.

–, Legal Knowledge – die kulturwissenschaftliche Perspektive, i. d. Bd.

Voßkuhle, Andreas, Sachverständige Beratung des Staates, in: Josef Isensee/Paul Kirchhof (Hrsg.), HStR, Bd. III, Heidelberg, 3. Aufl. 2005, § 43.

–, Das Konzept des rationalen Staates, in: Gunnar Folke Schuppert/ders. (Hrsg.), Governance von und durch Wissen, Baden-Baden 2008, S. 13 ff.

–, Expertise und Verwaltung, in: Hans-Heinrich Trute u.a. (Hrsg.), Allgemeines Verwaltungsrecht – zur Tragfähigkeit eines Konzepts, Tübingen 2008, S. 637 ff.

Weber, Max, Die Objektivität sozialwissenschaftlicher und sozialpolitischer Erkenntnis, in: Archiv für Sozialwissenschaft und Sozialpolitik 19 (1904), S. 22 ff. (wiederabgedruckt in ders., Gesammelte Aufsätze zur Wissenschaftslehre, Tübingen 1922, S. 146 ff.).

Weingart, Peter, Die Stunde der Wahrheit? Zum Verhältnis der Wissenschaft zu Politik, Wirtschaft und Medien in der Wissensgesellschaft, Weilerswist 2001.

Weingart, Peter/Carrier, Martin/Krohn, Wolfgang, Nachrichten aus der Wissensgesellschaft. Analysen zur Veränderung der Wissenschaft, Weilerswist 2007.

Wielsch, Dan, Zugangsregeln. Die Rechtsverfassung der Wissensteilung, Tübingen 2008.

Wischmeyer, Thomas/Rademacher, Timo (Hrsg.), Regulating Artificial Intelligence, Cham 2020.

Wollenschläger, Burkard, Wissensgenerierung im Verfahren, Tübingen 2009.

II.
Wissen und Recht: Fünf disziplinäre Zugänge

Rechtsgeschichte als Geschichte von Normativitätswissen?

Thomas Duve

Die Gründe für die Zuwendung der Sozial- und Rechtswissenschaft zum „Wissen" sind vielfältiger Natur. Die in diesem Band versammelten Beiträge zeigen es. Auch die Rechtsgeschichte beschäftigt sich seit längerer Zeit mit historischen Wissenskulturen, historischen Wissensordnungen, frühen Formen der *governance* und Regulierung des Wissens, der Bedeutung von Wissen historischer Akteure oder des Staates. Doch lässt sich Rechtsgeschichte *insgesamt* als eine „Geschichte von Normativitätswissen" schreiben? Und: Ist das überhaupt notwendig und sinnvoll?

Alle drei Fragen werden in diesem Beitrag, der mit einer Skizze der Konzeption einer solchen Geschichte von Normativitätswissen beginnt (I.), bejaht. Er ist explorativ, baut allerdings auf recht intensiven Diskussionen in der Wissenschaftsgeschichte, der Wissensgeschichte, der Rechtsgeschichte und Rechtstheorie auf, etwa wenn Rechtsnormen als „Handlungstypus regelhafter Informationsverarbeitung unter Unsicherheitsbedingungen" konzipiert und Rechtstraditionen insgesamt als Prozess der Aneignung und Verarbeitung von normativer Information verstanden werden.[1]

---

1 Aufgrund der Weite des Themas musste ich vor allem in den Abschnitten zur Forschungsgeschichte weitgehend auf Nachweise verzichten. Ich verweise für diese auf vorherige Publikationen. Sie beginnen mit einer kritischen Auseinandersetzung mit der deutschen Tradition der sog. europäischen Rechtsgeschichte, vgl. Duve (2012). Sie bilanzieren Möglichkeiten einer transnationalen Rechtsgeschichte, vgl. Duve (2014) und die rechtshistorische Forschung der letzten Jahrzehnte im deutschen Sprachraum, vgl. Duve (2018a). Der wissensgeschichtliche Ansatz wurde erörtert, erprobt und fortentwickelt in Duve (2018c); Duve (2020a); Duve (2021); Duve (2020b). Wichtige Inspirationen waren die Arbeiten von Merio Scattola, insbesondere Scattola (2006); Glenn (2014); Schuppert (2014); Schuppert (2015a); Schuppert (2017); Schuppert (2019b); Schuppert (2021); Vesting (2015) – von Vesting auch das Zitat, Rz. 65. Die Debatte aus dem Bereich der Wissenschafts- und Wissensgeschichte habe ich nicht zuletzt durch Lorrain Daston, Jürgen Renn, Matteo Valleriani kennengelernt. Einen Bezug der Wissensgeschichte zur Rechtsgeschichte stellte in einem Kolloquium am MPI für – damals – europäische Rechtsgeschichte im Jahr 2013 her: Renn (2014). Die Überlegungen zu Normativitätsregimen haben wir in einer Arbeitsgruppe am MPI diskutiert, in deren Rahmen auch ein Text zur Erläuterung der Konzeption von „Historischen Normativitätsregime" verfasst wurde; ein Entwurf dieses Beitrags wurde auf einer Sitzung des Seminars

Jede Neuerung muss allerdings darlegen, dass sie im Vergleich zum *status quo* Erkenntnischancen birgt und nicht bloß effektvoll das Rad neu erfindet. Denn gerade die sog. europäische oder westliche Rechtsgeschichte hat wichtige Einsichten in historische Prozesse der Normbildung vermittelt. Sie reflektiert diese zum Teil auch bereits aus einer Perspektive, die man als wissensgeschichtlich bezeichnen könnte. Daran kann und muss man anknüpfen (II.).

Blickt man genauer hin, so konzentriert sich die deutschsprachige Forschungstradition, die in diesem Beitrag im Mittelpunkt steht, allerdings auf einen besonderen Ausschnitt aus der Rechtsgeschichte, nämlich auf das, was die Historische Rechtsschule das „Juristenrecht" nannte. Dessen Geschichte wurde im 20. Jahrhundert in eine voraussetzungsreiche teleologische Erzählung eingeschrieben, deren Fluchtpunkt das Recht des Nationalstaats und der westlichen Moderne war. Die Bilanz des Rückblicks ist deswegen gemischt: Es gibt sehr viel von der Tradition zu lernen, aber zugleich sind wir in ihr gefangen (III.).

Das wird besonders deutlich, wenn man nach den blinden Flecken und Defiziten dieser Forschungstradition fragt. Hier fällt zunächst auf, dass die deutsche Variante der europäischen Rechtsgeschichte, wie auch andere europäische Traditionen, nicht die tatsächliche Vielfalt von Regelungs- und Entscheidungskollektiven, auf die sie selbst aufmerksam gemacht hat, in ihre Erzählung und deren tragende Grundbegriffe integrieren kann. Mithilfe einer wissensgeschichtlichen Perspektive kann dies gelingen, am besten, wenn man diese als epistemische Gemeinschaften und Gemeinschaften der Praxis begreift (IV.).

Auch verfügt die Rechtsgeschichte als Fach nicht wirklich über ein begriffliches Instrumentarium, um die Prozesse der Normerzeugung durch diese vielfältigen Akteure angemessen zu beschreiben; der meist implizite Rechtsbegriff, der ihrer Forschung zu Grunde liegt, ist zu eng, ihr methodologischer Nationalismus steht ihr im Wege. Der weite Begriff des Normativitätswissens bietet hier Abhilfe (V.). Die diachrone Intertextualität, aber auch die Reproduktion von Recht im Raum, lassen sich im Anschluss daran als großer Prozess der Translation von Normativitätswissen verstehen (VI.).

---

zu Methoden der Rechtsgeschichte am Department „Historische Normativitätsregime" am MPI für Rechtsgeschichte und Rechtstheorie im März 2021 besprochen. Eine weitgehend gleichlautende Fassung des Beitrags ist inzwischen publiziert in Rechtsgeschichte – Legal History 29 (2021), 41-68. Erzeugung von Wissen ist ein sozialer Prozess – allen Beteiligten sei gedankt!

Eine auf diesen Grundlagen stehende Rechtsgeschichte, die man vielleicht auch als eine Historische Epistemologie von Normativität bezeichnen könnte, hätte natürlich nicht alle ihre Methodenprobleme gelöst. Doch überwindet sie Pfadabhängigkeiten und kann einen Ausweg aus manchen Aporien weisen, die sich aus der Forschungstradition ergeben haben. Vor allem stellt sie leistungsfähige Begriffe zur Verfügung, mit denen einige der großen Themen der Rechtsgeschichte, also z.B. die relative Autonomie des Rechts und dessen Reproduktions- und Transformationslogiken, systematisch und anschlussfähig adressiert werden könnten. Ein Ziel einer solchen Rechtsgeschichte könnte nicht zuletzt im besseren Verständnis der Formen der Produktion von Normativitätswissen liegen. Rechtshistorische Forschung könnte damit gesprächsfähiger werden für das Nachdenken über normative Ordnungen der Gegenwart und der Zukunft – und für die Reflexion über die mit der Digitalisierung unserer (Rechts-)Kultur verbundenen dramatischen Veränderungen in den Formen der Produktion von Recht. Sie würde neben die „große Erzählung" eine zwar nicht gleichermaßen eingängige, aber analytisch fruchtbarere Perspektive setzen (VII.).

Das ist im Moment und trotz erster Umsetzungen in rechtshistorische Forschungspraxis noch Zukunftsmusik. Beginnen wir deswegen wenigstens mit einer Skizze, wohin eine solche intellektuelle Reise gehen könnte: Wie könnte eine Rechtsgeschichte als Geschichte von Normativitätswissen aussehen?

I. Eine Geschichte von Normativitätswissen?

Eine Geschichte von Normativitätswissen würde bei dem elementaren Befund ansetzen, dass normative Ordnungen das Ergebnis einer kontinuierlichen sozialen und kulturellen Konstruktionsleistung sind. Sie werden von einer Vielzahl von Akteuren und Aktanten hergestellt. Normative Ordnungen entstehen und verändern sich in einem großen diachronen Prozess der Speicherung, Verarbeitung, Autorisierung – und natürlich zugleich auch des Vergessens und der Deautorisierung – von Information. In diesem Prozess, den man auch als Translationsvorgang bezeichnen kann, werden die als relevant selektierten Informationen auf ein konkretes Handlungsfeld, nämlich die Erzeugung von Normativität im Blick auf einen bestimmten Lebensbereich, bezogen. Informationen werden damit, so der hier bevorzugte Sprachgebrauch, zu Normativitätswissen. Dieses Wissen ist höchst vielfältig: es umfasst Praktiken, Regeln, Normen und Prinzipien, explizites oder implizites Wissen.[2] Es ist also das Mittel der Normerzeugung und deren Ergebnis, und in dieser kontinuierlichen Translation und den damit unvermeidlichen Variationen liegt auch der Schlüssel zu Stabilität und gleichzeitiger Veränderung.

Das zur Verfügung stehende Wissen sowie die historischen Bedingungen, unter denen diese Translation von Information in Normativitätswissen stattfindet, geben der jeweiligen normativen Ordnung ihre konkrete Gestalt. Sozio-ökonomische Grundlagen, Machtverteilungen, ästhetische Kategorien, soziale Deutungsmuster und vieles mehr wirken auf diesen Prozess ein. Deswegen ist beispielsweise die Herrschaft von Personen über Sachen oder über andere Personen oder über beides gemeinsam in verschiedenen Regionen oder Epochen unterschiedlich ausgestaltet. Diese historischen Konkretisierungen von Möglichkeiten sind in der rechtshistorischen Forschung zum Teil den Quellen entnommenen, zum Teil auch mit aus Abstraktionen gewonnenen Begriffen bezeichnet worden, z.B. *possessio*, Gewere, Munt oder Besitz, dingliches Recht, Leibeigenschaft. Wissensgeschichtlich gesehen sind dies freilich bloß Namen für die Ergebnisse von kontingenten Prozessen der Verarbeitung und Erzeugung von Normativitätswissen. Diese Bezeichnungen weisen allerdings auf Verdichtungsprozesse hin, und sie sind natürlich selbst höchst aufschlussreich: denn warum eine bestimmte Form von Normativitätswissen als „Recht" oder als „Gewohnheit" etc. bezeichnet wurde, hatte Gründe, und gerade in der Frage nach diesen Gründen liegt ein wichtiges Anliegen der Rechtsgeschichte. Das gilt für die Quellenbegriffe, und auf einer reflexiven Ebene auch für die analytischen Begriffe: Warum schreiben wir etwa als „Rechtsgeschichte" vor allem die Geschichte einer bestimmten Form von Normativitätswissen, und nicht die eines anderen *modus*?

Weist ein historisches Arrangement von Praktiken, Regeln, Normen und Prinzipien eine gewisse Stabilität auf, kann man dieses auch als historisches „Regime" bezeichnen. Man kann dann z.B. ein Dependenzregime

---

2 Normativitätswissen kann man – in Anlehnung an eine Beschreibung kulturellen Wissens – bezeichnen als Gesamtmenge der Propositionen, die die Mitglieder einer epistemischen Gemeinschaft für wahr halten bzw. die eine hinreichende Anzahl von Texten als wahr setzt. Es kann sowohl implizites als auch explizites Wissen umfassen und sich auf als gesichert geltende Fakten, begriffliche und theoretische Konstruktion sowie kulturelle Denk-, Orientierung-und Handlungsmuster erstrecken und ist in der Regel auf eine Vielzahl unterschiedlicher Medien, Akteure und Institutionen verteilt; auch Werte gehören dazu. Wissen wird dabei zu Normativitätswissen, wenn und soweit es auf das Handlungsfeld „Normativität" bezogen ist; „Normativität" wird dabei verstanden als die Eigenschaft, verpflichtend zu sein. Zum Begriff vgl. ausführlicher unten, Abschnitt V.

beschreiben, das die Gestaltung von Abhängigkeitsverhältnissen bezeichnet; oder ein Sachherrschaftsregime, das die Beziehung zwischen Personen und Gegenständen regelt. Da diese Regime auf die Herstellung von Normativität für einen bestimmten Handlungsbereich gerichtet sind, kann man sie auch ein „Historisches Normativitätsregime", jeweils bezogen auf einen bestimmten Gegenstandsbereich, nennen.[3]

Auch die Praktiken, Regeln, Normen und Prinzipien der Herstellung von Normativität als solcher gehören natürlich zu diesen Regimen: denn man erzeugt für die Lösung eines Problems ja nicht nur eine inhaltliche Regelung, sondern man tut dies *auf eine bestimmte Weise* – nämlich so, wie man üblicherweise Regelungen vornimmt. Man folgt expliziten oder impliziten Konventionen. Man handelt unter bestimmten Bedingungen, auch medialer, materialer Natur. Man kann diese Bedingungen des Handelns auch als „Normativitätserzeugungswissen" bezeichnen.

Auch dieses Normativitätserzeugungswissen ist historisch vielleicht stabil, aber nicht statisch. Es verändert sich in der Zeit. Es entwickelt dabei eine eigene Transformationsdynamik. Mit neuen Medien beispielsweise dürften sich die Formen der Normerzeugung verändern, und trotz der häufig kapillaren Wirkung technologischer Innovation auf alle Lebensbereiche führen solche neuen Medien zwar zu Veränderungen in der Form der Produktion von Wissen und dann auch dieses Inhalts selbst, aber nicht notwendigerweise zugleich auch zu Veränderungen in den spezifischen Handlungsfeldern; andersherum mag es sein, dass sich politische Herrschaft und rechtlicher Rahmen ändern, juridische Praktiken aber weitgehend stabil bleiben[4]. Vor allem in dieser Eigendynamik des Normativitätserzeugungswissens dürfte der Schlüssel zum Verständnis der in der Rechtsgeschichte spätestens seit der Historischen Rechtsschule immer wieder diskutierten, lange Zeit im Metaphysischen gesuchten oder mit diffusen Begriffen wie „Rechtskultur" oder „Rechtstradition" verbundenen Vorstellung von der sog. „relativen Autonomie", der „Eigengesetzlichkeit" des Rechts liegen.

---

3 Historische Normativitätsregime lassen sich definieren als Beobachtungen von mehr oder weniger stabilisierten historischen Arrangements von Praktiken, Regeln, Normen und Prinzipien und deren kontingenten Bedingungen, die bei der Herstellung, Vermittlung und Durchsetzung von generalisierbaren Verhaltenserwartungen in Bezug auf ein bestimmtes Handlungsfeld relevant sind. Zum Begriff vgl. ausführlicher unten, Abschnitt V.

4 So beispielsweise das Ergebnis der Studie von Pihlajamäki (2017). Zur Wechselwirkung von Medium und Inhalt z.B. Hespanha (2008); Meyer (2020); Bragagnolo (2020).

Betrachtet man dieses (meist implizite und schwer zu isolierende) Metawissen gesondert und findet auch hier stabile Arrangements, so kann man von einem „Historischen Normativitätserzeugungswissensregime" sprechen.[5] Ändert sich also ein Normativitätsregime, so mag dies auf soziale, ökonomische, mentalitätsgeschichtliche etc. Veränderungen hinweisen; es mag aber auch eine Veränderung im Bereich des Normerzeugungswissens gewesen sein, die dahinterstand. Meistens sind beide Prozesse in vielfältiger Weise miteinander verbunden, und es dürfte kaum möglich sein, die Veränderung von Normativitätserzeugungswissensregimen zu rekonstruieren, ohne Normativitätsregime zu beobachten.

Man wird also Rechtsgeschichte durchaus als eine Geschichte der Erzeugung von Normativitätswissen schreiben können, bei der man unterschiedliche Historische Normativitätsregime herausarbeitet, verkettet und vielleicht auch vergleicht. Ähnlich wie in der Historischen Epistemologie der Wissensforschung haben die sich wandelnden historischen Formen der Erzeugung von Normativität selbst – also die Historischen Normativitätserzeugungswissensregime – eine besondere, geradezu grundlegende Bedeutung. Denn sie beeinflussen die Art und Weise der Normerzeugung als solche.

Doch warum so kompliziert? Ist das notwendig? Ist Rechtsgeschichte nicht ohnehin schon als Geschichte der Normerzeugung geschrieben worden? – Ja – und nein.

II. Ein großer Prozess diachroner Intertextualität

Tatsächlich hat sich, so scheint es, gerade die deutsche Variante der europäischen Rechtsgeschichte intensiv mit der Geschichte der Normerzeugung beschäftigt.[6] Die Rekonstruktion von Regelungstraditionen, die

5 Normativitätserzeugungswissensregime sind somit Normativitätsregime besonderer Art, die das „intellektuelle Betriebssystem" von (anderen) handlungsfeldbezogenen Normativitätsregimen darstellen. Allerdings sollte das nicht zu dem Schluss verführen, dass jedem Normativitätsregime ein bestimmtes Normativitätswissensregime zugeordnet ist und umgekehrt. Vielmehr ist davon auszugehen, dass Normativitätswissensregime durchaus ihren eigenen Reproduktions- und Transformationslogiken folgen, die gerade nicht an die Grenzen eines handlungsfeldbezogenen Normativitätsregimes gebunden sind. Zum Begriff vgl. ausführlicher unten, Abschnitt V.

6 Die folgenden, vor allem der Herausarbeitung einiger Linien dienenden Ausführungen sind mit einem Blick auf die deutschsprachige Tradition geschrieben. Natürlich ist diese nicht von anderen zu trennen, weist aber doch zahlreiche Beson-

longue durée Perspektive auf Dogmatik und System, gehören geradezu zu ihren Markenzeichen. Die vielfältigen Beobachtungen, die diese quellennahe und tief in historische Regelungsrationalitäten eindringende Forschung hervorgebracht hat, kann man auch als Beschreibung eines jahrhundertelangen Prozesses diachroner Intertextualität lesen.

Diese in der mehr als zweihundertjährigen Forschung herausgearbeitete, maßgeblich von der Historischen Rechtsschule und der mit dieser einsetzenden Tradition geprägte große Erzählung der Rechtsgeschichte beginnt bekanntlich in Rom. Sie zeigt nicht nur das Nachdenken über eine Fülle von Regelungsproblemen, die uns noch heute beschäftigen. Sie macht auch deutlich, wie Texte der römischen Juristen aus der Zeit des klassischen römischen Rechts noch in der Antike vielfach aufgenommen, angepasst, für die eigene Zeit verändert und damit stets auch in andere Kontexte eingebettet wurden. Gerade die sprachliche und gedankliche Dichte machte die Texte, die zum Teil Jahrhunderte nach ihrer Entstehung in den Digesten zusammengestellt worden waren, zu Objekten vielfältiger Interpretation. Mit Konzilsbeschlüssen, ersten Dekretalen und Kanonessammlungen trat neben das römische in der sog. nachklassischen Zeit das kanonische Recht, das Recht der Kirche. Eher selten wird in den Darstellungen auf jüdische und griechische Traditionen verwiesen, noch seltener auf altorientalische Rechte, trotz deren großer Bedeutung. Rom bleibt die zentrale Referenz.

Die Forschung zur Geschichte des römisch-kanonischen Rechts, die im 19. Jahrhundert bereits auf viele Vorarbeiten aufbauen konnte, hat seitdem gezeigt, wie diese Normen an ganz unterschiedlichen Orten Europas verarbeitet und damit auch verändert worden sind. Gerade die Berufung auf das Alter oder die besonderen Entstehungsumstände verliehen diesen Texten hohe Autorität, auch wenn – oder gerade weil – sie sich mit der Zeit veränderten: Denn mit jeder Abschrift, mit jeder neuen Texttradition und kulturellen Übersetzung in andere lokale oder regionale Umstände konnten neue Bedeutungen entstehen. Die vielfach kopierten Sammlungen mittelalterlichen Rechts waren *living texts*, weil sich ihr Inhalt durch Abschreibefehler, bewusste Manipulation oder schlicht durch viele, angesichts neuer Umstände als notwendig empfundene Anpassungen im Laufe der Zeit stark veränderte.

---

derheiten auf; sie ist z.B. der italienischen enger verwandt, unterscheidet sich allerdings deutlich z.B. von der spanischen und französischen. Für ausführliche Nachweise vgl. die in Fn. 1 zitierten Arbeiten.

Mit der Institutionalisierung der Textbearbeitung in den ersten Universitäten im Hochmittelalter – also dem, was häufig als die Geburt der Rechtswissenschaft bezeichnet wird – verfestigten sich viele Normen, Regeln, Prinzipien und Praktiken des Umgangs mit den Texten. Man erklärte nun „den Text mit dem Text“[7]. Das *ius commune* (das sog. gemeine Recht) entstand, dem das zunehmend nach der Systematik dieses *ius commune* begriffene Partikularrecht (*ius particulare*) gegenübergestellt wurde. Das Netz der Intertextualität wurde immer dichter. In Glossen und Kommentaren, Konsilien und anderen Textgattungen entwickelten Juristen an einer zunehmenden Zahl von Orten Europas unter Bezug auf antike Quellen neue Texte und kreative Lösungen für die Probleme ihrer Zeit. Sie arbeiteten an Begriffen und einer Dogmatik für das Recht des städtischen Lebens, für Handel und Wirtschaft, für Religion und Politik. Alles das geschah im Kontext einer kulturellen Blüte, der Gründung von Städten und Universitäten, der Scholastik. Es begann ein Prozess, der später als „Rezeption“ des gelehrten Rechts bezeichnet und als zentral für die Herausbildung einer gemeinsamen europäischen Rechtsgeschichte und der europäischen Rechtskultur überhaupt angesehen wurde.

Bereits im Hoch- und Spätmittelalter vermehrte sich wegen dieser enormen Produktivität der an der Normsetzung Beteiligten, der Herausbildung von Institutionen, dem Wachstum der Ordensgemeinschaften und vieler weiterer Faktoren das zur Verfügung stehende Wissen in geradezu exponentieller Weise – trotz der Flaschenhals-Effekte, wie sie epochemachende Texte wie das *Decretum Gratiani*, die als *Concordia discordantium canonum* bezeichnete Sammlung kirchlicher Autoritäten aus dem 12. Jahrhundert, auslösten. Kaiserliche und päpstliche Rechtsetzung, die Wissenschaft, die insbesondere im kirchlichen Recht immer neue Sammlungen produzierte und das sogenannte neue Recht (*ius novum*) autorisierte, aber auch institutionelle Rechtspraxis produzierten unablässig neue *leges*, Privilegien, Dekretalen, Glossen, Kommentierungen, die mit den Bestehenden verwoben wurden. Schichten legten sich über Schichten, und neue Wissensordnungen bildeten sich heraus.

Alles das ist vor allem für die römisch-kanonische Tradition, in geringerem Maße auch für die sog. germanistische Linie nachgezeichnet worden. Auch in dieser wurden wichtige Rechtsbücher wie z.B. der Sachsenspiegel oder eine Fülle von Stadtrechten verfasst, kopiert, übersetzt. Es bildeten sich Stadtrechtsfamilien und ähnliche Regeln enthaltende Aufzeichnungen von Handelsbräuchen. Die dabei entstehenden Rechtsräume waren

7 Bellomo (1993).

vielfältig. Sie folgten Handelsrouten, dynastischer Politik, Bündnissen und Eroberungen. Sie waren keineswegs koextensiv mit den Räumen der sog. Rezeption. So ist der Ostseeraum aus der Perspektive der Geschichte des Handelsrechts eng verbunden, während das sog. gelehrte Recht in Skandinavien trotz einer beachtlichen Präsenz des kanonischen Rechts weniger Einfluss hatte. Doch insgesamt wurden auch durch diese vielfältigen Kommunikationsprozesse lokale und regionale Überlieferungen in die Sprachen und damit auch Grundbegriffe anderer Zeiten und Räume übersetzt, zunehmend mit Methoden des gelehrten Rechts. „Romanistik", „Germanistik" und „Kanonistik", die aus der Konfrontation im 19. Jahrhundert stammenden Bezeichnung für die drei großen Rechtsmassen und deren Wissenschaft, lassen sich deswegen vielleicht unterscheiden, aber sicher nicht trennen.

Die Medienrevolution des späten 15. und 16. Jahrhunderts trug dazu bei, diesen Prozess der Vervielfachung und Assimilierung von Wissen in Bezug auf Recht nochmals zu intensivieren. Auch diese Pluralisierung von normativen Optionen wird in dem Maße deutlicher, in dem Mediengeschichte und Rechtsgeschichte kombiniert werden. An einer zunehmenden Zahl von Orten wurde immer mehr Wissen, also Normen aller Art, Kommentierungen, Urteile etc., in immer mehr Medien gespeichert. Dadurch war dieses Wissen noch leichter verfügbar, Varianten konnten nebeneinandergelegt und verglichen werden, und mehr und mehr Widersprüche fielen auf. Diese mussten durch wieder neue Interpretationen gelöst werden. Der Buchdruck brachte insofern einerseits eine Standardisierung von Texten, zugleich aber auch viele neue Textunsicherheiten, nicht zuletzt im Blick auf die *bestseller* des Buchdrucks und -handels, die in vielen, oft leicht unterschiedlichen Auflagen verkauft wurden. Auch neue Formen der Textbearbeitung, etwa philologische Quellenkritik des Humanismus, vervielfachten die Lesarten. Man versuchte diese Vielfalt mit Strategien der Autorisierung von Texten, der Zentralisierung von Normsetzung oder einer Monopolisierung der Interpretation zu begegnen.

Die europäische Expansion, Reformationen, die mit diesen historischen Großereignissen verbundenen Neugründungen von Universitäten, die Kommerzialisierung der Buchherstellung, der frühneuzeitliche normsetzende Staat, Bürokratisierung und Professionalisierung des Juristenstandes und viele weitere Faktoren beschleunigten diesen Prozess. Bald wurden normative Texte auch nicht mehr allein in den Metropolen oder in den Kanzleien der frühneuzeitlichen europäischen Staatenwelt, sondern an vielen Orten auf der ganzen Welt produziert, in Manila und Mexiko. Man beobachtete sich, wechselte die Sprachen und übersetzte das Wissen in zum Teil nun völlig andere Realitäten. Auch dafür wurde das verfügbare

Wissen zusammengestellt, ausgewählt, angepasst. Neue *genres* und Ordnungssysteme versuchten, diesen „*early modern information overload*“ [8] einzuhegen. Denn auch wenn Klagen über die unübersehbare Fülle von Autoritäten, auf die man sich berufen konnte, und die damit einhergehende Willkür und Unberechenbarkeit der Justiz schon jahrhundertealt waren: diese erschienen nun als nicht mehr hinnehmbar. Unbestimmtheit war zweifellos auch eine Regelungs- und Herrschaftstechnik. Doch zugleich strebte man nach Zentralisierung, Kontrolle, Berechenbarkeit des Rechts.

Betrachtet man die Vielfalt der über Jahrhunderte angesammelten Autoritäten und die Versuche, diese Vielfalt zu beherrschen, so lassen sich – um abzukürzen – auch die folgenden klassischen rechtshistorische Epochen wie die des Naturrechts, des Usus modernus, des aufgeklärten Absolutismus, aber auch die Historische Rechtsschule, die Bemühung der Pandektistik um Dogmatik und Systembildung, die Kodifikationen und vieles mehr als Versuche der „Schließung“ (*closure*) interpretieren, um einer kontinuierlichen diachronen Reproduktion und damit Mutation von Normen entgegenzutreten[9]. Lange hoffte man, dass diese Schließung mit Dogmatik, System, Kodifikation, Juristenausbildung und Justizreformen endgültig gelingen würde.

Vielen Juristen erschien die dahinterstehende Vorstellung einer Monopolisierung der Rechtserzeugung und einer systematischen Geschlossenheit als großer Sieg, anderen als Tragik. Realität waren der „juristische Absolutismus“ [10] der Moderne und die Einheit des Rechtssystems niemals. In jedem Fall aber zeichnete die Rechtsgeschichte mit ihrer Erzählung von der Entwicklung des Rechts von den römischen Juristen zu den Kodifikationen der Nationalstaaten den langen Weg des Rechts in die – je nach Standpunkt ersehnte oder gefürchtete – juristische Moderne nach.

III. Juristenrecht auf dem Weg in die Moderne

Das ist eine faszinierende Geschichte. Dass man sie erzählen kann, ist umso eindrucksvoller, als sie zunächst eigentlich geradezu ein Nebenprodukt rechtswissenschaftlicher Forschung war – nämlich der „Geschichtliche[n]

---

8 Rosenberg (2003).

9 Die Interpretation dieses Prozesses als closure bei Glenn (2014) unter Bezug auf Lawson (2001).

10 Zur Formulierung des „Juristischen Absolutismus“ und dessen Bedeutung Grossi (1998).

Rechtswissenschaft“[11], die das Fach Rechtsgeschichte nachhaltig geprägt hat.

Diese Geschichte ist auch heute keineswegs ausgeschrieben. Im Gegenteil, eine die nationalen Perspektiven überwindende europäische Rechtsgeschichte ist „immer noch ein Projekt“[12], und sie hat noch großes unausgeschöpftes Potential. Denn „[w]ie die Juristen die Welt sahen“[13] ist nicht nur für das Recht relevant. Viele Deutungsmuster der Wirklichkeit sind im juridischen Diskurs auf den Begriff gebracht worden, sickerten in andere Bereiche ein, wurden angeeignet, verändert, übersetzt, in die Sphären des Rechts zurückgeführt. In dieser Geschichte sind, wie hier nur angedeutet werden konnte, zudem beeindruckende Rekonstruktionen der Textualität von Recht zu finden, der Transformation von Wissensordnungen, der Emergenz neuer Wissenspraktiken, und diese Befunde werden zunehmend in der Sprache der Wissensgeschichte formuliert.[14] Es gibt also zahlreiche Einsichten aus der Forschungstradition, an die eine wissensgeschichtliche Perspektive anknüpfen kann und muss, wenn sie sich mit der Herstellung von Normativitätswissen beschäftigt.

1. *Juristenrecht*

Doch tritt man zunächst nochmals einen Schritt zurück, fragt nach den impliziten Grundannahmen dieser Forschungstradition und historisiert sie, so werden auch die Grenzen dieser großen kollektiven intellektuellen Anstrengung deutlich. Denn hinter den vielen Akteuren, Orten und Themen dieser Geschichte scheint recht deutlich der Umriss dessen auf, was man im 19. Jahrhundert das „Juristenrecht“ nannte: Die europäische Rechtsgeschichte beginnt mit der Rechtsschöpfung durch die römischen Juristen der klassischen Antike und durch die katholische Kirche, die ausdrücklich als Rechtskirche verstanden wird. Sie entwickelt sich weiter durch die Verfasser von Kompilationen, Rechtsbüchern, Glossen und Kommentaren. Sie mündet in juristischer Dogmatik und Systembildung, in Ideen und Institutionen des Privatrechts und in neuerer Zeit des öffentlichen Rechts und seiner Wissenschaft.

---

11 So der programmatische Titel der berühmten, von Eichhorn, Savigny und Göschen gegründeten Zeitschrift, deren erster Band 1815 erschien.

12 Stolleis (2011a).

13 Hespanha (2015).

14 Vgl. z.B. Meyer (2006); Thier (2007); Dusil (2018).

Rechtsgeschichte ist, näher besehen, in der hier skizzierten Forschungstradition vor allem die Geschichte der von Juristen und ihrem kirchlichen Äquivalent, den Kanonisten, erzeugten Normen, sei es in Form von Gesetzen, Rechtssammlungen, Dogmatik oder Kodifikationen, die gerade aus deutscher Perspektive vor allem eine Leistung der Wissenschaft, also der Juristen, sind. Es sind Juristen, die in einem diachronen, medial vermittelten Kommunikationsprozess immer wieder Normen aus der Vergangenheit aufnehmen, verarbeiten und fortbilden. Auch wenn man auf die Praxis blickt, interessiert vor allem die Gerichtspraxis, also die des Juristen. Hinter der Vorstellung des Juristen verbergen sich natürlich eine ganze Fülle unterschiedlicher sozialer Phänomene, die in verschiedenen historischen Regimen jeweils besondere Funktionen ausübten. Doch in der historiographischen Konstruktion werden Juristen und ihr Recht zum Kontinuitätsfaktor, selbst noch durch ihr Fehlen in einem „Zeitalter ohne Juristen“[15]. Juristen sind die Verwalter und Erzeuger des Rechts[16], und das in kontinuierlicher Metamorphose befindliche Juristenrecht gibt der großen Erzählung der europäischen Rechtsgeschichte ihre Einheit.

2. *Von der geschichtlichen Rechtswissenschaft zur Apologie des Juristen*

Diese Konzentration auf den Juristen ist sicher auch die Selbstbespiegelung eines Standes. Sie ist vor allem aber die Folge der Prägung des Fachs durch die Historische Rechtsschule. Denn deren Rechtsentstehungslehre hatte das Juristenrecht zum fast ausschließlichen Gegenstand der Rechtsgeschichte gemacht und damit akademische Praktiken, Konventionen, Relevanzhierarchien und nicht zuletzt Institutionen der Wissensproduktion etabliert, die bis weit in das 20. Jahrhundert stabil blieben.

Die Präferenz der Historischen Rechtsschule für das Juristenrecht lässt sich gesellschaftsgeschichtlich analysieren, erklärte man doch mit den Juristen letztlich sich selbst für zuständig für die Rechtsfortbildung und den Bau der juristischen Monumente der Nationalstaatlichkeit, vor allem in Form der Kodifikationen. Doch man tat dies auf der Grundlage einer Rechtsentstehungslehre, die philosophisch gegründet war und die sich zudem auf eine eindrucksvolle Überlieferung stützen konnte. In einem großen, von Savigny selbst initiierten und mithilfe der *respublica litteraria* ausgeführten transnationalen Projekt wurden massenhaft Handschriften

15 Bellomo (2005), 35 ff.
16 Simon (1988).

gesichtet und spektakuläre Funde gemacht, und die in diesen Texten enthaltenen juristischen Gedanken beeindruckten durch ihre Tiefe und Prägnanz. Die Rechtswissenschaft könnte, das war auch jenseits aller Streitigkeiten zwischen Berlin und Heidelberg klar, ihrem „Beruf" zur Gesetzgebung dann am besten nachkommen, wenn sie dieses über Jahrhunderte gereifte Juristenrecht rekonstruierte, nach den lokalen Artikulationen suchte und diese in den Kodifikationen auf eine höhere Abstraktionsstufe heben würde. So wie die Sprachwissenschaften aus dem Gebrauch auf die Grammatik schlossen, wollten die Juristen aus der historischen Überlieferung das Alphabet und die Grammatik des Rechts freilegen.

Was das „Juristenrecht" war, war schon damals natürlich keineswegs eindeutig, so wenig, wie die Historische Rechtsschule einheitlich war[17]. Auch dass man gerade dieses Juristenrecht zum Hauptgegenstand der geschichtlichen Rechtswissenschaft erklärte, war alles andere als unumstritten. Im Gegenteil: „Volksrecht" und „Juristenrecht" wurden zu Kampfbegriffen in einer (rechts)politischen Auseinandersetzung, die das Fach spaltete. Doch spätestens nachdem sich Rechtsgeschichte, Rechtsdogmatik und Rechtsvergleichung um 1900 ausdifferenziert hatten, vollends dann mit den Irrwegen der sog. juristischen Germanistik im NS und deren konsequentem Abbruch nach 1945, hatte sich das Juristenrecht der romanistisch geprägten Tradition als der zentrale Fluchtpunkt rechtshistorischer Beobachtungen etabliert. Damit waren die Pfade gelegt, auf denen man weiterschritt, selbst wenn das weltanschauliche oder rechtstheoretische Fundament sich änderte. Savigny blieb der Leitstern, das Programm der Historischen Rechtsschule Legitimationsquelle und Inspiration, auch wenn bald andere Rechtsentstehungslehren und Auffassungen vom Zweck rechtshistorischen Arbeitens die Debatte dominierten. „Begriffsjurisprudenz", „Freirechtsschule" und Rechtsgeschichte als geisteswissenschaftliche Rekonstruktion von „Denktypen" sind einige der Stichworte und Kampfbegriffe aus diesen grundlegenden Debatten um Recht und Geschichte im ausgehenden 19. und beginnenden 20. Jahrhundert, die hier nur kurz benannt werden können.

Wissenschaftsgeschichtlich ragt das 19. Jahrhundert deswegen noch weit in das 20. hinein; es prägte die Praktiken der Produktion rechtshistorischen Wissens. Dogmengeschichtliche und geistesgeschichtliche Rechtsgeschichten wurden nun als „innere" und „äußere" Rechtsgeschichten weitgehend unverbunden nebeneinander betrieben; die dahinterstehenden, eigentlich unversöhnlichen rechtsgeschichtstheoretischen Anschau-

---

17 Vgl. dazu Haferkamp (2018).

ungen gerieten im Forschungsalltag weitgehend in Vergessenheit. Wirkungslos blieben sie allerdings keineswegs, im Gegenteil: Die wohl einflussreichste große Erzählung, Franz Wieackers *Privatrechtgeschichte der Neuzeit*, ist ein nur aus dieser Frontstellung der ersten Jahrhunderthälfte verständliches Bekenntnisbuch – und eine im Licht der moralischen Katastrophe verfasste Apologie des Juristen[18].

Von höchst unterschiedlicher Seite berief man sich auch nach 1945 weiter auf die Historische Rechtsschule und ihr Programm. Carl Schmitt bekannte sich in seinem Vorwort zum *Nomos der Erde* zu ihr, da nur „in einer richtig und fruchtbar gewordenen Geschichtlichkeit" die Rechtswissenschaft in ihrem Existenzkampf „den Boden ihres eigenen Daseins" behaupten könne[19]. Mit etwas weniger Pathos wandte sich ein europäischer Kreis führender Rechtshistoriker in den 50er Jahren dem Projekt eines – so ausdrücklich – „Neuen Savigny" zu (im Rahmen des IRMAE)[20], europäisch ausgerichtet und bis in das 19. Jahrhundert weitergeführt; in den 60er Jahren wurde mit dem Max-Planck-Institut für europäische Rechtsgeschichte eine Forschungsinstitution gegründet, in der man bis in die frühen 80er Jahre an diese intellektuelle Tradition anknüpfte. Im Klima der neuen Kodifikationswelle in den Staaten des ehemaligen Ostblocks, der europäischen Integration und der Internationalisierung der 90er Jahre wurde mit neuem Enthusiasmus gefordert, „Savigny's Vermächtnis" einzulösen[21]. Rechtshistoriker folgten nun erneut dem Weg des Juristenrechts von Rom über Bologna und nun nach Brüssel, aber auch durch Südafrika oder Lateinamerika. Wieder reklamierte vor allem die historisch-vergleichende Privatrechtswissenschaft eine führende Rolle bei der Fortbildung und Harmonisierung von Recht.

Doch auch jenseits dieses von der geschichtlichen Rechtswissenschaft inspirierten Privatrechtsprojekts bekannten sich noch um die Jahrtausendwende bedeutende Rechtshistoriker zur Rechtsentstehungslehre der historischen Rechtsschule und hofften, mit ihrer Hilfe Genese und Geltung in Verbindung bringen zu können[22]. Der von der geschichtlichen Rechtswissenschaft geprägte, auf das Juristenrecht konzentrierte Rechtsbegriff, die Vorliebe für die *longue durée* und die Rekonstruktion von Regelungstraditionen, die von der geisteswissenschaftlichen Tradition der Rechtsgeschichte hervorgebrachte Periodisierung und die Orientierung an Autoren,

18 Rückert (1995). Die Formulierung „Bekenntnisbuch" bei Landau (2010), 50.
19 Schmitt (2011), Vorwort, 6.
20 Genzmer (1961).
21 Zimmermann (1998).
22 Landau (2013), Vorwort, 13 und an anderen Stellen.

die für Denktypen standen, waren zu weitgehend unhinterfragten Konventionen geworden. „Generationen von Juristen wuchsen mit diesem historischen Orientierungsraster auf“[23] und arbeiteten sich weiter am Juristenrecht ab.

3. Rechtsgeschichte als Geschichte der Moderne

Neben diesem deutschen Modell einer „Privatrechtsgeschichte als europäische Rechtsgeschichte“ mit ihrer dogmengeschichtlichen und ihrer geisteswissenschaftlichen Variante etablierten sich seit den 80er Jahren zunehmend auch andere Rechtsgeschichten.

Besonders wirkungsvoll wurde vor allem außerhalb der Disziplin eine Rechtsgeschichte der Herausbildung von Staatlichkeit, zum Teil mit starker Betonung der Bedeutung der Religion, wie etwa in Harold J. Bermans *Law and Revolution*. Ein neues Terrain betrat die Geschichte des öffentlichen Rechts und seiner Wissenschaft, und eine kulturwissenschaftlich erneuerte Verfassungsgeschichte brachte neue Perspektiven in das von der Rechtsgeschichte etwas stiefmütterlich behandelte, weil vor allem von Vertretern des Öffentlichen Rechts betriebene Fach. In enger Verbundenheit mit den Geschichtswissenschaften wandte man sich vor allem im Zuge der Reichskammergerichtsforschung der Geschichte der sog. Rechtspraxis, vor allem der Justizpraxis, sowie der Geschichte des disziplinierenden, strafenden, ordnenden Staates zu[24]. Man kann viele dieser Forschungen, soweit sie sich mit den (im weiten Sinne) institutionellen Bedingungen der Normerzeugung beschäftigen, als Geschichten institutioneller juridischer Praxis bezeichnen.

Nicht zuletzt im Bewusstsein der Notwendigkeit einer stärkeren historischen Kontextualisierung betteten sehr viele der aus der Rechtswissenschaft stammenden Geschichten institutioneller juridischer Praxis ihre Befunde ausdrücklich oder unbewusst in größere Beobachtungsperspektiven

---

23 Haferkamp (2019), 907 in seinem prägnanten Überblick über die Entwicklung. Auf die Prägung der wieacker'schen Periodisierung durch Kantorowicz' „Epochen der Rechtswissenschaft“ von 1914 weist hin Landau (2010), 54.

24 Vgl. zum Strafrecht den Überblick von Härter (2018); zur Verfassungs- und Verwaltungsgeschichte Stolleis 2017; zur Geschichte des öffentlichen Rechts Stolleis (2014); zur Kulturgeschichte der Verfassung Stollberg-Rilinger (2008); zur Bedeutung des kirchlichen Rechts und einer öffentlich-rechtlichen Perspektive auf die „westliche“ Rechtsgeschichte vgl. Berman 1991; zur Geschichte von Gerichtsbarkeit und Verfahren Oestmann (2015).

ein[25]. Sie schilderten, affirmativ oder kritisch, einen Prozess der Professionalisierung, Säkularisierung, Sozialdisziplinierung, Rationalisierung und – als spezifischer Teilerzählung – der langsamen Verwissenschaftlichung oder Differenzierung von Recht in Europa. Getragen vom teleologischen Zug eines Fachs, das die Gegenwart verstehen will, konstruierte diese (europäische) Tradition der Rechtshistorie eine zweitausendjährige Geschichte, die zielgerichtet in die Gegenwart nationalstaatlichen Rechts in Europa führte.

Besonders anschaulich wird diese Teleologie zur modernen Rechtswissenschaft bei Franz Wieacker, dessen Darstellung für die zweite Hälfte des 20. Jahrhunderts geradezu paradigmatisch und auch jenseits der Rechtsgeschichte weit rezipiert wurde. Es sei, schreibt er in seiner Privatrechtsgeschichte der Neuzeit „kein zu gesuchtes Bild, wenn man sagt, Holland habe die Fackel der großen Rechtswissenschaft unserem Lande weitergereicht, die einst in Italien entzündet wurde und von dort nach Frankreich und weiter nach den Niederlanden gewandert war“[26]. Kein Zweifel auch, dass dieser Pfad zugleich der einer Rationalisierung war, die Europa – oder, wie Wieacker an anderer Stelle formuliert: die „europäisch-okzidentale“ Rechtskultur[27] – von allen anderen unterschied: Die Glossatoren hätten „den großen römischen Juristen die Kunst abgelernt, die vitalen Konflikte des zwischenmenschlichen Lebens nicht mehr im Bann irrationaler Lebensgewohnheiten oder durch Gewalt zu entscheiden, sondern durch intellektuelle Diskussion des autonomen juristischen Sachproblems und nach einer aus dieser Sachproblematik begründeten allgemeinen Regel. Dieser neue Anspruch des Juristen hat das öffentliche Leben in Europa für immer juridifiziert und rationalisiert; unter allen Kulturen der Erde ist durch ihn die europäische die einzig legalistische geworden“[28].

Diese Chronotopie sowie die Konzentration der Rechtsgeschichte auf eine Geschichte von Juristenrecht und damit die Konstruktion eines scheinbar einheitlichen Raum-Zeit-Zusammenhangs, nicht zuletzt die Einbettung in eine weber'sche Rationalisierungsteleologie, machten nicht allein Wieackers Erzählung so ungemein suggestiv[29]. In dieser Synthese und

---

25 Vgl. für ausdrückliche Reflexion z.B. die Überlegungen von Stolleis (2011b).

26 Wieacker (1967), 169.

27 Wieacker (1985).

28 Wieacker (1967), 69.

29 Nur hingewiesen sei auf die recht intensive Debatte um Wieackers Werk in Behrends/Schumann (2010) sowie im Anschluss an die grundlegende Kritik von Winkler (2014), mit ausführlichen und zum Teil sehr kritischen Rezensionen z.B. von R. Zimmermann, H. P. Haferkamp und P. Landau.

Rekomposition einer langen Forschungstradition und in der klaren Linienführung liegt die eindrucksvolle Leistung – und, wie inzwischen immer deutlicher wird, auch die Grenze der Tradition der Rechtsgeschichte als Geschichte von Juristenrecht.

IV. Epistemische Gemeinschaften

Recht wurde und wird – darin liegt die erste, fundamentale Begrenztheit der großen Erzählung[30] – nämlich natürlich nicht allein von Juristen, sondern von einer Vielzahl von Regelungs- und Entscheidungskollektiven hervorgebracht. Recht ist Kulturprodukt, und Rechtserzeugung ein sozialer Prozess, der nicht allein in staatlichen Institutionen stattfindet, sondern in vielen und höchst unterschiedlichen sozialen Gemeinschaften. Nimmt man diese *in abstracto* heute wohl kaum bestrittenen Feststellungen ernst, so wird deutlich, dass der fast ausschließlich am Juristenrecht orientierte, auf die moderne Staatlichkeit hinführende Rechtsbegriff der Rechtshistorie offenbar nicht wenige Normproduzenten im Dunkeln gelassen hat. Das dürfte auch daran liegen, dass diese Vielfalt nicht in das Bild einer Monopolisierung von Recht durch den Staat, in die Vorstellung eines juristischen Absolutismus', der Rationalisierung und Modernisierung passten. Wendet man sich dieser Vielfalt zu, verliert die lineare große Erzählung ihre Stringenz und Strahlkraft.

1. Regelungs- und Entscheidungskollektive

Dabei hat die Rechtsgeschichte selbst eine Fülle von Kenntnissen über diese vielfältigen Normproduzenten hervorgebracht. Schon vor einem Jahrhundert wurde die fast ausschließliche Konzentration auf Juristenrecht kritisiert, freilich nicht so sehr im Blick auf die Rechtsgeschichte, sondern auf die Rechtswissenschaft insgesamt. Besonders deutlich geschah dies im Werk von Eugen Ehrlich, das seit den 90er Jahren des 20. Jahrhunderts auch wegen des Unbehagens am nationalstaatlichen Rechtsbegriff vor allem in Rechtstheorie und Rechtssoziologie wieder stärker beachtet wird[31].

---

30 Zu großen Erzählungen in der Rechtsgeschichte vgl. Rückert (2008).

31 Ehrlich (1989) [1913], der übrigens bereits von der Bedeutung „praktischen Wissens" spricht, a.a.O., 16.

Vor ihm hatten freilich bereits Otto von Gierke, auf den Ehrlich sich stützt, später Otto Hintze und Otto Brunner auf die geradezu überragende historische Bedeutung von dem hingewiesen, was man heute in der Sprache der Governancetheorie als Regelungs- und Entscheidungskollektive bezeichnen könnte[32]. Das Werk dieser Autoren geriet allerdings – wie zahlreiche Einsichten der germanistischen Rechtshistorie – durch die Zeitläufte weitgehend in Vergessenheit und wird gegenwärtig erst langsam wiederentdeckt[33].

Es schien auch wegen dieses Traditionsbruchs und der damit einhergehenden Wissensverluste geradezu bahnbrechend, als vor allem Rechtshistorikerinnen und Rechtshistoriker aus Spanien, Portugal und Italien seit den 70er Jahren des 20. Jahrhunderts wieder auf die überragende Bedeutung der korporativen Grundstruktur der spätmittelalterlichen und frühneuzeitlichen Gesellschaften aufmerksam gemacht haben.[34] Teilweise sprechen sie – unter Rückgriff auf die weite Bedeutung von *iurisdictio* im mittelalterlichen Recht[35] – von einem „jurisdiktionellen Paradigma“ der spätmittelalterlichen und frühneuzeitlichen Rechtsgeschichte[36]. Sie sehen bis in das 19. Jahrhundert hinein ein jurisdiktionszentriertes, nicht normzentriertes System als geradezu grundlegendes Dispositiv. Trotz der von der spezifischen Forschungsgeschichte bestimmten Ausgangslage – man wollte sich nicht so sehr von einer Rechtsgeschichte als Juristenrecht als vielmehr einer national(istisch)en, etatistischen und legalistischen Tradition der Institutionengeschichte lösen – lassen sich viele ihrer Beobachtungen auch auf andere Räume übertragen und fruchtbar mit dem Denken der germanistischen Tradition und heutiger Forschung etwa zu Diversität und Recht verbinden.

Mit dieser Wiederentdeckung von Korporationen im weitesten Sinn, aber auch von loseren sozialen Gemeinschaften und kollektiven Akteuren im Schatten (früh)neuzeitlicher Staatlichkeit, ging eine gesteigerte Aufmerksamkeit für sog. informelle Verfahren der Normsetzung und Entscheidungsfindung einher. Auch die wechselseitige Öffnung von Rechtsge-

32 Vgl. zu Governancekollektiven, Regelungsstrukturen und der Nutzung der Governancetheorie für eine für eine Regelungswissenschaft Schuppert (2011), Schuppert (2015b), sowie die Beiträge in Esders/Schuppert (2015).

33 Vgl. zur Wissenschaftsgeschichte der Germanistik Dilcher (2017) sowie für die „junge“ geisteswissenschaftliche Ausrichtung Liebrecht (2018); zur Germanistik während des NS Schäfer (2015).

34 Vgl. den Überblick bei Hespanha (2016); Hespanha (2018).

35 Grundlegend dazu Costa (1969).

36 Eine gute Zusammenfassung bei Agüero (2007).

schichte und sog. allgemeiner Geschichte trug dazu bei, rechtshistorische Forschung aus ihren Pfadabhängigkeiten zu lösen. Eine Rechtsgeschichte der Gerichtspraxis, Sozialgeschichte, historische Kriminalitätsforschung, *subaltern studies* etc. haben – seit einiger Zeit auch gegen die Einseitigkeiten einer rein sozialdisziplinierenden Perspektive – inzwischen das Ausmaß dessen deutlich gemacht, was der teleologische rechtshistorische Blick auf das Juristenrecht und die Herausbildung der staatlichen Institutionen lange verbarg.

Eine solche Sensibilisierung für den Korporatismus und für die Rolle sozialer Gruppen bei der Normenproduktion und Konfliktregulierung – und die damit veränderten Vorstellungen, was eigentlich das Objekt der Rechtsgeschichte ist: also nicht mehr allein Juristenrecht – ist besonders wichtig, wenn man Rechtsgeschichten jenseits von Europa schreiben will. Sie hat z.B. zu einer grundlegenden Neubewertung der Verfassungsgeschichte Lateinamerikas geführt, bei der Prozessanalysen an die Stelle teleologischer Erzählungen der langsamen Nationalstaatswerdung treten.[37] Viele Einzelstudien führen lebendig vor Augen, wie Normen aus der Praxis hervorgegangen, wie eng verflochten theoretisches und praktisches Wissen sind und wie sehr die Erzeugung von Recht gerade davon abhängt, unter welchen konkreten Bedingungen Rechtsbegriffe interpretiert werden.[38] Aber auch die deutsche Forschung weist selbst für das ausgehende 19. und das 20. Jahrhundert zunehmend auf die Bedeutung von Sonderordnungen hin. Sie zeichnet anhand von neuen Typen von Quellen ein sehr viel differenzierteres Bild von Rechtserzeugung und -durchsetzung als die herkömmliche Perspektive einer zunehmenden und weitgehend linearen Zentralisierung und Monopolisierung der Erzeugung von Recht in der Moderne vermuten lässt.[39]

Der Blick auf vielfältige soziale Gruppen, auf Regelungs- und Entscheidungskollektive, auf ganz unterschiedliche *modi* von Normativität, bricht aber nicht allein die Linearität der Erzählung der Rechtsgeschichte als Geschichte von Juristenrecht oder der Herausbildung des modernen Staates als linearen Prozess der Verdichtung.[40] Er birgt auch erhebliches komparatives Potential und erscheint unverzichtbar, wenn Rechtsgeschichte in globaler Perspektive betrieben werden soll. So ist beispielsweise in der Forschung zur frühen Neuzeit in Deutschland, in Lateinamerika und zur

37 Agüero (2016).
38 Vgl. Mejia (i.E.); Dias Paes (i.E.); Sirotti (i.E.).
39 Collin (2016), insbesondere 145ff.
40 Dazu der Überblick bei Schennach (2019).

Qing Dynastie in China auf die überragende Bedeutung der sozialen und wirtschaftlichen Einheit des Hauses hingewiesen worden.[41] Da Normerzeugung und -durchsetzung in diesen Hausgemeinschaften, die ihrerseits zu einer Matrix und Metapher für andere Gemeinschaften wurden, regelmäßig gerade nicht durch Juristen erfolgte, erweitert sich mit dem Blick auf diese auch der Kreis der maßgeblichen Akteure, Aktanten und damit Quellen erheblich. Hier wird deutlich, dass die Überwindung der Konzentration auf Juristenrecht auch die Möglichkeit der Neubewertung der Rolle derer gibt, die in der traditionellen europäischen Rechtsgeschichte bisher fast überhaupt nicht vorkommen – und damit z.B. eine in höherem Maße gender-sensible Rechtsgeschichte zu schreiben. Die Öffnung hat zugleich auch einen Effekt auf die klassischen Objekte der Rechtsgeschichte: denn auch Institutionen-, Dogmen-, Ideen-, Normen- oder Wissenschaftsgeschichte würden anders geschrieben, wenn das von den Regelungs- und Entscheidungskollektiven hervorgebrachte praktische Wissen eine angemessene Systemstelle erhalten würde[42].

Nur angedeutet werden kann hier schließlich, dass in dem herkömmlichen, am Juristenrecht orientierten und nationalstaatlich entworfenen Bild auf die Rechtsgeschichte auch die vielfältigen Regelungs- und Entscheidungskollektive aus dem Bereich des (in westlicher Diktion) Religiösen unterrepräsentiert sind – einer normativen Dimension des sozialen Lebens, die aus einer Reihe von wiederum wissenschaftsgeschichtlich zu erklärenden Gründen über lange Zeit geradezu kategorisch aus der Rechtsgeschichte ausgeschlossen worden ist. Denn auch im Bereich von Normen, die von Religionsgemeinschaften produziert und durchgesetzt wurden, gab es zwar „Juristenrecht". Dieses ist konsequenterweise auch recht intensiv erforscht worden: nämlich das kanonische Recht und die Kanonistik der katholischen Kirche, in den protestantischen Kirchen die jeweilige Kirchenrechtswissenschaft, die Rechtserzeugung durch Konsistorien und das landesherrliche Kirchenregiment. Doch mindestens ebenso wichtig war die Normerzeugung durch Konzilien und Kirchengerichte, deren Bedeutung nicht mehr allein für das Mittelalter, sondern auch für die Neuzeit zunehmend erkannt, aber gerade für die Frühe Neuzeit und Moderne bisher wohl kaum angemessen bewertet wird; das überkommene Bild, die Frühe Neuzeit sei eine Phase der Stagnation, ist erneut allein aus der Perspektive der Geschichte des Juristenrechts gezeichnet und unterschätzt die

41 Duve (2004); Zamora (2017); Zhang (2017).

42 Vgl. dazu konzeptionell Duve (2020a) sowie anhand der Technik der Epitomierung Meyer (2020).

Dynamik der Transformation und Adaptation dieser universal gedachten normativen Ordnung in der Praxis[43]. Von besonderer Bedeutung waren darüber hinaus jedenfalls in der frühen Neuzeit die Moraltheologie, also eine praktische Theologie, und die an diese anknüpfenden normativen Praktiken. Außerdem bestand und besteht die Welt natürlich nicht allein aus christlichen Gemeinschaften – Normen wurden von vielfältigen religiösen Gemeinschaften alltäglich produziert und durchgesetzt, oft im Stillen und dennoch keineswegs weniger wirksam.

2. *Epistemische Gemeinschaften und Gemeinschaften der Praxis*

Aus einer wissensgeschichtlichen Perspektive kann man diese Regelungs- und Entscheidungskollektive als epistemische Gemeinschaften und Gemeinschaften der Praxis bezeichnen.

Man kann diese in verschiedenen Disziplinen gebrauchte Vorstellung[44] recht allgemein auf Gruppen von Personen[45] beziehen, denen eine bestimmte *episteme* gemeinsam ist, also grundlegende Vorstellungen über die Welt und die Voraussetzungen des Denkens und Handelns in ihr, und deren Handlungen sich in irgendeiner Weise auf ein gemeinsames Handlungsfeld beziehen. Objektive oder subjektive Kriterien, also Zugehörigkeit zu bestimmten sozialen Gruppen, Nutzung bestimmter Handlungsformen, aber auch ähnliche Grundvorstellungen über die Welt oder in Bezug auf die Zugehörigkeit zu einer Gemeinschaft, können zu ihrer Definition herangezogen werden. Rechtshistorisch lässt sich beispielsweise die Schule von Salamanca als eine solche epistemische Gemeinschaft und

---

43 Vgl. dazu Bertram (2005); Fantappiè (2008).

44 Insbesondere in Politikwissenschaft und Internationalen Beziehungen, vgl. den Überblick bei Haas (2012); mit inhaltlichen Erweiterungen Cross (2013). Eine interessante Anpassung der Konzeption für das Internationale Recht durch Cardenas/d'Aspremont (2020); Bianchi (2019). Bogdandy/Urueña (2020) nutzen das Konzept in einer für die hier beschriebenen Zwecke anschlußfähigen Weise in ihrer Arbeit zum lateinamerikanischen transformativen Konstitutionalismus; auf epistemische Gemeinschaften bezieht sich ebenfalls Glenn (2014), 41.

45 In der Wissenschaftsgeschichte wird die Bezeichnung epistemische Gemeinschaften auch benutzt für „families of editions, grouped according to their content, that eventually came to shape knowledge within and by way of the European educational framework", vgl. Valleriani/Kräutli/Zamani/Tejedor/Sander/Vogl/Bertram/Funke/Kantz (2019).

Gemeinschaft der Praxis verstehen, mit durchaus weitreichenden Konsequenzen für deren Konzeption.[46]

Von „epistemischen Gemeinschaften“ und „Gemeinschaften der Praxis“[47] zu sprechen, bietet eine Reihe von Vorteilen. Denn diese Bezeichnung ist nochmals offener als die bereits hilfreiche Formulierung der Regelungs- und Entscheidungskollektive.[48] Fragt man nämlich nach epistemischen Gemeinschaften und Gemeinschaften der Praxis, so muss man nicht auf eine soziale Einheit blicken, die Regelungs- oder Entscheidungskompetenz in Anspruch nimmt. Man kann auch Angehörige von Gruppen oder Netzwerke erfassen, die nur schwache oder vielleicht keinerlei soziale Strukturen ausbilden und die dennoch auf der Grundlage einiger geteilter Annahmen Normativitätswissen erzeugen. Man denke an Handelsbräuche, die sich aus der Praxis herausbilden und durch Verschriftungen an vielen Orten stabilisiert werden, ohne aber durch ein konkret zu benennendes Regelungs- und Entscheidungskollektiv (also etwa einen *consulado*, *consulat* etc.) legitimiert zu sein;[49] oder an ästhetische Normen, Amtsverständnisse, einen Habitus, geteilte Werte, die im Handeln entstehen und sich durch komplexe soziale Prozesse generalisieren.[50]

Epistemische Gemeinschaften existieren überall dort, wo Menschen Normativitätswissen produzieren, also auch in den lange Zeit von der Rechtsgeschichte kaum beachteten Gemeinschaften, die sich jenseits von Staatlichkeit bewegten, also in den Religionsgemeinschaften, oder bei den Angehörigen indigener Völker, aus Afrika in andere Weltteile als Sklaven verschleppten Menschen. Vieles, was in der Soziologie und Ethnologie

---

46 Duve (2020c); Duve (2021).

47 Streng genommen bedarf es gar nicht der Unterscheidung zwischen epistemische Gemeinschaften und Gemeinschaft der Praxis, da letztere auch als epistemische Gemeinschaft angesehen werden können, vgl. mit Gründen, die den hier vorgetragenen Überlegungen sehr nahestehen Adler (2019), insbes. 298ff. Doch die ausdrückliche Nennung mag die Bedeutung der in der Rechtsgeschichte häufig gerade nicht berücksichtigten Gemeinschaften der Praxis und die Sensibilisierung für Rechtserzeugung als Akte sozialer Praxis unterstreichen. Das gilt umso mehr, als die Fixierung der Rechtsgeschichte auf bestimmte Autoren – auch ein Erbe der Prägung durch das Juristenrecht – immer wieder dazu verleitet, die Bedeutung der Normerzeugung in der wissenschaftlichen, forensischen, anwaltlichen oder alltäglichen Praxis zu unterschätzen.

48 Schuppert (2017), 59 ff. spricht von Regelungskollektiven.

49 Vgl. dazu jetzt die Beiträge in Gialdroni/Cordes/Dauchy/De ruysscher/Pihlajamäki (Hg.) (2020).

50 Vgl. zu den Beispielen die Diskussion im Forum Multinormativität der Rechtsgeschichte – Legal History 2017; zur Wertegeneralisierung als Folge von Handlungen vgl. Joas (1999).

unter dem Stichwort der Informalität und im Blick auf die Gegenwart erforscht wird, von der Mafia über informelle Märkte oder Normen der *Favelas*, findet man natürlich *mutatis mutandis* auch in der Rechtsgeschichte – nur selten aber in der Rechtshistorie[51].

Der Begriff ist zudem besonders geeignet, um Prozesse dezentraler kollektiver Normenproduktion zu erfassen, was ein wichtiges Anliegen transnationaler und globaler Rechtsgeschichten ist. Er erlaubt es, nicht-territorial gebundene kommunikative Strukturen in die Betrachtung einzubeziehen, die aber deswegen nicht unbedingt „personal" sein müssen, was meist als Gegenstück zur Territorialität angenommen wird. Man muss auch nicht Sprach-, Traditions-, Erzähl-, Wert-, Solidar- und Anerkennungsgemeinschaften unterscheiden.[52] Die Bezeichnung erscheint schließlich geeigneter als die der Kommunikationsgemeinschaften,[53] denn epistemische Gemeinschaften können durchaus auch dann bestehen, wenn keine – unmittelbare – Kommunikation stattfindet: Zum Beispiel, wenn die epistemische Gemeinschaft durch den Bezug auf gemeinsame Referenzen besteht. Katholische und protestantische Naturrechtslehren aus der Zeit nach den Reformationen beispielsweise weisen zahlreiche Gemeinsamkeiten auf, aber deren Vertreter kommunizierten entweder gar nicht oder die Kommunikation war eingeschränkt und erfolgte vor allem über gemeinsame Referenzpunkte in der vorreformatorischen Tradition.[54] Der Blick auf epistemische Gemeinschaften kann auf diese Weise nicht allein Verflechtungen und soziale Gruppen, sondern auch (auf gemeinsame Anfänge zurückgehende) Koevolutionen erfassen und damit Bedingungen dezentraler Normenproduktion sichtbar machen.

V. Normativitätswissen

Die Vielfalt epistemischer Gemeinschaften und Gemeinschaften der Praxis produziert auch eine Vielfalt von Normen. In dieser Rechtsvielfalt, oder

---

51 Vgl. z.B. mit Bezug auf die Rechtsgeschichte Losano (2000).

52 Gertenbach/Laux/Rosa/Strecker (2010).

53 Zu Kommunikationsgemeinschaften vgl. auch Schuppert (2015a), 296 ff., zu epistemic communities a.a.O. 228 ff. und Schuppert (2019a), 65 ff. Die Begriffe sind aber natürlich nah, vgl. auch Pogner (1999).

54 Zu territorialen und deterritorialen Gemeinschaften vgl. auch Schuppert (2015a), 283 ff., zur Kommunikatonsgemeinschaften a.a.O. 296 ff.; zu dem Beispiel der Naturrechtslehren Duve (2020c); Duve (2021).

auch dem sog. Rechtspluralismus, wird geradezu ein Charakteristikum sogenannter vormoderner Gesellschaften gesehen.[55]

Doch auch diese Sichtweise ist bei näherer Analyse dem Paradigma des Juristenrechts auf dem Weg in die Moderne verhaftet; sie spiegelt gewissermaßen die im vorigen Abschnitt herausgearbeiteten Defizite im Blick auf die Normproduzenten, nun auf der Seite der Produkte, also der Normen, wieder. Vor allem beschäftigt sie sich nicht wirklich (oder eher äußerlich) mit der *Herstellung* von Entscheidungen – also mit dem Faktor, der auch aus rechtstheoretischen Gründen geradezu entscheidend ist. Um das tun zu können, dürfte es hilfreich sein, nicht von „Rechtspluralismus", sondern von „Normenvielfalt" zu sprechen, vor allem aber Bedingungen und Voraussetzungen des juridischen Handelns in die Analyse einzubeziehen und diese unter dem Begriff des „Normativitätswissens" und dessen Spezialfall, dem „Normativitätserzeugungswissen", zusammenzufassen.

1. *Normenvielfalt*

Blickt man nämlich genauer hin, so handelt es sich bei vielen rechtshistorischen Untersuchungen zu Rechtsvielfalt und verwandten Phänomenen eigentlich nicht um einen (wie auch immer zu bestimmenden) Rechtspluralismus[56], sondern um einen *Rechtsquellenpluralismus*: Meistens interessiert man sich nämlich für die vielfältigen Normen, die von den Juristen als relevant für die Herstellung von Entscheidungen angesehen wurden. Die Perspektive ist also erneut die des Juristenrechts, eingebettet in die Vorstellung einer zunehmenden Absorption unterschiedlicher Rechtsquellen durch die sich etablierenden staatlichen Formen von Recht.

Der Blick auf die frühneuzeitliche deutsche Gerichtspraxis hat gezeigt, dass die Theorie der Praxis, z.B. die Statutentheorie, die Praxis nicht wirklich zu steuern vermochte[57]. In einer Fülle von Studien ist auch analysiert worden, wie gemischte Gerichte gearbeitet haben und dass jurisdiktionszentrierte historische Regime häufig verschiedene Möglichkeiten boten, zu Recht zu kommen. Auch wissen wir über die verschiedenen Typen von Normen, deren unterschiedliche Bindungswirkung, die Lehren über Normenkonflikte, etwa im Bereich der Privilegien. Doch diese und andere

55 Grossi (1995); Stolleis (2008b).

56 Vgl. zu der langen und wechselvollen Geschichte der Begriffsverwendung und den vielfältigen Bedeutungen umfassend Seinecke (2015).

57 Oestmann (2002).

modi von Normativität wie die sog. sozialen Normen wurden meist aus der Perspektive der Staatlichkeit erfasst (etwa *Infrajustice* als „unterhalb" oder „jenseits" staatlicher Justiz angesiedelte Formen der Konfliktregulierung), als Alternative zum Recht angesehen und gewissermaßen einer anderen Welt zugeordnet (zum Beispiel Duelle). Oder sie interessierten vor allem in dem Maße, indem man deren Verrechtlichung oder Verwissenschaftlichung beobachten konnte, zum Beispiel im Fall des Zeremonials und der Zeremonialwissenschaft.[58] Solche Verrechtlichungen und Verwissenschaftlichungen der sog. sozialen Normen waren aber keinesfalls die Regel, und sie formalisierten und versprachlichten zudem lediglich einige Teile des normativen Universums. Die unterhalb dieser Schwelle bleibenden oder sich außerhalb dieser Prozesse herausbildenden Normen wurden kaum jemals Teil der am Juristenrecht orientierten, auf die staatlichen Institutionen und das staatliche Recht hingeführten Rechtsgeschichte – obwohl die Menschen natürlich nicht Bürger zweier Welten und die normativen Sphären eben nicht isoliert voneinander waren.

Von welch großer Bedeutung diese jenseits des Rechtlichen liegenden, mit diesem aber eng verflochtenen, normativen Sphären sind, haben kultur- und sozialhistorische Forschungen zu Spielregeln, Konventionen, Routinen, ganz besonders deutlich auch die Kulturgeschichte der Verfassung, vor Augen geführt[59]. Wenn man – mit guten Gründen – schon im Blick auf kontinentaleuropäische Rechtsgeschichten und deren imperiale Räume für die sog. Vormoderne von einer jurisdiktionszentrierten Form der Rechtsfindung ausgeht („Jurisdiktionsparadigma") und diese zur Kontrastierung eine normzentrierte Form der Rechtsfindung in der staatlichen Moderne gegenüberstellt, so wird besonders deutlich, dass eine allein am *Rechtsquellenpluralismus* ansetzende Vorstellung von Rechtspluralismus unzureichend ist. Sie entstammt der Welt der westlichen Moderne, auch wenn sie gerade Alterität erfassen will; sie ist für ein (überdies reduktionistisch verstandenes, nämlich an der Fehlvorstellung der Rechtsfindung als sterilem Prozess der Subsumtion orientiertes) normzentriertes System gemacht und blind für die Regeln der juridischen Praxis. Die – hier nur aufzurufende[60] – rechtstheoretische Einsicht in die Tatsache, dass juridisches Handeln und damit auch Normerzeugung notwendigerweise sozial und pragmatisch zu verstehen sind, fordert aber die Beachtung gerade dieser

---

58 Veç (1998).
59 Vgl. insbesondere Stollberg-Rilinger (2008).
60 Vgl. einführend z.B. Vesting (2015), insbesondere Rz. 60 ff., 191 ff.; Buckel/Christensen/Fischer-Lescano (Hg.) (2020), insbesondere zu Neuem Rechtsempirismus, Nachpositivistischem Rechtsdenken; vgl. auch Kuntz (2016).

Regeln der juridischen Praxis. Sie zwingt geradezu dazu, neben den primären Regeln, also den Verhaltensregeln, und den sekundären Regeln, also den Operationalisierungsregeln, eine weitere Dimension einzubeziehen, nämlich die Voraussetzungen und Bedingungen juridischen Handelns[61].

2. *Praxeologie*

Bei den regelhaften Voraussetzungen und Bedingungen juridischen Handelns geht es nämlich gerade nicht um die „Theorie der Praxis", also z.B. um die inzwischen eindrucksvoll aufgearbeitete historische Rechtsquellentheorie und juristische Methodenlehre[62]. Diese würde eben zu den sekundären Regeln gehören. Es geht vielmehr um regelhafte Voraussetzungen und Bedingungen des Handelns. Zu diesen zählen ästhetische Normen, Konventionen, Routinen, aber auch die normative Dimension von Materialität und Medialität des Rechts sowie eine Fülle weiterer Faktoren, die Einfluss auf den Prozess der Normerzeugung haben. Häufig handelt es sich um das nur „vor Ort", „in der Praxis" oder durch „learning by doing" zu erwerbende praktische Wissen – eine Chiffre für vielfältiges implizites Wissen, das gerade dadurch, dass es nicht ausdrücklich gemacht wird, so bedeutsam wie schwer zu entdecken ist. Auch Machtfaktoren, ökonomische Bedingungen etc. und ihre Auswirkungen auf die Formen der Wissensproduktion können als solche Bedingungen der Praxis in die Analyse integriert werden, wie dies in der Wissenschaftsgeschichte beispielsweise unter dem Stichwort der politischen Epistemologie getan wird.

Diese Voraussetzungen und Bedingungen des Handelns wurden lange Zeit in der Rechtsgeschichte überhaupt nicht oder nur sehr wenig beachtet. Doch sie sind in den letzten Jahren zum Teil unter dem Stichwort der historischen Praxeologie[63], der Sache nach zum Teil auch im Umfeld der

---

61 Die Terminologie knüpft an die Unterscheidung von Hart (1961) an, die deutsche Übersetzung als „Regel" folgt der Ausgabe bei Suhrkamp 2009.

62 Schröder (2021).

63 Praxeologie meint eine häufig wissenschaftssoziologische und zumeist machtanalytische, empirische Arbeitsweise, die der Beschreibung von Praktiken dient. Das Ziel liegt darin, kommunikative und körperliche Praktiken und deren implizite gesellschaftliche Logik – und nicht in erster Linie mentale Prozesse, Theorien oder Ideen – in den Fokus zu nehmen, vergleiche Frietsch (2013), 311. Eng verbunden – wenn nicht sogar gleichbedeutend damit – ist die Praxistheorie, insbesondere die in der Wissenschaftsforschung entwickelte, deren Hauptabsicht darin liegt, die Erzeugung wissenschaftlicher Ergebnisse nicht mehr nur aus der Logik einer Theorie, die sich immer weiter entwickelt, zu verstehen, sondern

kulturwissenschaftlichen Rechtswissenschaft, intensiver diskutiert worden, rechtshistorisch zum Beispiel anhand der Bedeutung ästhetischer Wahrnehmungen für die Normerzeugung[64]. Lorraine Daston hat aus der Sicht der Wissenschaftsgeschichte, deren Zuwendung zur Wissensgeschichte nicht zuletzt durch die sog. „Praxiswende“ motiviert war, Praktiken lapidar bezeichnet als „roughly, what scientists actually do as opposed to what they say they do.“[65]

Der Begriff der „Multinormativität“[66] zielt darauf, die drei genannten Ebenen – Normenvielfalt und Regeln der Praxis, also primäre, sekundäre und, wenn man so will, tertiäre Regeln – zu integrieren und auf die normative Dimension der Bedingungen der Praxis aufmerksam zu machen. Er verweist auf die Normen hinter den Normen und ist damit nicht nur erheblich weiter als der üblicherweise benutzte Begriff des Rechtspluralismus. Er vermeidet auch dessen gefährliche Polysemie, eurozentrische Perspektivität und einige andere Laster: Rechtspluralismus stellt nämlich in sehr vielen Fällen das „Recht“ in den Mittelpunkt und grenzt „Nicht-Recht“ davon asymmetrisch ab, ist normzentriert, wird häufig zur Taxonomie gebraucht und ist entsprechend statisch, nicht selten Teil eines normativen Projekts und verleitet durch die Bezeichnung des „-pluralismus“ zu dem Fehlverständnis, es handele sich um eine irgendwie geordnete, systematische Vielfalt[67].

---

auch aus einer Logik der Praxis, zum Teil sogar als Ethnographie der Forschungspraxis, vergleiche den Überblick von Hillebrandt (2009), 369. Einen Überblick aus der Perspektive der Frühneuzeitforschung gibt z.B. Füssel (2019).

64 Eine Sonderstellung hat sicherlich Latours La fabrique du droit aus dem Jahr 2002, in deutscher Sprache nun Latour (2016). Vgl. im übrigen z.B. Gephart (2012); Hespanha (2008); Vesting (2011-2016); Vismann (2002), Vismann (2012). Zur Rechtsästhetik grundlegend Damler (2016a) sowie auf ein konkretes Feld, das Konzernrecht, gewendet Damler (2016b); ein Beispiel für den Einfluß sinnlicher Wahrnehmung auf die Interpretation des weltberühmten völkerrechtlichen Vertrags von Tordesillas bei Duve (2017a).

65 Daston (2017), 139.

66 Duve (2017b).

67 Etwas ausführlicher zu dieser zugespitzten Kritik Duve (2017b); grundlegend Seinecke (2015), der die Problematik der Polysemie und anderes hervorragend herausarbeitet und den Begriff in einer interessanten und der hier vertretenen Position nahen Wendung retten möchte; mir scheint allerdings die m.E. entscheidende praxeologische Dimension nicht mehr in den Begriff hinzubringen zu sein.

3. Normativitätswissen

Wissensgeschichtlich formuliert kann man diese Multinormativität als Teil von Normativitätswissen ansehen. Dieses Normativitätswissen umfasst noch eine Fülle weiterer Wissensformen. Denn bei der Herstellung normativer Aussagen werden ganz unterschiedliche Arten des Wissens mobilisiert wie z.B. Faktenwissen, Folgenwissen, Kontextwissen etc.[68], das in eine rechtshistorische Analyse einzubeziehen ist. Natürlich gehört dazu auch das, was man als Alltagsvorstellungen über Recht bezeichnen könnte, populäres Rechtswissen, vermittelt über alle möglichen Medien wie bildliche Darstellungen, Filme, Musik. Auch bestimmte Vorstellungen über die Welt, vielleicht tief im Metaphysischen verankerte Überzeugungen davon, von wem und wodurch Normativität erzeugt wird.

Erst mit einer Sensibilisierung für diese unterschiedlichen Wissensformen und die Gesamtheit des Normativitätswissens dürfte es gelingen, normative Welten rechtshistorisch besser zu entschlüsseln, in denen es keine „Juristen“ gab – also den Großteil der Rechtsgeschichte, auch in Europa. Die Notwendigkeit wird allerdings auch in diesem Bereich besonders deutlich, wenn man auf Normerzeugung beispielsweise unter Bedingungen des europäischen Kolonialismus‘ blickt. Die von asymmetrischen Strukturen und sog. Interlegalität gekennzeichneten Übertragungs-, Aneignungs- und Übersetzungsprozesse lassen sich nur durch eine sorgfältige Analyse des Normativitätswissens und insbesondere der Praktiken derer verstehen, die diese Prozesse vollzogen haben. So zeigen beispielsweise Studien, wie indigene Akteure im kolonialen Hispanoamerika Institutionen des Rechts der kastilischen Invasoren anhand ihrer eigenen Vorstellungen etwa von Sachherrschaft interpretierten und damit transformierten, zugleich aber Elemente des Normativitätswissens der kolonialen Ordnung in ihr eigenes Denken integrierten;[69] wie christliche Speisegebote oder -verbote scheinbar eingehalten, letztlich aber gewissermaßen subversiv reinterpretiert wurden;[70] wie aber auch die koloniale Herrschaft auf funktionalen Missverständnissen beruhte, etwa weil man solche Prozesse der Reinterpretation seinerseits als Variation der eigenen Normen und Praktiken ansah und damit geltungserhaltend interpretierte.[71] Vieles, was in der inzwischen sehr umfangreichen Forschung zu solchen kolonialen und nach-kolonia-

---

68 Vgl. dazu aufschlussreich die Liste der Arten des Wissens bei Hoffmann-Riem (2016), 307 ff.
69 Herzog (2015).
70 Ferlan (2018).
71 Zaballa Beascoechea (2018).

len Konstellationen als „Hybridität" bezeichnet, mit dieser Bezeichnung allerdings bloß beschrieben wird, dürfte sich entschlüsseln lassen, wenn man Normerzeugung als Prozess und im Blick auf das dabei mobilisierte Normativitätswissen analysiert.

Diese Prozesse der Anverwandlung, die Nutzung von Normativitätswissen, das aus einem anderen Kontext stammt und nun in die eigene Weltsicht integriert, angeeignet und damit notwendigerweise verändert wurde, sind keineswegs auf Situationen in frühneuzeitlichen Imperien beschränkt. Sie stehen auch im Mittelpunkt der für die europäische Rechtsgeschichte geradezu identitätsstiftenden Vorstellung vom kulturhistorischen Vorgang der sog. Rezeption des gelehrten Rechts im europäischen Mittelalter und der Frühen Neuzeit. Auch dieser wird besser verständlich, wenn man nicht allein die Ausbreitung eines als tendenziell statisch verstandenen Rechts in Raum und Zeit verfolgt, sondern auf dezentrale und soziale, eng mit der Praxis verbundene Prozesse der Wissensproduktion durch Verarbeitung und Herstellung von Normativitätswissen achtet. Auf diese Weise könnte ein komplexeres Bild entstehen als das üblicherweise bloß anhand des Juristenrechts gezeichnete, in dem der kulturhistorische Vorgang der Rezeption vor allem als Prozess der linearen Verwissenschaftlichung und Rationalisierung bewertet wird[72]. Auch die oft ebenfalls als unidirektionaler Prozess des Exports europäischer Normen geschriebenen Geschichten der „Europäisierung der Welt"[73] oder der Globalisierung von Recht werden komplexer, wenn man auf die Prozesse der Aneignung von Normen aus anderen Regionen achtet, diesen Aneignungsvorgang aber mithilfe des Normativitätswissens – also den kulturellen Praktiken, Weltanschauungen, Normen etc. – analysiert, das den lokalen Akteuren zur Verfügung stand[74].

Die Weite des Wissensbegriffs, die zugleich Problem und Chance der Wissensgeschichte ausmacht, bietet die Möglichkeit dazu. Auch wenn vereinzelt eine Definition von Wissen sogar geradezu abgelehnt wird, da diese überhaupt erst der Gegenstand der Disziplin sei,[75] gibt es natürlich durchaus eine Vorstellung, was gemeint ist.[76] Von Seiten der Wissenschaftsgeschichte, aus der sich ein wichtiger Teil der Wissensgeschichte ausgebildet hat, wird hervorgehoben, der Begriff bezeichne

---

72 Vgl. zu der klassischen Perspektive auf diesen Prozess z.B. Sellert (1998).

73 Headley (2008).

74 Vgl. dazu Duve (2020b). Beispiele etwa zur Translation deutschen Verfassungsrechts in die chinesische Kultur bietet Li (2019).

75 Landwehr (2007), 801.

76 Vgl. Renn/Hyman (2012); ein systematischer Überblick auch bei Abel (2014).

> *„die Gesamtheit des Wissens, das Mitgliedern einer Kultur, gleich welcher Epoche oder geographischen Herkunft, eigen ist und innerhalb dieser Kultur tradiert wird. Ein so verstandenes, an bestimmte Kulturen gebundenes Wissen kann sowohl implizites als auch explizites Wissen umfassen und sich auf als gesichert geltende Fakten, begriffliche und theoretische Konstruktion sowie kulturelle Denk-, Orientierungs- und Handlungsmuster erstrecken."*

Wissen sei

> *„in der Regel auf eine Vielzahl unterschiedlicher Medien, Akteure und Institutionen verteilt, sodass Wissenskulturen nicht unbedingt kohärente Gebilde sind, sondern von divergierenden Strömungen und Autoritätskonflikten durchzogene Formationen bilden, die miteinander im Austausch stehen"*.[77]

Das für die Rechtsgeschichte besonders wichtige herrschaftsrelevante Wissen wird aus der Perspektive der Geschichtswissenschaft verstanden als

> *„sämtliche Informationen"*, die *„innerhalb eines bestimmten gesellschaftlichen Handlungszusammenhangs dazu geeignet sind, herrschaftliche Ansprüche zu legitimieren, durchzusetzen und zu tradieren. Dazu zählt beispielsweise Wissen um die Herkunft der beanspruchten Güter, Wissen um die zeitgenössischen gerichtlichen Prozessverfahren oder Wissen um Verwaltungstechniken, die den jeweiligen Bedürfnissen adäquat sind."*[78]

Normativitätswissen könnte man deswegen – in Anlehnung an eine Beschreibung kulturellen Wissens[79] – bezeichnen als Gesamtmenge der Propositionen, die die Mitglieder einer epistemischen Gemeinschaft für wahr halten bzw. die eine hinreichende Anzahl von Texten als wahr setzt.[80] Es kann sowohl implizites als auch explizites Wissen umfassen und sich auf als gesichert geltende Fakten, begriffliche und theoretische Konstruktion sowie kulturelle Denk-, Orientierung- und Handlungsmuster erstrecken

---

77 Müller-Wille/Reinhardt/Sommer (2017), 3, mit Hinweis auf Neumann (2013).

78 Hier zitiert Landwehr (2007), 806; Hildbrand (1996), 86 f.

79 Neumann (2013).

80 In besonders anschaulicher Weise hat James Boyd White die Vorstellung von legal knowledge 2002 im Blick auf die US-amerikanische Rechtspraxis beschrieben als "an activity of mind, a way of doing something with the rules and cases and other materials of law, an activity that is itself not reducible to a set of directions or any fixed description. It is a species of cultural competence, like learning a language; this may in fact be the closest analogy we have, for what a lawyer knows at the center is how to speak and write the language of the law, in actual situations in the world – how to use legal language to create legal meaning", White (2002).

und ist in der Regel auf eine Vielzahl unterschiedlicher Medien, Akteure und Institutionen verteilt; auch Werte gehören dazu.[81] Wissen wird dabei zu Normativitätswissen, wenn und soweit es auf das Handlungsfeld „Normativität" bezogen ist; „Normativität" wird dabei verstanden als die Eigenschaft, verpflichtend zu sein.

Diese ihrerseits weite Bezeichnung „Normativität" hat den Vorteil, dass sie nicht an einem engen, vom staatlichen Recht ausgehend konzipierten Rechtsbegriff festhält[82]. Sie ist strukturell offen für andere *modi* der Erzeugung von Verbindlichkeit. Zusammen mit der Weite des Wissensbegriffs macht diese Offenheit den Begriff des Normativitätswissens geeignet für vergleichende oder globalgeschichtliche Perspektiven, die auf einen anderen als den Normenbegriff aus einer kulturellen Tradition angewiesen sind: Indem „Normativitätswissen" alles bezeichnet, was der Herstellung von Normativität dient und zugleich auch die Ergebnisse dieses Prozesses, kann der Begriff alles erfassen, was unter den unterschiedlichsten Umständen dazu gedient haben mag. Er schließt damit religiöse Normativität ein, rechtliche, aber eben auch alltägliche soziale Normen und Praktiken.

4. *Spezialfall Normativitätserzeugungswissen*

Wie einleitend skizziert, gehört zum Normativitätswissen auch das, was man „Normativitätserzeugungswissen" nennen könnte, also das Wissen, das für die Erzeugung von Normativität als solcher relevant ist: das sich also nicht auf das „Was", sondern auf das „Wie", auf die Herstellung von Normativität selbst richtet. Dieses Wissen kann sich darauf beziehen, wie Normen hervorgebracht werden, die Bindungskraft beanspruchen können, und wie solche Bindungsansprüche in Verfahren realisiert werden.

---

81 Die Kriterien, nach denen normative Information von normativem Wissen unterschieden werden kann, sind höchst vielfältig und voraussetzungsreich. Einen Überblick über einige Verwendungsformen und Abgrenzungen gibt im Blick auf die rechtshistorische Mediävistik Dusil (2018), 3 ff. Seine Grundentscheidung für einen bestimmten, anschließend weiter ausdifferenzierten Wissensbegriff, steht im Zusammenhang mit seinem an Arbeiten von Christoph Meyer, Andreas Thier und anderen anschließenden Interesse an der Ordnungsbildung in mittelalterlichen Rechtstexten, siehe z.B. Meyer (2006), Patzold (2013), Thier (2007); Thier (2011).

82 Zu einer für die Zwecke einer Rechtsgeschichte als Geschichte von Normativitätswissen befreienden Normativitätsvorstellung, die von taxonomischen Absichten und der Geltungsproblematik entlastet ist und sich intensiv mit vielen der hier angeschnittenen Fragen beschäftigt, vgl. Möllers (2015).

Es kann explizit oder implizit sein. Explizit wäre es z.B. im Fall der Methodenlehre, also den im System selbst festgelegten Operationalisierungsregeln; implizit, wenn es um die Normen hinter den Normen geht, also z.B. um Konventionen, also die praxeologisch zu erfassenden Normen. Normativitätserzeugungswissen ist gewissermaßen das Betriebssystem des Rechts; es umfasst die Voraussetzungen und Bedingungen juridischen Handelns.

Die Unterscheidung und damit Hervorhebung des Normativitätserzeugungswissens als Spezialfall von Normativitätswissen erscheint sinnvoll, weil dieses für die rechtshistorische Forschung von besonderer Bedeutung ist. Denn die Veränderung von Recht in bestimmten Handlungsfeldern hängt eben nicht allein von Veränderungen in diesen Handlungsfeldern ab, sondern mindestens auch von den Grundannahmen darüber, wie überhaupt Normativität hergestellt wird. Auch diese Grundannahmen und die Bedingungen des Handelns sind dem Wandel unterworfen. Wenn sich beispielsweise die medialen oder materialen Bedingungen ändern, kann dies Veränderungen des Normativitätswissens nach sich ziehen, wie es anhand von Kulturtechniken wie etwa der Epitomierung oder auch des Buchdrucks gezeigt worden ist[83]. Die Aufmerksamkeit für diese häufig verborgenen Faktoren muss an die Seite der leichter zu erfassenden Veränderungen der äußeren Bedingungen treten, also etwa der ökonomischen Faktoren, der Machtverhältnisse etc.

Erst in ihrem Zusammenspiel dürften sie Veränderung verständlich machen. Wenn – um ein anderes Beispiel zu nennen – im Laufe des 19. Jahrhunderts an vielen Orten der Welt und in vielen Handlungsfeldern gesetzgeberische Maßnahmen zum Schutz benachteiligter Bevölkerungsgruppen zu beobachten sind, so dürfte dies nicht allein auf ökonomischen, soziologischen, ideologischen Faktoren und veränderten Wertvorstellungen beruhen. Es dürfte mindestens auch auf einer grundlegenden Verlagerung eines auf Ungleichheit beruhenden jurisdiktionszentrierten Normativitätsregimes bis zur europäischen Sattelzeit zu einem auf Gleichheit beruhenden, normzentrierten Normativitätsregime der Moderne beruhen – deswegen bediente man sich nun der juridischen Handlungsform „Gesetzgebung“. Über das Schutzniveau selbst sagen die Veränderungen in der Form der Herstellung des Schutzes allerdings wenig aus; es konnte zwar „modern“ und höher scheinen, entgegen dem ersten Anschein vielleicht aber sogar weniger hoch sein.[84]

---

83 Meyer (2020); Bragagnolo (2020).

84 Vgl. zu den Schutzregimen Meccarelli (2016); in Lateinamerika beispielsweise dürfte die Etablierung eines auf Rechtsgleichheit gerichteten Rechtssystems zum

Das verweist darauf, dass historisches Normativitätserzeugungswissen durchaus eigenen Reproduktions- und Transformationslogiken folgen kann. Es hat selbst eine kontingente Geschichte, die sich gewissermaßen im Inneren oder im Vollzug der Veränderungen der Normativitätsregime beispielsweise in Bezug auf Eigentum, Dependenz, Sicherheit ereignet. Es dürfte nicht zuletzt diese Inkongruenz der Veränderungsdynamiken sein, die für die gleichzeitige Stabilität und Dynamik der Historischen Normativitätsregime sorgt.

VI. Normerzeugung als Prozess der Translation von Normativitätswissen

Wenn Rechtsgeschichte sich als Prozess der Normerzeugung durch die Aufnahme, Neuschöpfung und Transformation von Normativitätswissen begreifen lassen soll, stellt sich die Frage, wie man sich diesen Prozess näher vorzustellen hat. Im Anschluss an informationswissenschaftlich inspirierte Arbeiten nicht zuletzt von H.P. Glenn und deren Kombination mit der in der kulturwissenschaftlichen und wissensgeschichtlichen Forschung etablierten Vorstellung der Translation lässt sich Normerzeugung als Prozess der Translation von Normativitätswissen verstehen.

1. Reproduktion und Transformation als Translation

Die großen Fragen nach der Reproduktion und Transformation von Recht in Zeit und Raum haben die Rechtsgeschichte natürlich schon seit langem beschäftigt. Sie sind lange Zeit vor allem unter den Stichworten Rezeption, Transfer, Transplant oder eben als Entwicklung, Evolution, Tradition etc. analysiert und mit bestimmten expliziten oder impliziten Theorien des Wandels in Verbindung gebracht worden. Diese Theorien stammten aus Geschichtsphilosophie, Rechtsphilosophie, Psychologie, Biologie, Kulturtheorie, Soziologie, Ökonomie. Früher benutzte man dafür Worte wie „Geist", „Wesen", „Natur" und den schillernden Begriff der „Rechtstradition", heute bezieht man sich explizit auf Theorien, vor allem auf ökonomische, institutionen-, system- oder evolutionstheoretische.

Aus einer wissensgeschichtlichen Perspektive bietet es sich an, die Reproduktion von Recht in Raum und Zeit schlicht als einen Prozess der

---

Teil sogar eine deutliche Schlechterstellung indigener Völker nach sich gezogen haben, vgl. Duve (2018b).

Translation von Normativitätswissen zu beschreiben. Das bietet nicht nur die Chance, metaphysische Eintragungen zu vermeiden oder intellektuell zu kapitulieren, indem man einfach auf die *black box* der „Rechtskultur“ verweist. Der Blick auf „Translation“ als kulturelle Übersetzung kann vielmehr auf eine bereits recht gut etablierte Forschungsdiskussion zurückgreifen und deren theoretisches Potential für die Rechtsgeschichte mobilisieren[85]. Denn Kulturgeschichte und Translationswissenschaften beschäftigen sich bereits seit langer Zeit mit der Analyse der Phänomene kultureller Translation[86], und für Teile der Wissenschaftsgeschichte waren Phänomene der Translation von Wissen sogar ein wesentlicher Anstoß für die Zuwendung zur Wissensgeschichte.[87]

Auch für die Rechtsvergleichung, Rechtswissenschaft und die Rechtsgeschichte ist diese Perspektive inzwischen als fruchtbar identifiziert und erprobt worden[88], zumal sie auf zahlreiche hochsensible Beschreibungen von Regelungstraditionen aufbauen kann, die vielleicht nicht unter Nutzung der Terminologie, aber der Sache nach genau diese kulturellen Übersetzungsprozesse quellennah anhand des Juristenrechts nachzeichnen. Viele Studien zeigen detailliert die Lokalisierungs- und Regionalisierungsphänomene, also die Konstitution von Bedeutung durch die Auswahl und Übersetzung derjenigen Autoritäten, die man für die Lösung des konkreten Falls oder der anstehenden Frage für einschlägig hielt[89].

Besonders deutlich wird dies in der europäischen Frühen Neuzeit und in deren Kolonialsphären, da der materiale Rechtsbegriff dieser Jurisdiktionskultur eine solche Konkretisierung geradezu forderte, entsprechende Instrumente und Lehren bereitstellte und kulturelle Praktiken hervorgebracht hatte, durch die das *arbitrium* fast grenzenlos werden konnte.[90] In den Kolonien werden deswegen auch in diesem Fall manche Charakteristika der frühneuzeitlichen europäischen Rechtsgeschichte gleichsam wie unter dem Vergrößerungsglas sichtbar, freilich zugleich immer auch mit der Gefahr der Verzerrung des Bildes. Auch für die konstitutive Phase

85 Vgl. den Überblick in Duve (2012).

86 Vgl. z.B. Burke (2007); Burke (2009a); Burke (2009b); Burke (2012).

87 Müller-Wille/Reinhardt/Sommer (2017), 10; Secord (2004); Renn/Hyman (2012), Daston (2017).

88 Vgl. z.B. Langer (2004); auch White (1985), White (1990).

89 Vgl. ausführlicher Duve (2020a); dort unterscheide ich zwei Stufen der Translation: eine erste, in der normative Information zu Normativitätswissen wird, indem sie auf ein Handlungsfeld bezogen wird; eine zweite, in der dieses allgemeine Normativitätswissen für die Lösung eines konkreten Falles erneut in die Realität übersetzt, also konkretisiert wird.

90 Duve (2007); Mejía (iE).

von Nationalstaatlichkeit in Lateinamerika oder Asien sind inzwischen allerdings wichtige Einzelstudien entstanden, die diese Prozesse der Normerzeugung durch Konkretisierung normativer Angebote unter lokalen Umständen deutlich machen und diese Phänomene als Translationsprozesse aufarbeiten[91].

Ein besonderer Wert der Perspektive der Translation liegt darin, dass sie geradezu dazu zwingt, nicht von einer Wandlung „von etwas" und damit potentiell essentialistisch, sondern prozedural von einer Kette immer neuer Akte der Erzeugung von Normativitätswissen auszugehen. Da in diesem Akt der Erzeugung von Normativitätswissen selbst das gesamte Normativitätswissen aktiviert wird, weil die Praktiken der Normerzeugung ihrerseits zum Normativitätswissen gehören, handelt es sich um einen Prozess, der performativ ist: In dem Akt der Erzeugung von Normativitätswissen verändert sich dieses selbst.

2. *Theorie und Praxis*

Rechtsgeschichte als Translation von Normativitätswissen zu schreiben, kann deswegen auch dabei helfen, die immer wieder zu findende, reduktionistische und dysfunktionale Entgegensetzung von „Theorie" und „Praxis" zu überwinden[92]. Denn nicht selten wird Rechtsgeschichte vor allem als Geschichte der „Theorie" angesehen, also als Geschichte von Ideen, Normen, Institutionen, Dogmen, Wissenschaft, alles das meist aufgeschrieben in Büchern und als mit dem Staat verbunden gedacht. Gegen diese Form der Rechtsgeschichte gerichtet, zum Teil auch aus ihr heraus, hatte sich vor inzwischen fast einem halben Jahrhundert eine Sozialgeschichte von Recht etabliert, die auf sogenannte Dokumente der Praxis blickte, oft auf Justizakten, und die eine ganz andere Welt offenzulegen schien. So kam es dazu, dass man immer wieder lesen kann, „Theorie" und „Praxis" seien zwei voneinander zu trennende Ebenen; auch trifft man vielfach auf die Unterscheidung zwischen einer „Geschichte der Praxis", einer „Normengeschichte" und einer „Wissenschaftsgeschichte". Diese traditionelle, habituell und institutionell gestützte Trennung, vor allem aber das Ausspielen der einen gegen die andere, ist in der rechtshistorischen Forschung

91 Dias Paes (iE); Sirotti (iE); Li (2019).
92 Etwas ausführlicher dazu bei Duve (2020b).

mit recht pragmatischen Argumenten kritisiert worden.[93] Tatsächlich ist diese Unterscheidung auch nur forschungsgeschichtlich zu erklären und führt, näher besehen, in zahlreiche Widersprüche hinein.[94]

Die Kritik ließe sich freilich noch viel grundlegender formulieren. Denn nur eine Rekonstruktion der zeitgenössischen politischen Sprache verleiht einen Zugang zur Bedeutung von Praxis – und diese politische Sprache lässt sich nun einmal in vielen Texten konzentriert finden, die zur sog. „Theorie" gezählt werden, oft aber eben aus der „Praxis" stammen. Grotius, um nur ein berühmtes Beispiel zu nennen, schrieb gerade als Praktiker. Vor allem aber haben die performativen, kontextuellen, post-positivistischen Rechtstheorien, die Recht als soziale und kulturelle Praxis verstehen, mit überzeugenden Gründen auf die Unmöglichkeit der Trennung von „Theorie" und „Praxis" aufmerksam gemacht. Es gibt kaum eine Theorie ohne Praxis und keine Praxis ohne ein Mindestmaß an „Theorie". Fasst man diese Überlegungen zusammen, so besteht das Geschäft der Rechtsgeschichte in nichts anderem als in der Interpretation verschiedener Praxisformen, allesamt Teile eines großen historischen Sprachspiels, das es zu entschlüsseln gilt[95] – und für dessen Entschlüsselung man auf unterschiedliche Medien zurückgreifen muss. „Theorie" und „Praxis" lassen sich also nicht trennen, und auch die häufig zitierte Unterscheidung von ‚*law in the books*' und ‚*law in action*'[96] und der Verweis, Ersteres sei bloße Theorie, werden dieser unauflöslichen Verflochtenheit beider Dimensio-

---

93 Oestmann (2014) und die anschließende Diskussion in Rechtsgeschichte – Legal History 23 (2015).

94 Denn rechtshistorische „Normengeschichte" greift natürlich auch auf „Praxis" zu, wenn sie richtigerweise die Herausbildung von Normen nicht mehr – wie lange Zeit üblich – einfach anhand von Gesetzen oder anderen Normsetzungen rekonstruiert, sondern z.B. auch aus der Justizpraxis. Auch „Wissenschaftsgeschichte" ist nur sinnvoll als Geschichte institutionalisierter Praxis zu betreiben, jedenfalls dann, wenn man diese nicht in gänzlicher Ablösung von heutigen wissenschaftsgeschichtlichen Standards als weitgehend kontextfreie Geschichte einer Kette von Ideen großer Juristen schreiben will. Die sog. „Praxisgeschichte" schließlich ist so, wie sie betrieben wird, nicht eine Geschichte juridischer Praktiken, sondern mindestens auch eine richtigerweise aus der Praxis geschriebene Geschichte von Gerichtsverfassung und Prozessrecht – man könnte jedenfalls diesen Teil damit durchaus der „Normengeschichte" zuschlagen. Geht es ihr dagegen um die Rekonstruktion von Alltagsleben, Geschlechterrollen, Ehrkonflikten etc., so dürfte es sich um Sozial-, Geschlechter-, Kulturgeschichte etc. handeln. Denn nicht die Quelle, sondern das Erkenntnisinteresse definiert die Zuordnung.

95 Vgl. dazu Stolleis (2008a).

96 Vgl. zu den verkürzten Lesarten Halpérin (2011), 45.

nen nicht gerecht.[97] Beide als Teil von Normativitätswissen anzusehen hilft dabei, diese Dichotomien zu überwinden.

3. *Glokalisierungen*

Eine wissensgeschichtliche Perspektive, die Normerzeugung als Translation von Normativitätswissen ansieht, kann schließlich dabei helfen, ethnozentrische oder diffusionistische Perspektiven zu überwinden, wenn es um die Reproduktion von Recht im Raum geht. Sie bietet damit eine geradezu unentbehrliche Voraussetzung für jede Form von Globalrechtsgeschichte[98].

Das gilt zunächst im Blick auf die Begriffsbildung. Die große Erzählung der Rechtsgeschichte arbeitet mit dem, was man in Anlehnung an die anthropologische Forschung „emische Begriffe" nennen kann, also Begriffe, die aus der und für die Teilnehmerperspektive formuliert sind. Diese „Eigenbegrifflichkeit"[99] ist deswegen für die beobachtete Gemeinschaft genauso wichtig und aussagekräftig – wie sie für einen Vergleich ungeeignet ist. Sie hilft gerade nicht, andere Formen der Normerzeugung zu analysieren. Dafür bedarf es einer Sprache, die möglichst wenig voraussetzungsvoll ist, deren Begriffe also keine impliziten Präferenzen für bestimmte kulturelle Systeme und damit verbundene Kategorien wie „Recht" und „Nicht-Recht" oder für Dynamiken wie die am westlichen Selbstbild konzipierte „Modernisierung" enthalten. Sie müssen vielmehr offen für unterschiedliche kulturelle Systeme sein – wie es die Vorstellung einer Translation von Normativitätswissen ist.

Rechtsgeschichte als Geschichte der Translation von Normativitätswissen zu betreiben, hat schließlich auch einen heuristischen, wenn man so will geradezu disziplinierenden und damit epistemische Risiken vermin-

97 Keine wirkliche Lösung sind auch Neuschöpfungen wie „jurispractice", ein Begriff, der zur Beschreibung administrativer Praxis dienen soll, von Lauren Benton definiert als „patterns of strategic behavior that is simultaneously cultural and, through its repetition, institutional in effect." Denn auch wenn damit ein weiter, auf normengenerierende Praxis gerichteter Begriff verwandt wird, wird eine klare Grenzlinie zu dem Normativitätswissen gezogen, in dessen Horizont gehandelt wird: "norms make spectacularly bad objects of analysis", betont Benton, und "historians have dull tools with which to uncover supposedly determinative 'normative structures' operating in deep background to legal behavior and utterances." Benton (2018), 276, 275, 280.

98 Ausführlicher dazu Duve (2020b).

99 Landsberger (1926), 355.

dernden Effekt[100]. Denn die Konzentration auf die Prozesse der Wissenserzeugung führt zwangsläufig zu einer Priorisierung des Lokalen und damit einer Rekonstruktion auch transnationaler oder globaler Geschichte aus der lokalen Perspektive. Denn mit der Rekonstruktion von Translationsprozessen werden zwangsläufig lokale Quellenbestände zum privilegierten Objekt und zur bevorzugten Methode; es geht ja gerade um eine Rekonstruktion der Bedingungen und Voraussetzungen des Handelns, hier also der Translationsleistung. Natürlich erledigen sich damit keineswegs die ebenfalls seit langem und in jüngerer Zeit wieder intensiver diskutierten Fragen nach dem Verhältnis von Global- und Lokalgeschichte. Doch diese Perspektiven ergänzen einander, vielleicht sogar derart, dass man mit Recht behaupten kann, dass gute Globalgeschichte nur gute Lokalgeschichte sein kann – und umgekehrt[101]. Eine Globalrechtsgeschichte wird damit zu einer Geschichte von unzähligen Translationsvorgängen von Normativitätswissen an unterschiedlichen Orten. Sie kann zu dem Bild einer Glokalisierung von Wissen in Bezug auf Normativität für bestimmte Handlungsfelder – also zum Beispiel Dependenzregime, Diversitätsregime, Eigentumsregime – und in Bezug auf die Herstellung von Normativitätswissen selbst führen. Das dürfte helfen, Ähnlichkeit und Differenz, die Dynamik dieser Prozesse der Herausbildung von Regimen, letztlich auch das Vorhandensein einer polysemen Sprache des Rechts auf internationaler Ebene zu erklären.

VII. Ausblick

Was ergibt sich aus dem Rückblick, der Historisierung der Forschungstradition, der Defizitanalyse und den Schlaglichtern auf die Möglichkeit, Rechtsgeschichte als Geschichte der Translation von Normativitätswissen zu schreiben?

Das Hauptanliegen dieses Beitrags bestand darin, auf das Potential einer wissensgeschichtlichen Perspektive auf die Rechtsgeschichte hinzuweisen und einige Grundbegriffe dafür vorzustellen. Eine Motivation für diesen Vorschlag lag darin, dass die *toolbox* der deutschen Variante der europäischen Rechtsgeschichte an ihre Grenzen gerät, wenn sie globalhistorische Perspektiven entwickeln möchte. Die Überlegungen reichen allerdings

100 Ausführlicher dazu bereits Duve (2012); Duve (2020b).

101 Dieses Argument vertritt mit einleuchtender Argumentation Wenzlhuemer (2017).

weiter und schlagen letztlich eine Methodik der Rechtsgeschichte vor, die nicht allein für die Globalrechtsgeschichte, sondern für die Rechtsgeschichte insgesamt vielversprechend erscheint – ist der Beitrag also hoffentlich ein Beispiel für die häufig postulierte produktive Irritation von Nationalgeschichten durch Globalgeschichte.

Das dürfte nach aller Erfahrung auf einige Skepsis in der Zunft stoßen. Doch der Versuch erscheint vielleicht etwas weniger vermessen, wenn man auf die Erfahrungen der Wissenschaftsgeschichte, teilweise auch der Kunstgeschichte, blickt, die sich in einer breiten Diskussion ähnliche Fragen nach ihren wissenschaftlichen Konzepten und Praktiken stellen.[102] Vor allem die Wissenschaftsgeschichte befindet sich bereits seit gut zwei Jahrzehnten in einem bemerkenswerten Prozess der Öffnung und Erweiterung, dessen Ausgangslage erstaunliche Parallelen zur Situation der Rechtsgeschichte aufweist; er macht auch auf Chancen und Risiken eines solchen Prozesses aufmerksam. Ein wesentliches Anliegen der Zuwendung der Wissenschaftsgeschichte zum Wissen lag darin, den Wissenschaftsbegriff zu de-europäisieren und damit die modernisierungstheoretische Orientierung der klassischen Wissenschaftsgeschichte zu überwinden; ähnliches gilt für die Kunstgeschichte und deren *global turn*. Im Zuge dessen wurde die Bedeutung praktischen Wissens betont und vor allem in der Wissenschaftsgeschichte nach einer Terminologie gesucht, mit der die Prozesse der dezentralen Wissensproduktion, des Transfers und der Translation beschrieben und analysiert werden können; auch beschäftigt man sich mit epistemischen Gemeinschaften und politischer Epistemologie. Der Anstoß zu dieser Neuorientierung kam nicht zuletzt durch die Rezeption praxeologischer Theorieangebote, die Renaissance der Studien Ludwik Flecks und Hans-Jörg Rheinbergers Überlegungen zur Historischen Epistemologie[103]. In ähnlicher Weise sind in den letzten beiden Jahrzehnten auch jenseits der Wissenschaftsgeschichte eine Reihe von wichtigen Überlegungen vorgelegt und praktisch umgesetzt worden, in denen „Wissen“ zum Teil sogar als neuer Bezugsrahmen historischer Forschung bezeichnet wurde[104] – jenseits älterer Debatten um die „Wissensgesellschaft“ oder um

102 Überblicke bei Renn (2015); Daston (2017), Müller-Wille/Reinhardt/Sommer (2017). Zur verwandten Methodenproblematik in der Kunstgeschichte aufschlußreich z.B. Joyeux-Prunel (2019).

103 Fleck (2011), mit einer Einführung auch zur Renaissance seiner Arbeit; eine neuere Zusammenfassung auch der eigenen Position und der Debatte zur Historischen Epistemologie in Rheinberger (2017).

104 Sarasin (2011); Landwehr (2007); Füssel (2019).

die historische Bedeutung von Wissen etwa für Imperiengeschichte oder die Geschichte der Staatsbildung, die natürlich weiterhin relevant sind.

Der Rückblick auf die Forschungstradition und deren Grenzen sollte deutlich machen, dass auch die Rechtsgeschichte von einer solchen kritischen Reflexion und Revision ihrer Grundbegriffe profitieren könnte. Denn sie folgt mit ihren wissenschaftlichen Traditionen und Praktiken einem Paradigma des Juristenrechts, das zutiefst voraussetzungsreich ist, der Welt der Nationalstaatlichkeit entstammt und in eine teleologische Struktur eingebunden ist. In ihre Grundbegriffe und Praktiken sind Rechtsvorstellungen und Kampfbegriffe des 19. und beginnenden 20. Jahrhunderts wie der des „Juristenrechts" eincodiert, und viele Ergebnisse der rechtshistorischen Forschung lassen sich in die auf dieser Grundlage geschriebene große Erzählung nicht integrieren, ohne in Widersprüche zu geraten. Norm- und Praxisbegriffe werden in ihr zudem in erstaunlicher Weise wenig reflektiert. Sie muss sich deswegen kultur-, sozialwissenschaftlich und rechtstheoretisch informieren und auf dieser Grundlage ihre eigenen Begriffe bilden. Die inzwischen fundamentale Kritik an den die große Erzählung auch der Rechtsgeschichte tragenden „gefährlichen Prozessbegriffen"[105] macht diese Notwendigkeit offensichtlich.

Eine wissensgeschichtliche Perspektive auf die Rechtsgeschichte könnte einen solchen neuen intellektuellen Bezugsrahmen bereitstellen, der auch der gegenwärtigen Tendenz zur Zerstreuung der Forschung in eine Fülle unverbunden nebeneinanderstehender und zum Teil inkommensurabler Einzelbeobachtungen entgegenwirkt[106]. Diese Perspektive ist natürlich nicht so eingängig wie die großen Erzählungen, an deren Endpunkt unser selbstgewisses Heute steht. Sie würde aber ein komplexeres Bild der Vergangenheit zeichnen – und sie würde nicht mehr eine Vorgeschichte nationalstaatlicher Ordnungen des 19. und 20. Jahrhunderts erzählen, also eine Vorgeschichte des Rechts der Moderne – und damit wahrscheinlich eine Geschichte des Gestern[107]. Sie würde Rechtsgeschichte vielmehr gesprächsfähig machen[108] für das Nachdenken über die „postmoderne Kondition

---

105 Joas (2017).

106 Zu dieser auch durch Internationalisierung und Interdisziplinarität verursachten Situation vgl. Duve (2018a).

107 Vgl. zu den nachmodernen, postmodernen etc. Rechtstheorien Buckel/Christensen/Fischer-Lescano (Hg.) (2020), insbesondere zu Neuem Rechtsempirismus, Nachpositivistischem Rechtsdenken mit weiteren Nachweisen; die Diagnose eines grundlegenden Bruchs auch z.B. bei Douglas-Scott (2013); Auer (2018).

108 Insbesondere mit den inzwischen recht zahlreichen Ansätzen, Rechtswissenschaft kulturwissenschaftlich, rechtssoziologisch und rechtstheoretisch gerade

des Rechts“[109], an der sich die Rechtswissenschaft heute abarbeitet – und in der sich nicht zuletzt das geradezu dramatisch verändert, was in diesem Beitrag als Normerzeugungswissen bezeichnet worden ist.

Zitierte Literatur

Abel, Günter (2014), Systematic Knowledge Research. Rethinking Epistemology, in: Sandkühler, Hans Jörg (Hg.), Wissen. Wissenskulturen und die Kontextualität des Wissens, Frankfurt am Main, 17–37

Adler, Emanuel (2019), World Ordering. A Social Theory of Cognitive Evolution, Cambridge

Agüero, Alejandro (2007), Las categorías básicas de la cultura jurisdiccional, in: Lorente, Marta (Hg.), De justicia de jueces a justicia de leyes: hacia la España de 1870, Madrid, 19–58

Agüro, Alejandro (2016), Ancient Constitution or Paternal Government? Extraordinary Powers as Legal Response to Political Violence (Río De La Plata, 1810-1860) (April 1, 2016), in: Max Planck Institute for European Legal History Research Paper Series 10, https://ssrn.com/abstract=2841769

Auer, Marietta (2018a), Cantus firmus der Moderne. Rechtstheorie in der Berliner Republik, in: Duve, Thomas, Stefan Ruppert (Hg.), Rechtswissenschaft in der Berliner Republik, Berlin, 121–146

Auer, Marietta (2018b), Zum Erkenntnisziel der Rechtstheorie. Philosophische Grundlagen multidisziplinärer Rechtswissenschaft, Baden-Baden

Behrends, Okko, Eva Schumann (Hg.), Franz Wieacker. Historiker des modernen Privatrechts, Göttingen

Bellomo, Manlio (1993), Der Text erklärt den Text. Über die Anfänge der mittelalterlichen Jurisprudenz, in: Rivista internazionale di Diritto Commune 4, 51–63

Bellomo, Manlio (2005), Europäische Rechtseinheit. Grundlagen und System des Ius Commune, München

Benton, Lauren (2018), In Defense of Ignorance. Frameworks for Legal Politics in the Atlantic World, in: Owensby, Brian P., Richard J. Ross (Hg.), Justice in a New World. Negotiating Legal Intelligibility in British, Iberian, und Indigenous America, New York (NY), 273–290

Berman, Harold J. (1991), Recht und Revolution. Die Bildung der westlichen Rechtstradition, Frankfurt am Main

---

auch als modus der Wissensproduktion zu verstehen, wie es in diesem Band geschieht und z.B. von Schuppert (2019b), Boulanger (2019), letztlich aber wohl auch von Möllers (2015), Auer (2018b) und anderen vorgeschlagen wird.

109 So Auer (2018a), 135ff., die dies als zentrales Thema der Rechtstheorie der ‚Berliner Republik‘ ansieht.

Bertram, Martin (Hg.) (2005), Stagnation oder Fortbildung? Aspekte des allgemeinen Kirchenrechts im 14. und 15. Jahrhundert, Tübingen

Bianchi, Andrea (2019): Epistemic communities, in: d'Aspremont, Jean, Sahib Singh (Hg.), Concepts for International Law. Contributions to Disciplinary Thought, Cheltenham, Northampton (MA), 251–266

Bogdandy, Armin von, René Urueña (2020), International Transformative Constitutionalism in Latin America, in: American Journal of International Law 114,3, 403–442, https://doi.org/10.1017/ajil.2020.27

Boulanger, Christian (2019), Die Soziologie juristischer Wissensproduktion. Rechtsdogmatik als soziale Praxis, in: Boulanger, Christian, Julia Rosenstock, Tobias Singelnstein (Hg.), Interdisziplinäre Rechtsforschung. Eine Einführung in die geistes- und sozialwissenschaftliche Befassung mit dem Recht und seiner Praxis, Wiesbaden, 173–189

Bragagnolo, Manuela (2020), Managing Legal Knowledge in Early Modern Times. Martín de Azpilcueta's Manual for Confessors and the Phenomenon of Epitomisation, in: Duve, Thomas, Otto Danwerth (Hg.), Knowledge of the *Pragmatici*. Legal and Moral Theological Literature and the Formation of Early Modern Ibero-America, Leiden, Boston (MA), 187–242

Buckel, Sonja, Ralph Christensen, Andreas Fischer-Lescano (Hg.) (2020), Neue Theorien des Rechts, Tübingen

Burke, Peter (2007), Cultures of Translation in Early Modern Europe, in: Burke, Peter, Ronnie Po-Chia Hsia (Hg.), Cultural Translation in Early Modern Europe, Cambridge, 7–38

Burke, Peter (2009a), Translating Knowledge, Translating Cultures, in: North, Michael (Hg.), Kultureller Austausch. Bilanz und Perspektiven der Frühneuzeitforschung, Köln, 69–88

Burke, Peter (2009b), Cultural Hybridity, Cambridge

Burke, Peter (2012), Translating the Turks, in: Burke, Martin J., Melvin Richter (Hg.), Why Concepts Matter. Translating Social and Political Thought, Leiden, 141–152

Cardenas, Fabian, Jean d'Aspremont (2020), Epistemic Communities in International Adjudication, in: Ruiz Fabri, Hélène (Hg.), Max Planck Encyclopedia of International Procedural Law, Oxford

Collin, Peter (2016), Privat-staatliche Regelungsstrukturen im frühen Industrie- und Sozialstaat, Berlin, Boston

Costa, Pietro (1969), Iurisdictio. Semantica del potere politico nella pubblicistica medievale (1100–1433), Milano

Cross, Mai'a K. Davis (2013), Rethinking epistemic communities twenty years later, in: Review of International Studies 39,1, 137–160

Damler, Daniel (2016a), Rechtsästhetik. Sinnliche Analogien im juristischen Denken, Berlin

Damler, Daniel (2016b), Konzern und Moderne. Die verbundene juristische Person in der visuellen Kultur 1880-1980, Frankfurt am Main

Daston, Lorraine (2017), The History of Science and the History of Knowledge, in: Know: A Journal on the Formation of Knowledge 1,1, 131–154, https://doi.org/10.1086/691678

Dias Paes, Mariana Armond (i.E.), Esclavos y tierras entre posesión y títulos. La construcción social del derecho de propiedad en Brasil (1835-889), Frankfurt am Main (im Erscheinen)

Dilcher, Gerhard (2017), Die Germanisten und die Historische Rechtsschule. Bürgerliche Wissenschaft zwischen Romantik, Realismus und Rationalisierung, Frankfurt am Main

Douglas-Scott, Sionaidh (2013), Law after Modernity, Oxford, Portland

Dusil, Stephan (2018), Wissensordnungen des Rechts im Wandel. Päpstlicher Jurisdiktionsprimat und Zölibat zwischen 1000 und 1215, Leuven

Duve, Thomas (2004), Der blinde Fleck der ‚Oeconomia'? – Wirtschaft und Soziales in der frühen Neuzeit, in: Kervégan, Jean-François, Heinz Mohnhaupt (Hg.), Wirtschaft und Wirtschaftstheorie in Rechtsgeschichte und Philosophie. Viertes deutsch-französisches Symposion vom 2.–4. Mai 2002 in Wetzlar, Frankfurt am Main, 29–61

Duve, Thomas (2007), Algunas observaciones acerca del *modus operandi* y la prudencia del juez en el Derecho Canónico Indiano, in: Revista de Historia del Derecho 35, 195–226

Duve, Thomas (2012), Von der Europäischen Rechtsgeschichte zu einer Rechtsgeschichte Europas in globalhistorischer Perspektive, in: Rechtsgeschichte – Legal History 20, 18–71, https://doi.org/10.12946/rg20/018-071

Duve, Thomas (2014), German Legal History: National Traditions and Transnational Perspectives, in: Rechtsgeschichte – Legal History 22, 16–48, http://dx.doi.org/10.12946/rg22/016-048

Duve, Thomas (2017a), Spatial perceptions, juridical practices, and early international legal thought around 1500: from Tordesillas to Saragossa, in: Kadelbach, Stefan, Thomas Kleinlein, David Roth-Isigkeit (Hg.), System, Order, and International Law. The Early History of International Legal Thought from Machiavelli to Hegel, Oxford, 418–442

Duve, Thomas (2017b), Was ist ›Multinormativität‹? – Einführende Bemerkungen, in: Rechtsgeschichte – Legal History 25, 88–101, http://dx.doi.org/10.12946/rg25/088-101

Duve, Thomas (2018a), Ein fruchtbarer Gärungsprozess?. Rechtsgeschichtswissenschaft in der Berliner Republik, in: Duve, Thomas, Stefan Ruppert(Hg.), Rechtswissenschaft in der Berliner Republik, Berlin, 67–120

Duve, Thomas (2018b), Indigenous Rights: Latin America, in: Dubber, Markus, Christopher Tomlins (Hg.), The Oxford Handbook of Legal History, Oxford, 817–837

Duve, Thomas (2018c), Legal traditions: A dialogue between comparative law and comparative legal history, in: Comparative Legal History 6,1, 15–33, https://doi.org/10.1080/2049677X.2018.1469271

Duve, Thomas (2020a), Pragmatic Normative Literature and the Production of Normative Knowledge in the Early Modern Iberian Empires (16th–17th Centuries), in: Duve, Thomas, Otto Danwerth (Hg.), Knowledge of the *Pragmatici*. Legal and Moral Theological Literature and the Formation of Early Modern Ibero-America, Leiden, Boston (MA), 1–39

Duve, Thomas (2020b), What is global legal history?, in: Comparative Legal History 8,2, 73–115, https://doi.org/10.1080/2049677X.2020.1830488

Duve, Thomas (2020c), Rechtsgeschichte und Rechtsräume: wie weit reicht die Schule von Salamanca?, in: Luts-Sootak, Marju, Frank L. Schäfer (Hg.), Recht und Wirtschaft in Stadt und Land Law and Economics in Urban and Rural Environment, Bern, 51–72

Duve, Thomas (2021), The School of Salamanca. A Case of Global Knowledge Production, in: Duve, Thomas, Christiane Birr, José Luis Egío García (Hg.), The School of Salamanca. A Case of Global Knowledge Production, Leiden, Boston (MA), 1–42

Ehrlich, Eugen (1989) [1913], Grundlegung der Soziologie des Rechts, 4. Auflage, durchgesehen und herausgegeben von Manfred Rehbinder, Berlin

Esders, Stefan, Gunnar Folke Schuppert (2015), Mittelalterliches Regieren in der Moderne oder Modernes Regieren im Mittelalter?, Baden-Baden

Fantappiè, Carlo (2008), Chiesa Romana e Modernità Giuridica. L'edificazione del Sistema Canonistico (1563-1903), Firenze

Ferlan, Claudio (2018), Ayuno Eclesiástico (DCH) (The Ecclesiastical Fast (DCH)), in: Max Planck Institute for European Legal History Research Paper Series 2018-09, 1–27, https://dx.doi.org/10.2139/ssrn.3260582

Fleck, Ludwik (2011), Denkstile und Tatsachen. Gesammelte Schriften und Zeugnisse, heraugegeben von Sylwia Werner und Claus Zittel, Frankfurt am Main

Frietsch, Ute (2013), Praxeologie der Wissenschaften, in: Frietsch, Ute, Jörg Rogge (Hg.), Über die Praxis des kulturwissenschaftlichen Arbeitens. Ein Handwörterbuch, Bielefeld, 311–317

Füssel, Marian (2019), Wissensgeschichten der Frühen Neuzeit: Begriffe – Themen – Probleme, in: Füssel, Marian (Hg.), Wissensgeschichte, Stuttgart, 7–39

Genzmer, Erich (1961), Einleitung, in: Visscher, von Fernand de, Robert Feenstra u.a. (Hg.), Ius Romanum medii aevi/1: Praemittanda: Die Zeit vor Irnerius; 1 a/d, Mailand, 121–146

Gertenbach, Lars, Henning Laux, Hartmut Rosa, David Strecker (2010), Theorien der Gemeinschaft zur Einführung, Hamburg

Gephart, Werner (2012), Für eine geisteswissenschaftliche Erforschung von Recht im Globalisierungsprozess, in: Gephart (Hg.), Rechtsanalyse als Kulturforschung, Frankfurt am Main, 19–53

Gialdroni, Stefania, Albrecht Cordes, Serge Dauchy, Dave De ruysscher, Heikki Pihlajamäki (Hg.) (2020), Migrating Words, Migrating Merchants, Migrating Law. Trading Routes and the Development of Commercial Law, Leiden, Boston (MA)

Glenn, H. Patrick (2014), Legal Traditions of the World. Sustainable Diversity in Law, Oxford

Grossi, Paolo (1995), L'ordine giuridico medievale, Roma

Grossi, Paolo (1998), Assolutismo Giuridico e Diritto Privato, Milano

Haas, Peter M. (2012): Epistemic Communities, in: Krieger, Joel (Hg.), The Oxford Companion to Comparative Politics, Bd.1, Oxford, 351–359

Härter, Karl (2018), Strafrechts- und Kriminalitätsgeschichte der Frühen Neuzeit, Berlin, Boston

Hart, Herbert Lionel Adolphus (1961), *The concept of law, New York*

Haferkamp, Hans-Peter (2018), Die Historische Rechtsschule, Frankfurt am Main

Haferkamp, Hans-Peter (2019), Lernen aus der Rechtsgeschichte? – Hermann Kantorowicz und Friedrich Carl v. Savigny, in: JuristenZeitung 74,19, 901–910, https://dx.doi.org/10.1628/jz-2019-0329

Halpérin, Jean-Louis (2011), Law in Books and Law in Action: The Problem of Legal Change, in: Maine Law Review 64,1, 45–76

Headley, John M. (2008), The Europeanization of the World. On the Origins of Human Rights and Democracy, Princeton

Herzog, Tamar (2015), Did European Law Turn American? Territory, Property and Rights in an Atlantic World, in: Duve, Thomas, Heikki Pihlajamäki (Hg.), New Horizons in Spanish Colonial Law. Contributions to Transnational Early Modern Legal History, Frankfurt am Main, 75–96

Hespanha, António Manuel (2008), Form and content in early modern legal books. Bridging the gap between material bibliography and the history of legal thought, in: Rechtsgeschichte – Legal History 12, 12–50, https://dx.doi.org/10.12946/rg12/012-050

Hespanha, António Manuel (2015), Como os juristas viam o mundo. 1550-1750. Direitos, estados, coisas, contratos, ações e crimes, Lisboa

Hespanha, António Manuel (2018), Southern Europe (Italy, Iberian Peninsula, France), in: Pihlajamäki, Heikki Markus Dubber, Mark Godfrey (Hg.), The Oxford Handbook of European Legal History, Oxford, 332–356

Hespanha, António Manuel (2018), Is there place for a separated legal history? A broad review of recent developments on legal historiography, in: Quaderni Fiorentini per la storia del pensiero giuridico moderno 48, 7–28

Hildbrand, Thomas (1996), Herrschaft, Schrift und Gedächtnis. Das Kloster Allerheiligen und sein Umgang mit Wissen in Wirtschaft, Recht und Archiv (11.-16. Jahrhundert), Zürich

Hillebrandt, Frank (2009), Praxistheorie, in: Kneer, Georg, Markus Schroer (Hg.), Handbuch Soziologische Theorien, Wiesbaden, 369–394

Hoffmann-Riem, Wolfgang (2016), Innovation und Recht – Recht und Innovation. Recht im Ensemble seiner Kontexte, Tübingen

Joyeux-Prunel, Béatrice (2019), Art history and the global: deconstructing the latest canonical narrative, in: Journal of Global History 14,3, 413–435, https://doi.org/10.1017/S1740022819000196

Joas, Hans (1999), Die Entstehung der Werte, Frankfurt am Main

Joas, Hans (2017), Die Macht des Heiligen. Eine Alternative zur Geschichte von der Entzauberung, Berlin

Kuntz, Thilo (2016), Recht als Gegenstand der Rechtswissenschaft und performative Rechtserzeugung. Zugleich ein Beitrag zur Möglichkeit von Dogmatik, in: Archiv für die civilistische Praxis 216,6, 866–910, https://dx.doi.org/10.1628/000389916X14752235857915

Landau, Peter (2010), Wieackers Konzept einer neuen Privatrechtsgeschichte: Eine Bilanz nach 40 Jahren, in: Behrends, Okko, Eva Schuhmann (Hg.), Franz Wieacker. Historiker des modernen Privatrechts, Göttingen, 49–74

Landau, Peter (2013), Europäische Rechtsgeschichte und kanonisches Recht im Mittelalter, Badenweiler

Landsberger, Benno (1926), Die Eigenbegrifflichkeit der babylonischen Welt, in: Islamica 2, 355–372

Landwehr, Achim (2007), Wissensgeschichte, in: Schützeichel, Rainer (Hg.), Handbuch Wissenssoziologie und Wissensforschung, Konstanz, 801–813

Langer, Maximo (2004), From Legal Transplant to Legal Translations: The Globalization of Plea Bargaining and the Americanization Thesis in Criminal Procedure, in: Harvard International Law Journal 45, 1–64

Lawson, Hilary (2001), Closure. A Story of Everything, London

Li, Fupeng (2019), Becoming Policy. Cultural Translation of the Weimar Constitution in China (1919–1949), in: Rechtsgeschichte – Legal History 27, 207–221, https://dx.doi.org/10.12946/rg27/207-221

Liebrecht, Johannes (2018), Die junge Rechtsgeschichte. Kategorienwandel in der rechtshistorischen Germanistik der Zwischenkriegszeit, Tübingen

Losano, Mario (2000), Gesetz und Hacke: Ursprünge und Entwicklungen alternativen Rechts in Europa und Südamerika, in: Helmholz, Richard H., Paul Mikat, Jörg Müller, Michael Stolleis (Hg.), Grundlagen des Rechts. Festschrift für Peter Landau zum 65. Geburtstag, Paderborn, München, Wien, Zürich, 1023–1063

Meccarelli, Massimo (2016), Diritti, diversità, diritto: orizzonti di possibilità per una storia della tutela giuridica, in: Meccarelli, Massimo (Hg.), Diversità e discorso giuridico. Temi per un dialogo interdisciplinare su diritti e giustizia in tempo di transizione, Madrid, 261–283.

Mejía Quiroga, María del Pilar (i.E.), Restaurando almas supersticiosas. Prácticas procesales en el Tribunal Inquisitorial de Cartagena de Indias (siglos XVII-XVIII), Frankfurt am Main (im Erscheinen)

Meyer, Christoph H. F. (2006), Ordnung durch Ordnen. Die Erfassung und Gestaltung des hochmittelalterlichen Kirchenrechts im Spiegel von Texten, Begriffen und Institutionen, in: Schneidmüller, Bernd, Stefan Weinfurter (Hg.), Ordnungskonfigurationen im hohen Mittelalter, Ostfildern, 303–411

Meyer, Christoph H. F. (2020), Putting Roman and Canon Law in a Nutshell: Developments in the Epitomisation of Legal Texts between Late Antiquity and the Early Modern Period, in: Duve, Thomas, Otto Danwerth (Hg.), Knowledge of the *Pragmatici*. Legal and Moral Theological Literature and the Formation of Early Modern Ibero-America, Leiden, Boston (MA), 40–88

Möllers, Christoph (2015), Die Möglichkeit der Normen. Über eine Praxis jenseits von Moralität und Kausalität, Berlin

Müller-Wille, Staffan, Carsten Reinhardt, Marianne Sommer (2017), Wissenschaftsgeschichte und Wissensgeschichte, in: Sommer, Marianne, Staffan Müller-Wille, Carsten Reinhardt (Hg.), Handbuch Wissenschaftsgeschichte, Stuttgart, 2–18

Neumann, Birgit (2013), Wissen, kulturelles, in: Nünning, Ansgar (Hg.), Metzler Lexikon Literatur- und Kulturtheorie. Ansätze – Personen – Grundbegriffe, Stuttgart, 811

Oestmann, Peter (2002), Rechtsvielfalt vor Gericht. Rechtsanwendung und Partikularrecht im Alten Reich, Frankfurt am Main

Oestmann, Peter (2014), Normengeschichte, Wissenschaftsgeschichte und Praxisgeschichte. Drei Blickwinkel auf das Recht der Vergangenheit, in: Max Planck Institute for European Legal History Research Paper Series 2014-06, 1–10, https://ssrn.com/abstract=2526811

Oestmann, Peter (2015), Wege zur Rechtsgeschichte: Gerichtsbarkeit und Verfahren, Köln

Osler, Douglas (1995), Text and Technology, in: Rechtshistorisches Journal 14, 309–331

Patzold, Steffen (2013), Von den Spielregeln ritueller Kommunikation zur sozialen Praxis. Ein Versuch über praktisches und diskursives Wissen im früheren Mittelalter, in: Stollberg-Rilinger, Barbara, Tim Neu, Christian Brauer (Hg.), Alles nur symbolisch?. Bilanz und Perspektiven der Erforschung symbolischer Kommunikation, Köln, Weimar, Wien, 53–68

Pihlajamäki, Heikki (2017), Conquest and the Law in Swedish Livonia (ca. 1630–1710). A Case of Legal Pluralism in Early Modern Europe, Leiden

Pogner, Karl-Heinz (1999), Textproduktion in Diskursgemeinschaften, in: Jakobs, Eva-Maria, Dagmar Knorr, Karl-Heinz Pogner (Hg.), Textproduktion: HyperText, Text, KonText, Frankfurt am Main, 145–158

Renn, Jürgen (2014), The Globalization of Knowledge in History and its Normative Challenges, in: Rechtsgeschichte – Legal History 22, 52–60, https://dx.doi.org/10.12946/rg22/052-060

Renn, Jürgen (2015), From the History of Science to the History of Knowledge – and Back, in: Centaurus 57,1, 37–53

Renn, Jürgen, Malcolm D. Hyman (2012), The Globalization of Knowledge in History: An Introduction, in: Renn, Jürgen (Hg.), The Globalization of Knowledge in History, Berlin, 27–75

Rheinberger, Hans-Jörg (2017): Historische Epistemologie, in: Sommer, Marianne, Staffan Müller-Wille, Carsten Reinhardt (Hg.), Handbuch Wissenschaftsgeschichte, Stuttgart

Rosenberg, Daniel (2003), Early Modern Information Overload, in: Journal of the History of Ideas 64,1, 1–9, https://dx.doi.org/10.1353/jhi.2003.0017

Rückert, Joachim (1995), Geschichte des Privatrechts als Apologie des Juristen – Franz Wieacker zum Gedächtnis, in: Quaderni fiorentini per la storia del pensiero giuridico moderno 24, 531–562

Rückert, Joachim (2008), 'Große' Erzählungen, Theorien und Fesseln in der Rechtsgeschichte, in: Tiziana J. Chiusi, Thomas Gergen, Heike Jung (Hg.), Das Recht und seine historischen Grundlagen. Festschrift für Elmar Wadle zum 70. Geburtstag, Berlin, 963–986

Sarasin, Philipp (2011), Was ist Wissensgeschichte?, in: Internationales Archiv für Sozialgeschichte der deutschen Literatur 26,1, 159–172, https://dx.doi.org/10.15 15/iasl.2011.010

Scattola, Merio (2006), Krieg des Wissens - Wissen des Krieges. Konflikt, Erfahrung und System der literarischen Gattungen am Beginn der Frühen Neuzeit, Padova

Schäfer, Frank L. (2015), Von der Genossenschaft zur Volksgemeinschaft: Juristische Germanistik als Rechtsgeschichte während des Nationalsozialismus, in: Zeitschrift der Savigny-Stiftung für Rechtsgeschichte. Germanistische Abteilung 132, 323–419

Schennach, Martin P. (2019), Frühmoderne Staatlichkeit, in: Schuppert, Gunnar Folke (Hg.), Von Staat zu Staatlichkeit. Beiträge zu einer multidisziplinären Staatlichkeitswissenschaft, Baden Baden, 41–75

Sellert, Wolfgang (1998), Zur Rezeption des römischen und kanonischen Rechts in Deutschland von den Anfängen bis zum Beginn der Neuzeit: Überblick, Diskussionsstand und Ergebnisse, in: Boockmann, Hartmut, Ludger Grenzmann, Bernd Moeller, Martin Staehelin (Hg.), Recht und Verfassung im Übergang vom Mittelalter zur Neuzeit, I. Teil, Bericht über Kolloquien der Kommission zur Erforschung der Kultur des Spätmittelalters 1994 bis 1995, Göttingen, 115–166

Schmitt, Carl (2011) [1950], Der Nomos der Erde im Völkerrecht des Jus Publicum Europaeum, Berlin

Schröder, Jan (2021), Recht als Wissenschaft. Geschichte der juristischen Methodenlehre in der Neuzeit (1500-1990), 3. Aufl., München

Schuppert, Gunnar Folke (2011), Governance und Rechtsetzung. Grundfragen einer modernen Regelungswissenschaft, Baden-Baden

Schuppert, Gunnar Folke (2014), Verflochtene Staatlichkeit. Globalisierung als Governance-Geschichte, Frankfurt am Main, New York (NY)

Schuppert, Gunnar Folke (2015a), Wege in die moderne Welt. Globalisierung von Staatlichkeit als Kommunikationsgeschichte, Frankfurt am Main, New York (NY)

Schuppert, Gunnar Folke (2015b), When Governance meets Religion. Governancestrukturen und Governanceakteure im Bereich des Religiösen, Baden-Baden

Schuppert, Gunnar Folke (2017), The World of Rules. A Somewhat Different Measurement of the World, Frankfurt am Main

Schuppert, Gunnar Folke (2019a), Eine globale Ideengeschichte in der Sprache des Rechts, in: Max Planck Institute for European Legal History Research Paper Series 2019-02, 1–290, https://dx.doi.org/10.2139/ssrn.3317569

Schuppert, Gunnar Folke (2019b), Wissen, Governance, Recht. Von der kognitiven Dimension des Rechts zur rechtlichen Dimension des Wissens, Baden-Baden

Schuppert, Gunnar Folke (2021), A Global History of Ideas in the Language of Law, Frankfurt am Main

Secord, James A. (2004), Knowledge in Transit, in: Isis 95,4, 654–672

Seinecke, Ralf (2015), Das Recht des Rechtspluralismus, Tübingen

Simon, Dieter (1988), Jurisprudenz und Wissenschaft, in: Rechtshistorisches Journal 7, 141–156

Sirotti, Raquel (i.E.): Within the Law. Criminal Law and Political Repression in Brazil (1889-1930), Frankfurt am Main (im Erscheinen)

Stollberg-Rilinger, Barbara (2008), Des Kaisers alte Kleider. Verfassungsgeschichte und Symbolsprache des Alten Reichs, München

Stolleis, Michael (2008a), Rechtsgeschichte schreiben. Rekonstruktion, Erzählung, Fiktion?, Basel

Stolleis, Michael (2008b), Vormodernes und postmodernes Recht, in: Merkur: Deutsche Zeitschrift für europäisches Denken 62,5, 425–429

Stolleis, Michael (2011a), Europäische Rechtsgeschichte, immer noch ein Projekt, in: Ruppert, Stefan, Miloš Vec (Hg.), Michael Stolleis. Ausgewählte Aufsätze und Beiträge, Bd. 2, Frankfurt am Main, 1113–1126

Stolleis, Michael (2011b), „Konfessionalisierung" oder „Säkularisierung" bei der Entstehung des frühmodernen Staates, in: Ruppert, Stefan, Miloš Vec (Hg.), Michael Stolleis. Ausgewählte Aufsätze und Beiträge, Bd. 2, Frankfurt am Main, 241–260

Stolleis, Michael (2014), Öffentliches Recht in Deutschland. Eine Einführung in seine Geschichte, 16.-21. Jahrhundert, München

Stolleis, Michael (2017), Verfassungs- und Verwaltungsgeschichte. Materialien, Methodik, Fragestellungen, Berlin, Bosten

Thier, Andreas (2007), Dynamische Schriftlichkeit: Zur Normbildung in den vorgratianischen Kanonessammlungen, in: Zeitschrift der Savigny-Stiftung für Rechtsgeschichte. Kanonistische Abteilung 93,1, 1–33

Thier, Andreas (2011), Hierarchie und Autonomie. Regelungstraditionen der Bischofsbestellung in der Geschichte des kirchlichen Wahlrechts bis 1140, Frankfurt am Main

Valleriani, Matteo (Hg.) (2017), The Structures of Practical Knowledge, Dordrecht

Valleriani, Matteo, Florian Kräutli, Maryam Zamani, Alejandro Tejedor, Christoph Sander, Malte Vogl, Sabine Bertram, Gesa Funke, Holger Kantz (2019), The Emergence of Epistemic Communities in the Sphaera Corpus: Mechanisms of Knowledge Evolution, in: Journal of Historical Network Research 3, 50–91, https://dx.doi.org/10.25517/jhnr.v3i1.63

Veç, Milos (1998), Zeremonialwissenschaft im Fürstenstaat. Studien zur juristischen und politischen Theorie absolutistischer Herrschaftsrepräsentation, Frankfurt am Main

Vesting, Thomas (2011-2016), Die Medien des Rechts, Weilerswist

Vesting, Thomas (2015), Rechtstheorie. Ein Studienbuch, München

Vismann, Cornelia (2000), Akten. Medientechnik und Recht, Frankfurt am Main

Vismann, Cornelia (2012), In judicio stare. Kulturtechniken des Rechts, in: Werner Gephart (Hg.), Rechtsanalyse als Kulturforschung, Frankfurt am Main, 323–336

Wehling, Peter (2007), Wissensregime, in: Schützeichel, Rainer (Hg.), Handbuch Wissenssoziologie und Wissensforschung, Konstanz, 704–712

Wenzlhuemer, Roland (2017), Globalgeschichte schreiben. Eine Einführung in 6 Episoden, Konstanz, München

Wieacker, Franz (1967), Privatrechtsgeschichte der Neuzeit unter besonderer Berücksichtigung der deutschen Entwicklung, 2. Aufl., Göttingen

Wieacker, Franz (1985), Grundlagen der Rechtskultur, in: Jorgensen, Stig, Juha Pöyhönen, Csaba Varga (Hg.), Tradition and Progress in Modern Legal Cultures. Tradition und Fortschritt in den modernen Rechtskulturen, Wiesbaden, 176–190

Winkler, Viktor (2014), Der Kampf gegen die Rechtswissenschaft. Franz Wieackers "Privatrechtsgeschichte der Neuzeit" und die deutsche Rechtswissenschaft des 20. Jahrhunderts, Hamburg

White, James Boyd (1985), When Words Lose their Meaning: Constitutions and Reconstructions of Language, Character, and Community, Chicago

White, James Boyd (1990), Justice and Translation: An Essay in Cultural and Legal Criticism, Chicago, London

White, James Boyd (2002), Legal Knowledge, Harvard Law Review 115/5, 1396-1431

Zaballa Beascoechea, Ana de (2018), Matrimonio (DCH), in: Max Planck Institute for European Legal History Research Paper Series 15, http://dx.doi.org/10.2139/ssrn.3299914

Legal Knowledge – die kulturwissenschaftliche Perspektive

Thomas Vesting

I. *Die Entdeckung des stummen Wissens*

Dass alles Wissen kontextgebunden ist und dass zu dieser Kontextgebundenheit eine implizite Dimension gehört, stillschweigendes oder stummes Wissen (tacit knowing),[1] ist eine Einsicht, die wir dem ungarisch-britischen Chemiker und Wissenstheoretiker Michael Polanyi (1891-1976) verdanken. Polanyi hat die Eigenschaften des stummen Wissens in den 1960er Jahren in verschiedenen Aufsätzen zum Thema gemacht. Die Abhängigkeit einer zutreffenden medizinischen Diagnose von einer entsprechenden klinischen Erfahrung, aufgrund derer der beschlagene Mediziner das eigentümliche Erscheinungsbild eines pathologischen Zustandes erkennt, ohne dass er seine Erkenntnis vollständig explizieren könnte, ist eines der Beispiele, das Polanyi für stummes Wissen anführt.[2] Ein anderes Beispiel ist die sichere und schnelle Art und Weise, in der wir ein bekanntes Gesicht unter tausenden anderen identifizieren können, ohne genau zu wissen, wie das möglich ist.[3] Ein entscheidendes Merkmal des stummen Wissens besteht für Polanyi deshalb darin, dass wir mehr wissen können, als wir sagen können.[4] Ein Teil des Wissens ist bereits in die Lebensformen eingetragen, bevor es in das Bewusstsein des Menschen gelangt. Polanyi unterscheidet daher auch ein Wissen, das durch Teilnahme entsteht (knowledge by attending to), und ein Wissen, auf das man sich verlässt (knowledge by relying on).[5] Die schon vorhandenen Wissensbestände, das

---

1 Vgl. Michael Polanyi, The Tacit Dimension (1966), Gloucester (Mass.) 1983, 3 ff.; ders., Knowing and Being. Essays by Michael Polanyi, Chicago 1969, 121 ff.; Hans-Jörg Rheinberger, Iterationen, Berlin 2005, 61 ff.; vgl. allg. auch Jens Loenhoff (Hrsg.), Implizites Wissen: Epistemologische und handlungstheoretische Perspektiven, Weilerswist 2012; in rechtstheoretischer Perspektive bereits Karl-Heinz Ladeur, Das Umweltrecht der Wissensgesellschaft. Von der Gefahrenabwehr zum Risikomanagement, Berlin 1995, 33 ff.

2 Polanyi, Knowing and Being (Fn. 2), 123.

3 Polanyi, The Tacit Dimension (Fn. 2), 4.

4 Polanyi, ebd., 4.

5 Polanyi, ebd., 10; vgl. auch die Einleitung von Marjorie Green in Knowing and Being (Fn. 2).

Wissen, auf das man sich verlässt, ist Teil der Lebensformen und für die Möglichkeit der Generierung neuen Wissens konstitutiv. Darauf werde ich im Laufe des Beitrags noch näher eingehen.

In *Personal Knowledge* (1958) ordnet Polanyi dem stummen Wissen eine spezifische Art des Erlebens zu. Diese wird als subsidiäre Aufmerksamkeit (subsidiary awareness) bezeichnet und von fokaler Aufmerksamkeit (focal awareness) abgegrenzt.[6] Schon Martin Heidegger hatte die vorpropositionale Vertrautheit des Menschen mit der Welt in *Sein und Zeit* (1927) mit dem Gebrauch von Werkzeugen wie dem Hammer in Verbindung gebracht.[7] Durch diesen neuartigen Bezugsrahmen wird die Subjektivität bei Heidegger auf einer ontologischen Ebene von einem relationalen Kontext abhängig, der sich uns um so mehr öffnet, je mehr wir mit einem Werkzeug sicher und routiniert in einer Umwelt hantieren können. Hier setzt auch Polanyi an: Wenn ich mit einem Hammer einen Nagel in die Wand schlage, dann konzentriere ich mich in einer spezifischen Art und Weise auf den Nagel: Ich versuche, den Nagel mit dem Hammer möglichst so zu treffen, dass meine Hammerschläge den Nagel effektiv in die Wand treiben, während ich den Effekt der Hammerschläge in meiner Handoberfläche und an meinen Fingern zwar ebenfalls spüre und mit Aufmerksamkeit verfolge, aber in einer anderen Art und Weise als die Bewegung, mit der der Hammer den Nagel trifft. Der Hammer und die durch seinen Gebrauch verursachten Empfindungen in meinen Körpergliedern sind, anders als der Nagel, keine Objekte meiner unmittelbaren Aufmerksamkeit, sondern Instrumente derselben. Diese werden nicht an sich selbst beobachtet; wir beobachten etwas anderes, während wir uns ihrer intensiv bewusst sind. „I have a subsidiary awareness of the feeling in the palm of my hand which is merged into my focal awareness of my driving in the nail.“[8]

Bei der Unterscheidung von subsidiärer Aufmerksamkeit und fokaler Aufmerksamkeit kommt es nun entscheidend auf die Reihenfolge an, in der Polanyi diese Begriffe einführt. Zwar handelt es sich um zwei unterschiedliche Arten von Bewusstheitszuständen, die aber nicht als vollkom-

---

6 Michael Polanyi, Personal Knowledge. Towards A Post-Critical Philosophy, Chicago 1974, 55.

7 Vgl. Martin Heidegger, Sein und Zeit (1927), Tübingen 1986, 69; Graham Harman, Tool-Being. Heidegger and the Metaphysics of Objects, Chicago and La Salle 2002, 32 ff.; Armado Aníbal Chiappe, Martin Heideggers „Ontologisierung der Praxis“ und ihre Relevanz für die hermeneutische Technikphilosophie, Diss. TU-Dresden, 2010, 127, 129 f.

8 Polanyi, Personal Knowledge (Fn. 6), 55.

men voneinander getrennte und gleichberechtigte Pole angesehen werden können. Wie es bereits zuvor in der Philosophie Heideggers darum geht, die Existenz des Menschen in einem relationalen Paradigma zu fundieren, in dem der Sinn aus einer Interaktion des Subjekts mit der Welt kommt (und nicht länger in einer als autonom gedachten Subjektivität wurzelt), so geht auch Polanyi davon aus, dass alles Wissen, praktisches Wissen wie theoretisches Wissen, seinen Ursprung im stummen Wissen hat. Jede Art von Forschung setzt voraus, sich auf schon vorhandene Wissensbestände verlassen zu können; daher ist ein vollkommen artikuliertes Wissen undenkbar und muss als eine der gescheiterten Illusionen der analytischen Philosophie angesehen werden.[9] „We have seen *tacit knowledge* to comprise two kinds of awareness, *subsidiary awareness* and *focal awareness*. Now we see *tacit knowledge* opposed to *explicit knowledge*; but these two are not sharply divided. While tacit knowledge can be possessed by itself, explicit knowledge must rely on being tacitly understood and applied. Hence all knowledge *is either tacit or rooted in tacit knowledge*. A *wholly* explicit knowledge is unthinkable.“ [10]

Auf der von Michael Polanyi eröffneten epistemologischen Grundlage möchte ich in meinem Beitrag die These vertreten, dass begriffliche Reflexion auf gesellschaftlichen Praktiken und Lebensformen aufruht. Diese Praktiken und Lebensformen und das darin eingelassene Wissen tragen zum Aufbau expliziter formaler Ordnungen bei, können aber ihrerseits nicht vollständig von solchen Ordnungen angeeignet werden. Das gilt auch für das westliche Recht, soweit dieses als konstituierte Ordnung in Erscheinung tritt: Auch im Kontext des modernen „positiven“ Rechts ist ein vollkommen artikuliertes Rechtswissen undenkbar. Die Entdeckung der Bedeutung des stummen Wissens erfolgt zwar erst in der ersten Hälfte des 20. Jahrhundert, und zwar ersichtlich als Reaktion auf die Dynamik technischer und wissenschaftlicher Entwicklungen und die damit einhergehende zunehmende Artifizialität und Ungewissheit der Lebensverhältnisse in der modernen Gesellschaft. Entwicklungsgeschichtlich gesehen ist das moderne Recht aber wie jedes andere historische Recht auf eine Dimension des impliziten stummen Wissens angewiesen. Diese Annahme hätte auch Konsequenzen für eine Disziplin wie die Rechtsgeschichte: Das moderne Recht darf nicht als aus einer Bewegung hervorgehend rekonstruiert werden, die von einer das Implizite einschließenden sittlich-mo-

9 Rheinberger, Iterationen (Fn. 2), 63.

10 Polanyi, The Logic of Tacit Inference (1964), in: ders., Knowing and Being (Fn. 2), 138 ff., 144 (Hervorhebungen im Original).

ralisch-rechtlichen Gesamtordnung zu einer rein legalen Grundordnung führt, in der alles explizit werden und das Recht in einem „autonomen“ System aufgehen könnte.

Die epistemologische Einsicht Polanyis, dass wir mehr wissen können als wir sagen können, müsste in der Rechtswissenschaft dazu führen, Recht und Wissen als von vornherein aufeinander bezogene und für einander empfindliche Größen zu behandeln, aber nicht als zwei scharf voneinander abgegrenzte Sinnfelder oder Systeme. Der Beitrag, den die kulturwissenschaftliche Perspektive oder vielleicht genauer: den eine Kulturtheorie des Rechts, die die Einsichten Polanyis aufnimmt, zum Thema legal knowledge leisten könnte, könnte deshalb darin liegen, die Kontaktzone zwischen Recht und Wissen genauer als herkömmlicherweise auszuleuchten und damit unsere Kenntnisse über diese Beziehung zu vertiefen.

II. Normative und kognitive Erwartungen

Niklas Luhmann hat das Rechtssystem in den 1960er Jahren in einer soziologisch-gesellschaftstheoretischen Perspektive als durch einen voll entwickelten normativen Erwartungsstil determiniert angesehen.[11] Dabei geht es Luhmann vor allem um die Sicherheit im Erwarten von Erwartungen und weniger um die tatsächliche Erfüllung von Verhaltenserwartungen. Reflexives Erwarten setzt allgemein Strukturen und im Recht Regeln oder Normen voraus, wobei letztere in ihrer Leistungsfähigkeit davon abhängig sind, dass normative und kognitive Erwartungen unterschieden und auseinander gezogen werden können.[12] Normative Erwartungen, die Entschlossenheit, aus Enttäuschungen nicht zu lernen, bestimmen das Rechtssystem und teilweise auch die Politik; kognitive Erwartungen, die sich durch Lernbereitschaft ausweisen, sind vor allem in Wissenschaft und Wirtschaft verbreitet. Seit den späten 1980er Jahren werden Luhmanns Erklärungen für die nunmehr als autopoietische Autonomie verstandene Unabhängigkeit und Leistungsfähigkeit des Rechts zwar komplexer; nicht mehr die Rechtsnorm als strukturelles Phänomen, sondern ihre laufende Anwendung und Mikrovariation (durch Gerichte) reproduziert jetzt den normativen Erwartungsstil. Aber das Grundmotiv der frühen Arbeiten bleibt erhalten: Durch die Dynamik technischer und wissenschaftlicher

11 Niklas Luhmann, Kontingenz und Recht. Rechtstheorie im interdisziplinären Zusammenhang, hrsg. von Johannes F. K. Schmidt, Berlin 2013, 74.

12 Luhmann, ebd., 133 f., 136.

Entwicklungen ist die moderne Gesellschaft wie nie zuvor mobilisiert worden. Sie evolviert in eine unbekannte Zukunft hinein. Wahrscheinlichkeiten sind an die Stelle von Gewissheiten getreten, was die Einschätzung der Zukunftserwartung selbst einschließt, die ständig zwischen Heilsgeschichte, Fortschritt und Weltuntergang changiert.[13] Eine derartig dynamische Gesellschaft ist aber nur dann vor anomischen Tendenzen geschützt, wenn es ihr gelingt, den lernfähigen, adaptiven und risikoaffinen Systemen ein System zur Seite zu stellen, in dem weiterhin normative Erwartungen gepflegt und kontrafaktisch stabilisiert werden. Genau darin liegt für Luhmann die Funktion des Rechtssystems: Das Recht spezialisiert sich auf die Sicherung normativer Erwartungen, darauf, dass in einer Welt, in der alle möglichen Gewissheiten in Frage gestellt werden können, gewiss bleibt, dass „normatives Erwarten normativ erwartet werden kann".[14]

Dass Luhmann die Stabilität normativer Erwartungen ins Zentrum der Strukturbildung des Rechtssystems rückt, bedeutet nicht, dass sich das Recht nicht selbst ändern könnte oder nicht von außen geändert werden könnte. Besonders der Wohlfahrtsstaat hat das rechtliche Normengefüge wie kein anderes Politikmodell zuvor temporalisiert und die Entscheidungsabhängigkeit des Rechtssystems sichtbar gemacht – sowohl durch eine exorbitante Zunahme parlamentarischer Gesetzgebungsakte wie auch durch eine Ausweitung der Spielräume richterlicher Rechtsfortbildung mit ihrem erweiterten Methodenkanon insbesondere in solchen Ländern, die wie Deutschland über eine Verfassungsgerichtsbarkeit verfügen. Luhmann unterstellt also keine Stabilität des Rechts im Sinne einer Reproduktion ein- und derselben Normativität, von „ewigen" Rechts- oder gar Gerechtigkeitsprinzipien, an die vielleicht primitive Gesellschaften oder die naturrechtliche Rechtsphilosophie geglaubt haben. Vielmehr geht die Systemtheorie von der Vorstellung aus, dass das Rechtssystem seine eigene Instabilität so verarbeiten und bewältigen können muss, dass seine gesellschaftliche Funktion, die normative Stabilisierung von Verhaltenserwartungen, trotz Normwandel erhalten bleibt. Dazu institutionalisiert das autopoietische Rechtssystem eine serielle Verweisungslogik,[15] die es ermöglicht, dass beispielsweise ein neues Datenschutzgesetz in der behördli-

---

13 Vgl. Niklas Luhmann, Das Recht der Gesellschaft, Frankfurt am Main 1993, 559; vgl. auch Ladeur, Das Umweltrecht der Wissensgesellschaft (Fn. 2), 22 ff.

14 Luhmann, Das Recht der Gesellschaft (Fn. 13), 144.

15 Vgl. Gunther Teubner, Selbstsubversive Gerechtigkeit. Kontingenz- oder Transzendenzformel des Rechts?, Zeitschrift für Rechtssoziologie 29 (2008), 9 ff., 24: „Jeder Rechtsakt (Gesetz, Vertrag, Richterentscheidung) verändert die Rechtslage, indem er eine neue Rechtsnorm erzeugt. Aber diese Rechtsnormen können ihrer-

chen, betrieblichen oder gerichtlichen Praxis trotz zahlreicher einzelfallbezogener „Anpassungen" eine insgesamt homogene Anwendung generiert, die für einen bestimmten Zeitraum nur ausnahmsweise erkennbare Normabweichungen zulässt.

In diesem Sinn ist Luhmanns Rechtssystem auf normative Kontinuität festgelegt. Die Normativität des Rechts wird weder durch den Wandel des gesellschaftlichen Wissens noch durch weitergehende kulturelle Umbrüche berührt. Das Rechtssystem ist zwar kognitiv offen, etwa bei der Konstruktion seines (fallbezogenen) Wirklichkeitsbildes. Ein wie auch immer gearteter Verweisungszusammenhang zwischen gesellschaftlichem Wissen, Kultur und rechtlicher Normativität ist aber ausgeschlossen.[16] Das Rechtssystem, so Luhmann im Recht der Gesellschaft von 1993, sehe sich nicht vor der Aufgabe, „einen Wissenszusammenhang herzustellen und sich auch kognitiv zu schließen, wohl aber einen Normzusammenhang."[17] Luhmanns normative („bockige") Erwartung ist so gesehen geradezu ein Antipode des Wissens und der gesellschaftlichen Wissensakkumulation.

III. Instituierte Praktiken und konstituierte Ordnungen

Man müsste deshalb anders anfangen. Statt wie Luhmann normative und kognitive Erwartungen zu unterscheiden und das Rechtssystem allein auf dem Feld der normativen Erwartungen zu lokalisieren, könnte es sich als lohnenswert erweisen, instituierte Praktiken und konstituierte Ordnungen auseinanderzuziehen und die Wissensproblematik in dieses Beziehungsfeld einzuordnen.[18] Diese Unterscheidung – instituiert vs. konstituiert – scheint mir seit dem frühen 20. Jahrhundert in unterschiedlichen wissenschaftlichen Disziplinen eine große, wenn nicht eine dominante Rolle zu spielen: Husserls Einbettung der konstitutiven Leistungen der Subjektivität in einen kulturhistorischen lebensweltlichen Horizont,[19] Wittgensteins

---

seits keinen neuen Rechtsakt selbsttätig hervorbringen, sondern nur mehr weniger verdichtete Verweisungen auf mögliche neue Rechtsakte."

16 Luhmann, Das Recht der Gesellschaft (Fn. 13), 77 ff.

17 Luhmann, ebd., 81.

18 Darin könnte auch Luhmanns Unterscheidung von normativen und kognitiven Erwartungen „aufgehoben" werden: Die zerstreuten instituierten Praktiken wären allerdings weiter zu fassen als Luhmanns kognitive (lernfähige) Erwartungen.

19 Vgl. Hans-Jörg Rheinberger, Epistemologie des Konkreten. Studien zur Geschichte der modernen Biologie, Frankfurt am Main 2006, 33 ff.

Verankerung der Sprachspiele in den Lebensformen,[20] die Forschungen von Walter J. Ong oder Eric A. Havelock über die Bindung spezifischer Wissenstypen an Mündlichkeit, Schriftlichkeit, Buchdruck und elektronische Medien,[21] Foucaults Kritik der Ideengeschichte und sein Insistieren auf einer Verankerung des Wissens in spezifischen Praktiken (und nicht nur in Begriffen),[22] Blumenbergs Metaphorologie und Theorie der Unbegrifflichkeit,[23] Friedrich von Hayeks epistemischer Institutionalismus,[24] die Unterscheidung von formalen und informellen Institutionen bei Douglas C. North[25] oder schließlich Vincent Descombes' Unterscheidung von konstituierender und instituierender Macht[26] – all dies sind Beispiele für wissenschaftliche Überlegungen in der Philosophie, Sprachphilosophie, Medientheorie, Diskurstheorie, ökonomischen Theorie und politischen Philosophie, die sowohl die kontextuelle Natur und soziokulturelle Grundlage allen Wissens als auch die konstitutive Unabgeschlossenheit unserer Erkenntnismöglichkeiten akzentuieren. Polanyis Entdeckung des stummen Wissens buchstabiert dieses Grundmotiv in einer besonderen Weise für die moderne Wissenschaft und die Wissenstheorie aus.

In einer Kulturtheorie des Rechts, die diese Unterscheidungen zusammenführen und zu einem wichtigen Knoten ihres Theorienetzwerks machen müsste, wäre dann zu betonen, dass alles explizite und förmliche

---

20 Ludwig Wittgenstein, Philosophische Untersuchungen [1945], Frankfurt am Main 2003, § 199.

21 Vgl. nur Walter J. Ong, Orality and Literacy [1982], London 2003, 33 ff.; Eric A. Havelock, The Muse Learns to Write, New Haven (Conn.), 1986; aus neuerer Zeit João P. Bachur, Schrift und Gesellschaft. Die Kraft der Inskriptionen in der Produktion des Sozialen, Weilerswist 2017, 158 ff.

22 Vgl. Michel Foucault, Archäologie des Wissens (1969), Frankfurt am Main 1981, 253 ff., 260; Hans-Jörg Rheinberger, Historische Epistemologie zur Einführung, Hamburg 2007, 112.

23 Vgl. Hans Blumenberg, Theorie der Unbegrifflichkeit, Frankfurt am Main 2007, und ders., Paradigmen zu einer Metaphorologie [1960], Bonn 2013.

24 Vgl. Peter J. Boettke, F.A. Hayek, Economics, Political Economy and Social Philosophy, London 2018.

25 Vgl. Douglas C. North/John J. Wallis/Barry R. Weingast, Violence and Social Orders, Cambridge 2009, S. 15 („Institutions are the 'rules of the game', the patterns of interaction that govern and constrain the relationship of individuals. Institutions include formal rules, written laws, formal social conventions, informal norms of behavior, and shared beliefs about the world, as well as means of enforcement.").

26 Vgl. Vincent Descombes, Die Rätsel der Identität, Berlin 2013, 216, 230. Die deutsche Übersetzung verwendet für pouvoir instituant den unglücklichen Begriff der institutionsgebenden Macht, der hier – wie auch sonst üblich – mit instituierender Macht übersetzt wird.

Wissen, auch soweit es politische und rechtliche Zusammenhänge betrifft, auf gesellschaftlichem Wissen aufbaut. Zum gesellschaftlichen Wissen würden neben Polanyis stummem Wissen etwa auch Erfahrungen gehören, die sich in der Praxis bewährt haben oder die geglaubt und einfach übernommen werden. Sybille Krämer hat eine derartige Angewiesenheit des Erkenntnissubjekts auf das Wissen anderer und die unidirektionale Übernahme von Kenntnissen, die wir nicht mehr überprüfen, unter dem Stichwort „Zeugenschaft" beschrieben und einer „sozialen Epistemologie" zugeordnet.[27] Ein derartiges Vertrauen in sozial konsolidierte Wissensbestände und ihre Wirklichkeitskonstruktionen muss auch im förmlichen Recht vorausgesetzt werden. Von einer sozialen Epistemologie können weder rechtliche Verhaltens- und Ordnungserwartungen noch Institutionen wie Freiheitsrechte und andere subjektive Rechte scharf getrennt werden, noch ist es denkbar, dass juristische Begriffe, Argumente und Entscheidungen ohne in der Gesellschaft instituierte Praktiken geformt werden könnten. Das zeigt gegenwärtig die Corona-Pandemie auf eine verdichtete Art und Weise: Neben den kontrollierbaren Faktoren konfrontiert diese Pandemie Recht und Politik mit nicht vorhersehbaren und unbekannten Faktoren. Das Recht muss dann trotz Ungewissheit gesellschaftliches Lernen ermöglichen und die Politik Entscheidungen ohne präzise normative Grundlagen und Regeln treffen.[28] Dies verlangt wiederum ein „iteratives Vorgehen", in dem auch das Recht nicht „Herr der Lage" sein kann,[29] sondern ein prozesshaftes Denken erforderlich wird, in dem auch die Rechtsbildung nur in kleinen Schritten und mit Hilfe eines ständigen Nachkorrigierens erfolgen kann.

Demgegenüber geht Luhmanns Engführung des Rechts auf die Sicherung bereits fertiger normativer Erwartungen an einer wichtigen Charaktereigenschaft des modernen Rechts vorbei: Für Luhmann existiert im Rechtssystem immer schon ein Beobachter, der Unterscheidungen über Recht und Unrecht treffen kann. Damit werden die gesellschaftliche Genese aller Rechtsbildung und die damit verbundenen Unschärfen und Ausfransungen im Prozess einer sich allmählich bildenden Rechtspraxis aber zugunsten einer schon operierenden anschlussfähigen Rechtsordnung

---

27 Vgl. Sybille Krämer, Medium, Bote, Übertragung. Kleine Metaphysik der Medialität, Frankfurt am Main 2008, 223 ff., 227, 257.

28 Vgl. nur Friedhelm Hase, Corona-Krise und Verfassungsdiskurs, JZ 14, 2020, S. 697 ff.; und Hans Heinrich Trute, Ungewissheit in der Pandemie als Herausforderung, GSZ 2020, S. 93 ff.

29 Dirk Baecker, Rechnen mit Nichtwissen, Wirtschaftswoche vom 19.02.2021, S. 44.

ausgeblendet. Das ist sozusagen der verbleibende transzendentale Rest der Autopoiesis: Die Rechtskommunikation findet letztlich eine Anschlussmöglichkeit. Der amerikanische Verfassungstheoretiker Robert Cover hat dagegen zu Recht darauf insistiert, dass die Schöpfung rechtlicher Bedeutungen immer über ein wesentlich (nicht scharf eingrenzbares) kulturelles Medium stattfindet.[30] Lawrence Rosen hat dafür die Formel „Recht als Kultur" geprägt: Als Kultur schließt das Recht für Rosen ein gemeinsames kognitives Weltbild ein, eine glaubwürdige Art, Fakten zu erfassen.[31] Karl-Heinz Ladeur spricht an dieser Stelle ganz ähnlich von den „kognitiven Infrastrukturen des Rechts",[32] und auch bei Ladeur gehört zu diesen Infrastrukturen ein Repertoire von gemeinsamen Denk- und Handlungsmöglichkeiten, auf das das Recht angewiesen ist und ohne das es nicht wirksam und verbindlich werden kann.[33] Diese kognitiven Infrastrukturen wären zugleich ein wichtiger Knoten in einer Kulturtheorie des Rechts.

Verallgemeinernd könnte man vor diesem Hintergrund sagen: Das Recht als konstituierte Ordnung ist von einem bereits in der Gesellschaft instituierten Wissen abhängig, von der Annahme, dass es immer schon gesellschaftliche Institutionen wie etwa die Gewohnheiten und die Sitten, die Sprache, Medien wie Schrift und Buchdruck oder andere Technologien und Praktiken gibt, durch die das Recht ein Fundament erhält, auf dem es artikuliert und gesellschaftlich verbreitet werden kann. Alles förmliche Recht ruht auf einem derartigen Sockel kultureller Grundvoraussetzungen, die implizit in den Rechtsbetrieb eingehen, dort aber selbst nicht zur Disposition stehen. Oder nochmals anders gesagt: Bevor wir das Recht bewohnen, bewohnen wir schon ein über das Recht hinausgehendes Bedeutungsgewebe, das der Mensch selbst gesponnen hat, an das wir glauben und das uns Orientierung gibt – und das man mit Clifford Geertz „Kultur" nennen kann.[34] Eine Kulturtheorie des Rechts könnte das Thema legal knowledge daher nicht auf das konstituierte Recht und die rechtliche

---

30 Robert Cover, Narrative, Violence, and the Law. The Essays of Robert Cover, Ann Arbor 1993, 103.

31 Lawrence Rosen, Law as Culture. An Invitation, New York 2006, 11 („each culture fashioning a baseline from which, out of the totality of sense and imagination, a believable way of grasping facts can be forged.").

32 Karl-Heinz Ladeur, Recht – Wissen – Kultur. Die fragmentierte Ordnung, Berlin 2016, 37, 75 ff.

33 Dazu jüngst Andreas Engelmann, Rechtsgeltung als institutionelles Projekt, 2020.

34 Clifford Geertz, Thick Description: Toward an Interpretative Theory of Culture, in: ders., The Interpretation of Cultures, New York 1973, 3 ff., 9 („Believing, with Max Weber, that man is an animal suspended in webs of significance he himself has spun, I take culture to be those webs").

(juristische) Dimension des Wissens beschränken.[35] Weil das Rechtliche so wenig im formalen Recht aufgeht wie das Politische im formalisierten Politikbetrieb, würde die Kulturtheorie gerade die Dimension der Prozesse der Instituierung praktischen Wissens herausstellen, seine Erfindung, Erprobung, Verbreitung und gesellschaftliche Einbürgerung. Ja, womöglich liegt hier sogar der Schwerpunkt aller Rechtsbildung: Das westliche Recht würde seine Leistungsfähigkeit dann weniger einer wie immer gearteten „Positivität" verdanken als vielmehr praktisch erprobten Realitätsannahmen, die neues Wissen auf der Grundlage vorhandenen Wissens schaffen, sich bewähren und dem förmlichen Recht und seinen Institutionen den notwendigen Halt geben.

IV. Das Exempel der Wissenschaftsfreiheit und ihre Herkunft aus gesellschaftlichen Praktiken

Die Defizite einer Betrachtungsweise, die sich zur Erklärung der Phänomenalität des Rechts primär oder gar ausschließlich auf die konstituierte Rechtsordnung bezieht, zeigen sich besonders deutlich im Fall der modernen Freiheitsrechte. Für Luhmann, um ein weiteres Mal mit der systemtheoretischen Rechtstheorie zu beginnen, werden Freiheitsrechte wie alle anderen subjektiven Rechte letztlich vom Rechtssystem geschaffen: Die zunächst als Naturrecht proklamierten Rechte, insbesondere Eigentumsfreiheit, Vertragsfreiheit und Korporationsfreiheit, werden in dem Moment denaturalisiert, in dem sie, wie in Großbritannien um 1800, positivrechtlich garantiert werden.[36] Diese Einbindung subjektiver Rechte in eine objektive Normordnung, die das subjektive Recht erst ermöglicht und schon Jellineks subjektives (öffentliches) Recht prägt,[37] vernachlässigt aber gerade das Moment spontaner, sich selbst instituierender Freiheit, die politisch nicht kontrollierte Rechtsentstehung, wie sie historisch auch für die Ausbildung von Vorstellungen wissenschaftlicher Freiheit seit der frühen Neuzeit ausschlaggebend war. Die Revitalisierung der antiken Idee der libertas philosophandi etwa in Spinozas Tractatus theologico-politicus (1670) war von dem Impetus getragen, gegen die Vorstellung göttlicher

35 Darauf konzentriert sich Gunnar Folke Schuppert, Wissen, Governance, Recht: von der kognitiven Dimension des Rechts zur rechtlichen Dimension des Wissens, Baden-Baden 2019, insb. 270 ff.

36 Luhmann, Das Recht der Gesellschaft (Fn. 13), 151.

37 Georg Jellinek, System der subjektiven öffentlichen Rechte – Nachdruck der 2. Aufl. Tübingen 1905, Aalen 1964, 50.

Allwissenheit und Allmacht Platz für ein von Dogmatismen freies und von staatlicher und religiöser Macht unabhängiges Denken zu schaffen. Und schon lange vor Spinoza hatte sich von den italienischen Renaissance-Städten ausgehend eine virtuelle und über ganz Europa zerstreute Gelehrtenrepublik ausgebildet,[38] in der sich ein freier Geist in gedruckten Büchern artikulieren konnte. Sowohl Spinoza wie den italienischen Gelehrten mag es an einem klaren Bewusstsein für eine Form von Forschungs- und Wissenschaftsfreiheit gefehlt haben, die mit der heute gültigen Vorstellung auch nur annäherungsweise deckungsgleich wäre. Die frühmoderne Idee freien Philosophierens enthält jedoch Elemente, die in die Richtung einer universalen Freiheit weisen oder jedenfalls heute so interpretiert werden können.

Das Aufkommen von Vorstellungen freien Philosophierens in der frühen Neuzeit war allerdings alles andere als selbstverständlich oder wahrscheinlich. Wir haben es hier keinesfalls mit irgendeiner Art ideengeschichtlicher Teleologie zu tun, sondern mit einem historisch schwer erklärbaren Epochenbruch. Dieser Bruch führt zwar auf einer intellektuellen Ebene – der Ebene des theoretischen Wissens – auf Bruchstücke der griechischen oder mittelalterlichen intellektuellen Kultur zurück. Aber gerade die für die Wissensentwicklung in England so entscheidenden Fortschritte im Handwerk, in der Mechanik und Maschinentechnik und die sie ermöglichenden experimentellen Forschungspraktiken, waren nicht schon in den antiken und mittelalterlichen Denkformen angelegt. Ganz im Gegenteil war der Durchbruch zu einer Trajektorie technologischer Innovation und anhaltendem Wirtschaftswachstum in Großbritannien von einer Umdeutung des tradierten christlich-aristotelischen Weltbildes abhängig, wozu unter anderem eine Umbesetzung des Begriffs der curiositas, der Neugierde, gehörte; eine Bewegung, die bereits im Nominalismus des späten Mittelalters an Dynamik gewinnt, aber keineswegs linear und zielgerichtet verläuft.[39] In England kommt es jedoch bereits im 17. Jahrhundert zur Etablierung einer umfassenden Kultur der Neugierde,[40] zu

38 Vgl. Marc Fumaroli, The Republic of Letters, New Haven/London 2018.

39 Vgl. Hans Blumenberg, Die Legitimität der Neuzeit, Frankfurt am Main 1982, 263 ff.; Joel Mokyr, Bottom-up or Top-down? The Origins of the Industrial Revolution, Journal of Institutional Economics 2018, 1003 ff., 1019 ff.; Lorraine Daston, Die Lust an der Neugier in der frühneuzeitlichen Wissenschaft, in: Klaus Krüger (Hrsg.), Kuriositas. Welterfahrung und ästhetische Neugierde in Mittelalter und früher Neuzeit, 2002, 147 ff.

40 Joanna Picciotto, Labors of Innocence in Early Modern England, Cambridge (Mass.) 2010, 255 ff.

einer Hochschätzung von nützlichem Wissen,[41] aus der unter anderem eine unsichtbare Akademie von Baconianern hervorging, die sich nach Bacons Tod geformt hatte und die in der Gründung der Royal Society im Jahr 1660 eine Art organisatorischen Abschluss erfuhr.

In diesem Kontext kommt es auch zu einem Aufschwung von Vorstellungen wissenschaftlicher Freiheit als eines experimentellen Mittels zur Verbesserung der allgemeinen Lebensbedingungen. Wissenschaftliche Freiheit entsteht deshalb im frühneuzeitlichen England nicht aus einer Anwendung zunächst aufgestellter Theorien, Modelle und Paradigmen, die dann angewandt werden. Tragend sind vielmehr neuartige gesellschaftliche Praktiken im Handwerk, in der Kunst, in der Wissenschaft usw., ist anders gesagt ein Wissen, das auf Machen, Handeln, Entwerfen und Konstruieren beruht. Aus dieser Aufwertung des praktischen Wissens und seiner stummen Anteile geht eine auf die Zukunft ausgerichtete Bewegung hervor, die die Herstellung von Wissen als Aufgabe und Entwurf begreift, wobei man allerdings nicht genau weiß, wohin der Wurf geht. „Der Entwurf gestaltet sich im Verfahren und im Fortfahren selber. Und die Weichenstellungen, die stattfinden, beruhen nur in begrenztem Maß auf Entscheidungen des forschenden Individuums. Es führt diese Weichenstellungen zwar herbei, es wird aber auch mit ihnen konfrontiert und muss dann auf sie antworten."[42]

Gerade die für die Entstehung der modernen Gesellschaft in Großbritannien so ausschlaggebende Verbreitung experimentellen und nützlichen Wissens zeigt, dass die Entwicklung der Freiheit wissenschaftlichen Denkens seit der frühen Neuzeit nicht auf Ideengeschichte reduziert werden darf. Die Wissenschaftsfreiheit verweist in der westlichen Kultur vielmehr auf eine stumme Dimension des Machens, auf präzedenzlose Momente der Selbstkreation und Selbstorganisation: Bereits in den antiken Städten und dann noch ausgeprägter in den oberitalienischen Renaissance-Städten entsteht eine neuartige Praxis des Meinens, des Räsonierens in Möglichkeiten jenseits der Axiomatik feststehender metaphysischer oder göttlicher Prinzipien. Die neue Form des experimentellen Suchens und Probierens kann aber ihrerseits nicht vom Aufstieg des Handwerks und der Künste und den damit einhergehenden Erfahrungen getrennt werden, dem Herstellen von

41 Mokyr, Bottom-up or Top-down? (Fn. 37), 1003-1024; ausführlicher ders., A Culture of Growth. The Origins of the Modern Economy – the Graz Schumpeter Lectures, Princeton (N.J.) 2017.

42 Hans-Jörg Rheinberger, Papierpraktiken des Labors (2009), in: ders., Experimentalität. Hans-Jörg Rheinberger im Gespräch über Labor, Atelier und Archiv, Berlin 2018, 10 ff., 17.

Bauwerken, Skulpturen, Bildern oder literarischen Werken. Victoria Kahn spricht hier plastisch von einem „artisanal maker's knowledge".[43] Um die übergreifende Bedeutung dieses neuen Wissenstypus zu erkennen, muss man sich nur in Erinnerung rufen, dass ein so großartiger Künstler wie Michelangelo ein bedeutender Maler, Bildhauer, Baumeister und Dichter in einer Person war. Folgt man dem Wirtschaftshistoriker Joel Mokyr, haben noch die Technologien, die die großen Erfindungen der industriellen Revolution nach 1750 hervorbrachten, viel den Fähigkeiten ausgebildeter Handwerker und geschickter Mechaniker zu verdanken. „Thus, modern economic growth was the outcome of the collaborative efforts of two elites, a small group of savants and a larger (but still smallish) group of fabricants, and the interaction between them in the best traditions of the Baconian program."[44]

Die wegweisende Idee, dass wir nur das wissen können, was wir selbst gemacht haben, wird normalerweise mit Francis Bacon in Verbindung gebracht. Das ist zweifellos auch zutreffend. Gleichwohl hat das frühneuzeitliche Wissensideal – „the ideal of knowing through *doing*, or knowing by *construction*"[45] – eine Vorgeschichte in der italienischen Renaissance. Hier verbindet es sich mit dem Interesse der Humanisten an der Verfeinerung der Rhetorik und deren zentraler Bedeutung für eine Erziehungsreform. Der Einfluss lief in beide Richtungen: Die Handwerker beriefen sich auf die Humanisten, um ihre neu erhobenen Vorstellungen vom Handwerk zu verteidigen, während einige Humanisten die Poesie selbst als ein Organ schöpferischen Wissens bezeichneten.[46] Victoria Kahn weist außerdem darauf hin, dass die Antike einen Schimmer dieser Sichtweise gekannt habe, etwa bei Proclus, wenn dieser in einem Kommentar zu Euklid sage, dass der Geometer die Wahrheit über die Mathematik kenne, weil er die mathematischen Konstruktionen selbst produziere.[47] Auch der Gott der hebräischen Bibel und des Neuen Testaments stelle ein Modell des Wissenden/Machenden par excellence bereit und habe damit eine Analogie

---

43 Victoria Kahn, The Trouble with Literature, Oxford/New York 2020, 25; dazu allgemein Tim Ingold, Making. Anthropology, Archaeology, Art and Architecture, London u.a. 2013.

44 Vgl. Joel Mokyr, Bottom-up or Top-down? (Fn. 36), 1003 ff., 1010; Werner Plumpe, Das kalte Herz. Kapitalismus: die Geschichte einer andauernden Revolution, Berlin 2019, 134 ff.

45 Amos Funkenstein, Theology and the Scientific Imagination from the Middle Ages to the Seventeenth Century (1986), Princeton 2018, 297.

46 Kahn, The Trouble with Literature (Fn. 40), 25.

47 Kahn, ebd.

für die Art des Wissens geliefert, die der Handwerker von seiner Arbeit habe.[48] „But in antiquity, the prestige of contemplation was so high that maker's knowledge never came into its own. And in the Middle Ages the exclusive prestige of God as creator had a similar dampening effect. As the intellectual historian Amos Funkenstein has argued, 'the identity of truth with doing, or of knowledge with construction' was seen 'in the Middle Ages, …as the character of divine knowledge,' but not of human craftmanship".[49]

Der historische Wandel, der die gesellschaftliche Wissensproduktion seit der Hochrenaissance erfasst, ließe sich also derart umschreiben, dass das Wissen nicht länger als Ausdruck und Artikulation es durchwaltender und bestimmender objektiver göttlicher Kräfte erscheint. Das Wissen wird jetzt auf eine humane subjektive Schöpferkraft zurückgeführt, auf eine vielleicht auch amateurhafte Wissenschaftlichkeit, auf eine neuartige Form poetisch-artistischer Sinnstiftung, die aber nicht primär oder jedenfalls nicht ausschließlich aus theoretischem Wissen und seiner Anwendung hervorgeht. Eine große, wenn nicht entscheidende Rolle spielen vielmehr das an ursprünglich handwerkliche Fähigkeiten gebundene Experiment, die Schritt für Schritt voranschreitende Forschung, die Kultivierung gesammelter Erfahrungen und die Grenzüberschreitung, die sich aber auch später, im industriellen Forschungslabor, eher ereignet als dass sie geplant werden könnte. Diese wissenschaftlichen und handwerklichen Praktiken und die damit verbundenen Ordnungen instituieren sich in Großbritannien selbst, ohne staatliche Genehmigung, ohne sie erlaubende Gerichtsurteile und ohne einen vorgängigen Akt der Gesetz- oder Verfassungsgebung. Der englische Gelehrte und Experimentalist Robert Hooke bringt das im 17. Jahrhundert klar zum Ausdruck, wenn er jubelte „that, in ‚putting our shoulders' to the work of improving lens technology, ‚we have removed the Herculean Columns' and ‚have plucked up and carryed of the Post gates and barrs of those Gates of Gaza' where others ‚would have us believe we were imprisoned ... I am not therefore for limiting or stinting the boundaries of Art and the industry of Man."[50]

---

48 Kahn, ebd.

49 Kahn, ebd.

50 Hier zitiert nach Joanna Picciotto, The Public Person and the Play of Fact, Representations 105/1 (Winter 2009), S. 85 ff., 116. Vorausgesetzt werden muss allerdings, dass etwa die Verbesserung der Linsentechnologie von den politischen Institutionen nicht als „Häresie" bekämpft und jeder technische und wirtschaftliche Fortschritt sofort wieder erstickt wird. Hier sind die politische Fragmentierung Europas, der Wettbewerb innerhalb des europäischen „states system" (Eric Jones)

Das moderne Recht basiert anders und allgemeiner gesagt ganz wesentlich auf den Leistungen einer instituierten Kultur. Diese liefert die Handlungsmuster, die Juristen erkennen und dann als Manifestation von Wissenschaftsfreiheit beschreiben können. Die instituierte Kultur ist ihrerseits wesentlich das Produkt einer vor allem in der Stadt sich seit dem Spätmittelalter verbreitenden gesellschaftlichen Selbstorganisation und ihrer Lebenswelten, deren Institutionen den Handelnden niemals vollständig bewusst sind. Gerade Freiheitsrechte können ohne diese sich selbst instituierenden Mächte nicht praktisch werden, ohne eine Dynamik des Machens, die es Erfindern, Urhebern, Autoren und Künstlern ermöglicht, selbsterzeugte Werte auf Dingen zu platzieren und ein Gewebe von allgemeingültigen Normativitäten jenseits des rein kreatürlichen Lebens zu schaffen, ohne weiterhin auf eine vorgegebene göttliche Ordnung referieren zu müssen. Um eine solche Art der Gründung aus sich selbst heraus (und nicht um einen starken Staat oder Besitzindividualismus) geht es bereits in Thomas Hobbes' *Leviathan* (1651).[51] In der Idee der Selbstgründung liegt aber auch der eigentliche Sinn dessen, was die Briten und später auch die Amerikaner bürgerliche Freiheiten – civil liberties – nennen: Es handelt sich um die vorpolitischen und vorstaatlichen Freiheiten von Individuen in einer civil society, deren normative Kraft „aus ihrer konstitutiven Funktion für die soziale Praxis" resultiert.[52] Diese vorpolitischen und vorstaatlichen Rechte dürfen gerade nicht auf politische Rechte zur Konstitution einer Regierung reduziert werden, denn auch die Regierung ist in einer liberalen Gesellschaftsordnung dazu da, gesellschaftliche Freiheiten wie die Wissenschaftsfreiheit zu schützen und zu verfassen. Es ist daher alles andere als unproblematisch, dass die institutionelle und organisatorische Komponente der Wissenschaftsfreiheit in Deutschland so sehr mit der Freiheit innerhalb der staatlichen Hochschule identifiziert wird.[53]

---

und die besondere politische Entwicklung Englands seit dem Spätmittelalter wichtige Randbedingungen für die Möglichkeit der Evolution einer sich selbst organisierenden „civilized and commercial society" (Adam Smith). Das englische Mirakel ist dadurch aber noch keineswegs erklärt. Preußen war ebenfalls Teil des europäischen Staatensystems, hat aber noch im 18. Jahrhundert Soldatenkönige und keine industrielle Revolution hervorgebracht.

51 Victoria Kahn, The Trouble with Literature (Fn. 40), 33 ff., 49, 59.

52 Dan Wielsch, Medienregulierung durch Persönlichkeits- und Datenschutzrechte, JZ 2020, 105 ff., 106.

53 Zum Diskussionsstand vgl. nur Ino Augsberg, Subjektive und objektive Dimensionen der Wissenschaftsfreiheit, in: Friedemann Voigt (Hrsg.), Freiheit der Wissenschaft. Beiträge zu ihrer Bedeutung, Normativität und Funktion. Berlin/Boston 2012, S. 65 ff., 85 ff.

V. *Zur Mitwirkung der Dinge in der informationstechnologischen Kultur der Netzwerkgesellschaft*

Dass alles Wissen kontextgebunden ist und es kein explizites Wissen ohne implizites Wissen geben kann, hat bereits bei Michael Polanyi eine Hinwendung zu den gesellschaftlichen Bedingungen des Wissens zur Konsequenz gehabt. So hat Polanyi unter anderem eine politische und ökonomische Theorie einer „Republic of Science" vorgelegt und dabei von einem Prozess der spontanen, durch eine unsichtbare Hand gesteuerten Selbstkoordination als der höchstmöglichen Form der Koordination individueller wissenschaftlicher Bestrebungen gesprochen – und diese seine Vorstellung ausdrücklich auf den Markt und Adam Smith bezogen.[54] Eine Wissenstheorie kann daher heute nur als soziale Epistemologie angelegt werden. Das wird in besonderer Weise durch die unvermeidliche Übernahme von bereits bekanntem Wissen bei der Erzeugung neuen Wissens notwendig. Diesen Prozess hat Thomas Reid schon 1764 eine „social operation of mind" genannt.[55] In dieser Perspektive zeigt sich auch, wie sehr das moderne Wissensideal, Wissen durch Machen und Konstruieren, von starken Überzeugungen, ja von einer es begleitenden Glaubensstiftung abhängig ist, derer sich die frühmoderne Literatur seit Hobbes bewusst war und deren Nachhall Victoria Kahn jüngst noch in J. M. Coetzees *Elizabeth Costello* nachgewiesen hat.[56] Es kann folglich kein schöpferisches Subjekt geben, das nicht schon immer mit einer gesellschaftlichen Umwelt interagiert und nicht schon immer in einer spannungsreichen Beziehung zur Kultur als seinem Gegenüber und als Bedingung seiner eigenen Möglichkeit steht. Deshalb muss die Vorstellung eines Subjekts der souveränen Selbstbestimmung in der technologischen Kultur der Netzwerkgesellschaft

---

54 Michael Polanyi, The Republic of Science: Its Political and Economic Theory (1962), in: Knowing and Being (Fn. 2), 49 ff., 51 f.; vgl. auch ders., The Tacit Dimension (1966), Gloucester (Mass.) 1983, 53 ff. (dort spricht Polanyi von einer „Society of Explorers").

55 Thomas Reid, Essays of the Intellectual Powers of Man. Vol. I, Dublin 1786, Essay I, Chap. VIII (Of social operations of mind); Krämer, Medium, Bote, Übertragung (Fn. 6), 227.

56 Kahn, The Trouble with Literature (Fn. 40), 110 ff., 120 (Cotzee „seems to reduce making to making-strange, but not without some sense of pathos, infused with a recognition of the creative possibilities that have been lost."); vgl. auch Engelmann, Rechtsgeltung als institutionelles Projekt (Fn. 30), 117 ff. (für den Rechtsglauben); und Avner Greif, Institutions and the Path to the Modern Economy. Lessons from Medieval Trade, Cambridge 2010 (über die Relation von Glauben und „institutional settings").

mehr denn je zugunsten einer „Mitwirkung der Dinge“[57] abgeschwächt und relativiert werden.

Diese Idee würde darauf hinauslaufen, das Subjekt an einen Bestand von welthaltigen Voraussetzungen zu binden, den es nicht selbst schaffen oder beherrschen kann. Das Subjekt wird von vornherein auf eine historische Praxis bezogen, der gegenüber es „nicht als ‚Inhaber‘ auftreten kann, sondern wesentlich nur als – vorübergehender – Teilhaber“.[58] Zu den zentralen welthaltigen Voraussetzungen dieser historischen Praxis gehören heute die informationsintensiven Milieus und Rechnerkulturen des digitalen Zeitalters, die unser Verständnis von Subjektivität dahingehend verändern, dass diese „nur noch ökologisch als Integration verschiedener psychischer, kollektiver und technisch-medialer Subjektivierungsmilieus zu beschreiben ist“.[59] In Zukunft wird sich diese rechnergestützte Ökologie noch enger mit der Ökologie des Lebens verbinden, etwa mit den organischen materiellen Bedingungen der Intelligenz und deren epigenetischem Feld: Die Gesetze des Denkens werden an ihre eigenen neurobiologischen Grundlagen rückgekoppelt, an eine Bewegung, die das Subjekt zum Gegenstand von Wachstum, Entwicklung, Transformation und weiterer Selbstdifferenzierung macht.[60] Dadurch wird das Subjekt in mehrere Richtungen dezentriert, aber zugleich wird eine Dynamik von Selbstbezug und Fremdbezug erkennbar, innerhalb derer das Subjekt weiterhin Erfahrungen macht, Sinn suchend und schöpferisch tätig sein kann. Das menschliche Subjekt verschwindet nicht, aber es muss lernen, seine Schöpferkraft mit immer intelligenter werdenden Technologien zu teilen und so dem tatsächlichen Funktionieren von Computernetzwerken mitsamt ihrer „radikalen Zerstreuung und Verteilung von Handlungsmacht“ Rechnung zu tragen.[61] Das Subjekt der technologischen Kultur der Netzwerkgesell-

57 Vgl. Iris Därmann, Kulturtheorien zur Einführung, Hamburg 2011, 193 ff.; Bernhard Waldenfels, Bruchlinien der Erfahrung. Phänomenologie, Psychoanalyse, Phänomenotechnik, Frankfurt am Main 2002, 360 ff.

58 Rheinberger (Historische Epistemologie), 110.

59 Erich Hörl, Die technologische Bedingung. Zur Einführung, in: ders. (Hrsg.), Die technologische Bedingung. Beiträge zur Beschreibung der technischen Welt, Berlin 2011, 7 ff., 33; ähnlich – für das subjektive Recht – Wielsch, Medienregulierung durch Persönlichkeits- und Datenschutzrechte (Fn. 49), 107 ff.

60 Vgl. Catherine Malabou, Before Tomorrow: Epigenesis and Rationality, Cambridge (U.K.) 2016, xiv, 158 („The time has come to say it: transcendental epigenesis is epigenesis of the transcendental itself. The transcendental is subject to epigenesis – not to foundation.“).

61 Mark B. Hansen, Medien des 21. Jahrhunderts, in: E. Hörl, Die technologische Bedingung (Fn. 56), 365 ff., 366.

schaft wird daher auch im Hinblick auf die Mitwirkung der Dinge ein relationales Subjekt sein: Es erzeugt seine Identität mit Hilfe neuartiger Informationstechnologien, beispielsweise durch Selfies, die eben nicht nur als Bilder gesehen werden dürfen, weil sie für das relationale Subjekt der Digitalkultur Repräsentationen seiner Ideen eines Selbst sind.[62]

Der Aufstieg der informationstechnologischen Kultur der Netzwerkgesellschaft und der mit ihr verknüpften neuartigen Formen einer clusterförmigen Produktion, für die das Silicon Valley paradigmatisch geworden ist, fügt sich in das sich seit der frühen Neuzeit abzeichnende Bild der Generierung von Wissen durch Machen und Konstruktion, dem „ideal of knowing through *doing*, or knowing by *construction*".[63] Wie es ohne die handwerklichen und künstlerischen Impulse aus den italienischen Renaissance-Städten keine englische Renaissance gegeben hätte und ohne diese keinen Glauben an den Sinn und die Legitimität wissenschaftlichen und experimentellen Denkens und Handelns, so würde es heute ohne die instituierende Macht des Silicon Valley weder Silizium-Prozessoren noch Risikokapital noch kreative Formen des kollaborativen Produzierens und damit keine technologische Kultur der Netzwerkgesellschaft geben. Die Aufgabe des modernen Rechts und insbesondere der Freiheitsrechte besteht deshalb heute wie in der Vergangenheit zuallererst darin, den Prozess der Generierung neuen Wissens zwischen den Individuen rechtlich zu ermöglichen und zu schützen. „Innovation is a bottom-up evolution deriving from knowledge dispersed among millions of people."[64] Das konstituierte förmliche (staatliche) Recht muss die Bedingungen der Möglichkeit für spontanes und kreatives Handeln in einer freien Gesellschaft auch in Zukunft gewährleisten und damit der Einsicht in die Unabgeschlossenheit dessen, was wir wissen können, Rechnung tragen. Demgegenüber ist das heute auch in der wissenschaftlichen Öffentlichkeit ständig hervorgeholte Schreckgespenst eines angeblich entfesselten technischen Fortschritts, jene vielbeschworene globale Macht von Google, Apple, Facebook, Amazon und Microsoft, ein sekundäres Phänomen, das überhaupt nur entstehen kann, wenn die gesellschaftliche Wissensgenerierung so erfolgreich funk-

---

62 Taylor Fang, Reimagine the Selfie, MIT Technology Review 123, 2020. Den Hinweis auf diesen Beitrag aus einem Essay-Contest für unter 18-Jährige verdanke ich Karl-Heinz Ladeur.

63 Amos Funkenstein, Theology and the Scientific Imagination (Fn. 42), Princeton 2018, 297.

64 Deirdre McCloskey/Alberto Mingardi, The Myth of the Entrepreneurial State (American Institute for Economic Research), Great Barrington (Mass.) 2020, 48.

tioniert wie es in der Vergangenheit im Silicon Valley der Fall war und gegenwärtig noch ist.

VI. Die Erzeugung des Wissens in der Gesellschaft und ihre Folgen für Regulierung und Governance

Der entscheidende Erkenntnisfortschritt in der jüngeren Theoriegeschichte, den sich eine Kulturtheorie des Rechts zu eigen macht, ist die Entdeckung der Bedeutung instituierter Praktiken für die förmliche Rechtsbildung. Diese Denkbewegung hat in der Wissenstheorie von Michael Polanyi eine Entsprechung dahingehend, dass diese zu einer genaueren Erfassung der Unumgänglichkeit des stummen Wissens für Prozesse der Wissensproduktion führt. Die sich daraus ergebende Aufmerksamkeitsverlagerung könnte man mit dem kanadischen Wissenschaftsphilosophen Ian Hacking als Teil der praktischen Wende der Wissenschaftsphilosophie ansehen.[65] Die Wissenschaftsphilosophie, so Hacking, sei zu einer „Philosophie der Theorie" geworden, wohingegen Hacking ein „Zurück zu Bacon" propagiert und insbesondere für die in der modernen liberalen Gesellschaft so wichtige experimentelle Forschung „ein Eigenleben" reklamiert.[66] Wenn aber die experimentelle Forschung ein Eigenleben führt und das genauere Nachdenken über die Forschungspraxis seit Bacon zeigt, dass diese im Verlauf ihrer eigenen Bewegung etwas hervorbringt, das im Moment seiner Entstehung nicht vollständig explizit gemacht werden kann, dann liegt es in einem weiteren Schritt nahe, das implizite Wissen mit dem Wissenschaftstheoretiker und -historiker Hans-Jörg Rheinberger nicht wie eine Art „Restkategorie" zu behandeln, sondern „sein Zukunftspotential" zu akzentuieren.[67] Die Erzeugung neuen Wissens ist dann nicht nur von expliziten Wissensbeständen abhängig, sondern auch von implizitem Wissen: Es ist an bestimmte Praktiken und materielle Einrichtungen, an epistemische Räume wie etwa Caféhäuser, Clubs, Kliniken, bota-

---

65 Ian Hacking, Einführung in die Philosophie der Naturwissenschaft, Stuttgart 1996, 40; Rheinberger, Historische Epistemologie zur Einführung (Fn. 22), 120; in rechtstheoretischer Perspektive Karl-Heinz Ladeur, „Begriffs- oder Interessenjurisprudenz – falsche Fronten im IPR und Wirtschaftsverfassungsrecht" – neu gelesen nach dem „practical turn" in der Wissenschaftsgeschichte, KJ 52/4 2019: Rechtsbrüche. Spiegelungen der Rechtskritik Rudolf Wiethölters, 503 ff.

66 Hacking, Einführung in die Philosophie der Naturwissenschaft (Fn. 65), 250.

67 Hans-Jörg Rheinberger, Experimenteller Geist, in ders., Experimentalität (Fn. 39) 118 ff., 122.

nische Gärten, Laboratorien in Großunternehmen oder projektbezogene Forschungs- und Entwicklungsnetzwerke gebunden. Der experimentelle Geist ist also alles andere als ein rein mentaler.[68]

Überträgt man die in der Epistemologie und Wissenschaftsgeschichtsschreibung vollzogene praktische Wende auf die wissenschaftliche Erfassung des Rechts, müsste diese die Bedeutung instituierter Ordnungen viel stärker als bislang hervorheben. Als konstituierte Ordnung ist das förmliche Recht von einem in der Gesellschaft instituierten Wissen abhängig. Weil ein Teil dieses rechtlichen Wissens in die kulturellen Lebensformen verwoben ist, kann es nicht vollständig explizit und in eine umfassende Erklärung der Regelhaftigkeit des Rechts umgemünzt werden.[69] Eine Regulierungstheorie (oder Governance-Theorie) sollte zwar an der Idee der Regularität der Praxis selbst festhalten, aber sie müsste ihren Ordnungsanspruch doch zurücknehmen und anerkennen, dass die gesellschaftlichen (Rechts-)Praktiken ein Eigenleben führen, an dem umfassende Regulierungskonzepte abprallen müssen. Das ist kein Plädoyer für weniger staatliche Regulierung oder gar ein Verzicht auf jede Art von politischen Governance-Regimen: Es geht nicht um die Infragestellung von Regulierung und Governance als solcher, sondern um mehr Aufmerksamkeit für sich instituierende gesellschaftliche Ordnungen und die damit verknüpften Prozesse sozialer Normen- und Ordnungsbildung. Die Rechtsentwicklung wird heute wie in der Vergangenheit keineswegs nur vom formalen Recht bestimmt, vom politisch zu verantwortenden Gesetzesrecht, seiner Anwendung durch staatliche Gerichte oder durch die Reflexionen, die die universitäre Rechtswissenschaft zum legal knowledge beiträgt. Eine viel größere Bedeutung kommt seit der frühen Neuzeit eben dem gesellschaftlichen Wissen und seinen Einsetzungsprozessen zu.

Das gesellschaftliche Wissen bringt heute neuartige Formen emergenter sozialer Regel- und Ordnungsbildung hervor. Dazu kann man beispielsweise die aus Netzwerken von Anwälten, Unternehmen und Software-Ingenieuren hervorgehenden neuen Vertragstypen wie relationale Verträge zählen.[70] An diesen Prozessen sozialer Regel-und Ordnungsbildung kann

---

68 Rheinberger, ebd.

69 Vgl. Ladeur, „Begriffs- oder Interessenjurisprudenz – falsche Fronten im IPR und Wirtschaftsverfassungsrecht“ (Fn. 65), 506; vgl. auch Rheinberger (Historische Epistemologie), 121.

70 Ausführlicher Thomas Vesting, Einbau von Zeit. Rechtsnormativität im relationalen Vertrag, KJ 4/2019: Rechtsbrüche. Spiegelungen der Rechtskritik Rudolf Wiethölters, 626 ff. Die Auffassung von Shoshana Zuboff, The Age of Surveillance Capitalism, 2019, 217 ff., 323 ff., dass es sich bei den relationalen (unvollständi-

das förmliche Recht durchaus gestaltend in hybriden privat-öffentlichen Arrangements mitwirken, aber der Staat oder andere Regulierungsagenturen müssten akzeptieren, dass sie die instituierte Komponente der gesellschaftlichen Selbstorganisation nicht einfach durch gesetzgeberische oder richterliche Formen des Entscheidens ersetzen können. In Anlehnung an Dan Wielsch könnte man auch von der Notwendigkeit einer sozietal gewendeten Regulierung sprechen, von einer „Art Entdeckungsprozess von Institutionen der rechtsförmigen Teilhabe an der Regelbildung sozialer Praxis".[71] Dieser Entdeckungsprozess würde nicht primär ein politisch-staatlicher sein, sondern könnte in der Form der sozialen „Mitgestaltung medialer Kommunikationsregeln"[72] für bestimmte Regulierungsfelder wie beispielsweise den Daten- und Persönlichkeitsschutz in sozialen Netzwerken weiter konkretisiert werden. Ein Beispiel, wie eine solche Regulierung nicht aussehen sollte, wäre demgegenüber das gegenwärtige Datenschutzrecht. Die Innovationsfähigkeit der neuen Wissenstechnologien ist an die Dynamik einer ungewissen Verwendung der Daten gebunden. Diese ist mit einer grundsätzlichen Zweckbindung von Daten aber letztlich inkompatibel, so dass das Datenschutzrecht in seiner jetzigen Form Innovationen blockiert und neu justiert werden müsste.[73]

VII. Die bleibende Spannung zwischen gesellschaftlicher Freiheit und staatlicher Regulierung

Auf den Aufstieg naturwissenschaftlichen Wissens und komplexer Technologien hat die staatliche Regulierung bereits in der Vergangenheit mit einer Integration wissensförmiger (kognitiver) Elemente in die Normstrukturen des förmlichen Rechts reagiert. Das ist früh im Umweltrecht er-

---

gen) Verträgen um „Uncontracts" handele, ist abwegig. Ihre Behauptung, dass sich die neue digitale Ökonomie unter der Bedingung von „lawlessness" durchgesetzt habe (z.B. 104), ist ebenso wenig weiterführend, weil sie die Veränderungen der Rechtsnormativität nicht beobachtet. Darauf kommt es aber an.

71 Wielsch, Medienregulierung durch Persönlichkeits- und Datenschutzrechte (Fn. 49), 114.

72 Wielsch, ebd., 109.

73 Vgl. Hans Peter Bull, Die Pandemie zeigt: Es braucht eine Neujustierung des Datenschutzes, NZZ vom 21.01.2021; Martin Schallbruch, Schwacher Staat im Netz. Wie die Digitalisierung den Staat in Frage stellt, Wiesbaden 2018, 50 ff., 177 ff.; und Roland Broemel/Hans Heinrich Trute, Alles nur Datenschutz? Zur rechtlichen Regulierung algorithmenbasierter Wissensgenerierung, Berliner Debatte Initial 27 (2016), 50 ff., 51 f.

kennbar geworden. Das hat besonders die Diskussion über den Einbau von Generalklauseln wie diejenige vom „Stand der Technik" in das Bundesimmissionsschutzgesetz (§ 3 Abs. 6) gezeigt.[74] Hier hat früh eine sichtbare Relativierung eines strikt normativen Erwartungsstils (und des richterlichen Entscheidens) zugunsten eines Bedeutungszuwachses von technischer Expertise stattgefunden, die auf verschiedene Akteure wie Unternehmen, Interessenverbände und sachverständiges Wissen verteilt worden ist. Das erscheint nur in einer normativ verengten Perspektive als Autonomieverlust, denn schon das liberale Polizei- und Ordnungsrecht hatte in der polizeilichen Generalklausel eine Wissensdimension im Recht mitgeführt – bestimmte Normalitätsunterstellungen, Gewohnheiten oder bewährte Praktiken – , an die das polizeirechtliche Urteil über die Gefahreneinschätzung anknüpfen musste und heute noch anknüpfen muss.[75] Allerdings wird das gesellschaftliche Wissen heute nicht mehr nur in der lebensweltlichen Erfahrung vorgefunden, wie etwa die polizeirechtliche Vorstellung von Ruhe und Ordnung, sondern vermehrt durch (private) Organisationen und Netzwerke in der Gesellschaft strategisch erzeugt. Das macht das förmliche Recht von in der Gesellschaft zerstreuten Wissensregimen und Technologien abhängig, so wie es früher von in der Gesellschaft vorfindlichen (sprachlichen) Gewohnheiten und Sitten abhängig war.

Das Verhältnis von Wissen und Recht wird in der informationstechnologischen Kultur der Netzwerkgesellschaft durch eine weitere Komplexitätssteigerung der Wissensregime bestimmt, in der auch die Mitwirkung der Dinge eine größere Bedeutung erfährt. Durch diese Entwicklung werden die Grenzen zwischen dem Humanen und dem Technologischen weiter durchlässig, zumal Wissen neuerdings durch (digitale) Datenverarbeitungstechnologien selbst erzeugt werden kann. Für die algorithmische Feinauflösung der Welt sind nicht nur die Verarbeitung großer Datenmassen und die hohe Genauigkeit der Datenaufbereitung kennzeichnend. Dieses Wissen ermöglicht darüber hinaus, durch unvorhergesehene Ver-

---

74 Vgl. z.B. Ladeur (Recht – Wissen – Kultur - Fn. 32), 37 ff.; Martin Schulte, Wissensgenerierung im Technikrecht, Tübingen 2008, 259 ff., 264.

75 Vgl. nur Ino Augsberg, Von der Gefahrenabwehr zu Risikomanagement und Opportunitätswahrnehmung. Neue Paradigmen im Verwaltungsrecht, in: C. Peter/ D. Funcke (Hrsg.), Wissen an der Grenze. Zum Umgang mit Ungewissheit und Unsicherheit in der modernen Medizin, Frankfurt am Main 2013, 209 ff., 213 ff.; Ladeur (Recht – Wissen – Kultur - Fn. 32), 143 ff., 146; Burkard Wollenschläger, Wissensgenerierung im Verfahren, Tübingen 2009, 10 (mit dem Gefahrenbegriff verweise der Gesetzgeber auf allgemeine Erfahrungsbestände und Regelhaftigkeiten), 13 ff.; vgl. auch Carsten Kremer, Ungewissheit im Sicherheitsverwaltungsrecht, Tübingen 2013, 195 ff.

knüpfungsmöglichkeiten neue Korrelationen mit weitreichenden Konsequenzen zu erschließen. Die durch Algorithmen erzeugten Datenmengen bilden also keine vorgegebene Wirklichkeit ab, sondern erzeugen selbst neue Wirklichkeiten, beispielsweise ein genaueres Wissen über die genetische Bedingtheit von Krebskrankheiten. Auch an dieser Stelle darf man jedoch neben den Brüchen, die mit der Informationstechnologie einhergehen, auch die Kontinuitäten nicht vernachlässigen: Wie die Handhabung eines Hammers eine Verbundenheit mit den Dingen erzeugt oder wie in der experimentellen Forschung die Interaktion des Experimentators mit seinem Material im Mittelpunkt steht,[76] so interagiert das Subjekt jetzt mit einem über Algorithmen erzeugten Wissen, in das es förmlich hineingezogen wird; man denke dabei nur an die inzwischen erreichte Leistungsfähigkeit von bildgebenden Verfahren in der Hightech-Medizin, die die Mitwirkung der Dinge zum Nutzen von Patienten zu einer augmented reality ausweitet.

Wenn man die jüngste informationstechnologische Entwicklung noch einmal auf die Unterscheidung von instituierten Praktiken und konstituierten Ordnungen bezieht, kann man vielleicht folgendes festhalten: Die Wissensregime, mit denen es das förmliche Recht heute zu tun bekommt, werden durch eine Dynamik der Selbstorganisation getrieben, bis hin zu einem computergenerierten Wissen, das sich selbst erst in einer informationsintensiven Umwelt ausbilden kann. Auch für diese Form der Wissensgenerierung gilt wie früher für die handwerkliche Wissensgenerierung oder die Wissenserzeugung im Industrielabor eine Freiheitsvermutung, die erst und nur dann durch eine staatliche Regulierung oder Governance außer Kraft gesetzt werden darf, wenn aus ihnen neue soziale Praktiken hervorgehen, die zu Schäden oder konkreten Gefahren für Einzelne, ganze gesellschaftliche Gruppen oder die Allgemeinheit führen.[77] Unter dieser Bedingung können die technologischen Architekturen und Konfigurationen, können die neuartigen Computernetzwerke durchaus zum Gegenstand staatlicher, supra- oder transnationaler Regulierung werden; und

76 Rheinberger, Experimenteller Geist (Fn. 67), 119.

77 Vgl. Hans-Heinrich Trute, Rechtliche Herausforderungen der Digitalisierung. Daten – Algorithmen – Wissen, in: Christian Bär/Thomas Grädler/Robert Mayr (Hrsg.), Digitalisierung im Spannungsfeld von Politik, Wirtschaft, Wissenschaft und Recht, 2018, S. 313 ff.; und – aus philosophischer Sicht – Ludger Heidbrink, Artifizielle Agenten, hybride Netzwerke, und digitale Verantwortungsteilung auf Märkten, in: Martin Aufderheide/Detlef Dabrowski (Hrsg.), Digitalisierung und Künstliche Intelligenz. Wirtschaftsethische und moralökonomische Perspektiven, Berlin 2020, 67 ff.

man kann beispielsweise über „Rechte auf Transparenz von privaten Datenregimen, auf alternative Voreinstellungen privater Datenverarbeitung, auf Initiierung der Überprüfung von Nutzungsbedingungen am gesetzlichen Leitbild, auf Mitwirkung an der Änderung von Regimeregeln, auf eine Rechtsverfassung personenbezogener Kommunikation" usw. diskutieren.[78]

Inzwischen gibt es sogar erste Gesetze und politische Regulierungsvorhaben, die, wie beispielsweise die Normen zu Intermediären im neuen Medienstaatsvertrag oder die geplante Regulierung großer Plattformen auf europäischer Ebene, in diese Richtung weisen.[79] Auch die Selbstkontrolle von sozialen Medien wie Facebook könnte durch ein netzwerkgerechtes Regulierungsrecht sicher noch verbessert werden. Es ist aber kein starkes Argument, etwa das durch neue Verfahren künstlicher Intelligenz produzierte Wissen allein deshalb einer staatlichen Regulierung unterwerfen zu wollen, weil es auf eine für Außenstehende undurchsichtige Weise produziert wird. Dass neues Wissen in der Gesellschaft erzeugt wird und dass dieses Wissen Grenzen überschreitet und vorübergehend Gleichgewichtszustände destabilisieren kann, ist eben nichts Neues. Wie ich in diesem Beitrag zu zeigen versucht habe, ist eine liberale Gesellschaftsordnung ganz im Gegenteil darauf angewiesen, dass sich neue handwerkliche und wissenschaftliche Praktiken im Wege einer ungeplanten Selbstorganisation, zu der auch stummes Wissen gehört, instituieren können. Deshalb kann aus überzogenen politischen Kontrollvorstellungen auch kein sinnvoller Orientierungsrahmen für die Regulierung und Governance einer informationstechnologischen Kultur hervorgehen, sofern eine solche Regulierung künftige Entwicklungsmöglichkeiten in gerechter und adäquater Weise schützen und nicht einfach nur hemmen will. Das Überschreiten von Grenzen, der Überschuss, aus dem das Neue kommt, bleiben auch in Zukunft unverzichtbar. Diese Kraft treibt das moderne freiheitliche Leben an. Wer diese Kraft nur behindern oder vielleicht sogar ganz stillstellen will, sollte sich vorher Gedanken über die Konsequenzen eines solchen Schrittes machen.

---

78 Dan Wielsch, Rechtsformveränderungsrecht – Die Zulässigkeit des Neuen, KJ 52/4 (2019): Rechtsbrüche. Spiegelungen der Rechtskritik Rudolf Wiethölters, S. 639 ff., 655; vgl. auch Schuppert, Wissen, Governance, Recht (Fn. 32), 188 ff. (zu Nutzungs- und Transaktionsformen jenseits des klassischen Eigentumsbegriffs mit Verweis auf Überlegungen von Marc Amstutz).

79 Vgl. nur Katharina Kaesling, Evolution statt Revolution in der Plattformregulierung, ZUM 2021, S. 177 ff.

Literaturverzeichnis

Augsberg, Ino, Subjektive und objektive Dimensionen der Wissenschaftsfreiheit, in: Voigt, Friedemann (Hrsg.), Freiheit der Wissenschaft. Beiträge zu ihrer Bedeutung, Normativität und Funktion. Berlin/Boston 2012, S. 65 ff.

–, Von der Gefahrenabwehr zu Risikomanagement und Opportunitätswahrnehmung. Neue Paradigmen im Verwaltungsrecht, in: Peter, C./Funcke, D. (Hrsg.), Wissen an der Grenze. Zum Umgang mit Ungewissheit und Unsicherheit in der modernen Medizin, Frankfurt am Main 2013, 209 ff.

Bachur, João P., Schrift und Gesellschaft. Die Kraft der Inskriptionen in der Produktion des Sozialen, Weilerswist 2017

Baecker, Dirk, Rechnen mit Nichtwissen, Wirtschaftswoche vom 19.02.2021, S. 44

Blumenberg, Hans, Die Legitimität der Neuzeit, Frankfurt am Main 1982

–,Paradigmen zu einer Metaphorologie [1960], Bonn 2013

–,Theorie der Unbegrifflichkeit, Frankfurt am Main 2007

Boettke, Peter J., Hayek, F.A., Economics, Political Economy and Social Philosophy, London 2018

Broemel, Roland/Trute, Hans Heinrich, Alles nur Datenschutz? Zur rechtlichen Regulierung algorithmenbasierter Wissensgenerierung, Berliner Debatte Initial 27 (2016), 50 ff.

Bull, Hans Peter, Die Pandemie zeigt: Es braucht eine Neujustierung des Datenschutzes, NZZ vom 21.01.2021

Chiappe, Armado Aníbal, Martin Heideggers „Ontologisierung der Praxis" und ihre Relevanz für die hermeneutische Technikphilosophie, Diss. TU-Dresden, 2010

Cover, Robert, Narrative, Violence, and the Law. The Essays of Robert Cover, Ann Arbor 1993

Därmann, Iris, Kulturtheorien zur Einführung, Hamburg 2011, 193 ff.

Daston, Lorraine; Die Lust an der Neugier in der frühneuzeitlichen Wissenschaft, in: Krüger, Klaus (Hrsg.), Kuriositas. Welterfahrung und ästhetische Neugierde in Mittelalter und früher Neuzeit, 2002, 147 ff.

Descombes, Vincent, Die Rätsel der Identität, Berlin 2013

Engelmann, Andreas, Rechtsgeltung als institutionelles Projekt, 2020

Fang, Taylor, Reimagine the Selfie, MIT Technology Review 123, 2020

Foucault, Michel, Archäologie des Wissens (1969), Frankfurt am Main 1981

Fumaroli, Marc, The Republic of Letters, New Haven/London 2018

Funkenstein, Amos, Theology and the Scientific Imagination from the Middle Ages to the Seventeenth Century (1986), Princeton 2018

Geertz, Clifford, Thick Description: Toward an Interpretative Theory of Culture, in: ders., The Interpretation of Cultures, New York 1973, 3 ff.

Greif, Avner, Institutions and the Path to the Modern Economy. Lessons from Medieval Trade, Cambridge 2010

Hacking, Ian, Einführung in die Philosophie der Naturwissenschaft, Stuttgart 1996

Hansen, Mark B., Medien des 21. Jahrhunderts, in: E. Hörl, Die technologische Bedingung 365 ff.

Harman, Graham, Tool-Being. Heidegger and the Metaphysics of Objects, Chicago and La Salle 2002

Hase, Friedhelm, Corona-Krise und Verfassungsdiskurs, JZ 14, 2020, S. 697 ff.

Havelock, Eric A., The Muse Learns to Write, New Haven (Conn.), 1986

Heidbrink, Ludger, Artifizielle Agenten, hybride Netzwerke, und digitale Verantwortungsteilung auf Märkten, in: Aufderheide, Martin/Dabrowski, Detlef (Hrsg.), Digitalisierung und Künstliche Intelligenz. Wirtschaftsethische und moralökonomische Perspektiven, Berlin 2020, 67 ff.

Heidegger, Martin, Sein und Zeit (1927), Tübingen 1986

Hörl, Erich, Die technologische Bedingung. Zur Einführung, in: ders. (Hrsg.), Die technologische Bedingung. Beiträge zur Beschreibung der technischen Welt, Berlin 2011, 7 ff.

Ingold, Tim, Making. Anthropology, Archaeology, Art and Architecture, London u.a. 2013

Jellinek, Georg, System der subjektiven öffentlichen Rechte – Nachdruck der 2. Aufl. Tübingen 1905, Aalen 1964

Kaesling, Katharina, Evolution statt Revolution in der Plattformregulierung, ZUM 2021, S. 177 ff.

Kahn, Victoria, The Trouble with Literature, Oxford/New York 2020

Krämer, Sybille, Medium, Bote, Übertragung. Kleine Metaphysik der Medialität, Frankfurt am Main 2008

Kremer, Carsten, Ungewissheit im Sicherheitsverwaltungsrecht, in: Ino Augsberg (Hrsg.), Extrajuridisches Wissen im Verwaltungsrecht, Tübingen 2013, 195 ff.

Ladeur, Karl-Heinz, „Begriffs- oder Interessenjurisprudenz – falsche Fronten im IPR und Wirtschaftsverfassungsrecht“ – neu gelesen nach dem „practical turn“ in der Wissenschaftsgeschichte, KJ 52/4 2019: Spiegelungen der Rechtskritik Rudolf Wiethölters, 503 ff.

–, Das Umweltrecht der Wissensgesellschaft. Von der Gefahrenabwehr zum Risikomanagement, Berlin 1995

–, Recht – Wissen – Kultur. Die fragmentierte Ordnung, Berlin 2016

Loenhoff, Jens (Hrsg.), Implizites Wissen: Epistemologische und handlungstheoretische Perspektiven, Weilerswist 2012

Luhmann, Niklas, Das Recht der Gesellschaft, Frankfurt am Main 1993

–, Kontingenz und Recht. Rechtstheorie im interdisziplinären Zusammenhang, hrsg. von Schmidt, Johannes F. K., Berlin 2013

Malabou, Catherine, Before Tomorrow: Epigenesis and Rationality, Cambridge (U.K.) 2016

McCloskey, Deirdre/Mingardi, Alberto, The Myth of the Entrepreneurial State (American Institute for Economic Research), Great Barrington (Mass.) 2020

Mokyr, Joel, A Culture of Growth. The Origins of the Modern Economy – the Graz Schumpeter Lectures, Princeton (N.J.) 2017

–, Bottom-up or Top-down? The Origins of the Industrial Revolution, Journal of Institutional Economics 2018, 1003 ff.

North, Douglas C./Wallis, John J./Weingast, Barry R., Violence and Social Orders, Cambridge 2009

Ong, Walter J., Orality and Literacy [1982], London 2003

Picciotto, Joanna, Labors of Innocence in Early Modern England, Cambridge (Mass.) 2010

–, The Public Person and the Play of Fact, Representations 105/1 (Winter 2009), S. 85 ff.

Plumpe, Werner, Das kalte Herz. Kapitalismus: die Geschichte einer andauernden Revolution, Berlin 2019

Polanyi, Michael, Knowing and Being. Essays by Michael Polanyi, Chicago 1969

–, Personal Knowledge. Towards A Post-Critical Philosophy, Chicago 1974

–, The Logic of Tacit Inference (1964), in: ders., Knowing and Being. Essays by Michael Polanyi, Chicago 1969, 138 ff.

–, The Republic of Science: Its Political and Economic Theory (1962), in: Knowing and Being. Essays by Michael Polanyi, Chicago 1969, 49 ff.

–, The Tacit Dimension (1966), Gloucester (Mass.) 1983

Reid, Thomas, Essays of the Intellectual Powers of Man. Vol. I, Dublin 1786

Rheinberger, Hans-Jörg, Epistemologie des Konkreten. Studien zur Geschichte der modernen Biologie, Frankfurt am Main 2006

–, Historische Epistemologie zur Einführung, Hamburg 2007

–, Papierpraktiken des Labors (2009), in: ders., Experimentalität. Hans-Jörg Rheinberger im Gespräch über Labor, Atelier und Archiv, Berlin 2018, 10 ff.

–, Iterationen, Berlin 2005

Rosen, Lawrence, Law as Culture. An Invitation, New York 2006

Schallbruch, Martin, Schwacher Staat im Netz. Wie die Digitalisierung den Staat in Frage stellt, Wiesbaden 2018

Schulte, Martin, Wissensgenerierung im Technikrecht, Tübingen 2008

Schuppert, Gunnar Folke, Wissen, Governance, Recht: von der kognitiven Dimension des Rechts zur rechtlichen Dimension des Wissens, Baden-Baden 2019

Teubner, Gunther, Selbstsubversive Gerechtigkeit. Kontingenz- oder Transzendenzformel des Rechts?, Zeitschrift für Rechtssoziologie 29 (2008), 9 ff.

Trute, Hans Heinrich, Ungewissheit in der Pandemie als Herausforderung, GSZ 2020, S. 93 ff.

–, Rechtliche Herausforderungen der Digitalisierung. Daten – Algorithmen – Wissen, in: Bär, Christian/Grädler, Thomas /Mayr, Robert (Hrsg.), Digitalisierung im Spannungsfeld von Politik, Wirtschaft, Wissenschaft und Recht, 2018, S. 313 ff.

Vesting, Thomas, Einbau von Zeit. Rechtsnormativität im relationalen Vertrag, KJ 4/2019: Rechtsbrüche. Spiegelungen der Rechtskritik Rudolf Wiethölters, 626 ff.

Waldenfels, Bernhard, Bruchlinien der Erfahrung. Phänomenologie, Psychoanalyse, Phänomenotechnik, Frankfurt am Main 2002

Wielsch, Dan, Medienregulierung durch Persönlichkeits- und Datenschutzrechte, JZ 2020, 105 ff.

–, Rechtsformveränderungsrecht – Die Zulässigkeit des Neuen, KJ 52/4 (2019): Rechtsbrüche. Spiegelungen der Rechtskritik Rudolf Wiethölters, S. 639 ff.

Wittgenstein, Ludwig, Philosophische Untersuchungen [1945], Frankfurt am Main 2003

Wollenschläger, Burkard, Wissensgenerierung im Verfahren, Tübingen 2009

Zuboff, Shoshana, The Age of Surveillance Capitalism, 2019

„Legal Knowledge" in der Wissensgesellschaft

Karl-Heinz Ladeur

1. *„Legal Knowledge" – zur rechtlichen und institutionellen Verfassung des Wissens*

a) *Von den „Tatsachen" der Gesellschaft zur systematischen Wissensproduktion*

Unter „legal knowledge" möchte ich, eher heuristisch vorgehend, ein rechtlich verfasstes, instituiertes Wissen verstehen. Das bedeutet zunächst, dass die Unterscheidung von Normativität und Faktizität[1] selbst eine normative Voraussetzung hat, mit der die kognitive Seite des Wissens praktisch operiert und damit erst den verschleifenden Effekt der Wiedererkennung für die normative Perspektive auf die Welt als Ansammlung von „Sachverhalten" ermöglicht. „Sachverhalte" und Tatsachen als kognitive Größen werden uns scheinbar von den Naturwissenschaften und den empirischen Wissenschaften zur gefälligen Verwendung „geliefert". Die Wissenschaftshistorikerin Barbara Shapiro hat aber überzeugend belegt, dass der Begriff der „Tatsache" eine juristische Konstruktion und keine naturwissenschaftliche Unterscheidung ist. Tatsachen sind kein kognitives „Material". Die Entstehung des Begriffs geht darauf zurück, dass das neuzeitliche rechtliche Beweisverfahren mit subtileren Unterscheidungen operieren musste als das frühere. Der (Augen-)Zeuge wird zur wichtigen Referenz für das Prozessrecht – und was der Zeuge beschreibt, sind: *Tatsachen*. Barbara Shapiro[2] zeigt, dass erst auf diesem Wege auch in umgekehrter Richtung – also für die Naturwissenschaften – die Tatsache als Gegenstand wissenschaftlicher Beobachtung von Ereignissen innerhalb eines *isolierten* Beobachtungsfeldes als Ergebnis eines Einschnitts, einer Unterscheidung, konstruierbar wurde. Diese Verschleifung scheint mir charakteristisch für

1 Ino Augsberg, Die Normalität der Normativität, JZ 2020, 425.

2 Barbara J. Shapiro, A Culture of Fact. England 1550 – 1720, Ithaca NY 2000; für die Gegenwart Sandra Laugier, Performativité et droit, Archives de Philosophie du droit 67 (2004), 607.

das *instituierte, also das praktische Wissen* zu sein,[3] mit dem es letztlich auch die Naturwissenschaften überwiegend zu tun haben.

Die Emergenz der isolierbaren, aus dem göttlichen Kontinuum der Welt herauszulösenden „Tatsache“ hängt mit dem Aufstieg des Individuums zur zentralen Referenz in der Faktizität wie der Normativität des Rechts und der neuzeitlichen, auf Veränderung angelegten Kultur zusammen.[4] Der objektiven Tatsache steht die subjektive Beobachtung des Individuums gegenüber.

Als Pendant der unterschiedenen, *aus-geschiedenen* Tatsache wird die Isolation des Individuums als deren potentielles Zurechnungssubjekt konstruiert, genauer gesagt die Unterscheidung von Zurechnung und Zufall denkbar gemacht. Auch dies ist schon sehr normativ gedacht. Wichtig ist, dass diese Konstruktion nicht einfach als ideologisch abgetan wird, wie dies häufig geschieht. Diese Unterscheidungen haben einen eminent *praktischen Bezug*, der die Welt verändert und nicht nur eine Interpretation der Welt bietet.

Jedes Rechtssystem ist konfrontiert mit der „relative ignorance of fact“ und „our relative indeterminacy of aim“. Darauf hat H. L. A. Hart schon früh aufmerksam gemacht.[5] Der Prozess des Rechts wird nicht zuletzt bestimmt „by its way of creating categories of the knowable and relating them to the ways in which facts are constructed in the culture at large".[6]

Ich mache einen Sprung in das moderne Polizeirecht: Die berühmte „Kausalkette“ (bestehend aus realen und potentiellen Ereignissen) ist ebenfalls eine Konstruktion des Rechts, die unter dem normativen Gesichtspunkt der Zurechnung gebildet wird.

Die Unterscheidung einzelner Handlungs-/Kausalverläufe und ihre Zurechnung auf Individuen hat einen fiktiven Charakter, der aber die Strukturierung eines Handlungs- und Erfahrungsfeldes erlaubt und immer wieder neue Anschlüsse ermöglicht.[7] Dass jede Unterscheidung an die eine Seite anknüpft und die jeweils andere Seite als Möglichkeit ausschließt,

---

3 Vincent Descombes, Sur la pluralité des sens communs, in: Claude Gautier/Sandra Laugier (Hrsg.), Normativité du sens commun, Paris 2009, S. 25, 38; Sandra Laugier, La vie humaine du langage, in: Estelle Ferrarese/dies. (Hrsg.), Formes de vie, Paris 2018, S. 191, S. 194.

4 Steven Shapin, A Social History of Truth. Civility and Science in Seventeenth Century England, Chicago 1994, S. 7, 25.

5 H. L. A. Hart, The Concept of Law, Oxford 1961, S. 125.

6 Lawrence Rosen, Law as Culture. An Invitation, Princeton 2008, S. 70.

7 Shapin, ebd., S. 25, 122.

mag einen aporetischen Charakter haben[8], aber sie ermöglicht die Herausbildung der operative Seite des Rechts, das *Prozessieren von Unterscheidungen*.[9] Dass die Unterscheidung einen Unterschied macht, lässt sich auf der Folie von Kulturen beobachten, in denen über informale Beziehungen und die Dominanz von Großfamilien gesellschaftliche Entwicklungen blockiert werden, weil keine Unterscheidungen zugelassen werden.[10] Demgegenüber muss sich eine Theorie des Rechts auf der Höhe der Zeit, mit Gaston Bachelard gesprochen, als eine der „Philosophien (an) der Arbeit"[11] verstehen, die in die Emergenz des Werdens impliziert ist, und nicht als eine „Philosophie der *Zusammenfassung*"[12] (Herv. i. Orig.), die auf etwas zurückblickt. Die durch die „Materie" der Prozesse des Wandels der Gesellschaft und ihres Wissens „provozierte Offenheit nach vorne"[13] unterläuft die Subsumtion der Verhältnisse unter die als stabil gedachten zurückschauenden Rechtsbegriffe. Für das Recht bilden die Praktiken des Wissens, die sozialen Normen, Verhaltensmuster, die in die Lebensformen eingetragene Übung, Schematisierungen, Zurechnungen und Konstruktionen, die „Materie", mit der gearbeitet wird. Aus den Konstruktionen, die immer „etwas weglassen" (abstrahieren), wird gelernt. Hans-Jörg Rheinberger spricht treffend von der „Anstrengung des Weglassens", aus der ein „Zuwachs" gewonnen wird.[14] Wiederum lässt sich zur wissenschaftlichen

---

8 Werner Hamacher, Entferntes Verstehen. Studien zu Philosophie und Literatur von Kant bis Celan, Frankfurt a. M. 1998, S. 51ff.

9 Allg. Fabian Steinhauer, Vom Scheiden: Geschichte und Theorie einer juristischen Kulturtechnik, Berlin 2014.

10 Joseph Henrich et al., The Weirdest People in the World?, Behavioral and Brain Sciences 2010, 1; James Robinson, Why Regions Fail. The Mexican Case, 16.4.2013, https://scholar.harvard.edu/jrobinson/presentations/why-regions-fail-mexican-case.

11 Gaston Bachelard, Le rationalisme appliqué, Paris 1986, S. 9: „philosophies au travail"; vgl. auch Hans-Jörg Rheinberger, Der Kupferstecher und der Philosoph, Zürich/Berlin 2016, S. 101: dort wird dies mit „Philosophien der/an der Arbeit" übersetzt; ein sachlicher Unterschied zu meiner Übersetzung besteht nicht. Bachelard bezieht diesen Begriff auf seine eigene Epistemologie.

12 Bachelard, ebd., S. 101: „philosophies de résumé"; ich folge hier Rheinbergers Übersetzung, ebd., S. 101.

13 Rheinberger, ebd., S. 82.

14 Rheinberger, ebd., S. 93: der Bezug ist hier verändert worden: Dort ist von der Wissenschaft und vom wissenschaftlichen Experiment die Rede, dazu wird hier eine Analogie zum experimentell operierenden Recht gebildet.

Praxis die Analogie des rechtlichen Experimentierens bilden – hierzu Bachelard: Das Recht „...s'instruit par ce qu'elle construit".[15]

Der Aufstieg der *Organisation* führt zur Einführung neuer kognitiver Unterscheidungen, die die Verknüpfung von normativen und kognitiven Komponenten deutlicher hervortreten lässt, weil die Möglichkeit der Antizipation künftiger Ereignisse in der Gestalt von Standards oder Organisationspflichten jenseits stabiler Grenzbegriffe (Gefahr) instituiert wird. Die Interna der Organisation werden rechtlich relevant. Marktbeobachtung und Warnpflichten werden konzipiert. Dies setzt praktisch die Existenz eines eigenständigen Paradigmas des *organisierten Unternehmens* voraus, das nicht mehr wie ein „großes Individuum" behandelt wird. Im öffentlichen Recht wird das Risikowissen rechtlich relevant, das jenseits der auf das Individuum beziehbaren Erfahrung sich nicht etwa nur spontan bildet, sondern durch Organisation erzeugt werden kann. Auch hier zeigt sich aber, dass im Recht „Legal Knowledge" nach seinen eigenen Wahrnehmungsbedingungen instituiert wird. Das Wissen der Organisationen wird anders rechtlich verfasst als die Erfahrung der Individuen. Es werden „lange Handlungsketten" jenseits der einfachen Kausalketten instituiert, die aber doch durch die und in der Organisation entstehen bzw. auf sie zugerechnet werden. „Objektivität" muss als Standardisierung gesichert werden.[16] Sie versteht sich nicht mehr „von selbst" auf der Grundlage von Praktiken, die in Lebensformen prozessiert werden.[17]

Mit einer gewissen Vereinfachung lässt sich für die Gegenwart (und die Zukunft) die Herausbildung einer Rechtsverfassung und *Instituierung der Gesellschaft der Netzwerke* unterscheiden. Kennzeichnend dafür ist zunächst, dass die Welt nunmehr „continuously indexes the material flux"[18] ist und die Strukturierungsleistung der früheren Institutionalisierung als nicht mehr ausreichend erscheint. Den Referenzrahmen für das Recht

---

15 Gaston Bachelard, Le nouvel esprit scientifique, Paris 1983, S. 17: an dieser Stelle scheint mir für die Übersetzung eine größere Nähe zu Bachelards Wortwahl sinnvoll zu sein: Das Recht „...instruiert sich durch das, was es konstruiert". Die hier angestellten Überlegungen verdanken Hans-Jörg Rheinbergers Text mehr, als durch die Zitatnachweise zum Ausdruck gebracht wird.

16 Theodore M. Porter, Objectivity as Standardization. The Rhetoric of Impersonality in Measurement, Statistics and Cost-Benefit Analysis, Journal of Scholarship 1992, 19.

17 Dazu Laugier, aaO (La vie humaine du langage).

18 Mark Hansen, Feed Forward: On the Future of Twenty-First-Century Media, Chicago 2015, S. 35; N. Katherine Hayles, Unthought: The Power of the Cognitive Nonconscious, Chicago 2017, S. 216.

bilden jetzt kognitive „agencements“ (G. Deleuze)[19], die in inter- und intraorganisationalen Netzwerken entstehen und eher experimentell-strategisch Wissen modellieren, dessen Nutzung verzweigte Wirkungen und Nebenwirkungen hervorbringt. Die neue Herausforderung scheint mir die *Anerkennung von Komplexität und Emergenz* zu sein, die für das Recht die herkömmliche Unterscheidung von Regel und Regelanwendung, Tatsache und Norm, offen in Frage stellen. Es stellt sich das Problem zu bestimmen, welches der „Hintergrund“ (L. Wittgenstein) sein könnte, auf dem wir innerhalb des sich wandelnden „Getriebes des Lebens“ (L. Wittgenstein)[20] in den Netzwerken Ordnung erkennen können, die es dem Recht erlaubt, Komplexität, die Vielzahl von schwer erkennbaren Wechselwirkungen, in einer Weise zu „verfassen“ oder zu instituieren, die eine tertiäre Remodellierung rechtlicher Verstehensbedingungen in der Wissensgesellschaft bedeuten könnte: Die neue „Wissensarchitektur“ ist *modular*[21], Tatsachen und Kausalketten lassen sich nicht mehr sicher unterscheiden. Wissen erscheint als Produkt eines variablen Kontextes, eines Knotens innerhalb eines Netzwerks von Beziehungen, der selbst wieder gelöst werden kann. Die Generierung von Wissen über azentrische Netzwerke schwächt die Leistungsfähigkeit der Formen und Figuren des Rechts, das sich auf die kontextuelle Regulierung in *Echtzeit* und Interventionen *ex post* umstellen muss.[22] Zugleich kann das Recht aber unter den Bedingungen der „Wissensgesellschaft“ durch Experiment und *Prozeduralisierung* die Erzeugung von Entscheidungswissen nicht nur im Entscheidungsverfahren selbst, sondern durch distribuierte „Sensoren“ (im wörtlichen wie im übertragenen Sinne) im Prozess der privaten Operationen mit dem Wissen selbst instituieren und durch Algorithmen sammeln, sortieren und in „Entscheidungsvorschlägen“ verarbeiten lassen.

---

19 Hayles, ebd., S. 205 („assemblages“).

20 Laugier, aaO (La vie du langage), S. 212.

21 Vgl. zur „Modularität“ des Rechts am Beispiel des Eigentums Henry E. Smith, Property as the Law of Things, Harvard Law Review 125 (2012), 1691.

22 Karl-Heinz Ladeur, Kommunikation über Risiken im Rechtssystem. Das Beispiel Nanotechnologie, in: Christian Büscher/Klaus Peter Japp (Hrsg.) Ökologische Aufklärung. 25 Jahre „Ökologische Kommunikation“, Wiesbaden 2010, S. 131; ders., Wissensgenerierung im Sozialrecht und der Aufstieg von „Big Data“, in: Benedikt Buchner/ders. (Hrsg.), Wissensgenerierung und -verarbeitung im Gesundheits- und Sozialrecht, Tübingen 2016, S. 89; ders., „Begriffs- oder Interessenjurisprudenz – falsche Fronten im IPR und Wirtschaftsverfassungsrecht“ – neu gelesen nach dem „practical turn“ in der Wissenschaftsgeschichte – Rudolf Wiethölter zum 90. Geburtstag, KritJ 2019, 503.

Es darf bezweifelt werden, dass das Recht auf Herausforderungen eingestellt ist, die mit dem Klimawandel einhergehen. Das Problem lässt sich schlaglichtartig an der Frage konturieren, ob der Klimawandel eine „Gefahr“ im Sinne des klassischen Polizeirechts sei – im Gegensatz zur Riskovorsorge.[23] Die potentiellen Schäden beginnen sich zu realisieren, das mag auf den ersten Blick dafür sprechen, von einer „Gefahr“ zu sprechen. Doch würde man dann übersehen, dass der Gefahrenbegriff als Abweichung von einer als stabil vorausgesetzten *Normalität* und dementsprechend als korrigierbar durch einen Einzelakt oder eine Pluralität von Einzelakten zu verstehen ist. Genau das aber ist keine angemessene Konstruktion für ein „Klimaverwaltungsrecht“. Es deutet sich eine grundlegende Veränderung der Wirklichkeit an, die mit dem herkömmlichen Eingriffs- oder Verteilungsdenken nicht mehr bewältigt werden kann. Daran geht auch der „Klimaschutz“-Beschluss des BVerfG vorbei, wenn dort eine neue „eingriffsähnliche“ Dimension in der Verteilung von „Klimabudgets“ zwischen Jüngeren und Älteren angenommen wird.[24] Dieses Budget lässt sich nur im Hinblick auf organisierte „Verbraucher“ konstruieren, nicht für die einzelnen Individuen. Es bedarf einer komplexen, kooperativen, auf Lernen und die Entwicklung von neuen Technologien angelegten Strategie.[25] Sonst sind gesellschaftliche Verwerfungen kaum vermeidbar, die die Folgen der Unzulänglichkeiten der Bekämpfung der Pandemie weit in den Schatten stellen werden.

---

23 Diskussionsbeitrag Thomas Groß auf der Staatsrechtslehrertagung in Mannheim zum Referat von Claudio Franzius „Prävention durch Verwaltungsrecht: Klimaschutz“ – vgl. die Thesen auf der Seite https://www.vdstrl.de/letzte-tagung-1/ – der Klimaschutz-Beschluss BVerfG v. 24.3.2021, 1 BvR 2056/18 u.a. ist sicher gut gemeint, aber nicht gut: Für ein Verfassungsgericht käme es in der neuen Konstellation der Komplexität der „Gesellschaft der Netzwerke“ eher darauf an, wie es mehr Möglichkeiten für das politische System generieren kann, und nicht materielle Ziele durchzusetzen.

24 BVerfG v. 24.3.2021, 1 BvR 2056/18 u.a.; krit. dazu Karl-Heinz Ladeur, FAZ v. 5.5.2021.

25 Vgl. zu einer Alternative Karl-Heinz Ladeur, Das Internet der Energie. Plädoyer für technologische Nachhaltigkeit, Die Politische Meinung Nr. 559 (2019), Nov./Dez.-Heft, 92.

b) Der Aufstieg des experimentellen Denkens in den Naturwissenschaften als Exempel

In der Wissenschaftsgeschichte hat sich in den letzten Jahrzehnten ein grundlegender Wandel vollzogen: I. Hacking hat für eine Wissenschaftsphilosophie „nach Thomas Kuhn" plädiert, eine Wissenschaftsphilosophie, die eine „praktische Wende der Wissenschaftsgeschichte" vollzieht, die auch die Rolle der großen Paradigmen relativiert – diese waren das Zentrum von Th. Kuhns „Struktur wissenschaftlicher Revolutionen"[26] – und die *„Praxis- und Experimentalzusammenhänge"* selbst akzentuiert, die in einem Spannungsverhältnis zur Wissenschafts*theorie* stehen. „Bis in die 1970er Jahre hinein war die Wissenschaftsgeschichte im Grunde eine *‚Ideengeschichte'"*.[27] Es galt der Schlachtruf: „Zuerst die Theorie!"[28], dagegen setzt Hans-Jörg Rheinberger den *Vorrang des „Experiments"*, das über das vorhandene Wissen hinausweist und auf der Grundlage „materiell fundierte(r) Prozesse" generiert wird, „ohne die das ganze technologische Fundament der neuzeitlichen Wissenschaften gar nicht denkbar wäre"[29]. Dies wird von Rheinberger auf eine weitere wichtige Verschiebung der Wahrnehmung bezogen: die Aufmerksamkeit für die *„Wissensbestände"*. Rheinberger schreibt: Die Herausbildung von Wissen muss als emergenter Prozess gedacht werden, der sich innerhalb des *„immer schon vorhandenen Wissens"* vollzieht. Den „Wissensbeständen" wird eine wichtige Strukturierungsleistung zugeschrieben, die in „‚beweglichen' Situationen" zur Geltung gebracht werden muss und keine stabile Unterscheidung von Allgemeinem und Besonderem zulässt. Hier wird der experimentelle Aspekt der „Wissens*generierung*" akzentuiert, ein Gedanke, der auch für soziale Systeme im Allgemeinen und das Rechtssystem im Besonderen fruchtbar zu machen ist, und zwar als Schritt zum Verzicht auf die „umfassende Erklärung der Regelhaftigkeit".[30] Rechtliche Praxis kann in einem dynamischen Wandel der Möglichkeiten unterliegenden „Denkraum" nicht mehr mit der Referenz auf stabile Regeln, Muster, Akteure und die Kontinuität der Erfahrung gedacht werden, sondern muss grundsätzlich – und nicht mehr nur ausnahmsweise – als unter Bedingungen von Komplexität operierend konzipiert werden. Was ist damit gemeint?

---

26 Erschienen zuerst 1962, in deutscher Übersetzung: Frankfurt a. M. 1967.

27 Hans-Jörg Rheinberger, in: Experimentalität. Hans-Jörg Rheinberger. Gespräche über Labor, Atelier und Archiv, Berlin 2018, 11.

28 Ebd., S. 120.

29 Ebd., S. 165.

30 Hans-Jörg Rheinberger, Historische Epistemologie, Hamburg 2005, S. 121.

Zunächst ist anzumerken, dass nach Ludwik Fleck[31] die „Wissens*bestände*“, das nicht hintergehbare Material des Denkens, einen quasi-materiellen, nur kollektiv verfügbaren Werkzeugkasten des Denkens oder einen Denk*raum* bilden, der in Abhängigkeit von der geschichtlichen Entwicklung besteht und sich öffnet, aber dem Einzelnen die Möglichkeiten wie die Grenzen des Denkens vorspurt[32]„ die er als Individuum nicht leicht überschreiten kann. Begriffe sind auch keineswegs so rigide gefasst, wie die Praxis der Abwägung glauben zu machen versucht: Begriffe müssen immer mehr Möglichkeiten in Anschlag bringen können als die, die gerade „anliegen“.[33] Sie nehmen Einschnitte[34] in ein bewegliches „Erfahrungsfeld“ vor, mit denen „Relevanzen“ bestimmt und praktische Operationen ermöglicht werden. Begriffe sind immer im Werden „begriffen“, auch wenn dies nicht offen gesagt wird. Sie „kondensieren“ und kombinieren mehrere Komponenten und erzeugen schon dadurch eine Spannung, einen „intensiven Zug“, der den Begriff für den Wandel öffnet.[35] Den Anschein der Einheit und Unbeweglichkeit erhält der Rechtsbegriff vor allem durch die Verknüpfung mit einem erkenntnistheoretisch bestimmten Begriff des „Urteils“[36], das über einen als relativ eindeutig konstruierten „Sachverhalt“ gefällt wird; darin wird scheinbar die Stabilität des „Erfahrungsfeldes“ reproduziert. Das ändert sich dann, wenn immer mehr Organisationen als Akteure auf einem „Erfahrungsfeld“ auftreten und strategisch Wissen herstellen und systematisieren, ein Prozess, der nicht mehr von den Interessen der Einzelnen getrieben und über eine Vielzahl von Individuen distribuiert wird, sondern von transsubjektiven Netzwerken reproduziert wird.

Das Ziel des neuen Wissens ist nicht die klare begriffliche Unterscheidung, es sieht nicht immer nur Grundsatzprobleme, es *produziert* neue Möglichkeiten im Modus einer gewissen „produktiven Oberflächlich-

---

31 Ludwik Fleck, Entstehung und Entwicklung einer wissenschaftlichen Tatsache. Einführung in die Lehre vom Denkstil und Denkkollektiv (1935), Frankfurt a. M. 1980.

32 Rheinberger, aaO (Historische Epistemologie), S. 120f.

33 Hans Blumenberg, Theorie der Unbegrifflichkeit, Frankfurt a. M. 2007, 76f.

34 Vgl. dazu allg. Steinhauer, aaO (Vom Scheiden. Geschichte und Theorie einer juristischen Kulturtechnik).

35 Gilles Deleuze/Félix Guattari, Qu’est-ce que la philosophie ? (1991), Paris 2005, S. 25.

36 Dazu allg. Marc Rölli, Macht der Wiederholung: Deleuze – Kant – Nietzsche, Wien 2018, S. 93.

keit" innerhalb eines „agencement" (G. Deleuze) von Anschlüssen[37] und kommt – auch im Bereich des Rechts – zu Ergebnissen, die nicht ex ante durch „explizites Wissen" kontrolliert werden können oder gar daraus abgeleitet worden sind. Die Wissens*bestände* haben eine Art ritueller Funktion darin, dass sie auf eine Selbstbegrenzung der Möglichkeitsräume zielen, die in der Wiederholung zugleich die Durcharbeitung neuer sich ereignender, den Akteuren „zufallender" Erfahrungen erlaubt.[38] Dies ist im Grunde die Essenz der liberalen Ordnung!

Evolution des Rechts muss unter Bedingungen von Komplexität – wie Marc Amstutz formuliert hat – über *„regulatorische Netzwerke"* mit eingebauter Suchfunktion *an der Peripherie* angetrieben werden[39], während in Luhmanns Theorie des Rechtssystems die *gerichtlichen Entscheidungen* das Einheit stiftende Zentrum bilden.[40] Das distribuierte Prozessieren der Operationen an der Peripherie hat nunmehr die Führung übernommen. Dies sind Netzwerke der Praxis von Rechtsanwälten, ökonomischen Akteuren, Ingenieuren[41], die sich um Rechtsformen für spezifische neue Praxiserfordernisse bemühen und z.B. neue Vertragsformen für neue Produktionsprozesse entwickeln (z.B. in der Computerindustrie). [42] Dort werden vielfach erst „after the fact" rechtliche „Sortierregeln" benötigt, mit deren Hilfe „Sachverhalte" konstruiert werden, die komplexen Beziehungsnetzwerken einen rechtlichen Sinn verleihen, der eine Verständigung z.B. über Honorare erlaubt.

Ich möchte die neuesten Erscheinungsformen einer schwer zu bewältigenden Komplexität an drei Beispielen eher in einer Art Gedankenexperiment beschreiben und Antworten skizzieren.

---

37 Hans-Jörg Rheinberger, The Art of Exploring the Unknown. Views on Contemporary Research in the Life Sciences, in: Moritz Epple/Claus Zittel (Hrsg.), Science as Cultural Practice, Band I, Berlin 2010, 141.

38 Romain Graziani, L'usage du vide. Essai sur l'intelligence de l'action, de l'Europe et de la Chine, Paris 2020, S. 223.

39 Marc Amstutz, Evolutorisches Wirtschaftsrecht, Baden-Baden 2002, S. 277, 286.

40 Niklas Luhmann, Das Recht der Gesellschaft, Frankfurt a. M. 1993, S. 307.

41 Davon zu unterscheiden sind stärker durch ein gemeinsames Ziel aggregierte und organisierte, ihre Normierungspraxis systematisch beobachtende und reflektierende „Regime" i.S.v. Gunther Teubner, die ebenfalls Recht im neueren Sinne produzieren und Vernetzungen zwischen mehreren Regimes hervorbringen, vgl. Andreas Fischer-Lescano/ders., Regimekollisionen. Zur Fragmentierung des globalen Rechts, Frankfurt a. M. 2006, 57, ders., Verfassungsfragmente. Gesellschaftlicher Konstitutionalismus in der Globalisierung, Berlin 2012, S. 233.

42 Matthew C. Jennejohn, Innovation, Collaboration, and Contract Design, Columbia Law and Economics Working Paper No. 319, 2018, http://papers.ssrn.com/sol3/papers.cfm?abstract_id=1014420.

2. *Kommunikation in sozialen Netzwerken und ihre rechtliche Verfassung*

a) *Eine Experimentalordnung für das Prozessieren von Kommunikationen im Netzwerk*

Ich hatte an anderer Stelle für die Streitentscheidung in sozialen Netzwerken den Gedanken entwickelt, dass für die Moderation von Konflikten und Spannungen in sozialen Netzwerken *„Cyber Courts"* als private, bei den einzelnen Providern einzurichtende Schiedsgerichte gedacht werden könnten.[43] Dabei geht es nicht um die Ersetzung staatlicher Gerichte durch private. Die Idee der Cyber Courts und ihre praktische Durchsetzung zielt auf die Entwicklung und Gestaltung *neuer Regeln* für die Kommunikation[44] in einem neuen Medium, nachdem die ungeschriebenen sozialen Standards des alten Regimes der Massenmedien (z.B. Verhältnis von Privatheit/Öffentlichkeit) ihre Leistungsfähigkeit mindestens partiell eingebüßt haben. Diese neuen Regeln können nur in einem privaten Verfahren der *Governance* entwickelt werden, das auf die Fülle und die Besonderheit der Kommunikationsströme eingestellt ist, die sich in den sozialen Netzwerken entfalten. Die prozeduralen Möglichkeiten der künstlichen Intelligenz zur Bildung und Handhabung von Kriterien, die nur in einem experimentellen Raum gefunden werden können, sollten dabei nicht unterschätzt werden. Die New York Times hat in Kooperation mit Alphabet (Google) unter Einsatz von dessen selbst lernendem Programm „Jigsaw" insgesamt 16 Mill. Kommentare zu publizierten Artikeln ausgewertet und auf dieser Basis differenzierte Unterscheidungskriterien zur Bestimmung wahrscheinlicher oder sicherer Kandidaten für die Bewertung von Äußerungen z.B. als „Hate Speech" entwickelt.[45]

Die Form der Entwicklung von Verkehrsregeln für die Kommunikation in sozialen Netzwerken muss sich von tradierten Modellen der Kooperation zwischen staatlicher Rechtsetzung und sozialen Normen unterschei-

---

43 Vgl. zur Notwendigkeit von „Information Brokers" in der digitalen Gesellschaft Karl-Heinz Ladeur, Neue Institutionen für den Daten- und Persönlichkeitsschutz im Internet: „Cyber-Courts" für die Blogosphere, DuD 2012, 711.

44 Vgl. dazu auch Dan Wielsch, Die Ordnungen der Netzwerke. AGB – Code – Community Standards, in: Martin Eifert/Tobias Gostomzyk (Hrsg.), Netzwerkrecht, Berlin 2018, S. 61; ders., Funktion und Verantwortung. Zur Haftung im Netz, Rechtswissenschaft 2019, 84, 88, 103, der für eine „Sozialverfassungsrecht digitaler Kommunikation" plädiert.

45 Rotem Medzini/Tehilla Shwartz Altshuler, Dealing With Hate Speech on Social Media, Israel Democracy Institute und Yad Vashem Policy Papers E 12, Juni 2019, S. 63.

den, die aus der Praxis der organisierten Massenmedien hervorgehen und durch die staatliche Gerichtsbarkeit aufeinander abgestimmt werden. Normen für die Kommunikation in sozialen Netzwerken können deshalb nur in mehr als einem Sinne eine auf Wandel angelegte *Experimentalordnung* bilden.[46]

Für die Kommunikationsordnung der *organisierten Massenmedien* hat sich eine implizite Kooperation zwischen professionellen Normen und Praktiken der Medien und den Entscheidungsmustern der Gerichte entwickelt. Dazu muss ein funktionales Äquivalent für die Netzkommunikation gefunden werden. An die Stelle der Beobachtung von Verhaltensmustern, die zwischen organisierten Massenmedien entstehen, muss die Beobachtung und Evaluation von distribuierten Kommunikationsmustern im Netz treten und das Verhältnis von Normativität und Faktizität neu bestimmt werden. Eine besondere Bedeutung wird dabei auch die künstliche Intelligenz spielen können und müssen.[47] Deren Möglichkeiten bei der Rechtsgestaltung haben die Provider bisher vernachlässigt.[48] Eine wiederum den Bedingungen des Internets entsprechende Sammlung einer Vielzahl von Entscheidungen über die rechtlichen Grenzen der Meinungsfreiheit würde die Herausbildung von rechtlichen Bewertungsmustern erleichtern, die über den Einsatz von KI auf neue Fälle bezogen werden könnten. Diese Muster könnten allein nicht aus der Beobachtung der einzelnen Fälle gewonnen werden – wie unter dem früheren Paradigma. Dadurch könnte ein neuer Rechtstyp entstehen, den man „serielles Recht“ nennen könnte, ein Recht, das aus einer Vielzahl von Fällen Muster bildet und anschlussfähig hält.[49]

---

46 Das von Facebook eingerichtete „Oversight Board“ ist als ein solches Experiment zu verstehen, allerdings ist zweifelhaft, ob dieses Board auf globaler Ebenen sinnvoll arbeiten kann; vgl. zu den ersten Erfahrungen https://www.theverge.com/2020/12/1/21755133/facebook-oversight-board-supreme-court-first-cases-hate-speech-pandemic-misinformation.

47 Karl-Heinz Ladeur/Tobias Gostomzyk, Das Medienrecht und die Herausforderung der technologischen Hybridisierung, K&R 2018, 686.

48 Dies hat sich erst in der jüngsten Zeit verändert. Lange Zeit ist diese Praxis durch die Netz-Community unterstützt worden, weil sie jede Regulierung der inhaltlichen Seite der Internetkommunikation bekämpft hat. Dadurch kann auch ein verfehlter Eindruck von den (bisher gar nicht genutzten) Möglichkeiten der KI entstehen; vgl. nur Douglas Heaven, https://www.newscientist.com/article/2149562-this-ai-can-tell-true-hate-speech-from-harmless-banter/; https://www.ft.com/content/8786cce8-f91e-11e6-bd4e-68d53499ed71.

49 Vgl. dazu Karl-Heinz Ladeur, The Future of Law: ‚Serial Law‘?, EUI/WP Law 2016/19.

Die netzbezogene Schiedsgerichtsbarkeit (*Cyber Courts*) müsste in Kooperation mit den Algorithmen der KI nicht nur im Einzelfall (ggf. als zweite Instanz nach einem automatisierten Verfahren) entscheiden, sondern über ihn hinaus mit der Vorgabe von Netzregeln experimentieren, deren Praxis wieder an Fallgruppen beobachtet und wieder durch Entscheidungen variiert werden müssten. Es ließen sich auch neue spezifische Entscheidungsregeln denken, wie sie auch für Konflikte um die Grenzen der Medienfreiheit in der Offline-World (z.B. Verdachtberichterstattung) entwickelt worden sind. So wäre z. B. daran zu denken, Anonymität grundsätzlich auf kleinere Foren zu begrenzen und dort auch weniger enge Grenzen der Äußerungsfreiheit zu setzen. Im allgemein zugänglichen Internet muss das Tabu der Anonymität überdacht werden. Dies könnte differenziert geschehen, etwa z.B. dadurch, dass im Rahmen des Ausgleichs zwischen Meinungsfreiheit und Persönlichkeitsschutz strengere Regeln für die Bewertung anonymer Äußerungen zu erwägen wären. Dies könnte weiter dahin differenziert werden, dass die Anonymität nur ex post gegenüber einem neutralen Dritten aufzugeben wäre, der dann ggf. darüber entscheiden könnte, ob dem in seinen Rechten betroffenen Dritten die Adresse des Äußernden mitzuteilen wäre. Wer mehrmals die Kommunikationsregeln verletzt hat, könnte auch seinen Anonymitätsschutz verlieren. Umgehungsversuche könnten wiederum durch Beobachtungstechniken der KI in Grenzen gehalten werden.

Auch bei den sozialen Netzwerken geht es aber um die Entwicklung einer *Rechtsverfassung für soziales Wissen.* Auch hier käme es darauf an, nicht mit allgemein formulierten Gesetzen zu operieren, die sich schnell als ungeeignet für die Regulierung von Beziehungsnetzwerken erweisen. Vielmehr käme es darauf an, das Netz zu einer produktiven Bewegung der Selbstorganisation anzustoßen.[50] Dazu würde eine Initiative gehören, die mit strafrechtlichen Mitteln zunächst gegen hartnäckige Regelverletzer vorgeht und versucht, diese von den allgemeinen Kommunikationsformen ganz fernzuhalten. Dann könnte man verschiedene vorrangig zu verfolgende Ziele setzen und diese primär innerhalb der sozialen Medien und in Kooperation mit den Providern bewältigen. Auch dies erfordert eine Experimentalordnung und nicht ein allgemeines gegen Regelverletzungen ge-

50 Dies ist eine Variante der Koordination von öffentlichen Interventionen und privater Selbstorganisation, die mit mehr Unberechenbarkeit rechnet; vgl. zur regulierten Selbstregulierung als Form der Governance von Wissen nur Gunnar Folke Schuppert, Wissen, Governance, Recht: Von der kognitiven Dimension des Rechts zur rechtlichen Dimension des Wissens, Baden-Baden 2019, S. 64.

richtetes Gesetz.[51] Man muss nicht den Datenschutz generell einschränken, aber es sollte wegen Kommunikationsdelikten verurteilten Straftätern z.B. der Schutz durch den Richtervorbehalt für Auskünfte genommen werden, die für die Durchsetzung zivilrechtlicher Auskunftsansprüche erforderlich sind, § 14 Abs. 3, 4 TMG.

b) *Auflösung der stabilen Unterscheidungen – Herausbildung eines „relationalen Subjekts"*

Nach meiner Ansicht ist Ablösung der allgemeinen Subjektfigur durch den „Kult des Singulären" (A. Reckwitz) durchaus produktiv beschrieben worden. Jedoch steckt dahinter auch die Möglichkeit, das Singuläre nicht mehr unter das Allgemeine zu subsumieren, sondern sozusagen in einer prozeduralen Verschleifung in variable Netzwerke zu transskribieren. (Allerdings ist in einer Nebenbemerkung anzumerken, dass *„das Allgemeine"* als Referenzrahmen grundsätzlich nicht verzichtbar und nicht hintergehbar ist.) Das bedeutet auf dem Hintergrund der hier vertretenen kognitivistischen Theorie, dass die Kontingenzen der objektiven gesellschaftlichen Prozesse wie der subjektiven Beobachtung der Gesellschaft auf der Suche nach haltbaren orientierungsbildenden Mustern in der „Gesellschaft der Daten"[52] vom *Subjekt* ein hohes Maß an Selbstdistanzierung und Kompromissbereitschaft in Prozessen der Konstruktion von Ordnungsmustern im Experiment erfordern. Die hohe Komplexität des Wandels kann möglicherweise auch vom *„relationalen Selbst"*[53], von den „zerstreuten Subjek-

---

51 Vgl. näher Karl-Heinz Ladeur, Ist der Regierungsentwurf eines NetzDG 2.0 vom 19.2.2020 netzgerecht?, K&R 2020, 248.

52 Vgl. die Beiträge in: Florian Süssengut, Die Gesellschaft der Daten. Über die digitale Transformation der der sozialen Ordnung, Bielefeld 2015.

53 Thomas Vesting, Die Veränderung der Öffentlichkeit durch künstliche Intelligenz, in: Sebastian Unger/Antje von Ungern-Sternberg (Hrsg.), Demokratie und künstliche Intelligenz, Tübingen 2019, S. 33, spricht vom „homo digitalis"; Charles Ess, The Embodied Self in a Digital Age: Possibilities, Risks, and Prospects for a Pluralistic (Democratic/Liberal) Society, Nordicom Information 32, Heft 2 (2010), 105, zum Aufstieg der „relational selves"; die Vorbereitung der Entscheidung über Vertragschlüsse etc. durch digitale Avatare, Gunther Teubner, Digitale Rechtssubjekte? Zum privatrechtlichen Status digitaler Softwareagenten, Vortrag auf der Zivilrechtslehrertagung, 10.-12.9.2017, AcP 218 (2018), 155, wird auch Rückwirkungen auf das Selbstbild der Menschen aus „Fleisch und Blut" haben, das war in der die „Gesellschaft der Individuen" ablösenden „Gesellschaft der Organisationen" nicht anders. Im Übrigen weist Teubner mit Recht darauf

tivitäten“[54], dann ausgehalten werden, wenn es schon mehr Erfahrung mit dem Singulären hat und zugleich die Risiken der Selbst- und Fremdbeobachtung in der Gesellschaft durch neue Institutionen begrenzt werden. Der Exzess des Kults der Singularitäten kann jedenfalls m.E. nur als Übergangserscheinung wahrgenommen werden, der eine neue stärker *auf transsubjektiven Verknüpfungen* basierende Objektivität folgen muss – dies wäre die Objektivität der Daten, des Wissens und der Prozesse seiner, des Subjekts, permanenten Selbsttransformation im Experiment, im Raum des Möglichen. Das Recht und die Rechte würden dann eher eine sekundäre Rolle übernehmen.

Mehr und mehr setzt sich z. B. in wirtschaftlichen Transaktionen über technologische Projekte eine „Logik des Exemplarischen“[55] durch – statt der Orientierung an Erfahrungen oder den relationalen Verträgen in der Gesellschaft der Organisationen.[56] Das bisherige Wissen, das nach der distribuierten Erfahrung der Individuen entsteht, wird durch Organisation erzeugt und verändert sich dadurch grundlegend. Inzwischen befinden wir uns längst in einer anderen „Wissensverfassung“, der Wissensordnung der „Gesellschaft der Netzwerke“, die sehr viel mehr Flexibilität erlaubt, ja, verlangt und die Grenzen zwischen den Organisationen in Frage stellt. Daraus könnten sich auch neue Formen der Öffnung zwischen privaten und öffentlichen Organisationen entwickeln, die manche scheinbar grundsätzliche „Systemfrage“ in pragmatischen experimentellen Kooperationsformen abspannen könnte.[57] Das „neue Wissen“ ist nicht mehr auf den Gebrauch in stabilen Trajektorien für bestimmte Zwecke festgelegt. Es hat seine Grundlage in „guten Daten“, also Mitteln, die auf permanente

---

hin, dass Subjektivität das Ergebnis einer rechtlichen Zuschreibung von Zurechnung ist (das gilt auch für Organisationen).

54 Hayles, aaO (Unthought), S. 223.

55 Vgl. die Beiträge in: Michèle Lowrie/Susanne Lüdemann (Hrsg.), Exemplarity and Singularity. Thinking Through Particulars in Literature, Philosophy, and Law, Abingdon/New York 2015.

56 Vgl. dazu in rechtstheoretischer Perspektive Thomas Vesting, Das moderne Recht und seine Abhängigkeit von einer institutionsgebenden Macht, in: Antonio Lucci/Thomas Skrowonek (Hrsg.), Potential regieren. Zur Genealogie des möglichen Menschen, Paderborn 2018, S. 105 (107) ; zur kognitiven Infrastruktur der staatlichen Organisation Schuppert, aaO (Wissens, Governance, Recht), S. 17.

57 Was auch für das Recht eine neue Herausforderung ist, kann man mit Anita M. McGrahan et al. als „Tackling Societal Challenges With Open Innovation“ bezeichnen (California Management Rev. 2021, https://cmr.berkeley.edu/2021/02/63-2-tackling-societal-problems-with-open-innovation/, d.h. Wissen muss in vielfacher Hinsicht grenzüberschreitend werden – es muss über Organisationsgrenzen und Zweckbestimmungen hinaus mobilisiert werden.

Rekonfiguration und auf die Grenzüberschreitung zwischen Organisationen angelegt sind. Expertenwissen ist immer stärker orientiert an „open innovation“, am „Design“ von Projekten, die die Grenzen zwischen Zwecken und Wissens-Clustern unterlaufen.[58] Damit könnte sich auch der Gegensatz zwischen öffentlichen und privaten Zwecken verändern – bis hin zur Veränderung der Motivation für die Arbeit in privaten und öffentlichen Organisationen. Auch Verträge verändern sich: Neuartige technologiebezogene Verträge haben vielfach keinen ex ante beschreibbaren Gegenstand, sondern werden durch aufwendige Bildpräsentationen *„evoziert“*.[59] Haftung im herkömmlichen Sinne wird dann schwer vorstellbar. Das könnte funktionieren, wenn die Akteure ihre Selbstwahrnehmung verändern, also sich selbst als *Netz*subjekte und nicht als souveräne Entscheider über ihre „eigenen“ Angelegenheiten sehen und erkennen, dass man sich *selbst als Experiment* einsetzen muss.[60] Das Machen, das Ausprobieren ohne festes Ziel, und die Bereitschaft, das „Eigene“ im Prozess mit anderen und in Abstimmung mit ihnen zu bestimmen, und zwar in Echtzeit, wäre sozusagen die produktive Wendung der Singularität – und die Voraussetzung dafür, dass solche Singularitäten in Prozessen der Wissensgenerierung auch zur Herausbildung einer verflüssigten Form der „Repräsentation“ eines Kooperation ermöglichenden Allgemeinen fähig würden. Das wäre dann nebenbei gesagt die systemkonforme Antwort auf C. Menkes „Kritik der Rechte“.[61] Jedenfalls muss man bei der Beobachtung des Wandels der Kommunikationsverhältnisse auch die Möglichkeit

---

58 Yeolan Lee et al., Why Do Experts Solve Complex Problems Using Open Innovation? Evidence From the US Pharmaceutical Industry, California Management Review 62 (2019), 144; auch Tyrone S. Pitsis et al., Designing the Future: Strategy, Design, and the 4th Industrial Revolution – An Introduction to the Special Issue, ebd. 5.

59 Claude Rosental, Les conditions sociales des échanges en Silicon Valley. Complexe militaro-industriel, entrepreneuriat scientifique et démos, Zilsel 1 (2017), Nr. 1, 55 ; Matthew Jennejohn, Contract Adjudication in a Collaborative Economy, Virginia Law and Business Review 5 (2010), 173 ; Friedrich Werk/Andreas Wittler, Vision statt Lastenheft, FAZ v. 7.2.2018: Nicht nur die Produktion, auch die Vertragsgestaltung ist dann ein kooperatives Projekt.

60 Dazu könnte möglicherweise auch die Verbreitung digitaler robotisierter „Assistenten“ beitragen, vgl. Teubner, aaO (Digitale Rechtssubjekte?), die – ähnlich wie in der Gesellschaft der Organisationen das Auftreten des „organization man“ – eine Vorstellung von der partiellen Austauschbarkeit der digitalen und der „realen“ Subjekte erzeugen könnte.

61 Christoph Menke, Kritik der Rechte, Berlin 2015; dazu Gunther Teubner, Zum transsubjektiven Potential subjektiver Rechte. Gegenrechte in ihrer kommunikativen, kollektiven und institutionellen Dimension, in: Andreas Fischer-Lescano/

des Wandels des Subjekts zu einem „fluiden Subjekt“ bedenken, das die Möglichkeit des „surfing fluid reality“ (Bahrami/Evans)[62] akzeptiert und seine Rechtserwartungen darauf einstellt.

3. Big Data und die Beobachtung von „Datenumwelten“ (N. K. Hayles)

Genauer ließe sich die Tragweite dieses Wandels, der die einzelnen Prozesse der *Algorithmisierung* des Wissens der Gesellschaft der Netzwerke prägt,[63] auch durch eine Betonung des Übergangs von einer primären Orientierung an hierarchisch geordneten stabilen linearen Kausalverhältnissen, letztlich an Grenzbegriffen, stabilen Zurechnungen, zu einer operativen *Logik des Prozesses* erfassen, die mit wechselnden Korrelationen[64], Grenzüberschreitungen, heterarchisch-provisorisch geordneten Netzwerken rechnet und experimentell-variabel verläuft.[65] Über die Muster der kausalen Verknüpfungen zwischen Ursache und Wirkung legt sich, wie erwähnt, eine neue „Textur“, die eher aus *Spuren* besteht, die kreative, aber ungewisse, erst ex post sich bewährende Relationierungen erlaubt. Nicht mehr objektive Tatsachen, ein Paradigma, unter das auch noch die „Daten“ weithin subsumiert werden, bilden den Bezugspunkt für die Bildung von Erwartungsräumen, sondern *Verknüpfungen zwischen Daten*, die deren Tatsachengehalt durch *Dekontextualisierung* virtualisieren und durch *Rekontextualisierung* in neuen Lesarten kodieren. Boullier spricht evokativ von „Vibrationen“ zwischen Möglichkeiten, die in *Big Data* beobachtet werden können.[66]

Hanna Franzki/Johann Horst (Hrsg.), Gegenrechte. Recht jenseits des Subjekts, Tübingen 2018, S. 357.

62 Homa Bahrami/Stewart Evans, Super-Flexibility for Real Time Adaptation: Perspectives From Silicon Valley, California Management Review 2011, Heft 2, 21.

63 Vgl. dazu auch Wolfgang Hoffmann-Riem, Verhaltenssteuerung durch Algorithmen. Eine Herausforderung für das Recht, AöR 142 (2017), 1; Antoinette Rouvroy/Thomas Berns, Gouvernementalité algorithmique et perspectives d'émancipation, Réseaux 2013, Nr. 178, 146, 188.

64 Byung-Chul Han, Im Schwarm. Ansichten des Digitalen, Berlin 2013, S. 99.

65 Karl-Heinz-Ladeur, Wissenserzeugung im Sozialrecht und der Aufstieg von „Big Data“, in: Benedikt Buchner/ders. (Hrsg.), Wissensgenerierung und Verarbeitung im Gesundheits- und Sozialrecht, Tübingen 2016, S. 89.

66 Dominique Boullier, Les sciences sociales face aux traces du Big Data, Revue française de Science Politique 65 (2015), 805; in rechtlicher Perspektive Schuppert, aaO (Wissen, Governance, Recht), S. 100.

Das bedeutet nicht, dass nun „alles fließt", wie man überhaupt davon ausgehen muss, dass wir es eher mit einer tertiären Re-Modellierung der Wissensordnung der liberalen Gesellschaft der Individuen zu tun haben (nach der sekundären Remodellierung durch die Gesellschaft der Organisationen). Durch den Einbau eines algorithmisierten Lernprozesses in das Rechtssystem werden insbesondere Einzelentscheidung und „anzuwendende" Norm miteinander verschleift.

Allgemein lässt sich vermuten, dass wir die *„Emergenz einer Form der Intelligibiltät"* beobachten[67], „die in der Lage ist, Datenumwelten zu benutzen"[68], die durch die automatisierte Aggregation von großen Datenmengen und deren Relationierung entstehen und die es ermöglichen, immer wieder neue Experimentalordnungen zu entwerfen, in denen Daten umgeschrieben werden.[69] So können – vereinfacht gesagt – in „generative adversarial networks" (GANs) zwei neuronale Netzwerke gegeneinander „spielen". Das eine simuliert Zigtausende von möglichen Wirkstoffen gegen eine Krankheit (z. B. Fibrose), das andere simuliert die möglichen Wirkungen. Dabei lassen sich zwei, drei vielversprechende Stoffe isolieren, die an Mäusen getestet werden. Dadurch kann der Entwicklungsprozess enorm verkürzt werden. Zugleich stellen sich Fragen nach der Gestaltung des Zulassungsverfahrens.

4. Gentechnik als Technologie des „Internet der Natur"

Gentechnik ist einer der Bereiche, in denen sich zeigt, dass mit dem Übergang der Technikentwicklung zu „High Knowledge", zur *Dominanz des Wissens* in der Entwicklung von Produkten, auch das alte Paradigma der Regulierung mithilfe einheitlicher Grenzbegriffe („Gefahr") oder Abwägungen, die auf einzelne Verfahren oder Produkte eingestellt sind, an seine Grenzen stößt.[70] Die neuen intelligenten Technologien – das gilt nicht nur

67 Hayles, aaO (Unthought), S. 190.

68 Hayles, ebd.

69 Hayles, ebd, S. 190; Ladeur, aaO (Wissensgenerierung).

70 Zu iterativen Regulierungsansätzen und zur Zukunft der Regulierung allg. W. D. Eggers et al., Deloitte Insights, Juni 2018, https://www2.deloitte.com/insights/us/en/industry/public-sector/future-of-regulation/regulating-emerging-technology.html; J. Roach, Microsoft, The AI Blog v. 10.1.2018 - https://blogs.microsoft.com/ai/crispr-gene-editing/.

für die Gentechnologie,[71] sondern für alle datenbasierten Technologien – sind aber nicht auf einzelne gut unterscheidbare Entwicklungswege festgelegt, sie betreffen vielmehr ganze Gruppen von Möglichkeiten und deren Kombination und Rekombination untereinander.[72] Dieser Wandel müsste auch in der *Regulierungstechnik* abgebildet werden. Es müssten unterschiedliche Gruppen von Produkten (z.B. Nutzpflanzen) zu Risikoklassen zusammengefügt, nach Eigenschaften differenziert und reguliert werden.

Dann müsste eine Beobachtungsstrategie zur Generierung von Wissen formuliert werden. Sinnvoll kann eine solche Strategie nur in Kooperation mit den einschlägigen Unternehmen in privat-öffentlichen Qualitätszirkeln entwickelt werden, die in Echtzeit Wissen sammeln und Regulierungen formulieren.[73] Durch die Kooperation mit den Netzwerken der die Gentechnologie[74] anwendenden Unternehmen würden überraschende, nicht zumutbare Anforderungen vermieden. Die Technologie selbst ist nach CRISPR-CAS 9 auch so flexibel, dass ihre Entwicklung und die Konzeption einer Regulierungsstrategie miteinander verschleift werden könnten: In die Technologie selbst könnten Elemente einer Suchstrategie zur Verfolgung von Biomarkern[75] oder durch deren Einfügung in Pflanzen konzipiert werden, die aus der Anwendung einer Technologie zugleich systematisch, nicht nur zufällig, neues Regulierungswissen generieren. Die Pflanzen würden sich sozusagen selbst beobachten. Hier zeigt sich die Kehrseite des durch das schlichte Modell der Natur *ausgeblendeten Denkens in Informationsnetzwerken* auch in der Natur: Dann lassen sich auch problematische Perturbationen als Informationsproblem rekodieren und auf Warnsignale hin beobachten,[76] die die sich selbst überlassende Natur sonst nicht hervorbringen würden. Der Mythos der sich selbst ohne Einwirkung von außen, von der Gesellschaft, entwickelnden Natur missachtet auch die Möglichkeit der Eröffnung von Informations- und Wis-

---

71 Karl-Heinz Ladeur, Die Entscheidung des EuGH zur Anwendung des geltenden Gentechnikrechts auf CRISPR/Cas9-Verfahren – eine Entscheidung gegen wissenschaftliche Innovation!, InTeR 2018, 198.

72 Vgl. zu neuen Regulierungstechniken Eggers et al., aaO (Deloitte Insights).

73 David Stephenson, in: O'Reilly Radar, 7.5.2014, http://radar.oreilly.com/2014/05/its-time-to-move-to-real-time-regulation.html.

74 Amy Gutmann/Jonathan D. Moreno, The Right Way to Regulate CRISPR, Foreign Affairs Mai/Juni 2018, 171, 176.

75 Zu Biomarkern Irina V. Kosakivska, Biomarkers of Plants With Different Types of Ecological Strategies, Gen. Appl. Plant Physiology 34 (2008), 113.

76 Vgl. zur Warnung vor Ungenauigkeiten und Fehlern in der Anwendung von CRISPR durch Künstliche Intelligenz JohnRoach, Microsoft, The AI Blog v. 10.1.2018, https://blogs.microsoft.com/ai/crispr-gene-editing/.

senskanälen, die von der Natur zur Gesellschaft (und nicht nur in einer Richtung: von der Gesellschaft zur Natur) verlaufen. Gerade angesichts der vielen diffusen gesellschaftlichen Einwirkungen auf die Natur, die das beschriebene Naturmodell ganz irrational erscheinen lassen, ist es möglich und erforderlich, in die Natur, nicht zuletzt mithilfe der Gentechnologie, unterstützt durch Nanotechnologien,[77] unterschiedliche Sensoren für die Aufnahme und Interpretation von Informationen aus der Natur selbst einzubauen. Der Klimawandel demonstriert um so deutlicher, wie sehr die Natur durch diffuse Folgewirkungen technologischer Verfahren in ihrer Entwicklung, insbesondere durch Trockenheit, Hitze oder Starkregen, beeinträchtigt wird. Dass dagegen gentechnologische veränderte Nutzpflanzen helfen können, ist sehr wahrscheinlich. Jedenfalls lässt sich diese neue Konstellation nicht einfach ignorieren: Es stehen jetzt diffuse Risiken der Nutzung der Gentechnologie sehr wahrscheinlichen grundlegenden Veränderungen gegenüber. Dies zeigt auch die Grenzen der Abwägung in komplexen dynamischen Entscheidungskonstellationen: Hier lassen sich weder kollidierende Rechte abgrenzen noch gar ihr Verhältnis zueinander optimieren.[78] Statt dessen käme es darauf an, die Orientierung am klassischen Verwaltungs*akt*, der im 19. Jahrhundert seinerseits im Polizeirecht der Industriegesellschaft eine experimentelle Form der Beobachtung und Bestimmung von Gefahren (und ihrer Unterscheidung von nicht bearbeitbaren „Zufällen") ermöglicht hat, durch die Konstruktion von prozesshaft verstandenen *datenbasierten* Verwaltungsakten abzulösen. Prozesshaft in diesem Sinne wären sie insoweit anzusehen, als sie nach „innen"[79] wie nach „außen" stärker auf ihre Vorbereitung durch prozedurale planerische „guidance" und die Beobachtung und Nachbereitung der Folgen der ein-

---

77 Lorraine Daston/Peter Galison, Objektivität, Frankfurt a. M. 2007, S. 417; im Bereich der Nanotechnologie wird der Unterschied zwischen Darstellung und Herstellung der Natur fließend: Ein Objekt der Nanomanipulation wird „Teil eines Gegenstands-im-Entstehen", ebd., S. 408; vgl. dazu auch Karl-Heinz Ladeur, Kommunikation über Risiken im Rechtssystem. Das Beispiel Nanotechnologie, in: Christian Büscher/Klaus Peter Japp (Hrsg.) Ökologische Aufklärung. 25 Jahre „Ökologische Kommunikation", Wiesbaden 2010, S. 131, 140.

78 Vgl. Robert Alexy, Theorie der Grundrechte, Frankfurt a. M. 1986, S. 88ff.; kritisch Ralf Poscher, Theorie eines Phantoms – Die erfolglose Suche der Prinzipientheorie nach ihrem Gegenstand, Rechtswissenschaft 2010, 489.

79 Vgl. zur amerikanischen Diskussion um die Rolle der internen „guidance" von Verwaltungsentscheidungen unter Ungewissheitsbedingungen Jeremy Kessler/Charles Sabel, The Uncertain Future of Administrative Law. The Modern Administrative State: Reconstruction or Deconstruction?, Daedalus, 150 (2021), 188ff.

zelnen Akte im Netzwerk der ergangenen Entscheidungen abgestimmt werden müssten. Erforderlich ist die „adaptive response to uncertainty“[80].

Der Rückzug aus *der* Natur ist ebenso wenig möglich wie die Orientierung rechtlicher Regulierung an stabilen „Grenzwerten“, die immer noch dem Paradigma des Denkens in Grenzbegriffen folgen.

Die Vorstellung, dann geradezu ein *„Internet der Natur“* zu konzipieren, das alle möglichen Wechselwirkungen in der Natur und zwischen Natur und Gesellschaft zu kodieren, zu beobachten und zu lesen erlauben würde, sollte angesichts der nicht hintergehbaren *„Vergesellschaftung“ der Natur* kein Schreckbild sein. Die Natur kann sich in vielen Bereichen nicht mehr selbst helfen. Das gilt erst recht für den Anbau von Kulturpflanzen. Landwirtschaft ist selbst ein potentielles Feld für die Konzeption einer Textur aus Daten, die über den Ackerbau ebenso wie über die Viehweiden gezogen werden könnte.

5. Ausblick

Dies wären drei Beispiele, an denen sich die Möglichkeit und die Notwendigkeit auch eines *rechtlichen* Denkens in Netzwerken zeigen lassen und das vor allem mit Figuren der Prozeduralisierung neue Formen der Selbstbeobachtung und Selbstbegrenzung des gesellschaftlichen Wandels bereithalten könnte. Die Grenzen dieses Denkens lassen sich in der Praxis der Bekämpfung der Corona-Pandemie zuhauf beobachten. Der größte Fehler besteht darin, den Netzwerkcharakter der Verbreitung des Virus zu ignorieren und viel zu früh Rechtsgüter, die gar nicht voneinander zu trennen sind, gegeneinander abzuwägen, einen „Stufenplan“ zu entwickeln und vor allem die Bedeutung des Gesetzgebungsverfahrens zu überschätzen.[81] Genau dies haben Staatsrechtslehrer in einer Vielzahl von

---

80 Kessler/Sabel, ebd., 188; zur „guidance“, 191f.: „each step informing the next“.

81 Nachdem anfangs zu wenig Impfstoff eingesetzt werden konnte, war Ende Februar 2021 die Verwaltung plötzlich nicht in der Lage, den Astra Zeneca-Impfstoff zu verimpfen, weil diesem ein wohl unbegründetes Misstrauen entgegenschlägt. Jetzt muss wieder neu abgewogen und evtl. eine neue Rangordnung beschlossen werden. Bis dahin ist der Impfstoff (85% der Dosen) erst einmal liegen geblieben, https://www.sueddeutsche.de/meinung/corona-impfung-astra-zeneca-1.5215640. Dass das „riskante Netz“ in dieser Zeit jedenfalls teilweise nicht bekämpft wird, fällt aus der Waage heraus. Das Abwägungsdenken hat seine eigentliche Bedeutung gerade in der unzulässigen Vereinfachung von Sachverhalten: Wenn man von der Gruppe mit dem höchsten Risiko absieht (Menschen über 80 Jahre, insbesondere Bewohner von Pflegeheimen, die sich selbst nur wenig schützen

Stellungnahmen immer wieder eingefordert und dabei geltend gemacht, das Recht sei in der Lage, mit Ungewissheit umzugehen.[82] „Stop pretending!" Das, was sich in einer solchen Konstellation empfiehlt, ist vielmehr eine experimentelle Strategie, die mit Unbekannten arbeitet und relativ unsystematisch ohne klares Ziel, das man in einer solchen Konstellation nicht formulieren kann, auf die Gewinnung einer offenen Heuristik setzt, die einfache, wenig invasive *Mittel* sofort, d. h. ohne langes Nachdenken oder die „Abwägung" nicht zu ermessender „Güter" einsetzt (insbesondere umfassende Maskenpflicht bei gleichzeitiger Verbesserung ihrer Qualität, Hygiene, Abstände, Tests, digitale Apps bei gleichzeitiger Einschränkung des Datenschutzes[83]). Im Übrigen bei schwerwiegenden Maßnahmen weitgehende Datenerhebung in Bezug auf Risiken an „Netzwerkknoten" durch Apps und differenziertes Ausprobieren von Sicherungsmaßnahmen, pragmatische Impfstrategie statt zeitaufwändiger „Priorisierung". Dies macht uns Dänemark vor, das sich offenbar „keine Zeit fürs Abwägen" nimmt, aber dafür die enorme Datenmenge, die durch die Beobachtung des Netz-

---

können), war der Unterschied zwischen den Risiken für Ältere (die sich besser schützen) und Jüngere so gering, dass das Erfordernis einer Rangordnung nicht evident ist. Man könnte umgekehrt auch sagen, dass im Hinblick auf die Reisefreiheit in Schulferien die Jüngeren (auch im Interesse ihrer Kinder) zuerst zu impfen waren, weil sie eher ein Freiheitsopfer für die Älteren erbracht haben – der Verf. fühlt sich legitimiert, dies zu schreiben, weil er nicht zu den durch die Wahl dieser Rangfolge Begünstigten gehören würde. Es soll nur gezeigt werden, dass die „Abwägungsneigung" dazu tendiert, „Rechtsgüter" zu unterscheiden (Gesundheitsrisiko), die so leicht nicht zu unterscheiden sind. Da die Geimpften offenbar jedenfalls in weitaus geringerem Maße das Virus auf andere übertragen können, nützt die Impfung der Jüngeren, die umgekehrt aufgrund höherer Mobilität das Virus stärker verbreiten, auch den Älteren. Schnelligkeit ist jedenfalls wichtiger als Gerechtigkeit!

82 Vgl. zuletzt Thorsten Kingreen, „Ein Sonderregime ohne Ende?", FAZ Nr. 47 v. 25.2.2021, 6; Hans Michael Heinig/ders./Oliver Lepsius/Christoph Möllers/Uwe Volkmann/Hinnerk Wißmann, Why Constitution Matters - Verfassungsrechtswissenschaft in Zeiten der Corona-Krise, JZ 2020, 861; und viele weitere Beiträge der Autoren; kritisch Friedhelm Hase, Corona-Krise und Verfassungsdiskurs, JZ 2021, 697; allgemein Schuppert, aaO (Wissen, Governance, Recht), S. 291, 293.

83 So gut wie alle berechtigten Bedenken gegen den Gebrauch persönlicher Daten durch die Verwaltung können durch avancierte Technologien entkräftet werden, vgl. Karl-Heinz Ladeur, Die Gesellschaft der Netzwerke und ihre Wissensordnung: Big Data, Datenschutz und die „relationale Persönlichkeit", in: Florian Süssenguth, Die Gesellschaft der Daten. Über die digitale Transformation der sozialen Ordnung, Bielefeld 2015, S. 225. Datenschutz ist deshalb in Deutschland vor allem eine Erscheinungsform der Technologiefeindlichkeit, die in der Pandemie teuer bezahlt werden muss.

werks der Pandemie entsteht, flexibel und innovativ nutzt,[84] während in Deutschland Gesundheitsämter per Telefon Infektionsketten aufzuspüren versuchen (die dies praktisch inzwischen vernünftigerweise aufgegeben haben). In Deutschland ist stattdessen eine kaum brauchbare App eingesetzt worden, für deren Aufbau das *Ziel* vorrangig war, nicht den Datenschutz zu beeinträchtigen. Dies ist das neue Supergrundrecht. Es ist offenbar in der Praxis nicht beeinträchtigt worden. Die Corona-Krise hätte mit der Erzeugung und Auswertung von Big Data zu einer Bewährungsprobe für ein modernes eGovernment werden können (und müssen). Das Recht hat sich in der Corona-Krise offenbar nicht mit experimentellen Konstruktionen „instruiert", es hat Rechtsgüter „abgewogen", die es gar nicht ermessen konnte. Es hat im Sinne von Bachelards Kritik mit „Zusammenfassungen" operiert, deren Bezugsrahmen aus der Vergangenheit stammt, und nicht durch Experimente das Wissen generiert, das der Pandemie in Echtzeit abzugewinnen gewesen wäre. In der Auseinandersetzung mit dynamischen Netzwerken gilt die Priorität dem *Mittel*, dem Ausprobieren dessen, was leicht verfügbar ist, nicht dem Zweck. Luciana Parisi hat dafür eine prägnante Formel geprägt: „thinking through doing"[85]. Durch iteratives Handeln in Echtzeit das Wissen und vor allem die Korrelationsmuster aus Daten generieren,[86] das man *nach dem Ausprobieren* glaubt gebrauchen zu können, herausfinden, „was Sinn ergibt"[87]. Der Föderalismus wäre dafür, wenn das eGovernment in Deutschland auf dem Niveau einer führenden Wirtschaftsnation entwickelt worden wäre,[88] ein idealer institutioneller Rahmen gewesen. Die „gleichen Regeln in ganz Deutschland" ist ebenfalls ein völlig falscher Grundsatz gewesen.

---

84 Wirtschaftswoche v. 19.2.2021, 68, 71; vgl. dazu auch Karl-Heinz Ladeur, Die Pandemie Covid-19 als Wende zu einem neuen Paradigma des Verwaltungshandelns?, JöR 69 (2021), 603.

85 Critical Computation: Digital Automata and General Artificial Thinking, Theory, Culture & Society 36 (2019), 89.

86 Was auch für das Recht eine neue Herausforderung ist, kann man mit Anita M. McGrahan et al. als „Tackling Societal Challenges With Open Innovation" bezeichnen, California Management Rev. 2021, https://cmr.berkeley.edu/2021/02/63-2-tackling-societal-problems-with-open-innovation/, d.h. Wissen muss in vielfacher Hinsicht grenzüberschreitend werden – d. h. es muss über Organisationsgrenzen und Zweckbestimmungen hinaus mobilisiert werden.

87 Vgl. dazu instruktiv Dirk Baecker, Rechnen mit Nichtwissen, Wirtschaftswoche v. 19.2.2021, 44.

88 Martin Schallbruch, Schwacher Staat im Netz, Heidelberg 2018.

Literaturverzeichnis

Alexy, Robert: Theorie der Grundrechte, Frankfurt a. M. 1986.

Amstutz, Marc: Evolutorisches Wirtschaftsrecht, Baden-Baden 2002.

Augsberg, Ino: Die Normalität der Normativität, JZ 2020, S. 425 ff.

Bachelard, Gaston: Le nouvel esprit scientifique, Paris 1983.

Bachelard, Gaston: Le rationalisme appliqué, Paris 1986.

Baecker, Dirk: Rechnen mit Nichtwissen, Wirtschaftswoche vom 19.2.2021, S. 44.

Bahrami, Homa/Evans, Stewart: Super-Flexibility for Real Time Adaptation: Perspectives From Silicon Valley, California Management Review 2011, Heft 2, S. 21 ff.

Blumenberg, Hans: Theorie der Unbegrifflichkeit, Frankfurt a. M. 2007.

Boullier, Dominique: Les sciences sociales face aux traces du Big Data, Revue *française* de Science Politique 65 (2015), S. 805 ff.

Daston, Lorraine/Galison, Peter: Objektivität, Frankfurt a. M. 2007.

Deleuze, Gilles /Guattari, Félix: Qu'est-ce que la philosophie? (1991), Paris 2005.

Descombes, Vincent: Sur la pluralité des sens communs, in: Gautier, Claude/Laugier, Sandra (Hrsg.), Normativité du sens commun, Paris 2009.

Eggers, W. D. et al.: The future of regulation Principles for regulating emerging technologies, Deloitte Insights, Juni 2018, https://www2.deloitte.com/insights/us/en/industry/public-sector/future-of-regulation/regulating-emerging-technology.html.

Ess, Charles: The Embodied Self in a Digital Age: Possibilities, Risks, and Prospects for a Pluralistic (Democratic/Liberal) Society, Nordicom Information 32, Heft 2 (2010).

Fischer-Lescano, Andreas/Teubner, Gunther: Regimekollisionen. Zur Fragmentierung des globalen Rechts, Frankfurt a. M. 2006.

Fleck, Ludwik: Entstehung und Entwicklung einer wissenschaftlichen Tatsache. Einführung in die Lehre vom Denkstil und Denkkollektiv (1935), Frankfurt a. M. 1980.

Graziani, Romain: L'usage du vide. Essai sur l'intelligence de l'action, de l'Europe et de la Chine, Paris 2020.

Groß, Thomas: Diskussionsbeitrag auf der Staatsrechtslehrertagung in Mannheim zum Referat von Claudio Franzius „Prävention durch Verwaltungsrecht: Klimaschutz", Thesenpapier: https://www.vdstrl.de/letzte-tagung-1/.

Gutmann, Amy/Moreno, Jonathan D.: The Right Way to Regulate CRISPR, Foreign Affairs Mai/Juni 2018.

Hamacher, Werner: Entferntes Verstehen. Studien zu Philosophie und Literatur von Kant bis Celan, Frankfurt a. M. 1998.

Han, Byung-Chul: Im Schwarm. Ansichten des Digitalen, Berlin 2013.

Hansen, Mark: Feed Forward: On the Future of Twenty-First-Century Media, Chicago 2015.

Hart, H. L. A.: The Concept of Law, Oxford 1961.

Hase, Friedhelm: Corona-Krise und Verfassungsdiskurs, JZ 2021, S. 697 ff.

Hayles, N. Katherine: Unthought: The Power of the Cognitive Nonconscious, Chicago 2017.

Heaven, Douglas: This AI can tell true hate speech from harmless banter, NewScientist, 2017, https://www.newscientist.com/article/2149562-this-ai-can-tell-true-hate-speech-from-harmless-banter/.

Heinig, Hans Michael/Kingreen, Thorsten/Lepsius, Oliver/Möllers, Christoph/Volkmann, Uwe/Wißmann, Hinnerk: Why Constitution Matters – Verfassungsrechtswissenschaft in Zeiten der Corona-Krise, JZ 2020, S. 861 ff.

Henrich, Joseph et al.: The Weirdest People in the World? Behavioral and Brain Sciences, 2010.

Hoffmann-Riem, Wolfgang: Verhaltenssteuerung durch Algorithmen. Eine Herausforderung für das Recht, AöR 142 (2017), S. 1 ff.

Jennejohn, Matthew C.: Contract Adjudication in a Collaborative Economy, Virginia Law and Business Review 5 (2010), S. 173 ff.

Jennejohn, Matthew C.: Innovation, Collaboration, and Contract Design, Columbia Law and Economics Working Paper No. 319, 2018, http://papers.ssrn.com/sol3/papers.cfm?abstract_id=1014420.

Kessler, Jeremy/Sabel, Charles: The Uncertain Future of Administrative Law. The Modern Administrative State: Reconstruction or Deconstruction?, Daedalus, 150 (2021), S. 188 ff.

Kingreen, Thorsten: „Ein Sonderregime ohne Ende?“, FAZ Nr. 47 v. 25.2.2021.

Kosakivska, Irina V.: Biomarkers of Plants With Different Types of Ecological Strategies, Gen. Appl. Plant Physiology 34 (2008), S. 113 ff.

Kuhn, Thomas S.: Die Struktur wissenschaftlicher Revolutionen, in deutscher Übersetzung: Frankfurt a. M. 1967.

Kunkel, Christina: Kein Impftermin darf verstreichen, SZ online, 24.02.2021, https://www.sueddeutsche.de/meinung/corona-impfung-astra-zeneca-1.5215640.

Ladeur, Karl-Heinz: Kommunikation über Risiken im Rechtssystem. Das Beispiel Nanotechnologie, in: Büscher, Christian/Japp, Klaus Peter (Hrsg.), Ökologische Aufklärung. 25 Jahre „Ökologische Kommunikation“, Wiesbaden 2010, S. 131 ff.

Ladeur, Karl-Heinz: Neue Institutionen für den Daten- und Persönlichkeitsschutz im Internet: „Cyber-Courts“ für die Blogosphere, DuD 2012, S. 711 ff.

Ladeur, Karl-Heinz: Die Gesellschaft der Netzwerke und ihre Wissensordnung: Big Data, Datenschutz und die „relationale Persönlichkeit“, in: Süssenguth, Florian, Die Gesellschaft der Daten. Über die digitale Transformation der der sozialen Ordnung, Bielefeld 2015, S. 225 ff.

Ladeur, Karl-Heinz: Wissenserzeugung im Sozialrecht und der Aufstieg von „Big Data“, in: Buchner, Benedikt/ders. (Hrsg.), Wissensgenerierung und Verarbeitung im Gesundheits- und Sozialrecht, Tübingen 2016, S. 89 ff.

Ladeur, Karl-Heinz: The Future of Law: ‘Serial Law‘?, EUI/WP Law 2016/19.

Ladeur, Karl-Heinz: Die Entscheidung des EuGH zur Anwendung des geltenden Gentechnikrechts auf CRISPR/Cas9-Verfahren – eine Entscheidung gegen wissenschaftliche Innovation!, InTeR 2018, S. 198 ff.

Ladeur, Karl-Heinz: Das Internet der Energie. Plädoyer für technologische Nachhaltigkeit, Die Politische Meinung Nr. 559 (2019), Nov./Dez.-Heft, S. 92 ff.

Ladeur, Karl-Heinz: „Begriffs- oder Interessenjurisprudenz – falsche Fronten im IPR und Wirtschaftsverfassungsrecht“ – neu gelesen nach dem „practical turn“ in der Wissenschaftsgeschichte – Rudolf Wiethölter zum 90. Geburtstag, KritJ 2019, S. 503 ff.

Ladeur, Karl-Heinz: Ist der Regierungsentwurf eines NetzDG 2.0 vom 19.2.2020 netzgerecht?, K&R 2020, S. 248 ff.

Ladeur, Karl-Heinz: Die Pandemie Covid-19 als Wende zu einem neuen Paradigma des Verwaltungshandelns?, JöR 69 (2021), S. 603 ff.

Ladeur, Karl-Heinz: Karlsruher Klima-Entscheidung. Freiheit als Anspruch auf staatliche Lenkung?, FAZ v. 5.5.2021.

Ladeur, Karl-Heinz/Gostomzyk, Tobias: Das Medienrecht und die Herausforderung der technologischen Hybridisierung, K&R 2018, S. 686 ff.

Laugier, Sandra: La vie humaine du langage, in: Ferrarese, Estelle/dies. (Hrsg.), Formes de vie, Paris 2018, S. 191 ff.

Laugier, Sandra: Performativité et droit, Archives de Philosophie du droit 67 (2004), S. 607 ff.

Lee, Yeolan et al.: Why Do Experts Solve Complex Problems Using Open Innovation? Evidence From the US Pharmaceutical Industry, California Management Review 62 (2019).

Lowrie, Michèle/Lüdemann, Susanne (Hrsg.): Exemplarity and Singularity. Thinking Through Particulars in Literature, Philosophy, and Law, Abingdon/New York 2015.

Luhmann, Niklas: Das Recht der Gesellschaft, Frankfurt a. M. 1993.

McGrahan, Anita M. et al.: „Tackling Societal Challenges With Open Innovation“, California Management Rev. 2021, https://cmr.berkeley.edu/2021/02/63-2-tackling-societal-problems-with-open-innovation/.

Medzini, Rotem/Shwartz Altshuler, Tehilla: Dealing With Hate Speech on Social Media, Israel Democracy Institute und Yad Vashem Policy Papers E 12, Juni 2019.

Menke, Christoph: Kritik der Rechte, Berlin 2015.

Parisi, Luciana: Critical Computation: Digital Automata and General Artificial Thinking, in: Theory, Culture & Society 36 (2019), S. 89 ff.

Pitsis, Tyrone S. et al.: Designing the Future: Strategy, Design, and the 4th Industrial Revolution – An Introduction to the Special Issue, California Management Rev. 62(2), S. 5 ff.

Porter, Theodore M.: Objectivity as Standardization. The Rhetoric of Impersonality in Measurement, Statistics and Cost-Benefit Analysis, Journal of Scholarship 1992, S. 19 ff.

Poscher, Ralf: Theorie eines Phantoms – Die erfolglose Suche der Prinzipientheorie nach ihrem Gegenstand, Rechtswissenschaft 2010, S. 489 ff.

Rheinberger, Hans-Jörg: Historische Epistemologie, Hamburg 2005.

Rheinberger, Hans-Jörg: The Art of Exploring the Unknown. Views on Contemporary Research in the Life Sciences, in: Epple, Moritz/Zittel, Claus (Hrsg.), Science as Cultural Practice, Band I, Berlin 2010, S. 141 ff.

Rheinberger, Hans-Jörg: Der Kupferstecher und der Philosoph, Zürich/Berlin 2016.

Rheinberger, Hans-Jörg: Experimentalität. Hans-Jörg Rheinberger im Gespräch über Labor, Atelier und Archiv, Berlin 2018.

Roach, John: Researchers use AI to improve accuracy of gene editing with CRISPR, Microsoft, The AI Blog v. 10.1.2018, https://blogs.microsoft.com/ai/crispr-gene-editing/.

Robertson, Adi: Facebook's Oversight Board takes its first six cases. Hate speech, nudity, and misinformation, The Verge, 01.12.2020, https://www.theverge.com/2020/12/1/21755133/facebook-oversight-board-supreme-court-first-cases-hate-speech-pandemic-misinformation.

Robinson, James: Why Regions Fail. The Mexican Case, 16.4.2013, https://scholar.harvard.edu/jrobinson/presentations/why-regions-fail-mexican-case.

Rölli, Marc: Macht der Wiederholung: Deleuze – Kant – Nietzsche, Wien 2018.

Rosen, Lawrence: Law as Culture. An Invitation, New Haven 2017.

Rosental, Claude: Les conditions sociales des échanges en Silicon Valley. Complexe militaro-industriel, entrepreneuriat scientifique et démos, Zilsel 1 (2017), Nr. 1, S. 55 ff.

Rouvroy, Antoinette/Berns, Thomas: Gouvernementalité algorithmique et perspectives d'émancipation, Réseaux 2013, Nr. 178.

Schallbruch, Martin: Schwacher Staat im Netz, Heidelberg 2018.

Schuppert, Gunnar Folke: Wissen, Governance, Recht: Von der kognitiven Dimension des Rechts zur rechtlichen Dimension des Wissens, Baden-Baden 2019.

Shapin, Steven: A Social History of Truth. Civility and Science in Seventeenth Century England, Chicago 1994.

Shapiro, Barbara J.: A Culture of Fact. England 1550 – 1720, Ithaca NY 2000.

Smith, Henry E.: Property as the Law of Things, Harvard Law Review 125 (2012), S. 1691 ff.

Steinhauer, Fabian: Vom Scheiden: Geschichte und Theorie einer juristischen Kulturtechnik, Berlin 2014.

Stephenson, David: It's time to move to real-time regulation, O'Reilly Radar, 7.5.2014, http://radar.oreilly.com/2014/05/its-time-to-move-to-real-time-regulation.html.

Süssengut, Florian: Die Gesellschaft der Daten. Über die digitale Transformation der der sozialen Ordnung, Bielefeld 2015.

Teubner, Gunther: Verfassungsfragmente. Gesellschaftlicher Konstitutionalismus in der Globalisierung, Berlin 2012.

Teubner, Gunther: Zum transsubjektiven Potential subjektiver Rechte. Gegenrechte in ihrer kommunikativen, kollektiven und institutionellen Dimension, in: Fischer-Lescano, Andreas/Franzki, Hanna/Horst, Johann (Hrsg.), Gegenrechte. Recht jenseits des Subjekts, Tübingen 2018, S. 357 ff.

Teubner, Gunther: Digitale Rechtssubjekte? Zum privatrechtlichen Status digitaler Softwareagenten, Vortrag auf der Zivilrechtslehrertagung, 10.-12.9.2017, AcP 218 (2018), S. 155 ff.

Vesting, Thomas: Das moderne Recht und seine Abhängigkeit von einer institutionsgebenden Macht, in: Lucci, Antonio/Skrowonek, Thomas (Hrsg.), Potential regieren. Zur Genealogie des möglichen Menschen, Paderborn 2018, S. 105 ff.

Vesting, Thomas: Die Veränderung der Öffentlichkeit durch künstliche Intelligenz, in: Unger, Sebastian/von Ungern-Sternberg, Antje (Hrsg.), Demokratie und künstliche Intelligenz, Tübingen 2019, S. 33 ff.

Werk, Friedrich/Wittler, Andreas: Vision statt Lastenheft, FAZ v. 7.2.2018.

Wielsch, Dan: Die Ordnungen der Netzwerke. AGB – Code – Community Standards, in: Eifert, Martin/Gostomzyk, Tobias (Hrsg.), Netzwerkrecht, Berlin 2018, S. 61 ff.

Wielsch, Dan: Funktion und Verantwortung. Zur Haftung im Netz, Rechtswissenschaft 2019, S. 84 ff.

Normativität und Faktizität. Zur Begründung normativer Geltungsansprüche in der Praxis von Diskursen

Wolfgang van den Daele

Die Geltung von Normen ist eine soziale Tatsache und Gegenstand alltäglicher Erfahrung. Alltagserfahrung ist auch, dass Normen unter Rechtfertigungsdruck gesetzt und Gründe mobilisiert werden, warum sie nicht nur gelten, sondern gültig sind, d.h. zu Recht gelten. Die Praxis des Begründens von Normgeltung ist ebenfalls eine Tatsache: ein Faktum der Kultur. Trotzdem gilt: Normen sind keine Tatsachen. Normative Aussagen konstatieren nicht, was in der Welt der Fall ist, sondern was in ihr der Fall sein soll. Man kann daher nicht erwarten, die Antwort auf die Frage, warum Normen gültig sind, mit Verfahren und nach Kriterien zu finden, mit denen bei Aussagen über die Wirklichkeit der Welt zwischen Wahrheit und Irrtum unterschieden werden kann.

Normen sind keine Tatsachen, aber Tatsachen können der Grund für die Gültigkeit von Normen sein. Normbegründung ist an Erfahrungen und Erkenntnisse davon, was der Fall ist, zurückgebunden. In mancher Hinsicht liegt diese Rückbindung auf der Hand: Normen regeln Sachverhalte, die vorliegen müssen, damit die Norm überhaupt anwendbar ist. Für Geltungsansprüche, die an den Folgen einer Handlung anschließen, etwa an deren Zweckmäßigkeit (geboten) oder Schädlichkeit (verboten), müssen diese Folgen tatsächlich möglich oder gegeben sein. Nicht auf der Hand liegt dagegen, ob Normativität im Prinzip auf Faktizität beruht. Das ist im Folgenden das Thema. Dabei kann es nicht darum gehen, einschlägigen Analysen, die ganze Bibliotheken füllen, Grundsätzliches hinzuzufügen. Vielmehr soll an Beispielen illustriert werden, wie diese Rückbindung in sozialen Praktiken des Begründens aufscheint und verarbeitet wird. Die Beispiele entstammen der teilnehmenden Beobachtung von Argumentationen in Diskursen zu politischen und ethischen Streitfragen.[1] Es zeigt sich, dass Diskurse inhärenten Normen folgen, die sich gewissermaßen

---

1 Zu den Quellen:
Verhandlungen im Nationalen Ethikrat (NER): van den Daele, Wolfgang (2008), „Streitkultur. Über den Umgang mit unlösbaren moralischen Konflikten im Na-

von alleine begründen, weil man sich ihnen nicht ohne performativen Selbstwiderspruch entziehen kann, d.h. nicht ohne damit die Praxis des Begründens aufzugeben. Die Diskursregeln entspringen logischem Zwang; sie sind ein Faktum der Vernunft. Aber sie sind formal; sie strukturieren das Verfahren der Begründung. Was ‚gute' Gründe sind und nach welchen Kriterien die faktische Geltung von Normen als rational akzeptabel, also als gültig anzusehen ist, kann man nicht den Diskursregeln, sondern nur der Kultur der Gesellschaft entnehmen, in die Diskurse eingebettet sind. Die Rechtfertigung von Normgeltung kann nicht vom Faktum der Kultur abgelöst werden. Die Begründung von Sollgeltung steht am Ende nicht auf festem Grund, sondern auf einem historisch gewachsenen und historisch variablen Boden, der kontingent ist, also auch anders sein könnte. Die Praxis des Begründens wird durch diesen Befund aber nicht nachhaltig irritiert. Sie liefert Rationalitätsgewinne, auch wenn sie streng genommen grundlos bleibt und das Gespenst des Relativismus im Hintergrund lauert.

---

tionalen Ethikrat", in: Gosewinkel, Dieter und Schuppert, Gunnar Folke (Hrsg.), Politische Kultur im Wandel von Staatlichkeit, Berlin: sigma, 357-384.

Diskursverfahren zu gentechnisch veränderten (transgenen) Kulturpflanzen: van den Daele, Wolfgang; Pühler, Alfred und Sukopp, Herbert (Hrsg.) (1996), Grüne Gentechnik im Widerstreit. Modell einer partizipativen Technikfolgenabschätzung zum Einsatz transgener herbizidresistenter Pflanzen, Weinheim: VCH; und: Dies. (1997), Transgenic Herbicide-Resistant Crops. A Participatory Technology Assessment. Summary Report. Discussion Paper FS II 97–302 Wissenschaftszentrum Berlin für Sozialforschung 1997. https://bibliothek.wzb.eu/pdf/1997/ii97-302.pdf

Stakeholder-Dialog zum Patentschutz auf AIDS-Medikamente: WBCSD/WZB (2002): World Business Council for Sustainable Development/Wissenschaftszentrum Berlin, Intellectual Property Rights in Biotechnology and Health Care. Results of a Stakeholder Dialogue. https://bibliothek.wzb.eu/fulltext/buch-vt/2021/D00228021.pdf und: Döbert, Rainer; van den Daele, Wolfgang und Seiler, Achim (2003), Access to Essential Medicines. Rationality and Consensus in the Conflict Over Intellectual Property Rights, WZB Discussion Paper SP IV 2003-108, Wissenschaftszentrum Berlin für Sozialforschung, 2003. https://bibliothek.wzb.eu/pdf/2003/iv03-108.pdf ; Döbert, Rainer und van den Daele, Wolfgang (2006), "Rationality and Global Governance: Mediating the Conflict over Access to Essential Medicines through Deliberations between TNCs and NGOs", in: Schuppert, Gunnar Folke (Ed.), Global Governance and the Role of Non-State Actors. Baden-Baden: Nomos, 157-178.

1. *Das Faktum der Vernunft: Die inhärente Normativität der Praxis des Begründens*

Wer Gründe verlangt und Gründe anführt, geht reflexiv auf Distanz zu Annahmen darüber, was in der Welt der Fall ist, und was in ihr sein soll. Begründung überschreitet die faktische Akzeptanz solcher Annahmen, indem sie die darin implizit erhobenen Geltungsansprüche ernst nimmt und auf den Prüfstand stellt. Auch Gewissheiten und Überzeugungen, die in der Lebenspraxis als evident und selbstverständlich durchgehen, rücken so in den Status von Vor-Urteilen, die rechtfertigungsbedürftig sind und rechtfertigungsfähig sein müssen. Diese Reflexivität führt weder in hohe Philosophie, noch ist sie das Spezifikum der im Recht oder in der Wissenschaft institutionalisierten Rechtfertigungspraktiken. Sie ist eine basale Alltagskompetenz. Auch in alltäglicher Kommunikation sind Übergänge vom Behaupten zum Begründen gängige Praxis.

Allerdings macht es einen Unterschied, ob man gelegentlich mit Gründen argumentiert oder sich auf fortlaufende Argumentation über Gründe einlässt. Auch in politischer Kommunikation wird argumentiert. Aber dabei sind Argumente oft (in der blumigen Sprache Max Webers) *„nicht Pflugscharen zur Lockerung des kontemplativen Erdreichs, sondern Schwerter gegen Gegner: Kampfmittel"*.[2] Man präsentiert rechtfertigende Gründe, um die eigenen Interessen und Ziele zu untermauern und greift, wenn Einwände kommen, diejenigen auf, die man absehbar widerlegen kann; die übrigen ‚vergisst' man. Solch taktischen Gebrauch von Argumenten kann man bis in die Plenardebatten des Bundestages hinein beobachten. Die Sprecher diskutieren nur sehr begrenzt miteinander und füreinander. Sie kommunizieren eher im Modus von Verlautbarungen an ein externes Publikum; sie zielen mit Argumenten auf Resonanz in der massenmedialen Öffentlichkeit.[3] Derartige Manöver scheiden aus, wenn man sich ernsthaft auf einen Rechtfertigungsdiskurs einlässt.

2 Weber, Max (1964 [1919]), "Vom inneren Beruf zur Wissenschaft". In: Ders., Soziologie, weltgeschichtliche Analysen, Politik. Stuttgart: Kröner, 311-329 (325).

3 Siehe dazu Neidhardt, Friedhelm (1994), "Öffentlichkeit, öffentliche Meinung, soziale Bewegungen", in: Kölner Zeitschrift für Soziologie und Sozialpsychologie, Sonderheft 34, 7-41.

1.1 Diskursbedingungen

In einem Diskurs über Gründe unterwirft man sich kognitiv einer Disziplin des Denkens und sozial normativen Erwartungen, die so etwas wie Argumentationsintegrität herstellen: Die thematisch einschlägigen Argumente (Positionen, Perspektiven, Einwände, Gegeneinwände etc.) müssen ohne Selektion und so vollständig wie möglich verfügbar gemacht werden. Für Gründe, die man anführt, muss man allgemeine Gültigkeit in Anspruch nehmen und bereit sein, diese auszuweisen. Begründungen müssen transparent sein. Geheime Gründe sind keine; sie sind nicht nachvollziehbar und daher für Einwände nicht anschlussfähig. Die an einem Diskurs Beteiligten haben symmetrische prozedurale Rechte; sie werden im Prozess des Begründens zu Gleichen unter Gleichen. Alle von allen vorgebrachten Argumente müssen berücksichtigt und unparteilich bewertet werden. Dabei zählt allein das Argument, nicht das Interesse am Argument und nicht die gesellschaftliche oder politische Macht, die für dieses Interesse mobilisiert werden kann. Argumentationen sind am Ende selektiv, weil nicht alle vorgebrachten Gründe ihre Prüfung überstehen. Vorausgesetzt wird, dass diese Selektion insofern „zwanglos" bleibt, als sie von der Tragfähigkeit der Argumente abhängt und nicht durch Machtausübung von Positionen außerhalb des Diskurses gesteuert wird.

Die inhärente Normativität von Rechtfertigungsdiskursen entspricht den Diskursregeln, die für Habermas (im Anschluss an Apels Universalpragmatik) „unausweichliche Präsuppositionen" sind, wenn immer man in Argumentationen eintritt.[4] Diese Regeln schlagen sich auch in den professionellen Standards und Routinen nieder, nach denen die im Recht und in der Wissenschaft ausdifferenzierten Begründungspraktiken ablaufen. Sie explizieren, was es bedeutet, von Gründen zu sprechen und sich auf Begründen einzulassen. *„Mit Begründungen werden, jedenfalls, was das*

4 Habermas, Jürgen (1983), „Diskursethik – Notizen zu einem Begründungsprogramm", in: Ders., Moralbewusstsein und kommunikatives Handeln, Frankfurt a.M.: Suhrkamp, 53-125 (99); zu den Diskursregeln, die Habermas im Anschluss an Alexy formuliert, gehören: "Jeder darf jede Behauptung problematisieren"; „Jeder darf jede Behauptung in den Diskurs einführen"; „Kein Sprecher darf durch innerhalb oder außerhalb des Diskurses herrschenden Zwang daran gehindert werden, seine [in den Diskursregeln] festgelegten Rechte wahrzunehmen." (vgl. auch Alexy, Robert (1995), Recht, Vernunft, Diskurs. Studien zur Rechtsphilosophie, Frankfurt a.M.: Suhrkamp, 130).

Begründen als solches anbelangt, die Ansprüche auf Gleichberechtigung, Zwanglosigkeit und Universalität erhoben".[5]

Wie ist die inhärente Normativität von Begründungsdiskursen ihrerseits zu begründen? Die Antwort auf diese Frage liefert eine Überlegung im Geiste der Kantischen Transzendentalphilosophie: Sie ist Bedingung der Möglichkeit solcher Diskurse. Wer zur Rechtfertigung normativer Geltungsansprüche auf Argumente setzt, kann sich nicht ohne performativen Selbstwiderspruch über Normen hinwegsetzen, die erfüllt sein müssen, um den Prozess der Argumentation in Gang zu setzen und aufrechtzuerhalten.[6] Wer sich auf Argumentation einlässt, sitzt gewissermaßen in der Falle: Selbst wenn er geltend macht, dass es beim behandelten Thema eigentlich auf Argumentation gar nicht ankommt, argumentiert er weiter. Man muss die Regeln des Spiels einhalten, das man spielen will. Der inhärenten Normativität des Begründens kann man nicht durch Begründung entkommen. Aber man kann sie verletzen. Die Bedingungen der Möglichkeit von Diskursen realisieren sich - im Unterschied zu den Bedingungen der Möglichkeit von Erkenntnis - nicht automatisch und von selbst. Sie manifestieren sich in normativen Ansprüchen, die in der Praxis des Begründens verfehlt werden können und gegebenenfalls mit sozialer Kontrolle durchgesetzt werden müssen.

Die Frage ist, ob transzendentale Überlegungen die faktische Geltung der Diskursregeln vielleicht nur kausal erklären, aber nicht rational begründen können. Als Begründung können sie nur zählen, wenn „begründen" nicht voraussetzt, dass man die normative Geltung aus übergeordneten Prinzipien ableitet, oder zumindest kohärent in das Netzwerk der schon als gültig akzeptierten Normen einpasst (siehe dazu unten 2.1). Die transzendentale Fundierung der inhärenten Normativität von Begründungspraxis beruft sich auf Nötigungen des Denkens. Den Bedingungen der Möglichkeit der eigenen Praxis und dem logischen Zwang zur Konsistenz kann man sich vernünftigerweise nicht entziehen. Sie sind kein Faktum der Erfahrung, aber ein ‚Faktum der Vernunft'.[7] Ob die logische

5 Alexy 1995 (Fn. 4) 138. Die Ansprüche sind formal („was das Begründen als solches anbelangt") und sie gelten im Diskurs. Was dem Inhalt nach als guter Grund zählt und welche Regeln für das Verhältnis der Beteiligten außerhalb des Diskurses gelten, steht auf einem anderen Blatt (dazu sogleich).

6 Vgl. auch die Diskussionen bei Habermas 1983 (Fn. 4), 104ff.

7 Für Kant, der diese Formel geprägt hat, ist das Faktum auch eine 'Tat' der Vernunft; er verbindet damit mehr als die logische Nötigung des Denkens, nämlich den Selbstzwang der Vernunft, die Autonomie des Willens und Kausalität durch Freiheit anzunehmen. Die Annahme teilt man, sobald man moralisches Handeln

Nötigung aus philosophischer Sicht eine legitime Quelle von Sollgeltung ist, kann hier dahingestellt bleiben. Sie ist eine wirksame Quelle. Sie lässt die Frage, ob die Diskursregeln ihrerseits begründungsbedürftig und begründungfähig sind, gar nicht erst aufkommen. In den von uns beobachteten Diskursen war die Geltung dieser Regeln an keiner Stelle ein Thema. Sie war selbstverständlich und wurde durch wechselseitige Beobachtung der Teilnehmer überwacht.

1.2 *Argumentieren im Schatten des Interesses am Argument. Kognitive Disziplin und soziale Kontrolle*

In den vom WZB untersuchten Diskursen wurde zu öffentlich umstrittenen Themen argumentiert. Die Diskursteilnehmer waren zugleich Parteien bzw. (stellvertretende) Betroffene des öffentlichen Streits. Sie argumentierten im Schatten von Interessen am Argument.[8] Am ‚runden Tisch' zu den möglichen Risiken und dem möglichen Nutzen gentechnisch veränderter (=transgener) Pflanzen für die Landwirtschaft ging es den beteiligten Saatgut- und Chemieunternehmen um den Nachweis, dass die restriktive Regulierung solcher Pflanzen unbegründet ist; die Vertreter der Zivilgesellschaft wollten bestätigt haben, dass es im Gegenteil gute Gründe für ein striktes Verbot solcher Pflanzen gibt. Für beide Seiten dürfte das strategische Interesse am Argument ein entscheidendes Motiv gewesen sein, sich überhaupt auf den Diskurs einzulassen. Im Diskurs aber wurde dies Interesse durch die Logik des Begründens in die Latenz getrieben. Das Interesse am Argument ist nicht selbst ein Argument, und umgekehrt gewinnt kein Argument an Geltungskraft dadurch, dass starke Interessen hinter ihm stehen. Versuche, den Gang der Argumentation strategisch umzubiegen, sind in Verfahren unter Anwesenden schon deshalb chancenlos,

---

für möglich hält. Vgl. dazu Wolff, Michael (2009), „Warum das Faktum der Vernunft ein Faktum ist. Auflösung einiger Schwierigkeiten", in: Deutsche Zeitschrift für Philosophie 57 (4), 511-549.

8 Anders ist es bei Konsensuskonferenzen oder Bürgerforen, deren Teilnehmer – unter Ausschluss der in den Konflikt involvierten ‚Parteien' und advocacy groups – nach Zufall ausgewählt werden. Dazu etwa: Joss, Simon (2003), „Zwischen Politikberatung und Öffentlichkeitsdiskurs – Erfahrungen mit Bürgerkonferenzen in Europa", in: Schicktanz, Silke und Naumann, Jörg (Hrsg.), Bürgerkonferenz Streitfall Gendiagnostik. Ein Modellprojekt der Bürgerbeteiligung am bioethischen Diskurs Wiesbaden: VS, 15–35.

weil die Teilnehmer einander fortlaufend beobachten und auf Einhaltung der Diskursregeln pochen.

Die Diskursregeln erzwingen eine Sachlichkeit, die Distanz nicht nur zu den strategischen Interessen, sondern zu allen individuellen Belangen und Bindungen der Teilnehmer herstellt. Ausgebremst wird auch die Empörung, die mit moralischer Kommunikation einhergeht. Im WZB-Verfahren zur Patentierung von Aids-Medikamenten argwöhnten die Industrievertreter, dass sie moralisch an den Pranger gestellt werden sollten: „*They want to crucify us!*". Tatsächlich eröffnete ein NGO-Vertreter den Diskurs mit einer flammenden Anklage gegen die Pharmabranche, die mit politischer Lobbyarbeit bei der US-Regierung das internationale Patentabkommen (TRIPS) ausgehebelt und die Vergabe von Zwangslizenzen durch die Südafrikanische Regierung und damit die Verfügbarkeit deutlich billigerer Medikamente hintertrieben hatte: „*I don't know what goes through your head that you're sitting here and having a discussion about these narrow intellectual property interests...while there is just an overriding public health desaster unparalleled in the last 500 years...It's insane!*" Dass der Vorwurf nicht unberechtigt ist, wurde schließlich auch von den Pharmaunternehmen eingeräumt.[9] Aber die Emphase und Schärfe der empörten Einlassung ging in der Diskussion darüber verloren. Was als Anklage anfing, mutierte zu einer Argumentation über die Rechtfertigung der Anklage. Diskurse transformieren moralische Kommunikation in Kommunikation über Moral und entziehen ihr dadurch den fundamentalistischen Stachel.[10]

Keine Rolle spielte in unseren Verfahren die Frage, ob die Teilnehmer sich authentisch äußern, also als Person zu dem stehen, was sie sagen. In jedem Gespräch sollte man sich hüten, seinem Gegenüber Authentizität explizit abzusprechen, weil man damit den Abbruch des Gesprächs riskiert. Auch im Diskurs wäre der Einwand: „Das können sie ja wohl nicht im Ernst glauben!" sicher als deplaziert wahrgenommen worden. Er kam auch

9 Der Endbericht konstatierte einvernehmlich: „...companies have to accept the safeguards of TRIPS and abstain from any lobbying for TRIPS-plus legislation that undermines the use of the safeguards" WBCSD/WZB 2003 (Fn. 1), conclusion 130.

10 van den Daele, Wolfgang (2001), „Von moralischer Kommunikation zur Kommunikation über Moral", in: Zeitschrift für Soziologie 30 , 4 - 22. Eine diskursive „Entgiftung" moralischer Konflikte bescheinigt Friedhelm Neidhardt auch der Qualitätspresse: Ders. (1996), „Öffentliche Diskussion und politische Entscheidung. Der deutsche Abtreibungskonflikt 1970-1994", in: van den Daele, Wolfgang und Neidhardt, Friedhelm (Hrsg.), Kommunikation und Entscheidung. Politische Funktionen öffentlicher Meinungsbildung und diskursiver Verfahren (WZB-Jahrbuch 1996), Berlin: Sigma, 67.

nicht vor. Ebenso wenig aber war die positive Zuschreibung von Authentizität je ein Thema. Das folgt aus der Logik von Begründungspraxis. Es zählt, was die Sprecher sagen, nicht ob sie das Gesagte wirklich meinen. Argumente müssen auch dann berücksichtigt und bewertet werden, wenn sie bloß hypothetisch oder sogar wider besseres Wissen eingebracht werden – und jeder das durchschaut. Im Verfahren zu den transgenen Pflanzen war ein beteiligter Theologe und Biologe beauftragt worden, in einem Fachgutachten die in der Literatur und in der Öffentlichkeit geltend gemachten Argumente zusammenzutragen, die gentechnische Eingriffe in Pflanzen per se, also unabhängig von möglichen Risiken, für moralisch bedenklich halten – etwa als Verletzung einer gebotenen Achtung vor der Integrität der Pflanze. Alle Argumente wurden ausführlich diskutiert und bewertet.[11] Ob sich dabei jemand diese Argumente subjektiv zu eigen gemacht hat, spielte keine Rolle; und niemand erwartete Derartiges vom Fachgutachter. Die Regel: *„Jeder Sprecher darf nur das sagen, was er selbst glaubt"* gehört nicht zu den unabweisbaren 'Präsuppositionen' diskursiver Interaktion.[12]

Gleiche Rechte im Diskurs stellten sich ziemlich automatisch von selbst dadurch her, dass die Beteiligten sich wechselseitig in Schach hielten. Zwar war am Wissensvorsprung der Experten nicht zu rütteln. Diese hatten das letzte Wort dazu, was der Stand der Wissenschaft ist, was man weiß, was umstritten ist und was man gegenwärtig nicht wissen kann.[13] Das kognitive Übergewicht der Spezialisten war klar; für ein Dominanzgebaren der Experten gab es trotzdem keinen Raum. Diese waren ihrerseits Laien, sobald es um Fragen jenseits ihres Faches ging. So mussten die Genetiker sich von den Ökologen vorhalten lassen, dass sie die möglichen Umweltauswirkungen transgener Pflanzen nicht angemessen einschätzen

---

11 Vgl. van den Daele et al. 1996 (Fn. 1), 235ff. und Günter Altner (1994), "Ethische Aspekte der gentechnischen Veränderung von Pflanzen", in: van den Daele et al., Verfahren zur Technikfolgenabschätzung des Anbaus von Kulturpflanzen mit gentechnisch erzeugter Herbizidresistenz Heft 17; WZB Discussion Paper FS II 94-317, Wissenschaftszentrum Berlin für Sozialforschung 1994. https://bibliothek.wzb.eu/pdf/1994/ii94-317.pdf

12 Siehe aber Habermas 1983 (Fn. 4), 98.

13 Die wissenschaftlich informierten Kritiker aus der Zivilgesellschaft können sich im massenmedialen Schlagabtausch als Experten behaupten, u.a. weil hier die Zuspitzung auf prägnantes pro und contra angesagt ist. Im Diskurs blieben sie ‚Gegenexperten': Sie können die relevanten Fragen stellen, aber nicht die Antworten geben; dazu: van den Daele, Wolfgang (1996), „Objektives Wissen als politische Ressource: Experten und Gegenexperten im Diskurs", in: Ders./Neidhardt (Fn. 10), 297 - 326.

können. Und die (ebenfalls wissenschaftlich ausgebildeten) Akteure der Zivilgesellschaft zeigten, dass die Experten in ihren Urteilen das gesicherte Wissen systematisch überziehen. So mussten z.B. die Toxikologen einräumen, dass die Schwellenwerte, nach denen Stoffe als sicher eingestuft werden, nicht wissenschaftlich abgeleitet, sondern politisch vorgegeben sind – und deshalb auch aus politischen Gründen anders festgelegt werden könnten. Im Prozess der Argumentation gab es eine Hierarchie kognitiver Kompetenz. Aber die Interaktion der Beteiligten blieb eine auf Augenhöhe. Diskurs macht gleich. Das hatte ein ad hoc dazu geladener Genetiker nicht begriffen, der seine Stellungnahme im Gestus der Überlegenheit mit den Worten einleitete: *„Ich will hier jetzt mal ein paar Fakten einbringen"*. Er löste allgemeine Irritation aus.

Auch in Diskursen brachten die Teilnehmer gezielt vor allem die Argumente ein, die aus ihrer Sicht die eigenen Interessen stützten. Diese Selektivität blieb folgenlos. In einem Diskurs unter Anwesenden stehen (bei repräsentativer Zusammensetzung) konkurrierende Perspektiven und Gegenargumente aller Art in Gestalt der anderen Teilnehmer gewissermaßen leibhaftig im Raum. Die Diskursteilnehmer beobachten und korrigieren sich wechselseitig. Das von ihnen insgesamt repräsentierte Wissen (in den WZB-Verfahren waren alle einschlägigen Disziplinen und Regulierungsbehörden vertreten) sorgt mit großer Wahrscheinlichkeit dafür, dass die zu einem Thema verfügbaren Argumente so vollständig wie möglich auch tatsächlich auf die Agenda des Diskurses kommen.

Überfordert war die Selbstorganisation der Beteiligten in unseren Verfahren mit den nächsten Diskursschritten. Keiner konnte den Berg von Argumenten, der sich über mehrere Konferenzen hinweg angehäuft hatte, noch selbst hinreichend überblicken und für eine Bewertung integrieren. Die Aufgabe wurde einem Projektteam des WZB übertragen. Dieses führte sämtliche je von den Teilnehmern mündlich oder schriftlich (in Gutachten) gemachten Aussagen in ‚Argumentationsbäumen' zusammen, die zu den im Diskurs behandelten Kontroversen jeweils die Argumentationsdynamik sichtbar machten – durch die Gegenüberstellung von Argumenten, Einwänden, Gegeneinwänden etc. Diese Darstellungen wurden wieder in den Diskurs eingespeist; die Teilnehmer sollten prüfen, ob ihre Argumente zutreffend wiedergegeben und vollständig berücksichtigt sind und ob sie ganz neue Argumente hinzufügen wollen. Nach diesem Schema wurde auch beim abschließenden Diskursschritt verfahren, in dem mit einer neutralen Bewertung aller Argumente Bilanz gezogen und festgestellt werden muss, zu welchen Ergebnissen man gekommen war.[14]

Diese Diskursorganisation schützte die Teilnehmer vor der unmittelbaren Wahrnehmung und Bescheinigung argumentativer Niederlagen. Unterstützt wurde dies durch den ‚diskursiven Takt', der sich in der Interaktion der Teilnehmer einspielte: Dass Argumente endgültig widerlegt wurden, war an der Tagesordnung. Aber in aller Regel wurde es nicht demonstrativ herausgestrichen. Niederlagen wurden stillschweigend registriert, aber im Fortgang der Argumentation auch stillschweigend (als eine Art working consens) zugrunde gelegt. Diskursiver Takt ist eine normative Erwartung, die über die inhärente Normativität des Begründens hinausgreift. Takt impliziert Perspektivenübernahme und Rücksicht auf die persönliche Betroffenheit und Verletzlichkeit des anderen. Die Regeln des Begründens exekutieren dagegen eine im Grunde kalte, unpersönliche Logik der Argumentation, nach der man die Äußerungen des Anderen als Argument ernst nehmen muss, sich aber nicht gedanklich in den Anderen als Person hineinzuversetzen braucht. Nach dieser Logik kann man am Ende wie vor Gericht recht haben oder nicht recht haben. Man kann mit allen seinen Argumenten scheitern – und dann gilt: the winner takes all. Die Betroffenen dürfen nicht erwarten, dass im Prozess des Begründens Rücksicht auf die ‚Kosten' genommen wird, die ihnen aus der argumentativen Niederlage erwachsen können, etwa die Entmachtung ihrer strategischen Interessen, Gesichtsverlust in der Öffentlichkeit oder Mandatsentzug durch die Klientel, für die sie im Diskurs auftreten.

Vor der schnellen Konfrontation mit solchen Kosten wurden die Diskursteilnehmer nicht nur durch diskursiven Takt bewahrt, sondern auch dadurch, dass die Praxis des Argumentierens zwar intern offen, nach außen aber nicht-öffentlich war. Das hat es den Teilnehmern erleichtert, von ihren diskursexternen Bindungen abzusehen. Der Diskurs wird so zu einem Schonraum, in dem man sich zunächst einigermaßen entspannt dem Argumentationsrisiko aussetzen und an rationalen Lernprozessen teilnehmen kann, die aus persönlicher Sicht möglicherweise ‚schmerzlich' enden können. Das gilt freilich nur auf Zeit. Mit dem Schonraum ist es vorbei, wenn zum Abschluss eines Diskurses Bilanz gezogen werden muss.

An diesem Punkt kommt auch die Logik des Begründens an ihre Grenzen. Die Diskursregeln bringen den „zwanglosen Zwang des besseren Ar-

---

14 Dazu der Summary Report zur Partizipativen Technikfolgenabschätzung und Döbert et al. (2003) zum Stakeholder Dialog zum Patentschutz für AIDS-Medikamente (Fn. 1).

guments" (Habermas) zur Geltung. Aber sie erzwingen nicht, dass man sich auf einen Diskurs einlässt oder dabei bleibt, wenn Argumente strategische Interessen unterminieren. Diskurse sind Inseln in einem Meer nichtdiskursiver sozialer und politischer Kommunikation. Und die Antwort auf die Frage: „Warum überhaupt Diskurs?" muss außerhalb des Faktums der Vernunft gesucht werden. Tatsächlich dürfte es eher selten sein, dass Teilnehmer eines Diskurses aus Einsicht in die Argumente der anderen eigene gewichtige Ziele und Präferenzen bereitwillig preisgeben oder „bereinigen" (preference laundering). Eher entziehen sie sich der Disziplin des Begründens - in den von uns beobachteten Verfahren durch Ausstieg aus dem Diskurs und durch Blockade von Schlussfolgerungen.[15]

Im WZB-Verfahren zu den transgenen Pflanzen verließen die Vertreter der Zivilgesellschaft den Diskurs vor der letzten Konferenz, als sich abzeichnete, dass der Schlussbericht feststellen würde, dass keines ihrer Risikoargumente der unparteilichen Prüfung Stand gehalten hatte. Das mitzutragen hätte ihr strategisches Interesse, den Anbau transgener Pflanzen komplett zu verhindern, vereitelt und ihre Glaubwürdigkeit in der Öffentlichkeit untergraben. Das waren offenbar zu hohe Kosten.[16] Im Nationalen Ethikrat blockierten die Vertreter restriktiver Moral Schlussfolgerungen, die ihre Position zu schwächen drohten. Der Diskurs über die moralischen Probleme moderner Biotechniken, z.B. ob Forschung an humanen embryonalen Stammzellen vertretbar ist, führte oft zu konkurrierenden Wertungen, zwischen denen nicht mit von allen geteilten Gründen entschieden werden konnte. Folgerichtig wurden diese Wertungen nebeneinander und statusgleich in der Stellungnahme des Rates präsentiert. Verweigert wurde aber die gemeinsame Schlussfolgerung, dass es für die aufgeworfenen moralischen Fragen mehrere mögliche Antworten gibt, die prima facie gleich legitim sind. Dies hätte der liberalen Fraktion des Ethikrats in die Hände gespielt. Für die restriktive Seite, vor allem für die

---

15 Auch im Diskurs sind die Teilnehmer zugleich strategische Akteure, die wie in Verhandlungssystemen rational kalkulieren, ob es eine „Best Alternative to Negotiated Agreement (BATNA) gibt; dazu Holzinger, Katharina (1996), „Grenzen der Kooperation in alternativen Konfliktlösungsverfahren: Exogene Restriktionen, Verhandlungsleitlinien und Outside Options", in: van den Daele/Neidhardt 1996 (Fn. 10), 232-274.

16 Siehe dazu van den Daele/Pühler/Sukopp 1996 (Fn. 1), 37f.; zu den 'externen' Kosten der Teilnahme an Argumentationen siehe auch Döbert/van den Daele 2006 (Fn. 1). In unserem Diskurs begründeten die Betroffenen selbst ihren Ausstieg allerdings mit Verfahrensmängeln und fehlenden ökonomischen Ressourcen. Sie kehrten in der Öffentlichkeit nach wenigen Monaten zu ihrer ursprünglichen Risikorhetorik zurück.

Kirchenvertreter, war es unverzichtbar, die eigene Position nicht als eine mögliche, sondern als die einzig mögliche zu verteidigen.[17]

1.3 Die offene Flanke: ‚Gute Gründe' für die Geltung von Normen in der Gesellschaft

Wer sich auf Argumentation einlässt, setzt sich der inhärenten Normativität der Praxis des Begründens aus. Die Diskursregeln sind konstitutiv für diese Praxis des Begründens. Und sie begründen sich gewissermaßen von selbst, soweit ihre transzendentale Fundierung trägt, sie also Fakten der Vernunft sind. Als solche wären sie historisch invariant und kulturübergreifend gültig. Tatsächlich kann man ihre Geltung in den platonischen Dialogen, in den Kontroversen der talmudischen Rabbiner und in den disputationes der vormodernen theologischen und philosophischen Scholastiker ebenso aufspüren, wie in gegenwärtigen verfassungsrechtlichen Grundsatzdebatten.[18] Diskursregeln setzen jedoch nur formale Rationalität durch. Sie sichern die Integrität von Argumentation als Verfahren. Sie enthalten weder Vorgaben dazu, welche Argumente beim vorliegenden Problem als Gründe in Betracht zu ziehen sind, noch nach welchen Kriterien über deren Tragfähigkeit und relatives Gewicht zu urteilen ist. Diskursregeln kodifizieren die Grammatik des Begründens, nicht die Semantik. Was dem Inhalt nach als ‚guter Grund' für die Rechtfertigung von Normgeltung zählt, muss man der normativen Ordnung jenseits der inhärenten Normativität des Begründens entnehmen. Die Quelle sind die Vorgaben der Kultur der Gesellschaft. Diese Kultur ist historisch wandelbar - und mit ihr, was im Diskurs als Begründung zählt. So war die Berufung auf die Gebote Gottes im europäischen Mittelalter ein allgemein akzeptierter und oft durchschlagender guter Grund. Für moderne Diskurse zur Normenbegründung gilt das nicht mehr. Im Nationalen Ethikrat hat sich kein Kirchenvertreter je auf religiöse Gründe (göttliche Gebote) berufen. Nach den Trennlinien, die unsere Kultur zieht, fallen sie in den moralischen

---

17 Dazu van den Daele, 2005 (Fn. 1).

18 Allerdings ist dabei mit Zirkularität zu rechnen: Historische Begründungspraktiken, die nicht den (aus heutiger Perspektive gültigen) Diskursregeln genügen, werden als deviante oder entgleiste Diskurse oder auch einfach als Nicht-Diskurse eingestuft. Nach demselben Muster werden auch physikalische Theorien ‚gerettet'. So werden Phänomene, an denen die newtonischen Bewegungsgesetze scheitern (z.B. turbulente Strömungen) als nicht-newtonisch definiert und aus dem Gegenstandsbereich und Geltungsanspruch der Theorie ausgegliedert.

Pluralismus. Sie genießen Respekt als persönliche Bindung, zählen im Diskurs aber nicht als Grund, weil sie nicht (mehr) als allgemeingültig angesehen werden.[19] „Räsonniert, aber gehorcht!" mag zu Zeiten Friedrichs des Großen eine allgemein akzeptable Maxime gewesen sein. Sie beschränkte den Zwang zu vernünftiger Rechtfertigung auf Theorie, Literatur und Salons; heute gilt er für die Praxis des Regierens.

Die inhärente Normativität der Diskurse und die normative Ordnung außerhalb der Diskurse können weit auseinanderfallen. Die transzendentale Nötigung des Denkens, der man im Argumentieren ausgesetzt ist, „überträgt sich nicht unmittelbar vom Diskurs auf das Handeln".[20] So kann die Gleichheit, die im Binnenraum von Diskursen zwischen den Teilnehmern entsteht, mit dramatischer Ungleichheit zwischen ihnen in der Gesellschaft einhergehen. Nach einer alten christlichen Legende soll sich im 4. Jahrhundert die heilige Katharina von Alexandria in einem vom römischen Kaiser angeordneten Disput über die richtige Religion gegen 50 heidnische (natürlich männliche) Gelehrte durchgesetzt haben. Die Legende sieht die Frau im Disput als Gleiche unter Gleichen – diese gewinnt am Ende das Argument. In den Gesellschaften aber, die diese Legende erzählt haben, konnte von solcher Gleichheit nicht die Rede sein; in ihnen galt unangefochten, dass Frauen Männern untergeordnet sind. Diese Kluft gibt es in den normativen Ordnungen moderner Verfassungsstaaten nicht mehr. Überbrückt worden ist sie aber nicht dadurch, dass die Normativität diskursiver Praktiken sich gewissermaßen durch Ansteckung verbreitet und die normative Ordnung der Gesellschaft überlagert hat. Auch nicht dadurch, dass die in die Sprache eingebauten Geltungsansprüche ernst genommen wurden. Sie wurde dadurch überbrückt, dass im Zuge des Aufstiegs der liberalen bürgerlichen Gesellschaft in politischen Kämpfen die gesellschaftliche Anerkennung eines für alle geltenden Rechts auf Gleichheit erstritten worden ist.

Welche ‚guten Gründe' die faktische Geltung von Normen rational rechtfertigen können, wird nicht durch die inhärente Normativität der Praxis des Begründens entschieden, sondern durch die normative Ord-

---

19 Im Diskursverfahren zu den transgenen Pflanzen wurden auch biozentrische moralische Ansprüche, die der Integrität des Pflanzengenomens Eigenwert zuschreiben, umstandslos dem Pluralismus zugeordnet (siehe Fn. 11).

20 Habermas 1983 (Fn. 4), 96; Argumentationsregeln dürfen nicht mit Argumentationsinhalten und Argumentationsvoraussetzungen nicht mit Moralprinzipien verwechselt werden (104). Habermas versucht allerdings, mittelbar doch den Diskursregeln normativen Gehalt für das Handeln außerhalb des Diskurses abzugewinnen; dazu im nächsten Abschnitt.

nung der Gesellschaft, in die diese Praxis eingebettet ist. In modernen liberalen Gesellschaften ist dies eine Kultur der Begründung, die allen Menschen ein basales individuelles Recht auf Rechtfertigung zuschreibt: Der normative Zwang, dem sie sich unterwerfen sollen, muss ihnen gegenüber als autonome Personen begründet werden können.[21] In dieser Kultur werden Diskurse gesellschaftlich relevant – als Verfahren zur Lösung von normativen Konflikten und zur Legitimation von politischer Herrschaft. Ob die Gründe, die in solchen Diskursen mobilisiert werden können, gültig sind, wird ebenfalls von dieser Kultur vorgegeben. 'Gute Gründe' sind das Resultat faktischer und wandelbarer kultureller Entwicklung. Ob ihre Geltung darüberhinaus rational begründet werden muss und begründet werden kann, bleibt offen. Diese Frage ist ein Dauerthema philosophischer Reflexion – ohne konklusives Ergebnis.

2. *Das Faktum der Kultur und die rationale Begründung normativer Geltung*

2.1 *Im Dickicht der Philosophie*

Die moderne Philosophie kommt in der Reflexion auf die Begründung von Geltungsansprüchen nicht zu einem Ende, weil (und sofern) sie eine Reihe von Vorentscheidungen trifft. Sie verwirft metaphysisches Denken, das ‚letzte Gründe' in eine Sphäre außerhalb von Raum und Zeit verlegt: den Schöpfergott, das Wesen und die ewige Ordnung der Dinge, die Ideenwelt des Guten und Wahren, den Geist. Kants Kritik des spekulativen Gebrauchs der reinen Vernunft ist angekommen. Angekommen ist auch die von Berkeley über Hume zu Kant führende Wende zum Konstruktivismus: Die Bedingungen der Möglichkeit von Erfahrung liegen der Erfahrung voraus. Die Formen, in denen wir als Menschen begrifflich denken und sinnlich wahrnehmen können, eröffnen und begrenzen unseren Zugang zur Wirklichkeit. Wir können nicht erkennen, was diese Wirklichkeit ‚an sich' ist, also wenn wir sie nicht erkennen. Allerdings setzt sich die moderne Philosophie hier mit einer weiteren Vorentscheidung von Kant

21 Forst, Rainer (2007), Das Recht auf Rechtfertigung, Frankfurt a.M.: Suhrkamp, 36ff. Für Kant müssen sich im Recht die Normadressaten als Urheber des gesetzlichen Zwangs begreifen können, dem sie ausgesetzt werden: *Rechtliche Freiheit „ist die Befugnis keinem äußeren Gesetz zu gehorchen, als zu dem ich meine Beistimmung habe geben können"*. Kant, Immanuel (1795) „Zum ewigen Frieden. Ein philosophischer Entwurf", Werke Band VI (hrsg. von Wilhelm Weischedel), Darmstadt: Wissenschaftliche Buchgesellschaft 1994, A 21 Fn. 19.

ab. Sie holt die Vernunft des Subjekts, in deren Selbstreflexion Kant das Apriori der Bedingungen der Möglichkeit verankert hat, gewissermaßen vom Himmel auf die Erde zurück. Diese Vernunft gilt nicht mehr als transzendentale Instanz, die der Welt, die wir erkennen vorgeschaltet und insoweit auch enthoben ist; sie ist Teil dieser Welt. Die subjektive Vernunft ist endlich, begrenzt und historisch wandelbar. Sie scheidet damit als Quelle transzendentaler Letztbegründung aus. Die Konstruktionsbedingungen der Erfahrung liegen dann nicht im Subjekt, sondern in den kollektiven Denkschemata und Deutungsmustern der Kultur und in der Sprache, in die Subjekte hineingewachsen sind. Schließlich ist eine für die Probleme des Begründens einschlägige Vorentscheidung der modernen Philosophie die Annahme eines kategorialen Unterschieds oder auch Bruchs zwischen Werten und Tatsachen (und zwischen den Aussagen über sie).

Diese Weichenstellungen des Denkens sind mehr als Verzweigungen der akademischen Philosophie. Sie spiegeln Zeitgeist. Ihre gesellschaftlichen Bedingungen und Ursprünge seien hier dahingestellt.[22] Sie bilden jedenfalls den Hintergrund für die philosophische Reflexion darauf, ob und wie Geltungsansprüche begründet werden können.

Bei dieser Reflexion gerät die Philosophie erkennbar selbst in Begründungsnot. Pointiert auf den Begriff gebracht hat dies Hans Albert mit dem Hinweis auf ein folgenreiches ‚Trilemma':[23] Unter der Voraussetzung, dass Begründung irgendeine Form von Ableitung verlangt, mit der ein problematisches Argument durch die Rückführung auf ein unproblematisches Argument gestützt wird, erzwingt konsequentes Begründen eine grenzenlose Kette von immer weiteren Begründungen. Denn für jedes stützende Argument muss man prüfen, ob es denn seinerseits begründet ist. Nimmt man hinzu, dass es Letztbegründungen nicht gibt, droht ein

---

22 Einschlägig sein dürften die Erfolgsgeschichte der empirischen Naturwissenschaft, die im Alltag erfahrbare institutionelle Ausdifferenzierung von Wertsphären in gesellschaftlichen Subsystemen (Wissenschaft, Recht, Religion, Kunst), Prozesse der Säkularisierung, durch die ehemals allgemein verbindliche religiöse Gebote zu bloßen Angeboten für die persönliche Lebensführung herabgestuft worden sind (Berger, Peter (1973), Zur Dialektik von Religion und Gesellschaft, München, 122–146); der 'Kult des Individuum', der das Recht auf Selbstbestimmung zunehmend von Ansprüchen objektiver Vernünftigkeit abkoppelt (Durkheim, Emil (1988 [1902]), Über die Teilung der sozialen Arbeit, Frankfurt am Main. Suhrkamp, 478); die Aufwertung von (formaler) Verfahrensrationalität im Zuge der Demokratisierung. Siehe auch die Hinweise bei Habermas, Jürgen (1992), Nachmetaphysisches Denken, Frankfurt a.M.: Suhrkamp, 41.

23 Albert, Hans (1968), Traktat über kritische Vernunft, Tübingen: Mohr, 11ff.

infiniter Regress. Dieser mag schon logisch ein Unding sein; er übersteigt auf jeden Fall, was menschliches Denken vermag. In der Praxis bleiben Begründungen daher immer unvollständig und sind deshalb eigentlich keine. Die gängigen Auswege aus dieser Klemme sind nach Albert entweder Zirkelschlüsse, die im Wege der petitio principii das zu Begründende in die rechtfertigenden Prämissen einschmuggeln (was logisch falsch ist) oder die dogmatische Setzung von ersten Gründen (was per definitionem nicht Begründung, sondern der Verzicht auf Begründung ist). Ergebnis der Trilemma-Analyse ist, dass Geltungsansprüche sich nicht durch die Angabe von Gründen als gültig ausweisen lassen; alle Begründungsversuche laufen streng genommen am Ende ins Leere.

Es kann nicht überraschen, dass diese Analyse in der Philosophie umstritten ist. Sie verstrickt sich nicht nur in die bekannten Paradoxien der Selbstbezüglichkeit: Die Behauptung, dass alle Behauptungen unsicher sind, macht nur Sinn, wenn sie selbst sicher ist. Sie läuft, wenn sie bedeutet, dass wir den Versuch, Geltungsansprüche zu rechtfertigen, aufgeben müssen, auf eine Bankerotterklärung der menschlichen Vernunft hinaus. David Hume: „*No reasoning could ever bring us to a state of assurance and conviction upon any subject*"; für ihn ist das ein Versuch, die Vernunft durch Vernunft zu zerstören: „*attempt of the sceptics to destroy reason by argument and ratiocination*".[24] Wenn dies das letzte Wort der Philosophie ist, stimmt etwas an der Philosophie nicht. Hume mahnt zur Bescheidenheit. Die Philosophie darf sich nicht dazu versteigen zu klären, ob Erkenntnis möglich ist; sie muss die Wirklichkeit der Erkenntnis, die im Alltagsleben und in der Wissenschaft vorliegt, zum Ausgangspunkt nehmen und diese Wirklichkeit in ihren Konzepten reproduzieren. Wenn sie damit scheitert, spricht das gegen die Philosophie, nicht gegen das Faktum der Erkenntnis. Hume räumt durchaus ein, dass man bei der Berufung auf sichere Erkenntnis philosophisch in die Ecke des unendlichen Regresses getrieben werden kann.[25] Er erkennt auch an, dass nach der Logik der Argumentation die Ableitung allgemeiner Aussagen aus Beobachtungen

---

24 Hume, David (1758), An Enquiry Concerning Human Understanding, No.116, No.124
https://en.wikisource.org/wiki/An_Enquiry_Concerning_Human_Understanding

25 „Philosophers, that give themselves airs of superior wisdom and sufficiency, have a hard task when they encounter persons of inquisitive dispositions, who push them from every corner to which they retreat, and who are sure at last to bring them to some dangerous dilemma." (No.28).

und Experimenten kein zwingender Schluss ist.[26] Das stellt aber nicht die faktische Geltung der Ableitung, sondern eher die praktische Relevanz des gängigen Begriffs von Logik in Frage. Für Hume kann die Ableitung qua Gewohnheit (habit and custom) gerechtfertigt werden. Die moderne Philosophie hat nicht Humes Lösung, aber seine philosophische Demut akzeptiert. Erkenntnistheorie ist heute vor allem Wissenschaftstheorie. Die Versuche, die Rationalität der Wissenschaft philosophisch auf den Begriff zu bringen, haben erhellende Einsichten, aber keine eindeutige Lösung erbracht.[27] Das Faktum der Erkenntnis bleibt aber auch ohne solche Lösung der Grund, auf den sich die philosophische Begründung der Erkenntnis am Ende zurückzieht.

Den Rückzug auf historische Faktizität tritt die Philosophie auch bei der Begründung normativer Geltungsansprüche an. Hier steht am Ende die Berufung auf das Faktum der Kultur.

Die Aporien des Begründens, die Hans Albert diagnostiziert, ergeben sich nur, wenn man ein deduktives Schema voraussetzt: Um Geltungsansprüche zu rechtfertigen, muss man sie argumentativ aus Prämissen ableiten/schlussfolgern. Dass man dabei ‚Ableitung' nicht nach dem Modell formallogischer Kalküle oder mathematischer Beweise begreifen kann, versteht sich. Toulmin sieht in der Begründungspraxis des Rechts das Modell für den legitimen „Gebrauch von Argumenten".[28] Diese Praxis operiert, wie die juristischen Methodenlehren belegen, mit als gültig angesehenen Schlussregeln, Argumentationsfiguren und Überlegungen, die komplexer und flexibler sind als was nach formaler Logik als Begründen in Betracht kommt. Gültig sind z.B. auch Analogien, teleologische Schlüsse, erst-recht-Schlüsse (argumentum afortiori) Schlüsse aufs Gegenteil (argumentum e contrario).[29] Ob man dieser argumentativen Vielfalt eine konsistente for-

---

26 „In all reasonings from experience, there is a step taken by the mind which is not supported by any argument or process of the understanding; [however] there is no danger that these reasonings, on which almost all knowledge depends, will ever be affected by such a discovery" (No.34).

27 Vgl. etwa Stegmüller, Wolfgang (1979), Rationale Rekonstruktion von Wissenschaft und ihrem Wandel, Stuttgart: Reclam.

28 Toulmin, Stephen (1996), Der Gebrauch von Argumenten [engl. 1958], Weinheim: Beltz, 88: „Nur die komplexen Strukturen (von Argumenten), die in rechtlichen Verfahren Bedeutung haben, können das Modell für das Verständnis von realen Argumentationen abgeben."

29 Vgl. dazu etwa Möllers, Thomas (2017), Juristische Methodenlehre, München: Beck: § 4: Wortlaut, Systematik und Geschichte als klassische Auslegungsmethoden, § 5: Telos, Logik und folgenorientierte Auslegung; auch: Larenz, Karl und

male Ableitungslogik unterlegen kann, kann offen bleiben.[30] Richter sind jedenfalls keine Subsumtionsautomaten. Weder die Feststellung, dass ein anstehender Fall unter das Gesetz fällt, noch die Bedeutung des gesetzlichen Normbefehls für diesen Fall sind durch den Wortlaut des Gesetzes determiniert und lassen sich aus diesem auch nicht durch semantische Textanalyse einfach ‚ableiten'.[31] Sie sind Resultate einer Auslegung nach juristischer lex artis, die ein Verfahren der Normenkonkretisierung ist und Spielraum für richterliche Dezision lässt. Rechtsfindung enthält fließende Übergänge zur Rechtsschöpfung. Aber das hebt die Bindung an das Gesetz nicht auf und macht die Begründung durch Subsumtion unter das Gesetz nicht gegenstandslos.[32] Art. 20 Abs. 2 GG schließt aus, dass die Gerichte „sich aus der Rolle des Normanwenders in die einer normsetzenden Instanz begeben und damit der Bindung an Recht und Gesetz entziehen [...]. Richterliche Rechtsfortbildung darf nicht dazu führen, dass der Richter seine eigene materielle Gerechtigkeitsvorstellung an die Stelle derjenigen des Gesetzgebers setzt."[33] Dass für die Anwendung von Recht das erlassene

---

Canaris, Claus-Wilhelm (2005), Methodenlehre der Rechtswissenschaft (3. Auflage), Berlin: Springer.

30 Die seit einigen Jahrzehnten in der Philosophie diskutierten Vorschläge zu einer ‚deontischen' Logik sind rudimentär. Oft explizieren sie nur die Zusammenhänge von Grundbegriffen des Sollens (erlaubt, verboten, Pflicht usw.); vgl. etwa: Von Wright, Georg Hendrik (1968), An Essay in Deontic Logic and the General Theory of Action, in: Acta Philosophical Fennica 21 (1968), Amsterdam: North Holland Publishing; Alexy, Robert (2003), Die logische Analyse juristischer Entscheidungen, in: Ders. et al. (Hrsg.), Elemente einer juristischen Begründungslehre, Baden-Baden: Nomos, 9-36. Allerdings ist wenig wahrscheinlich, dass man gehaltvolle juristische Begründungen auf formale Logik zurückführen kann; der Wissenschaftstheorie ist das in Bezug wissenschaftliches Argumentieren ebenso wenig gelungen.

31 „Rechtliche Entscheidungen und ihre Begründungen werden nicht dem Gesetzestext ‚entnommen' oder daraus ‚abgeleitet', vielmehr stellt jede Entscheidung eine konkrete Verwendungsweise der in Bezug genommenen Rechtsnormen dar, die – wenn sie Eingang in den juristischen Diskurs als einer bestimmten Sprachpraxis findet – auf deren Bedeutung(en) zurückwirkt." Wrase, Michael (2016), Zwischen Norm und Wirklichkeit. Zur Methode und Dogmatik der Konkretisierung materialer Grundrechtsgehalte, Berlin: Duncker, 241.

32 Die Ausarbeitung der für den Fall maßgeblichen Normgehalte ist ein „normtextgebundener Konkretisierungsvorgang", das Resultat muss „methodisch auf Normtexte des geltenden Rechts zurückführbar" sein, Müller, Friedrich und Christensen, Ralph (2009), Juristische Methodik (10. Auflage), Band I: Grundlegung für die Arbeitsmethoden der Rechtspraxis, Berlin: Duncker & Humblot, 143, Fn. 315.

33 BVerfGE 128, 193 (209 f., Rdnr. 52 f.).

Gesetz eine übergeordnete Norm ist, auf die normative Geltungsansprüche am Ende zurückgeführt werden müssen, ist geltendes Recht[34] - und jedenfalls nicht bloßer „Irrglaube“.[35]

Für unseren Kontext ist entscheidend, dass Normanwendung bei aller zu Tage getretenen Komplexität eine Praxis des Begründens bleibt. Die lex artis der professionellen Jurisprudenz etabliert eine „Begründungslehre“.[36] „Das Arsenal der juristischen Methodenlehre (liefert) das zentrale Rüstzeug für die methodologische Disziplinierung der Rechtsanwendung im Sinne rationaler und nachvollziehbarer Argumentation“.[37] Ziel der konsolidierten Auslegungsregeln und ihrer systematischen Verarbeitung in der Rechtsdogmatik ist es, in allen Bereichen der Rechtsgeltung die „widerspruchsfreie Herstellung von Begründungszusammenhängen“ zu gewährleisten.[38] Deduktivität ist demnach ein unverzichtbarer struktureller Kern der Rechtspraxis. Das genügt, um die Praxis der Drohung eines infiniten Regresses auszusetzen.

Bei der Normsetzung bricht sich die Kette der Begründungen an der politischen Entscheidung des Gesetzgebers. Die Entscheidung ersetzt als Grund der Normgeltung deren Begründung durch die Ableitung aus höheren Normen. Das gilt jedoch nicht vollständig und bedingungslos. Die normgebenden Entscheidungen müssen sich an den normativen Vorgaben der Verfassung messen lassen. Formal müssen sie von dem für die Entscheidung legitimierten Gesetzgeber und nach dem für die Gesetzgebung vorgeschriebenen Verfahren getroffen worden sein (Art 70ff. GG). Inhalt-

34 So BVerfGE 128, 193 (210, Rdnr.53).

35 „Irrglaube“ konstatiert Radbruch, der das volitive Element richterlicher Rechtsfindung betont: „die sogenannten Auslegungsmittel dienen in Wahrheit nur dazu, aus dem Text zu begründen, was in schöpferischer Ergänzung des Textes bereits gefunden war.“ Immerhin ist für ihn dieser Glaube „als heilsame Fessel richterlicher Willkür gutzuheißen.“ Radbruch, Gustav (1952), Einführung in die Rechtswissenschaft (9. Auflage), Stuttgart: Köhler, 161. Eine radikale moderne These des ‚Irrglaubens‘ liefert Jacques Derrida, der das Gesetz als Ressource des Begründens komplett entwertet und überhaupt nur der richterlichen Interpretation Rechtsgeltung zuschreibt; Derrida, Jacques (1991), Gesetzeskraft. Der „mystische Grund der Autorität“, Frankfurt a.M.: Suhrkamp.

36 Vgl. Koch, Hans-Joachim (2003), Deduktive Entscheidungsbegründung, in: Alexy, Robert et al. (Hrsg.), Elemente einer juristischen Begründungslehre, Baden-Baden: Nomos, 37-59.

37 Dreier, Horst (2018), Rechtswissenschaft als Wissenschaft – Zehn Thesen, in: Ders. (Hrsg.), Rechtswissenschaft als Beruf, Tübingen: Mohr, 1-66 (25).

38 Schultze-Fielitz (2013), Staatsrechtslehre als Mikrokosmos, Bausteine zu einer Soziologie und Theorie der Wissenschaft des öffentlichen Rechts, Tübingen: Mohr, 405.

lich sind sie an die Grundrechte (zumindest an deren ‚Wesensgehalt', Art 19, Absatz 2 GG) und an die Wertungen der verfassungsmäßigen Ordnung, vor allem das Demokratieprinzip gebunden (Art 1 Absatz 3; 20 Absatz 3 GG).[39] Die Verfassung definiert notwendige Bedingungen für legitime Gesetzgebung. Die hinreichenden Bedingungen für die Rechtfertigung der Gesetzgebungsflut moderner Staaten liegen in den Entscheidungen des demokratisch legitimierten Gesetzgebers. Welchen höheren Normen der Gesetzgeber wegen der Bindung an die Verfassung konkret unterworfen ist, ist im Detail umstritten und wird am Ende durch höchstrichterliche Verfassungsauslegung entschieden.[40] Fest steht aber, dass innerhalb des Rechtssystems die Begründung von Normen durch Ableitung aus höheren Normen bei der Verfassung endet. Was folgt, ist Begründungsabbruch.

An diesem Befund kommt man auch nicht vorbei, wenn man mit der reinen Rechtslehre von Hans Kelsen eine ‚Grundnorm' annimmt, auf die am Ende die Kette der Begründungen für normative Geltung zuläuft. Diese rechtstheoretische Konstruktion schneidet für das Recht den infiniten Regress des Begründens ab und vermeidet den Rückzug auf die Faktizität von Geltung – oder was dasselbe ist: den naturalistischen ‚Fehlschluss' von Sein auf Sollen. Aber sie ist eine Fiktion, eine Art logischer Fluchtpunkt des Begründens. Sie verdeckt den Begründungsabbruch, indem sie einen letzten Grund postuliert, der selbst weder begründungsfähig, noch begründungsbedürftig ist. Dieser Grund ist normativ, aber er ist keine Norm. Aus der ‚Grundnorm' kann man nichts ableiten. Sie ist deshalb auch nicht eine Begründung, sondern eher das Postulat normativer Geltung. Horst Dreier sieht in ihr einen bloßen „Platzhalter für Normativität“[41].

---

39 Hinzukommen die allgemeinen Regeln des Völkerrechts (Art 25 Grundgesetz), sowie eventuell Rechtsakte der Europäischen Union.

40 Schwierig ist diese Bestimmung vor allem wegen der Spannungsverhältnisse zwischen den gleichermaßen geltenden Verfassungsprinzipien: Je stärker man den Gesetzgeber durch die Grundrechte normativ an die Kette legt, um so mehr höhlt man das Demokratieprinzip aus, nach dem der parlamentarische Gesetzgeber über gesellschaftliche Ziele und Konflikte mit Mehrheit entscheiden soll. Durch die Rechtsprechung konsolidierte verfassungsrechtliche Vorgaben sind etwa: Gesetze müssen Gemeinwohlbezug haben; Eingriffe in Grundrechte müssen verhältnismäßig (geeignet, notwendig, zumutbar) sein; bei Grundrechtskonflikten muss ein schonender Ausgleich gesucht werden; die verfassungsgerichtliche Kontrolle des Gesetzgebers muss begrenzt sein (Einräumung einer Entscheidungsprärogative). Nachweise bei Hufen, Friedhelm (2011), Staatsrecht, Band 2: Grundrechte (3. Auflage) München: Beck, § 9.

41 Dreier, Horst (1986), Rechtslehre, Staatssoziologie und Demokratietheorie bei Hans Kelsen, Baden-Baden: Nomos, 88; Müller und Christensen (Fn. 32), 116 sehen in der Grundnorm eine ‚Leerstelle', mit der Kelsen „das Manko einer ver-

Die Geltung der Verfassung mag im Recht axiomatisch als letzte Instanz normativer Begründung gesetzt sein. Aber die Frage, ob dies zu recht geschieht, lässt sich damit nicht ausschalten.[42]

Die Frage zielt auf die Legitimität der Wertungen der Verfassung und die Gültigkeit oder „Richtigkeit" der in ihr erhobenen normativen Geltungsansprüche. Warum sollen (!) die Freiheit und Gleichheit der Person und die demokratische Kontrolle politischer Herrschaft das normative Zentrum der Verfassung bilden? Die Antwort kann nicht in der Berufung auf die Entscheidungsverfahren liegen, aus der die geschriebene Verfassung hervorgegangen ist; das verschiebt lediglich die Frage zur Legitimität der Inhalte der Entscheidung. Es reicht auch nicht, auf die wichtige funktionale Rolle der Verfassung als Ordnungsfaktor für das gesellschaftliche Leben und die Lösung von Konflikten zu verweisen. Diese Leistungen können (wie die Geschichte zeigt) auch im Rahmen sehr unterschiedlicher Verfassungen gewährleistet werden. „Rechtliche Ordnung (...) ist „nicht um der Ordnung willen, sondern *als inhaltlich bestimmte, „richtige" und deshalb legitime Ordnung* aufgegeben."[43] Die Kriterien der "Richtigkeit" sind nach Konrad Hesse:

> *„bewährte Tradition, aber auch deren Gegenteil: geschichtliche Erfahrungen, die erwiesen haben, was nicht „richtig" ist ....Rechtsgrundsätze, die sich in der Erfahrung der Generationen gebildet haben und durch sie bestätigt worden sind, sowie die Leitbilder der lebenden Generation für die Gestaltung der Gegenwart und die der Zukunft."*[44]

Danach sind normative Inhalte, die faktisch vorliegen, weil sie im Zuge historischer Entwicklung in die politische und moralische Kultur der Gemeinschaft eingewandert sind, eine Quelle der Legitimität der normativen Ordnung dieser Gemeinschaft. Eine weitere Quelle ist die tatsächliche Anerkennung dieser Inhalte durch die in diese Kultur hinein sozialisierte

---

schwiegen unterstellten Ideologie methodisch ... zu ersetzen sucht". Ideologisch ist der konsequente Dezisionismus, der jeder Verankerung des positiven Rechts in höheren Rechtsbegriffen oder außerrechtlichen kulturellen Wertungen eine Absage erteilt.

42 Siehe etwa Larenz/Canaris (Fn. 29), 63 Fn. 136: „Prinzipien, auch ‚rechtsethische' eines positiven Rechts sind als solche noch nicht ohne weiteres auch Prinzipien „richtigen Rechts"; Hesse, Konrad (1995), Grundzüge des Verfassungsrechts der Bundesrepublik Deutschland (20. Auflage), Heidelberg: Müller, Rdnr.35: „Als geschriebene Verfassung begründet die Verfassung notwendig Legalität aber nicht notwendig Legitimität".

43 (Fn. 42), Rdnr. 14 (Hervorhebung bei K.H.).

44 Rdnr. 14 und 15.

Bevölkerung: „die grundsätzliche Einigkeit über die Aufgegebenheit der Inhalte".[45] Dass Normen deshalb gültig sind, weil sie für gültig gehalten werden, trifft inzwischen auch für die außerrechtlichen Maßstäbe des Sittengesetzes oder der Sittenwidrigkeit zu, auf die das positive Recht gelegentlich Bezug nimmt. Was danach gesollt ist, bestimmt sich (nach langem Schwanken der Rechtsprechung) nicht nach der Übereinstimmung mit einem vorausgesetzten objektiven ‚Sittengesetz', das alle bindet, sondern nach der Übereinstimmung mit den empirisch feststellbaren moralischen Überzeugungen, die in der Gesellschaft verbreitet sind.[46] Ob die Verankerung in der Faktizität der geschichtlichen Kultur und den Überzeugungen der Angehörigen dieser Kultur als Begründung von Sollgeltung durchgehen kann, ist die Frage. Das würde jedenfalls voraussetzen, dass man den Schluss vom Sein aufs Sollen für eine zulässige Figur argumentativer Logik hält. Schließt man das aus, ist die Verankerung nur ein Hinweis, dass der Abbruch des Begründens nicht willkürlich ist.

Wenn man annimmt, dass der Versuch, die Normativität der Verfassungsprinzipien zu begründen mit dem Rückzug auf die Faktizität der Kultur konkreter Gemeinschaften und auf die normativen Überzeugungen der in dieser Kultur lebenden Menschen endet, überantwortet man die Sollgeltung dieser Prinzipien historischer Relativität und territorialer Partikularität. Das ist ein beunruhigender Befund angesichts der Möglichkeit, dass Kulturen (aus der Sicht welcher anderen Kultur?) entgleisen können. Als Beispiel wird meist angeführt, dass während der Naziherrschaft antidemokratische und rassistische Verfassungsideen durchgesetzt wurden und in der Bevölkerung beträchtliche Zustimmung bekommen hatten. Um der Zumutung zu entkommen, solche Entwicklungen gegebenenfalls als gültig anzuerkennen, kann man entweder zeigen, dass sie nicht nur aus heutiger Sicht, sondern auch im Urteil der damaligen Zeitgenossen nicht als legitime Kultur angesehen worden sind, sondern eben als Entgleisung oder Barbarei.[47] Oder man sucht doch nach Gründen, warum die Garan-

---

45 Siehe auch Rdnr.35: „darüber hinaus verdankt die Verfassung ihre Legitimität der Einigkeit über ihre Inhalte oder doch wenigsten der Respektierung ihrer Inhalte".

46 Eine Analyse des mühsamen Weges zu dieser Konzeption des Sittengesetzes bei Dreier, Horst (2011), „Die ‚guten Sitten' zwischen Normativität und Faktizität", in: Harrer, Friedrich et al. (Hrsg.): Gedächtnisschrift für Theo Mayer-Mali, Wien: Springer, 141-158.

47 Wieacker, Franz (1961), „Rechtsprechung und Sittengesetz", in: Juristenzeitung 16 (1961), 337-345, akzeptiert das Urteil „der rechtlich und verständig gesinnten Rechtsgenossen" als Kriterium der Richtigkeit von Sollgeltung und räumt die Historizität der Kultur ein, aus der dieses Urteil schöpft. Aber diese Kultur ist für ihn „die christliche Welt des Abendlandes, wie sie heute in den Jahrhunderten -

tien von Freiheit und Gleichheit und das Demokratieprinzip nicht nur den Ist-Zustand unserer Kultur repräsentieren, sondern Kriterien der Richtigkeit sind, an denen sich auch andere Kulturen und die in deren Bevölkerung herrschenden normativen Überzeugungen messen lassen müssen.[48] Fündig werden müsste man dieser Suche in der Moralphilosophie.[49] Dass man dabei Erfolg hat, ist jedoch fraglich.

Die Moralphilosophie verfährt weitgehend rekonstruktiv und sucht insoweit ihrerseits Halt im Faktum der Kultur. Sie zielt auf eine Explikation der in der gegebenen Moral implizierten Prinzipien – mit bisher heterogenen und kontroversen Ergebnissen. Die Protagonisten der verschiedenen Positionen kritisieren einander mit dem Argument, dass das von den anderen ins Spiel gebrachte Prinzip unseren moralischen Intuitionen widerspreche oder diese nur unvollkommen reproduzieren könne. Nach Strawson muss die Explikation von Moralprinzipien am „Netz der Einstellungen und Gefühle, die einen wesentlichen Teil unseres moralischen Lebens, wie wir es kennen, ausmachen", ausgerichtet sein.[50] Deshalb verfehlen utilitaristische Ethiken, was wir mit Moral meinen. Schönrich konstatiert: „Der Versuch, die Moralität mit dem Tauschmodell zu explizieren....leistet bisher nicht das, was nach unseren besten moralischen Intuitionen zu

---

auch den letzten! - geworden ist" (339, Fn. 19). Ob diese Definition empirisch zutreffend ist, kann offen bleiben. Jedenfalls kann sie durch kulturellen Wandel außer kraft gesetzt werden. Dann werden ihre normativen Implikationen nicht mehr vom „Rechtsbewusstsein der Rechtsgenossen" getragen, sondern diesem als moralisches Postulat oder Dogma entgegengehalten. Zu erfahren, ob dies bei dauerhafter Nazi-Herrschaft das Schicksal von Grundrechten und Demokratie gewesen wäre, ist den Deutschen durch die Intervention der Alliierten erspart geblieben.

48 Das deutet auch Konrad Hesse (Fn. 42) an: Der grundsätzliche Konsens der Bevölkerung legitimiert die Normen der geschriebenen Verfassung, aber er garantiert nicht notwendig ‚Richtigkeit' (Rdnr.15), hinzu kommen muss die Vereinbarkeit mit den „obersten Prinzipien des Rechts" (Rdnr.35).

49 Die Positivität des Rechts errichtet Interferenzschranken zur Moral. Man kann bei Begründungen im geltenden Recht – abgesehen von den wenigen Bezugnahmen auf die guten Sitten oder das Sittengesetz – gesetzliche Normen nicht durch Berufung auf moralische Normen aushebeln; vgl. Karageorgoudis, Georgios (2020), „Interpretationen der Sein/Sollen-Kluft. In welcher Weise prägt sie das positive Recht und die Rechtswissenschaft und vice versa?", in: Ders. und Noller, Jörg (Hrsg.), Sein und Sollen: Perspektiven in Philosophie, Logik und Rechtswissenschaft, Leiden: Mentis, 243ff. (280f.). Für Begründungen des geltenden Rechts gibt es keine solchen Schranken.

50 Strawson, Peter (1974), Freedom and Resentment, London: Methuen, 22 (Übersetzung vdD).

erwarten ist".[51] Der Bezug auf die Lebenswelt bei Habermas muss wohl ebenfalls als Konzession an das Faktum des „moralischen Lebens, wie wir es kennen" interpretiert werden: Das Moralprinzip – bei ihm die ‚Universalisierbarkeit' normativer Geltungsansprüche – ist weniger eine Quelle als vielmehr eine Instanz der Beurteilung moralischer Inhalte. Der moralische Standpunkt stellt reflexive Distanz zur Lebenswelt her, in der „Pflichten derart mit konkreten Lebensgewohnheiten verwoben sind, dass sie ihre Evidenz aus Hintergrundgewissheiten beziehen können"[52] Alle rekonstruktiv gewonnenen Moralprinzipien rekurrieren auf das Faktum der Kultur; keines entgeht der zeitlichen und räumlichen Relativität dieses Faktums. Mit diesem Ansatz kann man die Geltung von Grundrechten und Demokratie zwar ‚finden', aber nicht begründen.

Die Suche nach Begründung durch ein Moralprinzip, dessen Geltung weder historischem Wandel unterliegt, noch räumliche Grenzen kennt, hat bisher nicht zu anerkannten Ergebnissen geführt. Der Rückweg in die Metaphysik, etwa die Zuflucht zu überzeitlich geltendem Naturrecht, ist versperrt.[53] Viele andere Vorschläge bleiben in Zirkularität hängen: sie schleusen das Moralprinzip in die Prämissen ein, aus denen sie es ableiten. Das gilt, wie Rawls selbst hervorhebt, für sein vertragstheoretisches Modell der Gerechtigkeitsgrundsätze. Danach soll gelten, was Bürger als freie und gleiche Personen in einem fiktiven vorgesellschaftlichen Urzustand nach unparteilicher Überlegung vereinbaren würden, um „Grundrechte und Pflichten im Rahmen der wichtigsten gesellschaftlichen Institutionen fest(zu)legen".[54] Heraus kommt als Grundsatz: „Jede Person hat ein glei-

---

51 Schönrich, Gerhard (1994), Bei Gelegenheit Diskurs. Von den Grenzen der Diskursethik und dem Preis der Letztbegründung, Frankfurt a.M.: Suhrkamp, 83; dagegen haben aus seiner Sicht die verantwortungsethischen Aspekte in der Diskursethik von Habermas „die besten unserer moralischen Intuitionen auf ihrer Seite" (10).

52 Habermas1983 (Fn. 4), 117. In der Lebenswelt sind „kulturelle Selbstverständlichkeiten moralischer, kognitiver und expressiver Herkunft miteinander verwoben" (ebda.).

53 Diese Lösung ist nicht nur philosophisch verpönt, sondern auch in der ‚Lebenswelt' nicht tragfähig. Den naturrechtlichen Tendenzen in der frühen Rechtsprechung des Bundesverfassungsgerichts hält Wieacker (Fn. 47) entgegen, dass „die von einzelnen Urteilen angenommene absolute Rechtsverbindlichkeit naturrechtlicher Sätze auf eine übereinstimmende Überzeugung aller gewissenhaften und rechtlich denkenden Rechtsgenossen jedenfalls nicht gegründet werden (kann)." 1961, 339.

54 Rawls, John (1994), Die Idee des politischen Liberalismus, Frankfurt a.M.: Suhrkamp, 266; 271: „faire Übereinkunft über die Grundsätze politischer Gerechtigkeit zwischen freien und gleichen Personen".

ches Recht auf ein völlig adäquates System gleicher Grundrechte und Grundfreiheiten, das mit dem gleichen System für alle vereinbar ist." Es liegt auch für Rawls auf der Hand, dass dieses Vertragsmodell die Geltung moderner Verfassungsnormen nicht begründet, sondern deren Gehalt illustriert oder rekonstruiert. Es versucht *„auf grundlegende intuitive Gedanken zurückzugreifen, die in den politischen Institutionen eines demokratischen Verfassungsstaats und den öffentlichen Traditionen ihrer Interpretation verankert sind."*[55]

Zirkulär verfahren offenbar eine Reihe von transzendentalphilosophischen Ansätzen, die moralischen Prinzipien universelle Gültigkeit zuschreiben, weil man sie nicht ohne performativen Selbstwiderspruch verwerfen kann. Das dürfte für Positionen zutreffen, die eine Anerkennung als freie und gleiche Person als konstitutiv für vernünftige (reflexive) Handlungsfähigkeit erklären[56] oder in die Semantik von ‚Problemlösung' die Norm hineinlesen, dass die Lösung im argumentativen Diskurs gesucht werden soll.[57] Dem Verdacht von Zirkularität sieht sich auch die Diskursethik von Habermas ausgesetzt. Dieser will begründen, dass die Anerkennung der Anderen als frei und gleich, die diskursintern transzendental gültig ist (weil sie zu den Annahmen gehört, die wir notwendigerweise akzeptieren, wenn wir argumentieren) auch ein diskursübergreifend gültiges Moralprinzip ist. Zwar schickt er voraus, dass es „sich keineswegs von selbst (versteht), dass Regeln, die *innerhalb* von Diskursen unausweichlich sind, auch für die Regulierung des Handelns *außerhalb* von Argumentationen Geltung beanspruchen können."[58] Aber er sieht eine Brücke in

---

55 258. Vgl. auch 268: *„Da wir in der Tradition des demokratischen Denkens beginnen, denken wir uns Bürger als freie und gleiche Personen."*

56 In diese Richtung geht Korsgaard, Christine (2009), Self-Constitution: Agency, Identity, and Integrity, Oxford: UP, 213: Ein allgemein geltender, öffentlicher kategorischer Imperativ „is implicit in the demands of your agency itself". *„You must will in accordance with a universal law. Otherwise you are just a mere heap of impluses, and not an agent after all"*.

57 Als Problemlösung zählt nur ein „vernünftiger Konsens", also eine Lösung, „der jedermann mit Recht zustimmen könnte", Kuhlmann, Wolfgang (1985), Reflexive Letztbegründung. Studien zur Transzendentalpragmatik, Freiburg: Alber, 189f.; kritisch diskutiert bei Wellmer, Albrecht (1999), Ethik und Dialog. Elemente des moralischen Urteils bei Kant und in der Diskursethik, Frankfurt a.M.: Suhrkamp, 109f.

58 1983 (Fn. 4), 96; Wellmer sieht in den inhärenten Normen des Diskurses Rationalitäts-Verpflichtungen und setzt sie kategorial von moralischen Verpflichtungen ab: „Rationalitäts-Verpflichtungen beziehen sich auf Argumente ohne Ansehen der Person; moralische Verpflichtungen beziehen sich auf Personen ohne Ansehen ihrer Argumente." (1999 (Fn. 57), 108).

der gesellschaftlichen Ubiquität des ,kommunikativen Handelns', bei dem sich *„Subjekte, indem sie sich über etwas in der Welt verständigen, an Geltungsansprüchen (...) orientieren"*. Aus kommunikativem Handeln kann man in keiner Kultur aussteigen, denn: *„Die Reziprozitäten, die die gegenseitige Anerkennung zurechnungsfähiger Subjekte tragen, sind bereits in jenes Handeln eingebaut."*[59]

Auf der Basis dieses normativ gehaltvollen Begriffs des sozialen Handelns leitet Habermas ein Moralprinzip der Universalisierung (U) ab:

> *„die Folgen und Nebenwirkungen, die sich aus einer allgemeinen Befolgung der strittigen Norm für die Befriedigung der Interessen jedes Einzelnen ergeben (müssen) von allen zwanglos akzeptiert werden können."*[60]

Der normative Gehalt dieses Prinzips entspricht modernem Moralbewusstsein. Die Ableitung wirft jedoch Fragen auf. Habermas sieht einerseits in den formalen Diskursregeln „hinreichend starke Prämissen für die Ableitung von ,U'."[61] Zugleich betont er aber (zu recht), dass diese Regeln „in allen Kulturen verbreitet sind",[62] (mithin auch in nicht-liberalen oder vormodernen Kulturen) und ihre „transzendentalpragmatische Nötigung sich nicht unmittelbar vom Diskurs auf das Handeln (überträgt)".[63] Erkennbar plausibel ist eigentlich nur die Ableitung eines Verallgemeinerungsprinzips, nach dem die in einer Argumentation vorgebrachten Gründe allgemeine Geltung beanspruchen (sonst sind es keine Gründe) und unparteilich erwogen werden müssen. Albrecht Wellmer hält denn auch die Ableitung des Universalisierungsprinzips ,U' aus den Diskursregeln für „evidentermaßen falsch". *„Habermas führt... eine zusätzliche 'semantische' Prämisse ein (dass wir „mit gerechtfertigten Normen den Sinn verbinden, dass diese gesellschaftliche Materien im gemeinsamen Interesse der Betroffenen regeln") durch welche der zentrale Gehalt des Universalisierungsgrundsatzes gleichsam auf einem verbotenem Seitenwege eingeführt wird"*.[64] Wellmer verweist darauf, dass das in die Reziprozitätsstruktur menschlicher Sozialbeziehungen eingebaute allgemeine Sollen „auch für traditionelle Gesellschaften

---

59 1983 (Fn. 4), 110 „Deshalb gibt es keine soziokulurelle Lebensform, die nicht auf eine Fortsetzung kommunikativen Handelns mit Argumenten mindestens implizit angelegt wäre."

60 Ebda. 103.

61 Ebda; die Diskursregeln sind „Verfahrensbedingungen..., die einer impliziten Anerkennung von ,U' gleichkommen".

62 Siehe oben zu Fn. 18

63 Habermas 1983 (Fn. 4).

64 1999 (Fn. 57), 102.

oder auch für partikularistische Stammesgesellschaften gilt – (dort verstanden) als Gebot Gottes oder als Ausdruck einer natürlichen Ordnung.[65] Fazit seiner Diskussion ist: „allgemeine Präsuppositionen des Argumentierens sind zu schwach, um allein ein universalistisches Moralprinzip zu tragen."[66]

Die philosophische Suche nach einem Moralprinzip, aus dem Normgeltung abgeleitet und dadurch als „richtig" ausgewiesen werden könnte, führt offenbar zu intensiver Dauerreflexion, aber nicht zu allgemein anerkannten Ergebnissen. Eine Ausnahme bilden vielleicht die Regeln einer Minimalmoral, etwa: Nicht-Schaden! Hilf, wenn Du kannst! Versprechen halten! und die ‚Goldene Regel': Was Du nicht willst, dass man Dir tu, das füg auch keinem anderen zu! Diese Regeln werden von allen philosophischen Ansätzen reproduziert.[67] Die Verfassungsnormen Freiheit, Gleichheit und Demokratie sind aber zweifelsfrei normative Ansprüche jenseits solcher Minimalmoral. Wenn man ihre Gültigkeit problematisiert, bleibt nur die Berufung auf das Faktum der Kultur: Sie sind „richtig", weil (und sofern) sie zum für selbstverständlich und evident gehaltenen Repertoire der Kultur gehören und von stabilen normativen Überzeugungen der (großen Mehrheit der) Bevölkerung getragen werden. Nach dem, was man gemeinhin unter ‚begründen' versteht ist diese Verankerung in

---

65 Ebda. 139.

66 Ebda. 111. Undeutlich ist auch die Positionierung von Alexy. Für ihn gilt, dass „alle menschlichen Lebensformen argumentationstheoretische Universalien, die durch Diskursregeln ausgedrückt werden, notwendig enthalten" (1995 (Fn. 4) 140). Das liegt quer zur Aussage: Die Diskursregeln „bringen auf der Ebene der Argumentation die liberalen Ideen der Universalität und der Autonomie zum Ausdruck" (130). Die ernsthafte Teilnahme an einem Diskurs soll zwingend mit der Anerkennung des Autonomieprinzips verbunden sein und damit „wird die Trennung von Handlung und Diskurs aufgehoben... damit überträgt sich die Freiheit und Gleichheit im Diskurs auf den Bereich des Handelns." (150) Aber wie funktioniert die Übertragung? Alexy dürfte hier aus den Diskursregeln zirkulär das herausgezogen haben, was er zuvor in sein Konzept der ernsthaften Teilnahme an Argumentation hineingesteckt hat. Wenn das Autonomie-Modell zugestanden wird, lassen sich ungleiche Rechte nicht mehr verteidigen, gleiche politische Grundrechte, und soziale Grundrechte werden unvermeidlich (157 Fn. 66).

67 Zur Minimalmoral vgl. Gert, Bernard (1983), Die moralischen Regeln, Frankfurt a.M.: Suhrkamp (engl. 1966). In diesen Regeln spiegeln sich Konstanten der menschlichen Natur (physische und psychische Verletzlichkeit) oder basale Funktionsbedingungen sozialer Koordination. Sie gelten in allen Kulturen. Allerdings ist es eine empirische Frage, ob sich der Allgemeingültigkeitsanspruch wie bei epistemischen Geltungsansprüchen auf alle Menschen überhaupt bezieht oder auf „alle von uns", also auf die Angehörigen der jeweiligen Gemeinschaften (Kulturen).

der Faktizität der Kultur keine Begründung, sondern der Abbruch von Begründung. Aber sie reicht, um die Verfassungsnormen von Rechtfertigungsdruck freizustellen und den Begründungsabbruch als nicht-willkürlich zu kennzeichnen.

Die Philosophie wird allerdings auf der Suche nach kulturübergreifender universeller Begründung moralischer Ordnung nicht so schnell das Handtuch werfen. Habermas hat jüngst in einem monumentalen Durchgang durch die Geschichte der Philosophie erneut zu zeigen versucht, dass sich die kulturelle Evolution als ein gattungsgeschichtlicher Lernprozess rekonstruieren lässt, der auf nachmetaphysisches Denken und eine Moral der „vernünftigen Freiheit" hinausläuft.[68] Seine genealogische Rekonstruktion macht Ernst mit historischer Kontingenz: Es gibt kein Telos der Geschichte, das die Entstehung normativer Ordnungen vorantreibt. Diese hätten auch anders oder nicht sein können, und für gesellschaftsstabilisierende funktionale Leistungen, denen sie sich ihre Existenz verdanken mag, kann es im Prinzip funktionale Äquivalente geben. Bleibt die Frage, ob eine Genealogie der Moral unter dieser Voraussetzung mehr liefern kann als die Erhellung und Erklärung faktischer Geltung. Keine Frage ist dagegen, dass eine Genealogie der ‚Heiligkeit', die in unserer Kultur basalen Menschenrechten zugeschrieben wird, nur die faktische Geltung dieser Rechte und nicht auch deren Gültigkeit ausweisen kann.[69] Die reflexive Vergegenwärtigung dieser Genealogie kann die Geltung verstärken (oder im Fall kontroverser moralischer Ansprüche auch schwächen), aber sie kann sie nicht begründen. Dafür müsste man annehmen, dass die geltenden Normen nicht nur *für heilig gehalten* werden, sondern dass sie *heilig sind*.[70] In Begründungsnot bleibt auch eine Position, die einerseits die historische Kontingenz der Menschenrechtsmoral betont, aber andererseits davon ausgeht, dass ihre Geltung irreversibel ist, sobald sie einmal entstanden ist. Siep beruft sich zur Begründung auf Anthropologie: „Menschenrechte enthalten das Minimum dessen, was Individuen einander und was Gemeinschaften den Individuen schulden. Sie sind (...) Bedingungen der Entfaltung menschlicher Fähigkeiten und Möglichkeiten. Sie betreffen

---

68 Habermas, Jürgen (2019), Auch eine Geschichte der Philosophie. Berlin: Suhrkamp.

69 Joas, Hans (2011), Die Sakralität der Person. Eine neue Genealogie der Menschenrechte, Berlin: Suhrkamp.

70 Vgl. auch Kettner, Matthias (2014), „Affirmative Genealogie und argumentativer Diskurs. Ein Vergleich im Anschluss an Hans Jonas", in: Große Kracht, Hermann-Josef (Hrsg.), Der moderne Glaube an die Menschenrechte. Philosophie, Soziologie und Theologie im Gespräch mit Hans Joas. Bielefeld: transcript, 29-48.

sozusagen die ‚Artgerechtigkeit' im Verhältnis zu diesem Lebewesen."[71] Das mag vielleicht plausibel sein, wenn man Minimalmoral vor Augen hat (wie bei der Verurteilung der Verbrechen der Nazi-Zeit, die historisch zur Erklärung der Menschenrechte von 1948 geführt haben). Die anthropologische Begründung führt dann aber an wesentlichen Gehalten der geltenden Moral und des modernen „Rechts, Rechte zu haben", vorbei. Schließt man diese Gehalte ein, droht Zirkularität: Man schleust in die Begründung ein, was man aus ihr ableiten will.[72]

In der Philosophie ist vielleicht das letzte Wort darüber, ob man die basalen normativen Ansprüche der Menschenrechtsmoral, die in unserer Kultur faktisch gelten (erhoben werden), als kulturübergreifend gültig ausweisen kann, noch nicht gesprochen. Aber das Fazit aus dem gegenwärtigen Stand der Diskussion ist eher, dass Normativität am Ende in der Faktizität der Kultur wurzelt und die Gültigkeit von Normen daher unausweichlich zeitlich und räumlich relativ bleibt. Darüber hinaus muss man einräumen, dass Strategien der Begründung, die einer entfesselten Logik der Ableitung folgen, zu Grundlosigkeit führen. Man steht also in keiner Hinsicht auf festem Boden.

2.2 *Die erfolgreiche Praxis des ‚grundlosen' Begründens*

In realen Diskursen hinterlassen die Aporien, in die sich die philosophische Reflexion des Begründens verwickelt, so gut wie keine Spuren. Die Beteiligten operieren auf der Basis von Konsens, der sich aus den Hintergrundgewissheiten der Kultur speist – und (zusätzlich) aus der Rahmung des Problems, zu dem sie argumentieren. Die Kultur strukturiert den ‚Argumentationshaushalt', aus dem die Diskursteilnehmer schöpfen. Im Faktum der Kultur, und nicht erst in philosophischer Reflexion, werden Rationalitätskonzepte von moralischen Ansprüchen und Verfahrensidealen unterschieden und die Kriterien zur Beurteilung der Gültigkeit von Gründen bereitgestellt. Die in die Lebenswelt eingelassene Kultur trennt Werte von Tatsachen und moralische Normen von konventionellen Regeln; sie zieht die Trennlinien zwischen dem allgemeinen Gerechten und dem partikularen Guten und begrenzt so den Pluralismus; sie etabliert die

71 Siep, Ludwig (2020), Technisierung der Natur – Historisierung der Moral. Ziele und Grenzen. Paderborn: Mentis, 45.

72 „Menschenrechte gelten für Wesen mit besonderen Fähigkeiten und Pflichten, vor allem Vernunft und Autonomie" (ebda. 45).

Menschenrechte und Demokratie als ‚gute' Gründe; sie nötigt zur Rechtfertigung von Geltungsansprüchen und rückt Diskursverweigerung in die Nähe devianten Verhaltens.[73] Diese Vorgaben schaffen einen ‚common ground', der im Diskurs nicht erzeugt, sondern bestätigt wird – man könnte auch sagen: ‚betätigt' wird – und der selten seinerseits zum Thema wird. Argumentiert wird im Diskurs gewissermaßen auf mittlerer Ebene: Die Logik des Begründens bleibt intakt; zirkuläre Ableitung (petitio principii) und Schlüsse von Sein auf Sollen sind epistemische Fehler und daher ungültig. Aber die Abgründe, die in dieser Logik lauern, werden gemieden. Für die Praxis des Begründens ist die Philosophie irrelevant.

In allen von uns beobachteten Argumentationen wurden Tatsachenbehauptungen problematisiert: Gibt es die behaupteten Risiken der transgenen Pflanzen? Welche gesellschaftlichen Fehlentwicklungen drohen, wenn Suizidbeihilfe freigegeben wird? Sind die Patente auf Aidsmedikamente die entscheidende Ursache für Versorgungsmängel in armen Ländern? Kann man aus dem Menschenrecht auf Gesundheit individuelle Ansprüche gegen Pharmakonzerne ableiten? Im allen Diskursen wurden solche Fragen epistemologisch ‚harmlos' abgehandelt. Es wird als selbstverständlich vorausgesetzt, dass, was der Fall ist, nicht davon abhängt, was normativ richtig oder politisch wünschenswert ist; und ebenso, dass wissenschaftliche Expertise (auch die aus der Sozial- und Rechtswissenschaft) objektive Erkenntnisse darüber liefern kann, was in der Wirklichkeit der Natur, der Gesellschaft oder des Rechts der Fall ist und wie der Fall kausal zu erklären ist. Für die reflexiven Höhenflüge von Meta-Analysen, die diese Vorausset-

73 Die Hintergrundgewissheiten, die das Faktum der Kultur liefert, sind mehr als eine Sittlichkeit, in der „kulturelle Selbstverständlichkeiten moralischer, kognitiver und expressiver Herkunft miteinander verwoben" sind und erst in theoretischer Einstellung klare Konturen bekommen (dazu Habermas 1983 (Fn. 4), 117). Zur gelebten Kultur gehört z.B. auch ein Bewusstsein der Unterscheidung zwischen moralischen Normen, die unbedingt gelten und konventionellen Regeln, die weniger strikt gelten. Kinder haben diese Unterscheidung schon im Alter von etwa 4 Jahren gelernt, also dem Handeln und Sprechen ihrer sozialen Umgebung abgelesen; siehe Nunner-Winkler, Gertrud (1998), „Zum Verständnis von Moral - Entwicklungen in der Kindheit", in: Weinert, Franz (Hrsg.), Entwicklung im Kindesalter, Weinheim: Beltz, 133-152. Ebenso ist es alltägliche Kompetenz und Praxis, in reflexiver Einstellung zu den Motiven des eigenen Handelns von dem, was man spontan will, zu dem zu wechseln, was man legitimer Weise wollen kann (also „second order desires" zu bilden – im Sinne von Frankfurt, Harry (1988), The importance of what we care about. Philosophical essays, Cambridge: University Press). Die moderne Lebenswelt ist per se mit analytischen und reflexiven Elementen durchsetzt.

zungen radikal zur Disposition stellen und Unklarheit hinterlassen, lässt dieser ‚common ground' keinen Raum.

Im Diskurs zu den transgenen Pflanzen wurden die Anhänger der Risikobehauptung durch Expertenurteile argumentativ in die Enge getrieben. Kritik am Wissen der Experten nahm daher in den Diskussionen einen breiten Raum ein: Werden die richtigen Fragen gestellt? Wo behaupten die Experten mehr als sie beweisen können? Was weiß man sicher, was mit Wahrscheinlichkeit, was kann man gar nicht wissen? Aber diese Kritik war deshalb epistemologisch harmlos, weil sie nicht darauf abzielte, die Geltungsansprüche der Wissenschaft zu relativieren, sondern darauf, sie richtig einzuschätzen. Am Ende der Diskussion war klar, dass manches in der Wissenschaft ungeklärt oder umstritten ist und dass es Idealisierung in Theorien und Modellen, Streuung bei experimentellen Befunden und Fehlerraten in Testsystemen gibt. Das Mandat der Wissenschaft, die Tatsachen zu klären, blieb davon unberührt. Denn es wurde ebenso klar, dass darüber, was an wissenschaftlicher Erkenntnis unsicher ist, wiederum nur im Bezugsrahmen der Wissenschaft entschieden werden kann: Niemand kann eine wissenschaftliche Kontroverse von außen anzetteln, und auch um festzustellen, was man nicht weiß, muss man wieder auf Expertenwissen zurückgreifen.[74] Vom „Elend der Experten", das die Soziologie diagnostiziert,[75] war im Diskurs wenig zu erkennen.

Die Diskursteilnehmer praktizierten einen erkenntnistheoretischen Realismus, der auf Abstand geht zu den Relativismen und konstruktivistischen Nebelfeldern, mit denen postmoderne Theorien und die empirische Wissenschaftssoziologie die Geltung theoretischer Einsicht und die Objektivität von Tatsachen radikal in Frage stellen. Am Runden Tisch haben die Teilnehmer auch in Argumentationsnot nicht versucht, sich damit zu retten, dass man zwischen Wahrheit, Moral und Politik ohnehin keine klare Grenze ziehen könne.[76] Und niemand wandte ein, dass wissenschaftliche Aussagen doch auch nur selektive Meinungen seien, die bei einem

---

74 Vgl. im Einzelnen van den Daele 1996 (Fn. 13).

75 Früh: Hartmann, H. und Hartmann, M. (1982), „Vom Elend der Experten", in: Kölner Zeitschrift für Soziologie und Sozialpsychologie 34, 193-223; siehe auch Hitzler, Ronald; Honer, Anne und Maeder, Christoph (Hrsg.) (1994), Expertenwissen. Die institutionalisierte Kompetenz zur Konstruktion von Wirklichkeit, Opladen: Westdeutscher Verlag.

76 Dass solche „Code-Synthesen" weit verbreitet seien, meint Beck, Ulrich (1993), Die Erfindung des Politischen, Frankfurt a.M.: Suhrkamp, 194. Das mag für argumentativen Schlagabtausch in der politischen Öffentlichkeit zutreffen. Im Diskurs werden sie als unklare Verbindung von Tatsachenbehauptungen und politischer Programmatik erkannt und wieder getrennt.

Wechsel der Perspektive auch anders ausfallen könnten, oder dass auch Tatsachen nicht gefunden, sondern ‚erfunden' werden.[77] Solche Thesen sind in einem Diskurs unter Anwesenden schlechterdings nicht ‚anschlussfähig'; sie wären von den Teilnehmern mit Kopfschütteln registriert und als deviant zurückgewiesen worden.

Der erkenntnistheoretische Realismus, der im Diskurs als ‚common ground' gesetzt ist, wird dem Alltagsverständnis und der Praxis der Wissenschaft gerecht. Aber er bewegt sich nicht auf der philosophischen Höhe der Zeit. Er zieht keine Konsequenzen aus der Tatsache, dass auch Wissenschaft eine soziale Konstruktion ist. Für diese Zurückhaltung gibt es aber gute Gründe: Wissenschaft ist Menschenwerk und alle Erkenntnis wird in Geschichte und Gesellschaft „konstruiert" – mit den Mitteln (Kategorien, Standards, Techniken), die im Repertoire der jeweiligen Kultur zur Verfügung stehen. Insofern führt am Konstruktivismus kein Weg vorbei. Aber das bedeutet nicht, dass alle kognitiven Katzen grau werden und Wissen, das wir haben, austauschbar ist. Auch eine Theorie, die alle Realität in soziale Konstruktion einschließt, muss zwischen Wahrheit und Irrtum, zwischen Wissen und Illusion unterscheiden können – andernfalls konstruiert sie schlecht.[78] Normalerweise wird man die fundamentale Tatsache, dass alle Realität sozial konstruiert ist, bei der Analyse der Realität einfach vernachlässigen können. Man gesteht sie im Prinzip zu, zieht sie aber gewissermaßen vor die Klammer (denn sie gilt ja für alles), und fährt dann fort, in objektivistischer Manier von Dingen und Prozessen zu reden, die es in der Natur oder in der Gesellschaft „gibt". Das ist übliche Praxis im

77 Siehe dazu aus dem Umkreis Foucaultscher Biopolitikanalysen: Wehling, Peter (2008), „Selbstbestimmung oder sozialer Optimierungsdruck? Perspektiven einer kritischen Soziologie der Biopolitik", in: Leviathan 36, 249-273 (256): „wissenschaftliche Aussagen [sind] nicht als autoritative Realitätsdefinitionen [zu betrachten], sondern als fehlbare Wissensansprüche, die ihrerseits auf bestimmten Vorannahmen und spezifischen, häufig selektiven Erkenntnispraktiken beruhen." Von der „Erfindung" biowissenschaftlicher Tatsachen spricht Thomas Lemke (2007), Biopolitik zur Einführung, Hamburg: Junius, 174. Zur Kritik: van den Daele, Wolfgang (2009), „Biopolitik, Biomacht und soziologische Analyse", in: Leviathan 37, 52-76.

78 Zu ‚schlechten' Konstruktionen kommen soziologische Analysen, wenn sie aus der teilnehmenden Beobachtung von Wissenschaft folgern, dass es harte Fakten nicht gibt, oder dass darüber, ob ein valides Forschungsergebnis erreicht worden ist, nach sozialen Mechanismen (etwa durch ein Machtwort des Forschungsleiters) entschieden wird; siehe van den Daele 1996 (Fn. 13). Die soziologische Beobachtung blendet die Inhaltsebene von Erkenntnissen und Argumenten systematisch aus und sieht dann, was sie sehen kann. Sie beschreibt die Entstehung von Wissensansprüchen. Zur Geltung des Wissens kann sie nichts sagen.

Alltag und in der Wissenschaft – und es ist nicht nur unschädlich, sondern notwendig. Das gilt auch für den Diskurs.

Distanz zu den philosophischen Höhen der Begründung wird in der Praxis auch bei normativen Geltungsansprüchen gewahrt. Reale Diskurse haben konkreten Streit zum Thema und konzentrieren sich auf Bewertungsprobleme, die für diesen Streit von Bedeutung sind. Es spielt sich unter den Beteiligten implizit oder explizit ein Konsens darüber ein, welche normativen Vorgaben, moralischer oder rechtlicher Art, die in der Gesellschaft faktisch gelten, nicht Gegenstand, sondern Ausgangspunkt ihrer Verhandlungen sind.

Im NER prallten im bioethischen Streit unvereinbare moralische Ansprüche aufeinander, aber nicht unvereinbare moralische Welten. Die Beteiligten signalisierten einander Konsens über grundlegende moralische und verfassungsrechtliche Werte und Normen. Alle bekannten sich zu den Menschenrechten, zum Respekt vor der Selbstbestimmung, zur Achtung der Menschenwürde, zur Unverfügbarkeit menschlichen Lebens und zur Verpflichtung, anderen oder der Gemeinschaft nicht zu schaden als Prinzipien der moralischen Bewertung. Und alle nahmen diese Prinzipien zur Stützung ihrer eigenen Position in Anspruch. Insoweit behandelten sie faktische moralische Geltung nicht als Problem, sondern als Ressource. Sie stritten nicht über die Begründung moralischer Prinzipien, sondern über deren Abwägung im Kollisionsfall und über die Prämissen ihrer Anwendung. ‚Common morality' war ein selbstverständlicher Bezugsrahmen. Und je nachdem, welches konkrete bioethische Problem auf der Agenda des Diskurses stand, umfasste der Hintergrundkonsens auch positivrechtliche Regelungen, deren Geltung in der Gesellschaft keineswegs unangefochten war. So verständigte man sich bei den Beratungen zur Sterbehilfe darauf, das Verbot der Tötung auf Verlangen nicht zur Disposition zu stellen. Man machte auch nicht zum Thema, ob die Verfügung über das eigene Leben bedingungslos der Selbstbestimmung zu überantworten sei, sondern allein die Frage, wie weit die Selbstbestimmung bei unheilbarer Krankheit und schwerem Leiden reichen soll.[79]

---

79 Die Tatsache, dass die Beteiligten einen gemeinsamen normativen Rahmen aufbauen, um ihren moralischen Streit auszufechten, belegt Georg Simmels These, dass Streit verbindet und zur sozialen Integration beitragen kann, weil er die Werte hervorkehrt, um die es allen Konfliktparteien geht (wenn auch möglicherweise in Konkurrenz miteinander) und die allseits als fraglos vorausgesetzt werden. Konflikte können wie ein Rechtsstreit unerbittlich sein, sind aber wie dieser "von der strengen Einheit gemeinsamer Normen und Bedingtheiten umgeben"; Sim-

Im Diskurs über den Zugang zu patentierten Aids-Medikamenten waren das Menschenrecht auf Gesundheit, die Verbindlichkeit des Internationalen Patentrechtsabkommens (TRIPS) und eine moralische Pflicht der Pharmaunternehmen, ärmeren Ländern bei der Bewältigung einer Gesundheitskrise zu helfen die von allen anerkannten normativen Hintergrundprämissen. Die Anerkennung war unterschiedlich motiviert und zum Teil pragmatisch bedingt: Man ließ sich auf Kompromisse ein, mit denen man weiterzukommen glaubte. Für die Unternehmen etablierte das TRIPS-Abkommen die Legitimität ihrer Patente; die NGO kritisierten das Abkommen zwar als fundamental ungerecht, legten es aber (mit Berufung auf pacta sunt servanda) zugrunde, weil es auch das Recht der Vertragsstaaten bestätigt, im Notfall Zwangslizenzen für diese Patente zu beschließen. Die Anerkennung der Pflicht zu helfen, war eine Konzession der Unternehmen an den wachsenden öffentlichen Druck auf ökonomische global players, soziale Verantwortung zu übernehmen; mit dieser Konzession schützten sie ihr Geschäftsmodell.[80]

Anders als es auf den ersten Blick erscheinen mag, ging es den Konfliktpartien auch in diesem Diskurs nicht darum, die normativen Geltungsansprüche, mit denen sie angetreten waren, prinzipiell zu klären, also zu begründen oder zu widerlegen. Sie akzeptierten gemeinsam die faktische Geltung dieser Ansprüche (wenigstens teilweise) und behandelten sie als Ressource im normativen Streit. Dessen Thema war, ob Pharmaunternehmen verpflichtet sind, auf Patentrechte zu verzichten, um der Bevölkerung in armen Ländern den Zugang zu den Aids-Medikamenten zu ermöglichen. Inhaltlich gestritten wurde dann über die Verantwortung für die Folgen des unternehmerischen Handelns und um gerechtfertigte Kompromisse zwischen legitimen Zielen. Dabei wurde nicht über Interessen verhandelt, sondern zu moralischen Gründen argumentiert. Aber es ging nicht um die Gültigkeit der Prinzipien von Moral und Recht. Der Common Ground, der sich zwischen den Diskurseilnehmer einspielte, ging mit einer Transformation des Streitgegenstands einher: Was in der Hitze der politischen Kontroverse als Widerstreit unvereinbarer fundamentaler Werte, Normen und Ziele der Parteien erschien, wurde im Diskurs zur Suche nach einem gerechten Ausgleich zwischen (zumindest partiell) legitimen

---

mel, Georg (1984 [1908]), Der Streit, in: Ders., Soziologie. Untersuchungen über die Formen der Vergesellschaftung, Frankfurt a.M.: Suhrkamp, 284-382 (307).

80 Entsprechendes dürfte für die sich langsam durchsetzende Verpflichtung der Unternehmen gelten, die Beachtung der Menschenrechte in ihren Lieferketten sicherzustellen.

Ansprüchen beider Seiten. Es ging nicht mehr ums Prinzip, sondern um einen adäquaten Kompromiss.[81]

In unseren Diskursen stellten sich die Mitglieder auf einen ‚common ground', der moralische Ansprüche ernst nimmt und die Praxis normativen Begründens davor bewahrt, in die Diskussion von Präferenzen abzugleiten, und der diese Praxis zugleich so kanalisiert, dass sie sich nicht in fundamentale Probleme der Begründung moralischer und rechtlicher Geltung verwickelt. Man hält sich auf einer ‚mittleren Ebene' von Begründungsdiskussionen, auf der philosophische ‚Enthaltsamkeit' garantiert ist.

Das dürfte typisch für reale Diskurse sein. In der Praxis wird zielführend argumentiert. Man diskutiert Wertungsfragen, auf die es im Kontext des konkreten Konflikts ankommt. Auf eine Tieferlegung von Gründen, die prima facie plausibel sind, kommt es in aller Regel eben nicht an. Für die Tiefendimension stützt man sich auf das Faktum der Kultur. Grundlegende moralische und rechtliche Normen sind in gesellschaftlichen Institutionen und in der Alltagsmoral verankert; sie werden vom Geltungsglauben der Bevölkerung getragen. Das Gewicht ihrer faktischen Geltung reicht, um sie ohne Begründung als gültige Normen zum Ausgangspunkt der Begründungspraxis zu nehmen.

Die philosophische Enthaltsamkeit realer Diskurse führte im NER dazu, dass die Kompetenzen der professionellen Philosophen und Ethiker weitgehend brach lagen. Die Expertise der Juristen war dagegen gefragt, weil alle Parteien, auch die Kirchenvertreter, sich auf die Wertentscheidungen des Grundgesetzes beriefen.[82] Die Dominanz der Juristen wurde beklagt, aber nicht wirksam korrigiert. Man bestand auf repräsentativer Darstellung der in der Rechtswissenschaft kontroversen Positionen zur Verfassungsauslegung, um die eigene Position als vertretbar zu legitimieren. Aber man begab sich letztlich in die Hände des Bundesverfassungsgerichts, das die Offenheit der Auslegung beenden und autoritativ festschreiben kann, was gilt.[83]

---

81 Siehe Döbert et al. 2003 (Fn. 1), 58ff.

82 So machten etwa diejenigen, die für ein Verbot von Präimplantationsdiagnostik eintraten, geltend, dass dieses sich "nicht auf eine von mehreren, pluralistisch nebeneinander stehenden ethischen Beurteilungsmöglichkeiten stützt, sondern auf das 'ethische Minimum', das im Grundgesetz seinen Niederschlag gefunden hat". NER (Nationaler Ethikrat) (2003), Genetische Diagnostik vor und während der Schwangerschaft, 101. https://www.ethikrat.org/fileadmin/Publikationen/Stellungnahmen/Archiv/Stellungnahme_Genetische-Diagnostik.pdf.

83 Für die Sterbehilfe hat das Urteil vom 26. Februar 2020 das gesetzliche Verbot „geschäftsmäßiger" Suizidbeihilfe für nichtig erklärt und den Vorrang des Selbstbestimmungsrechts Sterbewilliger vor dem objektiven Schutz des (ihres) Lebens

Die Begründungspraxis in den von uns beobachteten Diskursen wurde durch die Bindung an den aufgebauten ‚common ground' ähnlich eingeschränkt wie die richterliche Praxis durch die Bindung ans Gesetz. Man argumentiert mit normativen Vorgaben, die man nicht begründet, sondern auslegt und auf konkrete Probleme anwendet. Das begrenzt mögliche theoretische Reflexivitätsgewinne, nicht aber die praktischen Rationalitätsgewinne, die man durch Diskurs realisieren kann.

Im IPR-Verfahren ergab die Argumentation, dass das Menschenrecht auf Gesundheit zwar nur die Vertragsstaaten direkt bindet, dass diese Bindung aber indirekt auf die Pharmaunternehmen zurückschlägt: „Public health care is primarily the responsibility of the government" (conclusion 126); aber: „States have the duty to couch intellectual property laws in such a way that the common good, especially public health, is respected" (128). Der Patentschutz von neuen Medikamenten wurde im Grundsatz legitimiert, aber im konkreten Fall relativiert: „*Companies are economic agents and as such have a right to be profit oriented [und]... a right to compensation for innovation*"; aber sie haben „*a responsibility to act ethically and respect human rights*" (117), und: „*If there is a conflict, public health has primacy over IPRs*" (116). Die Lösung des Konflikts wurde im Endbericht darin gesehen, dass die Pharmakonzerne die patentgeschützten Medikamente den ärmsten Ländern zu deutlich niedrigeren Preisen oder umsonst (als drug donation) liefern: „*This is a variant of the moral principle of distribution according to need, as adapted to the business system*" (117).[84] Dieses Bündel von Schlussfolgerungen kann als Beispiel für ein wohlerwogenes Urteil im reflexivem Gleichgewicht gelten. Es identifiziert die legitimen Kerne, die nach argumentativer Prüfung den kontroversen Geltungsansprüchen der Parteien attestiert werden müssen und integriert diese nach Abwägung zu einem Ausgleich, der als fair (oder zumindest als hinnehmbar) angesehen wird. Das sowohl-als-auch der Schlussfolgerungen im Endbericht zeigt den Kompromisscharakter.[85]

---

festgeschrieben (2 BvR 2347/15, http://www.bverfg.deZe/rs20200226_2bvr234715.html). Die Vorsitzende des Deutschen Ethikrats sah nach diesem Urteil keinen Spielraum mehr für eine abweichende moralische Bewertung im Ethikrat: „Die Messe ist gesungen" (in einer Talkshow Anfang 2021). Roma locuta causa finita!

84 Belege in: WBCSD/WZB 2002 (Fn. 1).

85 Auf einen entsprechenden Kompromiss haben sich (noch während der Laufzeit des Diskurses) die Staaten im Rahmen der Doha-Verhandlungen der WTO verständigt. Im Diskurs war diese Verständigung das Ergebnis von Argumentationen über Gründe, nicht von Verhandlung über Interessen. Allerdings wurde bei einem Pharmaunternehmen die Zustimmung zum Endbericht auf der Vorstands-

Im NER endeten die Diskussionen über bioethische Streitfragen meist im Dissens. Aber es war ein *rationaler* Dissens. Er stand am Ende eines Argumentationsprozesses, der nach den Diskursregeln (s.o.) ablief. Die Beteiligten gestanden einander zu, dass sie guten Willens sind und sich von moralischen Gründen leiten lassen. Und es war sehr wahrscheinlich, dass alle verfügbaren Gründe pro und contra auf der Agenda gestanden hatten und in Betracht gezogen worden waren. Ein solcher Dissens legt nahe, dass es mehrere Lösungen geben kann, die das Kriterium eines Urteils im Überlegungsgleichgewicht erfüllen. Er kann als Indiz dafür angesehen werden, dass man sich bei den umstrittenen Fragen nicht auf die selbstverständliche Geltung der common morality oder etablierter Verfassungsnormen berufen kann. Die Antwort auf die Frage: „Verbietet die Menschenwürdegarantie die Instrumentalisierung humaner embryonaler Stammzellen in der Forschung?" oder auf die Frage: „Soll der objektive Schutz des menschlichen Lebens Vorrang vor der subjektiven Selbstbestimmung Sterbewilliger haben?" ist nicht (oder nicht mehr) durch faktischen Konsens in der Gesellschaft hinreichend vorprogrammiert. Es gibt Raum für einen legitimen Pluralismus moralischer Urteile. Dies zu konstatieren, wäre ein erhellendes Diskursergebnis gewesen. Die Mitglieder des NER, die eine Einschränkung von Forschungsfreiheit und Selbstbestimmung für moralisch geboten hielten, verweigerten sich aber der Anerkennung dieses Befundes in einer gemeinsamen Stellungnahme. Sie begründeten in eigenen Stellungnahmen, warum ihre Lösung doch die einzig moralische vertretbare sei.

Die Weigerung, bei bioethischen Streitfragen legitimen moralischen Pluralismus zu konstatieren, stand im Kontrast zur impliziten, aber selbstverständlichen Anerkennung dieses Pluralismus bei religiösen Gründen. Niemand unter den verschiedenen Religionsvertretern hat sich im Diskurs jemals auf die Gebote Gottes oder eine göttliche Ordnung bezogen. Es stand von vornherein fest, dass solche Bezüge als persönliches Bekenntnis toleriert, aber nicht als allgemein gültige Gründe berücksichtigt worden wären. Der Kontrast dürfte sich daraus erklären, dass die Trennlinie zwi-

---

ebene erst nach einer Intervention des WZB erreicht, in der an die Interessenlage appelliert wurde. Übergänge von Argumentieren zu Verhandeln (und zurück) gibt es häufig in Konfliktlösungsverfahren; vgl. dazu Holzinger, Katharina (2001), „Verhandeln statt Argumentieren oder Verhandeln durch Argumentieren. Eine empirische Analyse auf der Basis der Sprechakttheorie", in: Politische Vierteljahresschrift 42 (3), 414-464. Übergänge von arguing zu bargaining dürften dazu beitragen, das Interesse am Diskurs zu stabilisieren und so die diskursive Interaktion am Leben zu erhalten.

schen Pluralismus und in der Kultur kanonisierten Wertentscheidungen bei religiösen Fragen seit langem feststeht, während sie bei den bioethischen Streitfragen gerade gezogen oder noch gesucht wird. An diesem Punkt zeigt sich, dass die Bewertungssicherheit, die man gewinnt, indem man sich auf den Boden der normativen Ordnung der faktischen Kultur stellt, trügerisch ist. Man wird mit der Kontingenz der Kultur konfrontiert. Und für den Umgang mit ihrer eigenen Kontingenz bietet die Kultur keine Sicherheit.

3. Die Kontingenz des Faktums der Kultur

Normativität (Sollgeltung) kann zwar nicht logisch durch Ableitung aus dem Faktum der Kultur begründet werden, aber sie hat ontologisch einen letzten Grund in der Faktizität der Kultur. Dieser Befund kann nicht wirklich überraschen. Er wird sogar trivial, wenn man vor Augen hat, dass Normen historisches Menschenwerk sind und weder dem apriori von Vernunftzwang entspringen, noch in einer transzendenten Welt jenseits von Raum und Zeit existieren. Das Sollen hat seinen Grund im Sein, nicht umgekehrt. An der Geschichtlichkeit der Kultur und der in ihr verankerten Prinzipien normativer Ordnung führt kein Weg vorbei. Zugespitzt: Die rationale Gültigkeit dieser Prinzipien besteht in ihrer faktischen Geltung.

Diese Geltung ist nicht in Stein gemeißelt. Sie ist kontingent und im Fluss. Sie ist das Ergebnis sozio-kultureller Evolution und kann durch Evolution auch wieder außer kraft gesetzt werden. Die Kontingenz impliziert den Relativismus der Sollgeltung. Sie entwertet aber nicht moralische und rechtliche Vorgaben der Kultur, die hier und jetzt gelten und in der Gegenwart für richtig gehalten und durchgesetzt werden. Zum einen kann man sich nicht akzeptierten normativen Bindungen entziehen, indem man geltend macht, dass sie in Zukunft vielleicht als überholt angesehen werden könnten. Zum anderen zeichnen die Vorgaben der Kultur normative Kerne aus, für die eine Aufweichung und Abwanderung in die Unverbindlichkeit des moralischen Pluralismus schlechterdings ausgeschlossen scheint. Ein Beispiel aus den bioethischen Debatten ist das gegen den Utilitarismus gewendete Gedankenspiel, ein Menschenleben aufzuopfern, um durch Organspenden das Leben vieler Menschen zu retten. Für eine solche Option moralischen Pluralismus auch nur in Erwägung zu ziehen, ist abwegig. Dasselbe gilt für die Option, medizinischen Fortschritt für alle Patienten zu erreichen, indem man in der Forschung einige Patienten gefährlichen Experimenten unterwirft oder gar deren Tod billigend in

Kauf nimmt. Mit Horst Dreier gilt: „Hier ruft man auch nicht nach einem Ethikrat, man ruft schlicht die Polizei".[86]

Allerdings zeigt der Blick in die Geschichte, dass auch Wertungen, bei denen man die Polizei ruft, aus der Kultur verschwinden können. Im „Kult des Individuums", den Durkheim schon Ende des 19. Jahrhunderts den liberalen Gesellschaften bescheinigt hat,[87] sind inzwischen nahezu alle Tabus der Sexualmoral untergegangen. Sie sind durch Handlungsfreiheiten ersetzt worden, die man nach eigener, also privater moralischer Anschauung nutzen kann oder auch nicht. Bis in die jüngste Zeit hinein lösen sich auch die ehemals festen Konturen des Rechtsinstituts ‚Familie' in Diversität auf. In diesen Bereichen sind ehemals für alle geltende normativen Vorgaben durch kulturellen Wandel in den moralischen Pluralismus abgedrängt worden – oft ungeachtet öffentlicher Proteste und hinhaltenden Widerstands auf der Ebene der Gesetzgebung. Vergeblich ist auch der Versuch geblieben, die ‚bedrohten' Positionen dadurch zu retten, dass man sie der unantastbaren Menschenwürde zuordnet. Das hat nicht zur normativen Aufwertung dieser Positionen geführt, sondern eher dazu, die Achtung der Menschenwürde zu einem Grundrecht herabzustufen, das wie andere Grundrechte für Abwägung offen ist.[88]

Der kulturelle Wandel, der in diesen Beispielen durchschlägt, ist Wandel *innerhalb* der gegebenen Kultur. Er stellt die faktische Geltung der normativen Prinzipien der liberalen Demokratie nicht in Frage; er wird vielmehr von diesen Prinzipien angetrieben. Das kann durchaus als Lernprozess und moralischer Fortschritt interpretiert werden. Aber es ist ein Lernprozess gemessen an den Standards unserer gegenwärtigen Kultur. Ob man auch von einem kulturübergreifenden Lernprozess ausgehen kann, steht auf einem anderen Blatt. Es ist die soziale und politische Wucht von Selbstbestimmungsansprüchen, die eine ‚Selbstkorrektur' der Kultur erzwingt: Ähnlich wie bei der Ideologiekritik ist das Missverhältnis zwischen den als gültig angesehenen normativen Horizonten und der ‚schlechten'

---

86 Dreier, Horst (2013), Bioethik. Politik und Verfassung, Tübingen: Mohr, 50.

87 Durkheim1988 (Fn. 22), 478.

88 Vgl. Mathias Herdegens Kommentar zu Artikel 1 Grundgesetz, in: Dürig et al. (Hrsg.), Grundgesetz – Kommentar (53. Ergänzungslieferung, Oktober 2008). München: Beck. Zur Diskussion siehe etwa Enders, Christoph: Die Menschenwürde als normatives Prinzip – und ihre Bedeutung für den Embryonenschutz, VerfBlog, 2019/5/07, https://verfassungsblog.de/die-menschenwurde-als-normatives-prinzip-und-ihre-bedeutung-fur-den-embryonenschutz/, DOI: 10.17176/20190517-144029-0. Der parlamentarische Widerstand gegen die Anerkennung von moralischem Pluralismus wurde oft erst nach Urteilen des Bundesverfassungsgerichts und der Europäischen Gerichtshöfe aufgegeben.

gesellschaftlichen Wirklichkeit der Ausgangspunkt. Die schlechte Wirklichkeit besteht hier in überkommenen moralischen Ansprüchen und rechtlichen Institutionen, die nicht mehr vom Geltungsglauben der großen Mehrheit der Bevölkerung getragen werden – und deshalb schließlich als überholt fallengelassen werden.

Dass die Dynamik kulturellen Wandels vor den normativen Fundamenten der gegebenen Kultur Halt macht, ist aber ebenfalls ein kontingentes Faktum. Es kann anders sein und anders kommen. Soziologisch gesehen, ist der Blick auf die Prinzipien moralischer und rechtlicher Geltung ohnehin hoch selektiv. In der Wirklichkeit unserer Gesellschaft gibt es das Faktum der Kultur ebenso wenig im Singular, wie es soziale Gemeinschaft oder kollektives Bewusstsein im Singular gibt. Das alles gibt es in modernen Gesellschaften nur im Plural. Die allgemeine Geltung der normativen Prinzipien liberaler Demokratie ist ein Faktum der Kultur, weil und sofern und solange die Prinzipien als ‚Leitkultur' fungieren, die nach dem Urteil einer übergroßen Mehrheit der Bevölkerung legitimer weise gegen abweichendes Verhalten durchgesetzt werden. Gegen eine Entwertung durch kulturellen Wandel sind diese Prinzipien jedoch ebenso wenig gefeit wie die normativen Ordnungen früherer Epochen. Man kann versuchen, sie gegen den Druck und den Sog gegenkultureller Tendenzen zu verteidigen.[89] Dafür ist die Berufung auf die vernünftigen ‚guten' Gründe, die für diese Prinzipien sprechen, zweifellos wichtig, aber nicht nachhaltig erfolgversprechend. Denn was ‚gut' und vernünftig ist, bestimmt die Kultur, die man verteidigen will. Wenn diese Kultur vergeht, vergeht auch die Kraft ihrer guten Gründe. Am Ende kann man die Anerkennung der Freiheit und Gleichheit der Person und die Kultur der Begründung, die aus dem Demokratieprinzip folgt, nicht verteidigen, indem man versucht, sie doch noch aus Vernunft abzuleiten, sondern nur dadurch, dass man durch die Tat für sie eintritt. Richard Rorty nennt das den „Vorrang der Demokratie vor der Philosophie".[90]

---

89 Eine institutionelle Verteidigungslinie ist die ‚Ewigkeitsklausel' des Art. 79, Absatz 3 Grundgesetz; sie macht diese Prinzipien auch für verfassungsändernde parlamentarische Mehrheiten unantastbar. Auch künftigen Generationen sollen diese Prinzipien jedenfalls nicht durch reguläre Verfassungsänderung außer Kraft setzen können; vgl. Dreier, Horst (2008), Gilt das Grundgesetz ewig?, München: Siemensstiftung, 57ff.

90 Rorty, Richard (1988), „Der Vorrang der Demokratie vor der Philosophie", in: Ders., Solidarität oder Objektivität, Stuttgart, 82-125.

Literaturverzeichnis

Albert, Hans: Traktat über kritische Vernunft, Tübingen 1968.

Alexy, Robert: Recht, Vernunft, Diskurs. Studien zur Rechtsphilosophie, Frankfurt a.M. 1995.

Alexy, Robert: Die logische Analyse juristischer Entscheidungen, in: Ders. et al. (Hrsg.), Elemente einer juristischen Begründungslehre. Baden-Baden 2003, S. 9 ff.

Altner, Günter: Ethische Aspekte der gentechnischen Veränderung von Pflanzen, in: van den Daele et al., Verfahren zur Technikfolgenabschätzung des Anbaus von Kulturpflanzen mit gentechnisch erzeugter Herbizidresistenz, Heft 17; WZB Discussion Paper FS II 94-317, Wissenschaftszentrum Berlin für Sozialforschung 1994, https://bibliothek.wzb.eu/pdf/1994/ii94-317.pdf.*Beck, Ulrich:* Die Erfindung des Politischen, Frankfurt a.M. 1993.

Berger, Peter: Zur Dialektik von Religion und Gesellschaft, München 1973.

Derrida, Jacques: Gesetzeskraft. Der "mystische Grund der Autorität", Frankfurt a.M. 1991.

Döbert, Rainer/van den Daele, Wolfgang/Seiler, Achim: Access to Essential Medicines. Rationality and Consensus in the Conflict Over Intellectual Property Rights, WZB Discussion Paper SP IV 2003-108, Wissenschaftszentrum Berlin für Sozialforschung 2003, https://bibliothek.wzb.eu/pdf/2003/iv03-108.pdf.

Döbert, Rainer/van den Daele, Wolfgang: Rationality and Global Governance: Mediating the Conflict over Access to Essential Medicines through Deliberations between TNCs and NGOs, in: Gunnar Folke Schuppert (Ed.): Global Governance and the Role of Non-State Actors, Baden-Baden 2006, S. 157 ff.

Dreier, Horst: Rechtslehre, Staatssoziologie und Demokratietheorie bei Hans Kelsen, Baden-Baden 1986.

Dreier, Horst: Gilt das Grundgesetz ewig?, München 2008.

Dreier, Horst: Die ‚guten Sitten' zwischen Normativität und Faktizität, in: Friedrich Harrer u.a. (Hrsg.): Gedächtnisschrift für Theo Mayer-Mali, 2011, S. 141 ff.

Dreier, Horst: Bioethik. Politik und Verfassung, Tübingen 2013.

Dreier, Horst: Rechtswissenschaft als Wissenschaft – Zehn Thesen, in: Ders. (Hrsg.), Rechtswissenschaft als Beruf, Tübingen 2018.

Durkheim, Emil: Über die Teilung der sozialen Arbeit, Frankfurt a.M. 1988 [1902].

Enders, Christoph: Die Menschenwürde als normatives Prinzip – und ihre Bedeutung für den Embryonenschutz, VerfBlog, 2019/5/07, https://verfassungsblog.de/die-menschenwurde-als-normatives-prinzip-und-ihre-bedeutung-fur-den-embryonenschutz/, DOI: 10.17176/20190517-144029-0.

Forst, Rainer: Das Recht auf Rechtfertigung, Frankfurt a.M. 2007.

Frankfurt, Harry: The importance of what we care about. Philosophical essays, Cambridge University Press 1988.

Gert, Bernard: Die moralischen Regeln, Frankfurt a.M. 1983 (engl. 1966).

Habermas, Jürgen: Diskursethik – Notizen zu einem Begründungsprogramm, in: Ders., Moralbewusstsein und kommunikatives Handeln, Frankfurt a.M. 1983, S. 53 ff.

Habermas, Jürgen: Nachmetaphysisches Denken, Frankfurt a.M. 1992.

Habermas, Jürgen: Auch eine Geschichte der Philosophie. Berlin: Suhrkamp 2019.

Hartmann, Heinz/Hartmann, Marianne: Vom Elend der Experten, in: Kölner Zeitschrift für Soziologie und Sozialpsychologie 34, 1982, S. 193 ff.

Herdegen, Mathias: Kommentar zu Artikel 1 Grundgesetz, in: Dürig u.a. (Hrsg.), Grundgesetz Kommentar (53, Ergänzungslieferung, Oktober 2008). München 2009.

Hesse, Konrad: Grundzüge des Verfassungsrechts der Bundesrepublik Deutschland, 20. Auflage, Heidelberg 1995.

Hitzler, Ronald/Honer, Anne/Maeder, Christoph (Hrsg.): Expertenwissen. Die institutionalisierte Kompetenz zur Konstruktion von Wirklichkeit, Opladen 1994.

Holzinger, Katharina: Grenzen der Kooperation in alternativen Konfliktlösungsverfahren: Exogene Restriktionen, Verhandlungsleitlinien und Outside Options, in: van den Daele/Neidhardt, 1996 S. 232 ff.

Holzinger, Katharina: Verhandeln statt Argumentieren oder Verhandeln durch Argumentieren. Eine empirische Analyse auf der Basis der Sprechakttheorie, in: Politische Vierteljahresschrift 42 (3) 2001, S. 414 ff.

Hufen, Friedhelm: Staatsrecht, Band 2: Grundrechte, 3. Auflage, München 2011.

Hume, David: An Enquiry Concerning Human Understanding, No.116, No.124, 1758, https://en.wikisource.org/wiki/An_Enquiry_Concerning_Human_Understanding.

Joas, Hans: Die Sakralität der Person. Eine neue Genealogie der Menschenrechte, Berlin 2011.

Joss, Simon: Zwischen Politikberatung und Öffentlichkeitsdiskurs – Erfahrungen mit Bürgerkonferenzen in Europa, in: Silke Schicktanz/Jörg Naumann (Hrsg.), Bürgerkonferenz Streitfall Gendiagnostik. Ein Modellprojekt der Bürgerbeteiligung am bioethischen Diskurs, Wiesbaden 2003, S. 15ff.

Kant, Immanuel: Zum ewigen Frieden. Ein philosophischer Entwurf, Werke Band VI (hrsg. von Wilhelm Weischedel), Darmstadt 1994.

Karageorgoudis, Georgios: Interpretationen der Sein/Sollen-Kluft, in: Ders./Jörg Noller (Hrsg.), Sein und Sollen. Perspektiven in Philosophie, Logik und Rechtswissenschaft, e-book: Mentis 2020, S. 243 ff.

Kettner, Matthias: Affirmative Genealogie und argumentativer Diskurs. Ein Vergleich im Anschluss an Hans Jonas, in: Hermann-Josef Große Kracht (Hrsg.), Der moderne Glaube an die Menschenrechte. Philosophie, Soziologie und Theologie im Gespräch mit Hans Joas. Bielefeld 2014, S. 29 ff.

Koch, Hans-Joachim: Deduktive Entscheidungsbegründung, in: Robert Alexy u.a. (Hrsg.), Elemente einer juristischen Begründungslehre, Baden-Baden 2003, S. 37 ff.

Korsgaard, Christine: Self-Constitution: Agency, Identity, and Integrity, Oxford 2009.

Kuhlmann, Wolfgang: Reflexive Letztbegründung. Studien zur Transzendentalpragmatik, Freiburg 1985.

Larenz, Karl/Canaris, Claus-Wilhelm: Methodenlehre der Rechtswissenschaft, 3. Auflage, Berlin 2005.

Lemke, Thomas: Biopolitik zur Einführung, Hamburg 2007.

Möllers, Thomas: Juristische Methodenlehre, München 2017.

Müller, Friedrich/Christensen, Ralph: Juristische Methodik, 10. Auflage, Band I: Grundlegung für die Arbeitsmethoden der Rechtspraxis, Berlin 2009.

Neidhardt, Friedhelm: Öffentlichkeit, öffentliche Meinung, soziale Bewegungen, in: Kölner Zeitschrift für Soziologie und Sozialpsychologie, Sonderheft 34, 1994, S. 7 ff.

Neidhardt, Friedhelm: Öffentliche Diskussion und politische Entscheidung. Der deutsche Abtreibungskonflikt 1970-1994, in: Wolfgang van den Daele/Friedhelm Neidhardt (Hrsg.), Kommunikation und Entscheidung. Politische Funktionen öffentlicher Meinungsbildung und diskursiver Verfahren, WZB-Jahrbuch 1996, Berlin 1996, S. 67 ff.

NER (Nationaler Ethikrat): Genetische Diagnostik vor und während der Schwangerschaft (2002). https://www.ethikrat.org/fileadmin/Publikationen/Stellungnahmen/Archiv/Stellungnahme_Genetische-Diagnostik.pdf..

Nunner-Winkler, Gertrud: Zum Verständnis von Moral - Entwicklungen in der Kindheit, in: Weinert, Franz (Hrsg.), Entwicklung im Kindesalter, Weinheim 1998, S. 133 ff.

Radbruch, Gustav: Einführung in die Rechtswissenschaft (9. Auflage), Stuttgart 1952.

Rawls, John: Die Idee des politischen Liberalismus, Frankfurt a.M. 1994.

Rorty, Richard: Der Vorrang der Demokratie vor der Philosophie, in: Ders., Solidarität oder Objektivität, Stuttgart 1988, S. 82 ff.

Schönrich, Gerhard: Bei Gelegenheit Diskurs. Von den Grenzen der Diskursethik und dem Preis der Letztbegründung, Frankfurt a.M. 1994.

Schultze-Fielitz, Helmuth: Staatsrechtslehre als Mikrokosmos, Bausteine zu einer Soziologie und Theorie der Wissenschaft des öffentlichen Rechts, Tübingen 2013.

Siep, Ludwig: Technisierung der Natur – Historisierung der Moral. Ziele und Grenzen. Paderborn 2020.

Simmel, Georg: Der Streit, in: Ders., Soziologie. Untersuchungen über die Formen der Vergesellschaftung, Frankfurt a.M. 1984 [1908], S. 284 ff.

Stegmüller, Wolfgang: Rationale Rekonstruktion von Wissenschaft und ihrem Wandel, Stuttgart 1979.

Strawson, Peter: Freedom and Resentment, London 1974.

Toulmin, Stephen: Der Gebrauch von Argumenten, Weinheim 1996 [engl. 1958].

van den Daele, Wolfgang/Pühler, Alfred/Sukopp, Herbert (Hrsg.): Grüne Gentechnik im Widerstreit. Modell einer partizipativen Technikfolgenabschätzung zum Einsatz transgener herbizidresistenter Pflanzen, Weinheim 1996.

van den Daele, Wolfgang: Objektives Wissen als politische Ressource: Experten und Gegenexperten im Diskurs, in: Ders. und Friedhelm Neidhardt, 1996, S. 297 ff.

van den Daele, Wolfgang: Von moralischer Kommunikation zur Kommunikation über Moral, in: Zeitschrift für Soziologie 30, 2001, S. 4 ff.

van den Daele, Wolfgang: „Streitkultur. Über den Umgang mit unlösbaren moralischen Konflikten im Nationalen Ethikrat", in: Dieter Gosewinkel/Gunnar Folke Schuppert (Hrsg.), Politische Kultur im Wandel von Staatlichkeit, Berlin 2008, S. 357 ff.

van den Daele, Wolfgang: Biopolitik, Biomacht und soziologische Analyse, in: Leviathan 37 (2009), S. 52 ff.

van den Daele, Wolfgang/Pühler, Alfred/Sukopp, Herbert (Hrsg.): Transgenic Herbicide-Resistant Crops. A Participatory Technology Assessment. Summary Report, WZB Discussion Paper No. FS II, 1997. https://bibliothek.wzb.eu/pdf/1997/ii97-302.pdf

von Wright, Georg Henrik: An Essay in Deontic Logic and the General Theory of Action, in: Acta Philosophical Fennica 21, Amsterdam 1968.

WBCSD/WZB - World Business Council for Sustainable Development/Wissenschaftszentrum Berlin: Intellectual Property Rights in Biotechnology and Health Care. Results of a Stakeholder Dialogue, Berlin 2002. https://bibliothek.wzb.eu/fulltext/buch-vt/2021/D00228021.pdf

Weber, Max: Vom inneren Beruf zur Wissenschaft, in: Ders., Soziologie, weltgeschichtliche Analysen, Politik. Stuttgart 1964 [1919], S. 311 ff.

Wehling, Peter: Selbstbestimmung oder sozialer Optimierungsdruck? Perspektiven einer kritischen Soziologie der Biopolitik, in: Leviathan 36 (2008), S. 249 ff.

Wellmer, Albrecht: Ethik und Dialog. Elemente des moralischen Urteils bei Kant und in der Diskursethik, Frankfurt a.M. 1999.

Wieacker, Franz: Rechtsprechung und Sittengesetz, in: Juristenzeitung 16 (11/12) 1961, S. 337-345.

Wolff, Michael: Warum das Faktum der Vernunft ein Faktum ist. Auflösung einiger Schwierigkeiten, in: Deutsche Zeitschrift für Philosophie 57 (4) 2009, S. 511 ff.

Wrase, Michael: Zwischen Norm und Wirklichkeit. Zur Methode und Dogmatik der Konkretisierung materialer Grundrechtsgehalte, Berlin 2016.

Juristische Epistemologie. Das Verhältnis von Wissen und Recht aus rechtsphilosophischer Sicht

Ino Augsberg

I.

Wenn von einem „Verhältnis“ die Rede sein soll, das zwischen „Wissen und Recht“ offenbar besteht, ist mit dieser Ausdrucksweise von vorneherein etwas über das doch eigentlich allererst noch näher zu bestimmende Verhältnis vorentschieden, nämlich eine Differenz markiert. Dem üblichen Sprachgebrauch folgend (das heißt in einer Bewegung, die, ihrerseits bereits ganz entsprechend einem anderen spezifischen (Vor-)Verständnis folgend, implizit ein bestimmtes Voranschreiten der Sprache voraussetzt und akzeptiert), ist das „und“ eher additiv oder sogar alternativ als explikativ zu lesen. „Recht“ und „Wissen“ treten demnach, jedenfalls zunächst, getrennt voneinander auf. Allenfalls in weiteren, die Untersuchungsperspektive nun stärker verkomplizierenden Schritten mag es dann darum gehen, darüber hinaus zumal zu erörtern, inwieweit dieser separate Auftritt doch variiert und demgemäß möglicherweise auch Recht als Wissen und/oder Wissen als Recht verstanden werden kann.

Wer „Wissen und Recht“ thematisieren will, dürfte somit, um dieses geläufige Grundverständnis jedenfalls zu Beginn noch einmal gesondert hervorzuheben, der Untersuchung zumeist eine Spezifizierung der Begriffe zugrunde legen, der zufolge das genannte Wissen, um es möglichst prägnant von den genuin normativen Problemen absetzen zu können, vorwiegend als Tatsachenwissen gefasst wird.[1] Was *de iure* gilt und was demgegenüber nur *de facto* festzustellen ist und damit dann, als derart festgestellte Erkenntnis, gewusst werden kann, sind danach zwei strukturell vollkommen unterschiedliche Fragen, auf die entsprechend unterschiedliche, nicht miteinander zu verwechselnde Antworten gegeben werden müssen.

1 Vgl. dazu bereits die Einleitung sowie in rechtshistorischer Sicht den Beitrag von Peter Collin i. d. Bd.

Die dergestalt präzisierte Gegenüberstellung verläuft ersichtlich weitgehend parallel zu einer weiteren aus der Tradition bekannten Unterscheidung, die zwischen der *quaestio facti* und der *quaestio iuris* differenzieren will. Der klassische Charakter dieser Unterscheidung zeigt sich dabei auch dadurch, dass die Differenz für das übliche Verständnis weitgehend fraglos plausibel erscheint. Sie ist offenbar derart geläufig und selbstverständlich, dass weitere Untersuchungen, namentlich hinsichtlich ihrer begriffsgeschichtlichen Herkunft, als kaum mehr erörterungsbedürftig erachtet werden. Die begriffsgeschichtliche Sicht soll allenfalls deswegen gegenwärtig immer noch von einem gewissen Interesse sein, weil jene Differenz der beiden Frageweisen eine entscheidende Rolle in Kants Erläuterungen zur transzendentalen Deduktion spielt.[2] Relevant ist sie somit vorwiegend in einer sehr speziellen, philosophiehistorischen Perspektive.

Folgt man allerdings diesem philosophiehistorischen Anstoß und geht dem genannten Motiv etwas weiter nach, lässt sich der Begriffsgeschichte doch ein bemerkenswerter erster Befund entnehmen, der auf eine in diese Begriffe eingewobene Sachproblematik deutet. Denn dann wird deutlich, dass Kant an jener Stelle mit seiner Begriffsverwendung ganz ausdrücklich „an einen verbreiteten juristischen Sprachgebrauch an[schließt]," der, näher betrachtet, „weit zurückreichende Wurzeln hat."[3] Bemerkenswert an dieser Feststellung ist weniger das Alter der in Bezug genommenen sprachlichen Konvention als deren inhaltliche Konsequenz: Die Trennung, die die Tat- von der Rechtsfrage klar abgrenzen und dergestalt die Welt des Rechts und die der Tatsachen möglichst sauber auseinander halten soll, bildet demnach selbst bereits eine juristische Operation, die eben dadurch die eigene Unterscheidung auch schon wieder unterläuft.

Noch genauer betrachtet findet sich, wenigstens implizit, genau dieser Doppelbefund der in einem zumal vollzogenen und in diesem Vollzug doch wieder überwundenen Trennung schon in dem berühmten ersten Satz der transzendentalen Deduktion, der die genannte Unterscheidung der beiden Frageweisen in die Philosophiegeschichte einführt, indem er einen bestimmten „juristischen Sprachgebrauch", statt ihn einfach zu verwenden, bewusst als solchen benennt und damit zitiert. Denn dieser Satz stellt nicht nur die beiden *quaestiones* als zwei schroff voneinander getrennte Frageweisen vor. Indem er auch die Beantwortung der Tatsachenfrage

2 Vgl. Maximilian Herberger, Art. quaestio facti/quaestio iuris, in: Joachim Ritter/Karlfried Gründer (Hrsg.), Historisches Wörterbuch der Philosophie, Bd. 7, Basel 1989, Sp. 1739 ff. (1739).

3 Ebd.

in die Zuständigkeit der Juristen verweist und gleichzeitig die genuin dogmatischen Fragen als ebenso dem „Beweis“ zugänglich bezeichnet wie die klassischen Tatsachen, also die scheinbare Eigenart des jeweils einen Vorgehens ebenso auf die andere Seite spiegelt,[4] verknüpft der Satz das, was er trennt und auseinanderhält, zugleich wieder miteinander. Als ein Satz im mehrfachen Sinn überspringt er die Trennung, die er vordergründig vollzieht.

Die hier zu beobachtende spezifische Übersprungsbewegung, die nicht bei einer Sache verharrt und sich in diese versenkt, sondern sich von ihr sogleich wieder löst, ist zudem nicht allein auf die inhaltliche Aussage bezogen. Sie drückt sich ebenso sehr in der Form des Satzes aus und unterläuft damit zumal die klassische Unterscheidung von Form und Inhalt. In dieser Lesart zeigt sich der kantische Satz als eine spezifische rhetorische Figur, nämlich als eine chiastische Verflechtung,[5] die den Gegensatz, den sie benennt, zwar nicht auflösen (oder im dialektischen Sinn aufheben) kann, weil er ihre Form selbst ausmacht, gegen den sie aber zugleich, unbegrifflich, eben durch die Form, Widerspruch einlegt. Kant schreibt:

> „Die Rechtslehrer, wenn sie von Befugnissen und Anmaßungen reden, unterscheiden in einem Rechtshandel die Frage über das, was Rechtens ist, (*quid iuris*) von der, die die Tatsachen angeht, (*quid facti*) und indem sie von beiden Beweis fordern, so nennen sie den ersteren, der die Befugnis, oder auch den Rechtsanspruch dartun soll, die Deduktion.“[6]

Gerade dieser spezielle Aspekt des kantischen Satzes, der gewissermaßen nolens volens hervortritt, Kants an anderer Stelle explizit artikuliertem Misstrauen gegenüber der *„ars oratoria“* wie zum Trotz,[7] lässt sich mit Hilfe der begriffsgeschichtlichen Perspektive noch weiter verfolgen und aus dieser Perspektive noch einmal anders begründen. Was in der Folge in der neukantianischen Perspektive zur Dualität zweier distinkter Bewusst-

4 Vgl. zur entsprechenden noch im 19. Jahrhundert geläufigen Rede von den „juristischen Tatsachen“ etwa Bernhard Windscheid, Lehrbuch des Pandektenrechts, Bd. 1, Frankfurt a.M., 6. Aufl. 1887, §§ 67 ff.; Heinrich Dernburg, Pandekten, Bd. 1, Berlin, 4. Aufl. 1894, § 79.

5 Vgl. zu dieser Figur näher Rodolphe Gasché, Über chiastische Umkehrbarkeit, in: Anselm Haverkamp (Hrsg.), Die paradoxe Metapher, Frankfurt a.M. 1998, S. 437 ff.

6 Immanuel Kant, Kritik der reinen Vernunft, A 84/B 116 (zitiert nach ders., Werke, hrsg. v. Wilhelm Weischedel, Bd. II, Wiesbaden 1956, S. 125).

7 Vgl. Immanuel Kant, Kritik der Urteilskraft, A 213 f. (zitiert nach ders., Werke, hrsg. v. Wilhelm Weischedel, Bd. V: Kritik der Urteilskraft und Schriften zur Naturphilosophie, Wiesbaden 1957, S. 233–620 [429 f.]).

seinsbereiche stilisiert wurde, zeigt sich danach am Ausgangspunkt der Debatte noch aus anderem Grund deutlicher ineinander verflochten, und zwar so, dass nicht etwa ein bereits bestehendes, reines Recht aus sich heraus erst jene weitere Trennung setzt. Das Ineinander von Trennen und Verknüpfen deutet vielmehr noch einmal anders auf eine weitere Gestalt jener angeblich basalen Unterscheidung und damit zumal auf eine andere Herkunft der Verbindung, die dieser Unterscheidung historisch zugrunde liegt und sie als solche allererst hervorgehen lässt. Die beiden *quaestiones* weisen danach zurück auf die Differenzierung zwischen *genus rationale* und *genus legale*; sie erscheinen auf diese Weise als Abkömmlinge zweier noch älterer Formen antiker Rhetorik.[8] Mit dieser sind somit offensichtlich die zuvor genannten noch unterhalb des „verbreiteten juristischen Sprachgebrauch[s]" liegenden, „weit zurückreichende[n] Wurzeln" benannt.

Auch dieser Hinweis führt allerdings wieder zurück auf den bereits juristisch geprägten Rahmen; denn die entsprechende Rhetorik soll diejenige der Gerichtsrede sein. Die genannten *genera quaestiones* erscheinen in dieser Sicht als eine spezifische „Ausbildung" innerhalb eines weiteren, noch allgemeiner gefassten *genus*, nämlich dem *genus iudiciale*.[9] Nicht zu verkennen ist aber auch hierbei, dass die Trennung, die die Handlung wie das Gesetz als je für sich stehende, abgeschlossene Phänomene begreifen will – qua *logikai staseis* bzw. *nomikai staseis* –, eine künstliche Abstraktion bildet, die ihrerseits einem rhetorischen Zweck folgt. Heinrich Lausbergs „Handbuch der literarischen Rhetorik" zeichnet diese Bewegung präzise nach, wenn es die scheinbare Prävalenz der juristischen Dimension des Gesamtgeschehens auf seine „wirkliche" Erscheinungsform bezieht und diesbezüglich eine andere oder zumindest weitere „Tatsache" konstatiert:

> „Die Trennung der beiden *genera* ist eine der methodischen Klarheit dienende Abstraktion; in der wirklichen *actio* vermischen sich die beiden *genera* in einem durch die Natur des Falles bestimmten Grade, so schon durch die Tatsache, daß ein im *genus iudiciale* gefälltes Urteil (*iudicatum*) selbst normgebende Kraft hat"[10].

Demzufolge wären nicht nur die Tatsachenfrage (und sogar der Begriff der Tatsache selbst, qua *factum* oder *fact*[11]) als je schon juristisch tingiert

---

8 Vgl. Herberger, Art. quaestio facti/quaestio iuris, a.a.O., Rn. 1.

9 Vgl. Heinrich Lausberg, Handbuch der literarischen Rhetorik. Eine Grundlegung der Literaturwissenschaft, Stuttgart, 3. Aufl. 1990, S. 86 f.

10 Lausberg, Handbuch der literarischen Rhetorik., a.a.O., S. 87.

11 Vgl. Lorraine Daston, Baconsche Tatsachen, Rechtsgeschichte 1 (2002), S. 36 ff.

– und das heißt: konstruiert – zu beschreiben. Ebenso richtig – und das wiederum meint im gegebenen Kontext: ebenso wahr, das heißt der Wirklichkeit entsprechend – bliebe die umgekehrte Betrachtungsweise. Die analytische Beschreibung selbst und ihre Möglichkeit und sogar Notwendigkeit deutete eben damit erneut auf einen noch tiefer liegenden Grund, der hier mit dem aus der Tradition übernommenen Terminus der Rhetorik bezeichnet ist, etwas stärker generalisierend aber auch als allgemein sprachliches Geschehen gefasst werden könnte, das heißt wiederum als die Möglichkeit ebenso wie die Notwendigkeit, sich mit Hilfe von Sprache in ein Verhältnis zu dem zu setzen, was dann bereits durch Sprache „Welt" oder „Wirklichkeit" genannt wird. Es ginge demnach um eine genauere Beschreibung der in diesem Geschehen liegenden, sich mit ihm und als dieses vollziehenden *„epistemologischen Rückkopplung"* zwischen dem Vorgang des Bezeichnens und dem von ihm (scheinbar ontologisch selbständig vorausliegend) Bezeichneten.[12]

II.

Möglicherweise muss man jedoch, um das an dieser Stelle in Rede stehende (Rückkopplungs-)Geschehen nicht vorgreifend allzu sehr zu verkürzen und zu verstümmeln, indem man es einem bestimmten, traditionell vorherrschenden Schema folgend versteht, die Wurzel-Metapher noch genauer nehmen, das heißt, sie sogar in einem wieder buchstäblicheren oder wörtlicheren Sinn lesen, nämlich so, dass damit nicht etwa das Wurzelwerk als unmittelbare Fortsetzung des einheitlichen Stamms (oder auch: zweier unterschiedlicher, auf diese Weise miteinander verbundener Stämme[13]) als ebenso einheitliches und damit festes Fundament in Anspruch genommen wird, sondern als Gegenstück zu dem sich immer weiter verzweigenden Astwerk sich seinerseits, gewissermaßen in die Gegenrichtung,

---

12 Vgl. so, v.a. mit Bezug speziell auf die Erzählung, Albrecht Koschorke, Wahrheit und Erfindung. Grundzüge einer Allgemeinen Erzähltheorie, Frankfurt a.M. 2012, S. 22: „Das Bezeichnen interveniert in die Welt, und lässt sie in einem kreativen Aneignungsprozess in gewisser Weise überhaupt erst entstehen. So bildet nicht nur das Zeichen den zu bezeichnenden Weltsachverhalt nach, sondern auch umgekehrt gestaltet sich das Bezeichnete entsprechend der ordnenden Kraft der verwendeten Zeichen."

13 Vgl. entsprechend etwa zu dem „Bild" einer „gemeinsamen Wurzel" der beiden „Stämme der Erkenntnis" Martin Heidegger, Kant und das Problem der Metaphysik, GA Bd. 3, hrsg. v. Friedrich-Wilhelm von Hermann, Frankfurt a.M. 1991, S. 137.

immer weiter ramifiziert und nur aufgrund dieses permanenten Prozesses der ständig fortwuchernden Selbstaufspaltung seine Wurzelfunktion erfüllen kann. Möglicherweise, so ließe sich ergänzen, geht es dementsprechend bei der in Anspruch genommenen Rhetorik nicht allein um ein spezifisches Verfahren, mit dessen Hilfe sich Sprache und sukzessive dann Mensch und Umwelt in den Griff bekommen lassen, sei es, indem, positiv, eine bestehende Wahrheit auf eine bestimmte Weise kommuniziert oder, negativ, manipuliert oder schließlich eine solche Wahrheit überhaupt erst im *consensus* der Kommunizierenden hervorgebracht werden kann.[14] Möglicherweise geht es bei der als Grundlage in Anspruch genommenen, aber durch ihre fortwährende Ramifikation zugleich jede Annahme eines festen letzten Grundes diskreditierenden Rhetorik oder Rhetorizität eher um das Geschehen einer ständigen Verschiebung – angezeigt, aber natürlich leicht verschoben, im *meta* von Metapher, Metalepsis, Metonymie etc. –, die alles, was gerade begriffen schien, dem festen Zugriff wieder entgleiten lässt, aber in diesem Entgleiten doch nicht nur Erkenntnis verhindert, sondern ebenso vielleicht – wenngleich in anderer, nicht-kategorialer Gestalt – so etwas wie Erkenntnis ermöglicht und dergestalt statt als Bezeichnung einer begrenzten, namentlich forensischen Technik als Charakteristik menschlicher Existenz erscheint.[15] „Der menschliche Wirklichkeitsbezug", heißt es dementsprechend etwa in Blumenbergs Versuch einer „Anthropologische[n] Annäherung an die Aktualität der Rhetorik", „ist indirekt, umständlich, verzögert und vor allem metaphorisch."[16] Jeder Weg zur Welt muss daher, um als wirklicher Zugang zu fungieren, zugleich ein Umweg sein. Damit ist mehr gesagt als der Umstand, dass die Bewegung nicht auf

---

14 Vgl. Hans Blumenberg, Anthropologische Annäherung an die Aktualität der Rhetorik, in: ders., Ästhetische und metaphorologische Schriften, hrsg. v. Anselm Haverkamp, Frankfurt a.M. 2001, S. 406 ff.

15 Vgl. entsprechend etwa John Bender/David E. Wellbery, Rhetoricality: On the Modernist Return of Rhetoric, in: dies. (Hrsg.), The Ends of Rhetoric. History, Theory, Practice, Stanford 1990, S. 3 ff. (25): „The classical rhetorical tradition rarified speech and fixed it within a gridwork of limitations: it was a rule-governed domain whose procedures themselves were delimited by the institutions that organized interaction and domination in traditional European society. Rhetoricality, by contrast, is bound to no specific set of institutions. It manifests the groundless, infinitely ramifying character of discourse in the modern world. For this reason, it allows for no explanatory metadiscourse that is not already itself rhetorical. Rhetoric is no longer the title of a doctrine and a practice, nor a form of cultural memory, it becomes instead something like the condition of our existence."

16 Blumenberg, Anthropologische Annäherung an die Aktualität der Rhetorik, a.a.O., S. 415.

direkter und damit scheinbar kürzester Linie erfolgen kann, um ans Ziel zu gelangen. Sie bleibt stets unterwegs.[17]

In diesem Sinn wäre nicht zuletzt Kants vielbesprochene juristische Metaphorik etwas anderes als der bloße Ausdruck einer *faute de mieux*, mangels einer bereits bestehenden passenden philosophischen Begrifflichkeit, zum Einsatz gebrachten Sprache.[18] Sie wäre auch etwas anderes als allein der Versuch, das Denken in jene absolute Sicherheit des Schließens und Urteilens zu versetzen, die als theoretisches Ideal in Gestalt der formalen Logik vorliegt und als zumindest immer wieder neu in Angriff genommene, wenngleich dem eigenen Anspruch nie vollständig genügende Praxis in Form des gerichtlichen Geschehens zu beobachten ist. Ebenso wenig ginge es aber darum, die Metaphorik als solche zu bestreiten, indem, scheinbar radikaler, in den bekannten Wendungen, etwa der Rede vom „Gerichtshof der Vernunft" nun „nicht mehr nur eine Metapher, sondern die von Kant angewandte Begrifflichkeit selbst zu sehen"[19] sein soll. Die Metaphorik wäre vielmehr, subtiler, als fortwährendes Übertragungsgeschehen ernst zu nehmen und zu bewahren, im Sinne des Hinweises darauf, dass in jenen avisierten Schließungsprozessen immer schon etwas liegt, das sich diesen Prozessen entzieht, dass sich in ihnen etwas zeigt, was sich doch nicht kategorial fassen und damit erkennen lässt, sondern allenfalls in seiner Nichterkennbarkeit, in seinem gegenüber den als Arretierung verstandenen Erkenntnisprozessen erfolgenden Entgleiten oder Entwischen, bestimmt werden kann, aber eben deswegen auch nicht als ein „hinter" dem sich unmittelbar Zeigenden liegendes „eigentliches" Geschehen oder „Wesen" vorgestellt werden kann, sondern umgekehrt, gerade nur in diesem sich solcherart Zeigenden und durch dieses: im Akt der Vorstellung selbst, die eben dadurch doch etwas anderes ist als eine bloße Show. Ein Schein, der zwar nicht mehr betrügt, aber eben deswegen doch nicht aufhört, Schein zu sein.[20] Also ein Schein, der stärker in seiner Selbständigkeit ernst zu nehmen ist und das heißt zugleich: nicht mehr

17 Vgl. zur notwendigen (um nicht zu sagen: unumgänglichen) Umwegigkeit auch Hans Blumenberg, Realität und Realismus, hrsg. v. Nicola Zambon, Berlin 2020, S. 126 ff.

18 Vgl. näher Marcus Twellmann, Der (Anti-)Juridismus der reinen Vernunft. Zur Rechtsmetaphorik bei Kant, Weimarer Beiträge 55 (2009), S. 413 ff.

19 Jean-Luc Nancy, Lapsus iudicii, in: ders., Der kategorische Imperativ, Zürich/Berlin 2017, S. 41 ff. (54).

20 Vgl. Immanuel Kant, Kritik der reinen Vernunft, B 353/A 297 f. (a.a.O., S. 310 f.); näher dazu Rado Riha, Kant in Lacan'scher Absicht. Die kopernikanische Wende und das Reale, Wien/Berlin 2018, S. 142 ff.

ganz klar von der Erscheinung und dem scheinbar selbstverständlichen Schluss, der der Erscheinung ein Erscheinendes supponiert, getrennt werden kann. Vielleicht deswegen fällt noch die Begrenzung dieses Scheins respektive seine präzise Verortung innerhalb der Sphäre der theoretischen Philosophie so schwer. Bemerkenswerterweise findet sich jedenfalls die Beschreibung eines offenbar ganz entsprechenden Verfahrens, das mit dem Schein „spielt [...], ohne doch dadurch zu betrügen", bei Kant auch noch an einer anderen Stelle: Die „Kritik der Urteilskraft" bestimmt auf diese Weise die „Dichtkunst".[21]

Aus diesem Blickwinkel betrachtet, lässt sich dann nicht nur einer ausgearbeiteten klassischen Transzendentalphilosophie das Modell einer Quasi-Transzendentalität gegenüberstellen, die den klassischen Ansatz in Frage stellt, aber ihn weder dadurch zu kompromittieren sucht, dass sie ihm eine positivistisch-empirische Erkenntnis als feststehenden Besitz entgegenhält, noch dadurch, dass sie in einer Art Überbietungsstrategie den transzendentalen Ansatz noch einmal auf sich selbst bezieht, indem sie ihn einfach ein weiteres Mal reproduziert und dergestalt das Transzendentale zum Ultratranszendentalen verdoppelt. Als Quasi-Transzendentalität muss das Transzendentale zwar in der Tat sich selbst noch einmal sich selbst vorstellen, das heißt, es muss sich verdoppeln, aber lediglich in Gestalt eines Simulacrums, das nicht die „eigentlich" transzendentale Sphäre „an sich", sondern nur deren Vorstellung (oder vielleicht auch: Fiktion) für sich geltend machen kann.[22] In dieser Lesart ist die Quasi-Transzendentalität dem kantischen Transzendentalismus und seiner Insistenz auf dem nicht länger betrügenden, sondern als solchen hinzunehmenden Schein bereits eingeschrieben. „Transzendental" im engen, strengen Sinn ist dann nicht etwa das Erkenntnisvermögen selbst zu nennen, sondern das, was sich diesem entzieht und als ein solcher Entzug dem Erkennen zugrunde liegt: der „transzendentale[...] Gegenstande",[23] der mit dieser Bezeichnung eigentlich schon zu bestimmt bezeichnet ist und von Kant daher präziser nur als „X", als die Durchkreuzung oder Durchstreichung der Bestimmbarkeit überhaupt (im Doppelsinn von Erkenn- wie Benennbarkeit), „für uns nichts", markiert wird.[24]

---

21 Vgl. Kant, Kritik der Urteilskraft, A 213/B 215 (a.a.O., S. 429 f.).

22 Vgl. Geoffrey Bennington, Derridabase, in: Jacques Derrida. Ein Portrait von Geoffrey Bennington und Jacques Derrida, Frankfurt a.M. 1994, S. 9 ff. (274 ff.).

23 Vgl. Kant, Kritik der reinen Vernunft, A 393 (a.a.O., S. 391).

24 Vgl. Kant Kritik der reinen Vernunft, A 104 f. (a.a.O., S. 166). Zum Ganzen auch Hermann Cohen, Kants Theorie der Erfahrung, 5. Aufl., in: ders., Werke, Bd. 1.1, Hildesheim/Zürich/New York 1987, S. 772 ff.

Mit einem so verstandenen (quasi-)transzendentalen Ansatz ist mehr gesagt als die Behauptung, dass hinter einen gewissen „Basissatz der Epistemologie", dem zufolge „das Erkenntnis*verfahren* (d.i. die durch ihre Fragerichtung bestimmte Methode) den Erkenntnis*gegenstand* in dem Sinne epistemisch konstituiert, als das Was der Erkenntnis in strikter Abhängigkeit zum Wie der Erkenntnis steht, [...] kein Weg zurück [führt]"[25]. In Frage steht der Charakter jenes Basissatzes selbst, und das heißt nun nicht allein: seine sprachliche Verfasstheit, sondern, genauer, erneut zugleich buchstäblicher und metaphorischer genommen, der spezifisch satzhafte Charakter jener angeblich basalen Erkenntnis über Erkenntnis, der den Satz zugleich als Sprung – *meta* – und diesen wiederum als (Auf-)Riss kennzeichnet. Der so verstandene Satz bringt alle weiteren Gegensätze erst hervor. Er ist aber kein spekulativer Satz in dem Sinn, dass er das Entgegengesetzte in einer letzten Identität terminieren ließe. Spekulativ ist er vielmehr deswegen, weil er die scheinbar fest vorgegebene Satz- oder Urteilsform sprengt, indem er die in ihr und durch sie vorgenommene Setzung zugleich aus- und ent-setzt.[26] Nicht erst und nur das Denken, der Satz selbst, als Satz, ist trans-sentential: über sich hinaus, sich selbst vorweg.[27]

Die Gegensätzlichkeit auf diese Weise als zugleich ge- und entsetzte zu begreifen heißt nicht etwa, sie zu beseitigen, sondern sie als ein sich immer weiter fort-setzendes, also andauernd sich dem begreifenden Zugriff entziehendes Geschehen zu verstehen. In diesem Entzug, das heißt in jener Umstellung des Grundverständnisses, die die Idee einer selbstbewusst-aktiven Vornahme einer Voraussetzung in die Annahme einer unverfügbaren Vorgabe verschiebt, widerfährt dem Sprechen etwas, das die Möglichkeit des Sprechens selbst und damit zugleich die Möglichkeit dessen, worüber gesprochen wird, betrifft. Als Erfahrung eines unüberwindbaren

---

25 Matthias Jestaedt, Die Eigengesetzlichkeit des Rechts. Normativität, Kausalität und die Antwort der Verfassung, in: Joachim Rückert/Lutz Raphael (Hrsg.), Autonomie des Rechts nach 1945. Eine Veröffentlichung aus dem Arbeitskreis für Rechtswissenschaft und Zeitgeschichte an der Akademie der Wissenschaften und der Literatur Mainz, Tübingen 2020, S. 1 ff. (4 f.), mit Verweis auf Oliver Lepsius, Erkenntnisgegenstand und Erkenntnisverfahren in den Geisteswissenschaften der Weimarer Republik, Ius commune. Zeitschrift für Europäische Rechtsgeschichte 22 (1995), S. 283 ff.

26 Vgl. dazu näher Werner Hamacher, Das Nicht im Satz der Identität, in: ders., Mit Ohne Mit, Zürich 2021, S. 57 ff. (64 ff.). Zum Zusammenhang des Setzens und Ent-Setzens ferner Ino Augsberg, Elemente einer Theorie des expositiven Rechts, Weilerswist 2021, S. 12 ff.

27 Vgl. Hamacher, Das Nicht im Satz der Identität, a.a.O., S. 85 f.

„Versagen[s] im Sagen“ erstreckt sich das dem Sprechen widerfahrende Entzugsgeschehen auch auf die mit Hilfe von Sprache hervorgebrachte Wirklichkeitskonzeption; es markiert dabei das eigentlich Reale durch das Kriterium der Unzugänglichkeit oder Widerständigkeit.[28]

Damit ist, aus einer lediglich geringfügig modifizierten Perspektive, nur noch ein weiteres Mal betont, dass der Wirklichkeitsbegriff und sein geschichtlicher Wandel zumal unter spezifischer Betonung eben des Begriffscharakters, das heißt unter Hervorhebung der besonderen Relevanz seiner sprachlichen Gestalt, betrachtet werden kann. Dementsprechend erscheint dann ein neuzeitlicher Wirklichkeitsbegriff, der Wirklichkeit vorwiegend durch eine spezifische Konsistenzerfahrung zu bestimmen versucht, als Äquivalent eines bestimmten Textverständnisses.[29] Im Sinn der metaphorischen Umwegigkeit ist damit über das bloße Konsistenzmoment, wenigstens implizit, noch etwas anderes benannt: Wirklichkeit wird dergestalt nicht länger als bereits präexistierende, nur noch zu erfassende substanzielle Identität verstanden, sondern als differenzielles, Differenzen voraussetzendes und verknüpfendes Geschehen, das sich eben deswegen als eine die Differenzen nicht aufhebende, sondern fortschreibende Wiederholung vollzieht.[30]

Diesen Gedanken etwas weiterspinnend, ihn in einem weiteren Satz fortsetzend, bedeutet jene Erfahrung des „Versagens im Sagen“ zumal, dass auch die fortgesetzte Aufspaltung der Begriffe, etwa des Begriffs „Metapher“ und des Begriffs „Begriff“, ebenso unvermeidbar ist wie die von der Tradition vorgegebene, scheinbar selbstverständliche Unterscheidung der Sphären von Wissen und Recht. Ob die Differenz dabei, wie in einer bestimmten, gerade in der Rechtsphilosophie äußerst wirkmächtigen neukantianischen Tradition, als „unserem Bewußtsein unmittelbar gegeben“[31]

---

28 Vgl. Blumenberg, Realität und Realismus, a.a.O., S. 34: „Das Versagen im Sagen, das ständige Zurückbleiben der Sprache hinter dem Anspruch dessen, worüber sie Verständigung ermöglichen will, ihr Selbstungenügen als Antrieb ihrer geschichtlichen Lebendigkeit, ihr unaufhebbares Bedrohtsein vom Verfall in die ‚bloßen Worte‘, in Scholastik – das alles sind Indizien einer letzten Unverfügbarkeit und instrumentalen Unauflösbarkeit dessen, womit sie Umgang hat, der Wirklichkeit als einer niemals im Subjekt und in Subjekten aufgehenden Widerständigkeit.“ Zum Zusammenhang von Widerfahrnis und Widerstand näher Bernhard Waldenfels, Sozialität und Alterität. Modi sozialer Erfahrung, Berlin 2015, S. 81 ff.

29 Vgl. Hans Blumenberg, Wirklichkeitsbegriff und Möglichkeit des Romans, in: ders., Ästhetische und metaphorologische Schriften, a.a.O., S. 47 ff. (64).

30 Vgl. Hans-Jörg Rheinberger, Iterationen, Berlin 2005, S. 68 f.

31 Hans Kelsen, Reine Rechtslehre, 2. Aufl., Wien 1960, S. 5.

verstanden oder aber, wie in einem gewissen soziologischen Theoriekontext, als soziales Phänomen im Sinne zweier unterschiedlicher Typen von Erwartungshaltungen gefasst wird,[32] spielt aus diesem Blickwinkel für die weitere Bestimmung keine entscheidende Rolle. Wichtiger ist es, einerseits die Differenzierungsbewegung als solche nachzuvollziehen, indem die unterschiedlichen Ausprägungen der Differenz herausgearbeitet werden, andererseits aber dabei jene schon von Kant vorgetragenen chiastischen Effekte nicht außer Acht zu lassen, die jede Differenz noch einmal auf beide Seiten des solcherart Geschiedenen spiegeln, ohne sie dadurch in einem hegelschen Sinn aufzuheben.

Die Rede von der „juristischen Epistemologie" bringt die Ambiguität des so bestimmten Geschehens und der korrelativ dazu bestehenden Aufgabe auf den Begriff – auf einen Begriff jedoch, der eben dadurch seinerseits problematisch erscheinen muss, weil er in dem Maße, in dem er jene Ambiguität auf eine angemessene, das heißt auf eine selbst hinreichend ambivalente Weise wiedergeben soll, die traditionelle Aufgabe des eindeutigen Begreifens einer Sache subvertiert. Das in der Rede erfolgende Zusammenspiel von Adjektiv und Nomen lässt sich in diesem Sinn nicht lediglich als Syntagma lesen, in dem ein buchstäblich zugrundeliegendes Subjekt durch ein ihm zugeordnetes Prädikat näher bestimmt wird. Die Formel schwankt. Sie lässt offen, ob der eine Teil des Konstrukts tatsächlich als Prädikat des anderen herangezogen werden kann oder aber die Konstruktion gerade eine derartig hierarchisierende Verhältnisbestimmung unterläuft, weil, wenn hier überhaupt noch von Prädizierung gesprochen werden kann (und nicht vielmehr die Grenzen des prädikativen Sprachgebrauchs in Frage stehen, sein prekärer Charakter als bloße Be- oder vielmehr zumindest auch Zuschreibung), dann jedenfalls diese spezifische Form der Zu- und Vorordnung als ein ebenso sehr in die genau umgekehrte Richtung verlaufender Prozess dechiffriert werden muss, der dergestalt, als juristisches Geschehen, noch der Erkenntnis als solcher und insbesondere ihrer theoretischen Erfassung, im Sinne der Feststellung der legitimen Grenzen dessen, was sich erkennen lässt und wie dies zu geschehen hat, voranzustellen ist. Genauso, wie bei der Rede von den „Sophistischen Widerlegungen" der Verdacht im Raum steht, dass unter diesem Titel nicht allein die einschlägigen sophistischen Schlussformen widerlegt werden, sondern diese Widerlegung selbst Teil des sophistischen Kernver-

32 Vgl. Niklas Luhmann, Rechtssoziologie 1, Reinbek bei Hamburg 1972, S. 40 ff.; ders., Das Recht der Gesellschaft, Frankfurt a.M. 1993, S. 77 ff. Zur Kritik hieran etwa Ino Augsberg, Die Normalität der Normativität, JZ 75 (2020), S. 425 ff.

fahrens sein und damit in einer Art Identifikation mit dem Angreifer in das zurückfallen könnte, was sie vordergründig unbedingt verhindern wollte,[33] oder wie der Titel „Ästhetische Theorie“ nicht nur eine Theorie über Kunst anzeigen, vielmehr der auf diese Weise überschriebene Text selbst einen spezifisch ästhetischen Anspruch verkörpern will,[34] so steht auch bei der „juristischen Epistemologie“ nicht länger allein die epistemische Dimension des Rechts in Frage.[35] Mit dieser zusammen, ineinander verfaltet und sich immer weiter verfaltend, interessiert vielmehr ebenso sehr die juridische Dimension der Episteme[36] – und der Rhetorik.[37]

---

33 Vgl. zum problematischen Umgang der Tradition mit dem Sophismus näher Barbara Cassin, Sophistical Practice. Towards a Consistent Relativism, New York 2014.

34 Vgl. Karl Markus Michel, Versuch, die „Ästhetische Theorie“ zu verstehen, in: Burkhardt Lindner/W. Martin Lüdke (Hrsg.), Materialien zur ästhetischen Theorie Theodor W. Adornos. Konstruktionen der Moderne, Frankfurt a.M. 1980, S. 41 ff. (41).

35 Vgl. zu dieser üblicheren Frage etwa die Beiträge in Hans Christian Röhl (Hrsg.), Wissen – Zur kognitiven Dimension des Rechts (DV Beiheft 9), 2010. Zur Thematik ferner die Beiträge in Indra Spiecker gen. Döhmann/Peter Collin (Hrsg.), Generierung und Transfer staatlichen Wissens im System des Verwaltungsrechts, Tübingen 2008; Gunnar Folke Schuppert/Andreas Voßkuhle (Hrsg.), Governance von und durch Wissen, Baden-Baden 2008; Die Verwaltung 51 (2018), Heft 3: Verwaltungssachverstand; Laura Münkler (Hrsg.), Dimensionen des Wissens im Recht, 2019; sowie Thomas Vesting, Die Bedeutung von Information und Kommunikation für die verwaltungsrechtliche Systembildung, in: Wolfgang Hoffmann-Riem/Eberhard Schmidt-Aßmann/Andreas Voßkuhle (Hrsg.), Grundlagen des Verwaltungsrechts, Bd. II: Informationsordnung – Verwaltungsverfahren – Handlungsformen, München, 2. Aufl. 2013, § 20. In monographischer Form zum Problemfeld grundlegend Karl-Heinz Ladeur, Das Umweltrecht der Wissensgesellschaft. Von der Gefahrenabwehr zum Risikomanagement, Berlin 1995; ferner Burkard Wollenschläger, Wissensgenerierung im Verfahren, Tübingen 2009; Ino Augsberg, Informationsverwaltungsrecht. Zur kognitiven Dimension der rechtlichen Steuerung von Verwaltungsentscheidungen, Tübingen 2014; Gunnar Folke Schuppert, Wissen, Governance, Recht. Von der kognitiven Dimension des Rechts zur rechtlichen Dimension des Wissens, Baden-Baden 2019.

36 Vgl. zu dieser Kippbewegung bereits Schuppert, Wissen, Governance, Recht, a.a.O., v.a. S. 309 ff.; sowie den Beitrag von Karl-Heinz Ladeur i. d. Bd.

37 Vgl. für eine spezifische Verknüpfung von Recht, Realität und Rhetorik auch João Maurício Adeodato, The Realities of Law are the Winning Narratives? Basic Theses for a Realistic and Rhetorical Philosophy of Law, Frontiers of Law in China 11 (2016), S. 453 ff.

III.

Die Rede von der „juristischen Epistemologie“ verweist demnach auf jenes krypto-juristische oder -juridische, oder, präziser vielleicht, noch diese Differenzierung von juridisch und juristisch unterlaufende Moment der Vorgabe, das die Transzendentalität von der Quasi-Transzendentalität klar abgrenzen würde – wenn es denn möglich wäre, sie trennscharf zu fassen und zu bezeichnen und nicht noch die Möglichkeit einer solchen Trennung und Gegenüberstellung von jener Vorgabe und des trans-sententialen Charakters des Sprechens über sie unterlaufen würde.

Das Schwanken des Begriffs und die mit ihm indizierte Verfaltung des so bezeichneten Phänomens schließt allerdings nicht aus, sondern ein, dass sich die Bewegung zumindest für den Moment gewissermaßen künstlich einfrieren lässt und dadurch die in jener Ambiguität zusammenklingenden Aspekte analytisch voneinander getrennt und separat benannt werden können. Auf eben diese Möglichkeit verwies bereits die Abstraktion der antiken Rhetorik. In offenkundiger Parallele zu dieser Bewegung ist entsprechend die Gegenüberstellung von „Wissen und Recht“ zunächst einmal zu fusionieren in die ebenfalls geläufige Rede vom „Rechtlichen Wissen“ oder dem „Wissen des Rechts“,[38] und letztere dann wiederum aufzuspalten in ihre beiden grammatisch möglichen Genitivvarianten, also in die eine Lesart, in der das Recht als Subjekt des Wissens erscheint, und in die andere, in der umgekehrt das Wissen die Rolle des Subjekts und das Recht die des Objekts besetzt. Dem Recht als wissendem Subjekt steht dergestalt das Wissen vom (oder: über das) Recht gegenüber.[39]

Die analytische Bewegung kann jedoch bei dieser ersten Aufspaltung nicht stehenbleiben; sie drängt dazu, im Sinne des chiastischen Grundmusters das dergestalt Geschiedene sogleich wieder über Kreuz zu legen. Das Wissen des Rechts qua Genitivus subiectivus kann auch zugleich Wissen des Rechts qua Genitivus obiectivus sein. Genauer besehen erscheint dieses Können sogar, jedenfalls für das Recht, als ein Müssen – und zwar als ein vom Recht gebotenes, gleichwohl aber nicht normativ, sondern kognitiv zu nennendes Müssen: Die übliche besondere Betonung der Selbstbezüglichkeit des Rechts, das heißt die Insistenz auf der Teilnehmer- und nicht bloß Beobachterperspektive, die für ein echtes Wissen

---

38 Vgl. Alexander Somek, Rechtliches Wissen, Frankfurt a.M. 2006; ders., Wissen des Rechts. Mit Kommentaren von Andreas Funke und Thomas Vesting, Tübingen 2018.

39 Vgl. dazu auch die Beiträge von Thomas Duve und Burkhard Josef Berkmann i. d. Bd.

des Rechts erforderlich sein soll, weist darauf hin, dass beide Aspekte im Recht typischerweise ineinander verschlungen sind. Wissen über Recht wird danach nicht, wie Wissen über den Aufbau eines Ameisenstaats oder über den Ablauf des Zitronensäurezyklus, als ein dem Gewussten gegenüber äußerlich bleibender Erkenntnisprozess gefasst. Rechtliches Wissen im engsten Sinn entzieht sich vielmehr gerade einem solch äußerlichen Zugriff, in dem Erkenntnissubjekt und Erkenntnisobjekt klar voneinander geschieden sind. Die Verwobenheit von Subjekt und Objekt geht aber auch über die allgemeine epistemologische Feststellung zur erkenntnisgegenstandskonstituierenden Dimension wissenschaftlicher Methodik offenbar noch einmal hinaus. Was Recht ist, lässt sich danach nur aus der Innenperspektive des Rechts selbst adäquat sagen. Die Verflechtung von Genitivus subiectivus und obiectivus führt mithin nicht dazu, dass das Recht sich stärker in einer allgemeinen Erkenntnistheorie auflöst. Im Gegenteil.[40] Deutlich wird vielmehr, dass das Recht sich auch zu den eigenen epistemischen Verfahren bereits reflexiv verhält.[41] Harts Rede von der „rule of recognition" bringt diesen Zusammenhang präzise auf den Begriff.[42] Aber schon klassische Rechtssprichwörter, die als spezifische mnemotechnische Verfahren ihrerseits an dem innerrechtlichen Prozess der Wissensgenerierung und -weitergabe partizipieren, zeugen von dieser reflexiven Wende, die sich wiederum sowohl in Gestalt von Rechtswissen im engeren Sinn zeigt (zusammengefasst etwa in der Formel *iura novit curia*, die das Wissen des Rechts über sich selbst als normativen Grundsatz verankert) als auch in Form des Tatsachenwissens (auf das sich beispielsweise die Parömie *quod non est in actis non est in mundo* bezieht). Ganz analog lässt sich in dieser Perspektive auch anderen bekannten Techniken der geschulten Rechtsanwendung, das heißt natürlich den Regeln der juristischen Methodenlehre, aber insbesondere auch der so genannten „juristischen Dogmatik", eine spezielle epistemische Funktion entnehmen, indem mit ihnen und durch sie rechtsinternes Wissen generiert, gespeichert oder weitergereicht wird.[43] Recht muss demnach, um Recht im modernen Sinn sein zu können, sich in ein (er-)kennendes Verhältnis zu sich selbst

---

40 Vgl. Somek, Wissen des Rechts, a.a.O., S. 6 ff.

41 Vgl. Gunther Teubner, Die Episteme des Rechts. Zu erkenntnistheoretischen Grundlagen des reflexiven Rechts, in: Dieter Grimm (Hrsg.), Wachsende Staatsaufgaben – sinkende Steuerungsfähigkeit des Rechts, Baden-Baden 1990, S. 115 ff.

42 Vgl. H. L. A. Hart, The Concept of Law, Oxford/New York, sec. ed. 1994, S. 93 ff.

43 Vgl. dazu näher Augsberg, Informationsverwaltungsrecht, a.a.O., S. 188 ff.; Schuppert, Wissen, Governance, Recht, a.a.O., S. 131 ff.; sowie den Beitrag von Christian Bumke i. d. Bd.

gebracht haben. Normativität setzt im Sinne einer Selbstverdopplung qua Selbstanerkennung und Selbstsetzung immer schon einen kognitiven Akt voraus; sie unterläuft eben damit bereits jene angeblich scharfe Grenze, die beide Bereiche voneinander trennen soll.[44]

Diese spezifische Relevanz der kognitiven Selbsterkenntnis in der Genese des Rechts leitet über zu einem Verständnis der Formel „Juristische Epistemologie", in dem nicht nur das Adjektiv als *differentia specifica* für das *genus proximum* der allgemeinen Erkenntnis(theorie) fungiert, sondern bei der die Besonderheit der juristischen Weise des Erkennens sich so signifikant von anderen Weisen des Welt- und Wirklichkeitsverständnisses unterscheidet, dass sie weder auf diese anderen ihrerseits partikularen Verständnisse noch auf allgemeine, allen besondere Unterarten gemeinsame Begriffe zurückgeführt werden kann. Das damit angesprochene Problem betrifft namentlich das Verhältnis zu anderen empirisch-sozialwissenschaftlichen Wirklichkeitskonzeptionen und die Forderung, sich auch im Recht im Sinne des *legal realism* auf diese Perspektiven stärker einzulassen.[45] Statt einer derartigen epistemologischen Vereinheitlichung das Wort zu reden, in der nur noch eine einzige Sichtweise – die empiristische Perspektive der quantitativen Sozialwissenschaft – als privilegierter Zugang zur Wirklichkeit lizensiert wird, die also, genau konträr zu dem oben erwähnten rechtlichen Müssen, gerade dieses Müssen als unzulässig markiert, reiht sich die Insistenz auf der spezifisch juristischen Erkenntnisform demnach ein in eine lange Tradition, die umgekehrt die Erforderlichkeit einer Pluralisierung der Epistemologien betont.[46] Zu dieser Pluralität als solcher, im Sinne einer Art Überblick oder Zusammenschau, kann das Recht zwar ebenso wenig wie irgendeine der vielfältigen anderen partikularen Sichtweisen einen privilegierten Zutritt verschaffen. Immerhin ist es aber doch mehr als ein bemerkenswertes philosophiehistorisches Detail, dass ein entscheidender Anstoß und Schritt hin zur genaueren Ausarbeitung dieser Pluralität und der Hervorhebung ihrer Eigenständigkeit gegenüber der noch auf die eindimensional-naturwissenschaftlich geprägte Wirklichkeitskonzeption ausgerichteten kantischen Analyse durch eine Arbeit erfolgte, deren erklärtes Ziel darin lag, die Möglichkeit einer demgegenüber vorzunehmenden Perspektiverweiterung am Modell des Rechts

44 Vgl. Somek, Wissen des Rechts, a.a.O., S. 25 ff.

45 Vgl. dazu, mit Bezug insbesondere auch auf gegenwärtige Versuche einer Reaktualisierung des Modells, Ino Augsberg, Rechtswirklichkeiten, in denen wir leben. New Legal Realism und die Notwendigkeit einer juristischen Epistemologie, Rechtstheorie 46 (2015), S. 71 ff.

46 Vgl. Rheinberger, Iterationen, a.a.O., S. 110.

aufzuzeigen: Emil Lasks Heidelberger Habilitationsschrift „Rechtsphilosophie“ aus dem Jahr 1905.[47]

So konträr die zwei Sichtweisen sich demnach gegenüberstehen, weil die eine Sicht die Existenz eines einzigen privilegierten Weltzugangs behauptet, während die andere auf der irreduziblen Vielfalt verschiedener Zugänge beharrt, so sehr stimmen beide in einem bestimmten Charakterzug ihrer jeweiligen Verfahren doch überein. Beide Verfahren eint, dass sie jeweils eine bestimmte Reinheit des eigenen Ansatzes verfechten und Verschmutzungen oder Infektionen des eigenen Vorgehens durch den Kontakt mit alternativen Betrachtungsweisen vermeiden wollen. Was sie verbindet, ist das, was sowohl die eine als auch die andere als Abgrenzungsstrategie verwendet: ein gemeinsamer Imperativ der Hygiene.[48]

IV.

Differenzen ergeben sich dann wiederum auf der praktischen Ebene der Operationalisierung des jeweils für geboten gehaltenen Wissens. Während die eine Seite das rechtliche Wissen als Unterfall sozialwissenschaftlichen Wissens verbuchen will und deswegen „mehr Realität“ in Gestalt von stärkerer Berücksichtigung quantitativ-empirischer Untersuchungsergebnisse fordert,[49] weist die andere Seite diesen Anspruch bereits auf einer allgemeinen methodologischen Ebene zurück.[50] Indem sie auf der Konstruiertheit aller scheinbar bloßen Erfahrung beharrt, lenkt sie den Blick nicht nur zurück auf die spezifisch juristischen Elemente der Wirklichkeitskon-

---

47 Vgl. Emil Lask, Rechtsphilosophie, in: ders., Gesammelte Schriften, hrsg. v. Eugen Herrigel, I. Bd., Tübingen 1923, S. 275 ff. (308): „Unter erkenntnistheoretischen Gesichtspunkten gilt die Wirklichkeit als ein Erzeugnis kategorialer Synthesen. Die Methodologie überträgt diesen kopernikanischen Standpunkt auf die Schöpfungen der einzelwissenschaftlichen Auslesetätigkeit und sieht z.B. in den Atomen und Naturgesetzen Produkte der naturwissenschaftlichen, in den Ereignissen der Weltgeschichte, in den rechtlichen, staatlichen und wirtschaftlichen Phänomenen Produkte der kulturwissenschaftlichen Begriffsbildung.“

48 Vgl. zur allgemeinen Logik einer entsprechenden Bewegung näher Roberto Esposito, Immunitas. Schutz und Negation des Lebens, Berlin 2004, v.a. S. 65 ff.

49 Vgl. zu einem entsprechenden Plädoyer für einen „New Legal Realism“ etwa die Beiträge in Leiden Journal of International Law 28 (2015), Issue 2, S. 189 ff.

50 Vgl. zur entsprechenden Debatte näher Ino Augsberg, Verwaltung und Empirie, in: Wolfgang Kahl/Markus Ludwigs (Hrsg.), Handbuch des Verwaltungsrechts, Bd. I: Grundstrukturen des deutschen Verwaltungsrechts, Heidelberg 2021, § 27, S. 1069 ff.

struktion.[51] Sie verweist vielmehr darauf, dass Wirklichkeit kein starres Gegenüber ist, sondern das jeweilige Ergebnis einer bestimmten Praxis, die sich ebenso aus dieser Umwelt ergibt wie sie diese zugleich selbst mit hervorbringt. Die entscheidende Differenz der Wirklichkeitskonzeptionen läge demnach nicht so sehr in dem Unterschied zwischen der Annahme einer An-sich oder nur Für-uns bestehenden Realität. Entscheidend wäre vielmehr die Differenz zwischen einer statischen Betrachtung dessen, was in einem einzigen Augenblick als wahr erfasst wird, und dem, was sich erst in einem fortlaufenden Erkenntnisprozess, und das heißt zugleich: niemals vollständig und erschöpfend, als Wirklichkeit dar-, vor-, vielleicht sogar nur unterstellen lässt.[52]

In dieser Perspektive kommt der Möglichkeit der Fiktion im juristischen Kontext nicht allein deshalb eine paradigmatische Bedeutung für das Gesamtgeschehen zu, weil sie auf eine gewisse Beliebigkeit oder, positiver formuliert, Eigenständigkeit der juristisch konstruierten Wirklichkeit verweist. Ein derartiges Verständnis ist mit dem Konstruktionscharakter selbst dann nicht gemeint, wenn dieser noch mit Hilfe des traditionellen transzendentalphilosophischen Schemas erfasst werden soll. Umso weniger ist ein solches Verständnis anzunehmen, wenn dieses Schema im Sinn einer quasi-transzendentalen Wendung aufgebrochen werden soll. Die Pointe der entsprechenden Drehbewegung dürfte vielmehr darin liegen, dass nunmehr das prozessuale Moment zugleich die Stelle des An-sich in dem Sinne besetzt, dass damit in einem zumal die Unverfügbarkeit der Wirklichkeit benannt wird. Fiktion muss dazu auch in einem noch bei Savigny klar vertretenen Sinn gelesen werden. Sie bildet dann nicht nur das Ergebnis einer lebhaften Phantasie, also etwas, das, gegebenenfalls innerhalb eines vorgegebenen Kontextes, frei ausgedacht wurde. Die Fiktion verweist vielmehr ebenso auf einen Aspekt des Sich-Anschließens und -Zusammenfügens, oder genauer: des Sich-Verknüpfens oder -Verwebens, also des Herstellens einer bestimmten Textur.[53]

---

51 Vgl. etwa Karl-Heinz Ladeur, Recht – Wissen – Kultur. Die fragmentierte Ordnung, Berlin 2016, S. 48 ff.

52 Vgl. zu diesen unterschiedlichen Wirklichkeitskonzeptionen wiederum Blumenberg, Wirklichkeitsbegriff und Möglichkeit des Romans, a.a.O., S. 49 ff.

53 Vgl. Friedrich Carl von Savigny, Vom Beruf unsrer Zeit für Gesetzgebung und Rechtswissenschaft, Heidelberg, 2., vermehrte Aufl. 1828, S. 32: „Entsteht eine neue Rechtsform, so wird dieselbe unmittelbar an eine alte, bestehende angeknüpft, und ihr so die Bestimmtheit und Ausbildung derselben zugewendet. Dieses ist der Begriff der Fiction“. Dazu auch Thomas Schestag, Die Fiktion des Politischen, in: Philippe Lacoue-Labarthe, Die Fiktion des Politischen. Heidegger, die Kunst und die Politik, Stuttgart 1990, S. 5.

Folgt man diesem Gedanken, dann bedient sich das Recht auch dort noch einer Legalfiktion, wo es ausdrücklich auf außerjuridisches Wissen rekurriert und dieses – bspw. in Form von Sachverständigengutachten – in die eigenen Prozesse einbaut. Denn den einschlägigen Verfahren kommt keineswegs die Funktion zu, nun allererst den Zugang zu der „wirklichen Wirklichkeit" als solchen zu ermöglichen. Schon die dafür erforderliche Prämisse, dem in Anspruch genommenen anderen, etwa sozialwissenschaftlich-empirischen Zugang einen genaueren, authentischeren Zugriff auf „die Welt" zuzugestehen, lässt sich nicht halten.[54] Die entsprechenden Mechanismen dienen vielmehr dem Zweck, die Pluralität der Wirklichkeitskonzeptionen aufeinander abzustimmen. Sie nehmen teil an der allgemeinen Aufgabe, „kognitive Pluralität" zu „ordnen",[55] indem die eine, nämlich spezifisch juristische, mit einer anderen Wirklichkeitskonstruktion, und das heißt insbesondere: mit der allgemein (natur-)wissenschaftlichen Weise, „Welt", „Wahrheit" und „Wirklichkeit" zu bestimmen, verbunden wird.

V.

Diese Form der Zusammenführung (das heißt zumal und vielleicht genauer: die Zusammenführung als Form, oder auch: als Text) lässt sich auch noch aus einer anderen, klassischeren Perspektive in den Blick nehmen. Stellt man in Rechnung, dass die philosophische Tradition insbesondere im Anschluss an Kant die Rechtsphilosophie als eine Fortsetzung der Moral- und damit als einen weiteren Teilaspekt der praktischen Philosophie gesehen hat, der als solcher den auf die Erkenntnis (oder: Erkennbarkeit) von Wahrheit und Wirklichkeit bezogenen Fragen der theoretischen Philosophie entgegengestellt werden musste, scheint zunächst die eingangs genannte Dichotomie von Sein und Sollen noch einmal wiederzukehren. Die bekannten Fragen danach, was gewusst werden kann und was getan werden soll, sind demzufolge wiederum scharf voneinander zu unterscheiden; sie bezeichnen unterschiedliche Bereiche des philosophischen Denkens.

Näher betrachtet bildet das eigentliche Problem für Kant aber gerade nicht diese als solche einfach festzustellende Differenz von praktischer und theoretischer Philosophie. Erst recht liegt die Auflösung jenes Problems

54 Vgl. dazu bereits Augsberg, Verwaltung und Empirie, a.a.O.
55 Vgl. Schuppert, Wissen, Governance, Recht, a.a.O., S. 315 ff.

nicht bereits in einer diffus verstandenen allgemeinen Anthropologie. Um das „kritische Geschäft“ wirklich beenden zu können, ist vielmehr noch etwas Anderes erforderlich, nämlich die Beantwortung der Frage, wie beide Formen philosophischer Erkenntnis zugleich als Ausdruck ein und derselben Vernunft verstanden werden können. Die Antwort auf diese Frage soll die dritte „Kritik“ liefern, die danach, wie eine Zwischenüberschrift ihrer „Einleitung“ statuiert, als „Verbindungsmittel der zwei Teile der Philosophie zu einem ganzen“[56] fungiert. Angedeutet ist damit nicht allein, dass die Urteilskraft ein Vermögen benennt, das gerade jenseits des bloßen Erkenntnisprozesses anzusiedeln ist.[57] Angedeutet ist damit vielmehr ebenso, dass die Urteilskraft in einer spezifischen Nähe zur Einbildungskraft steht, die ebenfalls als verbindendes Glied zwischen theoretischer und praktischer Vernunft ausgemacht wurde.[58]

Die damit angesprochene Problematik deutet zum einen erneut auf die Frage der Fiktion im Sinn einer möglichen Verbindung oder Verknüpfung „an sich“ getrennter Bereiche zurück. Sie lässt zum anderen die Möglichkeit aufscheinen, dass Normativität nicht allein, wie es einer insoweit traditionelleren Sichtweise entspricht, als ein Doppelphänomen in dem Sinne verstanden werden muss, dass sie sowohl Teil einer realen (oder faktischen) als auch einer idealen (oder kritischen) Sphäre ist.[59] Mit der stärkeren Hervorhebung der Einbildungskraft als entscheidendem Aspekt des Gesamtgeschehens steht vielmehr die Frage im Raum, ob man das normative Geschehen nicht ebenso sehr – oder vielleicht sogar vorrangig – in einem Raum der Virtualität verorten muss, der als solcher einerseits eine alternative Realität bezeichnet, die so, qua Realität, dem Denken gegenüber etwas bleibt, was ihm von außen widerfährt, andererseits aber auch, als nicht lediglich alternative Realität, sondern Alternative zur Realität, etwas bildet, was sich von der bekannten Konzeption der scheinbar einfach gegebenen Realität signifikant unterscheidet und diese Unterscheidung immer weiter fortsetzt. In diesem Sinn, das heißt als Entfaltung dieser Figur, müsste eine genauer ausgearbeitete juristische Epistemologie

56 Vgl. die Überschrift des III. Abschnittes der Einleitung zur Kritik der Urteilskraft, BA XX (a.a.O., S. 248).

57 Vgl. Hannah Arendt, Über Kants Politische Philosophie, in: dies., Das Urteilen. Texte zu Kants politischer Philosophie, hrsg. und mit einem Essay von Ronald Beiner, München/Zürich 1985, S. 96 f.

58 Vgl. zu dieser These prominent, allerdings weitgehend ohne Bezug zur „Kritik der Urteilskraft“, Heidegger, Kant und das Problem der Metaphysik, a.a.O., S. 138 ff.

59 Vgl. Robert Alexy, Die Doppelnatur des Rechts, in: Der Staat 50 (2011), S. 383 ff.

demnach auch eine Theorie der Erkenntnis des Virtuellen sein. Damit ließe sich zugleich der Bogen zurück zur Frage der Rhetorik jedenfalls in dem Maße schlagen, in dem man insbesondere den (für die Rhetorik insgesamt paradigmatischen) Einsatz von Metaphern als ein „imaginatives Verfahren" begreift, „das sich im Gleichnis seine eigene Konsistenz schafft"[60]. Die entsprechende Betrachtung müsste aber dabei zugleich in Rechnung stellen, dass das auf diese Weise Imaginierte durch den Akt der Vorstellung nicht etwa in die Verfügungsgewalt des Imaginierenden tritt. Der Verlauf der Bewegung ist vielmehr, wenn überhaupt, eher in die umgekehrte Richtung vorzustellen: als Annahme, dass es so etwas wie Welt oder Wirklichkeit geben kann, also als Akt nicht allein im Sinn von *performance*, sondern zumindest ebenso von Exposition.[61]

VI.

Die Verflechtung zwischen dem Bereich des Normativen und dem des Kognitiven lässt sich darüber hinaus noch in einer weiteren Hinsicht prägnant feststellen. Was auf eine bestimmte Weise scheinbar bloß kognitiv bestimmt erscheint, ist näher betrachtet eben in dieser Bestimmung und durch sie ebenso bereits normativ markiert. In diesem Sinn ist etwa die Distinktion, die nicht allein das Gewusste dem Nicht-Gewussten, sondern vor allem das Gewusste und Nicht-Gewusste dem eigentlich zu Wissenden gegenüberstellt, kein bloß faktischer Befund. Sie enthält in sich bereits eine Gewichtung, die die getroffene Unterscheidung asymmetrisiert, indem sie die eine Seite gegenüber der anderen bevorzugt.[62] Schon die Bezeichnung als „wichtig" oder „unwichtig" trägt in die scheinbar bloße Wahrnehmung des Gegebenen eine Differenz ein, die allein aus dem

60 Blumenberg, Anthropologische Annäherung an die Aktualität der Rhetorik, a.a.O., S. 429. Zur Bedeutung der Metapher als Paradigma der Rhetorik a.a.O., S. 416: „Die Metapher ist nicht nur ein Kapitel in der Behandlung der rhetorischen Mittel, sie ist signifikantes Element der Rhetorik, an dem ihre Funktion dargestellt und auf ihren anthropologischen Bezug gebracht werden kann."

61 Vgl. zu dieser Differenz näher Ino Augsberg, Rechtsakte. Anmerkungen zum *pouvoir prostituant*, in: Stefan Arnold/Kerstin Wilhelms (Hrsg.), Schau-Prozesse. Gericht und Theater als Bühnen des Politischen, Stuttgart 2022 (i.E.).

62 Vgl. etwa Blumenberg, Realität und Realismus, a.a.O., S. 114: „Wirklichkeit ist nicht so, wie sie sein soll, das hatte auch Plato mit dem Begriff der Erscheinung gemeint".

Wahrgenommenen selbst nicht gerechtfertigt werden kann.[63] Die für sich genommen unvermeidliche Selektion ist als solche je schon Konstruktion. Selbst „der bloße Index eines beliebigen Quellenwerkes, soll er nicht zur Konkordanz sämtlicher vorkommender Worte anschwellen", erfordert eine gewichtende Auswahl, die das zur Auswahl vorliegende Material selbst nicht vorgibt, sondern an dieses als ein ihm gegenüber notwendig äußerlich bleibendes, normatives Kriterium erst herangetragen werden muss.[64] Die Welt der „reinen" Tatsachen, auf die ein kruder Empirismus rekurrieren zu können meint, zeigt sich in dieser Perspektive somit nicht etwa als der letzte Grund, auf dem alle anderen, komplexeren Formen des sozialen Miteinanders beruhen und dem sie in ihren verschiedenen Gestalten, namentlich der unterschiedlichen normativen Ordnungssysteme, dann sukzessive allererst entwachsen. Die bloßen Tatsachen sind vielmehr – in diesem Befund stimmen selbst im Übrigen wenig miteinander kompatible Versuche einer Neubegründung der Ontologie überein – ein sekundäres, abgeleitetes Phänomen. „Matter-of-fact is an abstraction, arrived at by confining thought to purely formal relations which then masquerade as the final reality"[65], heißt es etwa bei Whitehead, in einem Sinn, der in dieser Perspektive wie ein Echo der Differenz von Zu- und Vorhandenheit erscheint.[66]

VII.

Die Rede von der juristischen Epistemologie deutet in diesem Sinn darauf hin, dass der gesamte Prozess der Generierung von Wissen als solcher

---

63 Vgl. dementsprechend zur Bedeutung – im Doppelsinn von sowohl Signifikanz als auch, insbesondere, Relevanz – der „importance" näher Alfred North Whitehead, Modes of Thought, New York 1968, S. 1 ff.

64 Vgl. Ernst Kantorowicz, Grenzen, Möglichkeiten und Aufgaben der Darstellung mittelalterlicher Geschichte. Ed. v. Eckhart Grünwald, in: Deutsches Archiv für Erforschung des Mittelalters 50 (1994), S. 104 ff. (105). Näher dazu Eckhart Grünewald, Sanctus amor patriae dat animum – ein Wahlspruch des George-Kreises? Ernst Kantorowicz auf dem Historikertag zu Halle a. d. Saale im Jahr 1930 (Mit Edition), in: Deutsches Archiv für Erforschung des Mittelalters 50 (1994), S. 89 ff.; sowie Robert E. Lerner, Ernst Kantorowicz. A Life, Princeton and Oxford 2017, S. 124 ff.

65 Whitehead, Modes of Thought, a.a.O., S. 18.

66 Vgl. zur Gewinnung der Vorhandenheit im Wege einer Abstraktion von der primär zugänglichen Zuhandenheit Martin Heidegger, Sein und Zeit, Tübingen, 17. Aufl. 1993, S. 70.

bereits normativ tingiert ist, dass also, noch schärfer formuliert, unser ganzes Denken und Erkennen einen juristischen Kern aufweist. Dieser Befund lässt sich seinerseits als bloße Beschreibung eines unabänderlichen, deshalb schlicht hinzunehmenden Zustandes verstehen. Er lässt sich aber auch noch einmal in eine normative Perspektive einstellen, die paradoxerweise gerade die Hyperjuridisierung der Epistemologie als solche bestimmt und verurteilt. Paradigma einer solchen Kritik ist Heideggers Rekonstruktion der Geschichte der Wahrheit, die in der römischen Über- als Verformung des ursprünglicheren griechischen Modells zugleich eine Juridifizierung bedeutet.[67] Hier schließt dann eine erweiterte Perspektive an, die die Juridifizierung der Philosophie im Allgemeinen, mit besonderem Bezug auf die kantische Konzeption, als Problem beschreibt.[68]

Eine (rechts-)philosophische Beschäftigung mit der juristischen Epistemologie könnte diese Fragestellung aufgreifen und es unternehmen, in der Auseinandersetzung mit diesem Themenfeld die diesem offenbar zugrundeliegende Juridifizierung des Denkens selbst zum Problem, ja zum Skandalon zu erklären und auf eine Alternative zu sinnen.[69] Das setzt möglicherweise voraus, dass die juristische Technik der Fiktion nicht nur in ihrer grundlegenden (und dabei zugleich selbst grundlosen, also abgründigen) Bedeutung erkannt, sondern zugleich als „zynisch" abgewertet und von der „poetischen Fiktion" abgegrenzt wird.[70] Sie könnte aber auch, in einer nicht einfach umgekehrten, sondern buchstäblich komplizierteren, nämlich nicht allein die entgegengesetzten Positionen stärker ineinander verwebenden, sondern mit dem zu behandelnden Problem selbst eine bestimmte Komplizenschaft eingehenden Bewegung, darauf aufmerksam machen, dass noch das geläufige Modell der Kritik, und damit auch noch der Kritik am Juridismus, möglicherweise von diesem her kommt und immer schon durch ihn geprägt ist.[71] Statt den (Hyper-)Juridismus des Erkenntnisprozesses als solchen zu bestimmen und zu kritisieren und demgemäß das (Ver-)Urteilenmüssen als angebliches Grundcharakteristikum

---

67 Vgl. Martin Heidegger, Parmenides (Freiburger Vorlesung Wintersemester 1942/43), GA 54, hrsg. v. Manfred S. Frings, Frankfurt a.M., 2. Aufl. 1992, § 3, S. 42–83. Dazu instruktiv auch Erich Hörl, Römische Machenschaften. Heideggers Archäologie des Juridismus, in: Cornelia Vismann/Thomas Weitin (Hrsg.), Urteilen/Entscheiden, München 2006, S. 236 ff.

68 Vgl. Nancy, Lapsus iudicii, a.a.O.; sowie Jacques Derrida, Privileg. Vom Recht auf Philosophie I, Wien 2003, S. 105 ff.

69 Vgl. Daniel Loick, Juridismus. Konturen einer kritischen Theorie des Rechts, Berlin 2017.

70 Vgl. Nancy, Lapsus iudicii, a.a.O., S. 49, 67.

71 Vgl. dazu näher Ino Augsberg, Zur Kritik der Kritik, in: KJ 54 (2021), S. 139 ff.

des Denkens[72] seinerseits zu verurteilen, könnte es demnach einem anderen, trans-sententialen Denken darum gehen, den Satz, auch und gerade den juristischen Satz, so zu verstehen, dass er nicht etwa, als *sententia*, Satz und Urteil weitgehend ineins setzt. Es ginge vielmehr darum, ihm eine solche Weite zu lassen, dass er über das apophantische Sprechen und das Urteilen hinausreicht. Das so erreichte Verständnis wäre dann wiederum gerade nicht als ein dem Recht diametral entgegengesetztes, sondern als ein dessen eigenen Setzungen immer schon inhärierendes und sie damit zugleich unterlaufendes Moment zu bestimmen.[73]

VIII.

Diese Verflechtung der Perspektiven lässt schließlich auch noch eine weitere Beobachtung zur immer schon erfolgten Rückkopplung der angeblich klar geschiedenen Bereiche von Recht und Wissen zu. In diesem Sinn lässt sich auch aus der Perspektive der klassischen Rechtsphilosophie noch eine weitere Facette nennen, wie sich jene beiden Gebiete zueinander verhalten, das heißt miteinander verfalten, ineinander übergehen, ohne sich einfach im jeweils anderen und damit in ein gemeinsames Drittes aufzulösen. Die normative Prägung der Frage nach dem wichtigen und richtigen Wissen lässt sich in dieser Hinsicht auf eine Formel bringen, die die eigentliche erkenntnistheoretische Aufgabe artikuliert: Es gilt offenbar, mit der eigenen Erkenntnis der Wirklichkeit gerecht zu werden.

Mit diesem der Erkenntnistheorie als normativer Maßstab vorgesetzten Formulierung sind die Probleme dann allerdings alles andere als beendet; sie beginnen erst. Denn nicht nur vor dem Hintergrund eines sich ständig weiter fortsetzenden, verschiebenden und in diesem Sinn metaphorischen Weltverhältnisses ließe sich fragen, ob für die Erfassung dieser Beziehung dann noch ein Verständnis adäquat oder angemessen ist, das Gerechtigkeit ebenso wie klassischerweise die Wahrheit wesentlich in Kategorien der

---

72 Vgl. Immanuel Kant, Prolegomena zu einer jeden künftigen Metaphysik die als Metaphysik wird auftreten können, A 89 (zitiert nach ders., Werke, hrsg. v. Wilhelm Weischedel, Bd. III: Schriften zur Metaphysik und Logik, Wiesbaden 1958, S. 111–264 [171]).

73 Vgl. zu einem entsprechenden Versuch Ino Augsberg, "We Aren't Arendt". Sprache und Urteilsstruktur, in: ders./Steffen Augsberg/Ludger Heidbrink (Hrsg.), Recht auf Nicht-Recht. Rechtliche Reaktionen auf die Juridifizierung der Gesellschaft, Weilerswist 2020, S. 24 ff.; ausführlich ders., Elemente einer Theorie des expositiven Rechts, a.a.O.

Adäquanz, der Anpassung, Angemessenheit etc. zu fassen versucht, statt zumindest die Möglichkeit in Rechnung zu stellen, dass sie, umgekehrt, gerade als „unberechenbare Nichtentsprechung" zu denken sein könnte.[74]

In dieser Perspektive bestimmt möglicherweise nicht nur ein veränderter Status des modernen Wissens eine veränderte Gestalt des Rechts.[75] Ebenso gut könnte eine veränderte Sicht darauf, was Normativität besagt, unsere Vorstellung davon ändern, was und wie in der Gesellschaft gewusst werden soll und überhaupt gewusst werden kann.

Literaturverzeichnis

Adeodato, João Maurício, The Realities of Law are the Winning Narratives? Basic Theses for a Realistic and Rhetorical Philosophy of Law, Frontiers of Law in China 11 (2016), S. 453 ff.

Alexy, Robert, Die Doppelnatur des Rechts, in: Der Staat 50 (2011), S. 383 ff.

Arendt, Hannah, Über Kants Politische Philosophie, in: dies., Das Urteilen. Texte zu Kants politischer Philosophie, hrsg. und mit einem Essay von Ronald Beiner, München/Zürich 1985.

Augsberg, Ino, Informationsverwaltungsrecht. Zur kognitiven Dimension der rechtlichen Steuerung von Verwaltungsentscheidungen, Tübingen 2014.

–, Rechtswirklichkeiten, in denen wir leben. New Legal Realism und die Notwendigkeit einer juristischen Epistemologie, Rechtstheorie 46 (2015), S. 71 ff.

–, Die Normalität der Normativität, JZ 75 (2020), S. 425 ff.

–, "We Aren't Arendt". Sprache und Urteilsstruktur, in: ders./Steffen Augsberg/Ludger Heidbrink (Hrsg.), Recht auf Nicht-Recht. Rechtliche Reaktionen auf die Juridifizierung der Gesellschaft, Weilerswist 2020, S. 24 ff.

–, Elemente einer Theorie des expositiven Rechts, Weilerswist 2021.

–, Zur Kritik der Kritik, in: KJ 54 (2021), S. 139 ff.

–, Verwaltung und Empirie, in: Wolfgang Kahl/Markus Ludwigs (Hrsg.), Handbuch des Verwaltungsrechts, Bd. I: Grundstrukturen des deutschen Verwaltungsrechts, Heidelberg 2021, § 27, S. 1069 ff.

–, Wissen und Recht. Eine Problemskizze, i. d. Bd.

–, Rechtsakte. Anmerkungen zum *pouvoir prostituant*, in: Stefan Arnold/Kerstin Wilhelms (Hrsg.), Schau-Prozesse. Gericht und Theater als Bühnen des Politischen, Stuttgart 2022 (i.E.).

74 Vgl. Jacques Derrida, Was tun mit der Frage „Was tun"?, Wien 2018, S. 105.

75 Vgl. zu dieser Fragestellung etwa den Beitrag von Karl-Heinz Ladeur i. d. Bd.

Bender, John/Wellbery, David E., Rhetoricality: On the Modernist Return of Rhetoric, in: dies. (Hrsg.), The Ends of Rhetoric. History, Theory, Practice, Stanford 1990, S. 3 ff.

Bennington, Geoffrey, Derridabase, in: Jacques Derrida. Ein Portrait von Geoffrey Bennington und Jacques Derrida, Frankfurt a.M. 1994, S. 9 ff.

Berkmann, Burkhard Josef, Kanonisches Recht im Spannungsfeld von Theologie und Rechtswissenschaft, i. d. Bd.

Blumenberg, Hans, Ästhetische und metaphorologische Schriften, hrsg. v. Anselm Haverkamp, Frankfurt a.M. 2001, S. 406 ff.

–, Realität und Realismus, hrsg. v. Nicola Zambon, Berlin 2020.

Bumke, Christian, Erzeugung und Gebrauch von Wissen in der Rechtsdogmatik, i. d. Bd.

Cassin, Barbara, Sophistical Practice. Towards a Consistent Relativism, New York 2014.

Cohen, Hermann, Kants Theorie der Erfahrung, 5. Aufl., in: ders., Werke, Bd. 1.1, Hildesheim/Zürich/New York 1987.

Collin, Peter, Entscheidungswissen in Gerichten mit Laienbeteiligung – rechtshistorische Perspektiven, i. d. Bd.

Daston, Lorraine, Baconsche Tatsachen, Rechtsgeschichte 1 (2002), S. 36 ff.

Dernburg, Heinrich, Pandekten, Bd. 1, Berlin, 4. Aufl. 1894.

Derrida, Jacques, Privileg. Vom Recht auf Philosophie I, Wien 2003.

–, Was tun mit der Frage „Was tun"?, Wien 2018.

Die Verwaltung 51 (2018), Heft 3: Verwaltungssachverstand.

Duve, Thomas, Rechtsgeschichte als Geschichte der Erzeugung von Normativitätswissen?, i.d. Bd.

Esposito, Roberto, Immunitas. Schutz und Negation des Lebens, Berlin 2004.

Gasché, Rodolphe, Über chiastische Umkehrbarkeit, in: Anselm Haverkamp (Hrsg.), Die paradoxe Metapher, Frankfurt a.M. 1998, S. 437 ff.

Grünewald, Eckhart, Sanctus amor patriae dat animum – ein Wahlspruch des George-Kreises? Ernst Kantorowicz auf dem Historikertag zu Halle a. d. Saale im Jahr 1930 (Mit Edition), in: Deutsches Archiv für Erforschung des Mittelalters 50 (1994), S. 89 ff.

Hamacher, Werner, Das Nicht im Satz der Identität, in: ders., Mit Ohne Mit, Zürich 2021, S. 57 ff.

Hart, H. L. A., The Concept of Law, Oxford/New York, sec. ed. 1994.

Heidegger, Martin, Kant und das Problem der Metaphysik, Gesamtausgabe Bd. 3, hrsg. v. Friedrich-Wilhelm von Hermann, Frankfurt a.M. 1991.

–, Parmenides (Freiburger Vorlesung Wintersemester 1942/43), Gesamtausgabe Bd. 54, hrsg. v. Manfred S. Frings, Frankfurt a.M., 2. Aufl. 1992.

–, Sein und Zeit, Tübingen, 17. Aufl. 1993.

Herberger, Maximilian, Art. quaestio facti/quaestio iuris, in: Joachim Ritter/Karlfried Gründer (Hrsg.), Historisches Wörterbuch der Philosophie, Bd. 7, Basel 1989, Sp. 1739 ff.

Hörl, Erich, Römische Machenschaften. Heideggers Archäologie des Juridismus, in: Cornelia Vismann/Thomas Weitin (Hrsg.), Urteilen/Entscheiden, München 2006, S. 236 ff.

Jestaedt, Matthias, Die Eigengesetzlichkeit des Rechts. Normativität, Kausalität und die Antwort der Verfassung, in: Joachim Rückert/Lutz Raphael (Hrsg.), Autonomie des Rechts nach 1945. Eine Veröffentlichung aus dem Arbeitskreis für Rechtswissenschaft und Zeitgeschichte an der Akademie der Wissenschaften und der Literatur Mainz, Tübingen 2020, S. 1 ff.

Kant, Immanuel, Kritik der reinen Vernunft, in: ders., Werke, hrsg. v. Wilhelm Weischedel, Bd. II, Wiesbaden 1956.

–, Kritik der Urteilskraft, in: ders., Werke, hrsg. v. Wilhelm Weischedel, Bd. V: Kritik der Urteilskraft und Schriften zur Naturphilosophie, Wiesbaden 1957, S. 233–620.

–, Prolegomena zu einer jeden künftigen Metaphysik die als Metaphysik wird auftreten können, in: ders., Werke, hrsg. v. Wilhelm Weischedel, Bd. III: Schriften zur Metaphysik und Logik, Wiesbaden 1958, S. 111–264.

Kantorowicz, Ernst, Grenzen, Möglichkeiten und Aufgaben der Darstellung mittelalterlicher Geschichte. Ed. v. Eckhart Grünwald, in: Deutsches Archiv für Erforschung des Mittelalters 50 (1994), S. 104 ff.

Kelsen, Hans, Reine Rechtslehre, 2. Aufl., Wien 1960.

Koschorke, Albrecht, Wahrheit und Erfindung. Grundzüge einer Allgemeinen Erzähltheorie, Frankfurt a.M. 2012.

Ladeur, Karl-Heinz, Das Umweltrecht der Wissensgesellschaft. Von der Gefahrenabwehr zum Risikomanagement, Berlin 1995.

–, Recht – Wissen – Kultur. Die fragmentierte Ordnung, Berlin 2016.

–, „Legal Knowledge“ in der Wissensgesellschaft, i. d. Bd.

Lask, Emil, Rechtsphilosophie, in: ders., Gesammelte Schriften, hrsg. v. Eugen Herrigel, I. Bd., Tübingen 1923, S. 275 ff.

Lausberg, Heinrich, Handbuch der literarischen Rhetorik. Eine Grundlegung der Literaturwissenschaft, Stuttgart, 3. Aufl. 1990.

Leiden Journal of International Law 28 (2015), Issue 2, S. 189 ff.

Lepsius, Oliver, Erkenntnisgegenstand und Erkenntnisverfahren in den Geisteswissenschaften der Weimarer Republik, Ius commune. Zeitschrift für Europäische Rechtsgeschichte 22 (1995), S. 283 ff.

Lerner, Robert E., Ernst Kantorowicz. A Life, Princeton and Oxford 2017.

Loick, Daniel, Juridismus. Konturen einer kritischen Theorie des Rechts, Berlin 2017.

Luhmann, Niklas, Rechtssoziologie 1, Reinbek bei Hamburg 1972.

–, Das Recht der Gesellschaft, Frankfurt a.M. 1993.

Michel, Karl Markus, Versuch, die „Ästhetische Theorie" zu verstehen, in: Burkhardt Lindner/W. Martin Lüdke (Hrsg.), Materialien zur ästhetischen Theorie Theodor W. Adornos. Konstruktionen der Moderne, Frankfurt a.M. 1980, S. 41 ff.

Münkler, Laura (Hrsg.), Dimensionen des Wissens im Recht, Tübingen 2019.

Nancy, Jean-Luc, Lapsus iudicii, in: ders., Der kategorische Imperativ, Zürich/ Berlin 2017, S. 41 ff.

Rheinberger, Hans-Jörg, Iterationen, Berlin 2005.

Riha, Rado, Kant in Lacan'scher Absicht. Die kopernikanische Wende und das Reale, Wien/Berlin 2018.

Röhl, Hans Christian (Hrsg.), Wissen – Zur kognitiven Dimension des Rechts (DV Beiheft 9), 2010.

Savigny, Friedrich Carl von, Vom Beruf unsrer Zeit für Gesetzgebung und Rechtswissenschaft, Heidelberg, 2., vermehrte Aufl. 1828.

Schestag, Thomas, Die Fiktion des Politischen, in: Philippe Lacoue-Labarthe, Die Fiktion des Politischen. Heidegger, die Kunst und die Politik, Stuttgart 1990, S. 5.

Schuppert, Gunnar Folke, Wissen, Governance, Recht. Von der kognitiven Dimension des Rechts zur rechtlichen Dimension des Wissens, Baden-Baden 2019.

Schuppert, Gunnar Folke/Voßkuhle, Andreas (Hrsg.), Governance von und durch Wissen, Baden-Baden 2008.

Somek, Alexander, Rechtliches Wissen, Frankfurt a.M. 2006.

–, Wissen des Rechts. Mit Kommentaren von Andreas Funke und Thomas Vesting, Tübingen 2018.

Spiecker gen. Döhmann, Indra/Collin, Peter (Hrsg.), Generierung und Transfer staatlichen Wissens im System des Verwaltungsrechts, Tübingen 2008.

Teubner, Gunther, Die Episteme des Rechts. Zu erkenntnistheoretischen Grundlagen des reflexiven Rechts, in: Dieter Grimm (Hrsg.), Wachsende Staatsaufgaben – sinkende Steuerungsfähigkeit des Rechts, Baden-Baden 1990, S. 115 ff.

Twellmann, Marcus, Der (Anti-)Juridismus der reinen Vernunft. Zur Rechtsmetaphorik bei Kant, Weimarer Beiträge 55 (2009), S. 413 ff.

Vesting, Thomas, Die Bedeutung von Information und Kommunikation für die verwaltungsrechtliche Systembildung, in: Wolfgang Hoffmann-Riem/Eberhard Schmidt-Aßmann/Andreas Voßkuhle (Hrsg.), Grundlagen des Verwaltungsrechts, Bd. II: Informationsordnung – Verwaltungsverfahren – Handlungsformen, München, 2. Aufl. 2013, § 20.

Waldenfels, Bernhard, Sozialität und Alterität. Modi sozialer Erfahrung, Berlin 2015.

Whitehead, Alfred North, Modes of Thought, New York 1968.

Windscheid, Bernhard, Lehrbuch des Pandektenrechts, Bd. 1, Frankfurt a.M., 6. Aufl. 1887.

Wollenschläger, Burkard, Wissensgenerierung im Verfahren, Tübingen 2009.

III.
Wissensgenerierung und Wissensverarbeitung im Rechtssystem

Entscheidungswissen in Gerichten mit Laienbeteiligung – rechtshistorische Perspektiven

Peter Collin

I. Einführende Überlegungen

Wenn über „Wissen und Recht" gesprochen wird, geht es meist um das Wissen von Juristen. Das gilt vor allem für die Rechtsprechung. Denn im herkömmlichen Verständnis ist Justiz Sache von Richtern, die durch entsprechende Examina als juristische Experten ausgewiesen sind. Auf Nichtjuristen, also hier auf Laienrichter, sind theoretisch oder praktisch orientierte Überlegungen zur richterlichen Entscheidungsfindung meist nicht zugeschnitten. Der Platz der Laien ist die Rechtssoziologie oder die Verbandsliteratur der Vereinigungen der ehrenamtlichen Richter.[1] Inwieweit dieses Aufmerksamkeitsdefizit heute gerechtfertigt ist und welche Bedeutung das Laienelement im heutigen Justizsystem hat[2], muss hier dahingestellt bleiben. Die folgenden Ausführungen konzentrieren sich auf jene Zeit, in der Laienbeteiligung weniger ein ergänzendes Element des juristischen Normalbetriebes war als vielmehr als Alternative zu diesem angesehen wurde und deshalb stärker im Fokus der öffentlichen und rechtswissenschaftlichen Aufmerksamkeit stand – das 19. und frühe 20.

---

1 Zu nennen ist vor allem die Zeitschrift „Richter ohne Robe".

2 Wohl neuester Überblick bei Stefan Machura, Understanding the German Mixed Tribunal, Zeitschrift für Rechtssoziologie 36 (2016), S. 273-302. Was die heutige Bedeutung betrifft, wird durchaus zwischen Gerichtszweigen differenziert. So wird auf einen weiterhin hohen Stellenwert der Beteiligung von Laien mit besonderer Sachkunde hingewiesen (Arbeits- und Sozialgerichtsbarkeit), während Laienbeteiligung ohne besondere Qualifikation eher eine abnehmende Bedeutung attestiert wird, Karl Friedrich Köhler, Funktion, rechtliche Stellung und heutige Bedeutung der ehrenamtlichen Richter im Bereich der Sozialgerichtsbarkeit, Richter ohne Robe 4/2009, S. 139-150, 139. Sachkunde scheint jedoch nicht zwingend vor Bedeutungsverlust zu schützen; auf eine schwindende Bedeutung der Handelsrichter in den Kammern für Handelssachen hindeutend Hasso Lieber, Die Sachkunde der Handelsrichter, Richter ohne Robe 1/2012, S. 9-10. Eine umfassende – wenngleich auch schon etwas ältere – Bilanz findet sich bei Hasso Lieber/Ursula Sens (Hrsg.), Ehrenamtliche Richter. Demokratie oder Dekoration am Richtertisch, Wiesbaden 1999.

Jahrhundert. Man kann sagen, dass dies die Hochzeit der modernen Laiengerichtsbarkeit war.

Dies gilt zunächst für den rechtspolitischen Diskurs. In der ersten Hälfte des 19. Jahrhunderts war die Schwurgerichtsbarkeit einer der Hauptpunkte der Justizreformdebatte, überhaupt eine der Kernforderungen im Kampf um Rechtsstaatlichkeit und politische Partizipation.[3] In der zweiten Jahrhunderthälfte rückten Bemühungen um die Schaffung eines gerichtlichen Verwaltungsrechtsschutzes in den Vordergrund, für den (auf erstinstanzlicher Ebene) eine starke Laienbeteiligung konstitutiv war, durchaus auch gedacht als justizielle Form bürgerlicher Selbstverwaltung.[4] Gegen Ende des 19. und zu Beginn des 20. Jahrhunderts fand die sogenannte Sondergerichtsdebatte statt – eine Debatte über die Schaffung von, ebenfalls maßgeblich mit Laien besetzten, Gerichten außerhalb der ordentlichen Justiz.[5] Nach dem Sturz der Monarchie 1918 vertraten viele der größeren Parteien (Zentrum, DVP, SPD, USPD) die Forderung nach Verstärkung des Laienelements[6]; die öffentliche Debatte beherrschte der Ruf nach „Volksrichtern" und „Volksgerichten".[7] Dabei handelte es sich

3 Erich Schwinge, Der Kampf um die Schwurgerichte bis zur Frankfurter Nationalversammlung, Breslau 1926 (NDr. Aalen 1990), S. 43 ff.; Peter Landau, Schwurgerichte und Schöffengerichte in Deutschland im 19. Jahrhundert bis 1870, in: Antonio Padoa Schioppa (Hrsg.), The Trial Jury in England, France, Germany 1700-1900, Berlin 1987, S. 241-304, 254 ff.

4 Dies gilt nicht nur für Preußen, wo vor allem Gneist mit entsprechenden Konzepten hervortrat (hierzu Erich J. Hahn, Rudolf von Gneist 1816-1895. Ein politischer Jurist in der Bismarckzeit, Frankfurt am Main 1995, S. 147 ff., 180 f.), sondern auch für Süddeutschland, Heinrich Heffter, Die deutsche Selbstverwaltung im 19. Jahrhundert, 2. Aufl., Stuttgart 1969, S. 417 ff.; Gernot Sydow, Die Verwaltungsgerichtsbarkeit des ausgehenden 19. Jahrhunderts, Heidelberg 2000, S. 56; Rüdiger von Krosigk, Bürger in die Verwaltung! Bürokratiekritik und Bürgerbeteiligung in Baden, Bielefeld 2010, S. 135 f., 140 ff.

5 Uwe Wilhelm, Das Deutsche Kaiserreich und seine Justiz. Justizkritik – politische Strafrechtsprechung – Justizpolitik, Berlin 2010, S. 419 ff., insb. 429 ff.; Lorenz Franck, Juristen und Sachverständige. Der Diskurs um die rechtliche Ausgestaltung des Verfahrens mit Sachverständigen während der Zeit des Deutschen Reiches, Baden-Baden 2013, S. 158 ff.

6 Siehe die Parteiprogramme bzw. ähnliche programmatische Dokumente: Zentrum 1918 (Pkt. 29) (abgedr. bei Herbert Lepper (Hg.), Volk, Kirche und Vaterland. Wahlaufrufe, Aufrufe, Satzungen und Statuten des Zentrums 1870-1933, Düsseldorf 1998, S. 397 ff.); USPD 1919 (Pkt.12) (abgedr. bei Wolfgang Treue, Deutsche Parteiprogramme seit 1861, Zürich u.a. 1954, 108 ff.); DVP 1920 (Pkt. 4) (a. a. O., S. 127 ff.); SPD 1921 (a. a. O., S. 111 ff.).

7 Nathalie Le Bouëdec, Das Gericht als Arena demokratischen Handelns? Ansätze zur Beteiligung des Volkes an der Rechtsprechung in Deutschland in der frühen

nicht um oberflächliche Zugeständnisse an eine angebliche Justiztradition bzw. an einen politischen Zeitgeist oder um schmückendes Beiwerk. In den Debatten um die Laienbeteiligung ging es vielmehr um grundlegende Fragen der Justiz- und der politischen Verfassung. Es ging – mit unterschiedlichen Prioritäten und in unterschiedlichen Mischungsverhältnissen – um Volksnähe und Volksrepräsentation, um Vertrautheit der Justiz mit den Realitäten der Arbeits- und Wirtschaftswelt, um den Anschluss der Justiz an den wissenschaftlich-technischen Fortschritt, um sachgemäße Interessenabwägung durch Beteiligung der Betroffenen.

Stellt man darauf ab, in welchem Maße das Laienelement praktisch zum Einsatz kam, verändern sich die Akzente ein wenig, da nicht alle Formen von Laiengerichtsbarkeit gleichermaßen in der öffentlichen Diskussion präsent waren. Mitte des 19. Jahrhunderts war in fast allen deutschen Territorien die Schwurgerichtsbarkeit eingeführt worden, die 1877 teilweise und 1924 vollständig von der Schöffengerichtsbarkeit abgelöst wurde. Daneben finden sich verschiedene Formen eigenständiger Handelsgerichtsbarkeit, die mit dem GVG von 1877 ihre organisatorische Selbständigkeit aufgeben musste und in den Kammern für Handelssachen bei den Landgerichten weiterexistierte. Beginnend in Baden Mitte der 1860er Jahre wurden in fast allen deutschen Staaten Verwaltungsgerichte geschaffen, die auf unterster Ebene oft unter Beteiligung von Laien entschieden. Ab den 1870er Jahren wurden berufsständische und überwiegend mit Berufsgenossen besetzte Ehrengerichte ins Leben gerufen. Gerichte mit Laienbeteiligung waren ebenfalls die 1884 und 1889 ins Leben gerufenen Schiedsgerichte der Berufsunfall- bzw. Alters- und Invalidenversicherung, eine Frühform der Sozialgerichtsbarkeit. 1890 war das Geburtsjahr der Gewerbegerichte, also der frühen Arbeitsgerichte. Solche gab es zwar schon vorher in einigen Territorien, aber nunmehr wurden sie reichsweit etabliert. Während die Gewerbegerichte für das produzierende Gewerbe zuständig waren, entschieden ab 1904 Kaufmannsgerichte die arbeitsrechtlichen Streitigkeiten im Bereich des Handels. Im Laufe des Ersten Weltkriegs wurden für eine Vielzahl von Wirtschaftssektoren, vor allem im Rahmen der Rohstoffbewirtschaftung, amtliche Schiedsgerichte geschaffen. Ebenfalls im Krieg entstanden die Mieteinigungsämter, die in der Weimarer Republik weiterhin eine beträchtliche Zahl von Mietrechtsfällen zu entscheiden hatten. Hinzu kamen schließlich etliche amtliche Schiedsgerichte, die in der wirtschaftlich volatilen Situation der Kriegs-

Weimarer Republik und den ersten Nachkriegsjahren ab 1945, Archiv für Sozialgeschichte 58 (2018), S. 163-182.

und Nachkriegszeit vor allem mit Preisregulierungsfragen zu tun hatten. – Dies sind Grundlinien der Entwicklung, etliche weitere Gerichte mit Laienbeteiligung bleiben an dieser Stelle ungenannt; zum Teil werden sie im Laufe der folgenden Ausführungen erwähnt. Deutlich wird aber, dass man es mit einem recht breiten Spektrum zu tun hat.

Im Folgenden soll es darum gehen, welche Probleme im Kontext von „Recht und Wissen" auftreten, wenn nicht allein Juristen Entscheidungen darüber treffen, was Recht und Unrecht ist, sondern Spruchkörper, in denen Laien nicht nur dekoratives Element sind, sondern eine – im wahrsten Sinne des Wortes – entscheidende Rolle spielen. Das Problemfeld „Recht und Wissen" erfährt dadurch eine nicht unwesentliche Erweiterung.

Allerdings sind einige Vorklärungen nötig. Zunächst einmal scheint ein Denken in Dichotomien – hier Laiengerichte, dort mit professionellen Richtern besetzte Gerichte – auch im Hinblick auf den Wissensaspekt unangemessen. So wie schon innerhalb der letztgenannten Gerichtsbarkeit zwischen verschiedenen Arten und Niveaus des Entscheidungswissens zu differenzieren ist[8], so gilt dies auch für justizielle Institutionen mit Laienbeteiligung. Dies ergibt sich schon aus unterschiedlichen personellen Besetzungen, aus den Aufgaben, die die beteiligten Juristen jeweils hatten, vor allem aber aus den unterschiedlichen Sachbezügen, in denen diese Gerichte tätig waren. Stellt man beispielsweise darauf ab, ob professionell vermitteltes rechtliches Wissen zu Geltung kam, ist dies eher im Sinne der Verortung auf einer Skala von mehr oder weniger[9] als im Wege einer bloßen Bejahung oder Verneinung zu beantworten.

Zu differenzieren ist aber auch bei jenem Wissen, welches auf Seiten der Laien verortet wird. Grundsätzlich lassen sich drei funktionale Spielarten von Laienbeteiligung unterscheiden: Laien als allgemeine Repräsentanten der Bevölkerung, Laien als Vertreter partikularer Interessen und Laien als Sachverständige.[10] Gerade im Hinblick auf die letztgenannte Gruppe wird schon deutlich, dass ein einheitliches Laienverständnis nicht

8 Peter Stegmaier, Wissen, was Recht ist. Richterliche Rechtspraxis aus wissenssoziologisch-ethnografischer Sicht, Wiesbaden 2009, S. 87; Oliver Lepsius, Rezension zu: Pedro Scherer de Mello Aleixo: Verantwortbares Richterrecht, AcP 217 (2017), S. 298-301, 301.

9 Gunnar Folke Schuppert, Die Erfüllung öffentlicher Aufgaben durch verselbständigte Verwaltungseinheiten, Göttingen 1981, S. 92 f.

10 Peter Collin, Interessenvertreter oder Sachverständige? Laienbeisitzer im späten 19. Jahrhundert, in: Gerald Kohl/Ilse Reiter-Zatloukal (Hrsg), Laien in der Gerichtsbarkeit. Geschichte und aktuelle Perspektiven, Wien 2019, S. 385-398; siehe auch schon Stefan Machura, Understanding the German Mixed Tribunal, Zeitschrift für Rechtssoziologie 36 (2016), S. 273-302, 275.

angebracht ist. Der Begriff „Laie“ erscheint unpassend, wenn man ihn auf hochspezialisierte Experten anwenden soll. Benutzt wird er hier nur, um den Unterschied zu dem durch eine entsprechende Ausbildung ausgewiesenen professionellen Juristen zu verdeutlichen. Im Hinblick auf die Wissensbasis gerichtlicher Entscheidungsfindung scheint allerdings nur der Laie als Sachverständiger von Bedeutung zu sein. Jedoch werden die folgenden Ausführungen zeigen, dass der Wissensaspekt auch in den beiden anderen Fällen eine nicht zu unterschätzende Rolle spielt.

Schließlich ist das hier zugrunde gelegte Wissensverständnis zu klären. Dies betrifft in erster Linie die Arten von Wissen, die im Zusammenhang mit der Rechtsprechung von Gerichten mit Laienbeteiligung relevant sein könnten. Aus zur Verfügung stehenden Kategorisierungsangeboten zum Thema „Recht und Wissen“[11] soll hierbei auf solche zurückgegriffen werden, die sich auf das für die Rechtsanwendung in Betracht kommende Wissen beziehen und bei den Wissensarten abstellen auf verschiedene Wissensobjekte, also auf das, über das man etwas weiß. Dieser Zugang scheint am ehesten geeignet, wenn man danach fragt, wer welches Wissen über was jeweils beitragen sollte bzw. konnte. Es empfiehlt sich daher, solche Kategorien wie Normwissen, Verfahrenswissen, Faktenwissen, Kontextwissen und Folgenwissen[12] ins Zentrum zu rücken. Dabei geht es nicht darum, diese Wissensarten bei jeder behandelten Gerichtsbarkeit mechanisch durchzuprüfen. Vielmehr dienen sie dazu herauszuarbeiten, in welchen konkreten Zusammenhängen das Verhältnis von Laien- und Juristenwissen zur Herausforderung für das Justizsystem wurde.

Das grundlegende Problem einer Justiz mit Laienbeteiligung besteht einerseits darin, dass sichergestellt werden muss, dass diese Justiz noch als Teil des Rechtssystems arbeiten kann. Andererseits gilt es, Laienbeteiligung einen Sinn zu geben. Sie erscheint nur dann vernünftig, wenn gegenüber Gerichten mit Berufsrichtern ein Mehrwert zu erwarten ist. Auf das Problem des Wissens bezogen und in historischer Perspektive bedeutet dies: Erstens ist zu untersuchen, wie sichergestellt wurde, dass in Gremien mit Laienrepräsentanz hinreichend rechtliches Wissen eingespeist wird, um zu garantieren, dass die Entscheidungen nach rechtlichen Maßstäben getroffen wurden, oder – sollte dies nicht möglich sein – Vorkehrungen getroffen wurden, um aus fehlendem juristischem Wissen resultierende

11 Siehe z. B. Gunnar Folke Schuppert, Wissen, Governance, Recht. Von der kognitiven Dimension des Rechts zur rechtlichen Dimension des Wissens, Baden-Baden 2019, S. 19-28.

12 Nach Wolfgang Hoffmann-Riem, Innovation und Recht – Recht und Innovation. Recht im Ensemble seiner Kontexte, Tübingen 2016, S. 307 f.

Nachteile in Grenzen zu halten (Abschnitt II). Zweitens ist herauszuarbeiten, welche Art Laienwissen, also nichtjuristisches Wissen, in die Entscheidungsfindung integriert wurde oder zumindest integriert werden sollte (Abschnitt III).

II. Wege zur Sicherstellung des Primats juristischen Wissens

Laienbeteiligung wird zum Problem, wenn Rechtsprechung durch gelehrte Berufsjuristen zur Regel und Gesetzesrecht[13] zum alleinigen Entscheidungsmaßstab wird.[14] Derartige Professionalisierungs- und Verrechtlichungstendenzen setzten schon in der Frühen Neuzeit ein, zum Standard wurde dies allerdings erst im 19. Jahrhundert. Dennoch finden wir in jener Zeit einen Aufschwung der Laienjustiz. Allerdings bedeutete dies keinesfalls die Aufgabe des Primats einer rechtsgeleiteten Justiz. Vielmehr trifft man auf verschiedene Wege einer Problemlösung oder zumindest Problemumgehung.

1. Eingegrenzte Justizmacht: Lokale Laienjustiz für Bagatellsachen?

Eine naheliegende Möglichkeit, das Laienelement in das Justizsystem zu integrieren und dennoch den Primat des Rechts zu sichern, ist die Begrenzung von Laienjustiz auf Bagetellsachen (zumal dann, wenn die Möglichkeit bestand, unzumutbare Judikate über Rechtsmittel zu korrigieren).

---

13 Hierzu wird nicht nur das in staatlichen Gesetzen niedergelegte Recht gezählt, sondern auch das wissenschaftlich durchgearbeitete gemeine Recht, auch wenn dessen Gesetzesqualität umstritten war; zur Einbeziehung dieses wissenschaftlichen Wissens siehe nur jüngst Hans-Peter Haferkamp, Der unabhängige Richter und der Schutz bürgerlicher Freiheit im 19. Jahrhundert, in: Eva Schumann (Hrsg.), Gesetz und richterliche Macht, Berlin/Boston 2020, S. 5-22, 12 ff.

14 Dies in für sich sprechende Vergleiche zu fassen versuchend zum Beispiel Rudolph Jhering, Geist des römischen Rechts auf den verschiedenen Stufen seiner Entwicklung, Teil II/2, Leipzig 1858, S. 331: „Wer einem Schuster und Schneider die Fähigkeit zutraut, über Fragen des Rechts zu entscheiden, wer den Muth hat, sich von ihnen seine Urtheile machen zu lassen, möge sich auch umgekehrt seine Kleider und Stiefel bei den Juristen bestellen.“ Ähnlich Karl Binding, Die drei Grundfragen der Organisation des Strafgerichts, Leipzig 1876, S. 44 f. „Wo wäre der Arzt zu finden, der in dem Ungelernten seinen Meister in der Heilkunde anerkennen würde? Wo der einfache Handwerker, der sich in seinem Handwerk nicht dem gescheutesten Advokaten überlegen erachtete?“.

Dies entsprach einer weiter zurückreichenden Tradition der Einteilung in von Berufsrichtern dominierte „höhere" und mit Laien besetzte „niedere" Justiz und der Akzeptanz schwächerer Rechtsgebundenheit letzterer.[15] Auch ein Blick auf die Justizorganisation in den deutschen Territorien des 19. Jahrhunderts erweckt den Eindruck, dass von dieser Möglichkeit weitgehend Gebrauch wurde: Auf breiter Front finden sich Gemeindegerichte, Friedensrichter, Ruggerichte, Dorfgerichte, Schiedsmänner und dergleichen mehr.

Allerdings war ein Teil dieser „Gerichte" gar nicht im Bereich der eigentlichen Rechtsprechung tätig. So war das noch in älterer Tradition wurzelnde württembergische Ruggericht im 19. Jahrhundert im Wesentlichen darauf beschränkt, den Bürgern ein Forum für Beschwerden gegen die Verwaltung zu bieten[16], und die preußischen Dorfgerichte beschränkten sich auf lokale Administration; abgesehen von der Befugnis zur Inhaftierung von Bettlern und zur Bestrafung kleiner Übertretungen hatten sie keine justiziellen Kompetenzen.[17] Aber auch etliche jener Institutionen, die im sachlichen Zuständigkeitsbereich der ordentlichen Gerichtsbarkeit tätig waren, lassen sich nur schwer als Laiengerichte einstufen. Hinsichtlich dieser ist allerdings wie folgt zu unterscheiden.

Die zahlreichen amtlichen Schiedsstellen, zu denen ab den 1880er Jahren über die Hälfte der deutschen Bevölkerung Zugang hatte[18], waren reine Laieneinrichtungen. Teilweise waren sogar juristisch qualifizierte Rechtsbeistände verboten.[19] Und die von Schiedsstellen gefundenen Lö-

15 Christian Wollschläger, Bagatelljustiz? Eine rechtshistorische, rechtsvergleichende und empirische Untersuchung zur Einführung des vereinfachten Verfahrens am Amtsgericht, in: Eberhard Blankenburg/Dieter Leipold/Christian Wollschläger (Hrsg.), Neue Methoden im Zivilverfahren: Summarischer Rechtsschutz und Zivilverfahren, Köln 1991, S. 17-108, 18, 36.

16 C. Weinheimer, Instruktion zur Abhaltung der Ruggerichte in den Gemeinden, Stuttgart 1882, insb. S. 7.

17 E. A. W. Schmalz, Die preußischen Gerichts- und Polizeischulze, Glogau 1834, S. 4 f.

18 Naoko Matsumoto, Konfliktlösung durch Schlichtung im entstehenden modernen Justizsystem. Ein deutsch-japanischer Vergleich aus Nutzerperspektive, in: Tatjana Hörnle, Christoph Möllers, Gerhard Wagner (Hrsg.), Gerichte und ihre Äquivalente, Baden-Baden 2020, S. 115-159, 120.

19 Andreas Koch, Die historische Entwicklung des Schiedsmannswesens in Preußen von 1808 bis 1900, Berlin 2002, S. 139; Naoko Matsumoto, Normative Orientierungen lokaler Schlichtung. Fallstudien aus einem Waldecker Friedensgericht von 1850 (Max Planck Institute for Legal History and Legal Theory Research Paper Series No. 2021-04, abrufbar über SSRN: https://ssrn.com/abstract=3829691 oder http://dx.doi.org/10.2139/ssrn.3829691), S. 7.

sungen wichen nicht selten von denen ab, die das staatliche Recht vorsah (ohne dass dies mit einem Bruch staatlichen Rechts einherging).[20] Insofern lässt sich hier von einer weitgehenden Ausblendung professionellen juristischen Wissens sprechen. Allerdings standen diesen Institutionen keine echten richterlichen Entscheidungsbefugnisse zu. Sie konnten als Schlichter lediglich Lösungsvorschläge unterbreiten.

Davon zu unterscheiden ist die Institution des Friedensrichters, für den das französische Modell[21] maßstabsetzend war.[22] Der Friedensrichter hatte in Bagatellangelegenheiten echte richterliche Entscheidungsgewalt, war aber auch nicht eigentlich ein Laie.[23] Denn anders als in Frankreich war in Deutschland immer ein gewisses Maß an zertifiziertem Rechtswissen nötig. Dies galt selbst in der Zeit der französischen Herrschaft: Im linksrheinischen Gebiet war zwar bis zu deren Ende keine formelle juristische Qualifikation erforderlich, de facto wurden aber nur diejenigen als Friedensrichter eingesetzt, die über eine juristische Bildung verfügten.[24] Nach der Integration in den preußischen Staat wurde die bestandene Referendarprüfung Einstellungsvoraussetzung, ab 1866 sogar das Assessorex-

20 So zu den Schlichtungseinrichtungen im Fürstentum Waldeck-Pyrmont Naoko Matsumoto, Normative Orientierungen lokaler Schlichtung. Fallstudien aus einem Waldecker Friedensgericht von 1850 (Max Planck Institute for Legal History and Legal Theory Research Paper Series No. 2021-04, abrufbar über SSRN: https://ssrn.com/abstract=3829691 oder http://dx.doi.org/10.2139/ssrn.3829691), S. 18 f.

21 Der englische Friedensrichter war zwar in der rechtspolitischen Diskussion als Vorbildmodell lokaler justizieller Selbstverwaltung präsent (siehe nur Pascale Cancik, Selbst ist das Volk? – Der Ruf nach „Volkstümlichkeit der Verwaltung" in der ersten Hälfte des 19. Jahrhunderts, Der Staat 43 (2004), S. 298-327, 325), in der legislatorischen Praxis spielte er aber keine Rolle.

22 Anzumerken ist, dass in etlichen deutschen Territorien „Friedensrichter" agierten, die mit dem Friedensrichter nach dem französischen Modell überwiegend nur den Namen gemeinsam hatten, da sie – anders als dieser – lediglich Schlichtungsaufgaben wahrnahmen, wie in Württemberg (§ 16 Edikt über die Rechts-Pflege in den untern Instanzen vom 31. Dezember 1818, abgedr. in: [Lorenz Friedrich] Hezel, Das Ganze der Rechtspflege durch die Orts-Obrigkeiten, Schwäbisch Hall 1834, S. 1 ff.), oder Polizei- und andere Verwaltungsaufgaben zu erfüllen hatten, wie in Sachsen (§ 6 Gesetz die Einrichtung von Friedensrichtern betreffend, vom 11. August 1855, Gesetz- und Verordnungsblatt für das Königreich Sachsen S. 159).

23 Auch wenn er zuweilen so eingestuft wurde, z.B. durch Friedrich Lent, Laienrichter im Zivilprozeß, AcP 150 (1949), S. 193-216, 208.

24 Marcel Erkens, Die französische Friedensgerichtsbarkeit 1789-1814 unter besonderer Berücksichtigung der vier rheinischen Departements, Köln/Weimar/Berlin 1994, S. 190, 264.

amen.[25] Im ebenfalls französisch-rechtlichen Westfalen mussten Bewerber Bescheinigungen über ein mindestens dreijähriges juristisches Studium vorweisen.[26]

Wenn man so will, steht das Merkmal der juristischen Halbbildung für den Hybridcharakter des Friedensrichters als Schlichters und Richters zugleich. Zum einen sollte er gütliche Einigung fördern und zur Vermeidung von Gerichtsverfahren beitragen. Zum anderen fungierte er als Instrument eines modernen etatistischen Gestaltungsanspruchs, der das staatliche Recht auch in die Peripherie tragen sollte: Gelang ihm keine schiedlich-friedliche Lösung, hatte er den Fall nach rechtlichen Maßstäben zu entscheiden.[27] Dass Letzteres nur die ultima ratio war, schien auch der Praxis in Deutschland zu entsprechen. Darauf deuten jedenfalls die wenigen statistischen Untersuchungen hin: Ganz überwiegend konnten die Verfahren durch eine Einigung der Parteien beendet werden.[28]

Die einzigen[29] örtlichen Laiengerichte mit echten richterlichen Kompetenzen (im Bagatellbereich) waren die badischen und württembergischen

---

25 Astrid Maria Mölling, Der Zivilprozeß vor dem rheinpreußischen Friedensgericht. Die Praxis des Friedensgerichts Xanten (1826 bis 1830), Aachen 2000. S. 32.

26 August Ludwig Vezin, Handbuch für Friedensrichter und andere bei diesem Gerichte angestellte Personen, 2. Aufl., Hannover 1811, S. 8 f.

27 Michael Broers, The „Juge de Paix“ of Napoleonic Europe, in: Émilie Delivré/ Emmanuel Berger (Hrsg.), Popular Justice in Europe (18th – 19th Centuries), Bologna/Berlin 2014, S. 25-45, 32.

28 Nach Christian Wollschläger, Streitgegenstände und Parteien am Friedensgericht Xanten 1826-1830, in: Gerhard Köbler/Hermann Nehlsen (Hrsg.), Wirkungen europäischer Rechtskultur. Festschrift für Karl Kroeschell zum 70. Geburtstag, München 1997, S. 1425-1451, 1437, 1451, endeten ca. 40 % der Fälle vor Einleitung des formellen Gerichtsverfahrens, was Wollschläger als Vergleich wertet. Eine gleiche Einstufung nimmt er bei Anerkenntnis- und Versäumnisurteilen (beide zusammen mehr als 40 %) vor, welche nach Wollschläger in der Sache ebenso auf eine Einigung zurückgeführt werden könnten.

29 Begründung des Entwurfs des Gerichtsverfassungsgesetzes und des Einführungs-Gesetzes (1874), abgedr. in: C[arl] Hahn (Hg.), Die gesammten Materialien zu dem Gerichtsverfassungsgesetz, Erste Abtheilung, Berlin 1879, S. 24-187, 51: „Eine Gerichtsbarkeit der Gemeindebehörden existiert zur Zeit in Württemberg und in Baden“. Diese Aussage bezieht sich nur auf die 1870er Jahre. In der Formationsphase moderner Staatlichkeit zu Beginn des 19. Jahrhunderts waren derartige Gerichtsbarkeiten natürlich noch weiter verbreitet und auch Mitte des 19. Jahrhunderts finden wir sie noch, allerdings nur noch in geringer Zahl, so zum Beispiel in der hannoverschen Landschaft Halden die Kirchspielgerichte, in Lauenburg, Lippe-Detmold und Schaumburg-Lippe Magistratsgerichte, und eine kaum überschaubare Vielfalt in der noch stark ständisch geprägten Gerichtslandschaft von Mecklenburg-Schwerin; siehe Ludwig Hauff, Die Gerichtsverfassung der sämmtli-

Gemeindegerichte, die – jetzt freilich mit eingeschränkten Zuständigkeiten – auf die ältere lokale Niedergerichtsbarkeit zurückgingen und auch unter der neuen Justizverfassung des Reiches weiterexistieren konnten.[30] Grundsätzlich haben wir es mit einer personellen Identität von Ortsvorstand und Gericht zu tun – in Baden monokratisch und in Württemberg kollegial (mit dem Ortsvorsteher als Vorsitzenden und Gemeindevertretern bzw. -beamten als Beisitzern) organisiert.[31] Es handelte sich also um Gerichte, die im sachlichen Zuständigkeitsbereich der ordentlichen Gerichtsbarkeit ohne Heranziehung professionellen juristischen Sachverstandes judizieren konnten (auch wenn dieser wohl an einigen Gerichten integriert wurde).[32]

Ein Verzicht auf professionelles juristisches Wissen in Bagetellsachen findet sich somit nur sehr eingeschränkt. Ansonsten galt auch für Konflikte mit geringem Streitwert das einheitliche anspruchsvolle Zivilprozessrecht mit Berufsrichtern, lediglich eingeschränkt durch eine gegenüber dem Landgerichtsprozess etwas stärkere Prozessleitungsbefugnis des Richters.[33]

2. *Rechtsanwendung außerhalb des juristischen Wissenshorizonts: die Kaufleute*

Verzichtbar erschien professionelles juristisches Wissen dann, wenn Recht nicht als Entscheidungsmaßstab in Betracht kam, jedenfalls nicht Gesetzes- oder gelehrtes Recht. Für ein modernes Justizsystem erscheint diese Konstellation unplausibel. Im Ansatz vorhanden war sie jedoch und sie veranlasste auch zu entsprechenden Argumentationen.

---

chen deutschen Staaten mit Einschluß der nichtdeutschen Länder des österreichischen Kaiserstaats und unter namentlicher Aufführung aller Ober- und Untergerichte, Fürth 1856, S. 101, 160 ff., 197, 212, 215.

30 § 12 Ziffer 3 GVG 1877.

31 A[ugust] Hegler, Das Gemeindegerichtsverfahren in Baden und Württemberg, Tübingen 1910, S. 17, 19.

32 So wurde z. B. in Stuttgart ein zum Richteramt befähigter Sekretär an das Gemeindegericht bestellt, A[ugust] Hegler, Das Gemeindegerichtsverfahren in Baden und Württemberg, Tübingen 1910, S. 18, Fn. 52.

33 Christian Wollschläger, Bagatelljustiz? Eine rechtshistorische, rechtsvergleichende und empirische Untersuchung zur Einführung des vereinfachten Verfahrens am Amtsgericht, in: Eberhard Blankenburg/Dieter Leipold/Christian Wollschläger (Hrsg.), Neue Methoden im Zivilverfahren: Summarischer Rechtsschutz und Zivilverfahren, Köln 1991, S. 17-108, 17.

Die nach dem Vorbild der französischen *tribunaux de commerce* errichteten rheinischen Handelsgerichte waren lediglich mit Kaufleuten besetzt.[34] Die Überweisung richterlicher Befugnisse auf Nichtjuristen konnte sich im Wesentlichen auf das Argument überlegenen Normwissens stützen. So machten die Verteidiger der rheinischen Handelsgerichtsbarkeit geltend, dass der Handel größtenteils durch sich ständig fortbildendes „commercielles Gewohnheitsrecht" reguliert werde, welches nur von Kaufleuten begriffen und angewandt werden konnte.[35] (Der ebenfalls im Rheinland geltende Code de commerce hingegen spielte wegen seines geringen Anteils materiellrechtlicher Vorschriften[36] offensichtlich keine große Rolle, zudem war anerkannt, das Handelsbräuche dispositives Gesetzesrecht verdrängten.[37]) Man verzichtete also keinesfalls auf das Erfordernis des Normwissens, nur dass dieses eben nicht auf gelehrtem oder Gesetzesrecht gründete, sondern auf dem nichtstaatlichen Sonderrecht des Kaufmannsstandes.

Das bedeutete aber auch, dass mit der gesetzlichen Regulierung des Handels eine derartige Begründung an Überzeugungskraft verlor. Dies mussten auch die Vertreter einer reinen Laiengerichtsbarkeit einräumen: Deren Existenzberechtigung hänge davon ab, dass sich die handelsrechtliche Gesetzgebung in „äußerst bescheidenen Grenzen" halte und nur subsidiär zur Anwendung käme.[38] Nach Erlass des ADHGB 1861 konnte demzufolge argumentiert werden, mit der Kodifikation sei das Handelsrecht auch für den gelehrten Juristen erfassbar, es sei „nicht mehr ein Geheimnis des Kaufmannsstandes"[39]; Handelsgebräuche verlören daher an

---

34 Thomas Vogl, Der Einfluss des französischen Rechts auf die Entwicklung der Handelsgerichtsbarkeit in Deutschland im 19. Jahrhundert, Berlin 2021, S. 93, 114, 125 ff.

35 Julius Creizenach, Das Wesen und Wirken der Handelsgerichte und ihre Competenz, Erlangen 1861, S. 100.

36 Darauf hinweisend Johannes W. Flume, Handelsrecht, in: Peter Collin/Leonard Wolckenhaar (Hrsg.), Plurale Rechtsverständnisse? Begriff und Grundlagen des Rechts in den juristischen Teildisziplinen im späten 19. und frühen 20. Jahrhundert, Frankfurt am Main 2022 (i. E.). Siehe auch Arthur Marx, Die französische Handelsgesetzgebung, Bonn 1911, S. 48: „Regeln über den Handelskauf enthält das französische Handelsgesetzbuch nur in äußerst dürftigem Maße."

37 Arthur Marx, Die französische Handelsgesetzgebung, Bonn 1911, S. 2.

38 Julius Creizenach, Das Wesen und Wirken der Handelsgerichte und ihre Competenz, Erlangen 1861, S. 116 f.

39 Stellungnahme des Zentrums-Abgeordneten Reichensperger bei den Beratungen zum GVG (Protokoll der Reichstagskommission vom 26. April 1875, abgedr. in: C. Hahn (Hg.), Die gesammten Materialien zu dem Gerichtsverfassungsgesetz und dem Einführungsgesetz zu demselben, Bd. 1, Berlin 1879, S. 286-289, 287).

Bedeutung.[40] Damit war dem Handelsgericht als reinem Laiengericht der Boden entzogen. Ohnehin hatten sich schon in etlichen deutschen Territorien Handelsgerichte mit gemischter Besetzung gebildet.[41] Und das GVG von 1877 entschied sich schließlich[42] für die Eingliederung in die ordentliche Gerichtsbarkeit: in Form der Kammern für Handelssachen bei den Landgerichten, besetzt mit einem Berufsrichter und zwei kaufmännischen Beisitzern.[43] Aber der Konnex zwischen normativer Entscheidungsgrundlage, Normwissen und Laienbeteiligung tritt deutlich hervor. Dies tritt übrigens auch bei den – hier nicht weiter behandelten – kaufmännischen Schiedsgerichten zutage. Denn lange Zeit war die Schiedsgerichtsbarkeit weitgehend von der Bindung an das Gesetzesrecht freigestellt.[44] So kam auch die größtenteils verbandlich organisierte Wirtschaftsschiedsgerichtsbarkeit oft ohne juristisch ausgebildete Schiedsrichter aus; Juristen wurden meist nur als Berater hinzugezogen.[45]

40 Gustav Marschner, Die Zweckmäßigkeit besonderer mit kaufmännischen Richtern besetzter Gerichte für Handelssachen, Zeitschrift für das gesammte Handelsrecht 11 (1868), S. 430–492, 440; Thomas Vogl, Der Einfluss des französischen Rechts auf die Entwicklung der Handelsgerichtsbarkeit in Deutschland im 19. Jahrhundert, Berlin 2021, passim.

41 Überblick bei W[ilhelm] Silberschmidt, Die deutsche Sondergerichtsbarkeit in Handels- und Gewerbesachen, insbesondere seit der französischen Revolution, Stuttgart 1904, S. 6-186.

42 § 1 des Entwurfs (abgedr. in: C. Hahn (Hg.), Die gesammten Materialien zu dem Gerichtsverfassungsgesetz und dem Einführungsgesetz zu demselben, Bd. 1, Berlin 1879, S. 3-21), hatte noch separate Handelsgerichte vorgesehen.

43 § 109 GVG 1877.

44 Siehe zu den eingeschränkten Aufhebungsgründen § 867 ZPO 1877. Zur fehlenden Bindung an das materielle Recht, welche als Problem empfunden, aber dennoch resignativ konstatiert wurde, siehe nur A. Haffner, Das ständige kaufmännische Schiedsgericht, Stuttgart 1911, S. 8 f. m. w. N.

45 Walther Haeger, Schiedsgerichte für Rechtsstreitigkeiten der Handelswelt, Berlin 1910, S. 24; Otto Mathies, Die ständigen Schiedsgerichte des Hamburger Großhandels, Braunschweig/Hamburg 1921, S. 39; Richard Kann, Freiheit und Gebundenheit des Schiedsrichters, in: Festgabe der Rechtsanwaltschaft des Kammergerichts für den Geheimen Justizrat Max Fuchs zum 18. Januar 1926, Berlin 1926, S. 4-9, 6, 8; Leo David, Die wirtschaftliche Bedeutung des kaufmännischen Schiedsgerichtswesens, Berlin 1932, S. 66 f. Ernst Reimer/Richard Mußfeld, Die kaufmännischen Schiedsgerichte Deutschlands, Berlin 1931, S. 83, sprechen dann allerdings schon davon, dass mittlerweile „eine ganze Anzahl von Schiedsordnungen“ einen juristischen Obmann vorsieht. Von den 242 von ihnen untersuchten Schiedsordnungen führen sie allerdings nur 16 auf, die eine entsprechende Bestimmung enthalten.

3. *Arbeitsteilung: Die Trennung von Tat- und Rechtsfrage*

Eine Möglichkeit der Integration des Laienelements bei gleichzeitiger Bereitstellung juristischen Sachverstands als maßgeblicher Entscheidungsressource ist Arbeitsteilung: Berufsjuristen sollten über Rechtsfragen entscheiden, Laien über Tatfragen. Von diesem auf den ersten Blick erfolgversprechenden Konzept ließen sich die Überlegungen zur Einführung des Geschworenengerichts in Deutschland leiten. Sie folgten dabei überwiegend dem französischen Modell, nicht dem englischen, welches diese Trennung nicht kannte.[46] Vereinfacht gesagt sollten die Geschworenen durch einfaches „Ja" oder „Nein" nur darüber entscheiden, ob die tatsächlichen Voraussetzungen für die Erfüllung des Tatbestands vorlagen. Dass Laien hierfür sogar besser geeignet waren als Juristen, begründete die preußische Immediat-Justizkommission, deren Votum maßgeblichen Einfluss auf die Beibehaltung der französischen Justizverfassung im Rheinland hatte, mit Hilfe einer Unterscheidung zwischen „nothwendigen Erkenntnissen", die auf logischen a-priori-Schlüssen beruhten, und – unter der Herrschaft des Prinzips der freien Beweiswürdigung für die richterliche Entscheidungsfindung notwendigen, aber auch ausreichenden – „Überzeugungen", welche durch ganzheitliche sinnliche Erfahrungen gewonnen werden mussten. Während Juristen dazu neigten, Sachverhalte eher logisch zu zerlegen, würden Laien einer unverbildeten, unvermittelten und umfassenden Sichtweise auf das Geschehen und die Person zugänglich sein.[47] Ungeachtet einiger Gegenstimmen konnte diese Auffassung erheblichen Einfluss gewinnen.[48]

Die Trennung von Tat- und Rechtsfrage wurde allerdings schon in der Reformdiskussion als problematisch angesehen. Denn entscheiden mussten die Geschworenen der französisch-rechtlichen Jury letztlich auf der Grundlage der Formulierungen der gesetzlichen Tatbestandsmerkma-

---

46 Umfassend zum Vergleich Norman Lieber, Schöffengericht und Trial by Jury. Eine rechtsvergleichende Untersuchung zur Entstehung, gegenwärtigen Praxis und möglichen Zukunft zweier Modelle der Laienbeteiligung an Strafverfahren in Europa, Berlin 2010.

47 Gutachten über das Geschworenengericht, in: Ernst Landsberg (Hg.), Die Gutachten der Rheinischen Immediat-Justiz-Kommission und der Kampf um die rheinische Rechts- und Gerichtsverfassung 1814-1819, Bonn 1914, S. 119-201, insb. 123; siehe auch Angelika Kleinz, Individuum und Gemeinschaft in der juristischen Germanistik. Die Geschworenengerichte und das „gesunde Volksempfinden", Heidelberg 2001, S. 80 f.

48 Erich Schwinge, Der Kampf um die Schwurgerichte bis zur Frankfurter Nationalversammlung, Breslau 1926 (NDr. Aalen 1990), S. 117 f.

le, welche oft in hohem Maße auslegungsbedürftig waren. Daran änderte sich auch nichts nach Einrichtung der Schwurgerichtsbarkeit in den meisten deutschen Ländern Mitte des 19. Jahrhunderts. Im Gegenteil, die praktischen Erfahrungen schienen die Befürchtungen vollauf zu bestätigen[49] und die Verfeinerung der Dogmatik dürfte das Problem verschärft haben.[50] In den späteren Schöffengerichten wurde die Trennung ohnehin aufgehoben. Das Konzept der Arbeitsteilung erwies sich somit als wenig funktionsfähig. In anderen Gerichten kam es gar nicht erst zum Tragen.

4. *Der juristisch gebildete Vorsitzende*

Ganz überwiegend waren Gerichten mit Laienbeteiligung mit einem juristisch gebildeten Vorsitzenden ausgestattet. Dies gilt zum Beispiel für die Schöffengerichte, für die Schiedsgerichte der Arbeiterversicherung, für viele Schiedsgerichte der Kriegswirtschaft[51] und erstinstanzliche Verwaltungsgerichte[52] (soweit diese eine Laienbeteiligung aufwiesen[53]), für die Mieteinigungsämter und die Ehrengerichte der Ärzte. Für die Gewerbegerichte fehlte es an einer entsprechenden rechtlichen Vorgabe, ganz überwiegend besetzten aber auch hier Juristen oder zumindest Beamte mit der Qualifikation zum – später so genannten – gehobenen Verwaltungsdienst (und damit auch einer Grundausbildung im Prozessrecht) den Posten des Vor-

---

49 Repräsentativ Friedrich Oscar Schwarze, Das deutsche Schwurgericht und dessen Reform, Erlangen 1865, S. 39.

50 Peter Landau, Schwurgerichte und Schöffengerichte in Deutschland im 19. Jahrhundert bis 1870, in: Antonio Padoa Schioppa (Hrsg.), The Trial Jury in England, France, Germany 1700-1900, Berlin 1987, S. 241-304, 303.

51 Peter Collin, Justiz mit abgesenkten Standards? Zivilprozess und Schiedsgerichtsbarkeit im Ersten Weltkrieg, Jahrbuch der juristischen Zeitgeschichte 20 (2019), S. 3-19, 15.

52 Walter Jellinek, Verwaltungsrecht, Berlin 1931 (NDr. Bad Homburg v. d. H. u. a. 1966), S. 94.

53 Die als erstinstanzlichen Verwaltungsgerichte amtierenden württembergischen Kreisregierungen und bayerischen Bezirksregierungen judizierten beispielsweise ganz überwiegend ohne Laienbeteiligung, zu den Details siehe Gernot Sydow, Die Verwaltungsgerichtsbarkeit des ausgehenden 19. Jahrhunderts, Heidelberg 2000, S. 74, 78.

sitzenden.[54] Eine der wenigen Ausnahmen bildeten die erstinstanzlichen Börsenehrengerichte.[55]

Die Ausstattung mit einem juristisch gebildeten Vorsitzenden stellte somit die Standardlösung dar, um juristisches Wissen in hinreichendem Maße zur Geltung zu bringen. Dies galt auf jeden Fall für das Verfahrenswissen. Die Vorsitzenden hatten zu gewährleisten, dass das Procedere den vorgegebenen Standards entsprach. Dabei kam es nicht nur auf Normenkenntnis an. Im Unterschied zu den meist nur zeitlich beschränkt eingesetzten Laien, konnten sie auch mit entsprechender Verfahrensroutine, gewissermaßen dem notwendigen impliziten Wissen, aufwarten.[56]

Was die materiellrechtlichen Entscheidungsgrundlagen betraf, lassen sich jedoch keine Aussagen treffen, die für alle Gerichte gleichermaßen Geltung beanspruchen können. Die Vorsitzenden der Schöffengerichte der ordentlichen Gerichtsbarkeit hatten sicher ein dahingehendes Wissensmonopol. Am anderen Ende der Skala lassen sich die Handelsgerichte bzw. Kammern für Handelssachen ansiedeln. Hier machte das Gerichtsverfassungsgesetz sogar deutlich, dass von den kaufmännischen Beisitzern ein eigenständiger Beitrag erwartet wurde, indem es bezüglich der Handelsbräuche auf die „eigene Sachkunde" der Kammer verwies[57] und damit auf das Wissen der Beisitzer.[58] Die übrigen Gerichte dürften sich zwischen diesen Punkten bewegen – in den Ausführungen zum Normwissen der Laien ist dazu noch Näheres auszuführen.[59] Ein Schluss, in welchem Maße

54 Eine genaue zahlenmäßige Aufschlüsselung liegt dieser Aussage nicht zugrunde. Ich beziehe mich auf Befunde zu den jeweils untersuchten Gewerbegerichten bei Jörg Arnold, Die Gewerbegerichte in Württemberg (1891-1927), Ostfildern 2015, S. 112 ff., insb. 113; Dennis Vogt, Die institutionelle Lösung individueller Arbeitskonflikte in Deutschland 1890–1918, Diss. phil. Frankfurt 2020 (Manuskript), S. 121. (Ich danke Herrn Vogt für die Überlassung des Manuskripts und die Erlaubnis, mich auf die dort dokumentierten Forschungsergebnisse zu beziehen.).

55 Zum Personal der Ehrengerichtsbarkeit Peter Collin, Ehrengerichtliche Rechtsprechung im Kaiserreich und der Weimarer Republik. Multinormativität in einer mononormativen Rechtsordnung?, Rechtsgeschichte 25 (2017), S. 138-150, 140 f.

56 Darauf hinweisend zum Beispiel Ernst Lautenschlager, Die Rechtsprechung im Gewerbegericht, Jahrbuch für Gesetzgebung, Verwaltung und Volkswirtschaft im Deutschen Reich 17 (1893), S. 775-828, 808.

57 § 118 GVG 1877.

58 W[ilhelm] Silberschmidt, Die Deutsche Sondergerichtsbarkeit in Handels- und Gewerbesachen insbesondere seit der französischen Revolution, Stuttgart 1904, S. 212; Thomas Knatz, Die Kammern für Handelssachen, auf geschichtlicher und rechtsvergleichender Grundlage dargestellt, Diss. jur. Freiburg i. Br. 1932, S. 84.

59 Siehe unten III.1.

die Laienbeisitzer dazu neigten, sich mit ihrer Auffassung gegen die des Vorsitzenden durchzusetzen, diesen also überstimmten, lässt sich daraus nicht ziehen. Der Fall der zweitinstanzlichen Börsenehrengerichtsbarkeit, wo dies häufig vorkam[60], dürfte aber sicher als Ausnahme anzusehen sein.

5. Unterkomplexe rechtliche Programmierung

Eine weitere Möglichkeit, Laiengerichtsbarkeit mit den Anforderungen des Rechtssystems zu harmonisieren und auf diese Weise defizitäres juristisches Wissen erträglich zu machen, bestand darin, sie auf unterkomplexe Entscheidungsprogramme festzulegen. Aber auch hier verbieten sich generalisierende Befunde. So galten bzw. gelten solche Einschränkungen nicht für die Schöffengerichte. Sie finden sich aber bei sehr vielen anderen Gerichten.

Zunächst konnten die Anforderungen an fachjuristisches Wissen durch eng geschnittene sachliche Zuständigkeiten gesenkt werden. So hatten die Schiedsgerichte der Kriegswirtschaft die streitigen Vertragsverhältnis ganz überwiegend nicht in ihrer Gänze, und damit nicht ihn ihrer gesamten rechtlichen Komplexität, zu beurteilen, sondern nur über die Angemessenheit von Preisen zu entscheiden.[61] Gleiches gilt für die Schiedsgerichte zur Entscheidung über Energie- und Beförderungspreise.[62] Die Mieteinigungsämter waren im Wesentlichen darauf beschränkt, darüber zu entscheiden, ob eine Mieterhöhung oder eine (wohl meist der Mietsteigerung dienen-

60 Peter Collin, Ehrengerichtliche Rechtsprechung im Kaiserreich und der Weimarer Republik. Multinormativität in einer mononormativen Rechtsordnung?, Rechtsgeschichte 25 (2017), S. 138-150, 144 f.

61 Eine darüber hinausgehende Zuständigkeit lag – soweit ersichtlich – nur in folgenden Fällen vor: § 7 Bekanntmachung über den Verkehr mit Butter vom 8. Dezember 1915 (RGBl. S. 807); § 3 Verordnung über die Verarbeitung von Obst vom 5. August 1916 (RGBl. S. 911); § 3 Verordnung über die Verarbeitung von Gemüse vom 5. August 1916 (RGBl. S. 914); § 5 Verordnung über Kleie aus Getreide vom 18. Oktober 1917 (RGBl. S. 941).

62 § 1 f. Verordnung über die schiedsgerichtliche Erhöhung von Preisen bei der Lieferung von elektrischer Arbeit, Gas und Leitungswasser vom 1. Februar 1919 (RGBl. S. 135); § 1 f. Verordnung über die schiedsgerichtliche Erhöhung von Beförderungspreisen der Eisenbahnen, Kleinbahnen (Lokalbahnen usw.), Straßenbahnen und Anschlußbahnen vom 21. Februar 1920 (RGBl. S. 255).

de[63]) Kündigung gerechtfertigt war.[64] Die berufsständischen Ehrengerichte waren nur für die Feststellung von Ehrverletzungen zuständig. Die Schiedsgerichte der Berufsunfallversicherung und der Alters- und Invalidenversicherung entschieden über die Ablehnung von Entschädigungsansprüchen[65] bzw. über Rentenbescheide.[66] Aber auch de facto lässt sich eine Engführung der sachlichen Zuständigkeit beobachten: Die Gewerbegerichte hatten zwar umfassend über Streitigkeiten zwischen Arbeitgebern und Arbeitnehmern zu entscheiden, wie Untersuchungen zu einigen Gewerbegerichten jedoch zeigen, ging es in ca. 80 % der Fälle um Lohnforderungen oder die Rechtfertigung einer Kündigung.[67]

Mit dieser Verengung auf bestimmte Fallkonstellationen und auf bestimmte Entscheidungsfragen konnten weite Teile des dogmatisch hochanspruchsvollen Zivilrechts ausgespart werden. Hinzu kommt, dass die einschlägigen Entscheidungsmaßstäbe oft so zugeschnitten waren, dass sie auch von Laien erfasst werden konnten. Einen Extremfall stellten sicherlich die Mieteinigungsämter dar, in denen – unter Außerachtlassung jeglicher an sich einschlägiger BGB-Vorschriften – nur nach „billigem Ermessen" zu entscheiden war.[68] „Billiges Ermessen" war aber auch der maßgebliche Entscheidungsmaßstab für die Schiedsgerichte der Kriegswirtschaft[69], zuweilen angeleitet durch exekutive Richtlinien und eingeschränkt durch Preisobergrenzen. Auch die Rechtsprechung der sozialversicherungsrechtlichen Schiedsgerichte stand (anders als heute) auf einem sehr übersichtli-

---

63 Zu den Hintergründen Harnier, Die Mieter-Schutz-Verordnung vom 26. Juli 1917, Deutsche Juristen-Zeitung 1917, Sp. 775-779, 776 f.

64 § 1 Bekanntmachung zum Schutz der Mieter vom 26. Juli 1917 (RGBl. S. 659). Hinzu kamen einige eher administrative Entscheidungsbefugnisse im Zusammenhang mit der Zurverfügungstellung von Wohnraum, Bekanntmachung über Maßnahmen gegen Wohnungsmangel vom 23. September 1918 (RGBl. S. 1143).

65 § 62 Unfallversicherungsgesetz vom 6. Juli 1884 (RGBl. S. 69).

66 § 77 Gesetz, betreffend die Invaliditäts- und Altersversicherung vom 22. Juni 1889 (RGBl. S. 67).

67 Dennis Vogt, Die institutionelle Lösung individueller Arbeitskonflikte in Deutschland 1890–1918, Diss. phil. Frankfurt 2020 (Manuskript), S. 258; eine gleiche Beobachtung findet sich bei Ernst Lautenschlager, Die Rechtsprechung im Gewerbegericht, Jahrbuch für Gesetzgebung, Verwaltung und Volkswirtschaft im Deutschen Reich 17 (1893), S. 775-828, 810.

68 § 3 Bekanntmachung zum Schutz der Mieter vom 26. Juli 1917 (RGBl. S. 659).

69 Für die Schiedsgerichte für Höchstpreise Paul Oertmann, Einwirkung von Höchstpreisen auf laufende Verträge, JW 1915, S. 1519-1522, 1522; für die Schiedsgerichte der Kriegszwangswirtschaft Ludwig Bendix, Zuständigkeit und Verfahren bei der Entscheidung von Streitigkeiten auf dem Gebiete der Kriegswirtschaft, JW 1916, S. 531-554, 554.

chen Normenfundament, was Anspruchsvoraussetzungen und Anspruchsinhalte betraf. Soweit es das Erfordernis von fachlicher Expertise betraf, ging es weniger um die Klärung komplexer Rechtsfragen[70] als vielmehr um die ärztliche Feststellung von Invalidität bzw. unfallbedingter Gesundheitsschädigung[71]; zudem befand sich das Sozialrecht Ende des 19. Jahrhunderts noch ganz am Anfang, was dogmatische Bearbeitung und damit Verfeinerung anging.[72] Das Argument, man habe es überwiegend mit einfachen Rechtsfragen zu tun, brachte man schließlich auch zugunsten der Laienbeteiligung an der erstinstanzlichen Verwaltungsgerichtsbarkeit vor.[73] Nicht was die Masse an Rechtsvorschriften anging, aber im Hinblick auf die rechtswissenschaftliche Durchdringung wird man dem zustimmen können – jedenfalls im Vergleich mit dem Zivil- und Strafrecht. Als in den 1860er Jahren in Süddeutschland die ersten Verwaltungsgerichte entstanden, hatte sich eine niveaugleiche Systematisierung noch nicht herausgebildet. Öffentliches Recht wurde an den Universitäten bis 1914 nur relativ wenig gelehrt und noch weniger geprüft.[74] In vielen Gerichten mit Laienbeteiligung war somit das Problem, dass es etlichen Mitentscheidern an juristischem Wissen fehlte, erheblich entschärft.

70 Eine wesentliche Ausnahme bildeten die Auseinandersetzungen um den Begriff des „Arbeitsunfalls“, dazu Wolfgang Ayaß, Wege zur Sozialgerichtsbarkeit. Schiedsgerichte und Reichsversicherungsamt bis 1945, in: Ulrich Becker/Stephan Leibfried/Peter Masuch/Wolfgang Spellbrink (Hrsg.), Grundlagen und Herausforderungen des Sozialstaats. Denkschrift 60 Jahre Bundessozialgericht, Bd. 1, Berlin 2014, S. 265–282, 272 ff.

71 Einleitung, in: Quellensammlung zur Geschichte der deutschen Sozialpolitik, Abt. III, Bd. 6, Mainz 2014, S. XI-XL, XIV.

72 Ivana Mikesic, Sozialrecht als wissenschaftliche Disziplin. Die Anfänge 1918-1933, Tübingen 2002.

73 Wolfram W. Hahn, Die Entwicklung der Laiengerichtsbarkeit im Großherzogtum Baden während des 19. Jahrhunderts, Berlin 1974, S. 103.

74 Ina Ebert, Die Normierung der juristischen Staatsexamina und des juristischen Vorbereitungsdienstes in Preußen (1849-1934), Berlin 1995, S. 145: (in Bezug auf das Referendarexamen) „völliges Schattendasein“; Michael Stolleis, Geschichte des öffentlichen Rechts in Deutschland, Bd. 3, München 1999, S. 51, allerdings auf Unterschiede zwischen Preußen und Süddeutschland hinweisend, wo das Verwaltungsrecht in der Ausbildung stärker berücksichtigt wurde.

III. Laienwissen als Entscheidungsressource

1. Alternatives Normwissen: Volksrecht gegen Juristenrecht

Ein wesentlicher zeitgenössischer Legitimationstopos der Laienbeteiligung lässt sich mit der Gegenüberstellung von „Volksrecht" und „Juristenrecht" umschreiben – allerdings nur sehr oberflächlich. Denn es gab weder einen Konsens darüber, was das „Volksrecht" ausmacht[75], noch wie es bei den Gerichten zur Geltung kommen sollte. Dieses Problem zeigte sich in gravierender Weise bei jenen Gerichten, die gemeinhin als Träger volkstümlicher Anschauungen angesehen wurden – den Schwurgerichten. Auch nach Auffassung von Vertretern des „Volksrechts" boten die Schwurgerichte nämlich keine geeignete Bühne für dessen Durchsetzung. Da die Einführung von Schwurgerichten für Zivilsachen letztlich nicht realistisch erschien, blieb nur noch die Kompetenz für Strafsachen übrig. Das Strafrecht aber war weitgehend frei von volksrechtlichen Elementen und an sich konnten die dafür zuständigen Gerichte am ehesten als „Juristengerichte" akzeptiert werden.[76]

Stattdessen wurden die Akzente anders gesetzt. Man setzte nicht an bei einzelnen, dem Strafrecht zuzuordnenden Normvorstellungen, die funktionale Äquivalente für gesetzliche Straftatbestände hätten sein können, sondern bei der grundlegenden Unterscheidung von Recht und Unrecht und von angemessen und unangemessen. Freilich konnte dies in unterschiedlicher Form durchdekliniert werden.

Als einflussreicher Stichwortgeber erwies sich zunächst der langjährige rheinische Oberprokurator Friedrich Gottfried Leue. Anders als im Zivilverfahren, so Leue, trete die Grenze zwischen Recht und Unrecht im Strafprozess in einer Weise hervor, die dem Volksbewusstsein unmittelbar zugänglich ist. Mit diesem Befund laienmäßiger rechtlicher Urteilsfähigkeit ließ sich ein anderer Gedanke verbinden – der der „staatsrechtlichen" Stellung der Geschworenen: In „begrenzten Monarchien" ist das Volk Gesetzgeber, aber nicht nur durch seine Repräsentanten in der Volksvertretung, sondern auch durch seine Geschworenen bei Gericht. Gesetzge-

---

75 Bei Georg Beseler, Volksrecht und Juristenrecht, Leipzig 1843, ist die Einteilung in das Gemeine Landrecht, das Recht der Genossenschaften und das Recht der Stände maßgeblich, wobei dort volksrechtliche Elemente in unterschiedlichem Maße vorhanden waren; siehe im Detail dazu und zur Reaktion auf Beselers Konzeption Bernd-Rüdiger Kern, Georg Beseler – Leben und Werk, Berlin 1982, S. 376 ff.

76 Georg Beseler, Volksrecht und Juristenrecht, Leipzig 1843, S. 150 f., 260.

bungskompetenz bedeutete damit auch die Kompetenz zu Abweichung von bestehenden positiven Gesetzen, wenn diese – im Einzelfall – dem Rechtsgefühl des Volkes widerstritten. Insofern stehe das Schwurgericht „über dem positiven Gesetz“.[77]

Diese Erhebung des Schwurgerichts über das Gesetz ging der Mehrheit in der deutschen Reformdiskussion zu weit. Der Grundgedanke Leues aber, die Geschworenen nicht nur auf die Tatsachenfeststellung zu beschränken, sondern ihr Rechtsgefühl für die Rechtsfindung nutzbar zu machen, stieß auf fruchtbaren Boden.[78] Auf dem Lübecker Germanistentag von 1847, der den endgültigen Umschwung der öffentlichen juristischen Meinung zugunsten der Schwurgerichte herbeiführte[79], argumentierte Mittermaier als Berichterstatter, „daß durch den Ausspruch der Geschwornen erst der wahre Sinn der Gesetze in der Anwendung auf den einzelnen Fall erkannt und die materielle Gerechtigkeit vermittelt wird, welche leicht dadurch leidet, daß der angestellte Richter an den Buchstaben des Gesetzes gefesselt ist und darnach verurtheilen muß, wo die materielle Gerechtigkeit keine Verurtheilung rechtfertigt.“ Denn „Volksmoral und Volksbewußtsein“ seien schon im Gesetz angelegt und müssten durch den Richter erkannt und zur Verwirklichung gebracht werden. Dies aber könne der Geschworene besser als der Berufsrichter.[80] Diese Argumentationsweise hielt sich, trotz des allgemein schwindenden Glaubens an die in der Jury angelegte „Fähigkeit zur rechtlichen Überzeugungsbildung“[81], auch noch in einflussreichen Arbeiten der zweiten Jahrhunderthälfte: Die

77 Friedrich Gottfried Leue, Das deutsche Schöffen-Gericht, Leipzig 1847, S. 151 f., 154.

78 Erich Schwinge, Der Kampf um die Schwurgerichte bis zur Frankfurter Nationalversammlung, Breslau 1926 (NDr. Aalen 1990), S. 115.

79 Peter Landau, Schwurgerichte und Schöffengerichte in Deutschland im 19. Jahrhundert bis 1870, in: Antonio Padoa Schioppa (Hrsg.), The Trial Jury in England, France, Germany 1700-1900, Berlin 1987, S. 241-304, 265.

80 [Carl Josef Anton] Mittermeier, Bericht, in: Verhandlungen der Germanisten zu Lübeck am 27., 28. und 30. September 1847, Lübeck 1848, S. 68-91, 90. Ähnlich auch [August Wilhelm] Heffter, Diskussionsbeitrag, a. a. O., S. 110-117, 112: „Der Gesetzgeber muß nämlich dem Geschwornengerichte die Befugnis eröffnen, das Gesetz rein menschlich auszulegen nach den im Volk gewöhnlichen sittlichen Vorstellungen ...“.

81 Angelika Kleinz, Individuum und Gemeinschaft in der juristischen Germanistik. Die Geschworenengerichte und das „gesunde Volksempfinden“, Heidelberg 2001, S. 86.

Fähigkeit der Geschworenen zur lebenspraktischen Auslegung der Strafgesetze würde die „Kluft des Juristen- und Volksrechts" überbrücken.[82]

Nach Luhmann gibt es einen „Volksbegriff der Gerechtigkeit, der auf Bahnen konkreter Interaktion in das Rechtssystem übergreift, dort aber zur Programmierung von Entscheidungsprozessen gar nicht benötigt wird."[83] Im Falle der Jury wäre aber gerade dies zu bejahen, jedenfalls konzeptionell. Denn unabhängig davon, inwiefern die Geschworenenvoten einem solchen „Volksbegriff der Gerechtigkeit" entsprachen (was ohnehin schwierig zu beurteilen ist, weil sie diesen ja erst zum Ausdruck brachten)[84] – stellt man ab auf die herrschende Stimmungslage der Juristen Mitte des 19. Jahrhunderts und auf die Gesetzgebung, die maßgeblich unter dem Eindruck dieser Stimmung stand, dann kann man sagen, dass das Rechtssystem das Volksbewusstsein als Rechtsquelle integriert hatte. Allerdings geschah dies nicht in Form der Anerkennung eines bestimmten auch vom Berufsrichter zu identifizierenden und anzuwendenden Normbestandes, sondern in der Zuerkennung von Auslegungsfähigkeiten, die man lediglich bei den Geschworenen, nicht hingegen beim Berufsjuristen vermutete. Anders gesagt, ging man aus von einem nur dem Laien zugänglichen Normwissen, welches auf einer zweiten Ebene der Rechtssetzung, nämlich bei der Schaffung von Recht für den konkreten Fall, zum Tragen kam.

Dies beschränkte sich keineswegs auf die Jury. Für Gneist repräsentierten die Laienbeisitzer in den unteren Verwaltungsgerichten, also den preußischen Kreisausschüssen, die „Lebensanschauungen des Volkes".[85] Auch durch die Beisitzer an den Gewerbegerichten würde – nach Ansicht des

---

82 Friedrich Oscar Schwarze, Das deutsche Schwurgericht und dessen Reform, Erlangen 1865, S. 128.

83 Niklas Luhmann, Kontingenz und Recht, Berlin 2013, S. 160.

84 Das Problem besteht darin, dass Urteile von Schwurgerichten keine Begründung enthielten. Rechtshistorische Untersuchungen können sich überwiegend nur auf Statistiken stützen, die Verurteilungen und Freisprüche ausweisen, sowie auf zeitgenössische Stellungnahmen. Diese wiederum waren stark geprägt von Skandalurteilen. Negative Charakterisierungen der Schwurgerichtsbarkeit dominierten daher („Gefühlsjustiz", Willkür, standesgebundene Voreingenommenheit, Beeinflussbarkeit durch die „Tagesmeinung" usw.); siehe dazu Reinhard Merkel, Strafrecht und Satire im Werk von Karl Kraus, Frankfurt am Main 1998, S. 503, 509, 512; Peter Collin, Der Kampf gegen die Schwurgerichte – Preußen 1849-1853/54, Zeitschrift für Neuere Rechtsgeschichte 23 (2001), S. 195-219, 198; Uwe Wilhelm, Das Deutsche Kaiserreich und seine Justiz. Justizkritik – politische Strafrechtsprechung – Justizpolitik, Berlin 2010, S. 44, 47, 234 f., 535.

85 Rudolf Gneist, Der Rechtsstaat und die Verwaltungsgerichte in Deutschland, Berlin 1879 (Neudr. Darmstadt 1958), S. 298.

Stuttgarter Gewerbegerichtsvorsitzenden Lautenschlager – sichergestellt werden, dass die Urteile mit dem „Rechtsbewußsein des Volkes" übereinstimmen.[86] Das „Rechtsbewusstsein des Volkes", so lässt sich etwas verkürzt sagen, war ein durchgehender Legitimationstopos jedenfalls für Gerichte, die nicht auf einen allzu eng gefassten Aufgaben- oder Personenkreis zugeschnitten waren.

Die Annahme eines solchen Volksbewusstseins erschien aber nur dann sinnvoll, wenn ein Mindestmaß an Homogenität unterstellt werden konnte. Nur in diesem Fall konnte man auch davon ausgehen, dass „Gleiche über Gleiche" urteilen würden.[87] Schon Feuerbach verwies allerdings darauf, dass die konsequente Umsetzung eines Peer-Prinzips die Schaffung von Geschwornengerichten für bestimmte soziale Klassen erfordern würde.[88] Dass sich Vorstellungen vom Unrechtsgehalt einer Straftat kollektivbezogen unterscheiden konnten, darauf deuten schon Befunde hin, dass Angehörige bestimmter Gruppen bei bestimmten Tatbeständen als Geschworene eher als erwünscht oder als unerwünscht galten; so wird berichtet, dass Verteidiger dazu neigten, Bauern abzulehnen, wenn Brandstiftungsdelikte angeklagt waren.[89]

Dies führt zu der Frage, inwiefern in Gerichten gruppen- oder sektorspezifische Normativität – für die wiederum die Laien als Wissensträger in Betracht kamen – eine Rolle spielte. Doch um welche Art von Normativität sollte es sich dabei handeln: Gewohnheitsrecht, Rechtsgewohnheiten, Bräuche, Sitten, Ehrvorstellungen? Wie schon oben erwähnt, spielte die Berücksichtigung der Handelsbräuche eine prominente Rolle, auch wenn die Anerkennung als Gewohnheitsrecht schon wegen der Durchkodifizierung kaufmännischer Normativität an Bedeutung verlor. Jedoch konnten auch diejenigen kaufmännischen Bräuche, denen es an der Anerkennung als Gewohnheitsrecht ermangelte[90], eine Normativität erlangen, die auch

---

86 Ernst Lautenschlager, Die Rechtsprechung im Gewerbegericht, Jahrbuch für Gesetzgebung, Verwaltung und Volkswirtschaft im Deutschen Reich 17 (1893), S. 775-828, 809.

87 Siehe dazu nur Harald Lemke-Küch, Der Laienrichter – überlebtes Symbol oder Garant der Wahrheitsfindung? Eine rechtsgeschichtliche Untersuchung über „moderne" Volksgerichte in Deutschland seit Beginn des 19. Jahrhunderts, Frankfurt am Main 2014, S. 28.

88 Paul Johann Anselm Feuerbach, Betrachtungen über das Geschwornen-Gericht, Landshut 1813 (NDr. Leipzig 1970), S. 83 f.

89 Helmut Paulus, Der Oberfränkische Schwurgerichtshof. Geschichte und Rechtsprechung von 1848 bis 1924 und von 1948 bis 1950, Bayreuth 2004, S. 242 f.

90 Einschränkend muss allerdings gesagt werden, dass es in der Praxis „fast immer unsicher (war), ob ein Handelsgebrauch bereits Gewohnheitsrecht geworden

im Prozess maßgeblich wurde. Dafür sorgte vor allem § 346 des HGB von 1897, der vorschrieb, dass bei der rechtlichen Bewertung von „Handlungen und Unterlassungen auf die im Handelsverkehre geltenden Gewohnheiten und Gebräuche Rücksicht zu nehmen" ist, also somit auch eine im Gerichtsprozess zu beachtende Auslegungsregel schuf.[91] Inwieweit das Laienwissen der kaufmännischen Beisitzer hierbei zum Tragen kam, muss jedoch offen bleiben. Denn es war keineswegs gesichert, dass in der Kammer auch genau diejenigen Wirtschaftsvertreter präsent waren, die über die Verhältnisse in einer bestimmten Branche Auskunft geben konnten.[92] Ein verlässlicheres Auskunftsmittel waren dann eher vom Gericht eingeholte Stellungnahmen der Handelskammern[93] oder anderer Sachverständiger.[94]

Eine bedeutende Rolle spielten Gewohnheiten, insbesondere lokale Gewohnheiten, in der frühen Arbeitsgerichtsbarkeit, wie vor allem Brand für das Gewerbegericht Elberfeld nachgewiesen hat. Allerdings ist dabei zu bedenken, dass dieses Gewerbegericht im Geltungsbereich des französischen Rechts lag, welches der Anerkennung von Ortsbräuchen als Gewohnheitsrecht viel mehr Raum bot als das deutsche Recht.[95] Ebenfalls ein starkes normatives Gewicht verlieh das Recht örtlichen Bräuchen bei Verträgen zwischen Handlungsgehilfen und ihren Prinzipalen, also im Zuständigkeitsbereiche der Kaufmannsgerichte (der frühen Arbeitsgerichte im Bereich des Handels): Soweit keine besonderen Vereinbarungen getroffen

---

oder nur tatsächliche Übung geblieben war"; so jedenfalls im Kontext ihrer Forschungen zum Reichsoberhandelsgericht Regina Ogorek, Privatautonomie unter Justizkontrolle. Zur Rechtsprechung des Reichsoberhandelsgerichts (1870-1879), in: dies., Aufklärung über Justiz, Hbd. 1, Frankfurt am Main 2008, S. 253-286, 261.

91 Art. 1 des ADHGB des Norddeutschen Bundes von 1869 hatte den kaufmännischen Bräuchen auf den ersten Blick sogar einen noch höheren Rang zugebilligt: „In Handelssachen kommen, insoweit dieses Gesetzbuch keine Bestimmungen enthält, die Handelsgebräuche und in deren Ermangelung das allgemeine bürgerliche Recht zur Anwendung." Allerdings ging die ganz überwiegende Literatur davon aus, dass mit dem Begriff der „Handelsgebräuche" nur das Handelsgewohnheitsrecht gemeint sein konnte; siehe Phillip Hellwege, Handelsbrauch und Verkehrssitte, AcP 214 (2014), S. 853-887, 869.

92 Walther Haeger, Schiedsgerichte für Rechtsstreitigkeiten der Handelswelt, Berlin 1910, S. 17.

93 Herrmann Schmidt, Der Ortsgebrauch, Diss. jur. Greifswald 1920, S. 68.

94 Wilhelm Stein, Voraussetzungen und Rechtswirkungen der Handelsgebräuche nach § 346 H.G.B., Diss. jur. Jena 1907, S. 82; Walther Haeger, Schiedsgerichte für Rechtsstreitigkeiten der Handelswelt, Berlin 1910, S. 17.

95 Jürgen Brand, Untersuchungen zur Entstehung der Arbeitsgerichtsbarkeit in Deutschland, Bd. 3, Frankfurt am Main 2008, S. 197 ff., 205.

waren, richteten sich Art und Umfang der Arbeitsleistung und Höhe der Vergütung nach dem Ortsgebrauch (§ 59 HGB 1897). Für die 1890 reichsweit eingeführte Gewerbegerichtsbarkeit fehlte eine solche Bestimmung. Die bisherige Forschung deutet aber darauf hin, dass auch hier in starkem Umfang auf lokale Usancen Bezug genommen wurde.[96] Sowohl bei den Kaufmanns- als auch bei den späteren Gewerbegerichten dürfte allerdings der Ortsbrauch weniger als Gewohnheitsrecht als vielmehr als Erkenntnismittel zur Auslegung von Verträgen eine Rolle gespielt haben. Jedenfalls ist davon auszugehen, dass die Laienbeisitzer hier ebenfalls maßgeblich zur Qualifizierung des gerichtlichen Normwissens beitrugen. Allerdings gilt auch hier, dass dies nur in dem Maße möglich war, wie sie mit den betreffenden Branchen vertraut waren; ansonsten musste externer Sachverstand herangezogen werden.[97]

Eine besondere Form von Normwissen verkörperten berufsständische Ehrengerichte. Das Gesetz selbst legte nicht fest, welche Handlungen als Ehrverletzungen zu gelten hatten. Entsprechende Fallgruppen entwickelten sich erst im Rahmen der ehrengerichtlichen Rechtsprechung. Auf Wissen über hergebrachte Vorstellungen, was als Ehre zu gelten hatte, griff man dabei aber überwiegend nicht zurück – obwohl gerade der Ehrbegriff auf traditionelle invariante normative Kerne zu verweisen schien (und daraus auch seine Rechtfertigung bezog). Vielmehr wurde ein Gutteil der Fallgruppen, die den Ehrbegriff ausfüllten, erst in Auseinandersetzungen mit aktuellen Problemlagen kreiert. Dies betraf bei den Ärzten das Verhalten gegenüber nichtapprobierten Konkurrenten, also „Kurpfuschern", denen die liberale Gewerbegesetzgebung von 1869 das Recht eingeräumt hatte, als „Ärzte" zu praktizieren, sowie die Auseinandersetzungen mit den 1883 durch die Bismarcksche Sozialgesetzgebung geschaffenen Krankenkassen. Bei den Börsenehrengerichten bildete einen Schwerpunkt der Umgang mit spekulativen Differenzgeschäften, denen das Börsengesetz von 1896 und das BGB weitgehend die Einklagbarkeit

---

96 Wilfried Rudloff, Einleitung, in: Quellensammlung zur Geschichte der deutschen Sozialpolitik, III. Abt., Bd. 4, Mainz 2011, S. XIII-LXVI, XXXV, mit Verweis auf einen konkreten Fall, a. a. O., S. 141; Dennis Vogt, Die institutionelle Lösung individueller Arbeitskonflikte in Deutschland 1890–1918, Diss. phil. Frankfurt 2020 (Manuskript), S. 13 f., 243 f.

97 Zu derartigen Fällen Dennis Vogt, Die institutionelle Lösung individueller Arbeitskonflikte in Deutschland 1890–1918, Diss. phil. Frankfurt 2020 (Manuskript), S. 126 f., 259 f., 265 f.

abgesprochen hatte.[98] Nicht um den Abruf des Wissens über (lokale) Usancen ging es hier also, sondern um *judicial rule making* durch die Ehrengerichte selbst, wobei die normativen Grundvorstellungen im Falle der ärztlichen Ehrengerichtsbarkeit oft durch Verbandsbeschlüsse vorgezeichnet waren. Dass die berufsständischen Vertreter in den gerichtlichen Entscheidungsgremien, also die Laien, dabei unmittelbar den Ton angaben, liegt auf der Hand, wobei sie z.T. in nachhaltiger Weise die Rechtsanschauungen der Berufsjuristen überspielten.[99]

2. *Lokales Wissen*

Das Normwissen der Laien war oft mit lokalem Wissen verbunden. Denn Gewohnheiten und Usancen waren im 19. Jahrhundert im Regelfall lokaler Natur. Dies galt für kaufmännische Gebräuche ebenso wie für die „ortsüblichen" Lohntarife und sonstigen Arbeitsbedingungen. Lokales Wissen bedeutete hier das Wissen um die übliche Funktionsweise der örtlichen Wirtschaft. Bei den Gewerbegerichten konnte dies unmittelbar zum Tragen kommen, wenn sich der Zuständigkeitsbereich eines Gerichts nur auf eine Stadt beschränkte; schwieriger stellte sich die Situation dar, wenn es sich um einen größeren Einzugsbereich handelte.[100] In einem solchen Fall war schon aus diesen Gründen nicht immer gewährleistet, dass ein Beisitzer mit ortsüblichen Usancen vertraut war. In noch stärkerer Weise dürfte dies für die Kammern für Handelssachen in den sich über etliche Orte erstreckenden Landgerichtsbezirken gegolten haben.

In einer stärker allgemeinen Weise, als Wissen über Land und Leute, sollte lokales Wissen in denjenigen Gerichten mit Laienbeteiligung zum Tragen kommen, in denen die spezifische Normativität bestimmter Berufsstände und Branchen eher eine geringe Rolle spielte. Hierbei ging es weniger um Normwissen – jedenfalls nicht in expliziter Weise – als um

98 Zum Ganzen siehe Peter Collin, Ehrengerichtliche Rechtsprechung im Kaiserreich und der Weimarer Republik. Multinormativität in einer mononormativen Rechtsordnung?, Rechtsgeschichte 25 (2017), S. 138-150.

99 Adolf Wermuth, Ein Beamtenleben. Erinnerungen, Berlin 1922, S. 207: „Wenn ich als Vorsitzender solchen einen Spruch zu verkünden und damit dem Gesetz einen Schlag ins Gesicht zu geben hatte, fühlte ich meine amtlichen Empfindungen hart auf die Probe gestellt." Der Autor war Vorsitzender der Berufungskammer der Börsenehrengerichtsbarkeit.

100 Zur unterschiedlichen Ausgestaltung der örtlichen Zuständigkeit Dennis Vogt, Die institutionelle Lösung individueller Arbeitskonflikte in Deutschland 1890–1918, Diss. phil. Frankfurt 2020 (Manuskript), S. 79.

Kontext- und Folgewissen, also Wissen über die Ursachen und sozialen Einbettungen von Konflikten und darüber, welche Konsequenzen eine Entscheidung nach sich ziehen könnte. Die Bedeutung lokalen Wissens wurde vor allem für die Gemeindegerichte[101] und die unterinstanzlichen Verwaltungsgerichte[102] hervorgehoben; zumindest im ersten Fall dürfte dies auch von erheblicher Bedeutung für die Herbeiführung der dort oft vorkommenden gütlichen Einigungen gewesen sein. Natürlich ist lokales Wissen auch ein ubiquitärer Legitimationstopos. Jedoch ist zu bedenken, dass die Gerichtsbeisitzer ihre Kenntnisse keineswegs nur ihrer Ortsansässigkeit zu verdanken hatten. Die Entscheidungsgremien waren zugleich auch Organe der örtlichen Selbstverwaltung, die richterliche Tätigkeit machte nur einen Teil ihres Aufgabenspektrums aus. Schon aus diesen Gründen konnte eine relativ tiefgehende Vertrautheit mit den örtlichen Verhältnissen vorausgesetzt werden. Erkannt wurde allerdings auch, dass diese Vertrautheit in den großen Städten verlorenging.[103]

3. *Fachliche Expertise*

Ende des 19. und Anfang des 20. Jahrhunderts fand die sogenannte Sondergerichtsdebatte statt. Aus dieser konnte man den Eindruck gewinnen, das Problem der Laienbeteiligung sei über weite Teile ein Problem der Einbringung fachlicher, insbesondere technischer Expertise gewesen. Dies hatte auch damit zu tun, dass jene Debatten, die sich auf sachverständige Laien bezogen, Kernfragen des professionellen Selbstverständnisses betrafen und daher auf beiden Seiten erbittert geführt, von Verbänden vorangetrieben und schließlich zum Tagungsgegenstand des Deutschen Juristentages von 1910 wurden.[104] Eigentlich aber drehte sich der Großteil dieser

101 A[ugust] Hegler, Das Gemeindegerichtsverfahren in Baden und Württemberg, Tübingen 1910, S. 204.

102 Rudolf Gneist, Der Rechtsstaat und die Verwaltungsgerichte in Deutschland, Berlin 1879, S. 298; Wolfram W. Hahn, Die Entwicklung der Laiengerichtsbarkeit im Großherzogtum Baden während des 19. Jahrhunderts, Berlin 1974, S. 103.

103 A[ugust] Hegler, Das Gemeindegerichtsverfahren in Baden und Württemberg, Tübingen 1910, S. 206.

104 Dazu ausführlich Lorenz Franck, Juristen und Sachverständige. Der Diskurs um die rechtliche Ausgestaltung des Verfahrens mit Sachverständigen während der Zeit des Deutschen Reiches, Baden-Baden 2013, S. 158 ff.

Diskussion[105] um technisch sachverständige Richter und insbesondere um Sondergerichte mit einem relativ schmalen Zuständigkeitsbereich: um besondere Spruchkörper für Streitigkeiten aus dem gewerblichen Rechtsschutz. Der Juristentag sprach sich mit großer Mehrheit dagegen aus und auch die nach dem Ersten Weltkrieg wiederaufflammenden Diskussionen konnten nichts daran ändern, dass eine derartige Sondergerichtsbarkeit nicht realisiert wurde.

Laienbeteiligung auf der Grundlage technischer Expertise findet man letztlich nur in wenigen Fällen. Zu nennen sind (neben hier nicht behandelten besonderen sozialversicherungsrechtlichen Gremien[106]) vor allem die Beschwerdeabteilungen beim Kaiserlichen Patentamt, denen „technische Mitglieder“ beisaßen (eine Art verwaltungsgerichtlicher Kontrolle[107]), und die – weniger bekannten – Schiedsgerichte für die Regulierung von Bergschäden, die von der preußischen Regierung für das nordrhein-westfälische Industriegebiet geschaffen wurden, weil die ordentlichen Zivilgerichte mit den schwierigen Kausalitätsfragen überfordert waren; in ihnen wirken technische Beamte und andere Sachverständige mit.[108] Ansonsten bleibt der Mehrwert der Einbringung technischen Fachwissens weitgehend unklar, zumal immer die Alternative bestand, anstelle sachverständiger Richter ad hoc Experten nach den Regeln des Sachverständigenbeweises heranzuziehen.[109]

---

105 Dies bedeutete nicht, dass sich die Sondergerichtsdebatte darauf beschränkte. Es wurde auch über spezielle Gerichte u. a. für landwirtschaftliche Streitigkeiten, für mietrechtliche Konflikte, für Bausachen, für eherechtliche Streitigkeiten, für Verleger, Schriftsteller und für das Handwerk diskutiert, [Walther] Rathenau, Gutachten über die Frage: Empfehlen sich Sondergerichte in Streitigkeiten aus dem Gebiete des Gewerblichen Rechtsschutzes?, in: Verhandlungen des Dreißigsten Deutschen Juristentages, Bd. 1, Berlin 1910, S. 302-488, 394; Uwe Wilhelm, Das Deutsche Kaiserreich und seine Justiz. Justizkritik – politische Strafrechtsprechung – Justizpolitik, Berlin 2010, S. 429 f.; Franck, a. a. O., S. 159. Im Zentrum der Debatte standen diese Sondergerichte aber nicht.

106 Oberversicherungsämter für die Eisenbahnen, Knappschaftsoberversicherungsämter, siehe Robert Mosthaf, Das Reichswirtschaftsgericht, Diss. jur. Tübingen 1938, S. 28.

107 Margrit Seckelmann, Industrialisierung, Internationalisierung und Patentrecht im Deutschen Reich, Frankfurt am Main 2006, S. 283 f.

108 Hermann Daubenspeck, Die Schiedsgerichte für Regulirung der Bergschäden, Berlin 1883.

109 Lorenz Franck, Juristen und Sachverständige. Der Diskurs um die rechtliche Ausgestaltung des Verfahrens mit Sachverständigen während der Zeit des Deutschen Reiches, Baden-Baden 2013, S. 160.

Als Laiengerichte, in denen ökonomischer Sachverstand vertreten ist, können natürlich die Handelsgerichte bzw. die Kammern für Handelssachen bei den Landgerichten angesehen werden. Aber da nie gewährleistet werden konnte, dass im konkreten Fall auch ein Beisitzer anwesend war, der mit der betroffenen Branche vertraut war, blieb es eher dem Zufall überlassen, ob passgenaue Expertise zur Verfügung stand, die die Herbeiziehung externen Sachverstands überflüssig gemacht hätte.

Näher kommt man dem Ideal eines sachverständig besetzten Gerichts bei den amtlichen Wirtschaftsschiedsgerichten der Kriegs- und Nachkriegszeit. Denn diese waren in aller Regel für bestimmte branchenmäßig zugeschnittene Konfliktkonstellationen eingerichtet worden. Wie sie judizierten, ist weitestgehend unerforscht, aber soweit Entscheidungssammlungen vorliegen, scheinen die ökonomischen Probleme auf einem beachtlichen Niveau aufgearbeitet worden zu sein. Sichtbar wird dies jedenfalls bei der für die Regulierung der Energiepreise zuständigen Schiedsgerichtsbarkeit, die über Vertragsanpassungen zu entscheiden hatte, „wenn und insoweit infolge der Kriegsverhältnisse die Höhe der Selbstkosten seit der Zeit der letzten Preisvereinbarung so gewachsen ist, daß das Anwachsen bei Anwendung der Sorgfalt eines ordentlichen Kaufmanns nicht vorauszusehen war, und daß billigerweise die Tragung der Mehrkosten dem Lieferer allein nicht zugemutet werden kann".[110] Ausführlich wurden betriebswirtschaftliche Maßstäbe erörtert, welche für die Frage maßgeblich waren, inwiefern es zu einer Erhöhung der Selbstkosten kam, in welchem Maße diese voraussehbar war und inwiefern ein Festhalten an den ursprünglichen Vertragsbedingungen die Lebensfähigkeit des betreffenden Versorgungsunternehmens gefährdete. Die Tatbestände der einschlägigen Normen wurden also auf einem hohen Niveau ökonomischer Rationalität durchdekliniert[111] – auch wenn hinzugefügt werden muss, dass dies das Niveau der zweiten Instanz in Gestalt des Reichswirtschaftsgerichts war, dessen hierfür zuständiges Gremium aber gleichfalls mit nichtjuristischen Beisitzern besetzt war.[112]

---

110 § 1 Nr. 1 Verordnung über die schiedsgerichtliche Erhöhung von Preisen bei der Lieferung von elektrischer Arbeit, Gas und Leitungswasser vom 1. Februar 1919 (RGBl. S. 135).

111 Erich Riccius (Hg.), Die Rechtsprechung des Reichswirtschaftsgerichts zur Verordnung über die schiedsgerichtliche Erhöhung von Preisen bei der Lieferung von elektrischer Arbeit, Gas und Leitungswasser [1. Folge], München/Berlin 1925; [2. Folge], München/Berlin 1926.

112 § 27 Ziffer 1 Verordnung über die Schiedsgerichte für die Erhöhung von Preisen bei der Lieferung von elektrischer oder mechanischer Arbeit, Dampf, Gas und

Gerade bei den Wirtschaftsschiedsgerichten erscheint es aber schwierig, die Laienbeisitzer lediglich als sachverständige Experten einzustufen. Die Grenzen zwischen Sachverständigem und Interessenvertreter sind unscharf. So konnten die Parteien in Verfahren vor den eben erwähnten Energielieferungsschiedsgerichten jeweils einen Beisitzer auswählen, mussten dabei aber auf ministeriell erstellte Listen zurückgreifen.[113] Bei Streitigkeiten, an denen Verbraucher beteiligt waren, wurden die Beisitzer aus den Reihen der betreffenden Wirtschaftsbranche und aus dem Kreis der Verbraucher ernannt[114]; wenn verschiedene Wirtschaftskreise mit konfligierenden Interessen beteiligt waren, fungierten Repräsentanten der betroffenen Gewerbe als Beisitzer[115]; waren amtliche Stellen beteiligt, wurden auch diese durch ihre Vertreter – neben denen der Wirtschaftsakteure – repräsentiert.[116]

Allerdings erscheint es unangemessen, Sachverständige und Interessenvertreter allzu konträr zu setzen. Denn auch Beisitzer in ihrer Rolle als Interessenvertreter haben Wissen beizusteuern: Wissen über die Probleme und Bedürfnisse der von ihr vertretenen Gruppe und Wissen darüber, welche Entscheidungen in ihren Kreisen als akzeptabel gelten bzw. in der Sache zur Lösung eines bestimmten Problems beitragen – unabhängig davon, ob und inwiefern das dann im konkreten Fall zum Tragen kam. Mehr noch – wenn betont wurde, wie wichtig es sei, dass in amtlichen Gremien wie dem Gewerbegericht endlich auch die Arbeiter vertreten waren[117], dann stellte man nicht nur ab auf die Tatsache bloßer Repräsentanz, sondern auch auf die Bedeutsamkeit des Umstandes, dass nicht mehr

---

Leitungswasser sowie über das Reichswirtschaftsgericht als Berufungsinstanz vom 16. Juni 1922 (RGBl. I S. 511).

113 § 3 f. Bekanntmachung über die Schiedsgerichte für die Erhöhung von Preisen bei der Lieferung von elektrischer Arbeit, Gas und Leitungswasser vom 5. März 1919 (RGBl. S. 288).

114 So z. B. § 2 f. Bekanntmachung des Reichskanzlers betr. Ausführungsbestimmungen zur Verordnung über Preisbeschränkungen bei Verkäufen von Schuhwaren vom 28. September 1916 (RGBl. S. 1080).

115 So z. B. § 2 Anordnung über das Schiedsgericht für die Kohlenverteilung vom 21. März 1917 (RGBl. S. 250); Art. III § 5 Bekanntmachung über die Errichtung von Herstellungs- und Vertriebsgesellschaften in der Schuhindustrie vom 17. März 1917 (RGBl. 1917 S. 236).

116 § 3 Verordnung über die Verarbeitung von Gemüse vom 5. August 1916 (RGBl. S. 914).

117 I(gnaz) Jastrow, Die Erfahrungen in den deutschen Gewerbegerichten, Jahrbücher für Nationalökonomie und Statistik 69 (1897), S. 321-395, 322.

nur eine bürgerliche Sichtweise, sondern auch die der Arbeiterschaft in den Entscheidungsfindungsprozess einfloss.

IV. Fazit

Im Ergebnis ist zunächst eines festzuhalten: Reine Laiengerichte, die gänzlich ohne juristischen Fachverstand echte richterliche Macht ausübten, gab es in der neueren deutschen Justizgeschichte fast nicht. Die einzigen Gerichte mit größerem Zuständigkeitsbereich, die gänzlich auf juristisch geschulte Richter verzichteten (auch auf solche mit Verwaltungswissen, wie bei den Gemeindegerichten, oder mit juristischem Wissen unterhalb des Assessorexamens, wie bei den Friedensrichtern), waren die französischrechtlichen Handelsgerichte, die aber 1877 durch die Kammern für Handelssachen abgelöst wurden. Was stattdessen vorherrscht, sind Gerichte mit Laienbeteiligung; in aller Regel führte ein Jurist den Vorsitz und sorgte damit auf jeden Fall dafür, dass juristisches Verfahrenswissen ein ordnungsgemäßes Prozedere garantierte. Soweit diese Gerichte von den Juristen nicht auch darüber hinaus dominiert wurden, wie bei den Schöffengerichten der ordentlichen Gerichtsbarkeit, waren sie auf einen engen Zuständigkeitsbereich zugeschnitten und entschieden meist auf der Grundlage eines Regelwerks, welches im Vergleich zum „normalen" Zivil- oder Strafrecht als unterkomplex charakterisiert werden kann. Laiengerichte wurden also auf Feldern eingesetzt, in denen nicht der volle Einsatz breitgefächerter juristischer Expertise auf hohem Niveau nötig war.[118] Bis zu einem gewissen Grad waren sie daher vom Erfordernis juristischen Wissens entlastet. Bei den Schwurgerichten versuchte man diese Entlastung durch die Trennung von Tat- und Rechtsfrage herbeizuführen.

In Gerichten mit Laienbeteiligung blieb somit grundsätzlich gewährleistet, dass Normwissen, Verfahrenswissen und Organisationswissen auf der Grundlage rechtswissenschaftlicher Ausbildung und berufsrichterlicher Erfahrung in das Prozedere eingespeist wurde. Bei der Frage, welches Wissen Laien in das Verfahren einbrachten, ist zwischen Erwartungen

118 Dies gilt natürlich nicht für die heutige Fachgerichtsbarkeit mit Laienbeteiligung, also die Finanz-, Arbeits-, Verwaltungs- und Sozialgerichtsbarkeit. Von einer – allmählich – wachsenden Komplexität dieser Materien durch Vermehrung und Ausdifferenzierung des Normenbestandes und/oder zunehmende rechtsdogmatische Durchdringung kann man aber erst ab Beginn des 19. Jahrhunderts sprechen (eine Ausnahme bildete das Steuerrecht, allerdings entstand mit dem Reichsfinanzhof auch erst 1918 eine Finanzgerichtsbarkeit).

bzw. legitimatorischen Erklärungsversuchen und der Praxis zu unterscheiden.

Zunächst ist festzuhalten, dass von einer strikten Trennung in dem Sinne, dass Berufsjuristen für das Normwissen zuständig waren, Laien allenfalls für Faktenwissen, keine Rede sein kann. Im Gegenteil, gerade an Laien wurde die Erwartung adressiert, dass sie andersartige normative Vorstellungen einbringen oder den Sinngehalt des Rechts durch einen anderen als den juristisch-professionellen Blick erschließen. Eine „De-Thematisierung" des Rechts durch Laiengerichtsbarkeit[119], sollte nur soweit stattfinden, wie es die Auslegung des staatlichen Gesetzesrechts auf der Grundlage rechtswissenschaftlicher Universitätsausbildung betraf, das Gesetzesrecht als Entscheidungsgrundlage sollte hingegen nicht ausgeschlossen bleiben. Der Beitrag der Laien sollte darin bestehen, staatliches Recht nach den Maßgaben des „Volksbewusstseins" auszulegen (Schwurgerichte, auch ansatzweise postuliert für untere Verwaltungsgerichte und Gewerbegerichte) oder Wissen über Normativität außerhalb des staatlichen Rechts, also insbesondere Gewohnheiten und Gebräuche einzubringen (vor allem Handelsgerichte und Gewerbegerichte); inwiefern es sich dabei um staatlicherseits als Recht anerkannte Normen handelte, ist an dieser Stelle zweitranging, denn in die Entscheidungen floss es entweder direkt als Gewohnheitsrecht ein oder indirekt als Auslegungshilfe.

Was die Konturierung des Rechts durch das „Volksbewusstsein" der Laien betraf, ist es allerdings schwierig, für die Praxis das Vorhandensein halbwegs konsistenter Rechtsvorstellungen anzunehmen; allenfalls kann man davon ausgehen, dass bestimmte soziale Gruppen in Bezug auf die Bewertung bestimmter Delikte bestimmte Vorstellungen von deren Unrechtsgehalt einbrachten. Ein allgemein geteiltes Rechtsbewusstsein, welches signifikant abwich von dem, welches den professionellen Juristen unterstellt wurde, wird nur in besonderen Fällen anzunehmen sein: etwa wenn starres staatliches Recht drakonische Strafen für Kleindelikte vorsah und der Jury nichts anderes übrig zu bleiben schien, als hier Recht durch Gnade zu ersetzen (aber das war eher der englische Fall[120]); bei politischen

---

119 Niklas Luhmann, Kommunikationen über Recht in Interaktionssystemen, in: Niklas Luhmann, Ausdifferenzierung des Rechts, Frankfurt am Main 1999, S. 53–72, 71.

120 Norman Lieber, Schöffengericht und Trial by Jury. Eine rechtsvergleichende Untersuchung zur Entstehung, gegenwärtigen Praxis und möglichen Zukunft zweier Modelle der Laienbeteiligung an Strafverfahren in Europa, Berlin 2010, S. 86 f.

Delikten in Zeiten innerer Unruhe[121]; oder einer stärkeren Bejahung der Anwendung der Todesstrafe.[122] Was hingegen das Wissen über Bräuche und Gewohnheiten angeht, dürften Laien vor allem in Handels- und Gewerbegerichten eine nicht zu unterschätzende Rolle gespielt haben – freilich nur dann, wenn auf der Beisitzerbank jemand mit spezifischer Expertise für die betreffende Branche vertreten war, ansonsten musste externer Sachverstand herangezogen werden.

Wendet man sich dem Beitrag der Laien im Bereich des Fakten-, Kontext- und Folgenwissens zu, ist auch hier zu differenzieren. Zunächst zeigen schon die obigen Ausführungen, dass eine strikte Trennung zwischen Normwissen und Wissen über nichtnormative Faktoren problematisch ist, vor allem was das Wissen über Gebräuche, Sitten und Usancen, aber auch bestimmte Ehrvorstellungen betrifft. Hier wird man von normativen Rationalitäten sprechen, die noch nicht immer zu normativer Bindungskraft im rechtlichen Sinne erstarkt sind, aber normative Effekte haben.[123]

Soweit man auf Faktenwissen als hochqualifiziertes Fachwissen abstellt, werden die Erwartungen eines nennenswerten Beitrags der Laienbeteiligung enttäuscht. Im Großen und Ganzen wird derartiges Wissen ad hoc über Sachverständige gewonnen. Spezialistengerichte mit „technischen Beisitzern" haben sich, sieht man vom Bereich des Patentrechts ab, im Untersuchungszeitraum nicht herausgebildet. Die Beisitzer in spezialisierten Schiedsgerichten der Kriegs- und Nachkriegswirtschaft changierten eher zwischen Sachverständigem und Interessenvertreter.

Fakten-, insbesondere aber Kontext- und Folgenwissen von Laien dürften am ehesten dann zur Geltung gekommen sein, wenn entweder eine Entscheidung nach strengen rechtlichen Maßstäben praktisch eine geringere Rolle spielte, wie bei solchen Gerichten, in denen eine Vielzahl der Fälle durch gütliche Einigung endete, oder wenn das Recht durch Abwägungsklauseln auf eine Erforschung von Interessen- und Bedarfslagen, vor allem damit auch auf die Berücksichtigung der möglichen Folgen einer Entschei-

---

121 Peter Collin, Der Kampf gegen die Schwurgerichte – Preußen 1849-1853/54, Zeitschrift für Neuere Rechtsgeschichte 23 (2001), S. 195-219, 200 f.

122 Darauf hindeutend die Befunde bei Petra Overath, Bayerische Schwurgerichte und die Todesstrafe. Handlungsspielräume von Laienrichtern in der zweiten Hälfte des 19. Jahrhunderts, in: Helmut Berding/Diethelm Klippel/Günther Lottes (Hrsg.), Kriminalität und abweichendes Verhalten. Deutschland im 18. und 19. Jahrhundert, Göttingen 1999, S. 171-197, 180 f.

123 Siehe auch nur die entsprechenden Umschreibungen in der heutigen Literatur zum Handelsbrauch, Phillip Hellwege, Handelsbrauch und Verkehrssitte, AcP 214 (2014), S. 853-887, 857.

dung orientierte oder zumindest eine Hintertür für solche Abwägungen ließ. In diesen Fällen kam es an auf das Wissen über rote Linien der Akzeptanz, milieuspezifische Angemessenheitsvorstellungen, branchenspezifische wirtschaftliche Rationalitäten, lokale Konflikthintergründe, standesgebundene Ehrverständnisse, die Belastbarkeit von Unternehmen, die existenzielle Härte der Verweigerung sozialer Leistungen etc.

Allerdings ist damit nicht auf ein invariantes Verteilungssystem der Zuführung von Wissen in bestimmte Bereiche des Justizsystems verwiesen. Die entscheidenden Rahmenbedingungen für die Konjunkturen des Laiengedankens im 19. und frühen 20. Jahrhundert waren – abgesehen von den Ausnahmesituationen des Krieges und der Nachkriegskrisen – vor allem folgende: erstens das Misstrauen gegenüber einer noch nicht hinreichend unabhängigen Berufsrichterschaft, vor allem bei politischen Prozessen (Schwurgerichte)[124]; zweitens der Mangel bürgerschaftlicher Partizipation an den Staatsgeschäften, den man durch die Übertragung von Selbstverwaltungsideen auf das Justizsystem ausgleichen wollte (allgemein bei den Schwur- und den Verwaltungsgerichten, speziell in Bezug auf die Arbeiterschaft bei den Gewerbegerichten und den Schiedsgerichten der Sozialversicherung); drittens die allgemeine Empfindung der „Lebensfremdheit“ der Richter – gewiss ein Schlagwort, aber veranlasst durch eine verengte Ausbildung (jedenfalls was das prüfungsrelevante Wissen betraf) und eine gewisse Unaufgeschlossenheit gegenüber der Lebenswirklichkeit ihnen fremder sozialer Kreise[125]; viertens eine noch nicht sehr weit fortgeschrittene gesetzliche und rechtsdogmatische Durchdringung bestimmter Regelungsbereiche; fünftens überwiegend übersichtliche lokale Strukturen, die eine weitgehende Vertrautheit mit den örtlichen Verhältnissen möglich machten. Eine Veränderung dieser Umstände machte Laiengerichtsbarkeit nicht obsolet, musste sich aber auswirken auf die Konfiguration und das jeweilige Gewicht der Elemente des Entscheidungswissens.

---

124 Erich Schwinge, Der Kampf um die Schwurgerichte bis zur Frankfurter Nationalversammlung, Breslau 1926 (NDr. Aalen 1990), S. 43 ff.

125 Eindrücklich für die Richterschaft der ersten Hälfte des 19. Jahrhunderts Christina von Hodenberg, Die Partei der Unparteiischen. Der Liberalismus der preußischen Richterschaft 1815-1848/49, Göttingen 1996, S. 215 ff.

Literaturverzeichnis

Arnold, Jörg: Die Gewerbegerichte in Württemberg (1891-1927), Ostfildern 2015.

Ayaß, Wolfgang: Wege zur Sozialgerichtsbarkeit. Schiedsgerichte und Reichsversicherungsamt bis 1945, in: Ulrich Becker/Stephan Leibfried/Peter Masuch/Wolfgang Spellbrink (Hrsg.), Grundlagen und Herausforderungen des Sozialstaats. Denkschrift 60 Jahre Bundessozialgericht, Bd. 1, Berlin 2014, S. 265–282.

Bendix, Ludwig: Zuständigkeit und Verfahren bei der Entscheidung von Streitigkeiten auf dem Gebiete der Kriegswirtschaft, JW 1916, S. 531–554.

Beseler, Georg: Volksrecht und Juristenrecht, Leipzig 1843.

Binding, Karl: Die drei Grundfragen der Organisation des Strafgerichts, Leipzig 1876.

Brand, Jürgen: Untersuchungen zur Entstehung der Arbeitsgerichtsbarkeit in Deutschland, Bd. 3, Frankfurt am Main 2008.

Broers, Michael: The „Juge de Paix" of Napoleonic Europe, in: Émilie Delivré/ Emmanuel Berger (Hrsg.), Popular Justice in Europe (18th – 19th Centuries), Bologna/Berlin 2014, S. 25–45.

Cancik, Pascale: Selbst ist das Volk? – Der Ruf nach „Volkstümlichkeit der Verwaltung" in der ersten Hälfte des 19. Jahrhunderts, Der Staat 43 (2004), S. 298–327.

Collin, Peter: Der Kampf gegen die Schwurgerichte – Preußen 1849-1853/54, Zeitschrift für Neuere Rechtsgeschichte 23 (2001), S. 195–219.

–: Ehrengerichtliche Rechtsprechung im Kaiserreich und der Weimarer Republik. Multinormativität in einer mononormativen Rechtsordnung?, Rechtsgeschichte 25 (2017), S. 138–150.

–: Interessenvertreter oder Sachverständige? Laienbeisitzer im späten 19. Jahrhundert, in: Gerald Kohl/ Ilse Reiter-Zatloukal (Hrsg), Laien in der Gerichtsbarkeit. Geschichte und aktuelle Perspektiven, Wien 2019, S. 385–398.

–: Justiz mit abgesenkten Standards? Zivilprozess und Schiedsgerichtsbarkeit im Ersten Weltkrieg, Jahrbuch der juristischen Zeitgeschichte 20 (2019), S. 3–19.

Creizenach, Julius: Das Wesen und Wirken der Handelsgerichte und ihre Competenz, Erlangen 1861.

Daubenspeck, Hermann: Die Schiedsgerichte für Regulirung der Bergschäden, Berlin 1883.

David, Leo: Die wirtschaftliche Bedeutung des kaufmännischen Schiedsgerichtswesens, Berlin 1932.

Ebert, Ina: Die Normierung der juristischen Staatsexamina und des juristischen Vorbereitungsdienstes in Preußen (1849-1934), Berlin 1995.

Erkens, Marcel: Die französische Friedensgerichtsbarkeit 1789-1814 unter besonderer Berücksichtigung der vier rheinischen Departements, Köln/Weimar/Berlin 1994.

Feuerbach, Paul Johann Anselm: Betrachtungen über das Geschwornen-Gericht, Landshut 1813 (NDr. Leipzig 1970).

Flume, Johannes W.: Handelsrecht, in: Peter Collin/Leonard Wolckenhaar (Hrsg.), Plurale Rechtsverständnisse? Begriff und Grundlagen des Rechts in den juristischen Teildisziplinen im späten 19. und frühen 20. Jahrhundert, Frankfurt am Main 2022 (i.E.).

Franck, Lorenz: Juristen und Sachverständige. Der Diskurs um die rechtliche Ausgestaltung des Verfahrens mit Sachverständigen während der Zeit des Deutschen Reiches, Baden-Baden 2013.

Gneist, Rudolf: Der Rechtsstaat und die Verwaltungsgerichte in Deutschland, Berlin 1879.

Haeger, Walther: Schiedsgerichte für Rechtsstreitigkeiten der Handelswelt, Berlin 1910.

Haferkamp, Hans-Peter: Der unabhängige Richter und der Schutz bürgerlicher Freiheit im 19. Jahrhundert, in: Eva Schumann (Hrsg.), Gesetz und richterliche Macht, Berlin/Boston 2020, S. 5-22.

Haffner, A.: Das ständige kaufmännische Schiedsgericht, Stuttgart 1911.

Hahn, Carl (Hrsg.): Die gesammten Materialien zu dem Gerichtsverfassungsgesetz und dem Einführungsgesetz zu demselben, Bd. 1, Berlin 1879.

Hahn, Erich J.: Rudolf von Gneist 1816-1895. Ein politischer Jurist in der Bismarckzeit, Frankfurt am Main 1995.

Hahn, Wolfram W.: Die Entwicklung der Laiengerichtsbarkeit im Großherzogtum Baden während des 19. Jahrhunderts, Berlin 1974.

Harnier, Die Mieter-Schutz-Verordnung vom 26. Juli 1917, Deutsche Juristen-Zeitung 1917, S. 775-779.

Hauff, Ludwig: Die Gerichtsverfassung der sämmtlichen deutschen Staaten mit Einschluß der nichtdeutschen Länder des österreichischen Kaiserstaats und unter namentlicher Aufführung aller Ober- und Untergerichte, Fürth 1856.

Heffter, Heinrich: Die deutsche Selbstverwaltung im 19. Jahrhundert, 2. Aufl., Stuttgart 1969.

Hegler, August: Das Gemeindegerichtsverfahren in Baden und Württemberg, Tübingen 1910.

Hellwege, Phillip: Handelsbrauch und Verkehrssitte, AcP 214 (2014), S. 853-887.

Hezel, Lorenz Friedrich, Das Ganze der Rechtspflege durch die Orts-Obrigkeiten, Schwäbisch Hall 1834.

Hodenberg, Christina von: Die Partei der Unparteiischen. Der Liberalismus der preußischen Richterschaft 1815-1848/49, Göttingen 1996.

Hoffmann-Riem, Wolfgang: Innovation und Recht – Recht und Innovation. Recht im Ensemble seiner Kontexte, Tübingen 2016.

Jastrow, Ignaz: Die Erfahrungen in den deutschen Gewerbegerichten, Jahrbücher für Nationalökonomie und Statistik 69 (1897), S. 321-395.

Jellinek, Walter: Verwaltungsrecht, Berlin 1931.

Jhering, Rudolph: Geist des römischen Rechts auf den verschiedenen Stufen seiner Entwicklung, Teil II/2, Leipzig 1858.

Kann, Richard: Freiheit und Gebundenheit des Schiedsrichters, in: Festgabe der Rechtsanwaltschaft des Kammergerichts für den Geheimen Justizrat Max Fuchs zum 18. Januar 1926, Berlin 1926, S. 4–9.

Kern, Bernd-Rüdiger: Georg Beseler – Leben und Werk, Berlin 1982.

Kleinz, Angelika: Individuum und Gemeinschaft in der juristischen Germanistik. Die Geschworenengerichte und das „gesunde Volksempfinden", Heidelberg 2001.

Knatz, Thomas: Die Kammern für Handelssachen, auf geschichtlicher und rechtsvergleichender Grundlage dargestellt, Diss. jur. Freiburg i. Br. 1932.

Koch, Andreas: Die historische Entwicklung des Schiedsmannswesens in Preußen von 1808 bis 1900, Berlin 2002.

Köhler, Karl Friedrich: Funktion, rechtliche Stellung und heutige Bedeutung der ehrenamtlichen Richter im Bereich der Sozialgerichtsbarkeit, Richter ohne Robe 4/2009, S. 139-150.

Krosigk, Rüdiger von: Bürger in die Verwaltung! Bürokratiekritik und Bürgerbeteiligung in Baden, Bielefeld 2010.

Landau, Peter: Schwurgerichte und Schöffengerichte in Deutschland im 19. Jahrhundert bis 1870, in: Antonio Padoa Schioppa (Hrsg.), The Trial Jury in England, France, Germany 1700-1900, Berlin 1987, S. 241–304.

Landsberg, Ernst (Hg.): Die Gutachten der Rheinischen Immediat-Justiz-Kommission und der Kampf um die rheinische Rechts- und Gerichtsverfassung 1814-1819, Bonn 1914.

Lautenschlager, Ernst: Die Rechtsprechung im Gewerbegericht, Jahrbuch für Gesetzgebung, Verwaltung und Volkswirtschaft im Deutschen Reich 17 (1893), S. 775-828.

Le Bouëdec, Nathalie: Das Gericht als Arena demokratischen Handelns? Ansätze zur Beteiligung des Volkes an der Rechtsprechung in Deutschland in der frühen Weimarer Republik und den ersten Nachkriegsjahren ab 1945, Archiv für Sozialgeschichte 58 (2018), S. 163-182.

Lemke-Küch, Harald: Der Laienrichter – überlebtes Symbol oder Garant der Wahrheitsfindung? Eine rechtsgeschichtliche Untersuchung über „moderne" Volksgerichte in Deutschland seit Beginn des 19. Jahrhunderts, Frankfurt am Main 2014.

Lent, Friedrich: Laienrichter im Zivilprozeß, AcP 150 (1949), S. 193-216.

Lepsius, Oliver: Rezension zu: Pedro Scherer de Mello Aleixo: Verantwortbares Richterrecht, AcP 217 (2017), S. 298-301.

Leue, Friedrich Gottfried: Das deutsche Schöffen-Gericht, Leipzig 1847.

Lieber, Hasso: Die Sachkunde der Handelsrichter, Richter ohne Robe 1/2012, S. 9-10.

Lieber, Hasso/Sens, Ursula (Hrsg.): Ehrenamtliche Richter. Demokratie oder Dekoration am Richtertisch, Wiesbaden 1999.

Lieber, Norman: Schöffengericht und Trial by Jury. Eine rechtsvergleichende Untersuchung zur Entstehung, gegenwärtigen Praxis und möglichen Zukunft zweier Modelle der Laienbeteiligung an Strafverfahren in Europa, Berlin 2010.

Luhmann, Niklas: Kommunikationen über Recht in Interaktionssystemen, in: Niklas Luhmann, Ausdifferenzierung des Rechts, Frankfurt am Main 1999, S. 53–72.

–: Kontingenz und Recht, Berlin 2013.

Machura, Stefan: Understanding the German Mixed Tribunal, Zeitschrift für Rechtssoziologie 36 (2016), S. 273–302.

Marschner, Gustav: Die Zweckmäßigkeit besonderer mit kaufmännischen Richtern besetzter Gerichte für Handelssachen, Zeitschrift für das gesammte Handelsrecht 11 (1868), S. 430–492.

Marx, Arthur: Die französische Handelsgesetzgebung, Bonn 1911.

Mathies, Otto: Die ständigen Schiedsgerichte des Hamburger Großhandels, Braunschweig/Hamburg 1921.

Matsumoto, Naoko: Konfliktlösung durch Schlichtung im entstehenden modernen Justizsystem. Ein deutsch-japanischer Vergleich aus Nutzerperspektive, in: Tatjana Hörnle, Christoph Möllers, Gerhard Wagner (Hrsg.), Gerichte und ihre Äquivalente, Baden-Baden 2020, S. 115–159.

–: Normative Orientierungen lokaler Schlichtung. Fallstudien aus einem Waldecker Friedensgericht von 1850 (Max Planck Institute for Legal History and Legal Theory Research Paper Series No. 2021-04, abrufbar über SSRN: https://ssrn.com/abstract=3829691 oder http://dx.doi.org/10.2139/ssrn.3829691).

Merkel, Reinhard: Strafrecht und Satire im Werk von Karl Kraus, Frankfurt am Main 1998.

Mikesic, Ivana: Sozialrecht als wissenschaftliche Disziplin. Die Anfänge 1918-1933, Tübingen 2002.

Mittermeier, Carl Josef Anton: Bericht, in: Verhandlungen der Germanisten zu Lübeck am 27., 28. und 30. September 1847, Lübeck 1848, S. 68–91.

Mölling, Astrid Maria: Der Zivilprozeß vor dem rheinpreußischen Friedensgericht. Die Praxis des Friedensgerichts Xanten (1826 bis 1830), Aachen 2000.

Mosthaf, Robert: Das Reichswirtschaftsgericht, Diss. jur. Tübingen 1938.

Oertmann, Paul: Einwirkung von Höchstpreisen auf laufende Verträge, JW 1915, S. 1519–1522.

Ogorek, Regina: Privatautonomie unter Justizkontrolle. Zur Rechtsprechung des Reichsoberhandelsgerichts (1870-1879), in: dies., Aufklärung über Justiz, Hbd. 1, Frankfurt am Main 2008, S. 253–286.

Overath, Petra: Bayerische Schwurgerichte und die Todesstrafe. Handlungsspielräume von Laienrichtern in der zweiten Hälfte des 19. Jahrhunderts, in: Helmut Berding/Diethelm Klippel/Günther Lottes (Hrsg.), Kriminalität und abweichendes Verhalten. Deutschland im 18. und 19. Jahrhundert, Göttingen 1999, S. 171–197.

Paulus, Helmut: Der Oberfränkische Schwurgerichtshof. Geschichte und Rechtsprechung von 1848 bis 1924 und von 1948 bis 1950, Bayreuth 2004.

Rathenau, Walther: Gutachten über die Frage: Empfehlen sich Sondergerichte in Streitigkeiten aus dem Gebiete des Gewerblichen Rechtsschutzes?, in: Verhandlungen des Dreißigsten Deutschen Juristentages, Bd. 1, Berlin 1910, S. 302–488.

Reimer, Ernst/Mußfeld, Richard: Die kaufmännischen Schiedsgerichte Deutschlands, Berlin 1931.

Riccius, Erich (Hg.): Die Rechtsprechung des Reichswirtschaftsgerichts zur Verordnung über die schiedsgerichtliche Erhöhung von Preisen bei der Lieferung von elektrischer Arbeit, Gas und Leitungswasser [1. Folge], München/Berlin 1925; [2. Folge], München/Berlin 1926.

Rudloff, Wilfried: Einleitung, in: Quellensammlung zur Geschichte der deutschen Sozialpolitik, III. Abt., Bd. 4, Mainz 2011, S. XIII–LXVI.

Schmalz, E. A. W.: Die preußischen Gerichts- und Polizeischulze, Glogau 1834.

Schmidt, Herrmann: Der Ortsgebrauch, Diss. jur. Greifswald 1920.

Schuppert, Gunnar Folke: Die Erfüllung öffentlicher Aufgaben durch verselbständigte Verwaltungseinheiten, Göttingen 1981.

–: Wissen, Governance, Recht. Von der kognitiven Dimension des Rechts zur rechtlichen Dimension des Wissens, Baden-Baden 2019.

Schwarze, Friedrich Oscar: Das deutsche Schwurgericht und dessen Reform, Erlangen 1865.

Schwinge, Erich: Der Kampf um die Schwurgerichte bis zur Frankfurter Nationalversammlung, Breslau 1926 (NDr. Aalen 1990).

Seckelmann, Margrit: Industrialisierung, Internationalisierung und Patentrecht im Deutschen Reich, Frankfurt am Main 2006.

Silberschmidt, Wilhelm: Die Deutsche Sondergerichtsbarkeit in Handels- und Gewerbesachen insbesondere seit der französischen Revolution, Stuttgart 1904.

Stegmaier, Peter: Wissen, was Recht ist. Richterliche Rechtspraxis aus wissenssoziologisch-ethnografischer Sicht, Wiesbaden 2009.

Stein, Wilhelm: Voraussetzungen und Rechtswirkungen der Handelsgebräuche nach § 346 H.G.B., Diss. jur. Jena 1907.

Stolleis, Michael: Geschichte des öffentlichen Rechts in Deutschland, Bd. 3, München 1999.

Sydow, Gernot: Die Verwaltungsgerichtsbarkeit des ausgehenden 19. Jahrhunderts, Heidelberg 2000.

Vezin, August Ludwig: Handbuch für Friedensrichter und andere bei diesem Gerichte angestellte Personen, 2. Aufl., Hannover 1811.

Vogl, Thomas: Der Einfluss des französischen Rechts auf die Entwicklung der Handelsgerichtsbarkeit in Deutschland im 19. Jahrhundert, Berlin 2021.

Vogt, Dennis: Die institutionelle Lösung individueller Arbeitskonflikte in Deutschland 1890–1918, Diss. phil. Frankfurt 2020 (Manuskript).

Weinheimer, C.: Instruktion zur Abhaltung der Ruggerichte in den Gemeinden, Stuttgart 1882.

Wermuth, Adolf: Ein Beamtenleben. Erinnerungen, Berlin 1922.

Wilhelm, Uwe: Das Deutsche Kaiserreich und seine Justiz. Justizkritik – politische Strafrechtsprechung – Justizpolitik, Berlin 2010.

Wollschläger, Christian: Bagatelljustiz? Eine rechtshistorische, rechtsvergleichende und empirische Untersuchung zur Einführung des vereinfachten Verfahrens am Amtsgericht, in: Eberhard Blankenburg/Dieter Leipold/Christian Wollschläger (Hrsg.), Neue Methoden im Zivilverfahren: Summarischer Rechtsschutz und Zivilverfahren, Köln 1991, S. 17-108.

–: Streitgegenstände und Parteien am Friedensgericht Xanten 1826-1830, in: Gerhard Köbler/Hermann Nehlsen (Hrsg.), Wirkungen europäischer Rechtskultur. Festschrift für Karl Kroeschell zum 70. Geburtstag, München 1997, S. 1425-1451.

Wissen, Technik, Recht*

Margrit Seckelmann

I. Einleitung

1. Fragestellung

Seit einigen Jahren wird die Forderung erhoben, „mehr Evidenz“ in die Gesetzgebung einfließen zu lassen.[1] Dieses Postulat verweist auf das Konzept des *evidence-based policy-making*, wobei die Gesetzgebung der Politikgestaltung zugerechnet wird.[2] Der Begriff „*evidence-based*“ stammt aus der Medizin bzw. den Gesundheitswissenschaften.[3] Er wurde von dort als *label* für die Forderung übernommen, Gesetzgebung[4] sowie Verwaltung (und Rechtsprechung[5]) stärker faktenbasiert und unter Integration von Folgen-

---

* Zum Gedenken an Wolfram Lamping (1965-2017).

1 Vgl. nur Leopoldina, Pressemitteilung: Initiative zur evidenzbasierten Politikgestaltung, 16. Mai 2015, online: Pressemitteilung, 18 (leopoldina.org) (letzter Zugriff am 20.03.2021); Hanjo Hamann, Evidenzbasierte Jurisprudenz. Methoden empirischer Forschung und ihr Erkenntniswert für das Recht am Beispiel des Gesellschaftsrechts, Tübingen 2014; bezogen auf ein neues Verhältnis von Politik und Evaluationsforschung unter diesem Paradigma vgl. auch Margrit Seckelmann/Wolfram Lamping, Verhaltensökonomischer Experimentalismus im Politik-Labor – Rechtliche Rahmenbedingungen für die Evaluationsforschung, DÖV 2019, S. 189-200 (insbesondere S. 199).

2 Huw T. O. Davies/Sandra M. Nutley/Peter C. Smith (Hrsg.), What Works? Evidence-Based Policy and Practice in Public Services, 2000; dazu Ian Sanderson, Making Sense of „What Works“: Evidence-Based Policy Making as Instrumental Rationality? Public Policy and Administration 17 (2002), S. 61-75.

3 Näheres dazu bei Margrit Seckelmann, Evaluation und Recht. Strukturen, Prozesse und Legitimationsfragen staatlicher Wissensgewinnung durch (Wissenschafts-)Evaluationen, Tübingen 2018 und Holger Straßheim, Die Governance des Wissens, in: Gunnar Folke Schuppert/Andreas Voßkuhle (Hrsg.), Governance von und durch Wissen, Baden-Baden 2008, S. 49-71.

4 Vgl. auch Art. 170 der Bundesverfassung der Schweiz, wonach „Massnahmen des Bundes auf ihre Wirksamkeit überprüft werden sollen“, dazu Luzius Mader, Art. 170 der Bundesverfassung; Was wurde erreicht, was ist noch zu tun?, LeGes 16 (2005), S. 29-37.

5 Klaus Meßerschmidt, Tatsachen- und Wirkungsbezug der justiziellen Kontrolle politischen Handelns im Dissens zwischen Bundesverfassungsgericht und Europäi-

abschätzungsverfahren auszugestalten.[6] So berechtigt diese Forderung ist,[7] so fraglich ist allerdings, wie „Evidenz“ genau hergestellt wird: Welche Fakten werden dabei berücksichtigt und welche nicht? Dafür spielen die zugrunde gelegten Epistemologien eine entscheidende Rolle.[8] Darunter versteht man in diesem Kontext „Methoden und Verfahren der Wissensgenerierung und der Geltungsprüfung (Validierung), die darauf zielen, Evidenz (Gewissheit) zu produzieren“.[9]

Ähnliches gilt für das Postulat, „das Recht“ habe den „Realbereich“ stärker zur Kenntnis zu nehmen.[10] Das ist prinzipiell natürlich richtig. *Ino Augsberg*[11] und *Christoph Möllers*[12] haben aber zu Recht darauf hingewiesen, dass einer Wissensbeschaffung notwendigerweise ein Selektionsprozess zwischen relevanten und weniger relevanten Informationen innewohne.[13] Die Relevanz der Informationen variiert nicht nur je nach

---

schem Gerichtshof – Überlegungen zur evidenzbasierten Rechtskontrolle aus Anlass des PSPP-Urteils, DÖV 2021, S. 277-287, 277; vgl. auch schon ders., Gesetzgebungsermessen, Berlin 2000.

6 Hanjo Hamann, Evidenzbasierte Jurisprudenz. Methoden empirischer Forschung und ihr Erkenntniswert für das Recht am Beispiel des Gesellschaftsrechts, Tübingen 2014 (dort vor allem, aber nicht nur, bezogen auf die Jurisprudenz). Vgl. schon den „Mandelkern Report“ für die EU (Mandelkern Group on Better Regulation, Final Report 13 November 2001, online: Mandelkern Group Final Report.PDF (legislationline.org), letzter Zugriff am 12.04.2021, dazu Jörg Ennuschat, Wege zu besserer Gesetzgebung – sachverständige Beratung, Begründung, Folgenabschätzung und Wirkungskontrolle, DVBl 119 (2004), S. 986-994 sowie Helmuth Schulze-Fielitz, Wege, Umwege und Holzwege zu besserer Gesetzgebung – durch sachverständige Beratung, Begründung, Folgenabschätzung und Wirkungskontrolle?, JZ 59 (2004), S. 862-871.

7 So auch Gertrude Lübbe-Wolff, Rechtsfolgen und Realfolgen. Welche Rolle können Folgenerwägungen in der juristischen Regel- und Begriffsbildung spielen?, Freiburg/München 1981; Seckelmann (Fn. 3).

8 Wolfram Lamping/Hubert Heinelt, Wissen und Entscheiden – Lokale Strategien gegen den Klimawandel in Frankfurt am Main, München und Stuttgart 2015, S. 13.

9 Lamping/Heinelt (Fn. 8), S. 13.

10 Vgl. nur Nils Petersen, Braucht die Rechtswissenschaft eine empirische Wende?, Der Staat 49 (2010), S. 435-455.

11 Ino Augsberg, Von einem neuerdings erhobenen empiristischen Ton in der Rechtswissenschaft, Der Staat 51 (2012), S. 117-125, 117.

12 Christoph Möllers, Philosophie – Recht – Kultur: zur kulturwissenschaftlichen Erweiterung einer Philosophie des Rechts, in: Dirk Rustemeyer (Hrsg.), Symbolische Welten. Philosophie und Kulturwissenschaften, Würzburg 2002, S. 109-135, 128.

13 Thomas Saretzki, Wie unterscheiden sich Argumentieren und Verhandeln? Definitionsprobleme, funktionale Bezüge und strukturelle Differenzen von zwei ver-

Sachverhalt, die Forderung nach stärkerer „Rationalisierung“ staatlicher Entscheidungsfindung ist vielmehr zumeist auch getragen von einem relativ schlichten Modell von Rechtsetzung und Rechtsanwendung, zu dem *Dieter Grimm* jüngst alles Wesentliche gesagt hat: „Auch die Sozialwissenschaft[14] hat keinen exklusiven Einblick in die Vorgänge, sondern nur eine Theorie, auf die sie ihre Ansicht stützt, nämlich den aus der Ökonomie übernommenen Rational Choice-Ansatz.[15] Es ist aber keineswegs ausgemacht, wieweit sein Erklärungswert reicht und auf welche Arten von Akteuren und Entscheidungen er erkenntnisfördernd anwendbar ist“.[16] Sozialwissenschaftliche Ansätze sind zudem ihrerseits voraussetzungsreich: „Mit Soziologie und Verwaltungsrechtswissenschaft treffen“, so *Christoph Möllers*, also „nicht Wirklichkeit und Recht aufeinander, sondern verschiedene Techniken, die Welt darzustellen.“[17] Auch die Befunde der empirischen Sozialwissenschaft müssen mithin anhand von Informationen über das Design der Studie (z. B. Anzahl der befragten Personen, Methoden) nachvollzogen werden, eine ungeprüfte Übernahme verbietet sich.

Das bedeutet allerdings nicht, dass der Gedanke einer Evidenzbasierung von Gesetzgebung, Verwaltung und sogar Rechtsprechung *a limine* abzulehnen wäre. Im Gegenteil! Jedoch sollte nach Instrumenten gesucht werden, die es mitreflektieren können, dass es bei der Rezeption von Informationen aus der Systemumwelt immer zugleich auch um einen *Selektions- und Konstruktionsvorgang* handelt.[18] Insbesondere bezogen auf die Indienstnahme von technischem Wissen, das durch Private generiert wird, muss das Verfahrensrecht von Gesetzgebung und Verwaltung dafür sorgen, dass „organisations- und verfahrensrechtliche Vorkehrungen“ getroffen werden, die „für Transparenz des Rechtsetzungsprozesses, Ausgewo-

---

schiedenen Kommunikationsmodi, in: Volker von Prittwitz (Hrsg.), Verhandeln und Argumentieren. Dialog, Interessen und Macht in der Umweltpolitik, Opladen 1996, S. 19-39.

14 Das betrifft vor allem die sog. Neue Politische Ökonomie bzw. Public Choice-Theorie, weniger die Sozialwissenschaften in ihrer Gesamtheit [M. S.].

15 Dazu Seckelmann (Fn. 3), S. 9 ff.; 49 ff.

16 Dieter Grimm, Recht oder Politik? Die Kelsen-Schmitt-Kontroverse zur Verfassungsgerichtsbarkeit und die heutige Lage (= Carl-Schmitt-Vorlesungen, Band 4), Berlin 2021 S. 43 (bezogen auf sozialwissenschaftliche Analysen der Herstellung einer Entscheidung in einem Senat des Bundesverfassungsgerichts).

17 Christoph Möllers, Methoden (§ 3), in: Wolfgang Hoffmann-Riem/Eberhard Schmidt-Aßmann/Andreas Voßkuhle (Hrsg.), Grundlagen des Verwaltungsrechts, Band I, 2. Aufl., München 2012, S. 123-178, Rn. 48.

18 So auch Oliver Lepsius, Risikosteuerung durch Verwaltungsrecht: Ermöglichung oder Begrenzung von Innovationen?, VVDStRL 63 (2004), S. 263-315, 278 f.

genheit und Vielfalt bei der Interessenrepräsentanz […], Unabhängigkeit und Qualität des einbezogenen Sachverstandes sowie Nachvollziehbarkeit der Entscheidung sorgen".[19]

Dieses vorausgeschickt, soll im Folgenden das komplexe Verhältnis von Wissen, Technik und Recht untersucht werden. Angesichts des zur Verfügung stehenden Platzes und der Weite des Themas kann das nur exemplarisch erfolgen: Nach einer Verständigung über die Begriffe (I.2.), soll im ersten Hauptteil dieses Beitrags der Frage nachgegangen werden, wie staatliche Akteure sich Wissen über technische Zusammenhänge verschaffen (II.). Dabei sollen die Wissensordnungen (II.1.), die Akteurskonstellationen (II.2.), die Funktionen wissenschaftlicher Politikberatung (II.2.) und schließlich die Instrumente (II.3.) näher analysiert werden. Im zweiten Hauptteil dieses Beitrags (III.) soll dann der spezifisch *rechtliche* Zugriff auf Wissen über technische Zusammenhänge untersucht werden. Abschließend soll (unter IV.) bilanziert und weiterer Forschungsbedarf identifiziert werden.

2. *Abgrenzung zum „Technikrecht"*

Recht rezipiert nicht nur Informationen über technische Zusammenhänge, es stellt auch einen Rahmen für die Technikentwicklung[20] bereit.[21] Diesen bildet ein Technikrecht[22] in einem weit verstandenen Sinne, der

---

19 Matthias Ruffert, Rechtsquellen und Rechtsschichten des Verwaltungsrechts (§ 17), in: Wolfgang Hoffmann-Riem/Eberhard Schmidt-Aßmann/Andreas Voßkuhle (Hrsg.), Grundlagen des Verwaltungsrechts, Band I, 2. Aufl., München 2012, S. 1163-1255, Rn. 93. Hierauf soll in Abschnitt III.2 und 3 näher eingegangen werden.

20 Michael Kloepfer, Recht ermöglicht Technik – Zu einer wenig beachteten Funktion des Umwelt- und Technikrechts, NuR 1997, S. 417-418; ders., Recht als Technikkontrolle und Technikermöglichung, in: Gisbert Frhr. zu Putlitz/Diethard Schade (Hrsg.), Grenzüberschreitungen, Kolloquium: Gesellschaftliche Voraussetzungen für Technikentwicklung. Präsentation: Zehn Jahre interdisziplinäre Forschung in der Gottlieb Daimler- und Karl Benz-Stiftung, Ladenburg 1997, S. 53-73; ihm folgend Claudio Franzius, Technikermöglichungsrecht, VERW 34 (2001), S. 487-516.

21 Gunnar Folke Schuppert, Wissen, Governance, Recht. Von der kognitiven Dimension des Rechts zur rechtlichen Dimension des Wissens, Baden-Baden 2019, S. 165 f.

22 Zum Begriff Miloš Vec, Kurze Geschichte des Technikrechts. Von den Anfängen bis zum Ersten Weltkrieg, in: Martin Schulte (Hrsg.), Handbuch des Technikrechts, 1. Aufl., Berlin/Heidelberg 2003, S. 3-60, 3 ff.

auch das Embryonenschutz-[23] und das Stammzellgesetz[24] (also eigentlich das Wissenschaftsrecht) mit umfasst. Jedoch enthält auch das „Technikrecht" keinen konsentierten Korpus an Gesetzen – oder wäre gar selbst in einem einzigen Gesetz geregelt –, vielmehr spannt der Begriff einen Rahmen über so verschiedene Rechtsgebiete wie das Atom-, das Produkthaftungs-, das Energie-, das Eisenbahn- oder sogar das Patentrecht,[25] der umso enger ausfällt, je „höher die Autoren ihre systematischen Ansprüche an die materiale Kohärenz eines Rechtsgebiets ansetzen".[26] Nicht nur das Fachrecht, auch das „allgemeine" Staats-[27] und Verwaltungsrecht[28] können zudem die staatliche Wissensbeschaffung betreffen, so dass schwer zu beurteilen ist, ob (und wann genau) man sie zum Technikrecht hinzurechnen soll. Schwierig ist auch die Abgrenzung des Technikrechts zum sog. Risi-

---

23 Gesetz zum Schutz von Embryonen (Embryonenschutzgesetz – ESchG), vom 13. Dezember 1990 (BGBl. I S. 2746), das zuletzt durch Artikel 1 des Gesetzes vom 21. November 2011 (BGBl. I S. 2228) geändert worden ist.

24 Gesetz zur Sicherstellung des Embryonenschutzes im Zusammenhang mit Einfuhr und Verwendung menschlicher embryonaler Stammzellen (Stammzellgesetz – StZG) vom 28. Juni 2002 (BGBl. I S. 2277), das zuletzt durch Artikel 50 des Gesetzes vom 29. März 2017 (BGBl. I S. 626) geändert worden ist.

25 So einige der dargestellten Rechtsgebiete in Martin Schulte (Hrsg.), Handbuch des Technikrechts, 1. Aufl., Berlin/Heidelberg 2003.

26 Vec (Fn. 22), S. 4 unter Bezugnahme auf Joachim Lege, Moderne Technologien – rechtliche Herausforderung [Interview], in: Universitätsjournal Dresden 10/2001, S. 3 („Ein juristisch durchdachtes System des gesamten Technikrechts fehlt jedoch").

27 Hier vor allem die Grundrechte und die Staatsstrukturprinzipien und Staatszielbestimmungen vgl. Seckelmann (Fn. 3) sowie Marion Albers, Komplexität verfassungsrechtlicher Vorgaben für das Wissen der Verwaltung. Zugleich ein Beitrag zur Systembildung im Informationsrecht, in: Indra Spiecker gen. Döhmann/Peter Collin (Hrsg.), Generierung und Transfer staatlichen Wissens im System des Verwaltungsrechts, Tübingen 2008, S. 50-69.

28 Winfried Kluth, Die Strukturierung von Wissensgenerierung durch das Verwaltungsorganisationsrecht, in: Indra Spiecker gen. Döhmann/Peter Collin (Hrsg.), Generierung und Transfer staatlichen Wissens im System des Verwaltungsrechts, Tübingen 2008, S. 73-92 sowie Udo di Fabio, Verwaltung und Verwaltungsrecht zwischen gesellschaftlicher Selbstregulierung und staatlicher Steuerung, VVDStRL 56 (1997). S. 253-282; ders., Verwaltungsentscheidung durch externen Sachverstand, VerwArch 81 (1990), S. 193-227; Matthias Schmidt-Preuß, Verwaltung und Verwaltungsrecht zwischen gesellschaftlicher Selbstregulierung und staatlicher Steuerung, VVDStRL 56 (1997), S. 160-227; Schuppert (Fn. 21), S. 313; Seckelmann (Fn. 3), S. 390 ff.; Peter Tobias Stoll, Wissensarbeit als staatliche Aufgabe, in: Indra Spiecker gen. Döhmann/Peter Collin (Hrsg.), Generierung und Transfer staatlichen Wissens im System des Verwaltungsrechts, Tübingen 2008, S. 34-49.

korecht, das sich mit der „Rationalisierung des Umgangs mit Ungewissheit und Nichtwissen" bezogen auf technische Risiken befasst.[29]

Da das Technikrecht also nicht leicht zu konturieren ist, soll nachfolgend weniger dieses Gebiet „zwischen rechtlicher Regelung der Technik und technischen Regelungen im Recht"[30] im Mittelpunkt stehen[31] als vielmehr eine Analyse des *Rezeptionsvorgangs*. Wie nimmt Recht technisches Wissen zur Kenntnis, was erklärt es für relevant und welche Instrumente muss es vorsehen, um diesem komplexen Vorgang in Bezug auf die spezifischen Bindungen *des Rechts* gerecht zu werden? Es würde erneut den Rahmen sprengen, hier enzyklopädisch vorgehen zu wollen. Vielmehr soll – anschließend an *Ivo Appel* – dargestellt werden, wie es dem Recht gelingt, „Räume zu schaffen und vorzuhalten, in denen ein solcher [technischer, M. S.] Diskurs" stattfinden kann und wie es dem Recht gelingt, an diesem Diskurs im Rahmen seines „Wirkungsradius" mitzuwirken.[32]

Das Recht (bzw. der Gesetzgeber, da es sich meistens um Themen handelt, die den Vorbehalt des Gesetzes aktivieren) kann Rahmen setzen und Heuristiken im Umgang mit Risiken vorgeben. Dazu gehören die Einfügung von Revisionsklauseln[33] und die Festlegung der sog. nachvollziehenden Amtsermittlung,[34] um Recht bzw. den Rechtsetzungsprozess[35] reflexiv auszugestalten.[36]

---

29 Ivo Appel, Grenzen des Risikorechts, in: ders./Georg Hermes/Christoph Schönberger (Hrsg.), Öffentliches Recht im offenen Staat. Festschrift für Rainer Wahl zum 70. Geburtstag, Berlin 2011, S. 463-487, 487; Udo Di Fabio, Risikoentscheidungen im Rechtsstaat: Zum Wandel der Dogmatik im Öffentlichen Recht, insbesondere im Arzneimittelrecht, Tübingen 1994.

30 Helmuth Schulze-Fielitz, Technik und Umweltrecht, in: Martin Schulte (Hrsg.), Handbuch des Technikrechts, 1. Aufl., Berlin/Heidelberg 2003, S. 455-504, 456.

31 Dazu aber instruktiv Udo Di Fabio, Technikrecht – Entwicklung und kritische Analyse, in: Klaus Vieweg (Hrsg.), Techniksteuerung und Recht, 2000, S. 9-21 sowie die Beiträge dort und in Schulte (Hrsg.) (Fn. 25).

32 Appel (Fn. 29), S. 486.

33 Zur Terminologie im Einzelnen vgl. Seckelmann (Fn. 3), S. 158 ff.

34 Ivo Appel, Privatverfahren (§ 32), in: Wolfgang Hoffmann-Riem/Eberhard Schmidt-Aßmann/Andreas Voßkuhle (Hrsg.), Grundlagen des Verwaltungsrechts, Band I, 2. Aufl., München 2012, S. 851-940, Rn. 79; Burkard Wollenschläger, Wissensgenerierung im Verfahren, Tübingen 2009, S. 200 ff.

35 Stefan Böschen, Reflexive Wissenspolitik. Formierung und Strukturierung von Gestaltungsöffentlichkeiten, in: Alexander Bogner/Helge Torgensen (Hrsg.), Wozu Experten? Ambivalenzen der Beziehung von Wissenschaft und Politik, Wiesbaden 2005, S. 241-263.

36 Scherzberg, Arno, Risikosteuerung durch Verwaltungsrecht: Ermöglichung oder Begrenzung von Innovationen?, VVDStRL 63 (2004), S. 214-263, 238 ff.; zum Gesamtkomplex vgl. Seckelmann (Fn. 3), S. 390 ff. und passim.

3. *Definition der zugrunde gelegten Begriffe*

a) Wissen

Wissen wird nachfolgend, anschließend an die Differenzierung aus dem Volkszählungsurteil zwischen Daten, Informationen und Wissen,[37] als Auswahl, Sortierung und Integration „der exponentiell wachsenden Menge an Daten und Informationen" verstanden.[38] Es geht diesbezüglich um die *Zuschreibung von Relevanz*.[39] Wissen wohnt also Dynamik inne, es handelt sich bei Wissen im hiesigen Verständnis weniger um einen festen Korpus als um einen „Prozess der Sinngebung und der Herstellung von Handlungsfähigkeiten angesichts der Konfrontation mit einer Unzahl von Informationen und Daten über die soziale Umwelt".[40]

Die Generierung von Wissen ist ein *Auswahlprozess* dessen, was als Problem definiert wird und was im Hinblick auf die Lösung entscheidungsrelevant ist.[41] Diesen Prozess kann das Recht präfigurieren, indem es bestimmt, welche technischen Informationen solche sind, die den zentralen Unterschied zu einer Alternativsituation oder Lage zuvor ausmachen („*the difference which makes a difference*"[42]), etwa durch Überschreitung eines gewissen Schwellenwerts. Sozialwissenschaftler sprechen insoweit von einem *issue labeling*[43] (am Beispiel der SARS-CoV2-Pandemie dargestellt: Es können nach dem Bund-Länder-Beschluss vom 10. Februar 2021 Geschäfte bei einer „Inzidenz unter 35" wieder geöffnet werden, auch wenn es ggf. andere Indikatoren geben könnte, an die man einen solchen Schritt knüpfen könnte, wie etwa die Anzahl der bereits Geimpften).

Wissen ist dynamisch, denn es beinhaltet eine fortlaufende Verständigung über einen Ordnungs- oder Deutungsrahmen.[44] Letzteres ist jedoch noch nicht gleichbedeutend mit dem politischen *Entscheiden*. Während

---

37 BVerfG, 1 BvR 209/83 vom 15.12.1983, BVerfGE 65, 1 (42 f.).

38 Lamping/Heinelt (Fn. 8), S. 9 f.

39 Vgl. grundlegend Peter L. Berger/Thomas Luckmann, Die gesellschaftliche Konstruktion der Wirklichkeit. Eine Theorie der Wissenssoziologie, Frankfurt am Main 1966.

40 Lamping/Heinelt (Fn. 8), S. 10.

41 Lamping/Heinelt (Fn. 8), vgl. die prägnante Zusammenfassung auf dem dortigen Rückumschlag.

42 Gregory Bateson, Steps to an Ecology of Mind, San Francisco 1972, S. 459.

43 Hubert Heinelt/Wolfram Lamping, Städte im Klimawandel: Zwischen Problembetroffenheit und Innovationserwartung, Forschungsjournal Soziale Bewegungen 27 (2014), S. 79-89.

44 Lamping/Heinelt (Fn. 8), S. 10.

sich der erstgenannte Prozess innerhalb der *community* der Wissensproduzenten vollzieht, ist der zweite der staatlichen Sphäre zuzuschreiben. Beide unterliegen unterschiedlichen Bindungen: So kann beispielsweise der Staat bei seinen Entscheidungen (z. B. über Pandemielagen oder Gentechnik) auf von Privaten generierte Wissensbestände Bezug nehmen. Das geschieht aber nicht gänzlich voraussetzungsfrei, da er an Recht und Gesetz bzw. die Grundrechte gebunden ist (vgl. Art. 20 Abs. 3 bzw. Art. 1 Abs. 3 GG). Daraus können sich spezifische Anforderungen an Organisation und Verfahren ergeben,[45] auch bei der Einbindung von Wissen, das durch Private generiert wird.[46]

b) Recht

Wenn nachfolgend von *Recht* gesprochen wird, so ist damit (wenn nicht anders gekennzeichnet) das staatlich gesetzte Recht gemeint, zumeist das Gesetzes- oder Verordnungsrecht, weniger „das selbstgeschaffene Recht der Wirtschaft“[47] wie Handelsbräuche.

Das Recht kann an bestimmte Wissensbestände anknüpfen, Wissensbeschaffungsprozesse regeln oder auf Wissensbestände verweisen, was im Laufe dieses Beitrags näher analysiert werden soll, etwa durch die sog. Technikklauseln[48] (dazu Abschnitt II.3.c). Recht ist aber auch seinerseits dynamisch. Das Verhältnis von Recht und technischem Wissen ist also durch die wechselseitigen Bezugnahmen und Rahmensetzungen ko-evolutiv.[49]

---

45 Vgl. dazu nur die Kalkar I-Entscheidung des Bundesverfassungsgerichts, BVerfG, 2 BvL 8/77 vom 08.08.1978, BVerfGE 49, 89 (unten nur nach dieser Fundstelle zitiert).

46 Seckelmann (Fn. 3), S. 390 ff.

47 Zu diesem Ausdruck von Hans Großmann-Doerth vgl. Uwe Blaurock/Nils Goldschmidt/Alexander Hollerbach (Hrsg.), Das selbstgeschaffene Recht der Wirtschaft – Zum Gedenken an Hans Großmann-Doerth, Tübingen 2005.

48 Vgl. nur Marion Albers, Umwelt- und Technikstandards im Programm des integrierten Umweltschutzes, ZfU 29 (2006). S. 139-156; Irene Lamb, Kooperative Gesetzeskonkretisierung. Verfahren zur Erarbeitung von Umwelt- und Technikstandards, Baden-Baden 1995.

49 Dazu nur Carl Böhret/Götz Konzendorf, Ko-Evolution von Gesellschaft und funktionalem Staat, Ein Beitrag zur Theorie der Politik, Opladen/Wiesbaden 1997.

c) Technik

Unter „technischem Wissen“ wird dabei Sinn verstanden, der aus Informationen über technische Zusammenhänge hergestellt wird.[50] „Technische“ Informationen umfassen nachfolgend auch Informationen aus den Gesundheits-, Natur- und Technikwissenschaften. Hierzu können auch Kausalannahmen, also Annahmen über die Beziehung von Fakten in unsicheren Konstellationen gerechnet werden, die eher Heuristiken (*„well-probed beliefs“*[51]) bzw. Wissen unter Revisionsvorbehalt (*„until further notice“*[52]) entsprechen.

II. Wie verschaffen sich staatliche Akteure Wissen über Technik?

1. Wissensordnungen und Wissenskulturen

Die *Auswahl- und Integrationsprozesse* von Informationen zum Zwecke der Wissensgenerierung können durch verschiedene *rechtsnormative Anforderungen* beeinflusst werden (Zugrundelegung des Stands der Technik, vgl. die Legaldefinition in § 3 Abs. 6 BImSchG bzw. des Stands von Wissenschaft und Technik, vgl. § 7 Abs. 2 Nr. 3 AtomG). Diese Anforderungen oder „verstetigten Erwartungen“[53] sind Teil des institutionellen *frameworks* bei der „Erzeugung und der kognitiven und normativen Bewertung von Wissen“.[54] Typischerweise variieren die Bestimmungen in den Gesetzen und Rechtsverordnungen je nach geregeltem Gegenstand oder Rechtsgebiet (z. B. Atomrecht, Gewässerschutz, Infektionsschutz/Seuchenvorbeugung). Es gibt aber zugleich übergreifende rechtsnormative Erwartungen, die sich zumeist aus den Staatsstrukturprinzipien des Grundgesetzes, der

50 Niklas Luhmann, Soziale Systeme. Grundriß einer allgemeinen Theorie, Frankfurt am Main 1984, S. 93.

51 Charles E. Lindblom, Inquiry and Change, New Haven 1990, S. 123.

52 Alfred Schütz, Collected Papers II: Studies in Social Theory, Den Haag 1976, S. 288; vgl. auch Karl R. Popper, Logik der Forschung [1934], 8. Aufl., Tübingen 1984.

53 Niklas Luhmann, Normen in soziologischer Perspektive, Soziale Welt 20 (1969), S. 28-48.

54 Peter Wehling, Reflexive Wissenspolitik: Öffnung und Erweiterung eines neuen Politikfeldes, Technikfolgenabschätzung – Theorie und Praxis 13 (2004), Heft 3, S. 63-71, 65.

Staatszielbestimmung des Art. 20a GG und natürlich aus den Grundrechten ergeben.

Die einzelnen Politikfelder oder Rechtsgebiete (z. B. Umweltpolitik, Technologiepolitik, Gesundheitspolitik) sind zudem durch verschiedene *Akteurskonstellationen* geprägt, die teilweise ebenfalls durch das Gesetzes- oder Verordnungsrecht vorgegeben sein können (etwa in Form von Beiräten oder Kommissionen). Es gibt aber auch spezifische diskursive Praktiken und einen typischen Habitus,[55] der zum Beispiel Gesundheitspolitiker von Vermessungsingenieurinnen oder Geoinformatikerinnen trennt. So werden die Grenzen zum jeweils nächsten Fach oftmals deutlicher konturiert (jemand aus dem Gewässerschutz kann beispielsweise alle Bodengutachter *per se* für unfähig halten) als diejenige zwischen staatlichen und privaten Akteuren in den jeweiligen „Fachbruderschaften“[56].

Zusammen mit dem rechtsnormativen und dem weiteren institutionellen Umfeld prägt der Habitus die jeweiligen Wissenskulturen.[57] In den jeweiligen Feldern herrschen also eigene, ggf. auch nur geringfügig (bzw. „fein“[58]) differenzierte *Wissensordnungen*. Hierunter wird in der Sozialwissenschaft (mit jeweils unterschiedlichen Schwerpunktsetzungen[59]) eine „dominante Form der Regulation von Wissen verstanden, die sich gegenüber anderen Wissensangeboten oder zumindest bestimmten Wissensangeboten durchgesetzt hat“.[60] Teilweise wird alternativ auch von *Wissensregimen*[61] gesprochen. Gemeinsam ist beiden Ansätzen, dass es um „gesellschaftliche Arrangements der Produktion und Diffusion“[62] sowie

---

55 Pierre Bourdieu, Die feinen Unterschiede. Kritik der gesellschaftlichen Urteilskraft, Frankfurt am Main 1982.

56 Frido Wagener, Der öffentliche Dienst im Staat der Gegenwart, VVDStRL 37 (1979), S. 215-266.

57 Karin Knorr-Cetina, Wissenskulturen. Ein Vergleich naturwissenschaftlicher Wissensformen, Frankfurt am Main 2002.

58 Bourdieu (Fn. 55).

59 Dazu Lamping/Heinelt (Fn. 8), S. 11.

60 Lamping/Heinelt (Fn. 8), S. 11 unter Verweis auf Helmut F. Spinner, Wissensordnung, in: Hermann May (Hrsg.), Lexikon der ökonomischen Bildung, München/Wien 2004, S. 642-645 und Martin Huber, Wissensordnung, in: Rainer Schützeichel (Hrsg.), Handbuch Wissenssoziologie und Wissensforschung, Konstanz 2007, S. 797-800.

61 Vgl. Stefan Böschen, Hybride Wissensregime: Skizze einer soziologischen Feldtheorie, Baden-Baden 2016 bzw. Peter Wehling, Wissenspolitik, in: Rainer Schützeichel (Hrsg.), Handbuch Wissenssoziologie und Wissensforschung, Konstanz 2007, S. 694-703.

62 Peter Weingart, Wissenschaftssoziologie, Bielefeld 2003, S. 139.

der „Validierung und Bewertung öffentlich relevanten Wissens“[63] geht und das „Wissen“ nicht als eine feste Ressource betrachtet wird, sondern als eingebunden in „soziale Interaktionen, Praktiken und Diskurse“.[64]

2. *Akteure und Akteurskonstellationen*

a) *Diskurskoalitionen, epistemic communities und issue networks*

Geteilte Methodenzugänge, gemeinsame Annahmen über Kausalzusammenhänge, gemeinsame Gültigkeitsauffassungen und letztlich auch ein gemeinsames Forschungsprogramm formen das, was in einer *epistemic community* für valides Wissen angesehen wird.[65] In solchen netzwerkartig strukturierten *communities* verständigen sich die Mitglieder über Methoden und Geltungsansprüche.[66] Diesen Netzwerken müssen nicht nur Wissenschaftler angehören: Gerade die Vernetzung mit Entscheidern in der Politik[67] sorgt dafür, dass Forschungsergebnisse als relevant für den „Stand der Wissenschaft und Technik“ (etwa nach § 7 Abs. 2 Nr. 3 AtomG) angesehen werden. Wissensordnungen etablieren insoweit „Koordinations- und Kommunikationskulturen, in denen zwischen politischem System und Wissenschaftssystem vermittelt wird“.[68]

---

63 Holger Straßheim, Netzwerkpolitik: Governance und Wissen im administrativen Austausch, Baden-Baden 2010, S. 5.

64 Lamping/Heinelt (Fn. 8), S. 10.

65 Burkart Holzner, Reality Construction in Society, Cambridge 1968; Burkart Holzner/John Marx, Knowledge Application: The Knowledge System in Society, Boston 1979; Peter M. Haas, Knowledge, Power and International Policy Coordination, Columbia/S. C. 1992; vgl. auch Ludwik Fleck, Entstehung und Entwicklung einer wissenschaftlichen Tatsache. Einführung in die Lehre vom Denkstil und Denkkollektiv [1935], Frankfurt am Main 1980; Bruno Latour, Eine neue Soziologie für eine neue Gesellschaft. Einführung in die Akteur-Netzwerk-Theorie, Frankfurt am Main 2007.

66 Friedhelm Neidhardt/Renate Mayntz/Peter Weingart/Ulrich Wengenroth, Wissensproduktion und Wissenstransfer. Zur Einleitung, in: dies. (Hrsg.), Wissensproduktion und Wissenstransfer. Wissen im Spannungsfeld von Wissenschaft, Politik und Öffentlichkeit, Bielefeld 2015, S. 19-39, 25.

67 Hugh Heclo, Issue networks and the executive establishment, in: Anthony King (Hrsg.), The New American Political System, Washington 1978, S. 87-124.

68 Holger Straßheim, Kulturen der Expertise und politischen Wissensproduktion im Wandel: vergleichende Beobachtungen, in: Dieter Gosewinkel/Gunnar Folke Schuppert (Hrsg.), Politische Kultur im Wandel von Staatlichkeit (= WZB-Jahrbuch 2007), Berlin 2008, S. 281-302, 293.

b) Experten/Sachverständige und Laien

Entscheidend ist, wem das staatlich gesetzte Recht oder aber das Feld[69] für einen bestimmten Sachverhalt die Definitionsmacht zuschreibt.[70] Üblicherweise werden diejenigen, denen besondere Kompetenzen bei der Generierung staatlich („amtlich") nutzbaren Wissens zugeschrieben wird, als Experten[71] bezeichnet. Es lassen sich dabei verschiedene Expertengruppen unterscheiden: Die klassischen Sachverständigen (die in *Holger Straßheims* Diktion durch eine „Subjektivierung der Objektivität" gekennzeichnet sind[72]), diejenigen, die (etwa als sachverständige Zeugen) über den *state of the art* in einer Zunft Auskunft geben können („Objektivierung der Subjektivität"[73]), solche, die an Experimenten (wie Reallaboren, s. u.) beteiligt sind („Objektivierung durch Simulation"[74]) und solchen, die (etwa in Ethikkommissionen[75]) gleichsam die Bevölkerung oder einen Bevölkerungsteil in einem Gremium repräsentieren sollen („Objektivierung durch Kollektivierung"[76]).

Wenn Experten diejenigen sind, denen durch Gesetz/Verordnung oder aber durch Verkehrsanschauung besondere Kompetenzen zugeschrieben

---

69 Pierre Bourdieu, Das politische Feld: Zur Kritik der politischen Vernunft, Konstanz 2001, S. 51.

70 Weingart (Fn. 62), S. 139.

71 Lamping/Heinelt (Fn. 8), S. 13; Straßheim (Fn. 63), S. 71; ähnlich Stefan Böschen/ Peter Wehling, Wissenschaft zwischen Folgenverantwortung und Nichtwissen: Aktuelle Perspektiven der Wissenschaftsforschung, Wiesbaden 2004, S. 16; Martin Carrier, Wissenschaftliche Expertise. Bedingungen ihrer Verlässlichkeit und Vertrauenswürdigkeit, in: Alfons Bora/Ana Henkel/Carsten Reinhardt (Hrsg.), Wissensregulierung und Regulierungswissen, Weilerswist 2014, S. 157-174.

72 Straßheim (Fn. 63), S. 292.

73 Straßheim (Fn. 63), S. 292.

74 Straßheim (Fn. 63), S. 292.

75 Philipp Kohlhaas, Ethik-Kommissionen in der Arzneimittelforschung Eine Untersuchung landesrechtlicher Vorgaben zu Verfasstheit und Verfahren vor dem Hintergrund eines prozeduralisierten Schutzkonzeptes am Beispiel des Freistaats Bayern, Diss. Univ. Würzburg 2009, online. KohlhaasDissertation.pdf (uni-wuerzburg.de), letzter Zugriff am 12.04.2021; Margrit Seckelmann, Institutionalisierte Sachverständige in Wissenschaft und Medizin? – zur rechtlichen Bewertung von Ethikkommisssionen, WissR (2008), S. 1-15; Katharina Sobota, Die Ethik-Kommission – Ein neues Institut des Verwaltungsrechts?, AöR 121 (1996), S. 229–259; Katrin Stamer, Die Ethik-Kommissionen in Baden-Württemberg: Verfassung und Verfahren. Frankfurt am Main 1998; Silja Vönecky, Recht, Moral und Ethik – Grundlagen und Grenzen demokratischer Legitimation für Ethikgremien, Tübingen 2010.

76 Straßheim (Fn. 63), S. 292.

werden, so sind im Umkehrschluss diejenigen Wissensproduzenten, denen der Staat oder sein Recht keine spezifische Rolle bei der einschlägigen Produktion staatlich nutzbaren Wissens zuschreiben, Laien. Das bedeutet aber nicht, dass das Wissen von Laien („*laypersons*“) bedeutungslos wäre. Am Beispiel der sog. *civil science* hat sich gezeigt, dass sich das von Universitäten und das von Amateurforschern generierte Wissen zwar unterscheidet,[77] eine Rückspiegelung der jeweiligen Wissensbestände zu den anderen Gruppen von Wissensproduzenten aber äußerst produktiv sein kann (beispielweise bezüglich der tatsächlichen Wirkungsweise von Medikamenten, welche in Patientenforen diskutiert wird).[78] Wichtig ist nur, dass die Art und Weise der Wissensbeschaffung korrekt ausgewiesen wird und dass gleichsam die Umgangs- und Verarbeitungsrechte *ex ante* festgelegt werden. Damit ist nicht nur der (nachfolgend außer Betracht bleibende) Datenschutz gemeint, sondern vor allem auch die Frage, inwieweit sich der Staat beispielsweise auf Wikipedia-Wissen stützen darf – denn Wikipedia ist eine Form von *citizen science*,[79] bei der Private Lexikonwissen produzieren, kategorisieren, fortschreiben und einer eigenen (crowd-basierten) *peer review* unterziehen.

An diesem Beispiel lässt sich die unter I.3.c) darstellte Notwendigkeit einer nachvollziehenden Amtsermittlung[80] besonders gut belegen: Wikipedia ist dafür bekannt, für sog. Trolle besonders anfällig zu sein, die dort tendenziöse Behauptungen zu integrieren versuchen. Ihnen kommen zwar die *crowd* oder ehrenamtliche Forenmoderatoren zumeist recht schnell auf die Schliche, aber bis dahin kann bei Wikipedia durchaus auch etwas Falsches stehen (so werden beispielsweise bei missliebigen, aber lebenden, Politikern neuerdings gelegentlich und in diffamierender Absicht fiktive Todesdaten in die sie betreffenden Artikel hineingeschrieben). Würde ein Richter derartiges Wikipedia-„Wissen“ ungeprüft übernehmen (und seine Wissensquellen nicht ausweisen), so würde er fahrlässig handeln, je nach Sachverhalt und Erkennbarkeit kann sich dieses Handeln sogar im Bereich grober Fahrlässigkeit bewegen und ggf. ursächlich für eine Aufhebung seines Urteils durch die höhere Instanz sein.

---

77 Cristina Besio/Marco Jöstingmeier, Autonomy and Interdependence: the Relationship of Experts and Laypeople in Science from a Sociological Perspective, in: Margrit Seckelmann/Lorenza Violini/Cristina Fraenkel-Haeberle/Giada Ragone (Hrsg.), Academic Freedom Under Pressure? A Comparative Perspective, Cham 2021, S. 245-256, 249.

78 Besio/Jöstingmeier (Fn. 77), S. 251.

79 Besio/Jöstingmeier (Fn. 77), S. 246.

80 Wollenschläger (Fn. 34), S. 200 ff.

c) Orte und Gremien

Stätten der Wissensproduktion sind heute mithin nicht mehr notwendigerweise Universitäten und Labore, vielmehr beteiligen sich auch Bürgerinnen und Bürger (denn solche sind die sog. Laien) an der Wissensproduktion. Ihre Beteiligung kann Auskunft darüber geben, was in *„civic epistemologies"*[81] als Rezeption wissenschaftlichen Wissens erfolgt: Wie werden beispielsweise die Erkenntnisse der Krebsforschung rezipiert? Führen sie tatsächlich zu einer Verhaltensänderung? Zu den wichtigen Erkenntnissen, die sich in diesem Zusammenhang ergeben haben, gehört beispielsweise die anhand von Rückmeldungen aus dem Internet oder über Hausärzte an die Forschung rückgespiegelte Erkenntnis, dass bestimmte Medikamente von Frauen anders verstoffwechselt werden als von Männern.

Manche dieser Einsichten entstammen auch klinischen Studien, denen in Deutschland notwendigerweise die Beteiligung einer Ethikkommission vorgeschaltet ist. In derartigen Kommissionen findet sich, wie bereits angedeutet, eine (bewusste und gewollte) Zusammensetzung von Experten und sachverständigen Laien: Manche sollen die Gesellschaft repräsentieren, andere (Mediziner) die Gesundheitswissenschaften und Theologen und/oder Philosophen die „normative" Seite, zumeist werden ihnen Juristen für die „rechtsnormativen" Erkenntnisse zur Seite gestellt.[82]

Auch wenn die Grenzen teilweise nicht leicht zu ziehen sind und die verfahrensmäßige Umhegung anspruchsvoll sein kann, ist es in rechtsnormativer Hinsicht aufgrund der notwendigen Ausweisung der Zurechnungszusammenhänge stets notwendig, die Herkunft des Wissens auszuweisen: vom Staat selbst, von (in welcher Weise genau) in Dienst genommenen Privaten oder aber von pluralistisch zusammengesetzten Gremien wie Ethikkommissionen. Der bloße Hinweis auf „Hybridisierungen" ist eher ein sozialwissenschaftlicher Befund als eine rechtliche Kategorie.[83]

---

81 Sheila Jasanoff, Designs on Nature: Science and Democracy in Europe and the United States, Princeton/N.J. 2005, Kap. 10.

82 Zu den verschiedenen Arten und Rationalitäten der Zusammensetzung von Ethikkommissionen vgl. nur Kohlhaas (Fn. 75), S. 177 ff.

83 In diesem Sinne aber Katharina Reiling, Der Hybride: administrative Wissensorganisation im privaten Bereich, Tübingen 2016; dagegen Seckelmann (Fn. 3), S. 325 ff.

3. *Themen und Zwecke*

a) *Legitimationsbeschaffung*

Die Einbindung von Expertenwissen dient immer auch der Legitimationsbeschaffung für Entscheidungen staatlicher Akteure. So nehmen etwa Evaluationskommissionen eine erste Bündelung von Informationen und zumeist auch die Methodenwahl vor, die für das Ergebnis nicht zu unterschätzen ist.[84] In manchen Fällen kann es der institutionelle Gesetzesvorbehalt der Grundrechte sogar verlangen, dass die gewählte Methode im Gesetz wenigstens konturiert wird.[85] Teilweise legt sogar das Bundesverfassungsgericht in seinen Judikaten über gesetzgeberische Prognoseentscheidungen zu berücksichtigende Faktoren in nicht unumstrittener Weise[86] fest.[87]

Epistemologien sind gleichsam Verstetigungen solcher Methodenentscheidungen. Sie dienen der Legitimationsbeschaffung, indem sie das verhandelbare Wissen der Sache nach umreißen[88] (und dasjenige ausklammern, was eben nicht relevant sein soll). Dazu kann man auch die Beweisregelungen und die anerkannten Beweismittel nach § 96 VwGO rechnen, etwa die Anerkennung von Experten als „Sachverständige", ggf. auch „sachverständige Zeugen". Ein anderes Beispiel hierfür ist die Rezeption von Wissensbeständen über die bereits erwähnten Technikklauseln (vgl. Abschnitt I.3.c).

Nochmals: Ein Beweismittel ist noch keine Entscheidung, auch wenn es diese beeinflussen und (etwa bei einer wichtigen Zeugenaussage) manchmal fast schon vorwegnehmen kann. Ähnliches gilt für die *Ver*wertung

---

84 Dazu schon Josef Esser, Vorverständnis und Methodenwahl in der Rechtsfindung, Frankfurt am Main 1970.

85 Seckelmann (Fn. 3), S. 390 ff.

86 Vgl. nur Oliver Lepsius, Anmerkung zu BVerfG, Urteil v. 9.12.208 – 2 BvL 107 (Pendlerpauschale), JZ 64 (2009), S. 260-263; ders., Die maßstabsetzende Gewalt, in: Matthias Jestaedt/ders./Christoph Möllers/Christoph Schönberger, Das entgrenzte Gericht. Eine kritische Bilanz nach sechzig Jahren Bundesverfassungsgericht, Berlin 2011, S. 159-279 sowie die weiteren Beiträge in jenem Band.

87 BVerfG, 1 BvL 1, 3, 4/09 vom 09.02.2010, BVerfGE 125, 175 bzw. nunmehr BVerfG, 1 BvL 7/16 vom 05.11.2019, BVerfGE 152, 68 (jeweils zum menschenwürdigen Existenzminimum beim Hartz IV-Regelsatz); vgl. auch Hanka von Aswege, Quantifizierung von Verfassungsrecht. Zahlenverwendung im Verfassungstext und Zahlengenerierung durch das Bundesverfassungsgericht im Spannungsfeld natur- und geisteswissenschaftlicher Rationalität, Berlin 2016.

88 Lamping/Heinelt (Fn. 8), S. 13.

wissenschaftlicher Expertise durch öffentliche Akteure, die deren *Be*wertung nicht ersetzen kann. *Holger Straßheim* hat mit Recht davor gewarnt, dass der eingangs erwähnte Ruf nach mehr „Evidenzbasierung" der Politik (oder des Rechts) auch dazu dienen könne, den politischen Charakter von Entscheidungen öffentlicher Akteure zu verschleiern bzw. „Wissen durch Objektivierung der öffentlichen Kritik zu entziehen".[89]

b) Risikoermittlung, Folgenabschätzung und Entscheidung

„Wissen, Technik, Recht" vollzieht sich also in einem Dreiklang aus Risikoermittlung, Risikobewertung und politisch-administrativer Entscheidung. Dieses mehrschrittige Verfahren[90] ist mit verschiedenen Rollen verbunden: So verhandelt der Gesetzgeber in seinen Debatten darüber, was die Folgen aus den Wissensangeboten sein sollen, die er beispielsweise durch Sachverständigenanhörungen ermittelt. Dabei wird die von den Experten produzierte und im Rahmen der jeweiligen Epistemologien gefilterte „Evidenz" nicht nur rezipiert, sondern durch einen Auswahlakt des Gesetzgebers auch „handlungsrelevant"[91] gemacht. Normanwendung ist insofern stets ein kontextabhängiger Prozess der Wirklichkeitsrekonstruktion.[92]

Wissen und Wissenserwerb geht insoweit nicht ohne Werten: „Der naturwissenschaftlichen Beschreibung von Stoffen, Zuständen, Zusammenhängen oder Vorgängen lässt sich kein Maßstab und kein Kriterium dafür entnehmen, welche Risiken für die menschliche Gesundheit, die Umwelt oder die Natur hingenommen werden sollen oder nicht."[93] Die Risikoermittlung, die Risikoabwägung und die Entscheidung (als genuine Risiko*bewertung*[94]) sind also voneinander zu unterscheiden. So differenziert

89 Straßheim (Fn. 72), S. 293 unter Bezugnahme auf u. a. Lorraine J. Daston/Peter Galison, The Images of Objectivity, in: Representations 40 (1992), S. 81-128.

90 Man kann auch das Controlling bzw. die Risikoüberwachung als einen weiteren Schritt aufnehmen, der in diesem Artikel jedoch nicht beleuchtet werden soll.

91 Lamping/Heinelt (Fn. 8), S. 13.

92 Ivo Appel, Das Verwaltungsrecht zwischen klassischem dogmatischem Verständnis und steuerungswissenschaftlichem Anspruch, VVDStRL 67 (2008), S. 226-285, 261.

93 Appel (Fn. 29), S. 478.

94 Rüdiger Breuer, Probabilistische Risikoanalysen, NuR 1994, S. 157-169, 160f; Appel (Fn. 29), S. 478; ders., Aufgaben und Verfahren der Innovationsfolgenabschätzung, in: Martin Eifert/Wolfgang Hoffmann-Riem (Hrsg.), Innovationsverantwortung (Innovation und Recht III), Berlin 2008, S. 147-182, 159 f.

Art. 35 DSGVO in Bezug auf die datenschutzrechtliche Folgenabschätzung zutreffend zwischen der Erhebung der datenschutzrelevanten Vorgänge, der Erfassung und Niederlegung der davon möglicherweise jeweils ausgehenden Risiken und der eigentlichen Risikobewertung. Ebenso korrekt stellt Nr. 1 dieser Bestimmung darauf ab, dass Risiken bei einer „Verwendung neuer Technologien, aufgrund der Art, des Umfangs, der Umstände und der Zwecke der Verarbeitung" ausgehen können.[95]

Die Durchführung von Folgenabschätzungsverfahren, die oftmals durchaus aufwändig ist (was auch für diejenige nach Art. 35 DSGVO gilt) ergibt allerdings nur dann Sinn, wenn diese auch in eine Entscheidung einfließen, diese aber nicht ersetzen. Mehr „Evidenzbasierung" macht, wenn man die Trennung zwischen Informationsbeschaffung und Entscheidung ernst nimmt, Entscheidungen über riskante Technologien äußerst komplex. Derartige Prozesse werden, so *Ivo Appel*, „in *sachlicher* Hinsicht umfangreicher, weil mehr Möglichkeiten zu berücksichtigen sind, in *zeitlicher* Hinsicht langwieriger, weil mehr Daten zu verarbeiten sind, und in *sozialer* Hinsicht kontroverser, weil mehr Belange und Interessen in einen Ausgleich zu bringen sind".[96] Diese Komplexität lässt sich allerdings damit rechtfertigen, dass derartige Entscheidungen letztlich nachhaltiger sind.[97] Ob sie hingegen für mehr Akzeptanz sorgen, ist noch nicht ausgemacht.[98]

c) Heuristiken und Technikklauseln

Zur Kompensation für die Komplexität können gewisse Heuristiken bei der Entscheidungsfindung dienen, zu denen die Minimax- (Orientierung am günstigsten möglichen Fall) oder die Maximin-Regel (Orientierung

---

95 Art. 35 Abs. 1 S. 1 der Datenschutzgrundverordnung der EU lautet: „Hat eine Form der Verarbeitung, insbesondere bei Verwendung neuer Technologien, aufgrund der Art, des Umfangs, der Umstände und der Zwecke der Verarbeitung voraussichtlich ein hohes Risiko für die Rechte und Freiheiten natürlicher Personen zur Folge, so führt der Verantwortliche vorab eine Abschätzung der Folgen der vorgesehenen Verarbeitungsvorgänge für den Schutz personenbezogener Daten durch."

96 Appel (Fn. 29), S. 478.

97 Vgl. Alexander Windoffer, Verfahren der Folgenabschätzung als Instrument zur rechtlichen Sicherung von Nachhaltigkeit, Tübingen 2011.

98 Skeptisch Göttrik Wewer, Legitimation staatlichen Handelns durch Transparenz? Eine Fallstudie für Hamburg, dms 8 (2015), S. 295-313.

am ungünstigsten möglichen Fall)[99] oder Kosten-Nutzen-Gegenüberstellungen[100] gehören. Jedoch dürfen diese keinesfalls schematisch angewendet werden! Vielmehr hat der Staat (in diesem Fall der Gesetzgeber), so schon der Kalkar-Beschluss des Bundesverfassungsgerichts, alle Anstrengungen zu unternehmen, um mögliche Gefahren frühzeitig zu erkennen und ihnen mit den erforderlichen, verfassungsmäßigen Mitteln zu begegnen.[101] Die Anforderung eines „dynamischen Grundrechtsschutzes" könne aber sachlogisch den Rahmen von „Abschätzungen anhand praktischer Vernunft" nicht überschreiten: „Ungewißheiten jenseits dieser Schwelle [...] haben ihre Ursache in den Grenzen des menschlichen Erkenntnisvermögens; sie sind unentrinnbar und insofern als sozialadäquate Lasten von allen Bürgern zu tragen."[102] Zwar seien, so das Bundesverfassungsgericht weiter, die sog. Technikklauseln auch nicht unproblematisch in ihrer Anwendung durch die Ordnungsverwaltung, da sie mit Erkenntnisproblemen verbunden seien, die Behörden jedoch zugleich „bei sich widersprechenden Sachverständigengutachten in aller Regel nicht umhin" kämen, „zu wissenschaftlichen Streitfragen Stellung zu nehmen".[103] Ein dynamischer Verweis auf den Stand der Technik oder (strenger) den Stand von Wissenschaft und Technik sei aber dort in Kauf zu nehmen (und damit auch mit dem Bestimmtheitsgrundsatz vereinbar), wo „der Gesetzgeber ansonsten gezwungen wäre, entweder unpraktikable Regelungen zu treffen oder von einer Regelung gänzlich Abstand zu nehmen, was letztlich beides zu Lasten des Grundrechtsschutzes ginge".[104] Umso stärker wird es jedoch zur Aufgabe des Gesetzgebers, sich „mit der Frage auseinander[zu]setzen, wie mit Ungewissheit umzugehen ist".[105]

---

99 Zu beiden Näheres bei Indra Spiecker gen. Döhmann, Staatliche Entscheidungen unter Unsicherheit. Eine Analyse ökonomischer Entscheidungsmodule im öffentlichen Recht, in: Marc Bungenberg u. a. (Hrsg.), Recht und Ökonomik, 44. Assistententagung öffentliches Recht, München 2004, S. 61-89; dies., Staatliche Entscheidungen unter Unsicherheit, Tübingen 2021 (i. E.).

100 Dazu insbesondere Michael Fehling, Kosten-Nutzen-Analysen als Maßstab für Verwaltungsentscheidungen, VerwArch 95 (2004), S. 443-470, 444.

101 BVerfGE 49, 89 (132).

102 BVerfGE 49, 89 (90, LS 6 sowie 143).

103 BVerfGE 49, 89 (136).

104 BVerfGE 49, 89 (137).

105 Appel (Fn. 29), S. 477; Karl-Heinz Ladeur, Risikowissen und Risikoentscheidung. Kommentar zu Gotthard Bechmann, KritV 1991, S. 241-256, 255.

d) Implizites und explizites Wissen

Heuristiken haben jedoch eine entscheidende Funktion: In ihnen verkörpert sich oftmals implizites Wissen, welches als „Daumenregel“ explizit gemacht wird (dem sog. Judiz insoweit nicht unähnlich). Eine zentrale Aufgabe staatlichen Wissensmanagements[106] kann es insoweit sein, implizites Wissen explizit zu machen,[107] etwa mit Mitteln des Benchmarkings (Art. 91d GG),[108] also „das Zusammenspiel von personalem und organisationalem Wissen zu verstehen und sinnvoll zu organisieren, um auf diese Weise die verdeckten Wissensressourcen einer Organisation nutzbar zu machen“.[109]

III. Regelung des Wissensumgangs als staatliche Aufgabe

1. Rahmensetzung, Risikomanagement

Die Rolle des Rechts kann dabei, wie gesagt, die Rahmensetzung oder die Festlegung von Heuristiken (und Methoden) sein. Nachfolgend seien daher zwei Elemente eines rechtlichen Risikomanagements herausgegriffen: die *nachvollziehende Amtsermittlung* und die *Risikokommunikation*.

2. Nachvollziehende Amtsermittlung

Eine Integration privater Rechtssetzungsakte (wie von DIN-Normen) in das staatliche Recht kann beispielsweise durch Verweisung oder durch „formelle administrative Inkorporationsakte“ erfolgen.[110] Dieser Vorgang ist einerseits vorteilhaft, ja gleichsam alternativlos, aber andererseits auch

---

106 Klaus Lenk/Peter Wengelowski, Wissensmanagement für das Verwaltungshandeln, in: Thomas Edeling/Werner Jann/Dieter Wagner (Hrsg.), Wissenssteuerung und Wissensmanagement in Politik und Verwaltung, Wiesbaden 2004, S. 147-165.

107 Ruffert (Fn. 19), Rn. 18.

108 Dazu Margrit Seckelmann, Wettbewerb per Grundgesetz?, Die Leistungsvergleiche nach Art. 91d GG, DVBl 125 (2010), S. 1311-1314 m. w. N.

109 Andreas Voßkuhle, Das Konzept des rationalen Staates, in: Gunnar Folke Schuppert/ders. (Hrsg.), Governance von und durch Wissen, Baden-Baden 2008, S. 13-32, 21 f. unter Bezugnahme auf u. a. Hellmut Willke, Systemisches Wissensmanagement, 2. Aufl., Stuttgart 2001.

110 Ruffert (Fn. 19), Rn. 19.

voraussetzungsreich. So trägt die kooperative Einbeziehung von Privaten in die staatliche Normsetzung „sachverständige Informationen an die Normsetzung heran, ermöglicht den Interessenausgleich in der Normsetzung, vermag die Akzeptanz gesetzter Normen positiv zu beeinflussen, stellt die Betroffenenpartizipation sicher, entlastet den Staat und kann sich als flexibel und innovationsfähig erweisen".[111] Andererseits sind damit *ganz unterschiedliche Rollen* von Privaten adressiert (als Betroffene, als Sachverständige, ggf. auch als „Sachverständige in eigener Sache"), was im Wege nachvollziehender Amtsermittlung mitreflektiert werden müsste.

Bei der nachvollziehenden Amtsermittlung handelt es sich um einen Gewährleistungskontrollprozess im Rahmen eines reflexivierten Informationsrechts,[112] der zumindest eine Evidenzkontrolle von Seiten staatlicher Akteure vorsieht, wenn sie von Privaten generiertes Wissen zur Entscheidungsvorbereitung nutzen wollen.[113] Wenngleich das Demokratieprinzip und der institutionelle Vorbehalt der jeweiligen Grundrechte eigentlich für eine Vollkontrolle sprechen würden, ist diese wegen der Wissensasymmetrien in der verwaltungsbehördlichen Realität bei hochkomplexen technischen Sachfragen *de facto* kaum noch zu leisten, weswegen zumeist nur eine Plausibilitätsprüfung erfolgen kann.[114] Dann aber sind *institutionelle Kompensationen* notwendig, etwa durch Revisionsvorbehalte oder zeitliche Befristungen mit und ohne Evaluationsklauseln.[115]

---

111 Ruffert (Fn. 19), Rn. 19; vgl. auch Wolfgang Hoffmann-Riem, Wissenschaftliche Expertise. Bedingungen ihrer Verlässlichkeit und Vertrauenswürdigkeit, in: Alfons Bora/Anna Henkel/Carsten Reinhardt (Hrsg.), Wissensregulierung und Regulierungswissen, Weilerswist 2014, S. 157-174.

112 Seckelmann (Fn. 3), S. 397.

113 Wollenschläger (Fn. 34), S. 200 ff.; vgl. auch Helmuth Schulze-Fielitz, Zusammenspiel von öffentlich-rechtlichen Kontrollen der Verwaltung, in: Eberhard Schmidt-Aßmann/Wolfgang Hoffmann-Riem, Verwaltungskontrolle, Baden-Baden 2001, S. 291-332; Bettina Spilker, Behördliche Amtsermittlung, Tübingen 2015; Rainer Wahl, Das Verwaltungsverfahren bei Genehmigungsverfahren, Die Nachvollziehende Amtsermittlung im UVP-Gesetz, in: Karl Kroeschell (Hrsg.), Recht und Verfahren, Heidelberg 1993, S. 155-182.

114 Jens-Peter Schneider, Nachvollziehende Amtsermittlung bei der Umweltverträglichkeitsprüfung. Zum Verhältnis zwischen dem privaten Träger des Vorhabens und der zuständigen Behörde bei der Sachverhaltsermittlung nach dem UVPG, Berlin 1991; Appel (Fn. 34), Rn. 79.

115 Seckelmann (Fn. 3), S. 397 ff. und passim.

3. *Risikokommunikation*

Die Rolle des Staats und des von ihm gesetzten Rechts ist dabei die Bereitstellung von Foren zur Risikobewertung und Risikokommunikation. Diese besteht so *Ivo Appel* darin, zwischen der technischen, der rechtlichen und der gesellschaftlichen Risikowahrnehmung zu vermitteln: „Soll gesellschaftliche Akzeptanz gesichert und sollen grundlegende gesellschaftliche Verunsicherungen [...] vermieden werden, muss die politische Risikobewertung umwelt- und gesundheitsrelevanter (technischer) Entwicklungen und ihrer möglichen Folgen mit der gesellschaftlichen Risikowahrnehmung und den gesellschaftlichen Werthaltungen rückgekoppelt werden".[116] Besser kann man meines Erachtens die aktuelle Debatte um die Verimpfung des Astra Zeneca-Wirkstoffs in der SARS-CoV2-Pandemie kaum erklären: Nur dann, wenn der Staat die Ängste der Bevölkerung ernst nimmt, entsteht Impfbereitschaft! Ähnliches ist schon aus der Implementationsforschung bekannt: Das Steuerungsobjekt, die Bürgerinnen und Bürger, kann bzw. können sich als durchaus widerständig erweisen, wenn man sie beim Gesetzesvollzug nicht ernst und mitnimmt.[117]

Gerade das zu reflektieren, ist Aufgabe der Verwaltung (und eines ihre Handlungen umhegenden reflexivierten Informationsrechts).[118] Und genau dieser Umstand macht auch den Einsatz von Algorithmen durch die Verwaltung[119] so gefährlich. Denn es wird – zumindest bislang – keinesfalls immer Sorge dafür getragen, dass die Vorentscheidungen, die einer Algorithmenprogrammierung vorausgehen, stets mitreflektiert wer-

---

116 Appel (Fn. 29), S. 485; vgl. auch Rainer Wahl/Ivo Appel, Prävention und Vorsorge – Von der Staatsaufgabe zu den verwaltungsrechtlichen Instrumenten, in: Rainer Wahl (Hrsg.), Prävention und Vorsorge – Von der Staatsaufgabe zur rechtlichen Ausgestaltung, Bonn 1995, S. 1-216.

117 Dieses war bereits Gegenstand der Implementationsforschung, vgl. nur Renate Mayntz, Die Implementation politischer Programme: Theoretische Überlegungen zu einem neuen Forschungsgebiet, VERW 10 (1977), S. 51; dies. (Hrsg.), Implementation politischer Programme, Bd. I: Empirische Forschungsprogramme, 1980; Fritz W. Scharpf, Die Implementation des Sonderprogramms im Vergleich, in: ders./Dietrich Garlichs/Friederike Maier/Hans E. Maier (Hrsg.), Implementationsprobleme offensiver Arbeitsmarktpolitik. Das Sonderprogramm der Bundesregierung für Regionen mit besonderen Beschäftigungsproblemen (Arbeitsberichte des WZB), Berlin 1982, S. 271-310.

118 Seckelmann (Fn. 3), S. 397.

119 Dazu auch der Beitrag von Hoffmann-Riem in diesem Band.

den.[120] Soweit, dass diese Problematik in einer automatischen Rückkopplungsschleife stets mitreflektiert könnte, ist die Technikarchitektur noch nicht, daher ist – was auch schon im Zusammenhang mit der Einführung der „Rechtsautomatisierung“ in den 1980er Jahren gefordert wurde –, eine breite zivilgesellschaftliche (und damit der Gesetzgebung vorgelagerte) Debatte hierüber dringend erforderlich.[121]

IV. Bilanz und Ausblick

Nur so nämlich kann Bewusstsein darüber erzeugt werden, dass sich die Gestaltungsmacht aus dem Parlament in andere Hände (etwa in diejenigen von Programmierern bzw. IT-Architekten) zu verlagern droht.[122] Hierüber herrscht, wie es auch *Frieder Nake* kürzlich konstatierte, noch zu wenig öffentliches Bewusstsein.[123]

Die Bilanz lautet daher, dass im Thema „Wissen, Technik, Recht“ stets Bewegung ist, weil es (wenn man Wissen und Technik einmal zusammenrechnen möchte) zumindest zwei äußert dynamische Elemente enthält: technisches Wissen und Recht. Die sich teilweise überlappenden Diskussionen über Technik-, Innovations-[124] und Risikorecht haben hier schon bedeutende Vorarbeiten geleistet, die jedoch von der Debatte um den

120 Margrit Seckelmann, Algorithmenkompatibles Verwaltungsrecht? Juristische und sprachwissenschaftliche Überlegungen zu einer „Standardisierung von Rechtsbegriffen“, VERW 54 (2021), S. 251-272.

121 Vgl. nur Hansjürgen Garstka, Automation rechtlicher Verfahren als Entrechtlichungsprozeß, in: Erhard Blankenburg/Klaus Lenk (Hrsg.), Organisation und Recht, Jahrbuch für Rechtssoziologie und Rechtstheorie 7 (1980), S. 233-241; zur historischen Einordnung vgl. Klaus Lenk, Informationstechnik und Organisation, in: Jörg Pohle/ders. (Hrsg.), Der Weg in die „Digitalisierung“ der Gesellschaft. Was können wir aus der Geschichte der Informatik lernen?, Marburg 2021, S. 161-196.

122 Immer wieder lesenswert Jürgen Habermas, Verwissenschaftlichte Politik in demokratischer Gesellschaft, 1963; dazu Seckelmann (Fn. 3), S. 217 ff. und 406; vgl. jetzt auch Laura Münkler, Expertokratie. Zwischen Herrschaft kraft Wissens und politischem Dezisionismus, 2020.

123 Frieder Nake, Thesen zu bewegenden Themen: informatisierte Gesellschaft, informatisierte Organisation, informatisierte Arbeit?, in: Jörg Pohle/Klaus Lenk (Hrsg.), Der Weg in die „Digitalisierung“ der Gesellschaft. Was können wir aus der Geschichte der Informatik lernen?, Marburg 2021, S. 21- 29, 27.

124 Dazu grundlegend Martin Eifert/Wolfgang Hoffmann-Riem (Hrsg.), Innovation und rechtliche Regulierung. Schlüsselbegriffe und Anwendungsbeispiele rechtswissenschaftlicher Innovationsforschung, Baden-Baden 2002.

Algorithmeneinsatz durch die öffentliche Verwaltung[125] noch einmal ganz neu herausgefordert werden dürften.

Auch hier lautet die Zauberformel „Kommunikation". Denn nur durch diese können der Staat und seine Verwaltung Ängste vor einem Ausgeliefertsein abbauen und zugleich auf kulturelle Faktoren[126] reagieren (etwa darauf, dass in Deutschland deutlich größere Vorbehalte gegen einen bestimmten Wirkstoff bei der Impfkampagne gegen das Covid-19-Virus bestehen als andernorts).[127] Gerade die SARS-CoV2-Pandemie hat uns vor Augen geführt, dass das Verhältnis von Wissen und Recht längst noch nicht ausdiskutiert ist.

Literaturverzeichnis:

Albers, Marion, Komplexität verfassungsrechtlicher Vorgaben für das Wissen der Verwaltung. Zugleich ein Beitrag zur Systembildung im Informationsrecht, in: Indra Spiecker gen. Döhmann/Peter Collin (Hrsg.), Generierung und Transfer staatlichen Wissens im System des Verwaltungsrechts, Tübingen 2008, S. 50-69.

Albers, Marion, Umwelt- und Technikstandards im Programm des integrierten Umweltschutzes, ZfU 29 (2006). S. 139-156.

Appel, Ivo, Aufgaben und Verfahren der Innovationsfolgenabschätzung, in: Martin Eifert/Wolfgang Hoffmann-Riem (Hrsg.), Innovationsverantwortung (Innovation und Recht III), Berlin 2008. S. 147-182.

Appel, Ivo, Das Verwaltungsrecht zwischen klassischem dogmatischem Verständnis und steuerungswissenschaftlichem Anspruch, VVDStRL 67 (2008), S. 226-285.

Appel, Ivo, Grenzen des Risikorechts, in: ders. /Georg Hermes/Christoph Schönberger (Hrsg.), Öffentliches Recht im offenen Staat. Festschrift für Rainer Wahl zum 70. Geburtstag, Berlin 2011, S. 463-487.

---

125 Erste Informationen hierzu finden sich beispielsweise bei Mario Martini, Blackbox Algorithmus, Grundfragen einer Regulierung Künstlicher Intelligenz, Heidelberg/Berlin 2019 sowie (für die Justiz, aber auch darüber hinausgehend) David Nink, Justiz und Algorithmen. Über die Schwäche menschlicher Entscheidungsfindung und die Möglichkeiten neuer Technologien in der Rechtsprechung, Berlin 2021. Vgl. auch Viktoria Herzog, Demokratische Legitimation automatisiert erlassener Verwaltungsakte, Berlin 2021.

126 Auf die Bedeutung kultureller Faktoren bei der gesellschaftlichen Risikowahrnehmung weist auch Appel (Fn. 29), S. 485 hin.

127 Darauf, dass allerdings auch die Gesellschaft, mit der ich die Öffentlichkeit hier einmal gleichsetzen möchte, nur beschränkte Mittel hat, ökologische bzw. technische Risiken zu reflektieren, wies schon hin: Niklas Luhmann, Ökologische Kommunikation. Kann die moderne Gesellschaft sich auf ökologische Gefährdungen einstellen? Opladen 1986.

Appel, Ivo, Privatverfahren (§ 32), in: Wolfgang Hoffmann-Riem/Eberhard Schmidt-Aßmann/Andreas Voßkuhle (Hrsg.), Grundlagen des Verwaltungsrechts, Band I, 2. Aufl., München 2012, S. 851-940.

Aswege, Hanka von, Quantifizierung von Verfassungsrecht. Zahlenverwendung im Verfassungstext und Zahlengenerierung durch das Bundesverfassungsgericht im Spannungsfeld natur- und geisteswissenschaftlicher Rationalität, Berlin 2016.

Augsberg, Ino, Von einem neuerdings erhobenen empiristischen Ton in der Rechtswissenschaft, Der Staat 51 (2012), S. 117-125.

Blaurock, Uwe/Goldschmidt, Nils/Hollerbach, Alexander (Hrsg.), Das selbstgeschaffene Recht der Wirtschaft – Zum Gedenken an Hans Großmann-Doerth, Tübingen 2005.

Bateson, Gregory, Steps to an Ecology of Mind, San Francisco 1972.

Berger, Peter L./Luckmann, Thomas, Die gesellschaftliche Konstruktion der Wirklichkeit. Eine Theorie der Wissenssoziologie, Frankfurt am Main 1966.

Besio, Cristina/Jöstingmeier, Marco, Autonomy and Interdependence: the Relationship of Experts and Laypeople in Science from a Sociological Perspective, in: Margrit Seckelmann/Lorenza Violini/Cristina Fraenkel-Haeberle/Giada Ragone (Hrsg.), Academic Freedom Under Pressure? A Comparative Perspective, Cham 2021, S. 245-256, 249.

Böhret, Carl/Konzendorf, Götz, Ko-Evolution von Gesellschaft und funktionalem Staat, Ein Beitrag zur Theorie der Politik, Opladen/Wiesbaden 1997.

Böschen, Stefan, Hybride Wissensregime: Skizze einer soziologischen Feldtheorie, Baden-Baden 2016.

Böschen, Stefan, Reflexive Wissenspolitik. Formierung und Strukturierung von Gestaltungsöffentlichkeiten, in: Alexander Bogner/Helge Torgensen (Hrsg.), Wozu Experten? Ambivalenzen der Beziehung von Wissenschaft und Politik, Wiesbaden 2005, S. 241-263.

Böschen, Stefan/Wehling, Peter, Wissenschaft zwischen Folgenverantwortung und Nichtwissen: Aktuelle Perspektiven der Wissenschaftsforschung, Wiesbaden 2004.

Bourdieu, Pierre, Die feinen Unterschiede. Kritik der gesellschaftlichen Urteilskraft, Frankfurt am Main 1982.

Bourdieu, Pierre, Das politische Feld: Zur Kritik der politischen Vernunft, Konstanz 2001.

Breuer, Rüdiger, Probabilistische Risikoanalysen, NuR 1994, S. 157-169.

Carrier, Martin, Wissenschaftliche Expertise. Bedingungen ihrer Verlässlichkeit und Vertrauenswürdigkeit, in: Alfons Bora/Ana Henkel/Carsten Reinhardt (Hrsg.), Wissensregulierung und Regulierungswissen, Weilerswist 2014, S. 157-174.

Daston, Lorraine J./Galison, Peter, The Images of Objectivity, in: Representations 40 (1992), S. 81-128.

Davies, Huw T. O./Nutley, Sandra M./Smith, Peter C. (Hrsg.), What Works? Evidence-Based Policy and Practice in Public Services, 2000.

Di Fabio, Udo, Risikoentscheidungen im Rechtsstaat: Zum Wandel der Dogmatik im Öffentlichen Recht, insbesondere im Arzneimittelrecht, Tübingen 1994.

Di Fabio, Udo, Verwaltung und Verwaltungsrecht zwischen gesellschaftlicher Selbstregulierung und staatlicher Steuerung, VVDStRL 56 (1997), S. 253-282.

Di Fabio, Udo, Verwaltungsentscheidung durch externen Sachverstand, VerwArch 81 (1990), S. 193-227.

Eifert, Martin, Das Verwaltungsrecht zwischen klassischem dogmatischem Verständnis und steuerungswissenschaftlichem Anspruch, VVDStRL 67 (2008), S. 286-333.

Eifert, Martin / Hoffmann-Riem, Wolfgang (Hrsg.), Innovation und rechtliche Regulierung. Schlüsselbegriffe und Anwendungsbeispiele rechtswissenschaftlicher Innovationsforschung, Baden-Baden 2002.

Ennuschat, Jörg, Wege zu besserer Gesetzgebung – sachverständige Beratung, Begründung, Folgenabschätzung und Wirkungskontrolle, DVBl 119 (2004), S. 986-994.

Esser, Josef, Vorverständnis und Methodenwahl in der Rechtsfindung, Frankfurt am Main 1970.

Fleck, Ludwik, Entstehung und Entwicklung einer wissenschaftlichen Tatsache. Einführung in die Lehre vom Denkstil und Denkkollektiv [1935], Frankfurt am Main 1980.

Garstka, Hansjürgen, Automation rechtlicher Verfahren als Entrechtlichungsprozeß, in: Erhard Blankenburg/Klaus Lenk (Hrsg.) Organisation und Recht, Jahrbuch für Rechtssoziologie und Rechtstheorie 7 (1980), S. 233-241.

Grimm, Dieter, Recht oder Politik? Die Kelsen-Schmitt-Kontroverse zur Verfassungsgerichtsbarkeit und die heutige Lage, 2020 (= Carl-Schmitt-Vorlesungen, Bd. 4), S. 17-19.

Haas, Peter M., Knowledge, Power and International Policy Coordination, Columbia/S. C. 1992.

Habermas, Jürgen, Verwissenschaftlichte Politik in demokratischer Gesellschaft, 1963.

Hamann, Hanjo, Evidenzbasierte Jurisprudenz. Methoden empirischer Forschung und ihr Erkenntniswert für das Recht am Beispiel des Gesellschaftsrechts, Tübingen 2014.

Heclo, Hugh, Issue networks and the executive establishment, in: Anthony King (Hrsg.), The New American Political System, Washington 1978, S. 87-124.

Heinelt, Hubert /Lamping, Wolfram, Städte im Klimawandel: Zwischen Problembetroffenheit und Innovationserwartung, Forschungsjournal Soziale Bewegungen 27 (2014), S. 79-89.

Herzog, Viktoria, Demokratische Legitimation automatisiert erlassener Verwaltungsakte, Berlin 2021.

Hoffmann-Riem, Wolfgang, Wissenschaftliche Expertise. Bedingungen ihrer Verlässlichkeit und Vertrauenswürdigkeit, in: Alfons Bora/Anna Henkel/Carsten Reinhardt (Hrsg.), Wissensregulierung und Regulierungswissen, Weilerswist 2014, S. 157-174.

Holzner, Burkart, Reality Construction in Society, Cambridge 1968.

Holzner, Burkart/Marx, John, Knowledge Application: The Knowledge System in Society, Boston 1979.

Huber, Martin, Wissensordnung, in: Rainer Schützeichel (Hrsg.), Handbuch Wissenssoziologie und Wissensforschung, Konstanz 2007, S. 797-800.

Jasanoff, Sheila, Designs on Nature: Science and Democracy in Europe and the United States, Princeton/N.J. 2005.

Kohlhaas, Philipp, Ethik-Kommissionen in der Arzneimittelforschung Eine Untersuchung landesrechtlicher Vorgaben zu Verfasstheit und Verfahren vor dem Hintergrund eines prozeduralisierten Schutzkonzeptes am Beispiel des Freistaats Bayern, Diss. Univ. Würzburg 2009, KohlhaasDissertation.pdf (uni-wuerzburg.de), letzter Zugriff am 12.04.2021.

Kloepfer, Michael, Recht ermöglicht Technik – Zu einer wenig beachteten Funktion des Umwelt- und Technikrechts, NuR 1997, S. 417-418.

Kloepfer, Michael, Recht als Technikkontrolle und Technikermöglichung, in: Gisbert Frhr. zu Putlitz/Diethard Schade (Hrsg.), Grenzüberschreitungen, Kolloquium: Gesellschaftliche Voraussetzungen für Technikentwicklung. Präsentation: Zehn Jahre interdisziplinäre Forschung in der Gottlieb Daimler- und Karl Benz-Stiftung, Ladenburg 1997, S. 53-73.

Knorr-Cetina, Karin, Wissenskulturen. Ein Vergleich naturwissenschaftlicher Wissensformen, Frankfurt am Main 2002.

Ladeur, Karl-Heinz, Risikowissen und Risikoentscheidung. Kommentar zu Gotthard Bechmann, KritV 1991, S. 241-256.

Lamb, Irene, Kooperative Gesetzeskonkretisierung. Verfahren zur Erarbeitung von Umwelt- und Technikstandards, Baden-Baden 1995.

Lamping, Wolfram/Heinelt, Hubert, Wissen und Entscheiden – Lokale Strategien gegen den Klimawandel in Frankfurt am Main, München und Stuttgart 2015.

Latour, Bruno, Eine neue Soziologie für eine neue Gesellschaft. Einführung in die Akteur-Netzwerk-Theorie, Frankfurt am Main 2007.

Lepsius, Oliver, Risikosteuerung durch Verwaltungsrecht: Ermöglichung oder Begrenzung von Innovationen?, VVDStRL 63 (2004), S. 263-315.

Lege, Joachim, Moderne Technologien – rechtliche Herausforderung [Interview], in: Universitätsjournal Dresden 10/2001, S. 3.

Lenk, Klaus, Informationstechnik und Organisation, in: Jörg Pohle/ders. (Hrsg.), Der Weg in die „Digitalisierung" der Gesellschaft. Was können wir aus der Geschichte der Informatik lernen?, Marburg 2021, S. 161-196.

Lenk, Klaus/Wengelowski, Peter, Wissensmanagement für das Verwaltungshandeln, in: Thomas Edeling/Werner Jann/Dieter Wagner (Hrsg.), Wissenssteuerung und Wissensmanagement in Politik und Verwaltung, Wiesbaden 2004, S. 147-165.

Leopoldina, Pressemitteilung: Initiative zur evidenzbasierten Politikgestaltung, 16. Mai 2015, online: Pressemitteilung, 18 (leopoldina.org) (letzter Zugriff am 20.03.2021).

Lepsius, Oliver, Anmerkung zu BVerfG, Urteil v. 9.12.208 – 2 BvL 107 (Pendlerpauschale), JZ 64 (2009), S. 260-263.

Lepsius, Oliver, Die maßstabsetzende Gewalt, in. Matthias Jestaedt/ders./Christoph Möllers/Christoph Schönberger, das entgrenzte Gericht. Eine kritische Bilanz nach sechzig Jahren Bundesverfassungsgericht, Berlin 2011, S. 159-279.

Lindblom, Charles E., Inquiry and Change, New Haven 1990.

Lübbe-Wolff, Gertrude, Rechtsfolgen und Realfolgen. Welche Rolle können Folgenerwägungen in der juristischen Regel- und Begriffsbildung spielen?, Freiburg/München 1981.

Luhmann, Niklas, Normen in soziologischer Perspektive, Soziale Welt 20 (1969), S. 28-48.

Luhmann, Niklas, Ökologische Kommunikation. Kann die moderne Gesellschaft sich auf ökologische Gefährdungen einstellen? Opladen 1986.

Luhmann, Niklas, Soziale Systeme. Grundriß einer allgemeinen Theorie, Frankfurt am Main 1984.

Mader, Luzius, Art. 170 der Bundesverfassung; Was wurde erreicht, was ist noch zu tun?, LeGes 16 (2005), S. 29-37.

Mandelkern Group on Better Regulation, Final Report 13 November 2001, online: Mandelkern Group Final Report.PDF (legislationline.org), letzter Zugriff am 12.04.2021.

Martini, Mario, Blackbox Algorithmus, Grundfragen einer Regulierung Künstlicher Intelligenz, Heidelberg/Berlin 2019.

Mayntz, Renate, Die Implementation politischer Programme: Theoretische Überlegungen zu einem neuen Forschungsgebiet, VERW 10 (1977), S. 51-66.

Mayntz, Renate (Hrsg.), Implementation politischer Programme, Bd. I: Empirische Forschungsberichte, Opladen 1980.

Meßerschmidt, Klaus, Gesetzgebungsermessen, Berlin 2000.

Meßerschmidt, Klaus, Tatsachen- und Wirkungsbezug der justiziellen Kontrolle politischen Handelns im Dissens zwischen Bundesverfassungsgericht und Europäischem Gerichtshof – Überlegungen zur evidenzbasierten Rechtskontrolle aus Anlass des PSPP-Urteils, DÖV 2021, S. 277-287.

Möllers, Christoph, Methoden (§ 3), in: Wolfgang Hoffmann-Riem/Eberhard Schmidt-Aßmann/Andreas Voßkuhle (Hrsg.), Grundlagen des Verwaltungsrechts, Band I, 2. Aufl., München 2012, S. 123-178.

Möllers, Christoph, Philosophie – Recht – Kultur: zur kulturwissenschaftlichen Erweiterung einer Philosophie des Rechts, in: Dirk Rustemeyer (Hrsg.), Symbolische Welten. Philosophie und Kulturwissenschaften, Würzburg 2002, S. 109-135.

Münkler, Laura, Expertokratie. Zwischen Herrschaft kraft Wissens und politischem Dezisionismus, Tübingen 2020.

Nake, Frieder, Thesen zu bewegenden Themen: informatisierte Gesellschaft, informatisierte Organisation, informatisierte Arbeit?, in: Jörg Pohle/Klaus Lenk (Hrsg.), Der Weg in die „Digitalisierung" der Gesellschaft. Was können wir aus der Geschichte der Informatik lernen?, Marburg 2021, S. 21-29, 27.

Neidhardt, Friedhelm/Mayntz, Renate/Weingart, Peter/Wengenroth, Ulrich, Wissensproduktion und Wissenstransfer. Zur Einleitung, in: dies., (Hrsg.), Wissensproduktion und Wissenstransfer. Wissen im Spannungsfeld von Wissenschaft, Politik und Öffentlichkeit, Bielefeld 2015, S. 19-39.

Nink, David, Justiz und Algorithmen. Über die Schwäche menschlicher Entscheidungsfindung und die Möglichkeiten neuer Technologien in der Rechtsprechung, Berlin 2021.

Petersen, Nils, Braucht die Rechtswissenschaft eine empirische Wende?, Der Staat 49 (2010), S. 435-455.

Popper, Karl R., Logik der Forschung [1934], 8. Aufl., Tübingen 1984.

Reiling, Katharina, Der Hybride: administrative Wissensorganisation im privaten Bereich, Tübingen 2016.

Ruffert, Matthias, Rechtsquellen und Rechtsschichten des Verwaltungsrechts (§ 17), in: Wolfgang Hoffmann-Riem/Eberhard Schmidt-Aßmann/Andreas Voßkuhle (Hrsg.), Grundlagen des Verwaltungsrechts, Band I, 2. Aufl., München 2012, S. 1163-1255.

Sanderson, Ian, Making Sense of „What Works": Evidence-Based Policy Making as Instrumental Rationality? Public Policy and Administration 17 (2002), S. 61-75.

Saretzki, Thomas, Wie unterscheiden sich Argumentieren und Verhandeln? Definitionsprobleme, funktionale Bezüge und strukturelle Differenzen von zwei verschiedenen Kommunikationsmodi, in: Volker von Prittwitz (Hrsg.), Verhandeln und Argumentieren. Dialog, Interessen und Macht in der Umweltpolitik. Opladen 1996, S. 19-39.

Scharpf, Fritz W., Die Implementation des Sonderprogramms im Vergleich, in: ders./Dietrich Garlichs/Friederike Maier/Hans E. Maier (Hrsg.), Implementationsprobleme offensiver Arbeitsmarktpolitik. Das Sonderprogramm der Bundesregierung für Regionen mit besonderen Beschäftigungsproblemen (Arbeitsberichte des WZB), Berlin 1982, S. 271-310.

Scherzberg, Arno, Risikosteuerung durch Verwaltungsrecht: Ermöglichung oder Begrenzung von Innovationen?, VVDStRL 63 (2004), S. 214-263.

Schmidt-Preuß, Matthias, Verwaltung und Verwaltungsrecht zwischen gesellschaftlicher Selbstregulierung und staatlicher Steuerung, VVDStRL 56 (1997), S. 160-227.

Schneider, Jens-Peter, Nachvollziehende Amtsermittlung bei der Umweltverträglichkeitsprüfung. Zum Verhältnis zwischen dem privaten Träger des Vorhabens und der zuständigen Behörde bei der Sachverhaltsermittlung nach dem UVPG, Berlin 1991.

Schütz, Alfred, Collected Papers II: Studies in Social Theory, Den Haag 1976.

Schulte, Martin (Hrsg.), Handbuch des Technikrechts, 1. Aufl., Berlin/Heidelberg 2003.

Schulze-Fielitz, Helmuth, Technik und Umweltrecht, in: Martin Schulte (Hrsg.), Handbuch des Technikrechts, 1. Aufl., Berlin/Heidelberg 2003, S. 455-504.

Schulze-Fielitz, Helmuth, Wege, Umwege und Holzwege zu besserer Gesetzgebung – durch sachverständige Beratung, Begründung, Folgenabschätzung und Wirkungskontrolle?, JZ 59 (2004), S. 862-871.

Schulze-Fielitz, Helmuth, Zusammenspiel von öffentlich-rechtlichen Kontrollen der Verwaltung, in: Eberhard Schmidt-Aßmann/Wolfgang Hoffmann-Riem, Verwaltungskontrolle, Baden-Baden 2001, S. 291-332.

Schuppert, Gunnar Folke, Wissen, Governance, Recht. Von der kognitiven Dimension des Rechts zur rechtlichen Dimension des Wissens, Baden-Baden 2019.

Margrit Seckelmann, Algorithmenkompatibles Verwaltungsrecht? Juristische und sprachwissenschaftliche Überlegungen zu einer „Standardisierung von Rechtsbegriffen“, VERW 54 (2021), S. 251-272.

Seckelmann, Margrit, Evaluation und Recht. Strukturen, Prozesse und Legitimationsfragen staatlicher Wissensgewinnung durch (Wissenschafts-)Evaluationen, Tübingen 2018.

Seckelmann, Margrit, Institutionalisierte Sachverständige in Wissenschaft und Medizin? – zur rechtlichen Bewertung von Ethikkommisssionen, WissR (2008), S. 1-15.

Seckelmann, Margrit, Wettbewerb per Grundgesetz? Die Leistungsvergleiche nach Art. 91d GG, DVBl 125 (2010), S. 1311-1314.

Seckelmann, Margrit/Lamping, Wolfram, Verhaltensökonomischer Experimentalismus im Politik-Labor – Rechtliche Rahmenbedingungen für die Evaluationsforschung, DÖV 2019, S. 189-200.

Sobota, Katharina, Die Ethik-Kommission – Ein neues Institut des Verwaltungsrechts?, AöR 121 (1996), S. 229–259.

Spiecker gen. Döhmann, Indra, Staatliche Entscheidungen unter Unsicherheit. Eine Analyse ökonomischer Entscheidungsmodule im öffentlichen Recht, in: Marc Bungenberg u. a. (Hrsg.), Recht und Ökonomik, 44. Assistententagung öffentliches Recht, München 2004, S. 61-89.

Spiecker gen. Döhmann, Indra, Staatliche Entscheidungen unter Unsicherheit, Tübingen 2021 (i. E.).

Spilker, Bettina, Behördliche Amtsermittlung, Tübingen 2015.

Spinner, Helmut F., Wissensordnung, in: Hermann May (Hrsg.), Lexikon der ökonomischen Bildung, München/Wien 2004, S. 642-645.

Stamer, Katrin, Die Ethik-Kommissionen in Baden-Württemberg: Verfassung und Verfahren. Frankfurt am Main 1998

Steinbach, Armin, Rationale Gesetzgebung, Tübingen 2017.

Stoll, Peter Tobias, Wissensarbeit als staatliche Aufgabe, in: Indra Spiecker gen. Döhmann/Peter Collin (Hrsg.), Generierung und Transfer staatlichen Wissens im System des Verwaltungsrechts, Tübingen 2008, S. 34-49.

Straßheim, *Holger*, Die Governance des Wissens, in: Gunnar Folke Schuppert/ Andreas Voßkuhle (Hrsg.), Governance von und durch Wissen, Baden-Baden 2008, S. 49-71.

Straßheim, *Holger*, Kulturen der Expertise und politischen Wissensproduktion im Wandel: vergleichende Beobachtungen, in: Dieter Gosewinkel/Gunnar Folke Schuppert (Hrsg.), Politische Kultur im Wandel von Staatlichkeit (= WZB-Jahrbuch 2007), Berlin 2008, S. 281-302.

Straßheim, *Holger*, Netzwerkpolitik: Governance und Wissen im administrativen Austausch, Baden-Baden 2010.

Vec, *Miloš*, Kurze Geschichte des Technikrechts. Von den Anfängen bis zum Ersten Weltkrieg, in: Martin Schulte (Hrsg.), Handbuch des Technikrechts, 1. Aufl., Berlin/Heidelberg 2003, S. 3-60.

Vönecky, *Silja*, Recht, Moral und Ethik – Grundlagen und Grenzen demokratischer Legitimation für Ethikgremien, Tübingen 2010.

Voßkuhle, *Andreas*, Das Konzept des rationalen Staates, in: Gunnar Folke Schuppert/ders. (Hrsg.), Governance von und durch Wissen, Baden-Baden 2008, S. 13-32.

Wagener, *Frido*, Der öffentliche Dienst im Staat der Gegenwart, VVDStRL 37 (1979), S. 215-266.

Wahl, *Rainer*, Das Verwaltungsverfahren bei Genehmigungsverfahren, Die Nachvollziehende Amtsermittlung im UVP-Gesetz, in: Karl Kroeschell (Hrsg.), Recht und Verfahren, Heidelberg 1993, S. 155-182.

Wehling, *Peter*, Reflexive Wissenspolitik: Öffnung und Erweiterung eines neuen Politikfeldes, Technikfolgenabschätzung – Theorie und Praxis 13 (2004), Heft 3, S. 63-71.

Wehling, *Peter*, Wissenspolitik, in: Rainer Schützeichel (Hrsg.), Handbuch Wissenssoziologie und Wissensforschung, Konstanz 2007, S. 694-703.

Weingart, *Peter*, Wissenschaftssoziologie, Bielefeld 2003.

Wewer, *Göttrik*, Legitimation staatlichen Handelns durch Transparenz? Eine Fallstudie für Hamburg, dms 8 (2015), S. 295-313.

Windoffer, *Alexander*, Verfahren der Folgenabschätzung als Instrument zur rechtlichen Sicherung von Nachhaltigkeit, Tübingen 2011.

Willke, *Helmut*, Systemisches Wissensmanagement, 2. Aufl., Stuttgart 2001.

Wollenschläger, *Burkard*, Wissensgenerierung im Verfahren, Tübingen 2009.

Klimawissen im Finanzmarktrecht. Zu Transfer und Transformation von ökologischem und ökonomischem Wissen in der Sustainable Finance Regulierung

Ann-Katrin Kaufhold

I. Ökologische Nachhaltigkeit als Wissensbedarf

Der Ausgangspunkt ist unumstritten: Auch die Finanzbranche soll nachhaltig werden. Dass Finanzinstitute Wesentliches zum Schutz des Klimas beitragen können und müssen und dass Klimarisiken bei Geschäftsentscheidungen zu berücksichtigen sind, bezweifelt heute im Grundsatz niemand mehr. Um die Klima- und Energieziele der EU bis 2030 zu erreichen, sind nach einer von der Europäischen Kommission (KOM) in Auftrag gegebenen Schätzung pro Jahr Investitionen i.H.v. rund 180 Mrd. Euro erforderlich[1], die im Wesentlichen vom privaten Sektor aufgebracht werden müssen. Mit dem im Dezember 2015 verabschiedeten Pariser Übereinkommen hat sich die Staatengemeinschaft zudem verpflichtet, „die Finanzmittelflüsse in Einklang [zu bringen] mit einem Weg hin zu einer hinsichtlich der Treibhausgase emissionsarmen und gegenüber Klimaänderungen widerstandsfähigen Entwicklung".[2] Die EU hat daraufhin den „Aktionsplan: Finanzierung nachhaltigen Wachstums"[3] beschlossen und zu seiner Umsetzung zwischenzeitlich eine ganze Reihe von Vorschriften und Leitlinien erlassen, die alle Bereiche und Akteure des Finanzsystems betreffen.[4] Als Teil ihrer jüngst verabschiedeten neuen geldpoliti-

---

* Alle Internetlinks wurden zuletzt aufgerufen am 18. November 2021.

1 COM(2018) 353 final, S. 2 mit Fn. 8; s. auch *HLEG Sustainable Finance*, Financing a Sustainable European Economy. Interim Report, 2017, S. 42: 177 Mrd. Euro pro Jahr in der Zeit von 2021 bis 2030.

2 Art. 2 Abs. 1 lit. c Pariser Übereinkommen.

3 COM(2018) 97 final; aktualisiert und ergänzt durch die „Strategie zur Finanzierung einer nachhaltigen Wirtschaft" vom 6. Juli 2021, COM(2021) 390 final.

4 Für einen Überblick *Bueren*, ZGR 48 (2019), S. 813 (835 ff.); *Lange*, BKR 2020, S. 216 ff., 261 ff., sowie https://ec.europa.eu/info/business-economy-euro/banking-and-finance/sustainable-finance_en.

schen Strategie hat sich zudem die EZB erstmals einen „ambitionierten klimabezogenen Maßnahmenplan“ gegeben. „Aspekte der ökologischen Nachhaltigkeit“ sollen danach künftig „systematischer in die Geldpolitik einfließen“.[5] Für „grüne“ Anleihen ist dementsprechend mittlerweile jedes Jahr ein neues Rekordjahr.[6]

So sind „nachhaltige Finanzen“ heute wie gutes Wetter: Finden alle gut, wollen alle.[7] Die Schwierigkeiten und harten Diskussionen beginnen erst im nächsten Schritt: Welche wirtschaftlichen Tätigkeiten sind „nachhaltig“ und insbesondere „grün“? Was bedeutet es, Klima- und Umweltrisiken bei der Entwicklung eines Geschäftsmodells und bei der Risikokalkulation zu berücksichtigen? Seit 2018 müssen diese Fragen auch vom Finanzmarktrecht und von der Finanzaufsicht beantwortet werden. Zuvor hatten Aspekte ökologischer Nachhaltigkeit hier praktisch keine Rolle gespielt.[8]

---

5 S. die Erklärung der EZB zu ihrer neuen geldpolitischen Strategie vom 8. Juli 2021, https://www.ecb.europa.eu/home/search/review/html/ecb.strategyreview_monpol_strategy_statement.de.html; zur Umsetzung wurden im „detaillierten Fahrplan für klimabezogene Maßnahmen“ bis 2024 neun Maßnahmen angekündigt, s. https://www.ecb.europa.eu/press/pr/date/2021/html/ecb.pr210708_1_annex~f84ab35968.de.pdf.

6 S. z.B. *Kapraun/Latino et al.*, (In)-Credibly Green, 2021, insbes. S. 37 ff., sowie die Informationen der *Climate Bond Initiative* (https://www.climatebonds.net/): Emission von grünen Anleihen im Wert von 270 Mrd. US-Dollar in 2020, 390 Mrd. US-Dollar bisher in 2021, damit zehntes Rekordjahr in Folge. Das Volumen der „grünen Anleihen“ (i.S.d. Definition der *Climate Bond Initiative*) am Markt beträgt 1,479 Billionen US-Dollar und damit ca. 2 % des Gesamtvolumens; 2018 lag der Anteil noch bei rund 1 %, s. *De Santis/Hettler et al.*, EZB Wirtschaftsbericht 2018, S. 27 (28). Die Aussagekraft der Zahlen wird dadurch beeinträchtigt, dass es bisher keine einheitliche Definition von „grün“ gibt. Hierzu näher sogleich unter III.1.

7 Vgl. übergreifend zur Sustainable Finance Regulierung aus der insgesamt noch übersichtlichen rechtswissenschaftlichen Forschung z.B. *Spießhofer*, Responsible Enterprise, 2018, S. 268 ff.; *Malecki*, Corporate Social Responsibility, 2018, S. 387 ff.; *Veil*, in: Burgi/Möslein (Hrsg.), Zertifizierung nachhaltiger Kapitalgesellschaften, 2021, § 14, und die Beiträge in Bauer/Schuster (Hrsg.), Nachhaltigkeit im Bankensektor, 2016, und frühzeitig *Richardson*, Socially Responsible Investment Law, 2008, sowie *Scharlau*, Socially Responsible Investment, 2009.

8 *Veil*, WM 2020, S. 1093 f. Die einzige Ausnahme bildete die so genannte CSR-Richtlinie (Richtlinie 2014/95/EU des Europäischen Parlaments und des Rates vom 22. Oktober 2014), die zur Offenlegung einiger nichtfinanzieller Informationen über Umweltbelange verpflichtet, wenn diese relevant sind für die Bewertung wesentlicher Risiken für eine Kapitalgesellschaft, ihre Tätigkeiten oder ihre Geschäftsergebnisse, s. hierzu im Einzelnen § 289c HGB. Die KOM hat im April 2021 einen Vorschlag zur Überarbeitung der CSR-Richtlinie vorgelegt (COM[2021] 189 final), der sowohl den Anwendungsbereich als auch den Inhalt der Offenlegungs-

Der Umbruch, der durch die Regulierungsstrategie „Sustainable Finance“[9] bewirkt wird, manche sprechen von einem Paradigmenwechsel, geht mit neuen Herausforderungen nicht zuletzt auch für die Rezeption von außerjuridischem Wissen durch und für das Recht einher. Umwelt- und Klimawissen muss nun Eingang auch ins Finanzmarktrecht finden und zwar nicht anstelle, sondern neben und in Verbindung mit dem bereits bisher auf verschiedensten Wegen, mal mehr, mal weniger erfolgreich, rezipierten ökonomischen Wissen[10]. Generierung, Transfer und Transformation von Wissen über Klima, Klimaschutz und Klimarisiken gehören zu den zentralen neuen Voraussetzungen und Aufgaben des Finanzmarktrechts. Sie bilden auch den Gegenstand dieses Beitrags.

Am Beispiel von zwei Rechtsinstrumenten – der Taxonomieverordnung (TaxVO)[11] und der diese konkretisierenden delegierten Verordnung (DelVO)[12] auf der einen Seite und dem bankenaufsichtlichen „Leitfaden zu Klima- und Umweltrisiken“ der EZB[13] auf der anderen Seite – möchte ich zeigen, *wie* extrajuridische Wissensressourcen, namentlich ökonomisches und Klimawissen, bei Erlass und Anwendung der Regelungen über ein nachhaltiges Finanzwesen erschlossen und für das juristische System fruchtbar gemacht wurden bzw. werden. „Jedes rechtliche Arrangement, das die Rezeption und Verarbeitung von extrajuridischem Wissen anleitet, muss einer doppelten Anforderung genügen: Es muss zum einen die Auswahl und Einbindung jener Informationen ermöglichen, die zur Erfüllung einer staatlichen Aufgabe benötigt werden. Zum anderen muss es im Rahmen der Informationsverarbeitung die juristische Eigenrationalität sichern, insbesondere die staatliche Entscheidungs- und Gemeinwohlverantwortung gewährleisten.[14]“ Ziel dieses Beitrags ist es, die in weiten Teilen

---

pflichten erheblich erweitern würde, s. dazu *Müller/Scheid/Baumüller*, BB 2021, S. 1323 ff.

9 S. zum alles andere als trennscharfen Begriff „Sustainable Finance“ *Bueren*, ZGR 48 (2019), S. 813 (816 ff.).

10 Zur Rezeption von ökonomischem Wissen bei der Bestimmung der Eigenkapitalanforderungen an Banken *Kaufhold*, in: Augsberg (Hrsg.), Extrajuridisches Wissen im Verwaltungsrecht, 2013, S. 151 ff.; den wechselseitigen Austausch von Informationen und Wissen zwischen Banken und Aufsicht im Rahmen der qualitativen Bankenaufsicht betonend demgegenüber *Reiling*, Der Hybride, 2016, S. 149 ff.

11 Verordnung (EU) 2020/852 des Europäischen Parlaments und des Rates vom 18. Juni 2020.

12 C(2021) 2800 final vom 4. Juni 2021.

13 EZB, Leitfaden zu Klima- und Umweltrisiken, 2020.

14 S. *Kaufhold*, in: Augsberg (Hrsg.), Extrajuridisches Wissen im Verwaltungsrecht, 2013, S. 151 (152 mit Fn. 9), sowie insbes. *Voßkuhle*, in: Isensee/Kirchhof (Hrsg.),

implizite Wissensordnung[15] der TaxVO sowie des Leitfadens Klimarisiken zu explizieren, um sie einer Bewertung und Kritik anhand dieses doppelten Maßstabs zugänglich zu machen. Zugleich sollen meine Ausführungen auf die Bedeutung aufmerksam machen, die dem Umgang mit Fremdwissen für eine erfolgreiche Ausrichtung des Finanzsystems an Nachhaltigkeitskriterien zukommt. Mein Interesse gilt vor allem denjenigen Vorschriften, die nicht ausdrücklich die Erhebung und Verarbeitung von Daten, Informationen oder Wissen regeln, sondern beispielsweise über die Definition einer klimaschützenden Wirkung oder über die Normierung von Verfahrensanforderungen bestimmen, dass bzw. wie Klimawissen neben ökonomischem Wissen rezipiert und mit letzterem verbunden werden muss. Ich werde mich in diesem Text auf die *klima*bezogenen Regelungen der beiden Rechtsakte konzentrieren und damit nur einen Aspekt der (ökologischen) Nachhaltigkeit herausgreifen.

Die Taxonomie und den Aufsichtsleitfaden habe ich als Gegenstände meiner Analyse gewählt, weil sie beide auf Wissen über den Klimaschutz, den Klimawandel und seine Folgen aufbauen und überdies verwandte Anliegen verfolgen, aber gleichwohl höchst unterschiedliche Wege beschritten wurden bzw. werden, um die aus diesen Zielen resultierenden Wissensbedarfe zu befriedigen. Die Gegenüberstellung der beiden Rechtsakte und ihrer Wissensordnungen kann daher für die verschiedenen Wissensbedarfe sensibilisieren, die bei der Gestaltung eines „grünen" Finanzsystems entstehen; sie kann zudem deutlich machen, welche Verfahrens- und Regelungsarrangements zur Befriedigung dieser Bedarfe genutzt werden können und damit schließlich die Grundlage für eine vergleichende Bewertung einzelner Ausgestaltung bilden, die ihrerseits die zukünftige Sustainable Finance-Rechtsetzung informieren kann.

Mein Beitrag gliedert sich im Weiteren in vier Teile: Zunächst werde ich das analytische Instrument vorstellen, mit dessen Hilfe ich erschließen möchte, wie für das und mit dem „grünen" Finanzmarktrecht extrajuridisches Wissen erschlossen, transferiert und transformiert wird (II.). Darauf aufbauend werde ich die Wissensordnung zunächst der EU-Taxonomie

---

HdBStR, Bd. III, 32005, § 43 Rn. 12; *Ladeur*, in: Voßkuhle/Eifert/Möllers (Hrsg.), GVwR, Bd. I, 32022, § 21 Rn. 46 ff., und *I. Augsberg*, Informationsverwaltungsrecht, 2014, S. 283 ff., und mit Blick speziell auf das Recht der Finanzmarktregulierung *Höfling*, in: Ständige Deputation des Deutschen Juristentages (Hrsg.), 68. DJT, 2010, Gutachten F, F. 39 f.

15 Allgemein zu den Verantwortlichen für die Bereitstellung der „kognitiven Infrastruktur" (*I. Augsberg*) und ihren Instrumenten z.B. *Schuppert*, Wissen, Governance, Recht, 2019, S. 164 ff.

(III.) und anschließend des Aufsichtsleitfadens (IV.) untersuchen. Dabei werde ich im ersten Schritt jeweils Struktur und Funktion der Rechtsakte knapp vorstellen und die staatlichen Aufgaben konkretisieren, die mit ihrer Hilfe erfüllt werden sollen. Damit werden die Wissensbedarfe konturiert und die juristische Eigenrationalität benannt, die es bei der Integration von Fremdwissen zu decken bzw. zu wahren gilt. Im zweiten Schritt werde ich jeweils die Regelungsarrangements erläutern, mit denen die Rezeption außerjuridischen Wissens im Verfahren der Rechtsetzung und -anwendung angeleitet wurde bzw. wird. Den Abschluss bilden eine vergleichende Betrachtung und vorsichtige Bewertung der mit TaxVO und DelVO einerseits und dem Leitfaden andererseits normierten Wissensordnungen (V.). Den Begriff „Wissen“ verwende ich (auch) in diesem Beitrag in einem handlungsorientierten Sinn. Er verweist danach auf die „organisierte und systematisierte Informationsmenge“, „welche Verstehens- und Interpretationsvorgänge erlaubt“[16], also Handlungskapazität verleiht.[17] Seinen juridischen oder außerjuridischen (speziell ökonomischen oder klimawissenschaftlichen) Charakter erhält ein Wissensbestand dementsprechend „über die Ausrichtung der Organisation und Systematisierung von Informationen an den Eigenrationalitäten der jeweiligen Systeme“[18]. Als „Klimawissen“ bezeichne ich daher solche physikalischen Daten und Informationen, die von vor allem Meteorologen, Geographen, Geologen, Ozeanographen und Physikern typischerweise in der Form von quantitativen

---

16 *Welsch*, Arbeiten in der Informationsgesellschaft, 1997, S. 11.

17 S. zu diesem „handlungsorientierten Verständnis“ von Wissen schon *Kaufhold*, in: Augsberg (Hrsg.), Extrajuridisches Wissen im Verwaltungsrecht, 2013, S. 151 (155 mit Nw. der rechtswissenschaftlichen Beiträge, auf die sich diese Begriffsdefinition stützt, und auch der abweichenden Begriffsdefinitionen in Fn. 17), sowie aus jüngster Zeit z.B. *Vesting*, in: Voßkuhle/Eifert/Möllers (Hrsg.), GVwR, Bd. I, 32022, § 20 Rn. 28; vgl. ferner *I. Augsberg*, Informationsverwaltungsrecht, 2014, S. 28 ff., der das Eingefügtsein von Informationen in bestehende Verständniskontexte als Kennzeichen von Wissen betont; ähnlich *Reiling*, Der Hybride, 2016, S. 4 ff., die ebenfalls die systematische Organisation von Informationen als das beschreibt, was Wissen ausmacht; der Handlungsbezug dürfte hier bereits im Begriff der Information stecken, der „Sinnelemente“ erfassen soll, die in einem bestimmten Kontext erzeugt und „genutzt“ werden (Reiling, a.a.O., S. 5). Bei *Hoffmann-Riem*, Innovation und Recht, 2016, S. 304 f., verbirgt er sich m.E. in der „Verhaltenssicherheit“, die Wissen vermitteln soll. Die von *Schuppert*, Wissen, Governance, Recht, 2019, S. 309 ff., beschriebenen Formen rechtswissenschaftlichen Wissens verbindet m.E. auch die Eigenschaft, an spezifischen Handlungen (verstehen, entscheiden, steuern) orientiert zu sein.

18 *Kaufhold*, in: Augsberg (Hrsg.), Extrajuridisches Wissen im Verwaltungsrecht, 2013, S. 155.

Modellen oder Szenarien zusammengestellt und systematisiert werden, um Zustand und Entwicklung der Atmosphäre sowie die Wechselwirkungen mit Entwicklungen auf dem Land und in den Ozeanen zu beschreiben und den menschlichen Einfluss auf diese Prozesse zu erfassen. Die systematische Auswertung dieser Informationen mit Blick auf ihre Folgen für Vermögenswerte, Geschäftsmodelle und Finanzierungsoptionen, also der wirtschaftliche Teil der Klimafolgenforschung, ist demgegenüber nach meinem Begriffsverständnis als ökonomisches Wissen zu qualifizieren.

II. Wissensordnungen aufdecken: Vier Fragen als analytisches Instrument

Wie bei Erlass und Anwendung der TaxVO sowie des Aufsichtsleitfadens außerjuridisches Wissen in rechtliche Kategorien überführt wurde bzw. wird, möchte ich mit Hilfe der folgenden vier analytischen Fragen untersuchen, die ich an anderer Stelle entwickelt, erläutert und am Beispiel der bankenaufsichtsrechtlichen Vorschriften über das Eigenkapital erprobt habe:

- „*Erstens*: Welche Quellen des [extrajuridischen] Systems werden nach ihren Wissensbeständen befragt? Wem gegenüber öffnet sich das juristische System? – Andockstelle(n) im [extrajuridischen] System.
- *Zweitens*: Nach welcher Art von Wissen werden diese Quellen befragt (z. B. Erfahrungs- oder explizites Wissen)? Für welche Art von Wissen öffnet sich das juristische System? – Qualität des transferierten Wissens.
- *Drittens*: Wer rezipiert das Fremdwissen, welche Stelle speist das [extrajuridische] Wissen in das juristische System ein und ist also für die Transformation verantwortlich? –Andockstelle(n) im juristischen System.
- *Viertens*: Wie wird das extrajuridische Wissen transformiert? Wie ist das Verfahren ausgestaltet, in dem eine Auswahl aus verschiedenen (kontingenten) Wissensangeboten getroffen wird (z. B. Formalisierungs- und Institutionalisierungsgrad, Nähe zur abschließenden staatlichen Entscheidung)? – Prozess der Transformation.

Die Unterscheidung der mit diesen Fragen fokussierten Stellschrauben der Wissensordnung ist nicht trennscharf, die Bestimmung der Andockstelle im juristischen System etwa ist eng verbunden mit der Regelung des Transformationsprozesses. Aber die analytische Differenzierung schärft den Blick für die verschiedenen Aspekte des Rezeptions- und Verarbeitungsprozesses, ihre Unterscheidung kann eine präzisere Beschreibung und gegebenenfalls Reform der Wissensordnung ermöglichen.

Jedes Regelungsarrangement, das zwei kognitive Systeme verknüpft, muss eine Antwort auf jede dieser vier Fragen geben – implizit oder explizit, bewusst oder unbewusst, positiv oder durch Nichtregelung. Nur wenn es sie beantwortet, ermöglicht es den Ex- und Import von Fremdwissen und verknüpft damit verschiedene Systeme. Jede Regelung von Transfer und Transformation[19] extrajuridischen Wissens kann dann als eine Verbindung von substanziellen, prozeduralen und kompetenziellen Entscheidungen beschrieben werden. Ihre Kombination als solche – nicht erst die gelungene Verbindung – hat den Import extrajuridischen Wissens zur Konsequenz, und umgekehrt setzt die Rezeption ihre Verknüpfung voraus.[20]

Von welcher Qualität die im Einzelnen gefundenen Mechanismen sind, ist damit nicht präjudiziert, wohl aber die Struktur ihrer Evaluation, die keine allgemeine, sondern eine nach den Einzelelementen differenzierende sein sollte. Eine modulare Bewertung erlaubt nicht nur eine präzisere Lokalisation und Definition von Fehlsteuerungen. Sie ermöglicht überdies die Anknüpfung an die in anderem Zusammenhang, beispielsweise im Rahmen der Diskussion über Bedeutung, Rolle und rechtliche Domestizierung von Sachverständigen(wissen) in Verwaltungsverfahren und -prozess, entwickelten Bewertungskriterien und Qualitätsmerkmale. So kann sich etwa die Evaluation der gewählten Quellen des [außerjuridischen] Systems an den Anforderungen orientieren, die für die Auswahl von Sachverständigen formuliert worden sind.[21] Bei der Ausgestaltung des Transformationsprozesses können jene Maßstäbe als Bezugs- und Vergleichspunkte dienen, die für die Sicherung der Unparteilichkeit der Verwaltung entfaltet wurden[22].

---

19 Vgl. zur Bestimmung der Andockstellen und des Transformationsprozesses durch die Vorschriften zur Beweiserhebung und -würdigung im Verwaltungsprozess *Nolte*, in: Augsberg (Hrsg.), Extrajuridisches Wissen im Verwaltungsrecht, 2013, S. 241 (247 ff.).

20 Vgl. zur Bedeutung von Begriffen im und für den Prozess des Wissenstransfers *A.-B. Kaiser*, in: Augsberg (Hrsg.), Extrajuridisches Wissen im Verwaltungsrecht, 2013, S. 99 ff., zur Inkorporation von sozialwissenschaftlichen und -philosophischen Theorien speziell durch den Begriff des Rechtsverhältnisses *Funke*, in: Augsberg (Hrsg.), Extrajuridisches Wissen im Verwaltungsrecht, 2013, S. 35 ff.

21 Hierzu etwa *Brohm*, in: Isensee/Kirchhof (Hrsg.), HStR, Bd. II, 21998, § 36 Rn. 41 ff.; *Scholl*, Der private Sachverständige im Verwaltungsrecht, 2005, S. 422 ff., und *Voßkuhle*, in: Isensee/Kirchhof (Hrsg.), HdBStR, Bd. III, 32005, § 43 Rn. 66 ff.

22 Umfassend hierzu *Fehling*, Verwaltung zwischen Unparteilichkeit und Gestaltungsaufgabe, 2001, insbes. S. 443 ff.

Wie jedes heuristische Instrument eröffnen die hier gewählten Fragen nur einen von mehreren möglichen Zugängen zu der mit verwaltungsrechtlichen Regelungen zugleich konstituierten Wissensordnung. Ausschlaggebend für ihre Auswahl ist zum einen die Annahme, dass sie ordnende Kraft besitzen und die durch sie geschaffene Ordnung weiterführende Einsichten und Vergleiche ermöglicht; zum anderen die Nähe der analytischen Dimensionen zu maßgeblichen dogmatischen Kategorien des Verwaltungsrechts (wie Kompetenz, Organisation und Verfahren), die das Analyseraster erst zum Mittler zwischen Empirie und Dogmatik[23] werden lässt."

III. Außerjuridisches Wissen in der EU-Taxonomie für Nachhaltigkeit

1. Ziel der Taxonomie: Ein funktionsfähiger Finanzmarkt im Dienst der Nachhaltigkeit

Seit der Verabschiedung des Paris Übereinkommens im Jahr 2015 zählt es zu den erklärten Zielen der europäischen Finanzmarktregulierung, private Kapitalflüsse hin zu nachhaltigen Investitionen zu lenken.[24] An Interesse für „grüne" Geldanlagen mangelt es nicht. Im Gegenteil, die Nachfrage nach ökologisch nachhaltigen Anlagen wächst seit fünfzehn Jahren kontinuierlich, seit 2015 steigt sie rasant.[25] „Grün" investieren kann aber nur, wer weiß, welche Finanzprodukte und Finanzdienstleistungen nachhaltig sind. Die Bewertung der Nachhaltigkeit einer Kapitalanlage wiederum ist abhängig davon, ob die Wirtschaftstätigkeiten, zu deren Finanzierung sie eingesetzt wird, als „grün" zu qualifizieren sind.

Einzelnen Investoren waren diese Einstufungen bislang aus vor allem zwei Gründen kaum eigenständig möglich: Zum einen standen ihnen die umfangreichen, multidimensionalen Informationen nicht zur Verfügung, die erforderlich sind, um zu bewerten, ob eine Investition klimafreundlich

---

23 Zu dieser Funktion und dem dahinterstehenden Verständnis von heuristischen Begriffen *Klement*, Verantwortung, 2006, S. 46 ff.

24 S. z.B. die im „Aktionsplan: Finanzierung nachhaltigen Wachstums" definierten Ziele, COM(2018) 97 final, S. 2 f.; ebenso die „Strategie zur Finanzierung einer nachhaltigen Wirtschaft", COM(2021) 390 final, S. 1 f.; s. auch die Erwägungsgründe 9 und 11 zur TaxVO.

25 Die ersten *green bonds* wurden 2006 von der Europäischen Investitionsbank ausgegeben, zu den Emissionsvolumina der letzten Jahre s.o. Fn. 6. Die Nachfrage übersteigt das Angebot nach wie vor bei weitem.

wirkt oder der Klimaanpassung dient. Insbesondere erfassten die für den Primär- und Sekundärmarkt geltenden Offenlegungspflichten bisher nicht die Aspekte, auf die es bei der Evaluation der ökologischen Nachhaltigkeit ankommt.[26] Dieses Hindernis allein hätte man freilich mit der klassischen kapitalmarktrechtlichen Antwort auf Informationsasymmetrien – i.e. einer Erweiterung der gesetzlichen Offenlegungs- und Informationspflichten – beseitigen können. Tatsächlich war die Verordnung (EU) 2019/2088 über nachhaltigkeitsbezogene Offenlegungspflichten im Finanzdienstleistungssektor[27], die dazu verpflichtet, die Nachhaltigkeitsstrategien auf der Ebene des Unternehmens und bei der Erstellung einzelner Finanzprodukte transparent zu machen,[28] die erste weitreichende Maßnahme zur Umsetzung der europäischen Strategie für nachhaltige Finanzierungen.

Neben den erforderlichen Informationen über die finanzierten und finanzierenden Unternehmen fehlte es bislang aber zum anderen auch an einem einheitlichen, praktikablen und verbindlichen Kriterienkatalog, den Investoren für die Bewertung der Nachhaltigkeit einer Geldanlage hätten nutzen können bzw. müssen[29] – abgesehen davon, dass insbesondere Kleinanleger:innen kaum in der Lage sein dürften, den notwendigerweise komplexen Bewertungsprozess selbst und für verschiedene Finanzprodukte im Vergleich durchzuführen[30]. Emittenten haben sich deshalb bisher überwiegend an den „Green Bond Principles“ der International Capital Market Association (ICMA) und zuletzt auch vermehrt am „Climate Bond Standard“ der Climate Bond Initiative orientiert.[31] In beiden Fällen handelt es sich um Leitlinien privater Organisationen, deren Beachtung freiwillig ist. Emittenten können ihre Produkte zertifizieren lassen und mit diesen Zertifikaten werben, aber auch angeben, „grüne“ Anleihen im Sinne der genannten Standards zu begeben, ohne das zuvor überprüfen zu lassen. Daraus erwächst die Sorge vor „Greenwashing“, die unabhängig davon, ob sie im Einzelfall begründet ist, die Bereitschaft beeinträchtigt,

---

26 S. *Veil*, WM 2020, S. 1093 f.; *Kirschhöfer*, WM 2021, S. 1624 (1624), sowie zur CSR-Richtlinie als bislang einziger Ausnahmen oben Fn. 8.

27 Verordnung (EU) 2019/2088 des Europäischen Parlaments und des Rates vom 27. November 2019.

28 S. Art. 3-11 VO (EU) 2019/2088.

29 S. *Bueren*, ZGR 48 (2019), S. 813 (816); *Bueren*, WM 2020, S. 1611.

30 Vgl. Erwägungsgrund 13 zur TaxVO, sowie *Bueren*, WM 2020, S. 1611: „insbes. für kleine Anleger kaum überprüfbar [ökonomisch: Vertrauensgüter]“.

31 Nur wenige Staaten der EU haben bereits auf mitgliedstaatlicher Ebene Kennzeichnungssysteme eingeführt. Vorreiter war insoweit Frankreich, s. hierzu *Veil/Deckert et al.*, Nachhaltige Kapitalanlagen durch Finanzmarktregulierung, 2019, S. 172 ff. 197 ff.

nachhaltig zu investieren und dafür eventuell eine geringere Rendite zu akzeptieren.[32]

Mit der TaxVO definiert der europäische Gesetzgeber deshalb erstmals selbst, „ob eine Wirtschaftstätigkeit als ökologisch nachhaltig einzustufen ist, um damit den Grad der ökologischen Nachhaltigkeit einer Investition ermitteln zu können".[33] Er regelt nicht etwa – wie vielfach sonst im Finanzmarktrecht – „nur" ein (Zertifizierungs- oder Rating-)Verfahren, in dem über die Klimafreundlichkeit entschieden wird,[34] oder gewährleistet die Verfügbarkeit von Informationen, mit deren Hilfe sich die Marktteilnehmer:innen selbst ein Urteil über die Nachhaltigkeit einer Tätigkeit bilden können. Vielmehr normiert er in der Sache, was eine nachhaltige Wirtschafts- und Investitionstätigkeit im Sinne des Unionsrechts ausmacht: Nach der TaxVO gilt eine Wirtschaftstätigkeit als ökologisch nachhaltig[35], wenn sie (1) einen „wesentlichen Beitrag" zur Verwirklichung von mindestens einem der Umweltziele leistet, die in der Verordnung genannt werden und zu denen u.a. der Klimaschutz und die Anpassung an den Klimawandel zählen; wenn sie (2) gleichzeitig nicht zu einer „erheblichen Beeinträchtigung" eines oder mehrere dieser Umweltziele führt; und wenn sie dabei zudem (3) einer Reihe von Mindestschutzanforderungen wie etwa den UN-Leitprinzipien für Wirtschaft und Menschenrechte genügt. Was unter einem „wesentlichen Beitrag" zur Verwirklichung eines

32 S. hierzu die Ergebnisse der empirischen Untersuchung des Einflusses, den die Sorge vor Greenwashing auf Investitionsentscheidungen hat, von *Kapraun/Latino et al.*, (In)-Credibly Green, 2021. – Konkurrierende Zertifizierungssystem erhöhen zudem die Kosten für die Finanzunternehmen, wenn diese versuchen (müssen), allen Klassifikationen zu genügen. Sie verringern damit zugleich die effektiv in nachhaltige Tätigkeiten investierten Summen.

33 Art. 1 Abs. 1 TaxVO. S. zu Struktur und Regelungsgehalt der TaxVO insgesamt z.B. *Stumpp*, ZBB (2019), S. 71 ff., und *Bueren*, WM 2020, S. 1611 ff.

34 Die Kosten für die Entwicklung der materiellen Kriterien und der Bewertungsmethodologie werden damit von der öffentlichen Hand übernommen und müssen nicht von den Finanzinstituten etwa in der Form der Bezahlung von Ratingagenturen getragen werden. Die Finanzindustrie hatte daher auf eine kleinteilige und materielle Definition gedrängt. Hier zeigt sich, dass mit der Entscheidung über die Wissensordnung zugleich über die Verteilung der Kosten für die Wissensproduktion entschieden wird.

35 Auf die Probleme, die sich aus der binären Struktur (nachhaltige oder nicht-nachhaltige Wirtschaftstätigkeit) der Klassifikation bei der Anwendung der TaxVO z.B. ergeben, wenn ein Unternehmen verschiedene Wirtschaftstätigkeiten verfolgt oder mit Zulieferern zusammenarbeitet, die ihrerseits nur teilweise taxonomiekonform arbeiten, macht *Stumpp*, ZBB (2019), S. 71 (76 f.), mit Recht aufmerksam.

Umweltziels zu verstehen ist, wird von der KOM für jedes Ziel gesondert in delegierten Verordnungen festgelegt.[36] Die EU übernimmt damit selbst die Produktion des Wissens, das benötigt wird, um ökologisch nachhaltige Investitionen zu fördern, und trägt somit insbesondere auch allein die mit dieser Wissensproduktion verbundenen Kosten. Das unterscheidet den mit der Taxonomie verfolgten Ansatz grundsätzlich von der Regulierungsstrategie im Bankenaufsichtsrecht.

Die Nachhaltigkeitsdefinition der TaxVO soll als ein Regelungsbaustein in eine Vielzahl von finanzmarktrechtlichen Vorschriften integriert werden[37] und damit zu einem zentralen Element der Sustainable Finance Strategie der EU werden.[38] So soll beispielsweise der geplante European Green Bond Standard[39] auf der Nachhaltigkeitsdefinition der TaxVO aufbauen, und im Rahmen der Anlageberatung muss immer auch ein Hinweis auf die Taxonomie(non)konformität eines Finanzprodukts gegeben werden[40].

Schon heute ergeben sich aus der TaxVO, grob gesagt, vor allem zwei Pflichten: Wenn Finanzprodukte als nachhaltig ausgewiesen oder beworben werden, ist anzugeben, inwieweit die Wirtschaftstätigkeiten, in die investiert werden soll, als „nachhaltig" im Sinne der TaxVO zu qualifizieren sind.[41] Zudem sind realwirtschaftliche Unternehmen mit mehr als 500 Mitarbeiter:innen, die sich über den Kapitalmarkt finanzieren oder auch als Bank oder Versicherung tätig sind, verpflichtet, darüber zu informieren, welche ihrer Unternehmenstätigkeiten in welchem Umfang taxonomiekonform sind.[42] Die Einhaltung der TaxVO wird durch die zuständigen nationalen und europäischen Aufsichtsbehörden kontrolliert,[43] also etwa durch die BaFin und die EZB, soweit es um die Angebote von Banken mit Sitz in Deutschland geht. Verstöße sind sanktionsbewehrt.[44]

---

36 Art. 10 Abs. 3, Art. 11 Abs. 3, Art. 12-15 jeweils Abs. 2 TaxVO.

37 S. Erwägungsgründe 16 f. zur TaxVO.

38 Vgl. *Stumpp*, ZBB (2019), S. 71 (72 f.); *Bueren*, WM 2020, S. 1611 (1659 ff.).

39 S. dazu Veil, WM 2020, S. 1093 ff., und knapp z.B. *Lange*, BKR 2020, S. 261 (270 f.).

40 S. *Bueren*, WM 2020, S. 1611 (1661) sowie allgemeiner zur Erweiterung der Finanzberatungspflichten um Nachhaltigkeitsaspekte *Möslein/Mittwoch*, WM 2019, S. 481 (485 f.).

41 Art. 5 f. TaxVO. Auch auf die Nichterfüllung des europäischen Nachhaltigkeitsstandards durch die finanzierten Unternehmungen ist ggf. hinzuweisen, Art. 7 TaxVO; s. zu den Offenlegungspflichten der TaxVO auch *Stumpp*, ZBB (2019), S. 71 (77 ff.).

42 Art. 8 TaxVO.

43 Art. 21 TaxVO.

44 Art. 22 TaxVO.

Die europäische Nachhaltigkeitstaxonomie als solche und ihre verschiedenen Verwendungen verfolgen mittelbar alle ein gemeinsames, übergreifendes Ziel. Sie sollen den Finanzbinnenmarkt und seine Marktmechanismen für die Verwirklichung von Nachhaltigkeitszielen fruchtbar machen. Es geht den Sustainable Finance Initiativen also nicht allein darum, die Funktionsfähigkeit des Finanzmarkts zu sichern, die durch von Klimarisiken ausgelöste externe Schocks ebenso bedroht werden kann wie durch Vertrauensverluste infolge von Greenwashing. Und es geht auch nicht ausschließlich darum, möglichst viel Kapital in möglichst kurzer Zeit für nachhaltige Wirtschaftstätigkeiten zu mobilisieren. Gewollt ist vielmehr gerade die Verbindung dieser beiden Ziele:[45] Ein funktions- und leistungsfähiger Markt soll für Nachhaltigkeitsziele in Dienst genommen werden.[46]

Das ist die vom europäischen Gesetzgeber definierte Aufgabe und juridische Eigenrationalität derjenigen Regelungen, mit denen die EU-Taxonomie ausgestaltet wird bzw. die auf die Taxonomie verweisen. Über die Angemessenheit dieser Aufgabenstellung kann und muss rechtspolitisch gestritten werden. Solange der Gesetzgeber aber an ihr festhält, bildet sie das „normative Konkretisierungsraster“[47], an dem sich die Selektion und Rezeption extrajuridischen Wissens orientieren und messen lassen muss. Der zweidimensionale Charakter der Zielsetzung macht diesen Prozess besonders anspruchsvoll, weil er zur Folge hat, dass unterschiedliche extrajuridische Wissensbestände – Klimawissen *und* ökonomisches Wissen – rezipiert, zueinander ins Verhältnis gesetzt, gewichtet und bei der Überführung in juridische Kategorien verknüpft werden müssen. Der Gesetzgeber hat dem Rechnung getragen, indem er die EU-Taxonomie in einem mehrfach gestuften Verfahren entwickelt und auf jeder Stufe verschiedene Quellen nach unterschiedlichen Arten von ökonomischem Wissen und von Klimawissen befragt hat.

---

45 Vgl. *HLEG Sustainable Finance*, Financing a Sustainable European Economy. Interim Report, 2017 S. 3: “sustainable finance means ‘better development’ and ‘better finance’”.

46 Vgl. auch die abschließende doppelte Empfehlung der *HLEG Sustainable Finance*, Financing a Sustainable European Economy. Final Report 2018, S. 6: “For the Group, sustainable finance is about two imperatives. The first is to improve the contribution of finance to sustainable and inclusive growth as well as the mitigation of climate change. The second is to strengthen financial stability by incorporating environmental, social and governance (ESG) factors into investment decision-making.”

47 *Höfling*, Ökonomische Theorie der Staatsverschuldung in rechtswissenschaftlicher Perspektive, in: Engel/Morlok (Hrsg.), Öffentliches Recht als ein Gegenstand ökonomischer Forschung, 1998, S. 85.

2. *Rechtsetzung: Die ermächtigende Wirkung einer Multiplikation der Beratungsinstanzen*

a. *Rechtsordnung*

Im Jahr 2016 hat die KOM eine „Hochrangige Sachverständigengruppe für nachhaltige Finanzierungen" (High Level Expert Group, HLEG)[48] eingesetzt und damit beauftragt, eine umfassende EU-Strategie für nachhaltige Finanzierungen vorzuschlagen und insbesondere zu prüfen, wie öffentliches und privates Kapital in Richtung nachhaltiger Investitionen gelenkt werden kann.[49] Die HLEG hatte 20 Mitglieder: 12 Vertreter:innen von Börsen und Finanzinstituten im weiten Sinne, 5 Repräsentant:innen von gemeinnützigen Umweltschutzorganisationen sowie 3 Vertreter:innen von Forschungseinrichtungen mit thematischen Schwerpunkten im Bereich Sustainable Finance.[50] Den Vorsitz führte ein Mitglied der Geschäftsleitung des AXA-Versicherungskonzerns. In ihrem Zwischenbericht aus dem Juli 2017 hat die HLEG unter anderem nachdrücklich die Schaffung einer einheitlichen europäischen Nachhaltigkeitsklassifikation in Anlehnung an bereits existierende Labels wie etwa den Green Bond Standard der ICMA angeregt.[51] Dabei hat sie sich maßgeblich auf die Berichte von Finanzakteuren gestützt, denen zufolge gerade das Fehlen eines einheitlichen Maßstabs und die daraus folgende Unsicherheit grünen Investitionen im Wege stehen.

Die HLEG hat zu ihrem Zwischenbericht eine öffentliche Konsultation durchgeführt und dabei insbesondere danach gefragt, wie die von ihr vor-

48 Für eine übergreifende Analyse der zwischen 2007 und 2017 in verschiedenen Politikbereichen von der KOM eingesetzten HLEGs und ihrer Bedeutung für die Politikgestaltung s. *Krick/Gornitzka*, in: Bevir/Phillips (Hrsg.), Decentring European Governance, 2019, S. 102 ff.

49 Commission Decision of 28.10.2016 on the creation of a High-Level Expert Group on Sustainable Finance in the context of the Capital Markets Union C(2016) 6912 final, insbes. Art. 2.

50 Die Zuordnung der Mitglieder zu den hier genannten Gruppen ist nicht eindeutig und die Aufteilung nicht trennscharf. Besondere Schwierigkeiten bereitet die Differenzierung zwischen NGOs mit in erster Linie politischen Zielen und wissenschaftlichen Beratungseinrichtungen. Die hier gewählte Zuordnung baut in erster Linie auf den Selbstdarstellungen der Teilnehmenden auf ihren Internetpräsenzen und den dort genannten Tätigkeitsschwerpunkten auf.

51 *HLEG Sustainable Finance*, Financing a Sustainable European Economy. Interim Report, 2017, S. 47 ff.

geschlagenen Initiativen priorisiert werden sollten.[52] Etwa die Hälfte der insgesamt 274 Antworten stammte von Finanzmarktteilnehmern, rund ein Drittel von wissenschaftlichen und sonstigen Beobachter:innen des Finanzsystems, die übrigen von Einzelpersonen.[53] Die Entwicklung einer EU-Nachhaltigkeitsklassifikation wurde dabei von etwa 20 % der Teilnehmenden als herausragend wichtig eingestuft. Als bedeutsamer wurde nur die baldige Festlegung einer klaren übergreifenden Sustainable Finance-Strategie bewertet.[54]

Parallel zur Konsultation hat die KOM zum einen „gezielte Gespräche mit Finanzinstituten" geführt, um „die Ansichten der Interessenträger" einzuholen.[55] Die Ergebnisse dieser Gespräche wurden, soweit mir ersichtlich, nicht in öffentlich zugänglichen Dokumenten festgehalten. Zum anderen hat sie drei auf Nachhaltigkeitsfragen spezialisierte Beratungsinstitute[56] damit beauftragt, einen Überblick über die weltweit verwandten Definitionen von „grün" zu erarbeiten. Der Bericht dieser Institute stützt sich im Wesentlichen auf eine Literaturrecherche, ergänzend wurden einige ausgewählte Stakeholder (Vertreter:innen von Finanzindustrie, Anleger:innen und NGOs) befragt.[57] Er trägt die andernorts entwickelten und verwandten Klassifikations- und Definitionsansätze zusammen, stellt ihre Vor- und Nachteile vor und erarbeitet darauf aufbauend fünf Handlungsoptionen für die EU, ohne eine klare Empfehlung für eine Lösung auszusprechen. Als eine Option wird die rechtliche Fixierung einer unionsweit geltenden Nachhaltigkeitsdefinition beschrieben.[58]

---

52 Der Fragenkatalog, der Grundlage der Konsultation war, ist abgedruckt in *HLEG Sustainable Finance*, Summary of the Contributions, 2018, S. 13 f.

53 *HLEG Sustainable Finance*, Summary of the Contributions, 2018, S. 3 f.

54 S. *HLEG Sustainable Finance*, Summary of the Contributions, 2018, S. 5 f.

55 S. COM(2018) 353 final, Vorschlag für eine Verordnung des Europäischen Parlaments und des Rates über die Einrichtung eines Rahmens zur Erleichterung nachhaltiger Investitionen (KOM-Vorschlag TaxVO), S. 6.

56 *Kahlenborn/Cochu et al.*, Defining "green" in the context of green finance, 2017: Adelphi, COWI, Eunomia.

57 S. *Kahlenborn/Cochu et al.*, Defining "green" in the context of green finance, 2017, S. VII, IX mit Fn. 3: "literature review" und "eight interviews and 21 full, or partial, responses to an online survey".

58 S. *Kahlenborn/Cochu et al.*, Defining "green" in the context of green finance, 2017, S. 41 ff. Alternativ werden vorgeschlagen: die Erarbeitung von Definitionselementen, mit denen andere Standardsetzer weiterarbeiten können; das Engagement für eine internationale Definition; die Regelung eines Ratingverfahrens, in dem Nachhaltigkeitsindikatoren entwickelt und angewandt werden können; die Regelung eines Verfahrens, mit dessen Hilfe Investoren selbst die Nachhaltigkeit einer Anlage bewerten können.

In ihrem Abschlussbericht vom Januar 2018 wiederholt und unterstreicht die HLEG ihrerseits noch einmal ihre Empfehlung, für das Unionsrecht eine eigenständige Nachhaltigkeitsklassifikation zu entwickeln und darin die materiellen Voraussetzungen zu definieren, unter denen eine Investition als nachhaltig zu bewerten ist.[59]

Im Mai 2018 hat die KOM ihren Vorschlag einer TaxVO vorgelegt. Er „stützt sich auf den Abschlussbericht der hochrangigen Sachverständigengruppe für nachhaltige Finanzierungen", „knüpft an die Studie" zu den bereits etablierten Definitionen von „grün" an und „berücksichtigt die Stellungnahmen des Ausschusses für Regierungskontrolle"[60], der vor allem präzisere Begrifflichkeiten, eine Abstimmung mit anderen Rechtsakten der Sustainable Finance Strategie und verpflichtende Bewertungen der bei den Stakeholdern entstehenden Anwendungskosten verlangt hatte.

Der Kommissionsvorschlag hat allerdings – wie später auch die verabschiedete Fassung der TaxVO – nur den Rahmen für die Klassifikation abgesteckt und entscheidende technische Fragen dem Verfahren der delegierten Rechtssetzung übertragen.[61] Diese inhaltliche Offenheit der Verordnung war ein wesentlicher Grund für die intensiven Auseinandersetzungen während des Rechtsetzungsverfahrens. Die Mitgliedstaaten wandten sich gegen den Verlust an Einfluss, der mit einer Verlagerung zentraler Fragen auf die delegierte Rechtssetzung durch die KOM in der Regel verbunden ist.[62] Ihren Bedenken wurde mit der Institutionalisierung einer „Sachverständigengruppe der Mitgliedstaaten" Rechnung getragen, die an der Ausarbeitung der technischen Kriterien für die Nachhaltigkeitsbewertung zu beteiligen ist.[63] Darüber hinaus waren der Anwendungsbereich, die Mechanismen staatlicher Kontrolle und speziell die Bewertung

59 S. *HLEG Sustainable Finance*, Financing a Sustainable European Economy. Final Report 2018, S. 15: „Establish and maintain a common sustainability taxonomy at the EU level" als erste „key recommendation".

60 COM(2018) 353 final, KOM-Vorschlag TaxVO, S. 7 f.

61 S. COM(2018) 353 final, KOM-Vorschlag TaxVO, S. 11: „Diese Verordnung ist ein wichtiger erster Schritt, um Klarheit darüber zu schaffen, was eine nachhaltige Investition darstellt. Die Taxonomie selbst wird jedoch im Rahmen delegierter Rechtsakte entwickelt. Die Auswirkungen auf die Interessenträger hängen von der endgültigen Verwendung der Taxonomie und von deren Einzelheiten ab."

62 S. *Veil*, in: Burgi/Möslein (Hrsg.), Zertifizierung nachhaltiger Kapitalgesellschaften, 2021, S. 319 (324).

63 Art. 24 TaxVO.

der Atomenergie umstritten.[64] Der gefundene Kompromiss greift den Vorschlag des Europäischen Parlaments für einen weiten Anwendungsbereich[65] auf, lehnt sich an die vom Rat entworfenen Durchsetzungsregeln an und verschiebt die Entscheidung über die Bewertung der Atomenergie in das Verfahren der delegierten Rechtsetzung.[66] Die Auseinandersetzung über die relative Gewichtung unterschiedlicher Wissensarten und Wissensbestände wird dort denn auch – erwartungsgemäß – besonders intensiv geführt.[67]

b. Wissensordnung

aa. Extrajuridische Andockstellen. Im Zuge der Ausarbeitung der TaxVO wurde damit von der KOM eine Vielzahl von Quellen außerhalb des juristischen Systems nach ihren Wissensbeständen befragt. Neben der eigens eingerichteten Sachverständigengruppe HLEG gehörten hierzu die beauftragten Beratungsinstitute und die von der KOM gezielt befragten Finanzinstitute. Über die von der HLEG durchgeführte Konsultation wurden mittelbar die Wissensressourcen weiterer Finanzmarktteilnehmer und (wissenschaftlicher) Beobachter des Finanzsystems erschlossen.

bb. Qualität des transferierten Wissens. Mit der Vielzahl der extrajuridischen Andockstellen korrespondiert jedoch keine entsprechend große Heterogenität der transferierten Wissensbestände. Angesichts des Regelungsgegenstandes und seiner Komplexität sowie der Tatsache, dass es zuvorderst um die Bewertung realwirtschaftlicher Tätigkeiten geht, ist es bemerkenswert, dass in erster Linie *Erfahrungs*wissen und zwar ökonomisches Erfahrungswissen – genauer: das Erfahrungswissen der *Finanz*branche – erschlossen wurde, nicht etwa wissenschaftliches Wissen oder Erkenntnisse der Realwirtschaft. In der HLEG waren Vertreter:innen der Finanzbranche deut-

---

64 S. zu diesem weiterhin schwelenden Streit und den jüngsten Entwicklungen insoweit z.B. FAZ, Atomkraft gilt der EU wohl bald als „grün", 18.11.2021, und *Finke*, Atomkraft soll vorübergehend als grün gelten, SZ vom 22.11.2021.

65 S. die Legislative Entschließung des Europäischen Parlaments vom 28. März 2019 zu Art. 1 des Vorschlags für eine Verordnung des Europäischen Parlaments und des Rates über die Einrichtung eines Rahmens zur Erleichterung nachhaltiger Investitionen, P8_TA(2019)0325.

66 S. zum Ablauf des Rechtsetzungsverfahrens und den zentralen Streitpunkten *Bueren*, WM 2020, S. 1611 (1612, 1613 f., 1617 f.).

67 S. dazu unten III.3.a., III. 3.b.dd.

lich in der Mehrzahl, und die von der KOM initiierten Gespräche über die Taxonomie wurden ebenfalls mit ausgewählten Vertreter:innen von Finanzinstituten geführt. Im Rahmen der Konsultation schließlich haben sich wiederum mehrheitlich Finanzmarktteilnehmer zu Wort gemeldet. Wissenschaftliche Einsichten der Sustainable Finance Forschung wurden immerhin über die Beteiligung von drei Forschungsinstituten an den Arbeiten der HLEG einbezogen.

Wissenschaftliches Klimawissen hingegen wurde gar nicht eigenständig abgefragt. An einer eigenen Andockstelle im Bereich der Klimaforschung fehlte es im Rahmen des Level 1-Rechtssetzungsprozesses. Es ist möglich, dass wissenschaftliches Klimawissen in kondensierter, gespeicherter und bereits gewichteter Form über die im Auftragsgutachten vorgestellten Definitionen von „green" rezipiert wurde.[68] Aber sichergestellt wurde das nicht. Insbesondere wurde weder von der KOM noch im Gutachten selbst nachvollzogen, nach welchen Kriterien das Klimawissen andernorts für die Ausarbeitung der zusammengetragenen Definitionen und Standards ausgewählt, gewichtet und transformiert wurde und ob diese Filter auch für die Zwecke der europäischen Taxonomie geeignet sind. Dass die technischen Nachhaltigkeitskriterien erst im Rahmen der delegierten Rechtsetzung konkretisiert werden, kann diese Lücke nur zum Teil erklären und rechtfertigen. Jedenfalls mit Blick auf die Auswahl und Systematisierung der sechs Umweltziele, die in der TaxVO selbst normiert sind und den späteren Klassifikationsprozess entscheidend prägen werden, hätte es nahegelegen, umweltwissenschaftliche Expertise zu konsultieren. Gleiches gilt beispielsweise für die Entscheidung, immer auch auf den Lebenszyklus eines Produkts abzustellen,[69] und für die Normierung des Vorrangs von quantitativen vor qualitativen Schwellenwerten[70], der seinerseits mit darüber entscheidet, welche (klima)wissenschaftlichen Erkenntnisse in den Bewertungsprozess Eingang finden können und welche nicht.

cc. Andockstelle im juristischen System. Für die Rezeption und die Transformation des extrajuridischen, vorwiegend ökonomischen Erfahrungswissens war als Andockstelle im juristischen System die KOM verantwortlich. Der HLEG-Bericht sowie das Defining green-Gutachten standen zwar auch Rat und Europäischem Parlament zur Verfügung. Gleichwohl lässt

---

68 Vgl. *Schuppert*, in: Schuppert/Voßkuhle (Hrsg.), Governance von und durch Wissen, 2008, S. 277: „Standards" als „in Regeln gegossenes, gespeichertes Expertenwissen".

69 S. Art. 16 lit. b, Art. 17 Abs. 1, 2, Art. 19 Abs. 1 lit. g TaxVO.

70 S. Art. 19 Abs. 1 lit. c TaxVO.

sich das europäische Rechtsetzungsverfahren nicht als Transformationsordnung lesen. Denn die neben der KOM beteiligten Institutionen rezipieren das extrajuridische Wissen nicht eigenständig. Das übernimmt die KOM. Rat und Europäisches Parlament verarbeiten ihrerseits nur noch das Ergebnis des von der KOM durchgeführten Transfer- und Transformationsprozesses, das die Gestalt des Verordnungsvorschlags annimmt.

dd. Prozess der Transformation. Wie die rezipierten Wissensbestände von der KOM in juristische Kategorien und Regeln überführt werden, ist als solches nicht strukturiert und programmiert. Zwar existieren umfangreiche und detaillierte Leitlinien dazu, wie kommissionsintern Regelungsvorschläge ausgearbeitet und gegebenenfalls öffentliche Konsultationen durchgeführt werden sollen.[71] Sie enthalten aber keinerlei methodische Vorgaben dazu, wie eingeholte Expertise inhaltlich ausgewertet, bewertet und berücksichtigt werden sollte, sondern beschränken sich auf Verfahrensleitlinien wie z.B. die Bestimmung, wonach Zusammenfassungen der Eingaben zu erstellen und auf den Webseiten der KOM zu publizieren sind. Der Transformationsprozess als solcher aber bleibt eine black box.[72] Das verleiht der KOM erhebliche inhaltliche Gestaltungsspielräume und macht den Prozess der Überführung der gesammelten extrajuridischen Einsichten zugleich zu einem besonders sensiblen, für Versuche externer Einflussnahme besonders anfälligen Moment des Rechtsetzungsverfahrens. Die Spielräume der KOM sind dabei umso größer, je mehr Quellen befragt und je umfangreicher und differenzierter die erhobenen Wissensstände sind. Denn je größer die Pluralität der Wissensressourcen, umso schwieriger wird es für die anderen am Rechtsetzungsprozess beteiligten Institutionen und erst recht für die Öffentlichkeit nachzuvollziehen und zu kontrollieren, welche Elemente konkurrierender Wissensangebote ausgewählt und welches relative Gewicht ihnen beigemessen wurde. Werden viele extrajuridische Andockstellen erschlossen und nach heterogenen Wissensbeständen befragt, dann wächst damit die Gestaltungsmacht der für die Rezeption und Transformation verantwortlichen Andockstellen im juridischen System, solange der Transformationsprozess nicht vorab strukturiert wurde. Die Multiplikation von Beratungseinrichtungen und -pflichten ent-

---

71 S. zuletzt etwa KOM, Better Regulation Guidelines, 2021, S. 13 ff., sowie die Angaben auf https://ec.europa.eu/info/law/law-making-process/planning-and-proposing-law/better-regulation-why-and-how_de.

72 Vgl. zur geringen verfahrensrechtlichen Steuerung auch der Einbeziehung von Sachverständigenwissen durch die Verwaltung und den daraus resultierenden Problemen *I. Augsberg*, Informationsverwaltungsrecht, 2014, S. 125 ff.

faltet dann – anders als häufig intendiert – keine disziplinierende, sondern eine ermächtigende Wirkung.

Noch deutlicher als bei der Ausarbeitung der TaxVO hat sich dieser Effekt beim Entwurf des konkretisierenden Level-2-Rechtsakts, der DelVO, gezeigt.

3. *Rechtskonkretisierung: Keine hinreichende Sicherung der juridischen Eigenrationalität*

Schon während sich die TaxVO noch im Rechtssetzungsverfahren befand, hat die KOM mit der Vorbereitung der DelVO begonnen, mit der die Kriterien festgelegt werden, anhand derer zu entscheiden ist, ob eine Wirtschaftstätigkeit einen „wesentlichen Beitrag" zu den Umweltzielen „Klimaschutz" oder „Anpassung an den Klimawandel" i.S.d. TaxVO leistet und dabei keine „erhebliche Beeinträchtigung" eines anderen Umweltziels verursacht.[73]

a. *Rechtsordnung*

Die delegierte Rechtssetzung zur EU-Taxonomie folgt nicht dem für den Erlass von Level-2-Rechtsakten im Finanzmarktrecht üblichen Verfahren, sondern einem eigenständigen, in der TaxVO festgeschrieben Ablauf. Insbesondere wird anstelle der Europäischen Finanzaufsichtsbehörden, die üblicherweise den ersten Entwurf delegierter Rechtsakte verfassen, eine neu gegründete Multistakeholder-Plattform („Plattform für nachhaltiges Finanzwesen") tätig.[74] Das trägt dem besonderen, doppelten Bedarf nach extrajuridischem Wissen auch im Bereich der konkretisierenden Regelsetzung Rechnung, den weder die Finanzaufsichtsbehörden noch z.B. die Europäische Umweltagentur je alleine befriedigen könnten.[75] Zudem sind

73 Die Offenlegungspflichten nach Art. 8 TaxVO werden in einer eigenständigen delegierten Verordnung konkretisiert, s. C(2021) 4987 final vom 6. Juli 2021.

74 S. zu dieser Besonderheit auch *Bueren*, WM 2020, S. 1611 (1618 f.), sowie *Veil*, in: Burgi/Möslein (Hrsg.), Zertifizierung nachhaltiger Kapitalgesellschaften, 2021, S. 319 (322).

75 Vgl. *Veil*, in: Burgi/Möslein (Hrsg.), Zertifizierung nachhaltiger Kapitalgesellschaften, 2021, S. 319 (322).

die Mitgliedstaaten über eine eigene Sachverständigengruppe[76] bereits am Ausarbeitungsprozess der DelVO beteiligt und nehmen nicht erst über den Rat an ihrem Erlass teil.

Der Auftrag und die Ermächtigung, die technischen Kriterien für die Nachhaltigkeitsbewertung in einem delegierten Rechtsakt zu bestimmen, wurden der KOM mit der TaxVO erteilt.[77] Die KOM ist verpflichtet, die Plattform zu konsultieren.[78] Die Plattform soll bei der Ausarbeitung der Bewertungskriterien beratend tätig werden[79] und dabei ihrerseits „die Ansichten eines breiten Spektrums von Interessenträgern" berücksichtigen[80]. In der Praxis dürfte es in der Regel ihr obliegen, die ersten Textentwürfe für wesentliche Teile der delegierten Verordnungen zu entwerfen.[81]

Die Plattform hat derzeit 57 Mitglieder, zudem nehmen 11 Beobachter:innen an den Beratungen teil.[82] Sie werden alle von der KOM ausgewählt und ernannt. Die TaxVO regelt die Mitgliederzahl nicht und gibt auch nicht vor, wie viele Sachverständige mit welcher Expertise zu benennen sind, sondern verpflichtet lediglich zu einer „ausgewogenen" Besetzung der Plattform mit: (i) Vertreter:innen der betroffenen europäischen Einrichtungen; (ii) Sachverständigen als Interessenvertreter:innen der Finanzbranche sowie der einschlägigen Bereiche der Realwirtschaft; (iii) Sachverständigen mit Expertise im Bereich Umwelt, Soziales, Arbeit und Unternehmensführung als Repräsentant:innen der Zivilgesellschaft; (iv) Sachverständigen mit Expertise in den von der TaxVO erfassten Bereichen; (v) Wissenschaftler:innen. Die Plattform hat sich selbst in sechs Arbeitsgruppen aufgeteilt. Der für die Ausarbeitung der Bewertungskriterien zuständigen Gruppe gehören derzeit 34 Personen und drei Beobach-

---

76 S. Art. 24 TaxVO. Die Benennung der Mitglieder der Sachverständigengruppe liegt in den Händen der Mitgliedstaaten. Nähere Informationen zur Zusammensetzung und zu den Treffen der Sachverständigengruppe finden sich unter https://ec.europa.eu/transparency/expert-groups-register/screen/expert-groups/consult?do=groupDetail.groupDetail&groupID=3603.

77 S.o. Fn. 61.

78 Art. 10 Abs. 4 TaxVO.

79 Art. 20 Abs. 2 lit. a TaxVO. S. zu den weiteren Aufgaben der Plattform Art. 20 Abs. 2 lit. b-k.

80 Art. 20 Abs. 3 TaxVO.

81 Vgl. auch Art. 24 Abs. 1 TaxVO, der hiervon ausgesprochen ausgeht und daher vorsieht, dass die Sachverständigengruppe der Mitgliedstaaten die KOM berät „über die Angemessenheit der technischen Bewertungskriterien und des Ansatzes, den *die Plattform zur Ausarbeitung der Kriterien* gemäß Artikel 19 *verfolgt*" (Herv. AK).

82 https://ec.europa.eu/info/business-economy-euro/banking-and-finance/sustainable-finance/overview-sustainable-finance/platform-sustainable-finance_en.

ter:innen an: Fünfzehn Vertreter:innen realwirtschaftlicher Unternehmen oder Branchen, zwölf Repräsentanten unterschiedlicher Umwelt- und Klimaschutzorganisationen, fünf Wissenschaftler:innen. Den Vorsitz führt ein Repräsentant einer auf nachhaltige Investitionen spezialisierten Vermögensmanagementgesellschaft, der damit als einziger für die Finanzbranche spricht.[83]

Die Plattform und ihre Arbeitsgruppen haben ihre Tätigkeiten im Oktober 2020 aufgenommen.[84] Bis zu diesem Zeitpunkt, zu dem die Arbeiten an der DelVO zu den Umweltzielen Klimaschutz und Klimaanpassung bereits weit fortgeschritten waren, hatte die „Technical Expert Group on Sustainable Finance" (TEG) die Aufgaben der Plattform als deren institutionelle Vorgängerin wahrgenommen. Es war daher auch die TEG, die den Bericht verfasst hat, auf den sich die DelVO im Wesentlichen stützt.[85] Die TEG hatte 35 Mitglieder. Der Arbeitsgruppe, die einen detaillierten Vorschlag dafür ausgearbeitet hat, was einen „wesentlichen Beitrag" zum Klimaschutz bzw. zur Anpassung an den Klimawandel in verschiedenen Branchen ausmacht, gehörten 19 Personen an: Neben sieben Vertreter:innen von Finanzunternehmen und Börsen haben sieben Vertreter:innen europäischer Einrichtungen (EZB, EIOPA, EIB, EEA), drei Vertreter:innen von KlimaschutzNGOs und je eine Vertreter:in eines realwirtschaftlichen Unternehmens und eines Think Tanks mitgearbeitet.[86]

Der TEG-Entwurf wurde dann in drei Schritten in einen Verordnungsentwurf der KOM überführt: Zweimal wurde die allgemeine Öffentlichkeit zur Stellungnahme aufgefordert.[87] Parallel hat die TEG rund 200 von ihr ausgewählte Sachverständige konsultiert und zudem einen Austausch mit den Vertreter:innen der betroffenen Wirtschaftsbranchen organisiert.[88] Der abschließende TEG-Bericht wurde mit der Sachverständigengruppe

---

83 S. zu Zusammensetzung und Arbeitsweise der Plattform https://ec.europa.eu/info/business-economy-euro/banking-and-finance/sustainable-finance/overview-sustainable-finance/platform-sustainable-finance_en#who.

84 Die konstituierende Sitzung fand am 15./16. Oktober 2020 statt, https://ec.europa.eu/info/business-economy-euro/banking-and-finance/sustainable-finance/overview-sustainable-finance/platform-sustainable-finance_en#more.

85 *TEG*, Final report of the TEG on Sustainable Finance, 2020.

86 S. *TEG*, Final report of the TEG on Sustainable Finance, 2020, S. 64 f.

87 Dieser Aufforderung sind 257 bzw. 830 Personen und Institutionen mit heterogenen fachlichen und institutionellen Hintergründen nachgekommen, s. den Vorschlag für die DelVO, C(2021) 2800 final, S. 3.

88 Vorschlag für die DelVO, C(2021) 2800 final, S. 3.

der Mitgliedstaaten erörtert. Darauf aufbauenden erarbeitete und legte die KOM schließlich ihren Entwurf der DelVO vor.[89]

Zu diesem Verordnungsentwurf nahmen im Rahmen einer öffentlichen Konsultation wiederum fast 47.000 Personen und Organisationen Stellung.[90] Der Entwurf wurde zudem mit der Plattform diskutiert, die zwischenzeitlich an die Stelle der TEG getreten war, und mit der Sachverständigengruppe der Mitgliedstaaten beraten.[91]

Im Zuge dieser letzten Beratungen mit der Sachverständigengruppe wurden die Voraussetzungen für die Qualifikation einer Wirtschaftstätigkeit als nachhaltig an einigen Stellen substantiell modifiziert.[92] Daraufhin setzten fünf Umweltschutz-NGOs ihre Mitwirkung an der Plattform zwischenzeitlich aus.[93] Sie wandten sich mit diesem Schritt gegen die als „unwissenschaftlich" und „politisiert" kritisierten Modifikationen des Entwurfs, die dem Druck einzelner Mitgliedstaaten geschuldet seien und sich in Widerspruch setzten zu den Erkenntnissen der Umweltwissenschaften.[94]

Die Ausarbeitung der Nachhaltigkeitskriterien wurde nicht nur durch Verfahrensvorgaben strukturiert. In Art. 19 Abs. 1 TaxVO ist zudem eine Reihe von abstrakten materiellen Anforderungen an die Bewertungskriterien normiert, die für die Auswahl und die Rezeptionsfähigkeit extrajuridischer Wissensbestände von Bedeutung sind. So müssen die Nachhaltigkeitskriterien vor allem auf „schlüssigen wissenschaftlichen Erkenntnis-

---

89 Zum TEG-Bericht als Grundlage des DelVO-Entwurfs s. Vorschlag für die DelVO, C(2021) 2800 final, S. 7.

90 Vorschlag für die DelVO, C(2021) 2800 final, S. 3. 98 % der Rückmeldungen stammten von privaten EU-Bürger:innen (davon 72 % aus DE und FR), 0,8 % Unternehmensverbände, 0,6 % Wirtschaftsverbände, 0,3 % NGOs, 0.08 % Universitäten/Forschungseinrichtungen, 0.08 % Umweltorganisationen, s. https://ec.europa.eu/info/law/better-regulation/have-your-say/initiatives/12302-Nachhaltiges-Finanzwesen-EU-Klassifizierungssystem-fur-grune-Investitionen/feedback_de?p_id=16015203.

91 Vorschlag für die DelVO, C(2021) 2800 final, S. 3 f.

92 Vorschlag für die DelVO, C(2021) 2800 final, S. 4, sowie Anhang 2.10 zur Folgenabschätzung der DelVO; Kurzprotokolle der insoweit relevanten Treffen Nr. 10-15 der Sachverständigengruppe, speziell des Treffens Nr. 13, sind abrufbar unter https://ec.europa.eu/transparency/expert-groups-register/screen/expert-groups/consult?do=groupDetail.groupDetail&groupID=3603.

93 *Simon*, NGOs walk out on EU green finance group over forestry, bioenergy rules, Euractiv vom 22.4.2021. WWF, Transport & Environment (T&E), BirdLife, BEUC und ECOS haben die Plattform einstweilen verlassen.

94 S. z.B. die Pressemitteilung des WWF zu seiner Entscheidung, die Arbeit an der Plattform auszusetzen, vom 21.04.2021, https://www.wwf.eu/?uNewsID=3125966.

se[n]" beruhen, „sowohl die kurzfristigen als auch die langfristigen Auswirkungen ein bestimmten Wirtschaftstätigkeit" auf ein Umweltziel berücksichtigen und zugleich aber auch „die potenziellen Auswirkungen des Übergangs zu einer nachhaltigeren Wirtschaft auf den Markt berücksichtigen".[95] Die Definitionen sollen dabei in erster Linie „quantitativer Art sein und Schwellenwerte enthalten" und „dem Lebenszyklus" von Wirtschaftstätigkeiten, Produkten und Dienstleistungen Rechnung tragen.

Die KOM hat ihren abschließenden Vorschlag einer DelVO am 4. Juni 2021 vorgelegt[96]. Er tritt in Kraft, wenn das Europäische Parlament und der Rat ihr Einverständnis erteilen oder innerhalb von vier Monaten keine Einwände erheben.[97] Die im Verordnungsvorschlag enthaltenen Nachhaltigkeitsdefinitionen erfassen bis zu dreizehn Branchen, die zusammen für fast 80 % der Treibhausgasemissionen in der EU verantwortlich sind.[98] Wie detailliert die Regelungen gefasst wurden und dass dabei in quantitativ wie qualitativ ganz erheblichem Ausmaß extrajuridisches Wissen rezipiert werden musste, lässt sich beispielhaft anhand des folgenden, zufällig ausgewählten Ausschnitts aus der Liste der technischen Kriterien für die Bewertung des Beitrags zum Klimaschutz ersehen:

Anhang I zur VO / Abschnitt 3 – Verarbeitendes Gewerbe / Herstellung von Waren

3.5 – Herstellung von energieeffizienten Gebäudeausrüstungen
Wesentlicher Beitrag zum Klimaschutz
Im Rahmen der Wirtschaftstätigkeit werden eines oder mehrere der folgenden Produkte und ihre wichtigsten Bestandteile hergestellt:

(a) Fenster mit einem U-Wert von höchstens 1,0 W/m2K;
(b) Türen mit einem U-Wert von höchstens 1,2 W/m2K;
(c) Außenwandsysteme mit einem U-Wert von höchstens 0,5 W/m2K;
(d) Dachsysteme mit einem U-Wert von höchstens 0,3 W/m2K;
(e) Wärmedämmprodukte mit einem Lambdawert von höchstens 0,06 W/mK;
(f) Haushaltsgeräte, die gemäß der Verordnung (EU) 2017/1369 des Europäischen Parlaments und des Rates sowie der auf der Grundlage

95 Art. 19 Abs. 1 lit. a, f, i TaxVO.
96 C(2021) 2800 final.
97 Art. 290 Abs. 2 UAbs. 1 lit. b AEUV i.V.m. Art. 23 Abs. 6 TaxVO.
98 S. https://ec.europa.eu/commission/presscorner/detail/de/qanda_21_1805.

dieser Verordnung erlassenen delegierten Rechtsakte in die beiden höchsten Produkte enthaltenden Energieeffizienzklassen fallen;
(g) Lichtquellen, die gemäß der Verordnung (EU) 2017/1369 des Europäischen Parlaments und des Rates sowie der auf der Grundlage dieser Verordnung erlassenen delegierten Rechtsakte in die beiden höchsten Produkte enthaltenden Energieeffizienzklassen eingestuft wurden;
(h) Raumheizungen und Warmwasserbereitungsanlagen, die gemäß der Verordnung (EU) 2017/1369 des Europäischen Parlaments und des Rates sowie der auf der Grundlage dieser Verordnung erlassenen delegierten Rechtsakte in die beiden höchsten Produkte enthaltenden Energieeffizienzklassen eingestuft wurden;
(i) Kälte- und Lüftungssysteme, die gemäß der Verordnung (EU) 2017/1369 des Europäischen Parlaments und des Rates sowie der auf der Grundlage dieser Verordnung erlassenen delegierten Rechtsakte in die beiden höchsten Produkte enthaltenden Energieeffizienzklassen eingestuft wurden;
(j) Anwesenheitserfassung und Tageslichtsteuerung für Beleuchtungssysteme;
(k) Wärmepumpen, die den technischen Bewertungskriterien in Abschnitt 4.16 dieses Anhangs entsprechen;
(l) Fassaden- und Dachelemente mit Sonnenschutz- oder Sonnenregulierungsfunktion, einschließlich solcher, die das Pflanzenwachstum unterstützen;
(m) energieeffiziente Systeme für die Gebäudeautomatisierung und -steuerung für Wohn- und Nichtwohngebäude;
(n) zonierte Thermostate und Geräte für die intelligente Überwachung der wichtigsten Strom- oder Wärmelasten in Wohngebäuden sowie Sensorgeräte;
(o) Produkte für Wärmemessung und Thermostatregelung in Haushalten, die an Fernwärmesysteme angeschlossen sind, für Wohneinheiten, die an Zentralheizungen für ein ganzes Gebäude angeschlossen sind, und für Zentralheizungsanlagen;
(p) Fernwärmetauscher und -übergabestationen, die sich für die Fernwärme-/Fernkälteverteilung gemäß Abschnitt 4.15 dieses Anhangs eignen;
(q) Produkte für die intelligente Überwachung und Regulierung von Heizungsanlagen, sowie Sensorgeräte.

Entsprechend ausführliche Kriterien zur Bewertung der Beiträge zu Klimaschutz und Klimawandelanpassung werden für dreizehn Branchen und ihre jeweiligen Haupttätigkeitsbereiche auf insgesamt rund 550 Seiten entfaltet.

b. Wissensordnung

aa. Extrajuridische Andockstellen. Das Erschließen, Rezipieren und Verarbeiten extrajuridischer Wissensbestände war eine, wenn nicht die zentrale Funktion des Verfahrens zum Erlass der DelVO. Wie schon bei den Arbeiten an der Grundverordnung nutzte die KOM eine Vielzahl extrajuridischer Quellen als Andockstellen und befragte sie nach ihrer Expertise. Über die Mitglieder der Plattform bzw. der TEG wurde ökonomisches Erfahrungswissen, praxisorientiertes und wissenschaftliches Klimawissen erschlossen. Plattform bzw. TEG berieten sich ihrerseits wieder mit einer großen Gruppe von Sachverständigen, über deren Qualifikationen und disziplinäre Hintergründe jedoch leider nichts bekannt ist.

Auffällig ist insoweit zum einen, dass TEG und Plattform als institutionelle Äquivalente verstanden werden, obwohl sie mit Blick auf die Expertise, die ihre Mitglieder einbringen, nicht vergleichbar sind: Die Plattform ist mehrheitlich mit Vertreter:innen von Klimaschutz-NGOs und Wissenschaftler:innen besetzt. Ökonomisches Erfahrungswissen wird von realwirtschaftlichen Unternehmen eingebracht. Demgegenüber dominierte in der Arbeitsgruppe der TEG, deren Bericht den Verordnungsentwurf maßgeblich geprägt hat, die praktische Expertise der Finanzwirtschaft. Erfahrungen der Realwirtschaft wurden nur von einer Vertreterin der Immobilienwirtschaft eingespeist, Klimawissen von drei NGOs und einem Think Tank, wissenschaftliches Wissen im engeren Sinne wurde jedenfalls nicht von den Mitgliedern der TEG selbst eingebracht. Gegenstand von Kritik war diese Diskrepanz bisher gleichwohl nicht. Das überrascht insofern, als die Zusammensetzung von Plattform und TEG durchaus öffentliche Aufmerksamkeit erhalten haben und es für die DelVO und ihre Auswirkungen auf die Praxis von kaum zu überschätzender Bedeutung ist, wie die unterschiedlichen Wissensbestände gewichtet werden.

Bemerkenswert ist zum anderen, dass praktisches Wissen und Erfahrungswissen zwar zu beiden Bereichen – Wirtschaft und Klima – abgefragt werden; wissenschaftliches Wissen hingegen wurde – soweit ersichtlich – nur für die Gegenstände Klimaschutz und Klimaanpassung rezipiert, nicht aber, um die ökonomischen Voraussetzungen und Wirkungen der Kategorisierungen zu erschließen.

bb. Qualität des transferierten Wissens. Erstaunlich ist das nicht zuletzt, weil die Qualität des durch die delegierte Verordnung zu rezipierenden Wissens – anders als im Fall der TaxVO – nicht nur indirekt durch das Erlassverfahren und die Zusammensetzung der Beratungsgremien geregelt, sondern auch unmittelbar durch die Vorgaben des Art. 19 Abs. 1 TaxVO bestimmt wurde bzw. werden sollte. Art. 19 Abs. 1 TaxVO verlangt ohne thematische Begrenzung „schlüssige wissenschaftliche Erkenntnisse“ als Basis für die delegierte Verordnung.[99] Mit dieser Vorgabe war bzw. ist die Besetzung von TEG bzw. Plattform nur vereinbar, wenn das Defizit im Bereich ökonomischen wissenschaftlichen Wissens durch die Auswahl der von den beiden Gremien hinzugezogenen weiteren Sachverständigen kompensiert wurde.[100]

cc. Andockstellen im juristischen System. Da die mit Expert:innen besetzte TEG bzw. Plattform selbst wiederum Sachverständige anhören kann und angehört hat, erfüllt sie im Prozess des Transfers und der Transformation extrajuridischen Wissens eine doppelte Aufgabe: Sie fungiert als Andockstelle außerhalb wie innerhalb des juristischen Systems.

dd. Prozess der Transformation. Plattform bzw. TEG nehmen zudem eine zentrale Rolle im Prozess der Transformation ein. Zwar zeichnen sie nicht unmittelbar dafür verantwortlich, Klima- und ökonomisches Wissen in den Entwurf eines Rechtstextes und damit in das juristische System zu überführen – das obliegt der KOM. Aber gleichwohl sind es in erster Linie TEG bzw. Plattform, die extrajuridische Erkenntnisse zusammenführen, auswählen, gewichten und zu rechtlichen Kategorien formen.

Neben den Beratungsgremien haben sich die KOM und die Sachverständigengruppe der Mitgliedstaaten in den Transformationsprozess eingeschaltet und ihre Voten dabei – soweit ersichtlich – inhaltlich in erster Linie daran orientiert, welche Auswirkungen die vorgeschlagenen Kriterien auf die jeweilige nationale Wirtschaft haben würden.[101] Vor allem an dieser Einflussnahme auf den Rezeptionsvorgang entzündet sich derzeit die Kritik an der DelVO. Der WWF etwa, der seine Mitwirkung an den Arbeiten der Plattform zwischenzeitlich ausgesetzt hatte, ist der Auffassung, dass beispielsweise mit der Qualifikation von Holzverbrennung als

---

99 Art. 19 Abs. 1 lit. f TaxVO.

100 Mangels öffentlich verfügbarer Informationen über die „über 200 weiteren Sachverständigen“, mit denen die TEG zusammengearbeitet hat (Vorschlag für die DelVO, C[2021] 2800 final, S. 3), lässt sich dies hier nicht abschließend beurteilen.

101 S. die Kurzprotokolle zu den Treffen, abrufbar unter https://ec.europa.eu/transparency/expert-groups-register/screen/expert-groups/consult?do=groupDetail.groupDetail&groupID=3603, sowie die Berichte über die Diskussionen zitiert von *Simon*, NGOs walk out on EU green finance group over forestry, bioenergy rules, Euractiv vom 22.4.2021.

nachhaltige Energiegewinnung, die auf Druck insbesondere von Finnland und Schweden und gegen die Empfehlung der Plattform aufgenommen wurde, „die Idee der Ausrichtung von Kapitalflüssen an klaren und glaubwürdigen Kriterien [...] gescheitert" ist.[102]

Nach dem von mir vorgeschlagenen analytischen Konzept ergibt sich aus der staatlichen Aufgabe, die mit einer Rechtsnorm erfüllt werden soll, die juristische Eigenrationalität, die es bei der Rezeption zu wahren gilt.[103] Übergreifendes Ziel der europäischen Taxonomie ist es, einen funktions- und leistungsfähigen Finanzbinnenmarkt in den Dienst (auch) der ökologischen Nachhaltigkeit zu stellen. Es geht nicht nur darum, Greenwashing zu verhindern, die Vergleichbarkeit von Nachhaltigkeitsbewertungen zu sichern und damit ein level playing field sowie eine verlässliche Informationsgrundlage für Kapitalmarktakteure zu schaffen. Dafür wäre im Prinzip schon die Einführung verbindlicher Bewertungskriterien als solche, d.h. unabhängig von der inhaltlichen Ausgestaltung dieser Kriterien ausreichend und eine Ausrichtung an nationalen Präferenzen im Prinzip unschädlich. Mit der Taxonomie verfolgt der europäische Gesetzgeber darüber hinaus aber auch ein ökologisches Ziel: Kapital soll für den Klimaschutz und die Klimaanpassung genutzt werden.[104] Diese letztere Aufgabe setzt voraus, dass die als wesentliche Beiträge zum Erreichen dieser Ziele eingestuften Wirtschaftstätigkeiten nach dem Stand der klimawissenschaftlichen Forschung auch tatsächlich zum Schutz des Klimas beitragen können. Insoweit ist daher keinen Raum für politische Wertungen und nationale Präferenzen.

Dass die TaxVO selbst die Einbindung der Sachverständigengruppe vorsieht und ihr u.a. die Beratung „zu den [...] technischen Bewertungskriterien" überträgt,[105] steht dazu nicht im Widerspruch. Die von den Mitgliedstaaten entsandten Expert:innen sind als Andockstellen zu verstehen, mit deren Hilfe die KOM nationales Erfahrungswissen erschließt. Im Prozess der „steuernden Rezeption"[106] und Transformation des extrajuridischen

---

102 https://www.wwf.de/2021/april/eu-taxonomie-grosse-chance-verschenkt.

103 S.o. unter I. vor Fn. 14.

104 S.o. III.1.

105 Art. 24 Abs. 1 TaxVO.

106 *Schmidt-Preuß*, Verwaltung und Verwaltungsrecht zwischen gesellschaftlicher Selbstregulierung und staatlicher Steuerung, VVDStRL 56 (1997), S. 160 (203), freilich mit Blick auf die Rezeption von „allgemein anerkannten Regeln der Technik"; an der praktischen Möglichkeit einer steuernden Rezeption zweifelnd *S. Augsberg*, Rechtsetzung zwischen Staat und Gesellschaft, 2003, S. 196 ff.

Wissens können sie jedoch keine Funktion haben, solange man an den Zielen der TaxVO festhält.

4. Rechtsanwendung

Nach Art. 21 TaxVO kontrollieren mitgliedstaatliche Behörden, in Deutschland die BaFin, die Einhaltung der TaxVO und der DelVO. Raum für die Rezeption extrajuridischen Wissens bleibt im Rahmen dieses Rechtsanwendungs- und Aufsichtsverfahrens kaum. Es ist kognitiv geschlossen. Zwar müssen die Unternehmen, die an die TaxVO gebunden sind,[107] eine enorme Datenmenge erheben, verarbeiten und übermitteln.[108] Aber insoweit handelt sich nicht um außerjuridische Wissensbestände im Sinne dieses Beitrags. Denn Datenerhebung und -verarbeitung werden durch das Finanzmarktrecht angeleitet, bei dem zu produzierenden Wissen handelt es sich daher um juristische Informationen. Insofern unterscheidet sich die mit der TaxVO etablierte Wissensordnung grundlegenden von der mit dem EZB-Leitfaden zu Klima- und Umweltrisiken geschaffenen.

IV. Der „Leitfaden zu Klima- und Umweltrisiken" als Aufforderung zur Rezeption außerjuridischen Wissens

1. Ziel: Stabilität des Finanzsystems sichern

Wenn von der Notwendigkeit die Rede ist, das Finanzsystem nachhaltig zu gestalten, dann geht es nicht allein um Initiativen, die – wie die EU-Taxonomie – Finanzmittel für Maßnahmen zum Klimaschutz oder zur Klimaanpassung mobilisieren sollen. Finanzinstitute müssen auch ihrerseits auf die Veränderungen vorbereitet werden, die durch den Klimawandel ausgelöst werden. Das bedeutet vor allem, dass Klimarisiken bei der Beurteilung und Sicherung der Risikotragfähigkeit eines Instituts berücksichtigt werden müssen. Der Klimawandel betrifft Banken insoweit in erster Linie

---

107 Dies sind nach Art. 1 Abs. 2 lit. b TaxVO Finanzmarktteilnehmer, die Finanzprodukte bereitstellen, sowie alle Unternehmen, die nach der CSR-Richtlinie zur Nachhaltigkeitsberichterstattung verpflichtet sind, i.e. gem. § 289b, 315b HGB große (i.S.d. § 267 III 1 HBG), kapitalmarktorientierte Kapitalgesellschaften und Konzerne mit mehr als 500 Mitarbeiter:innen.

108 S. hierzu z.B. *Krakuhn/Hoffmann/Lothholz*, IRZ 2020, S. 563 (565 ff.).

mittelbar, insbesondere indem er die Rentabilität solcher Wirtschaftstätigkeiten beeinträchtigt, für die Kreditinstitute Geld bereitstellen, oder indem er den Wert von Vermögenspositionen der Institute mindert. Diese Veränderungen können jeweils durch physische Risiken (wie z.B. Dürren oder Hochwasserereignisse) oder durch transitorische Risiken (etwa die Neuregelung von Energieeffizienzstandards oder das schwindende Interesse an Verbrennungsmotoren) ausgelöst werden. Hinzu kommen Reputations- und Haftungsrisiken.[109]

Die Bankenaufsicht muss diese Risiken u.a. bei der Konkretisierung jener aufsichtlichen Vorgaben in Rechnung stellen, mit denen die Stabilität der einzelnen Institute sowie des Finanzsystems insgesamt gesichert und An- und Einleger geschützt werden sollen. Dazu muss sie die so genannte „Tragedy of the Horizons“[110] überwinden und den klassischerweise nur auf die nächsten ein bis zwei Jahre fokussierten Aufsichtsblick weiter in die Zukunft richten, um in die Risikobewertung einstellen zu können, wie der Klimawandel die Finanzinstitute betreffen wird, bevor es für eine Anpassung zu spät ist.

Klimarisiken sind für alle drei Säulen der Bankenaufsicht von Bedeutung: Sie müssen in die Kalkulation von Eigenkapital- und Liquiditätsanforderungen einbezogen werden. Die internen Governance- und Risikomanagementsysteme einschließlich der Stresstests müssen Klimarisiken erfassen, und schließlich müssen Banken die Klimarisiken, denen sie ausgesetzt sind, offenlegen.

In ihrem „Leitfaden zu Umwelt- und Klimarisiken“ beschreibt die EZB in ihrer Funktion als Bankenaufsichtsbehörde nun erstmals, welche Maßnahmen zur Anpassung an den Klimawandel sie in zwei dieser drei Bereiche – interne Governance- und Risikomanagementsysteme sowie Offenlegung – von den ihrer Aufsicht unterstellten Banken erwartet. Der Leitfaden soll der EZB als „Basis für den aufsichtlichen Dialog“[111] dienen und lässt sich auch als aufsichtliche Anleitung für die Auslegung der einschlägigen Regelungen verstehen. Er ist für die Institute nicht bindend, enthält aber „Hinweise auf die […] Verwaltungspraxis“ und ist der Ver-

---

109 S. für einen typisierenden Überblick über die klima- und umweltbezogenen Risiken für Banken EZB, Leitfaden zu Klima- und Umweltrisiken, 2020, S. 13.

110 Der Begriff geht auf *Mark Carney* zurück und soll auf die Notwendigkeit aufmerksam zu machen, Finanz- und Geldpolitik zum Zwecke des Klimaschutzes und der Klimaanpassung in längeren als den traditionellen Zwei- bis Fünfjahreszyklen zu denken, s. *Carney*, Breaking the tragedy of the horizon – climate change and financial stability. Speech at Lloyd's of London, 29.9.2015.

111 *EZB*, Leitfaden zu Klima- und Umweltrisiken, 2020, S. 4.

waltungsvorschrift des deutschen Rechts verwandt. Die Verwaltung selbst kann von den Vorgaben eines Leitfadens nicht ohne Angabe von Gründen abweichen.[112] Faktisch entfalten die Leitfäden auch für die Institute eine weitreichende Bindungswirkung. Denn im Interesse eines guten Verhältnisses zu ihren Aufseher:innen richten sich die Institute typischerweise auch nach den rechtlich nicht verbindlichen Vorgaben der Aufsicht. [113]

Den Inhalt ihres Leitfadens fasst die EZB selbst wie folgt zusammen:

> „Im vorliegenden Leitfaden wird dargelegt, *wie* Klima- und Umweltrisiken nach Auffassung der EZB im Kontext des derzeitigen Aufsichtsrahmens sicher und umsichtig gesteuert werden sollten. Zudem wird in ihm beschrieben, *wie* Institute Klima- und Umweltrisiken als Treiber bestehender Risikokategorien nach Ansicht der EZB bei der Festlegung und Umsetzung ihrer Geschäftsstrategie sowie ihrer Rahmenwerke für Governance und Risikomanagement berücksichtigen sollten. Weiterhin wird erörtert, *wie* Institute nach Auffassung der EZB transparenter werden sollten, indem sie die Offenlegung von Informationen zu Klima- und Umweltthemen verbessern."[114] (Herv. AK)

Diese Beschreibung ist für die Untersuchung der impliziten Wissensordnung des klimabezogenen Bankenaufsichtsrechts insofern von besonderem Interesse, als sie die Annahme nahelegt, die EZB habe die erforderlichen Informationen über Klimarisiken und ihre Relevanz für Kreditinstitute im Zuge der Ausarbeitung des Leitfadens erhoben, gewichtet und in Aufsichtsanforderungen transformiert. Das ist jedoch nicht der Fall. Anders als angekündigt, beschränken sich die Ausführungen der EZB im Kern darauf, die Kreditinstitute dazu aufzufordern, das relevante Klimawissen zu identifizieren und zu erheben und zunächst selbstständig in rechtliche Kategorien zu überführen: „Institute sollen die kurz-, mittel- und langfristigen Auswirkungen von Klima- und Umweltrisiken auf ihr Geschäftsumfeld verstehen, damit sie fundierte strategische und geschäftliche Entscheidungen treffen können."[115] Das Leitungsorgan sollte „bei der Entwicklung der allgemeinen Geschäftsstrategie, der Geschäftsziele und des Rahmenwerks für das Risikomanagement […] Klima- und Umweltzie-

---

112 S. EuGH, verb. Rs. C-189/02 P, C-202/02 P, C-205/02 P bis C-208/02 P und C-213/02 P, Urt. v. 28.6.2005, Rn. 209.

113 Vgl. *Röhl*, in: Fehling/Ruffert (Hrsg.), Regulierungsrecht, 2010, § 18 Rn. 66; *Kaufhold*, in: Schmidt/Wollenschläger (Hrsg.), Kompendium Öffentliches Wirtschaftsrecht, ^{5}2019, § 14 Rn. 42.

114 *EZB*, Leitfaden zu Klima- und Umweltrisiken, 2020, S. 3 f.

115 *EZB*, Leitfaden zu Klima- und Umweltrisiken, 2020, Erwartung Nr. 1, S. 17.

le berücksichtigen und auch effektiv überwachen".[116] „Für die Zwecke ihrer regulatorischen Offenlegung sollten Institute aussagekräftige Informationen und zentrale Kennzahlen zu den Klima- und Umweltrisiken veröffentlichen, die sie als wesentlich erachten."[117] Als Hilfestellung wird grob umrissen, was ganz allgemein unter physischen und transitorischen Klimarisiken zu verstehen ist und wie sich diese Risiken auf die Geschäftstätigkeit von Banken auswirken könnten.[118] Aber *wie* Banken die für sie bestehenden Klimarisiken identifizieren, bewerten und berücksichtigen können und sollen – welche Datensätze sie wie auswerten, in ökonomische Kennzahlen übersetzen und dann mit welchem Gewicht in (bestehende oder neu zu entwickelnde?) Verfahren und Modelle integrieren sollen –, gibt der Leitfaden nur in Ansätzen und nur ganz vereinzelt vor.[119] Anhand von insgesamt zehn „Praxisbeispielen" wird aufgezeigt, wie einzelne Kreditinstitute Klimarisiken in der Vergangenheit schon Rechnung getragen haben. Diese Beispiele aber „sind weder zwangsläufig übertragbar, noch erfüllen sie zwingend alle aufsichtlichen Erwartungen"[120]. Ob die Anpassungsmaßnahmen der Banken eine ausreichende Risikovorsorge garantieren, wird die EZB vielmehr erst im Rahmen des aufsichtlichen Überprüfungsverfahrens bewerten.

Die Rezeption außerjuridischen Wissens über Klimarisiken und ihre Bedeutung für den Bankensektor wird damit im Kern auf die Rechtsanwendungsebene und dort auf die zu kontrollierenden Institute verlagert. Die von den Banken entwickelten regulatorischen Strategien sollen erst „im Laufe der Zeit" in den aufsichtlichen Ansatz der EZB übernommen werden.[121]

---

116 *EZB*, Leitfaden zu Klima- und Umweltrisiken, 2020, Erwartung Nr. 3, S. 22.

117 *EZB*, Leitfaden zu Klima- und Umweltrisiken, 2020, Erwartung Nr. 13, S. 49.

118 *EZB*, Leitfaden zu Klima- und Umweltrisiken, 2020, S. 11 ff.

119 So wird z.B. vorgegeben, dass die Auswirkungen des Klimawandels auf das Geschäftsumfeld mit Hilfe „granularer Ansätze" zugeordnet werden soll und dass auch Entwicklungen zu berücksichtigen sind, die erst in mehr als fünf Jahren zu erwarten sind, s. *EZB*, Leitfaden zu Klima- und Umweltrisiken, 2020, S. 18, 20.

120 *EZB*, Leitfaden zu Klima- und Umweltrisiken, 2020, S. 7.

121 *EZB*, Leitfaden zu Klima- und Umweltrisiken, 2020, S. 4.

2. *Rechtsetzung: Verzicht auf extrajuridische Expertise*

a. *Rechtsordnung*

Dem entspricht es, dass der Leitfaden im Wesentlichen aufsichtsintern und ohne Beteiligung von Beratungsgremien ausgearbeitet wurde. Die EZB hat ihn in Zusammenarbeit mit den nationalen Aufsichtsbehörden erstellt[122] und anschließend über eine öffentliche Konsultation und Konferenzen knapp 50 Stellungnahmen von (Banken)Verbänden, (wissenschaftlichen) Beratungseinrichtungen und Kreditinstituten zu ihrem Entwurf eingeholt. Zudem hat sie ausgewählte Institute mit besonderer Bedeutung für den europäischen Bankenmarkt dazu befragt, wie sie mit Klimarisiken umgehen.[123]

Soweit sie einzelne Abschnitte und Erwartungen des Leitfadens betrafen, hatten die Rückmeldungen ganz überwiegend (vermeintliche oder tatsächliche) Unklarheiten oder eine (behauptete) mangelhafte Abstimmung der EZB-Vorgaben mit anderen europäischen Rechtsakten oder internationalen Standards zum Gegenstand.[124] Nur vereinzelt wurde inhaltlich zur Qualität der zu erfassenden Risiken und möglichen Risikobewertungsverfahren Stellung genommen.[125]

Für den vorliegenden Zusammenhang sind insbesondere die übergreifenden Anmerkungen zum Leitfaden insgesamt sowie die jeweilige Replik der EZB von Interesse. Die EZB wurde wiederholt und ausdrücklich aufgefordert, selbst eine Methodologie zur Erfassung und Bewertung von Klimarisiken zu erarbeiten und sich insoweit nicht vollständig auf die ihrer Aufsicht unterstellten Banken zu verlassen.[126] Sie hat sich diese Anregung bisher nicht zu eigen gemacht: Die Methoden und Verfahren für das Management von Klima- und Umweltrisiken entwickelten sich rasch weiter. Man arbeite an einem eigenen Ansatz. Die Verantwortlichkeit für das Risikomanagement liege aber in erster Linie bei den Instituten.[127]

---

122 S. *Enria*, ECB Banking Supervision's approach to climate risks. Keynote speech at the European Central Bank Climate and Environmental Risks Webinar, 17.6.2020.

123 *EZB*, Leitfaden zu Klima- und Umweltrisiken, 2020, S. 15 mit Fn. 27. Die konsultierten Institute hielten zurzeit der Befragung rund 44 % der Bankaktiva im Euroraum.

124 S. z.B. *ECB*, Feedback statement, 2020, S. 9 ff., Table 4 und Table 5.

125 S. z.B. *ECB*, Feedback statement, 2020, S. 9 Nr. 26, 28.

126 S. *ECB*, Feedback statement, 2020, S. 4 ff., z.B. Nr. 5, 11, 12, 17.

127 S. *ECB*, Feedback statement, 2020, S. 6 f., Antworten auf die generic comments Nr. 11 und 12. Das ist umso erstaunlicher, als die EZB im September 2021 die

b. Wissensordnung

Erst mit dem Konsultationsverfahren zu dem bereits ausformulierten Entwurf eines Leitfadens – also zu einem sehr späten Zeitpunkt im Verfahren – hat die EZB den Anschluss an außerjuridische Wissensquellen gesucht. Dabei hat sie den Kreis möglicher Andockstellen nicht von sich aus begrenzt und sich im Prinzip für alle Wissensarten und -formen geöffnet. Von welcher Qualität das Wissen ist, das auf diesem Wege tatsächlich erfragt wurde, hängt dann entscheidend von dem Gegenstand ab, der zur Diskussion gestellt wird, und von den hierzu formulierten Fragen. Die EZB hat ganz allgemein um die Erörterung eines juristischen Dokuments gebeten, ohne Nachfragen z.B. zu den von ihr zugrunde gelegten ökonomischen oder klimawissenschaftlichen Annahmen zu stellen. Daher überrascht es nicht, dass sie über die Konsultation im Ergebnis praktisch ausschließlich juridisches Wissen erschlossen hat. Stellungnahmen zur Qualität der Begriffe und ihrer Vereinbarkeit mit Definitionen in anderen Rechtsakten, zum Anwendungsbereich des Leitfadens oder zur Notwendigkeit der Unterscheidung weiterer Risikokategorien bauen zwar ihrerseits regelmäßig auf (explizitem oder implizitem) ökonomischem und/oder Klimawissen auf. Diese extrajuridischen Informationen sind jedoch nicht als solche, sondern erst nach ihrer Transformation in juridisches Wissen, also in verarbeiteter Form übermittelt worden. Die EZB selbst hat auch über die Konsultation kein außerjuridisches Wissen über Klimarisiken rezipiert (oder dies jedenfalls nicht in einer für die Öffentlichkeit einsehbaren Form getan).

3. Rechtsanwendung: Rezeption ohne Filter

a. Rechtsordnung

Ob die Kreditinstitute den Erwartungen an die Klimarisikovorsorge gerecht werden, die sich aus dem materiellen Aufsichtsrecht i.V.m. dem „Leitfaden Umwelt- und Klimarisiken“ ergeben, wird von der EZB im

---

Ergebnisse eines gesamtwirtschaftlichen Klimastresstests veröffentlicht hat, der die Auswirkungen des Klimawandels auf mehr als vier Millionen Unternehmen weltweit und 1 600 Banken im Euro-Währungsgebiet zum Gegenstand hatte und für den u.a. Klimaszenarien in Risiken für Banken „übersetzt“ wurden, s. *EZB*, ECB economy-wide climate stress test, 2021.

Rahmen der laufenden Aufsicht überwacht. Den Kern dieser kontinuierlichen Kontrollen bildet der mindestens jährlich durchzuführende Überprüfungs- und Bewertungsprozess (Supervisory Review and Evaluation Process, SREP). Die EZB ist für die Ausführung des SREP bei den „bedeutenden Kreditinstituten“[128] zuständig.[129] Das zentrale Ziel des SREP besteht darin, die Risiken, denen die einzelnen Banken ausgesetzt sind, zu beurteilen und zu messen. Zum Zweck der Risikobewertung übermitteln die Banken der EZB in großem Umfang Daten und Informationen zu ihren Geschäften und ihren Governance-Strukturen. Diese Daten werden dann jedoch nicht schlicht von der EZB geprüft und zur Grundlage eines Aufsichtsbeschlusses gemacht. Vielmehr schließt sich ein ausführlicher aufsichtlicher Dialog an zwischen dem Aufsichtsteam, das für jedes Institut gesondert aufgestellt wird (Joint Supervisory Team, JST)[130], und Bankmitarbeiter:innen aller Hierarchiestufen. Mindestens einmal im Jahr trifft das JST die Vorstandsvorsitzende, den Risiko- und den Finanzvorstand. Das Verfahren endet in der Regel mit einem Aufsichtsbeschluss, in dem die Maßnahmen (z.B. Kapitalerhöhungen oder Umgestaltungen von Verfahrensabläufen) aufgeführt sind, die das Kreditinstitut im darauffolgenden Jahr ergreifen muss.

Wie der SREP im Einzelnen ausgeführt wird, wo vertieft geprüft wird und Schwerpunkte gesetzt werden, wird zum einen durch die Aufsichtsprioritäten angeleitet, die jedes Jahr von der EZB bestimmt werden. 2021 sollen diejenigen Risiken im Vordergrund stehen, die sich aus den wirtschaftlichen Einbrüchen infolge der Corona-Pandemie ergeben, daneben Klimarisiken, Risiken im Zusammenhang mit Geldwäsche, schließlich Cyber- und Digitalisierungsrisiken. Die Aufsichtsintensität richtet sich zum anderen nach der Größe, der Komplexität und dem Risikoprofil eines Kreditinstituts. Je größer die Summe der Aktiva, je enger die Verflechtungen mit anderen Finanzakteuren und je risikobehafteter die Investitionen, desto intensiver die Kontrolle.

Der Leitfaden Klimarisiken soll die „Basis“ für diesen aufsichtlichen Dialog bilden. Die Institute müssen deshalb erläutern, „sauber dokumen-

---

128 S. zu den Kennzeichen eines bedeutenden Kreditinstituts Art. 4 Abs. 1 i.V.m. Art. 6 Abs. 4 SSM-VO.

129 Zur Verteilung der Kompetenzen zwischen EZB und nationalen Aufsichtsbehörden i.R.d. sog. Einheitlichen Aufsichtsmechanismus für Banken (SSM) zuletzt *Kaufhold*, in: Hufeld/Ohler (Hrsg.), EnzEuR, Bd. 9, 2021, § 17 Rn. 100 ff.

130 S. dazu z.B. *Kaufhold*, in: Hufeld/Ohler (Hrsg.), EnzEuR, Bd. 9, 2021, § 17 Rn. 19, 41.

tieren" und explizit ausweisen,[131] wie sie Klimarisiken mit ihren Risikovorsorgemaßnahmen Rechnung tragen.

b. Wissensordnung

aa. Extrajuridische Andockstellen. Das Verfahren der Bankenaufsicht wurde erstmals in den 2000er-Jahren kognitiv geöffnet, indem die von Banken intern entwickelten Risikomodelle als Grundlage für aufsichtliche Entscheidungen anerkannt wurden, soweit die Modelle einer prinzipiellen Eignungsprüfung der BaFin standhielten (sog. Internal Ratings Based Approach, IRBA).[132] Erschlossen wurde und wird mit diesem Verfahren der ökonomische Sachverstand international tätiger Großbanken. Denn nur diese verfügen über die erheblichen Ressourcen, die benötigt werden, um eigene Risikomodelle zu entwickeln und genehmigen zu lassen. Einen ähnlichen Effekt hat der nun mit dem Leitfaden speziell für die Klimarisiken verfolgte Ansatz: Auch hier nutzt die Bankenaufsicht im Prozess der Rechtsanwendung in erster Linie Großbanken als außerjuridische Andockstellen. Das ist zwar nicht Folge eines aufwendigen Genehmigungsverfahrens wie im Fall des IRBA, das sich allein große Kreditinstitute leisten können. Für die Ausarbeitung der Klimarisikomodelle hat die Aufsicht vielmehr bisher kaum Verfahrensvorgaben formuliert,[133] und die Modelle müssen vor ihrer Verwendung und Anerkennung durch die EZB auch nicht genehmigt werden. Selektiv wirkt hier aber die Entscheidung über die Verteilung der Aufsichtsressourcen: Intensiven Prüfungen sollen zuvorderst große, komplexe Bankhäuser mit einem hohen „intrinsische[n] Risikogehalt"[134] unterworfen werden. Die Verfahren zur Risikobewertung, -abwehr und -vorsorge, die diese Institute zur Erfüllung der im Leitfaden formulierten Erwartungen entwickelt haben, werden daher faktisch besondere Berücksichtigung finden und herausgehobenen Einfluss auf den aufsichtlichen Ansatz der EZB haben. Die Wissensbestände und Problemverarbeitungskapazitäten kleinerer Institute werden nur nachgeordnet erschlossen. Das wissenschaftliche Wissen der Ökonomie und der Klimawis-

131 *EZB*, Leitfaden zu Klima- und Umweltrisiken, 2020, S. 18.

132 S. Art. 142 ff. CRR, sowie zur kognitiven Dimension des IRBA *Kaufhold*, in: Augsberg (Hrsg.), Extrajuridisches Wissen im Verwaltungsrecht, 2013, S. 151 (insbes. 169 ff.), und *Reiling*, Der Hybride, 2016, S. 149 ff.

133 S. zu den vereinzelten Ausnahmen oben Fn. 119.

134 EZB, SSM-Aufsichtshandbuch, 2018, S. 72.

senschaften wird von der EZB überhaupt nur mittelbar, in schon verarbeiteter, in Modelle gegossener Form rezipiert.

Die in der Vergangenheit bereits mit Blick auf die Rezeption allgemein des Risikowissens allein von Großbanken formulierte Kritik[135] lässt sich auf Generierung und Transfer des spezifischen Wissens über Klimarisiken übertragen: Es ist zum einen nicht ersichtlich, was den Wettbewerbsvorteil rechtfertigen könnte, den besonders bedeutende Kreditinstitute dadurch erhalten, dass sie mit ihren Klimarisikomodellen privilegierten Zugang zur Aufsicht erhalten und damit zugleich die Ausgestaltung von künftigen Aufsichtsverfahren in ihrem Sinne beeinflussen können. Zum anderen leuchtet nicht ein, warum gerade die von den Banken entwickelten Klimarisikomodelle und -verfahren geeignet sein sollten, das Finanzsystem vor Instabilitäten zu schützen. Denn zu den Kennzeichen von negativen externen Effekten (zu denen systemische Risiken für die Finanzstabilität zählen, wie sie etwa durch eine nur unzureichende Berücksichtigung von Klimarisiken ausgehen) gehört es gerade, dass ihre Verursacher kaum Eigeninteressen an einer Internalisierung haben.

bb. Qualität. Mit dem Leitfaden werden die Banken zur Generierung von Verfahrenswissen zur Erfassung und Quantifizierung von Klimarisiken aufgefordert und befragt sowie zur Ausgestaltung von solchen Entscheidungsverfahren, mit denen Klimarisiken verarbeitet werden sollen. Insofern handelt es sich um ökonomisches Wissen, denn es wird bankintern nach betriebswirtschaftlichen Kriterien entwickelt.

cc. Andockstelle im juristischen System. Mit der Anerkennung als ausreichende Klimarisikovorsorge werden die bankinternen Verfahren zu juridischem, für das Rechtssystem relevantem Wissen.[136] Die JSTs machen das ökonomische Wissen der Institute zur Grundlage ihrer rechtlichen Entscheidungen. Die Mitglieder der Aufsichtsteams bilden damit die Andockstellen im juristischen System.

dd. Prozess der Transformation. Auch für die Transformation sind die JSTs verantwortlich. Sie müssen ökonomisches Wissen über Risikogewichte und über Mechanismen der Risikoabwehr in juristisches Wissen über die

---

135 S. *Kaufhold*, in: Augsberg (Hrsg.), Extrajuridisches Wissen im Verwaltungsrecht, 2013, S. 151 (171 f.).

136 Vgl. *Kaufhold*, in: Augsberg (Hrsg.), Extrajuridisches Wissen im Verwaltungsrecht, 2013, S. 152 (173: „[Das Rechtssystem] übernimmt die Verantwortung für die Eignung des Verfahrens.“).

Eignung zur Sicherung der Instituts- und Systemstabilität überführen. Das ist aus mehreren Gründen ein sehr anspruchsvoller Prozess: Zum einen müssen die für die Transformation erforderlichen komplexen Wertungen von wenigen Personen in kurzer Zeit bewältigt werden. Zum anderen ist unklar, auf welcher Grundlage die JSTs bewerten sollen, ob Klimarisiken „angemessen" kalkuliert wurden und die Institute eine hinreichende Risikovorsorge getroffen haben. Die EZB hat weder eigene Klimarisikomodelle noch detaillierte Kriterien für die Bewertung der von den Instituten entwickelten Verfahren erarbeitet. Es fehlt zudem eine (wenn auch nur ungefähre) Vergleichsgröße wie sie der tradierte Standardansatz im Rahmen der IRBA-Genehmigungsverfahren (zumindest faktisch) sein konnte (oder hätte sein können). Die Pflicht zur Dokumentation des Ausarbeitungsprozesses mag den JSTs dabei helfen zu überprüfen, ob sich die Banken ihrerseits auf eine ausreichende Wissensgrundlage gestützt haben, und sie mag es erleichtern, die jedem Modell und jeder Projektion innewohnenden Wertungen zu identifizieren und gegebenenfalls zu korrigieren. Aber ob damit eine ausreichende Informationsgrundlage für die Aufsicht geschaffen wurde, mag man bezweifeln angesichts der Erfahrungen mit den bankinternen Risikomodellen, die im Vorfeld der letzten Finanzkrise gesammelt wurden, als viele Institute ihren Eigenkapitalbedarf „klein gerechnet" haben.[137]

Das Problem ist der Struktur nach altbekannt[138] und niemals ganz aufzulösen: Wenn die Produktion des benötigten Wissens dem Markt

137 S. etwa *Wissenschaftlicher Beirat beim BMWi*, Zur Bankenregulierung in der Finanzkrise. Brief an den Bundesminister für Wirtschaft und Technologie vom 23.01.2009, S. 7: „Die [...] Möglichkeit der Bestimmung des regulatorisch geforderten Eigenkapitals auf der Grundlage bankinterner Risikomodelle gab den Banken die Möglichkeit, ihre Aktivitäten auf das 40- bis 60-fache ihres Eigenkapitals auszuweiten; dementsprechend schnell wurden in der Krise Solvenzprobleme virulent."; allgemeiner zur Unzulänglichkeit der staatlichen Informationsvorsorge für eine effektive Überprüfung der Angaben von Finanzinstituten in der Vergangenheit *Kaufhold*, Die Verwaltung 49 (2016), S. 339 (352 f.).

138 S. z.B. *I. Augsberg*, Informationsverwaltungsrecht, 2014, S. 130 ff., mit Blick auf die Bewertung der Qualität von Sachverständigengutachten; *Eifert*, in: Hoffmann-Riem (Hrsg.), Regulierte Selbstregulierung als Steuerungskonzept des Gewährleistungsstaates, 2001, S. 137 (138): „Die verstärkte Einbeziehung privater Akteure [...] erschließt zwar prinzipiell auch deren Informationsverarbeitungskapazität und Wissensbestände für die Problembearbeitung, sie hinterlässt aber auf staatlicher Seite das Problem, trotz mangelnden Wissens geeignete Vorgaben formulieren, Rahmenbedingungen setzen oder Ergebnisse beurteilen zu müssen. Neben hierbei teilweise fortbestehenden Wissensproblemen schafft dies auch

übertragen wird[139] und private Akteure in einem Verwaltungsverfahren als Wissensquellen genutzt werden, um eine staatliche Wissenslücke zu schließen, ohne öffentliche Ressourcen einzusetzen, dann fehlt dem Staat typischer-, wenn nicht notwendigerweise die Kompetenz zu entscheiden, welches Wissen im Interesse des rechtlichen Regelungszweckes zu rezipieren ist und welches nicht. Daraus ergeben sich die Gefahren der „Informationsverfälschung und der Informationsverweigerung“[140]. Diese Gefahren lassen sich nicht vollständig beseitigen, aber doch begrenzen.[141] Dazu kann u.a. eine organisatorische oder Verfahrensregelung dienen, die gewährleistet, dass Stakeholder unterschiedlicher und tendenziell gegenläufiger Interessen über Wissensgrundlagen verhandeln und sich damit wechselseitig kontrollieren.[142] Als eine solche Vorgabe lassen sich etwa die Vorschriften der TaxVO über die Zusammensetzung und Arbeitsweise der Plattform für nachhaltige Finanzen verstehen, die eine „ausgewogene“ Besetzung und die Berücksichtigung der „Ansichten eines breiten Spektrums von Interessenträgern“ verlangen.[143] Der EZB-Leitfaden sieht jedoch nichts Dementsprechendes und auch keine andere Schutzvorkehrung vor. Unausgesprochen wird auf das Eigeninteresse der Institute an der Effektivität der Risikovorsorge vertraut. Zweifel an dieser Strategie ergeben sich nicht zuletzt daraus, dass die Klimarisiken in der Regel nicht zu Lasten derjenigen natürlichen Personen gehen werden, die ihr Gewicht jetzt bewerten müssen.

---

neue Wissensbedarfe.“; speziell zur Kontrolle der Offenlegungen von Finanzakteuren *Willke*, in: Jansen/Schröder/Stehr (Hrsg.), Transparenz, 2010, S. 56 (61).

139 S. zur staatlichen Informationsbeschaffung über den Markt *van Aaken*, in: Collin/Spiecker gen. Döhmann (Hrsg.), Generierung und Transfer staatlichen Wissens im System des Verwaltungsrechts, 2008, S. 3 ff.

140 *Collin/Spiecker gen. Döhmann*, in: dies. (Hrsg.), Generierung und Transfer staatlichen Wissens im System des Verwaltungsrechts, 2008, S. 24.

141 Vgl. etwa *Scholl*, Der private Sachverständige im Verwaltungsrecht, 2005, S. 125 ff. und passim; *Voßkuhle*, in: Isensee/Kirchhof (Hrsg.), HdBStR, Bd. III, ^{3}2005, § 43 Rn. 68 ff.; *I. Augsberg*, Informationsverwaltungsrecht, 2014, S. 132 ff.

142 S. zur pluralen Besetzung von Beratungsgremien als Instrument zur Gewährleistung einer ausgewogenen Expertise z.B. *Fehling*, Verwaltung zwischen Unparteilichkeit und Gestaltungsaufgabe, 2001, S. 413 ff.; Voßkuhle, in: Isensee/Kirchhof (Hrsg.), HdBStR, Bd. III, ^{3}2005, § 43, Rn. 72; *I. Augsberg*, Informationsverwaltungsrecht, 2014, S. 134 ff. m.w.N.

143 S. Art. 20 Abs. 1 TaxVO.

V. Die Wissensordnungen von TaxVO und Aufsichtsleitfaden im Vergleich: Top-down vs. Bottom-up

Die Gegenüberstellung der Wissensordnungen, die mit der TaxVO und der DelVO einerseits und dem Aufsichtsleitfaden andererseits etabliert werden, macht einen strukturellen Unterschied beim Zugriff auf extrajuridisches Wissen sichtbar, der nicht zuletzt deshalb bemerkenswert ist, weil beide Regelungsregime die Anpassung der Finanzwirtschaft an die Herausforderungen des Klimawandels zum Ziel haben: Für die Taxonomie wurde bzw. wird ökonomisches Wissen und Klimawissen fast ausschließlich im Prozess der Rechtsetzung rezipiert. Das Verfahren der Rechtsanwendung hingegen ist kognitiv weitgehend geschlossen; was „grün" ist, wird den privaten Akteuren und ihren Kontrolleuren kleinteilig vorgeben (Top-down). Der Leitfaden für die Bankenaufsicht hingegen überlässt Transfer und Transformation des extrajuridischen Wissens im Kern dem Rechtsanwendungsprozess. Die EZB gibt nur vor, in welchem Bereich und zu welchem Zweck Finanzinstitute Klimarisiken zu ermitteln, zu bewerten und zu gewichten haben, und rezipiert diese Erkenntnisse dann im Rahmen ihrer regelmäßigen Kontrollen und im Zuge der Anwendung des materiellen Aufsichtsrechts. Was ein Klimarisiko ausmacht, wird aber im Kern von privaten Akteuren bestimmt (Bottom-up).

Sollen diese Regelungsmechanismen der künftigen Sustainable Finance Regulierung als Orientierung dienen können, ist zum einen nach ihrer Übertragbarkeit, also nach möglichen weiteren Anwendungsbereichen zu fragen und zu diesem Zweck insbesondere zu prüfen, ob strukturelle Eigenheiten der Wissensbedarfe oder der verfügbaren Wissensressourcen die unterschiedlichen Wissensordnungen bedingen. Zum anderen sind die Vor- und Nachteile der beiden Rezeptionswege zu beleuchten. Es würde den Rahmen dieses Beitrags sprengen, die damit zugleich aufgeworfene allgemeineren Frage zu beantworten, ob sich einzelne Elemente einer Wissensordnung oder sogar gesamte Regelungsarrangements spezifischen regulatorischen Aufgaben und kognitiven Herausforderungen zuordnen lassen. Zwei kurze Überlegungen seien insoweit resümierend gleichwohl skizziert. Sie sind als eher Anschlussfragen, denn als Antworten zu lesen.

1. Übertragbarkeit trotz unterschiedlicher kognitiver Herausforderungen

(Mindestens) Ein grundlegender Unterschied zwischen den Informationen, die für die Bewertung von Maßnahmen zum Klimaschutz und zur Klimaanpassung (Taxonomie) einerseits und für die Kalkulation von Klimarisiken (Leitfaden) andererseits erforderlich sind, springt ins Auge: *Welche Maßnahmen* dem Schutz vor einer weiteren Erderwärmung dienen oder dazu beitragen, die Gesellschaft an gewandelte klimatische Verhältnisse anzupassen, lässt sich auf der Grundlage klimawissenschaftlicher Einsichten relativ zuverlässig beschreiben. Jede CO_2-Reduktion wirkt klimaschützend. Darauf kann sich die Taxonomie stützen und sich damit „begnügen", Maßnahmen zur CO_2-Reduktion bzw. zur Klimaanpassung zu benennen. Mit erheblichen Unsicherheiten behaftet sind demgegenüber Aussagen dazu, wer *mit welcher Wahrscheinlichkeit* innerhalb welchen zeitlichen Rahmens auf welche Weise von den physischen und/oder transitorischen Folgen des Klimawandels betroffen sein wird. Auf genau diesen Wahrscheinlichkeitsbestimmungen aber muss die Risikovorsorge von Banken aufbauen. In der Vergangenheit hat man sich bei der Risikokalkulation stets auf (mehr oder weniger ausdifferenzierte) Extrapolationen von vergangenen Ereignissen gestützt. Das Kernproblem bei der Bewertung von Klimarisiken besteht daher nun darin, dass es an Erfahrungen fehlt, aus denen man (mathematisch) auf künftige Entwicklungen schließen könnte.[144] Mit dieser Schwierigkeit sehen sich Gesetzgeber, Aufsicht und Kreditinstitute bei der Risikobewertung allerdings im Prinzip in gleicher Weise konfrontiert. Es ist nicht ersichtlich, welchen substantiellen und strukturellen, also aus ihren spezifischen Zugängen zu Wissensressourcen folgenden Erkenntnisvorsprung Banken (oder andere Finanzinstitute) insoweit haben sollten. Aus den Eigenheiten der Regelungsmaterie und den daraus folgenden kognitiven Herausforderungen ergibt sich daher nach meiner Einschätzung jedenfalls kein Vorrang dergestalt, dass Wissen über Klimarisiken für Finanzinstitute in erster Linie von diesen rezipiert und im Rahmen der Rechtsanwendung an Aufsicht und Gesetzgebung weitergegeben werden sollte.

Gegen einen Bottom-up-Ansatz bei der Definition der Wahrscheinlichkeit von Klimaschäden[145] spricht die eminent politische Dimension der Wahrscheinlichkeitsbestimmung insbesondere bei transitorischen Risiken: Wer ein Ereignis (z.B. das Verbot des Verbrennungsmotors) als überwiegend (un)wahrscheinlich qualifiziert, löst damit Anpassungsreaktionen der Finanzindustrie aus (im Bsp.: die Entscheidung für oder gegen ein Umschichten von Investitionen hin zur Produktion von E-Motoren) und holt damit die Zukunft in die Gegenwart (im Bsp.: das Ende oder den Fort-

144 Hierzu eindringlich *Bolton/Despres et al.*, The green swan, 2020.

145 Krit. auch schon *Braun/Claeys et al.*, General Comment from the Expert Group „Draft ECB Guide on climate-related and environmental riks", 2020, S. 4 f.

bestand der Produktion von Verbrennungsmotoren). Jedenfalls in ihrer derzeitigen Ausgestaltung dürften der Bankenaufsicht Mandat und Legitimation zu politischen Entscheidungen dieser Qualität fehlen[146] – sie trifft sie gleichwohl, indem sie die von den Instituten entwickelten Modelle als ausreichend akzeptiert oder nicht.

2. *Vor- und Nachteile*

Ein ganz eindeutiges allgemeines Votum für den Transfer von Klima- und ökonomischem Wissen entweder schon im Rahmen der Ausarbeitung oder erst im Zuge der Anwendung von Rechtsvorschriften lässt sich aus den Ergebnissen der Analyse von Taxonomie und Leitfaden jedoch nicht ableiten. Werden extrajuridische Wissensbestände im Rechtssetzungsverfahren erschlossen, werden die Andockstellen typischerweise bewusst bestimmt, ihre Auswahl wird (als Diskussion über Beratungs- und Partizipationsgremien) eigens thematisiert und ist damit transparent. Das erleichtert es zumindest, die Gewichtung der rezipierten Wissensformen an den Regelungszielen auszurichten. Alle Einzel- und Besonderheiten des Regelungsbereichs werden auf diesem Weg aber typischerweise nicht erfasst. Das hingegen kann gelingen, wenn der Rechtsanwendungsprozess kognitiv geöffnet wird.

Gar nicht geregelt oder strukturiert ist bisher in beiden Regelungsarrangements der Prozess der Überführung von extrajuridischem Wissen in rechtliche Kategorien. Die Transformation ist hier wie dort eine black box, in die allein die KOM bzw. die EZB-Aufsichtsteams als Verantwortliche Einblick erhalten. Für die Zuordnung dieser Verantwortung muss es dann darauf ankommen, welcher Institution man eher eine an den Regulierungszielen orientierte Rezeption zutrauen darf. Die KOM verfügt über die größeren (zeitlichen, finanziellen, personellen) Ressourcen, ist als politische exponierte Alleinverantwortliche aber auch anfälliger für Einflussnahmen, die nicht an den Regulierungszielen orientiert sind, sowie für die aus dem Finanzaufsichtsrecht gut bekannte *regulatory capture*. Überlässt man die Verarbeitung den JTSs, verteilt sich die Verantwortung zwar auf viele einzelne Transformationsakte. Es ist jedoch nicht ersichtlich, wie die Aufsichtsteams das ihnen von den Finanzinstituten präsentierte Wissen

146 S. zu diesen Bedenken auch bereits *Smolenska/van t' Kloosters*, Greening Banks in the Face of Uncertainty: On the ECB's New Supervisory Approach to Environmental and Climate-Related Risks, 2020.

filtern und damit ihrerseits eine Vereinnahmung verhindern sollen, wenn sie – wie derzeit – keinen Maßstab für die Bewertung und Gewichtung der ihnen angebotenen Risiko(vorsorge)modelle haben. Dass die Banken selbst bei ihren Risikokalkulationen andere als die aufsichtlichen Ziele verfolgen und jedenfalls nicht die Stabilität des Finanzsystems insgesamt in den Blick nehmen, ist zu erwarten. Denn sie haben keine Anreize zur Systemrisikovorsorge, die Belohnungsstrukturen der Institute sind weiterhin überwiegend an kurzfristigen Betrachtungen ausgerichtet und den einzelnen Instituten fehlen zwangsläufig die für eine systemische Betrachtung erforderlichen Informationen.

Sollen Klimawissen und ökonomisches Wissen in Sustainable Finance Rechtsakte überführt werden, ohne dass die Regulierungsziele korrumpiert werden, dann empfiehlt es sich deshalb, sowohl die Rechtsetzung als auch die Rechtsanwendung kognitiv zu öffnen. Unbestimmte Rechtsbegriffe müssen den Transfer und die Transformation im Rahmen der Rechtsanwendung ermöglichen und zugleich durch Vorgaben ergänzt und begrenzt werden, die präzise bestimmen, welche Qualitäten das Wissen aufweisen muss, das von Privaten zur Ausfüllung der Rechtsbegriffe angeboten wird.

Eine Sowohl-als-auch-Empfehlung als Ergebnis der Untersuchung – ist das nicht trivial und enttäuschend? Ich meine nicht. Denn die Wissensordnungen der bisherigen Sustainable Finance Rechtsakte sind weit davon entfernt, Vor- und Nachteile der beiden Rezeptionsmodelle im Interesse eines nachhaltigen Finanzsystems sinnvoll auszugleichen.

Literaturverzeichnis

Augsberg, Ino: Informationsverwaltungsrecht. Zur kognitiven Dimension der rechtlichen Steuerung von Verwaltungsentscheidungen, Tübingen 2014.

Bauer, Denise Alessandra/Schuster, Gunnar (Hrsg.): Nachhaltigkeit im Bankensektor. Konzepte, Rechtsfragen, Kulturwandel 2016.

Bolton, Patrick/Despres, Morgan et al.: The green swan. Central banking and financial stability in the age of climate change, Basel 2020.

Braun, Benjamin/Claeys, Irene et al.: General Comment from the Expert Group „Draft ECB Guide on climate-related and environmental risks“, 2020.

Brohm, Winfried: Sachverständige Beratung des Staates, in: Josef Isensee/Paul Kirchhof (Hrsg.), Handbuch des Staatsrechts, Bd. II, 2. Aufl. 1998, § 36.

Bueren, Eckart: Die EU-Taxonomie nachhaltiger Anlagen, WM 2020, S. 1611 ff., 1659 ff.

–Sustainable Finance, ZGR 48 (2019), S. 813 ff.

Collin, Peter/Spiecker gen. Döhmann, Indra: Generierung und Transfer staatlichen Wissens im System des Verwaltungsrechts - ein Problemaufriss, in: dies. (Hrsg.), Generierung und Transfer staatlichen Wissens im System des Verwaltungsrechts, 2008, S. 3 ff.

De Santis, Roberto A./Hettler, Katja et al.: Erwerb von Green Bonds im Rahmen des Programms des Eurosystems zum Ankauf von Vermögenswerten, EZB Wirtschaftsbericht 2018, S. 27 ff.

Eifert, Martin: Regulierte Selbstregulierung und die lernende Verwaltung, in: Wolfgang Hoffmann-Riem (Hrsg.), Regulierte Selbstregulierung als Steuerungskonzept des Gewährleistungsstaates. Die Verwaltung Beiheft 4, Berlin 2001, S. 137 ff.

EZB: SSM-Aufsichtshandbuch. Europäische Bankenaufsicht: Funktionsweise des SSM und aufsichtlicher Ansatz, 2018.

–Feedback statement. Responses to the public consultation on the draft ECB Guide on climate-related and environmental risks, Frankfurt a.M. 2020.

–ECB economy-wide climate stress test. Methodology and results, Frankfurt a.M. 2021.

–Leitfaden zu Klima- und Umweltrisiken. Erwartungen der Aufsicht in Bezug auf Risikomanagement und Offenlegungen, Frankfurt a.M. 2020.

Fehling, Michael: Verwaltung zwischen Unparteilichkeit und Gestaltungsaufgabe, Tübingen 2001.

Funke, Andreas: Sozialphilosophische Überhöhungen und sozialwissenschaftliche Hypostasierungen in der Lehre vom Verwaltungsrechtsverhältnis?, in: Ino Augsberg (Hrsg.), Extrajuridisches Wissen im Verwaltungsrecht, Tübingen 2013, S. 35 ff.

HLEG Sustainable Finance: Financing a Sustainable European Economy. Final Report Brüssel 2018.

–Financing a Sustainable European Economy. Interim Report, Brüssel 2017.

–Summary of the Contributions to the HLEG on Sustainable Finance Consultation Document, Brüssel 2018.

Hoffmann-Riem, Wolfgang: Innovation und Recht – Recht und Innovation. Recht im Ensemble seiner Kontexte, Tübingen 2016.

Höfling, Wolfram: Finanzmarktregulierung – Welche Regelungen empfehlen sich für den deutschen und europäischen Finanzsektor?, in: Ständige Deputation des Deutschen Juristentages (Hrsg.), Verhandlungen des 68. Deutschen Juristentages. Berlin 2010, München 2010, Gutachten F.

Kahlenborn, Walter/Cochu, Annica et al.: Defining "green" in the context of green finance. Final report, Brüssel 2017.

Kaiser, Anna-Bettina: Multidisziplinäre Begriffsverwendungen. Zum verwaltungsrechtswissenschaftlichen Umgang mit sozialwissenschaftlichen Konzepten, in: Ino Augsberg (Hrsg.), Extrajuridisches Wissen im Verwaltungsrecht, Tübingen 2013, S. 99 ff.

Kapraun, Julia/Latino, Carmelo et al.: (In)-Credibly Green: Which Bonds Trade at a Green Bond Premium?, 2021.

Kaufhold, Ann-Katrin: Der Einheitliche Aufsichtsmechanismus für Banken (SSM), in: Hufeld/Ohler (Hrsg.), Enzyklopädie Europarecht, Bd. 9, 2021, § 17.

–Finanz- und Börsenaufsicht, in: Reiner Schmidt/Ferdinand Wollenschläger (Hrsg.), Kompendium Öffentliches Wirtschaftsrecht, 5. Aufl. Berlin 2019, § 14.

–Instrumente und gerichtliche Kontrolle der Finanzaufsicht, Die Verwaltung 49 (2016), S. 339 ff.

–Transfer und Transformation ökonomischen Wissens im Recht der Bankenaufsicht, in: Ino Augsberg (Hrsg.), Extrajuridisches Wissen im Verwaltungsrecht, Tübingen 2013, S. 151 ff.

Kirschhöfer, Max: Europäische Transparenzvorgaben im Lichte der Nachhaltigkeit, WM 2021, S. 1624 ff.

Klement, Jan Henrik: Verantwortung. Funktion und Legitimation eines Begriffs im Öffentlichen Recht, Tübingen 2006.

Krakuhn, Joachim/Hoffmann, Klaus/Lothholz, Sebastian: Die Bedeutung der EU-Taxonomie-Verordnung für die Berichterstattung von Kreditinstituten, IRZ 2020, S. 563 ff.

Krick, Eva/Gornitzka, Åse: The governance of expertise production in the EU Commission's 'high level groups'. Tracing expertisation tendencies in the expert group system, in: Mark Bevir/Ryan Phillips (Hrsg.), Decentring European Governance, London 2019, S. 102 ff.

Ladeur, Karl-Heinz: Die Kommunikationsinfrastruktur der Verwaltung, in: Andreas Voßkuhle/Martin Eifert/Christoph Möllers (Hrsg.), Grundlagen des Verwaltungsrechts, Bd. I, 3. Aufl. München 2022, § 21.

Lange, Markus: Sustainable Finance: Nachhaltigkeit durch Regulierung?, BKR 2020, S. 216 ff., 261 ff.

Malecki, Catherine: Corporate Social Responsibility. Perspectives for Sustainable Corporate Governance, Cheltenham 2018.

Möslein, Florian/Mittwoch, Anne-Christin: Der Europäische Aktionsplan zur Finanzierung nachhaltigen Wachstums, WM 2019, S. 481 ff.

Müller, Stefan/Scheid, Oliver/Baumüller, Josef: Kommissionsvorschlag zur Corporate Sustainability Reporting Directive: von der nichtfinanziellen Berichterstattung zur Nachhaltigkeitsberichterstattung, BB 2021, S. 1323 ff.

Nolte, Jakob Julius: Die Verarbeitung von extrajuridischem Wissen im Verwaltungsgerichtsverfahren, in: Ino Augsberg (Hrsg.), Extrajuridisches Wissen im Verwaltungsrecht, Tübingen 2013, S. 241 ff.

Reiling, Katharina: Der Hybride. Administrative Wissensorganisation im privaten Bereich, Tübingen 2016.

Richardson, Benjamin J.: Socially Responsible Investment Law. Regulating the Unseen Polluters, Oxford 2008.

Röhl, Hans Christian: Finanzmarktaufsicht, in: Michael Fehling/Matthias Ruffert (Hrsg.), Regulierungsrecht, Tübingen 2010, § 18.

Scharlau, Jan: Socially Responsible Investment. Die deutschen und europarechtlichen Rahmenbedingungen, Berlin 2009.

Scholl, Patrick: Der private Sachverständige im Verwaltungsrecht. Elemente einer allgemeinen Sachverständigenlehre, Baden-Baden 2005.

Schuppert, Gunnar Folke: Governance durch Wissen. Überlegungen zum Verhältnis von Macht und Wissen aus governancetheoretischer Perspektive, in: Gunnar Folke Schuppert/Andreas Voßkuhle (Hrsg.), Governance von und durch Wissen, Baden-Baden 2008, S. 259 ff.

–Wissen, Governance, Recht. Von der kognitiven Dimension des Rechts zur rechtlichen Dimension des Wissens, Baden-Baden 2019.

Smolenska, Agnieszka/van t´Kloosters, Jens: Greening Banks in the Face of Uncertainty: On the ECB's New Supervisory Approach to Environmental and Climate-Related Risks, VerfBlog 2020/11/16 2020.

Spießhofer, Birgit: Responsible Enterprise. The Emergence of a Global Economic Order, München 2018.

Stumpp: Die EU-Taxonomie für nachhaltige Finanzprodukte – Eine belastbare Grundlage für Sustainable Finance in Europa?, ZBB (2019), S. 71 ff.

TEG: Technical Report. Taxonomy: Final report of the Technical Expert Group on Sustainable Finance, 2020.

van Aaken, Anne: Informationsverwaltungsrechtsökonomik: Eine rechtsökonomische Perspektive auf das Informationsverwaltungsrecht in: Peter Collin/Indra Spiecker gen. Döhmann (Hrsg.), Generierung und Transfer staatlichen Wissens im System des Verwaltungsrechts, Tübingen 2008, S. 318 ff.

Veil, Rüdiger: Europa auf dem Weg zu einem Green Bond Standard, WM 2020, S. 1093 ff.

–Nachhaltigkeitsförderung durch Finanzmarktrecht, in: Martin Burgi/Florian Möslein (Hrsg.), Zertifizierung nachhaltiger Kapitalgesellschaften. „Good Companies" im Schnittfeld von Markt und Staat, Tübingen 2021, S. 320 ff., § 14.

–Nachhaltigkeitsförderung durch Finanzmarktrecht, in: Martin Burgi/Florian Möslein (Hrsg.), Zertifizierung nachhaltiger Kapitalgesellschaften. „Good Companies" im Schnittfeld von Markt und Staat, Tübingen 2021, S. 319 ff.

Veil, Rüdiger/Deckert, Katrin et al.: Nachhaltige Kapitalanlagen durch Finanzmarktregulierung. Reformkonzepte im deutsch-französischen Rechtsvergleich, Tübingen 2019.

Vesting, Thomas: Die Bedeutung von Information und Kommunikation für die verwaltungsrechtliche Systembildung, in: Andreas Voßkuhle/Martin Eifert/Christoph Möllers (Hrsg.), Grundlagen des Verwaltungsrechts, Bd. I, 3. Aufl. München 2022, § 20.

Voßkuhle, Andreas: Sachverständige Beratung des Staates, in: Josef Isensee/Paul Kirchhof (Hrsg.), Handbuch des Staatsrechts der Bundesrepublik Deutschland, Bd. III, 3. Aufl. Heidelberg 2005, § 43.

Willke, Helmut: Transparency after the Financial Crisis. Democracy, Transparency, and the Veil of Ignorance, in: Stephan A. Jansen/Eckhard Schröder/Nico Stehr (Hrsg.), Transparenz. Multidisziplinäre Durchsichten durch Phänomene und Theorien des Undurchsichtigen, Wiesbaden 2010, S. 56 ff.

Hybridisierung administrativer Wissensorganisation

Katharina Reiling

I. Hybridität als Entgrenzungsphänomen

Der Begriff des Hybriden steht für Grenzverwischungen[1]. Ein verbindendes, disziplinenübergreifendes Element stellt die Beobachtung dar, dass Hybridität eine Reaktion auf einen Zuwachs an Komplexität bildet. Sie erweist sich etwa als eine Reaktion auf Globalisierungsprozesse[2], auf unvollkommene Märkte[3] oder auf die Entstehung der Wissensgesellschaft[4]. Der Beitrag behandelt ein Entgrenzungsphänomen der dritten Kategorie. Am Beispiel der Rechtsfigur des Wissensmittlers als einem Hybriden[5] soll gezeigt werden, dass die Aufgabe der Wissensgenerierung auch weitgehende Konsequenzen für die Organisation der öffentlichen Verwaltung hat,

---

1 Siehe Sand, in: FS Teubner, S. 874; auch Weiß, Hybride Regulierungsinstrumente, 2011, der diese als „atmende Größe" im Spannungsfeld zwischen staatlicher Regulierung und privater Selbstverpflichtung beschreibt. Weitergehend Schneider, die drei unterschiedliche Deutungsmuster unterscheidet: Erstens beschreibt die metaphorische Verwendung des Hybriden Phänomene, die traditionell dichotomisch sind, also eine Gegenüberstellung von Einheitlichkeit und Homogenität. Zweitens wird damit ein Gegenbegriff für die Hierarchie entworfen. Schließlich bezeichnet das Hybride eine Phase des Übergangs, dies., in: Schneider/Thomsen, Hybridkultur, S. 13, 21. Hybriden in den Medientheorien eine Phase des Übergangs.

2 Paulus/Dethloff/Giegerich/Schwenzer/Krieger/Ziegler/Talmon/Schack, Internationales, nationales und privates Recht: Hybridisierung der Rechtsordnungen? Immunität, 2014.

3 Zu den Realisierungsformen etwa Picot/Reichwald/Wigand, Die grenzenlose Unternehmung, S. 302 ff.; siehe dazu auch die rechtswissenschaftliche Arbeit von Schacherreiter, Das Franchise-Paradox: hybride Arrangements zwischen Markt und Hierarchie im materiellen und im Kollisionsrecht, 2006, die die Diskussion in den Wirtschafts- und Sozialwissenschaften zur hybriden Rationalität von Franchisesystemen aufgreift und untersucht, wie deren paradoxe Verfassung im Recht sichtbar wird.

4 Stehr, Wissenspolitik: Überwachung des Wissens, S. 211 ff.; Birrer, in: Bender, Neue Formen der Wissenserzeugung, S. 57, 63 ff.; auch Collin/Spiecker gen. Döhmann, Einleitung, in: diess., S. 3, 4.

5 Der Beitrag ist eine Zusammenfassung der Dissertation der Verfasserin: Der Hybride. Administrative Wissensorganisation im privaten Bereich.

indem diese sich gegenüber der privaten Organisationssphäre ein Stück weit öffnet und damit hybridisiert. Die institutionelle Ausrichtung des Beitrags bedeutet, dass sog. hybride Wissensformen[6], die Entgrenzungen auf der Ebene des Wissens selbst beschreiben, außen vor bleiben.

Das Phänomen der Hybridisierung der Wissensorganisation zeigt sich in erster Linie im Bereich der Risikoverwaltung. Das ist darauf zurückzuführen, dass die Generierung von Wissen aus und zur Unternehmensorganisation (im Folgenden Organisationswissen) eine zentrale Aufgabe der Risikoverwaltung darstellt. Offenkundig ist das im Anlagenrecht. Nach der Genehmigungsphase gilt es, die innerbetrieblichen Sicherheitsrisiken laufend zu erfassen, denn ohne diesbezügliche Informationen kann eine behördliche Entscheidung über schärfere Auflagen oder eine Stilllegeverfügung schlechterdings nicht getroffen werden. Die Wissenshoheit liegt im Risikorecht jedoch bei Unternehmen, die Risiken erzeugen (im Folgenden Risikoakteure)[7]. Ihr Organisationswissen bleibt für die öffentliche Verwaltung hingegen invisibel. Vor diesem Hintergrund werden Risikoakteure zunehmend gesetzlich verpflichtet, eine Organisationseinheit zu schaffen, die den Wissensfluss zu den Behörden absichert. Als einführendes Beispiel aus dem Arzneimittelrecht sei der sog. Stufenplanbeauftragte genannt. Nach § 63a I 1 AMG haben Pharmaunternehmen eine „qualifizierte Person mit der erforderlichen Sachkenntnis und der zur Ausübung ihrer Tätigkeit erforderlichen Zuverlässigkeit zu beauftragen, ein Pharmakovigilanzsystem einzurichten, zu führen und bekannt gewordene Meldungen über Arzneimittelrisiken zu sammeln, zu bewerten und die notwendigen Maßnahmen zu koordinieren"; diese Person „ist für die Erfüllung von Anzeigepflichten verantwortlich, soweit sie Arzneimittelrisiken betreffen". Der Stufenplanbeauftragte stellt danach sicher, dass die pharmazeutischen Unternehmen Erkenntnisse über Neben- und Wechselwirkungen ihrer Medikamente auch tatsächlich erfassen und den Arzneimittelbehörden in der EU zur Verfügung stellen.

---

6 Für das mexikanische Marktwissen Hayden, in: Filtner/Görg/Heins, Konfliktfeld Natur, 1998, S. 215, 220 ff.; für Zeitdiagnosen Volkmann, Soziologie 44 (2015), S. 139, 147.

7 Zur Unterscheidung Risikoobjekte und -akteure Schwabenbauer, in: Risiko im Recht, S. 157, 159. Die Bezeichnung ist präziser als das Synonym Risikoverursacher, da dieser Begriff auf Kausalvorstellungen beruht, die für die Risikoregulierung gerade nicht passen. Statt überschaubarer linear-kausaler Wirkungszusammenhänge geht es hier um mehrdimensional-komplexe Vernetzungen und sprunghafte Entwicklungen, siehe nur Hoffmann-Riem, in: ders./Schmidt-Aßmann/Schuppert, Reform des allgemeinen Verwaltungsrechts, S. 115, 165 ff.

Zunächst werden die Problematik des invisiblen Organisationswissens und die typischen Merkmale des Wissensmittlers erläutert (II.). Drei Beispiele aus dem Risikorecht vermitteln dann einen konkreten Eindruck von der Figur (III.). Die dunkle Seite des Hybridisierung der Wissensorganisation steht am Schluss der Untersuchung (IV.): Die Zwischenstellung des Hybriden bedeutet ein Risiko für ein gemeinwohlkompatibles Verwalten und einen effektiven Rechtsschutz, wie das Gesetzesmaterial aus den drei Referenzgebieten, die einschlägige Verwaltungspraxis und organisationswissenschaftliche Erkenntnisse zeigen[8]; dies verlangt nach der Entwicklung eines rechtlichen Begrenzungs- und Schutzregimes in Bezug auf den Wissensmittler.

II. Der Hybride in a nutshell

1. Das invisible Organisationswissen

a) Generierung von Organisationswissen als Aufgabe der Risikoverwaltung

Risikoentscheidungen sind typische Entscheidungen unter Unsicherheit[9]. Im Umgang mit komplexen Techniken und Innovationen kann – anders als im Polizeirecht – Erfahrungs- und Regelwissen nicht einfach als vorhanden unterstellt werden. Eine endgültige Abhilfe im Sinne einer Verringerung der Unsicherheit ist nicht möglich, da beständig neues Wissen und damit auch neue Unsicherheitsquellen produziert werden. Da demnach kein gesichertes Risikowissen existiert, delegiert der Gesetzgeber die laufende Generierung solchen Wissens an die Verwaltung[10]. Charakteristisch für das Risikorecht sind gesetzliche Ermittlungsaufträge wie § 62 S. 1 AMG, wonach „die zuständige Bundesoberbehörde (…) die bei der Anwendung von Arzneimitteln auftretenden Risiken (…) zentral zu erfassen (und) auszuwerten“ hat. Das Potential, Risikowissen zu produzieren, hat aber nicht die Verwaltung, sondern es ist bei den risikoerzeugenden Organisationen vorhanden[11]. Diese monopolartige Stellung der Risikoakteure,

---

8 Zur Methodik ebenda, S. 8 ff.

9 Zum Risikokonzept als Reaktion auf ein epistemologisches Problem siehe nur I. Augsberg, in: Funcke/Peter, Wissen an der Grenze, S. 290 ff.; Di Fabio, Risikoentscheidungen, S. 115; umfassend Jaeckel, Gefahrenabwehrrecht.

10 Zum veränderten Steuerungsansatz des Gesetzes Scherzberg, VVDStRL 63 (2004), S. 216, 217; Di Fabio, in: FS Ritter, S. 807, 820 ff.

11 Jaeckel, Gefahrenabwehrrecht, S. 266, 271.

die zu einer Wissensasymmetrie zulasten der Verwaltung führt, hat mit ihrer Nähe zum Risikosubstrat zu tun: Informationen zum Schadenspotential fallen zunächst bei denjenigen an, die Risiken erzeugen, unabhängig von darauf gerichteten Bemühungen. Die Unternehmen vermögen diese Informationen zu bündeln und Risikowissen zu erzeugen.

Für diese kognitive Überlegenheit wird hier die Bezeichnung Organisationswissen verwendet. Der Begriff ist nicht im Sinne eines bereits vorhandenen Wissensbestandes zu verstehen, der gleichsam von der Risikoverwaltung abgeschöpft werden kann, sondern ist struktural gemeint. Er bezieht sich auf das organisationale Wissenspotential bzw. die Wissensressourcen, die eine Organisation in sich birgt[12].

b) Invisibilität von Organisationswissen als Herausforderung

Eine solche organisationsbezogene Perspektive auf das Organisationswissen öffnet den Blick auf eine spezifische Eigenschaft dieser Wissenskategorie: ihre Invisibilität für Außenstehende[13]. Wie die Privatorganisation mit ihrem Wissen umgeht, ist für Externe, wie es die Behörden sind, nicht beobachtbar und damit auch kaum beeinflussbar. Die Risikoakteure sind regelmäßig auch nicht bereit, ihr kognitives Potential zur Risikovorsorge zu nutzen. Grund ist der Inhalt des Wissens: Bei Risikowissen handelt es sich um ein Wissen, das zur Beschreibung und Abwendung von Risikorealisierung beiträgt, um Risikovermeidungswissen[14]. Im Raum stehen regelmäßig Erkenntnisse über Eigenschaften, die sich negativ auf die Marktfähigkeit von Gütern und deren Voraussetzungen auswirken, z.B. die Schädlichkeit von Produkten oder die Unzuverlässigkeit der Geschäftsführung. Werden sie der Aufsicht zugänglich, drohen den Unternehmen höhere Kosten oder gar ein Verbot der Tätigkeit. Es bestehen somit Anreize, Risikowissen zu unterdrücken, d.h. es weder zu produzieren noch der Verwaltung zur Verfügung zu stellen.

---

12 Zum Phänomen Hiller, Organisationswissen; zu den Arten von organisationalen Wissensbeständen; Drepper, Differenzierung, S. 196 ff.; allgemein zur Wissensbeschaffung durch Private Lachmayer, in: Fuchs et al., Staatliche Aufgaben, S. 157, 159.

13 Vgl. Ladeur, Umweltrecht der Wissensgesellschaft, S. 65.

14 Dazu Wahl/Appel, in: Wahl, Prävention und Vorsorge, S. 1, 42.

Analytisch lassen sich damit zwei Wissensbarrieren für die Risikoverwaltung unterscheiden:

- *Wissenszugang:* Die erste Wissensbarriere stellt die mangelnde Bereitschaft der Risikoakteure dar, der Verwaltung ihre organisationale Wissensbasis offenzulegen, sprich mit ihr über Risiken zu kommunizieren. Es geht um die Organisationsgeheimnisse.
- *Wissensproduktion*: Tiefer gelegen ist die andere Wissensbarriere. Auf einer dem eigentlichen Kommunikationsprozess vorgelagerten Ebene wird oftmals schon gar nicht das – im Hinblick auf das Ziel der Sicherheit – „richtige" Wissen bzw. in ökonomischer Terminologie gesellschaftlich produktive Wissen erzeugt. Angesprochen ist das Problem organisationalen Lernens[15]. Für Außenstehende ist es schwer als Lehrer oder Mentor Einfluss auf die interne Erfassung von Informationen zu nehmen, da sie die blinden Flecken der Organisation nicht beobachten können.

An diesen Rechtsdurchsetzungserschwernissen der kooperativen Risikogestaltung von Staat und Privaten setzt der Hybride an. Der gesetzgeberische Gedanke ist: Wenn die Risikoverwaltung als Außenstehende keinen Zugang zum erforderlichen Organisationswissen der Risikoakteure hat, dann wird ihr ein Insider als Wissensmittler an die Hand gegeben.

2. *Das Instrument: Der Hybride als Grenzfigur*

Bei der Figur handelt es sich um eine Organisationseinheit der Privatorganisation, deren Einrichtung bestimmten risikoerzeugenden Unternehmen gesetzlich vorgegeben ist. Sie zeichnet sich durch zwei Merkmale aus:

- *Funktionelle Dimension*: Risikoakteure müssen eine eigene Stelle vorhalten, die für ihr Risikowissen zuständig ist. Zu deren Kompetenzen gehört es, die besagten Wissensbarrieren zu überwinden, um einen grenzüberschreitenden Wissensfluss sicherzustellen. Aufgabe der internen Stelle ist es dementsprechend, zunächst das Risikowissen unternehmensintern zu erfassen und dann auf die Übermittlung des so gewonnenen Organisationswissens an die Risikoverwaltung hinzuwirken.
- *Strukturelle Dimension*: Beim Hybriden handelt es sich zwar um ein Mitglied der Unternehmensorganisation, er weist aber analoge Struktu-

15 M.w.N. Schreyögg/Noss, in: Hdb Lernende Organisation, S. 67 ff.

ren zu staatlichen Instanzen auf. Er verfügt über eine gewisse Unabhängigkeit, die sich u.a. in seiner fachlichen Weisungsfreiheit bemerkbar macht[16]. Weiter hat er besondere Rechte, die ihn aus der allgemeinen Unternehmenshierarchie hervorheben. Insbesondere ist er verpflichtet, Missstände und Fehlentwicklungen im Unternehmen an die zuständige Behörde zu kommunizieren. Das Recht verlangt hier ein Verhalten, das bei normalen Arbeitnehmern prinzipiell einen Kündigungsgrund darstellt[17]. Teilweise ist die Position mit Unternehmensfremden zu besetzen. Gleichwohl stehen auch diese externen Hybriden[18] den Risikoakteuren nicht wie Außenstehende gegenüber, sondern sind in deren Kommunikationsstrukturen eingebunden und verfügen damit über die notwendige Insiderstellung, der es bedarf, um das Organisationswissen zu visibilisieren.

Die Kurztypologie verdeutlicht die eigentümliche Zwischenstellung der Figur. Seine Einbindung in die kognitiven Strukturen der Privatorganisation gewährt dem Hybriden einen Einblick in die Unternehmensinterna, gleichzeitig ist er v.a. über seine Kommunikationspflichten an die öffentliche Verwaltung angebunden. Dementsprechend erweist sich eine Einordnung des Phänomens in die überkommenen verwaltungsrechtlichen Kategorien für die Beteiligung Privater an Verwaltungsaufgaben als schwierig. Die Figur des Verwaltungshelfers geht von einer Entscheidungsbeherrschung durch den Staat aus[19], die – ungeachtet einer formalen staatlichen Letztverantwortung[20] – im Risikobereich gerade nicht besteht. Ob die Kategorie des sog. selbstständigen Verwaltungshelfers[21] das Institut noch wiedergibt, scheint nicht sicher[22], macht doch gerade der Werkzeug-

---

16 Zum Stufenplanbeauftragten Schickert, in: Kügel/Müller/Hoffmann, AMG, § 63a Rn. 29.

17 Zur Verletzung der Verschwiegenheitspflicht als Grund für eine außerordentliche Kündigung siehe nur Henssler, in: MünchKomm-BGB, § 626 Rn. 182; zur Frage nach einem Kündigungsschutz von Whistleblowern die rechtsvergleichende Arbeit von Düsel, Gespaltene Loyalität: Whistleblowing und Kündigungsschutz in Deutschland, Großbritannien und Frankreich.

18 Wie der Abschlussprüfer, dazu unten III.4.

19 Vgl. nur Maurer/Waldhoff, Allgemeines Verwaltungsrecht, § 23 Rn. 61.

20 Vor ihrer Überhöhung warnend Franzius, in: GVwR I, § 4 Rn. 58.

21 So in der jüngeren Literatur, insbesondere Burgi, Funktionale Privatisierung und Verwaltungshilfe, S. 151 ff., 280 ff. Die Rechtsprechung hat für das Staatshaftungsrecht das Merkmal der Unselbstständigkeit gelockert, BGHZ 121, 161 ff.; BGHZ 161, 6 ff.

22 Zweifelnd Ehlers, in: Ehlers/Pünder/Burgi, Allgemeines Verwaltungsrecht, § 1 Rn. 23.

charakter – typische Anwendungsfelder sind der Schülerlotse und der Ordnungsschüler[23] – den Verwaltungshelfer aus. Für das Phänomen des Hybriden passt die Kategorie zudem nicht, da bei der Verwaltungshilfe Hoheitsaufgaben punktuell durch einzelne selbstregulative Elemente angereichert werden[24], während im Risikorecht private und öffentliche Organisation auf Dauer eine Symbiose eingehen, um das kognitive Potential der privaten Akteure zu nutzen[25]. Beim Beliehenen steht die Ausübung staatlicher Befugnisse durch Private im Vordergrund[26], während es beim Hybriden um die Wissensversorgung der Verwaltung geht. Die Indienstnahme Privater[27] ist zu undifferenziert[28], um die vielfältigen Formen der Einbeziehung Privater in staatliche Regelungszusammenhänge hinreichend abzubilden[29]. Auch die Figur des sog. Betriebs- und Unternehmensbeauftragten vermag das Phänomen nicht sachgerecht zu erfassen. Als obligatorische interne Überwachungsorgane[30] gleichen sich die Beauftragten und Hybriden zwar. Wie sie besitzen die Betriebs- bzw. Unternehmensbeauftragten in der Folge eine atypische Selbstständigkeit in der Privatorganisation[31]. Die

---

23 Stober, in Wolff/Bachof/Stober, Verwaltungsrecht 3, § 90a I 2 Rn. 2.

24 Vgl. Schmidt-Aßmann, in: Berg u.a., Regulierte Selbstregulierung, S. 253, 261.

25 Vor diesem Hintergrund passt auch der Unterfall der sog. informationellen Verwaltungshilfe nicht, dazu Stober, ZRP 2001, S. 260, 265 f. m.w.N. Hierbei kooperieren private Sicherheitsdienstleister mit der Polizei, um durch die Weiterleitung privat gewonnener sicherheitsrelevanter Erkenntnisse an eine gemeinsame Informations- und Ansprechstelle und durch gemeinsame Sicherheitsbesprechungen kriminalpräventiv zu wirken, ebenda. Es sollen – wie schon das Adjektiv „informationell" besagt – ausschließlich Informationen nach dem Motto „Beobachten, Erkennen, Melden" (ebenda) zugearbeitet werden, um eine Generierung von Organisationswissen geht es hingegen nicht.

26 Nach der inzwischen herrschenden Befugnis- bzw. Rechtsstellungstheorie liegt eine Beleihung vor, wenn ein Privatrechtssubjekt Verwaltungsaufgaben erfüllt und ihm zu diesem Zwecke spezielle hoheitliche Befugnisse durch einen Hoheitsträger übertragen wurden, was durch Auslegung des entsprechenden Gesetzes zu ermitteln ist, vgl. Krebs, in: HStR V, § 108 Rn. 45.

27 Grundlegend H. P. Ipsen, AöR 90 (1965), 393, 417 ff.; vgl. zur Indienstnahme Privater auch BVerfGE 30, 292, 311 f.; 68, 155, 170; 95, 173, 187; 110, 226, 261.

28 Stober, in: Wolff/Bachof/Stober, Verwaltungsrecht 3, § 90a IV 1 Rn. 61 („schillernder Begriff").

29 In diesem Sinne auch Trute, in: Schuppert, Jenseits von Privatisierung, S. 13, 31.

30 Siehe Kloepfer, Umweltrecht, § 5 Rn. 1448; Steinmark, BB 1983, S. 867.

31 Wendler, Die Haftung der Betriebsbeauftragten im Strafrecht, S. 36. Eine Personalunion mit der Geschäftsführung ist angesichts ihrer Überwachungsrolle nach richtiger Ansicht unzulässig, zur Diskussion R. Weber, Der Betriebsbeauftragte, S. 53 f.

verschiedenen Erscheinungsformen des Betriebsbeauftragten[32] reagieren aber auf im Einzelnen ganz verschiedene Rechtsdurchsetzungsprobleme[33]. Daher erscheint es angebracht, eine neue Typisierung zu entwickeln.

III. Einzelphänomene

1. Zu den Referenzgebieten

Beispiele aus drei Referenzgebieten des Risikorechts sollen die Bedeutung und Funktionsweise des Hybriden veranschaulichen. Die Figur kann allein über eine Beschreibung ihrer gesetzlichen Ausgestaltung allerdings nicht hinreichend erfasst werden, da sie ein Hilfsmittel der Risikoverwaltung darstellt. Daher ist die Vorgehensweise für jedes Referenzgebiet dreistufig: Es werden zunächst der Bedarf der Verwaltung an Organisationswissen und die Invisibilität des Organisationswissen analysiert; im Anschluss folgen die Aufgaben des entsprechenden Wissensmittlers.

Aus dem Umweltrecht wird ein Phänomen aus dem Atom- und Strahlenschutzrecht behandelt (unter III.2.). Im Mittelpunkt dieses Referenzgebiets steht die Beherrschung des Anlagen- bzw. Störfallrisikos von Kernkraftwerken. Das besondere Gefährdungspotential, das sie von konventionellen Kraftwerken unterscheidet, besteht in ihrem radioaktiven Inventar, das im Zusammenhang mit der Kernspaltung entsteht. Die planwidrige Freisetzung von ionisierender Strahlung durch Stör- oder Unfälle und deren schädliche Auswirkungen auf Mensch und Umwelt gilt es daher zu verhindern. Das Bedürfnis nach Organisationswissen der Risikoakteure folgt daraus, dass die Atomaufsicht zur Risikovorsorge auf Betriebserfahrungen aus dem Kernkraftwerk angewiesen ist.

Das Arzneimittelsicherheitsrecht verdeutlicht den Umgang mit Produktrisiken (unter III.3.). Hier geht es anders als im Anlagenrecht nicht um Entstehungs-, sondern um Auswirkungsrisiken[34]: Angesprochen ist

---

32 Ausführliche, auch vergleichende Darstellungen der einzelnen Regelungen finden sich erstmals bei Roth, Der Betriebsbeauftragte für Immissionsschutz, S. 4 ff.; ferner R. Weber, Der Betriebsbeauftragte, S. 15 ff.; Ehrich, Amt, Anstellung und Mitbestimmung, S. 214 ff.

33 Zu den diversen Funktionen, siehe Rehbinder, ZHR 165 (2001), S. 1, 9; Eifert, in: GVwR I, § 19 Rn. 104.

34 Dazu für das Umweltrecht Trute, Vorsorgestrukturen, S. 40 ff.; ähnlich in der Sache die Unterscheidung von Auswirkungs- und Entstehungsrisiken bei Köck, in: Bora, Rechtliches Risikomanagement, S. 129, 130 f., sowie Murswiek, Die staatli-

damit der ambivalente Charakter von Arzneimitteln. Die Anwendung durch den Patienten soll wegen ihres Nutzens gerade nicht verhindert werden. Vielmehr geht es darum, die mit der medikamentösen Behandlung einhergehenden negativen Folgen, in erster Linie Neben- und Wechselwirkungen, einzudämmen. Da sich Auswirkungsrisiken naturbedingt nicht auf die interne Umwelt der Organisation beschränken, besteht hier die Besonderheit, dass die Risikoverwaltung prinzipiell die Möglichkeit hat, selbst Wissen zu generieren. Sie ist aber auf die Wissensinfrastruktur der Pharmaunternehmen angewiesen, da der Staat nicht in der Lage ist, adäquate Strukturen zur Risikoerfassung einzurichten.

Ein Beispiel aus dem Dienstleistungsrecht stellt das Bankenaufsichtsrecht dar (unter III.4.). Im Unterschied zu den bisher behandelten Gebieten des Risikorechts geht es hier nicht darum, bestimmte Risikopunkte wie die gefährliche Anlage oder das gefährliche Produkt zu identifizieren und zu bewerten. Die einzelnen finanziellen Risiken (Kreditausfallrisiken, operative Risiken etc.) interessieren die Aufsicht nur sekundär. In erster Linie soll die Funktionsfähigkeit der einzelnen Institute und damit die des gesamten Finanzmarktsystems aufrechterhalten werden. Unter Kontrolle zu halten ist das sog. systemische Risiko, das im Unterschied zum Atomrecht nicht nur das Sicherheitssystem Kernanlage, sondern das gesamte Finanzmarktsystem betrifft. Da die Banken die Wurzel des Risikos bilden, steht im Mittelpunkt der Bankenaufsicht deren internes Risikomanagement: Sie hat einen umsichtigen Umgang der Banken mit ihren Risiken sicherzustellen. Das Wissensproblem des Staates liegt da auf der Hand. Schließlich gehört der Umgang mit Risiken zum Geschäftsmodell der Banken.

2. *Der kerntechnische Sicherheitsbeauftragte*

Der kerntechnische Sicherheitsbeauftragte ist ein Hybride, der die Atomaufsicht mit den Betriebserfahrungen aus der kerntechnischen Anlage versorgen soll.

---

che Verantwortung, S. 189 ff., der von Ingerenz- und Ingerenzverursachungsrisiken spricht.

a) *Kognitive Dimension der Atomaufsicht*

Das Atom- und Strahlenschutzrecht sieht für ionisierende Strahlung ein System lückenloser behördlicher Überwachung vor. Hierbei sind zwei Überwachungsbereiche zu unterscheiden: die Überwachung von Radioaktivität in der Umwelt (sog. Umweltüberwachung) und die Überwachung der Nutzung ionisierender Strahlung (sog. Anlagen- und Tätigkeitsüberwachung)[35]. Um Organisationswissen geht es allein bei der Anlagenüberwachung, verlangt sie doch, die Kernanlage laufend auf Schwachstellen hin zu analysieren. Es leuchtet unmittelbar ein, dass die Verwaltung als Außenstehende auf die Hilfe eines Wissensmittlers angewiesen ist.

Die Aufgabe der permanenten Wissensgenerierung wird für die Atomaufsicht gleichwohl kaum thematisiert. Verbreitet ist nach wie vor eine polizeirechtliche Perspektive. Danach soll das klassische Instrument der Genehmigung eine laufende Wissensgenerierung in Bezug auf die Anlage überflüssig machen[36]. Um die Relevanz von Organisationswissen für die Atomaufsicht zu verdeutlichen, sollen die Grenzen des überkommenen Sicherheitskonzepts eines Kernkraftwerks skizziert werden:

Das Atomgesetz schreibt als Genehmigungsvoraussetzung für Kernanlagen vor, dass „die nach dem Stand von Wissenschaft und Technik erforderliche Vorsorge gegen Schäden durch die Errichtung und den Betrieb der Anlage getroffen ist“ (§ 7 II Nr. 3). Zur technischen Realisierung eines Sicherheitskonzepts wurde im untergesetzlichen Regelwerk (sog. kerntechnisches Regelwerk) ein Vorgehen festgelegt, das als gestaffeltes Sicherheitskonzept oder Mehrstufenkonzept bezeichnet wird[37]. Die Spaltprodukte sind danach durch mehrere Barrieren von der Außenwelt abgeschirmt.

35 Zur Trennung Büdenbender/von Heinegg/Rosin, Energierecht I, Rn. 602.

36 Die Vernachlässigung der Nachgenehmigungsphase verdeutlicht ein Blick in die gängigen Lehrbücher zum Umweltrecht, die den Akzent auf das Genehmigungsverfahren legen, das Aufsichtsverfahren wird am Rande gestreift, etwa Sellner/Hennnenhöfer, in: Rehbinder/Schink, Grundzüge des Umweltrechts, Rn 196–248, 249–276 zum Genehmigungsverfahren, Rn. 251–295 zur Änderungsgenehmigung und Aufsicht; bei Kloepfer, Umweltrecht, § 16 Rn. 90 ff., umfasst der Genehmigungsteil über 20 Seiten, der Überwachungsteil 2 Seiten. Von diesem Standpunkt aus ist umstritten, ob und inwieweit die Aufsichtsbefugnisse in den Risikovorsorgebereich reichen, zu den nachträglichen Auflagen (§ 17 AtG) Berendes, Nachträgliche Auflagen, S. 35 ff.

37 BMU, Sicherheitsanforderungen an Kernkraftwerke, S. 8. Ausführlich zur Entwicklung BFT, Deutsche Risikostudie Kernkraftwerke, S. 45 ff.; Michaelis/Salander, Hdb Kernenergie, S. 609 ff.; ferner Gemmeke, Nachträgliche Anordnungen, S. 22 f.

Das Mehrstufenkonzept soll dafür Sorge tragen, dass Störungen im Normalbetrieb möglichst frühzeitig abgefangen und eine Entwicklung zu Störfällen vermieden wird.

Dieses kerntechnische Sicherheitskonzept beruht im Kern auf Erkenntnissen der deterministischen Betrachtungsweise[38]. Wird nachgewiesen, dass die definierten Schutzvorkehrungen gegen die definierten Störfälle ergriffen werden, gilt die Anlage als sicher. Welche Ereignisse in die Sicherheitsbetrachtung einzustellen sind, beruht auf der Einschätzung der Techniker (engineering judgement, Prinzip der „praktischen Vernunft"). Nach dieser Methode ist eine Systemanalyse „von innen" heraus weitgehend entbehrlich, da sie davon ausgeht, dass das Wissen auch extern, als Fachwissen, vorhanden ist[39]. Die Komplexität des Systems wird hierbei allerdings konzeptionell eliminiert[40]. Verbleibenden Unsicherheiten wird durch „Sicherheitsabstände"[41] wie konservative Annahmen oder das Prinzip der Redundanz Rechnung getragen. Das überkommene Sicherheitskonzept ist somit auf das Vorhandensein stabilen Wissens ausgerichtet.

Die Annahmen, auf denen dieses Konzept beruht, haben sich als falsch erwiesen. Zwischenfälle, v.a. die Reaktorkatastrophen von Three Mile Island und Tschernobyl, haben gezeigt, dass trotz der enormen technischen Sicherheitsvorkehrungen in Kernkraftwerken Ereignisse, die die sicherheitstechnische Ausrüstung außer Funktion setzen, nicht auszuschließen sind. Es hat sich herausgestellt, dass eine fehlerhafte Organisation sowie der Einfluss von Personalhandlungen (sog. Human Factors) dabei eine maßgebliche Rolle spielen. Einen bekannten Erklärungsansatz für dieses Phänomen liefert *Perrows* Theorie der normalen Katastrophen (Normal Accident Theory)[42]. Sie nennt die unzulängliche Systemgestaltung als Ursache dafür, dass Systemunfälle in komplexen technischen Systemen zwangsläufig bedingt sind. Das technische Sicherheitsdesign trägt danach paradoxerweise gleichzeitig zur Unsicherheit des Systems bei. Nach dem heutigen wissenschaftlichen Verständnis ist eine Kernanlage ein sicherheitskritisches System, ein sog. Mensch-Maschine-System, bei dem eine komplexe und hochdynamische Prozesstechnologie von Menschen zu meistern ist[43]. Da

38 Rengeling, Probabilistische Methoden, S. 19.

39 Zur ingenieurwissenschaftlichen Grundlage Sparwasser/Engel/Voßkuhle, Umweltrecht, § 7 Rn. 204.

40 Rengeling, Probalistische Methoden, S. 97.

41 Sparwasser/Engel/Voßkuhle, Umweltrecht, § 7 Rn. 205.

42 Perrow, Normale Katastrophen. Die unvermeidlichen Risiken der Großtechnologie.

43 Zum Ganzen Herczeg, in: MSGF, Zur Sicherheit von Kernkraftwerken, S. 33 ff.

ein Kernkraftwerk somit ein höchst instabiles System ist, kann Sicherheit nicht einfach in das System „eingebaut“ werden. Mittel, um Unsicherheiten aufzudecken, ist vielmehr ein Lernen aus Betriebserfahrungen[44], d.h. die Erfassung technischer Fehler, menschlicher Fehlhandlungen und organisatorischer Defizite, die sich durch Ereignisse in der Anlage manifestieren, und die Umsetzung des Gelernten. Man spricht auch von Erfahrungsrückfluss oder- austausch. Wegen des enormen Gefährdungspotentials kann diese Erfahrungsauswertung natürlich nicht erst bei Schadensfällen (den Störfällen) ansetzen. Entscheidend kommt es darauf an, bereits im Vorfeld von Schadensereignissen mögliche Schwachstellen zu identifizieren, die sog. Vorläufereeignisse zu potenziellen Störfällen. Müssen danach die Erfahrungen im Umgang mit der Anlage erfasst werden, kann sich die Aufsicht nicht auf die Genehmigung des Anlagenbaus und -betriebs verlassen, sondern hat „vor Ort“ zu sein, um die anfallenden Informationen zu erfassen.

b) Anlagenübergreifender Erfahrungsaustausch nach der AtSMV

Die Betreiber stehen daher im Zentrum des Systems des Erfahrungsaustausches: Die atomrechtliche Sicherheitsbeauftragten- und Meldeverordnung (AtSMV) verpflichtet die Betreiber von Kernanlagen dazu, aufgetretene Fehler, die für die Sicherheit der Anlage von Bedeutung sein können, den zuständigen Stellen zu melden (§ 6); das sind die Landesbehörden. Diese reichen sie zur Bewertung an ihre Gutachter (TÜV) und an das Bundesamt für Strahlenschutz (BfS) und die Gesellschaft für Reaktorsicherheit (GRS) weiter. Beim BfS werden sie zentral gesammelt und dokumentiert. Durch die Zentralisierung kann geprüft werden, ob die Ereignismeldungen auch für die Sicherheit anderer Anlagen relevant sind[45]. So lassen sich Wiederholungsfälle oder ähnliche Fehler vermeiden. Für nationale Ereignisse und für Ereignisse aus ausländischen Anlagen, die von anlagenübergreifender Bedeutung sind, werden daher sog. Weiterleitungsnachrichten (WLN) verfasst[46]. Die WLN gehen an die Landesbehörden, ihre Gutachter und die Betreiber. Die Betreiber sind verpflichtet, die Übertragbarkeit auf ihre An-

44 Dazu eingehend die Beiträge in: Engel, 4. Expertengespräch Mensch-Maschine-Wechselwirkung in Kernkraftwerken; Gersinka, 3. Expertengespräch Mensch-Maschine-Wechselwirkung in Kernkraftwerken; ders., 2. Expertengespräch Mensch-Maschine-Wechselwirkung in Kernkraftwerken.

45 Spiegelberg-Planer/Stern, atw 52 (2007), S. 74.

46 Zu Vorgehensweise und Kriterien siehe GRS, Aus Betriebserfahrungen lernen.

lage zu überprüfen und den Behörden darüber Bericht zu erstatten. Dieser Kreislauf hängt somit entscheidend davon ab, dass die Betreiber mitarbeiten, also Erfahrungen rechtzeitig, gründlich und umfassend sammeln sowie auswerten.

Das Interesse der Anlagenbetreiber an einer solchen Kooperation ist aber begrenzt. In der Praxis wird häufig die erforderliche Tiefe der Ereignisanalyse nicht erreicht, insbesondere die Auswertung von Ereignissen unterhalb der Meldeschwelle ist defizitär. Auch die Kommunikation mit der Aufsicht funktioniert nicht reibungslos. Das System des Erfahrungsrückflusses wird als zu träge kritisiert[47]. Die verspätete Einschaltung der Atomaufsicht bildete den Anlass für die Kontroverse um die auch als „Biblis-Auflage" bekannte Verfügung zum Nachweis der Störfallbeherrschung[48]. Die Liberalisierung des Strommarktes und der Atomausstieg in Deutschland verbessern die Motivationslage nicht unbedingt[49].

c) Die Aufgaben des kerntechnischen Sicherheitsbeauftragten

Hier setzt als Katalysator des Erfahrungsrückflusses der kerntechnische Sicherheitsbeauftragte an. Seine Aufgaben sind nach der AtSMV:

- § 4 I Nr. 1–4: Er hat für die Auswertung und Umsetzung interner und externer Betriebserfahrungen zu sorgen.
- Hierzu hat er anlagenübergreifend mit anderen kerntechnischen Sicherheitsbeauftragten zusammenzuarbeiten (Nr. 6).
- Darüber hinaus muss er überprüfen, ob der Betreiber seinen Meldepflichten nachkommt (§ 4 I Nr. 5 und § 10).

Der Blick auf seine Kompetenzen zeigt, dass der kerntechnische Sicherheitsbeauftragte an beiden Wissensbarrieren[50] für den sphärenübergreifenden Wissensfluss ansetzt. Der Schwerpunkt liegt dabei auf der Ebene der Generierung von Organisationswissen, indem er das Lernen aus Betriebs-

---

47 Staudt, atw 52 (2007), S. 77.

48 Die nachträgliche Auflage zur Störfallbeherrschung konnte insbesondere dem Bestimmtheitsgrundsatz nicht genügen, dazu BVerwGE 131, 259, 263 ff.; vorgehend VGH BW, ZUR 2007, S. 380 ff. sowie die Diskussion auf dem 13. Deutschen Atomrechtssymposium im Dezember 2007, siehe dazu die Beiträge von Degenhart, Roller und Veit im Tagungsband Koch/Roßnagel, 13. Deutsches Atomrechtssymposium, S. 101 ff., 113 ff., und 127 ff.

49 Zur Problematik Hahn, in: 11. Atomrechtssymposium, S. 95, 96 f.

50 Zu diesen siehe oben II,1.

erfahrungen unterstützt und absichert[51]. Eine direkte Kommunikation ist ihm – im Unterschied zu den im Folgenden darzustellenden Hybriden, dem Stufenplanbeauftragten und dem Abschlussprüfer – verwehrt. Da er allein die Richtigkeit und Vollständigkeit der Unterrichtung der Aufsicht über meldepflichtige Ereignisse überwachen darf, kann er den staatlichen Zugang zum Organisationswissen nicht absichern. Ein solcher imperfekter Hybride ist daher kritisch zu betrachten[52].

3. *Der Stufenplanbeauftragte*

Der Wissensmittler im Arzneimittelrecht wird der Stufenplanbeauftragte genannt, da er die behördliche Erfassung von Arzneimittelrisiken, die in Deutschland im sog. Stufenplanverfahren (vgl. § 63 AMG) erfolgt, unterstützen soll.

a) Wissensgenerierung im Rahmen der Nachmarktkontrolle

Im Arzneimittelsicherheitsrecht nennt man die Aufgabe der Verwaltung zur Wissensgenerierung Pharmakovigilanz bzw. Nachmarktkontrolle[53]. Diese beinhaltet eine administrative Dauerüberwachung der im Verkehr befindlichen Arzneimittel. Zweck ist es, v.a. deren Unbedenklichkeit dauerhaft festzustellen und ggf. die rasche Rücknahme eines Produkts zu veranlassen. Dazu sind seitens der Verwaltung unerwünschte Arzneimittelwirkungen global zu erfassen, zentral zu sammeln und wissenschaftlich zu bewerten (§ 62 I 1 AMG). Die Nachmarktkontrolle basiert auf dem Um-

---

51 So auch Kloepfer, Umweltrecht, § 15 Rn. 212–214.

52 Reiling, Der Hybride, S. 209.

53 Der Begriff Pharmakovigilanz ist der weltweit übliche Terminus, wenn es um die Aktivitäten zur Arzneimittelüberwachung geht, zum Begriff Hagemann, in: Ott/Hefendehl/Grosdanoff, Arzneimittel und Medizinprodukte, S. 279 f. Die WHO, The importance of pharmacovigilance, S. 42, definiert pharmacovigilance als "the science and activities relating to the detection, assessment, understanding and prevention of adverse effects or any other medicine-related problem". Das deutsche Arzneimittelsicherheitsrecht benutzt hingegen traditionell den – leicht missverständlichen – Ausdruck der Nachmarktkontrolle, wenn es um den Prozess der Arzneimittelbeobachtung geht, dazu Hohm, Arzneimittelsicherheit und Nachmarktkontrolle, S. 40 ff. Dieser Begriff erklärt sich wiederum aus der Adaption des englischen Begriffs post marketing surveillance bzw. post-market-control, dazu Hart, in: ders./Reich, Integration, S. 7, 98.

stand, dass sich das Risikopotential von Arzneimitteln nicht abschließend und vollumfänglich durch das Produktzulassungsverfahren (sog. Vormarktkontrolle) abschätzen lässt[54]. Daher muss auch nach Marktzugang Wissen über die Arzneimittelwirkungen gewonnen werden. In Deutschland erfolgt die Pharmakovigilanz durch Bundesoberbehörden (vgl. §§ 62 I 1, 77 AMG), für Humanarzneimittel ist das Bundesinstitut für Arzneimittel und Medizinprodukte (BfArM) zuständig. Das Arzneimittelrecht ist im Zug der Schaffung des europäischen Binnenmarktes weitgehend europäisiert. Die Pharmakovigilanz in der EU wird durch die Europäische Arzneimittel-Agentur (EMA) koordiniert.

Die Arzneimittelverwaltung ist für die Pharmakovigilanz auf eine Risikokommunikation mit Privaten angewiesen, da Informationen über die Wirkungen zugelassener Medikamente insbesondere beim Einsatz im therapeutischen Alltag anfallen[55]. Die Pharmaunternehmen haben zu solchen Erkenntnissen einen besonders günstigen Zugang.

b) Kognitive Asymmetrie im Arzneimittelrecht

Dass das Gelingen der Pharmakovigilanz maßgeblich vom Organisationswissen der Pharmaunternehmen abhängen soll, erstaunt auf den ersten Blick. Schließlich verbleibt das Produkt selbst nicht im Herrschaftsbereich der Unternehmen, Informationen fallen bei Patient und Arzt an. Wenn die Risikoakteure nicht kooperieren wollen, läge im Produktsicherheitsrecht daher die Lösung nahe, dass sich die Behörde anderweitig das notwendige Wissen beschafft, etwa selbst Studien veranlasst, mit Ärzten und Krankenkassen zusammenarbeitet usw. Um die Bedeutung des Organisationswissens im Arzneimittelbereich zu verdeutlichen, ist die Wissensinfrastruktur von Pharmaunternehmen und Verwaltung zu vergleichen.

(i) Das Wissen der Pharmaunternehmen

Der Erwerb neuen Wissens zu Arzneimitteln (sog. Pharmaforschung) wird in erster Linie durch die pharmazeutischen Unternehmen selbst betrieben[56]. Denn die Pharmaindustrie ist eine wissensbasierte Industrie: Sie

---

54 Blasius/Müller-Römer/Fischer, Arzneimittel und Recht in Deutschland, S. 209.

55 Dazu Heitz, Arzneimittelsicherheit, S. 78.

56 Siehe nur Angell, JAMA 2008, S. 1069 ff.; ferner Meyer, DÄBl. 2003, A-1705.

braucht Wissen, um ihre Produkte zu entwickeln und zu vermarkten. Dementsprechend hat sie global intra- und interorganisationale Wissensnetzwerke aufgebaut[57]. Ein bedeutender Teil der Wissensinfrastruktur der Pharmaunternehmen ist die enge Kooperation mit der Ärzteschaft. Schnittstelle zu den Ärzten sind u.a. die Außendienstmitarbeiter der Unternehmen (Pharmaberater oder leicht missverständlich Pharmavertreter genannt). Sie besuchen fast täglich die Arztpraxen, um dort die Produkte vorzustellen[58]. Die Ärzte teilen den Mitarbeitern nicht selten im Verlauf der Beratungs-/Promotionsgespräche Beobachtungen über Risiken des Arzneimittels mit, die sie in ihrer Praxis gemacht haben.

Die Wissensgenese durch die Pharmaunternehmen ist allerdings sehr einseitig: Im Fokus steht der Nutzen der Arzneimittel, das Risikowissen wird vernachlässigt[59]. In quantitativer Hinsicht[60] sind klinische Studien der Phase IV, d.h. zu Pharmakovigilanz-Themen, selten. Zudem ist die Qualität problematisch: Zu nennen ist das Problem von *Bias* in der Pharmaforschung[61]. Bei diesen Praktiken handelt es nicht nur um das gezielte *Sponsoring* positiver Studien, die Unternehmen fördern auch wissenschaftliches Fehlverhalten und kriminelle Handlungen. Häufig werden Studien mit für den Initiator oder Sponsor unerwünschten Ergebnissen nicht oder nicht ordnungsgemäß veröffentlicht. Berichtet wird von *ghostwriting* oder *ghost authorship*[62]. Paradigmatisch für die Probleme der Pharmakovigilanz der Pharmaunternehmen ist die sog. Anwendungsbeobachtung. Hierbei schauen die Pharmaunternehmen den Ärzten bei der medikamentösen Behandlung der Patienten mit ihrem Produkt gewissermaßen über die Schul-

57 Zum Ganzen Rygl, Wissensnetzwerke; Paruchuri, Organization science 2010, S. 63 ff.

58 House of Commons, Influence of the Pharmaceutical Industry, S. 57.

59 Zur Einseitigkeit der Pharmaforschung siehe nur Schott/Pachl/Limbach/Gundert-Remy/Ludwig/Lieb, DÄBl. 2010, S. 279 ff.

60 ISB EU, Berliner Deklaration, S. 16; Fraunhofer ISI, Assessment Pharmacovigilance, S. 9; Hildebrandt, in: Ferber/Grosdanoff/Kraupp/Lehnert/Schütz, Erfassung und Bewertung, S. 379, 382; Lasser/Allen/Woolhandler/Himmelstein/Wolfe/Bor, JAMA 2002, S. 2215, 2219; auch Hart, in: Staatliche Wirtschaftsregulierung in der Krise, S. 192, 201: Entdeckung von unerwünschten Arzneimittelwirkungen weitgehend Zufall überlassen.

61 Zum Bias McGauran/Wieseler/Kreis/Schüler/Kölsch/Kaiser, Trials 2010, S. 9, das genaue Ausmaß lässt sich schwer quantifizieren, vergleichende Untersuchungen geben je nach Wirkstoffgruppe Zahlen zwischen 10 % und 100% an, ebenda.

62 Angeblich sind Ghostwriter an jeder fünften Studie beteiligt, dazu DÄBl., Mitteilung vom 26.10.2011.

ter[63]. Diesem Instrument haftet ein besonderes „Schmuddelimage“ an[64]. Sie stehen im Ruf, nicht der Wissenserweiterung zu dienen, sondern nur den Bekanntheitsgrad der Arzneimittel zu steigern und einen Anreiz zur Verordnung von teuren Arzneimitteln zulasten der gesetzlichen Krankenversicherungen zu schaffen[65]. Mittlerweile ist zwar anerkannt, dass Anwendungsbeobachtungen theoretisch einen wissenschaftlichen Wert haben[66], da sich auf recht einfache Weise Daten über die reguläre Anwendung von Arzneimitteln sammeln lassen. Enorme Probleme bestehen aber auf der Anwendungsebene. Defizite in der Praxis sind etwa, dass die Fragebögen, die die Beobachtungen anleiten sollen, von den Unternehmen zu knapp bemessen werden, dass die Anwendungsbeobachtungen mehr Umfragen-Charakter haben oder dass ihre Dauer zu kurz bemessen wird[67].

(ii) Behördliche Wissensressourcen

Die Erfassung von Einzelfallmeldungen über Arzneimittelrisiken (das sog. Spontanerfassungssystem) wird in Deutschland von den Bundesbehörden zusammen mit den Arzneimittelkommissionen der Heilberufe (insbesondere der Arzneimittelkommission der deutschen Ärzteschaft, AkdÄ) betrieben[68]. Ärzte sind berufsrechtlich zur Meldung an die AkdÄ verpflichtet (§ 6 ärztliche Muster-Berufsordnung). Diese analysiert die eingehenden Meldungen, tritt ggf. in einen Dialog mit dem Arzt ein und übergibt die Meldungen unter Wahrung der Anonymität sowie die eigene Auswertung dem BfArM. Die Ärzte nutzen das behördliche Spontanmeldesystem aber nur skeptisch, sie wenden sich lieber an den Außendienst der Pharmaunternehmen. Durchschnittlich stammen gerade 10 % aller Berichtseingänge aus den Arzneimittelkommissionen, der Großteil aller Berichtseingänge

63 Letzel, Arzneimittelforschung, S. 319; Windeler, DÄBl. 2000, A-2756. Jährlich werden in Deutschland etwa 930 Mio. Euro für die AWB aufgewendet, Pressemitteilung vom 13.12.2002, daris.kbv.de.

64 Windeler, DÄBl. 2000, A-2756 mit Verweis auf Korzilius, DÄBl. 1997, A-2965.

65 Kori-Lindner, in: Hönig/Eberhardt/Kori-Lindner/Langen, Anwendungsbeobachtungen, S. 11, 12.

66 M.w.N. Letzel, DÄBl. 1993, A-1190, 1193; De May, Med Klin 2000, S. 56 ff.; grds. auch Victor/Schäfer/Nowak, Arzneimittelforschung, S. 43, 50.

67 Zum Ganzen die Analyse von Hasford/Lamprecht, Eur J Clin Pharmacol 1998, S. 369 ff.

68 Zur Organisation AkdÄ, Pharmakovigilanz, S. 20 ff.

kommt von Seiten der pharmazeutischen Unternehmen[69], die zur Meldung an die Verwaltung verpflichtet sind (§ 63c AMG). Diese mittelbare Erfassung der Spontanmeldungen birgt aber das Risiko der Verfälschung des Risikowissens auf dem Weg zur Verwaltung[70]. Auch die Etablierung intensivierter Formen des Arzneimittelmonitorings durch den Staat läuft wegen Finanzierungsproblemen schleppend an[71]. Dem Mangel an unabhängiger Sicherheitsforschung soll in Europa das European Network of Centres for Pharmacoepidemiology and Pharmacovigilance (ENCePP) begegnen. Das Netzwerk befindet sich noch in der Konsolidierungsphase. Ob es sich als Gegengewicht zur Industrieforschung etablieren wird, insbesondere sich gegen deren finanzielle Anreize durchzusetzen vermag, bleibt abzuwarten. Große Hoffnungen werden in den Aufbau von großen Gesundheitsdatenbanken, wie sie bereits in den USA bestehen, auf der Grundlage der zu Abrechnungszwecken gesammelten Daten der GKV gesetzt[72]. Diese können für Studienzwecke eingesetzt werden. Die Nutzung der Daten für diesen Zweck wird aus Datenschutzgründen jedoch bisher stark eingeschränkt (siehe § 75 SGB X); eine Änderung ist in absehbarer Zeit nicht zu erwarten[73].

Festzuhalten bleibt danach, dass die Leistungsfähigkeit eines von der Industrie unabhängigen Systems der Wissensgenerierung begrenzt ist. Die Nachmarktkontrolle kann daher nicht darauf verzichten, die Pharmakovigilanz durch die Unternehmen in erwünschte Bahnen zu lenken.

---

69 Die genauen Zahlen divergieren: Wagner, Arzneimittelsicherheit als Risikomanagement, in: ders., Arzneimittel und Verantwortung, S. 295, 303 f. (90 %); mit Verweis auf die AkdÄ Fries, Nutzen/Risiko-Abwägung, S. 179 (ca. 60 %); unter Berufung auf das BfArM Fuhrmann, Sicherheitsentscheidungen, S. 187 (83, 5 %); Munter, in: Hdb unerwünschte Nebenwirkungen, S. 571, 575: 70 % an Unternehmen, 20 % an AkdÄ, 10 % an Behörden.

70 Fries, Nutzen/Risiko-Abwägung, S. 184 f.; Fuhrmann, Sicherheitsentscheidungen, S. 188 f.

71 Zur Unterfinanzierung und zu den damit einhergehenden Motivationsverlusten und Wissensabflüssen Fries, Nutzen/Risiko-Abwägung, S. 197.

72 Siehe dazu Hasford/Schubert/Gabe/Dietlein/Glaeske, Memorandum; Sachverständigenrat zur Begutachtung der Entwicklung im Gesundheitswesen, Kooperation und Verantwortung, S. 280, 285; Glaeske/Rebscher/Willich, DÄBl. 2010, A-1295.

73 Kritisch Garbe/Pigeot, Bundesgesundheitsbl. 2015, S. 2185 ff.

c) Die Aufgaben des Stufenplanbeauftragten

Der sog. Stufenplanbeauftragte wurde mit Wirkung zum 1. Januar 1988 im Rahmen des 2. AMG-Änderungsgesetzes in das AMG (§ 63a) eingeführt[74]. Der Gesetzgeber verfolgte mit der Regelung das Ziel, einen „organisatorischen Anknüpfungspunkt beim pharmazeutischen Unternehmer" zu schaffen[75], und damit die Lehren aus dem *Contergan/Thalidomid*-Skandal zu ziehen, dessen Verlauf seine Ursachen gerade auch in mangelnden Informationsfluss und unklaren Zuständigkeiten innerhalb des pharmazeutischen Unternehmens hatte[76]. Im Zuge der Review des europäischen Arzneimittelrechts ist eine solche Pharmakovgilanzstelle nunmehr auch auf EU-Ebene vorgeschrieben[77], die dort als „für die Pharmakovigilanz verantwortliche, entsprechend qualifizierte Person" bzw. in der englischen Terminologie als „Qualified Person Responsible for Pharmacovigilance", kurz QPPV, bezeichnet wird[78].

Ein Schwerpunkt der Tätigkeit liegt in der unabhängigen und kompetenten Verarbeitung und Bewertung von Informationen über das Nutzen-Risiko-Profil der betreuten Produkte[79]. Diese Aufgabe der Mehrung des Organisationswissens kommt im Katalog des § 63a I 1 AMG zum Ausdruck, wonach „bekannt gewordene Meldungen über Arzneimittelrisiken zu sammeln, zu bewerten" sind. Diese materiell-bewertende Aufgabenstellung wird durch Aufgaben organisatorischer Art abgesichert und ergänzt: Der Stufenplanbeauftragte hat eine zentrale Funktion innerhalb des unternehmensinternen Pharmakovigilanzsystems (§ 4 XXXVIII AMG), das er „einrichten und führen" soll. Dieses beinhaltet u.a.[80] ein firmeninternes

---

74 Zur Entstehungsgeschichte und vergleichbaren Institutionen in ausländischen Rechtsordnungen Hohm, Arzneimittelsicherheit, S. 275.

75 Amtliche Begründung der Bundesregierung zum Entwurfs des Zweiten Gesetzes zur Änderung des Arzneimittelgesetzes vom 27. Februar 1986, BT-Drs. 10/5112, S. 22.

76 Fries, Nutzen/Risiko-Abwägung, S. 122.

77 Art. 104 Abs. 3 Gemeinschaftskodex für Humanarzneimittel (RL 2001/83/EG), und für zentral zugelassene Arzneimittel Art. 21 Abs. 1 UAbs. 1 Arzneimittelagentur-VO (VO 726/2004).

78 Zum Verhältnis Stufenplanbeauftragter und EU QPPV Schickert, in: Kügel/Müller-Hofmann, AMG, § 63a Rn. 66-69.

79 Siehe Kroth, A&R 2006, S. 66, 70; EMA, Guideline on Good Pharmacovigilance Practices (GVP), Module I, EMA/541760/2011, S. 14 f.

80 Zu den Anforderungen siehe § 63b II AMG und die behördlichen Verlautbarungen: das von der EMA herausgegebene Modul I zur Guten Pharmakovigilanzpraxis, die sog. Guideline on Good Pharmacovigilance Practices (GVP), EMA/541760/2011; in Deutschland zudem die 6. Bekanntmachung zur Anzeige von

Meldesystem, das alle Mitarbeiter, die potentiell mit der Meldung von Nebenwirkungen in Berührung kommen, einbezieht und durch Schulungsmaßnahmen über die firmeninterne Vorgehensweise (Kontaktperson, Formulare etc.) informiert. Die Reporting-Struktur umfasst insbesondere die Pharmaberater als Kontaktstelle zur Ärzteschaft. Ferner soll er die Qualität von Sicherheitsstudien überwachen und dazu die Studienprotokolle auf ihre Pharmakovigilanzrelevanz hin überprüfen. Auch die zweite Wissensbarriere[81] soll von ihm durchbrochen werden. Dazu ist eine direkte Risikokommunikation zwischen dem Stufenplanbeauftragten und der Verwaltung vorgesehen: „Der Stufenplanbeauftragte ist für die Erfüllung von Anzeigepflichten verantwortlich, soweit sie Arzneimittelrisiken betreffen" (§ 63a I 3 AMG). Dazu gehören: die Meldung von neuen Verdachtsfällen (sog. Individual Case Safety Reporting, § 63c II AMG) sowie umfassende Berichte zum Nutzen-Risiko-Profil des Produkts (sog. PSUR, § 63d AMG).

4. Der Abschlussprüfer

Der Abschlussprüfer hat als ein klassisches kaufmännisches Überwachungsmittel[82] einen umfassenden Einblick in die finanzielle Lage von Unternehmen. Das macht sich die Bankenaufsicht zunutze. Der Abschlussprüfer gilt als eine[83] ihrer wesentlichen Erkenntnisquellen[84].

Nebenwirkungen und Arzneimittelmissbrauch nach § 63b Absatz 1 bis 9 des Arzneimittelgesetzes (AMG) des BfArM und des PEI.

81 Dazu oben, II.1.

82 Stein, Die Wirtschaftsaufsicht, S. 152.

83 Instrumente der Risikogewinnung sind nach der von der BaFin nach § 7 II 2 KWG erlassenen Aufsichtsrichtlinie (3.4): Eigene Erhebungen wie Aufsichtsgespräche, Auskunftsersuchen und Prüfungen, Gespräche mit Dritten, insbesondere Wirtschaftsprüfern, die Auswertung der Jahresabschlüsse und Prüfungsberichte über die Institute und das Anzeige- und Meldewesen der Institute. Bei den Erkenntnisquellen der Aufsicht lassen sich spontane und institutionalisierte Informationskanäle unterscheiden, Hartmann-Wendels/Hellwig, Bankenaufsicht, S. 49 ff. Zu den ersteren gehören v.a. die Analysen der externen Ratingagenturen, die neben Ratingurteilen zu einzelnen Fremdkapitaltiteln (Emissionsrating) auch die wirtschaftliche Lage der Bank insgesamt betreffen (Emittentenrating). Zu den Problemen rund um die Richtigkeit und Qualität ihrer Informationen siehe Lenenbach, Kapitalmarktrecht, Rn. 11.53.

84 Samm, in: Beck/Samm/Kokemoor, KWG, § 29 Rn. 4, 7.

a) Die qualitative Bankenaufsicht

Die Aufgabe der Wissensgenerierung ist für die Bankenaufsicht – in Deutschland ausgeübt durch die Bundesanstalt für Finanzdienstleistungsaufsicht (BaFin) und die Deutsche Bundesbank, § 7 KWG, im Rahmen des sog. Einheitlichen Aufsichtsmechanismus (Single Supervisory Mechanism, SSM) zudem durch die Europäische Zentralbank (EZB)[85] – relativ neu. Zwar ist Schwerpunkt der Bankenaufsicht schon seit jeher die laufende Überwachung der Institute, die Genehmigung spielt als Sicherungsmittel hingegen eine eher untergeordnete Rolle. Der Alltag der laufenden Aufsicht verlief aber lange Zeit weitgehend überraschungsfrei[86]. Die Verwaltung konnte sich bis in die 70er Jahre des letzten Jahrhunderts nämlich auf die Überwachung bestimmter Kennziffern zurückziehen, die die Institute auf der Basis von Algorithmen errechneten und der Aufsicht meldeten[87]. Dieser gefahrenabwehrrechtliche Ansatz ist vor dem Hintergrund der damaligen stabilen Wissenssituation auf den Finanzmärkten zu sehen: Der Aktionsradius der Banken war auf die nationalen Grenzen zugeschnitten und es gab feste Wechselkurse. Mit den ersten Liberalisierungsmaßnahmen, v.a. dem Wegfall des Bretton-Wood-Systems, änderte sich das nach und nach[88]. Die Marktteilnehmer müssen sich seitdem auf Marktvolatilitäten einstellen. Die Finanzindustrie reagierte auf die makroökonomisch bedingte Unsicherheit mit der Konstruktion komplexer Finanzinstrumente wie Swaps, Termin- und Optionsgeschäften. Derivative Geschäfte schützen die Marktteilnehmer aber nicht nur vor Schwankungen ihrer Risikopositionen, sondern fördern die Unsicherheit auch, da sie auch im Sinn einer Risikoübernahme (Spekulation, Trading) zum „Handel mit Unsicherheit" eingesetzt werden können. Diese neue Dynamik und Komplexität der Finanzmärkte hat Folgen für die Bankenaufsicht. Der bisherige vergangenheitsbezogene Ansatz der Regelsetzung in Form von Gesetzen und deren Vollzug durch die Verwaltung funktioniert angesichts der Innovationsgeschwindigkeit und Internationalisierung der Finanzgeschäfte nicht mehr. Die Schwierigkeiten im Umgang mit dem Komplexitätszuwachs bestehen allerdings nicht nur auf staatlicher Seite, sondern betreffen auch die Bank-

---

85 Roth, Die indirekte Bankenaufsicht durch die Europäische Zentralbank.

86 Zum „liberalen Aufsichtsansatz" Lutz/H. C. Röhl/Schneider, ZBB 2012, S. 342, 343.

87 Zu diesem alten, informations- statt wissensbezogenen Modell Kaufhold, in: I. Augsberg, Extrajuridisches Wissen, S. 151, 166 f.

88 Dazu etwa Pecchioli, Bankenaufsicht in den OECD-Ländern: Entwicklungen und Probleme.

vorstände[89]. Bankenkrisen wie der Zusammenbruch der britischen Barings Bank durch Futuregeschäfte eines Angestellten im Jahr 1995 haben gezeigt, dass es für sie schwer ist, die eigene Risikolage einzuschätzen und zu kontrollieren.

Der Grundstein für die daher notwendige, neue Wissensordnung im Aufsichtsrecht wurde – vor dem Hintergrund der globalen Ausrichtung von Finanzdienstleistungen – auf internationaler Ebene durch die Rahmenvereinbarung Basel II gelegt[90]. Kennzeichnend für Basel II ist die Nutzung der dezentralen Intelligenz der Banken. Anstatt der behördlichen Standardansätze zur Ermittlung des Eigenkapitals sollen die Banken interne Risikomessverfahren einsetzen. Parallel dazu werden die Pflichten von Banken und Bankaufsehern erweitert: Die sog. Säule 2 der – jetzt dritten – Baseler Rahmenvereinbarung sieht einen aufsichtsrechtlichen Überwachungsprozess vor (Supervisory Review Process, SRP)[91]: Die Institute müssen interne Risikomanagementsysteme etablieren, deren Tauglichkeit von der Bankenaufsicht zu überprüfen ist[92]. Im Rahmen des SRP haben die Aufsichtsbehörden eine eigene Gesamtbeurteilung der Risikolage und des Risikomanagements der Institute anzustellen, siehe § 6b KWG. Die neuen Methoden[93] heißen Supervisory Review Process-Rating (SRP-Rating), das Verfahren der Bankenklassifizierung und v.a. die Erstellung von individuellen Risikoprofilen der Institute. Verlangt ist von der Aufsicht nunmehr ein vorausschauendes, flexibles Vorgehen. Sie soll die Unternehmen dazu bewegen, ihre institutsspezifische Risikosituation besser zu beurteilen, mithin individuelle Lernprozesse in den Banken anstoßen und fördern[94]. Die von der BaFin im Einvernehmen mit der Bundesbank erlassene Aufsichts-

89 Strulik/Kussin, ZfRSoz 2005, S. 101, 108.

90 Eingehend die Analyse von Strulik, Risikomanagement S. 212 ff.; zur stufenweisen Öffnung des bankenaufsichtsrechtlichen Verfahrens für das ökonomische Wissen der Banken siehe auch Kaufhold, in: I. Augsberg, Extrajuridisches Wissen, S. 151, insbesondere 162 ff.

91 Boos/Schulte-Mattler, Die Bank 2001, S. 646, 647; eingehend Schauff/Stellmacher, in: Praktiker-Hdb Basel II, S. 570, 572, 577, 578.

92 Die Grundlage im deutschen Recht finden sie in § 25a I, Ia KWG und den von der BaFin erstellten untergesetzlichen „Mindestanforderungen an das Risikomanagement" (MaRisk), aktuell veröffentlicht als Rundschreiben 09/2017 (BA); dazu Voss, Unternehmenswissen als Regulierungsressource.

93 Im Überblick Hartmann-Wendels/Hellwig, Bankenaufsicht, S. 66 ff.; zu den europäischen Vorgaben siehe die Guidelines for common procedures and methodologies for the supervisory review and evaluation process (SREP) and supervisory stress testing der European Banking Authority (EBA), insbesondere Titel 2.

94 Strulik, Risikomanagement, S. 272 f.

richtlinie (vgl. § 7 II 2 KWG) rückt dementsprechend Risikodialoge, v.a. die sog. Aufsichtsgespräche (regulatory conversations), als Instrument der Erkenntnisgewinnung in den Mittelpunkt (3.4.1)[95].

Für dieses neue wissensbasierte Aufsichtskonzept wurde eine eigene Bezeichnung geschaffen. Man spricht von der qualitativen Aufsicht und grenzt diese von der bisherigen quantitativen Aufsicht ab[96]. Damit soll zum Ausdruck gebracht werden, dass es nicht mehr primär um die Einhaltung von Kennziffern, sondern die Qualität der internen Risikoverfahren der Bank geht. Da eine solche Bankenaufsicht vertiefte Kenntnisse der Vermögens-, Risiko- und Ertragssituation des einzelnen Instituts haben muss, ist sie in erheblichem Maße auf Organisationswissen angewiesen.

b) Lernfähigkeit von Banken im Visier

Die kognitive Situation der Bankenaufsicht ist verzwickt. Die Herausforderung ist weniger der Transfer ökonomischen Wissens[97]. Vielmehr hat sie die Lernfähigkeit der Banken in ihr Kalkül einzubeziehen und muss dazu selbst lernfähig sein; dabei stellt das Risikomanagement eine Materie dar, die zum Kerngeschäft der Bankwirtschaft gehört. Ob das angestrebte kooperative Verhältnis von Behörde und Bank in Form des Risikodialogs die Lösung ist, erscheint zweifelhaft. Das ausgebuffte Verhalten der Banken in der Vergangenheit spricht gegen ihre Kooperationsbereitschaft: Für den Finanzmarktbereich sind ökonomisch motivierte Ausweichstrategien der Institute typisch, sie waren Auslöser für das neue Aufsichtsmodell[98]. Es handelt sich um einen Effekt, der hier auch unter dem Begriff der regulatorischen Dialektik (*regulatory dialectic*) beschrieben wird[99]. Nicht zuletzt die Finanzmarktkrise 2007/2008 hat – ohne hier eine vertiefte Analyse anstellen zu können und zu wollen[100] – die Problematik der Organisation der Bankenaufsicht aufgezeigt, konnten die Institute doch weitgehend un-

---

95 Zu diesem Kennzeichen der Bankenaufsicht siehe auch m.w.N. Wundenberg, Compliance, S. 63.

96 Siehe Artopoeus, in: Pitschas, Integrierte Finanzdienstleistungsaufsicht, S. 265, 269 ff.; Trouet, WM 1996, S. 2188 ff.; monographisch Markel, Qualitative Bankenaufsicht.

97 So aber Kaufhold, in: I. Augsberg, Extrajuridisches Wissen, S. 151 ff.

98 Strulik, Risikomanagement, S. 33.

99 Kane, Journal of Money, Credit and Banking 1977, S. 55 ff.; ders., The Journal of Finance 1981, S. 355 ff.

100 Dazu G-20, Declaration Summit in Financial Markets; G 30, Financial Reform: A Framework for Financial Stability sowie den de Larosière-Bericht; auch Pilbe-

bemerkt zu hohe Risiken eingehen[101]. Eine Erhöhung der Eigenkapitalbasis, wie Basel III sie vorsieht, mag ein zusätzliches Sicherheitsnetz aufspannen, hat aber den Nachteil, dass pauschale Konzepte (Stichwort: quantitative Aufsicht) angesichts der Instabilität des Finanzmarktes risikoerhöhend wirken können, denn dadurch werden neue Risiken ausgeblendet und sogar verharmlost[102]. Inwieweit die neue wissensbasierte Bankenaufsicht gelingt, hängt somit entscheidend von kognitiven Instrumenten jenseits des Aufsichtsgesprächs ab.

c) Die Aufgaben des Abschlussprüfers

Den Bedarf der Bankenaufsicht an Organisationswissen soll der Abschlussprüfer befriedigen. Der Abschlussprüfer ist eine Einrichtung aus dem Bereich der Unternehmenspublizität[103]. Zusätzlich zur unternehmensinternen Kontrolle der Rechnungslegung durch Vorstand und Aufsichtsrat schreiben §§ 316 ff. HGB die Bestellung eines gesellschaftsexternen, unabhängigen Sachverständigen vor, der die vom Unternehmen ausgesendeten Informationen, also den Jahresabschluss, auf ihren „Wahrheitsgehalt" hin überprüft. Dieser Abschlussprüfer erhält dadurch einen umfassenden Einblick in die finanzielle Lage des Unternehmens. Die Bankenaufsicht zapft daher diese Kommunikationsstruktur an und nutzt sie für ihre eigenen Zwecke[104]:

Seine Indienstnahme erfolgt durch die Auferlegung spezifischer aufsichtsrechtlicher Pflichten („besondere Pflichten", § 29 KWG), die die allgemeinen Prüfungsvorgaben des HGB ausformen und den Abschlussprüfer an die öffentliche Organisation anbinden. Er hat die Einhaltung der wesentlichen Vorschriften des KWG zu prüfen. Dazu gehört insbesondere die Überprüfung des Risikomanagementsystems der Banken (§ 29 I 2 Nr. 2a)). Vermittelt wird der Bankenaufsicht dieses Wissen über den Prü-

---

am, Finance and Financial Markets, S. 411 ff.; zu den bisherigen Krisen Angermüller, Internationale Finanzmärkte und Finanzmarktkrisen, S. 6 ff.

101 Dazu die Analyse von Rudolph, in: ders./Strutz/Szabo, Herausforderungen der Finanzmarktkrise, S. 122 ff., insbesondere 124 ff.; ferner Wissenschaftlicher Beirat beim BMWi, Gutachten, insbesondere S. 26 f.

102 Zur „Illusion'" einer Messbarkeit von Risiken Wissenschaftlicher Beirat beim BMWi, Gutachten, S. 19; Thiele, in: Risiko im Recht, S. 225, 227.

103 Grundlegend Ebke, Wirtschaftsprüfer und Dritthaftung.

104 Zur Bedeutung des Abschlussprüfers als Erkenntnismittel der Bankenaufsicht Samm, in: Beck/Samm/Kokemoor, KWG, § 29 Rn. 4, 7.

fungsbericht des Abschlussprüfers, der ihr unverzüglich nach der Prüfung vom Abschlussprüfer selbst vorzulegen ist (§ 26 I 3). Werden ihm Probleme in der Bank bekannt, hat er diese der Bankenaufsicht unverzüglich mitzuteilen (§ 29 III 1). Man spricht auch von der Redepflicht des Abschlussprüfers. Dieser Wissensfluss wird durch das neue Instrument des Gesprächs, d.h. der mündlichen, nicht nur schriftlichen (Prüfungsbericht) Kommunikation zwischen Aufsicht und Prüfer, ausgebaut[105].

Zudem hat er organisationsintern auf ein ordentliches Risikomanagement hinzuwirken. Als „Prüfungsgehilfe des Aufsichtsrats"[106] hat er diesen mit Wissen zu versorgen. Sein Prüfungsbericht geht Vorstand und Aufsichtsrat zu. Er hat zudem eine Redepflicht gegenüber dem Aufsichtsrat: Missstände sind diesem zu melden (§ 321 S. 3 HGB).

Die Rolle als Wissensmittler kommt in der doppelten kognitiven Ausrichtung des Abschlussprüfers von Banken zum Ausdruck. Zum einen mehrt er intern das Wissen des Unternehmens. Er ist aber nicht nur dort Prüfungsgehilfe, sondern – darin liegt der Unterschied zum „normalen" Abschlussprüfer – auch ein solcher der Bankenaufsicht. Die bilaterale Kommunikation zwischen Aufsicht und Institut, die der SRP verlangt, hat sich damit zu einer trilateralen zwischen Aufsicht, Wirtschaftsprüfer und Institut entwickelt.

IV. Schwachstellen einer hybriden Wissensorganisation

Die Transzendierung der Verwaltungsorganisation, die im Wissensmittler zum Ausdruck kommt, ist mit rechtlichen Folgeproblemen verbunden. Das betrifft zum einen die Gemeinwohlorientierung der Verwaltung, zum anderen das Gebot effektiven Rechtsschutzes. Die für den Hybriden typische Ansiedlung zwischen öffentlicher und privater Organisation impliziert eine Reformulierung überkommener Konzeptionen. Die Pendants zu staatlicher Aufsicht und zu gerichtlichem Rechtsschutz sind hierbei in Arrangements der Wirkungsabsicherung (unter 1.) sowie in einem Konfliktmanagement (unter 2.) zu sehen.

---

105 Jessen, BaFin Journal Mai 2013, S. 24, 25 f.; siehe auch die europäische Abschlussprüferverordnung VO 537/2014 (Art. 12 Abs. 2: „wirksamer Dialog) und die Aufsichtsrichtlinie der deutschen Bankenaufsicht (3.4.2).

106 Etwa Forster, in: FS Kropff, S. 71, 80.

1. Wirkungsabsicherung statt Aufsicht

a) Wirkdefizite

Konsequenz seiner Verwurzelung in der Privatorganisation ist eine Einbuße im Wirkungspotential des Hybriden. Dass er durch die Eingliederung in das Organisationsgefüge in einen engen Kontakt zu den Risikoakteuren tritt, befähigt ihn zwar zu einer Wissensrezeption, macht ihn aber auch vom Unternehmen abhängig. Dabei ist nicht nur die Gemeinwohlbindung des Kooperanten der Verwaltung gefährdet, vielmehr ist schon die Zusammenarbeit als solche, i.e. der grenzüberschreitende Wissensfluss, ungewiss. Da die Figur dauerhaft dem Einfluss des Risikoakteurs unterliegt, ist insbesondere zu befürchten, dass sie dessen Eigenlogik übernimmt – im Extremfall selbst zum Sprachrohr der Unternehmen wird – und so der Rolle als Wissensmittler der Verwaltung nicht gerecht werden kann. Die typischen Gefährdungslagen, die sich für die Wirkung des Hybriden ergeben, kommen normativ in der Inhabilitätsregelung für den Abschlussprüfer (§§ 319, 319a HGB) zum Ausdruck[107]. Als Ursache für Wirkdefizite kommen in Betracht:

- *Finanzielle Eigeninteressen*[108]: Eine ökonomische Bindung an die Organisation kann dabei sowohl bei internen als auch bei externen Hybriden eintreten. Eine Person mit Arbeitnehmerstatus ist finanziell vom Unternehmen abhängig. Bei Selbstständigen resultiert die finanzielle Bindung aus der freien Honorarvereinbarung mit dem und der Vergütung durch den Normadressat[109].
- *Personelle Verflechtung*[110]: Um ihren Erfolg auf Dauer zu sichern, fördern Unternehmen durch verschiedene Motivationsmechanismen die Neigung und Einstellung der Organisationsmitglieder als corporate identity.

Die zwei Punkte tangieren das klassische Verständnis der Unparteilichkeit der Verwaltung im Sinne von fehlendem Eigeninteresse und Distanz zu

107 Allgemein zu den diversen Bedeutungsgehalten der Unparteilichkeit der Verwaltung Fehling, Unparteilichkeit, S. 6 ff.

108 Siehe § 319 III 1 Nr. 1, Nr. 2, Nr. 5 HGB.

109 Siehe dazu die theoretischen Erklärungsmodelle aus den Wirtschaftswissenschaften Marten/Quick/Ruhnke, Wirtschaftsprüfung, S. 155 ff. m.w.N.

110 Siehe § 319 III 1 Nr. 2, 4 und III 2 HGB.

Partikularinteressen durch Identifikation mit einem übergreifenden, demokratisch zu ermittelnden Gemeinwohl[111].

Zu diesen auf das persönliche Interesse abstellenden Gründen kommen hinzu:

- *Inadäquate Stellenbildung*: Wegen seiner Einbindung in die hierarchische Unternehmensorganisation bestimmt der Risikoakteur über die organisatorische Eingliederung des Hybriden und kann so dem Störfaktor die Schärfe nehmen. Diese aus der Organisationsgewalt der Geschäftsführung resultierende Gefahr wird im Problem der Vorbefassung des Urteilenden offenbar[112]. Im Extremfall kann die Organisationsgestaltung zur Handlungsunfähigkeit des Hybriden führen.
- Schließlich ist der Aspekt der *Betriebsblindheit* zu nennen[113]. Insofern geht es weniger um einen Mangel in der Urteilsfreiheit, als um die Urteilungsfähigkeit[114], konkret die Fähigkeit zur Auseinandersetzung mit Neuem[115]. Das ist wegen der Instabilität risikobezogener Wissensbestände ein Problem[116]. Im Risikorecht muss immer mit dem unerwarteten Auftauchen neuer Gefährdungslagen gerechnet werden.

b) Instrumente der Wirkungsabsicherung

Die Wissensmittlung kann nicht mit einfachen Beratungs- und Unterstützungsleistungen für die Verwaltung gleichgesetzt werden, wie man es vom Verwaltungshelfer oder der Indienstnahme Privater kennt. Denn die Risikoverwaltung hat keine uneingeschränkte Wissensherrschaft inne; das relevante Entscheidungswissen muss erst aus einer Interaktion von öffentlicher und privater Organisation gewonnen werden[117]. Aufgrund der maßgeblichen Rolle des Hybriden im Prozess der staatlichen Entscheidungsfindung kann die Wirkungsabsicherung daher kein Appell an den Gesetzgeber bleiben. Das unumgängliche Gemeinwohlproblem infolge der Einbeziehung der Privatorganisation in die staatlichen Steuerungszu-

111 Dazu Fehling, Unparteilichkeit, S. 8 ff., 12 ff.

112 Siehe §§ 319 III 1 Nr. 3, 319a I 1 Nr. 2, Nr. 3 HGB.

113 Normativ ist dieser Punkt der Qualitätsbeeinträchtigung in der Pflichtrotation gemäß § 319a I 1 Nr. 4 HGB verankert.

114 Zu diesen beiden Kriterien vertrauenswürdiger Prüfurteile Leffson, Wirtschaftsprüfung, S. 66 f.

115 Siehe Scholl, Informationspathologien, in: HWO (1992), Sp. 900, 904.

116 Wahl/Appel, in: Wahl, Prävention und Vorsorge, S. 1, 4 f.

117 Siehe nur Ladeur, Umweltrecht der Wissensgesellschaft, insbesondere S. 123 ff.

sammenhänge – der Staat braucht die spezifische Handlungsrationalität der Privaten für eigene Zwecke (hier: Risikovorsorge), zugleich gefährdet gerade die Eigenlogik der gesellschaftlichen Subsysteme das Erreichen staatlicher Handlungsziele – verlangt stattdessen nach einer verfassungsrechtlichen Garantie der Wirkungsabsicherung des Wissensmittlers[118]. Im Folgenden soll aber nicht eine solche grundgesetzliche Fundierung betrachtet werden[119]. Vielmehr sind die konkreten Instrumente zu untersuchen, derer es bedarf, um diesem Auftrag gerecht werden zu können, d.h. die geeignet sind, die Gemeinwohlgefährdung des Hybriden in den Griff zu bekommen.

Dabei muss man sich klarmachen, dass die Wirkungsabsicherung ein komplexes Thema ist. Das hängt zum einen mit den für Organisationsregeln typischen Beurteilungsschwierigkeiten[120], zum anderen mit der Zwiespältigkeit der Figur zusammen. Wegen ihrer Instrumentalisierung für Verwaltungsaufgaben ist der Einfluss des Risikoakteurs auf den Hybriden einerseits zurückzudrängen, andererseits wäre eine zu weitgehende Herauslösung aus dem Organisationsgefüge kontraproduktiv, da sie mit dem Verlust der Insiderstellung und damit des Zugangs zu Organisationswissen einherginge. Daher wäre insbesondere eine Beschränkung auf die tradierten regulatorischen Maßnahmen (Ge- und Verbote, Haftung, Strafrecht) kurzsichtig[121]. Es bedarf demzufolge eines entsprechend ausdifferenzierten Maßnahmenbündels[122], um die mit der Einbindung in die Sphäre des Risikoakteurs verbundene Wirkungsgefährdung handhabbar zu machen[123]:

Dem Risiko der Handlungsunfähigkeit des Wissensmittlers ist durch gesetzliche Unterstützungspflichten des Unternehmens zu begegnen[124]. Der Inhalt der Unterstützungspflicht lässt sich naturbedingt nicht abschließend regeln. Die Erforderlichkeit (siehe § 3 I AtSMV) richtet sich nach den

---

118 Dazu allgemein Trute, in: Schmidt-Aßmann/Hoffmann-Riem, Verwaltungsorganisationsrecht, S. 249, 288; auch Scherzberg, NVwZ 2006, S. 377, 383 f.

119 Dazu Reiling, Der Hybride, S. 269 ff.

120 Schmidt-Aßmann, in: HGR II, § 45 Rn. 34 ff.

121 Vgl. aus agency-theoretischer Sicht Herzig/Watrin, ZfBf 1995, S. 775, 791.

122 Für den Abschlussprüfer Peemöller/Schmalz/Algner, DStR 2003, S. 1135, 1140; Westhoff, DStR 2003, S. 2132, 2136; allgemein für die Unparteilichkeit der Verwaltung auch Fehling, Unparteilichkeit, S. 32 ff.

123 Siehe auch Arbeitskreis Bilanzrecht, NZG 2011, S. 176, 177 Punkt 10.

124 Siehe § 3 AtSMV; für die QPPV EMA, Guideline on Good Pharamcovigilance Practices, GVP, Module I, S. 14 f. (Abschnitt C.1.1); Teilaspekte regeln § 19 VIII Arzneimittel- und Wirkstoffherstellungsverordnung (AMWHV) und § 320 HGB; ein Behinderungsverbot wie es für Betriebs- und Personalräte (§ 78 BetrVG und § 8 Bundespersonalvertretungsgesetz) vorgesehen ist, genügt nicht.

Umständen des Einzelfalls[125]. Formale Mindestbedingung organisatorischer Handlungsfähigkeit ist die Übertragung hinreichender Kompetenzen[126]. Beim Wissensmittler gehört hierzu insbesondere ein adäquates, sprich direktes Kommunikationsrecht mit der Verwaltung. Die Organisationsbezogenheit der Unterstützungspflicht erschwert freilich ihre Durchsetzung durch Außenstehende[127]. Um ihrem Leerlaufen entgegenzuwirken, ist sie durch systemkonforme Durchsetzungsmechanismen zu flankieren. Vielversprechender als von der staatlichen Aufsicht zu kontrollierende Dokumentationspflichten des Unternehmens (etwa § 5 III AtSMV) scheint eine Begutachtung des internen Qualitätssystems durch eine Peer Review, auf die sogleich eingegangen wird, zu sein. Denn hier kann auf das Wissen der Berufsangehörigen zurückgegriffen werden.

Zur Stärkung seiner Wirkung ist v.a. an eine Professionalisierung des Hybriden zu denken. Der Umstand, dass der Hybride als Einzelkämpfer im Unternehmen agiert, macht es für ihn besonders schwierig, den öffentlichen Belang gegen widerstreitende Organisationsinteressen durchzusetzen. Eine nahe liegende Lösung, um dem Hybriden den Rücken zu stärken und seinem Einknicken gegenüber dem Risikoakteur zuvorzukommen, stellt eine Assoziation der Hybriden dar. Große Bedeutung kommt dabei den Berufsordnungen zu. Die Berufsordnungen der freien Berufe enthalten nicht nur grundlegende Qualitätsmaßstäbe für die Berufsausübung, sondern wirken auch über die Herausbildung eines besonderen Berufsethos verhaltenssteuernd[128]. Der Erlass von Regelungen der Berufspflichten wird flankiert und abgesichert durch die Berufsaufsicht, die dafür sorgt, dass berufswidriges Verhalten mit einem signifikanten Risiko verbunden ist und sich tatsächlich ein entsprechendes Berufsethos bildet. Eine besondere Rolle bei der präventiven Kontrolle spielt dabei die Peer Review. Sie kann als eine Mischung von Selbst- und Fremdkontrolle betrachtet werden[129]: Bei Peer Review handelt es sich der wörtlichen Bedeutung nach um eine Überprüfung und Bewertung (Evaluierung) durch

---

125 Siehe etwa Kotulla, Umweltschutzbeauftragte, S. 70, 136; Roth, Betriebsbeauftragte, S. 104; R. Weber, Der Betriebsbeauftragte, S. 141, dort zur Frage der Begrenzung über Zumutbarkeitsüberlegungen.

126 Bronner, Verantwortung, in: HWO (1992), Sp. 2507; explizit Volume 9 A, Teil 1 Abschnitt 1.2.2: „sufficient authority"; jetzt in GVP Modul I. C. 1.1.

127 Allgemein zur Problematik etwa Sethe, in: FS Weber, S. 189, 194.

128 Zur Binnenfunktion von Standesordnungen Taupitz, Die Standesordnungen der freien Berufe, S. 450, 464 ff. m.w.N.

129 F. Reimer, Qualitätssicherung, S. 364; a.A. (Fremdkontrolle) Eifert, in: GVwR I, § 19 Rn. 86.

„Gleichgestellte", d.h. im professionellen Kontext in der Regel durch Fachkollegen[130]. Sie bringen eine interne Sichtweise in Bezug auf die Profession mit, was sie für das Thema Organisationswissen prädestiniert, sind aber nicht in die Arbeitszusammenhänge direkt involviert und können sich deshalb eine – für Kontrolle erforderliche – Außensicht bewahren.

Dem Wirkungserhalt in der Zeit dient eine Pflichtrotation des Hybriden[131]. Dieses Instrument fokussiert die unumgänglichen Probleme der Betriebsblindheit und Koalitionsbildung. Die Pflichtrotation beinhaltet ein Verbot des Risikoakteurs, den bisher tätigen Stelleninhaber nach Ablauf einer festgesetzten Frist wieder zu bestellen[132]. Hierdurch wird erreicht, dass bei den Amtsinhabern immer wieder eine neue Sichtweise Platz greift und keine zu große Vertrautheit mit dem Unternehmen entsteht[133]. Die Pflichtrotation ist allerdings ein zweischneidiges Schwert, versetzt doch gerade die lange Mandatsdauer die Hybriden in die Lage, sich unternehmensspezifisches Wissen anzueignen und Informationszugänge zu finden[134]. Die mit dem obligatorischen Wechsel verbundene Qualitätseinbuße lässt sich zwar nicht vermeiden, aber eindämmen. Für eine solche „abgesicherte" Pflichtrotation hat sich nunmehr auch der Unionsgesetzgeber für Abschlussprüfungen bei Unternehmen von öffentlichem Interesse, wozu u.a. Banken zählen, entschieden[135]. So wird der Gefahr eines „Blankotestats" bei der Erstprüfung des Nachfolgers[136] durch Berichtspflichten des Vorgängers begegnet[137]; eine weitere Möglichkeit des Wissens- und Informationstransfers stellt eine Zusammenarbeit von altem und neuem Prüfer für die Übergangszeit dar[138].

---

130 Ein Überblick zu den gängigen Definitionen bei Gutknecht-Gmeiner, Peer Review, S. 37 ff.

131 Namentlich beim Abschlussprüfer von Banken ist die Pflichtrotation inzwischen Standard der Unabhängigkeitssicherung, siehe für Unternehmen von öffentlichem Interesse § 319a I 1 Nr. 4 HGB; allgemein zu diesem Instrument der staatlichen Gewährleistungsverantwortung Scholl, Der private Sachverständige, S. 473 ff.; zum Umweltgutachter Lübbe-Wolff/Steenken, ZUR 1993, S. 262, 268; Spindler, ZUR 1998, S. 285, 293.

132 Stefani, Abschlussprüfung, S. 18.

133 Vgl. Handelsrechtsausschuss DAV, NZG 2011, S. 16, 19.

134 Sanwald/Huser, Der Schweizer Treuhänder 2009, S. 461.

135 Art. 17 Abs. 3 Abschlussprüfer-Verordnung (VO 537/2014).

136 Moxter, Wirtschaftsprüfer-Kammer- Mitteilungen 1995, S. 134, 135.

137 Siehe zu den sog. „Übergabeakten" Art. 18 Abschlussprüfer-Verordnung; ferner § 320 IV HGB.

138 Vorschlag seitens der Wissenschaft, Europäische Kommission, Zusammenfassung der Stellungnahmen zur Konsultation zum Grünbuch, S. 18.

2. *Konfliktmanagement statt Indienstnahmedogmatik*

a) *Schutzkonzept*

Wegen seiner Rolle birgt der Hybride ein erhebliches Konfliktpotential. Die Wissensressourcen der Risikoakteure werden von innen heraus für externe Zwecke instrumentalisiert. Man kann wegen seiner Zwischenstellung auch von der Implantation eines „Fremdkörpers" in die Unternehmensorganisation sprechen[139]. Angesichts des Interessengegensatzes und der engen Interdependenzen der Handlungen, die der Umgang mit Organisationswissen impliziert, sind Konflikte in der Organisation vorprogrammiert[140]. Es lassen sich hierbei zwei Kategorien von Belastungen durch den Hybriden unterscheiden:

- Solche, die Hand in Hand mit der staatlichen Überformung des Unternehmens gehen. So ist die Selbstdarstellungsfähigkeit des Unternehmens tangiert, denn infolge seiner Kommunikationsrechte nach außen prägt nicht der Risikoakteur, sondern der Hybride das externe Bild von der Risikolage der Privatorganisation. Die Verletzung der Repräsentationskompetenz der Geschäftsführung[141] lässt Rückwirkungen auf die Produktivität des Unternehmens befürchten. Da gerade für die ökonomische Zielsetzung Negatives (in Form des Risikowissens) an die Aufsicht gelangt, muss es mit behördlichen Einschränkungen oder gar dem Verbot der Geschäftstätigkeit rechnen. Ferner wird die Selbstorganisationsfähigkeit der Organisation beeinträchtigt: Wegen der Weisungsunabhängigkeit des Hybriden bestehen kontrollfreie Räume – „Inseln" – innerhalb der Leitungsmacht der Unternehmensspitze[142]. Bei Meinungsverschiedenheiten über den Umfang seiner Informationsrechte im Unternehmen drohen dann – mit Rücksicht auf die divergierende Zielsetzung – widersprüchliche Anordnungen. Zudem kann seine Aufgabe der internen Wissensmehrung Entscheidungsprozesse blockieren.

---

139 Für Betriebsbeauftragte Dreher, in: FS Claussen, S. 69, 73; Casper, in: FS K. Schmidt, S. 199, 214.

140 Zu diesen Ursachen von Organisationskonflikten Jost, Strategisches Konfliktmanagement in Organisationen, S. 12 ff., insbesondere 14.

141 Kritisch, aber etwas formal in der Argumentation Dreher, in: FS Claussen, S. 69, 80 f., 84 f.

142 Für Betriebsbeauftragte Casper, in: FS K. Schmidt, S. 199, 214; Haouache, Unternehmensbeauftragte und Gesellschaftsrecht, S. 74 ff., 202 f.

- Weiter ist an Belastungen infolge von Kompetenzüberschreitungen des Funktionsträgers zu denken. Die Aufgabe der Wissensmittlung eröffnet dem Hybriden umfassende Einflussrechte in der Privatorganisation. Es ist vorstellbar, dass der Hybride diese missbraucht, indem er die Betriebsgeheimnisse für eigene Zwecke nützt.

Wird den Risikoakteuren ein solcher Konfliktherd eingepflanzt, scheint ein Konfliktmanagement eine adäquate Reaktion des Rechts zu sein, da es Strukturen bereit stellen kann, die einerseits die dysfunktionalen Folgen für die Privatorganisation abfedern und andererseits das öffentliche Interesse an Organisationswissen wahren[143]. Beim Schutz der Selbstdarstellungsfähigkeit bedeutet das, dass die Unternehmen wegen des staatlichen Bedarfs an Organisationswissen das Nachaußendringen interner Missstände grundsätzlich hinnehmen müssen. Die Kommunikationsrechte des Hybriden gegenüber der Verwaltung sind aber durch das Kriterium der Erforderlichkeit zu begrenzen. Ist der Rechtfertigungsgrund für den Bestellzwang die Wissensnot des Staates, dann ist ihm eine Verwertung sonstiger, „bei Gelegenheit" gewonnener, interner Erkenntnisse versagt, mögen sie auch noch so interessant sein. Durch eine Reduktion des Hybriden auf seine Kernfunktion wird der Gefährdung des Betriebsfriedens durch eine zu große Permeabilität der kognitiven Außenhaut begegnet.

Was die Selbstorganisationsfähigkeit betrifft, ist eine präventive Konfliktregelung hilfreich, die darauf zielt, die Konflikte über Organisationsstrukturen zu kanalisieren und zu kontrollieren[144]. Formal tragen dazu klare Kompetenzregelungen bei, die die Mitwirkungsrechte des Hybriden abschichten und so eingrenzen. Materielle Maxime ist ein Gebot der Zurückhaltung. Dadurch kann das besonders empfindliche Verhältnis zur Unternehmensspitze befriedet werden. Dabei geht es nicht um ein durch einen gegenständlichen „Kernbereich" abgesichertes Recht auf Lernfreiheit[145]. Rigide Grenzziehungen sind fehl am Platz, wo die Unterscheidung von öffentlich und privat prekär wird. Das wird gerade im Bankbereich deutlich: Eine völlige Abschirmung unternehmerischer Entscheidungen von externen Einflüssen bedeutete eine Absage an die qualitative Banken-

143 Vgl. für Betriebsbeauftragte Szelinski, WiVerw 1980, S. 266, 275 Fn. 56. Zum Konfliktmanagement aus der betriebswirtschaftlichen Literatur Glasl, Konfliktmanagement; Jost, Strategisches Konfliktmanagement in Organisationen; davon zu unterscheiden ist die Konfliktregelung in internationalen Beziehungen, dazu Ahlbrecht, Konfliktregelung und Friedenssicherung im internationalen System.

144 Zu diesen Jost, Strategisches Konfliktmanagement.

145 A.A. wohl Haouache, Unternehmensbeauftragte und Gesellschaftsrecht, S. 86, 203.

aufsicht. Eine unzulässige staatliche Unternehmenssteuerung läge aber bei einer Einräumung sachlicher Entscheidungskompetenzen in diesem Bereich vor. Die Professionalisierung des Hybriden dient schließlich der kurativen Ergänzung der Konfliktverhütung, indem sie strukturelle Konfliktlösungsmechanismen bereitstellt. Sie kann zudem das Missbrauchsrisiko des Hybriden einhegen.

b) Grundrechtsdogmatische Fragen: Abkehr von der Abwehrfunktion der Grundrechte

Offen bleibt die Frage nach einem dogmatisch überzeugenden Konzept für den Grundrechtsschutz bei einer staatlichen Überformung der Privatorganisation. Soweit das überhaupt thematisiert wird, wird in der Literatur in der Regel auf die Eingriffsdogmatik abgestellt[146]. Das Eingriffsabwehrmuster hat mit dem Grenzphänomen allerdings Schwierigkeiten. Nicht nur die Subsumtion unter den Eingriffsbegriff, auch der Kontrollmaßstab und das Schutzbegehren erweisen sich als nicht adäquat:

Problematisch ist zunächst die Zurechnungsfrage. So bedeutet zwar der gesetzliche Zwang, einen Hybriden zu bestellen, für die Unternehmen zweifelsohne eine Freiheitsverkürzung (sofort spürbar: Kosten der Einrichtung), ebenso die Verfügung der Verwaltung als Reaktion auf eine Mitteilung der Figur. Die – angesichts der Konflikte – für den Grundrechtsschutz entscheidende Zeitspanne zwischen Bestellung und Reaktion der Verwaltung bleibt jedoch bei einem klassischen Eingriffsverständnis ausgeblendet, denn diese Beeinträchtigungen folgen erst aus weiteren Faktoren, v.a. dem Interagieren von Hybriden und Organisation. Auch der moderne Eingriffsbegriff tut sich mit Formen der regulierten Selbstregulierung schwer[147]. So bleibt beim Hybriden wegen seiner Zwischenstellung

146 Bethge, VVDStRL 57 (1998), S. 7, 10; Thomas M. J. Möllers, Rechtsgüterschutz, S. 245; dazu Di Fabio, VVDStRL 56 (1997), S. 235, 258 ff.

147 Siehe Schmidt-Aßmann, Ordnungsidee, Kap. 2 Rn. 49, 54; für Kooperationen Michael, Rechtsetzende Gewalt, S. 321, 337 ff., 345; ferner das Fazit der Staatsrechtslehrertagung von Dresden 1996: „Letztlich entzieht sich staatliches Handeln bei indirekter Steuerung der grundrechtlichen Eingriffstypik", Di Fabio, VVDStRL 56 (1997), S. 235, 262, der allerdings die Frage nach einer alternativen Dogmatik nicht stellt; ebenso Kloepfer, Disk., a.a.O., S. 121.

unklar, ob es sich um eine Selbstgefährdung oder eine Fremdgefährdung handelt[148].

Die Abwehrdimension ließe sich gleichwohl im Hinblick auf die Funktion des Eingriffsbegriffs, bei einem ihm unterfallenden Handeln die grundrechtlichen Schutzmechanismen auszulösen, v.a. die Anwendung des Verhältnismäßigkeitsprinzips[149], bejahen. Der Grundsatz der Verhältnismäßigkeit[150] kann seine Funktion als Rechtfertigungspflicht für staatliche Belastungen[151] aber nur erfüllen, wenn hinreichend sicheres Wissen über Wirkungszusammenhänge vorhanden ist[152]. Das hängt mit seiner Zweck-Mittel-Struktur zusammen[153], er geht von einem feststehenden Zweck des Handelnden aus und überprüft an ihm die Wahl des Mittels[154]. Beim Hybriden besteht eine zweifache Prognoseproblematik, weswegen der Verhältnismäßigkeitsgrundsatz seine Maßstabsfunktion verliert: in Bezug auf die Schadenszurechnung als Rechtfertigungsgrund für die

148 Zu dieser Unterscheidung bei Formen der mitverursachten Grundrechtsbeeinträchtigung Sachs, in: ders., GG, Vor Art. 1 Rn. 89–93.

149 Zu seiner Schlüsselfunktion als Scharnier zwischen Freiheitsraum und staatlicher Rechtfertigungslast Peine, HGR III, § 57 Rn. 14.

150 Dazu grundlegend Krauss, Der Grundsatz der Verhältnismäßigkeit; Lerche, Übermaß und Verfassungsrecht; ferner Hirschberg, Der Grundsatz der Verhältnismäßigkeit; Jakobs, Der Grundsatz der Verhältnismäßigkeit; Remmert, Verfassungs- und verwaltungsrechtsgeschichtliche Grundlagen des Übermaßverbotes; einschränkend aber Raue, AöR 131 (2006), S. 79 ff., der argumentiert, dass nach dem Grundgesetz der Grundsatz der Verhältnismäßigkeit nur für vorbehaltlos gewährleistete Grundrechte, nicht aber für Grundrechte, die unter einem Gesetzesvorbehalt stehen, gelte.

151 BVerfGE 6, 32, 37; E 80, 137, 152 ff.

152 Zur strukturellen Schwäche des Verhältnismäßigkeitsgrundsatzes im Vorsorgebereich Schulze-Fielitz, in: FS Schmitt-Glaeser, S. 407, 423; Trute, in: GS Jeand'Heur, S. 403, 408 ff.

153 Zu dieser Dechsling, Das Verhältnismäßigkeitsgebot, S. 5; Schlink, Abwägung im Verfassungsrecht, S. 203 ff.; auch BVerfGE 3, 383, 399: „Grundsatz der Verhältnismäßigkeit zwischen Mittel und Zweck"; nicht überzeugend die Kritik bei Jakobs, Der Grundsatz der Verhältnismäßigkeit, S. 19. Die erkenntnistheoretische Vertauschbarkeit von Mittel und Zweck (ebenda, S. 17 f.) erschüttert die Zweck-Mittel-Struktur des Verhältnismäßigkeitsgrundsatzes nicht: Der Umstand, dass jeder Zweck zugleich auch ein Mittel zur Erreichung anderer Zwecke ist (ebenda, S. 17), erfordert vielmehr eine subjektive Bestimmung des Zwecks und kann nicht, wie er meint, durch eine objektivierende Betrachtung ersetzt werden, die auch sonstige Tangierungen von Rechtspositionen einbezieht (ebenda, S. 22 f.). Zu den sich aus der Zweck-Mittel-Struktur ergebenden Problemen der Anwendung auf das Privatrecht Ruffert, Vorrang der Verfassung und Eigenständigkeit des Privatrechts, S. 99 ff.

154 Hirschberg, Der Grundsatz der Verhältnismäßigkeit, S. 43.

Inanspruchnahme des Risikoakteurs und in Hinblick auf die dysfunktionalen Wirkungen der in Frage stehenden Organisationsregelung. Der erste Punkt betrifft den Sachbereich. Bei der Regulierung von Risiken fehlt stabiles Wissen. Risikovorsorge ist in der Folge tendenziell uferlos[155], da jeder Wissenszuwachs irgendwie geeignet ist, den Gesundheits- und den Umweltschutz zu fördern oder die Stabilität des Finanzmarkts sicherzustellen bzw. das Gegenteil lässt sich jedenfalls nicht sicher ausschließen. Beim Hybriden kommt als weiteres kognitives Problem hinzu, dass es sich um eine Organisationsregel im Zwischenbereich handelt. Da öffentliche und private Organisation eng miteinander verflochten sind, ist das staatliche Belastungsspektrum, wie gezeigt, vielgestaltig und so lassen sich die Konsequenzen staatlicher Ingerenzen schwer abschätzen.

Auch das Schutzanliegen der Eingriffsabwehr passt bei Grenzphänomenen nicht. Bei der Regelung des staatlichen Bedarfs an Organisationswissen geht es weniger um die Zulässigkeit der staatlicher Überformung der Privatorganisation, das Ob. Vielmehr steht das Wie im Vordergrund, d.h. die adäquate Ausgestaltung des öffentlich-privaten Arrangements. Folglich liegt das Verlangen nach einer Abwehr staatlicher Maßnahmen neben der Sache. Der Schwerpunkt der Vorwerfbarkeit liegt nicht beim staatlichen Tun (Bestellzwang), sondern beim Unterlassen einer adäquaten Strukturierung des Wissensmittlers[156].

Wegen dieser Schwachpunkte wird hier vorgeschlagen, die Abwehrfunktion nicht inhaltlich auszuweiten, sondern andere Grundrechtsfunktionen heranzuziehen[157]. Der passende dogmatische Ansatz für die Zurechnung der hybriden Beeinträchtigungen stellt die sog. objektive Dimension der Grundrechte[158] dar. Danach binden Grundrechte nicht nur den Staat, sondern beanspruchen im Gemeinwesen umfassend zu gelten. Die Grundrechtswirkungen jenseits der Abwehrrechte fordern den Staat, der die konfligierenden Interessen ausgleichen und so Freiheit absichern und ermöglichen soll[159]. Die anerkannten Fallgruppen[160] passen für Fälle

155 Dazu Di Fabio, ZLR 2003, S. 163 ff.

156 Zur Beschränkung des Eingriffs auf positives Tun Lübbe-Wolff, Die Grundrechte als Eingriffsabwehrrechte, S. 33.

157 Reiling, Der Hybride, S. 314 ff., insbesondere 330 ff.

158 Zum „Doppelcharakter" der Grundrechte statt vieler Hesse, Grundzüge des Verfassungsrechts, Rn. 279 ff.

159 Gostomzyk, JuS 2004, S. 949.

160 Dazu Wahl, in: HGR I, § 19 Rn. 5 m.w.N. Die Unterscheidung der Grundrechtsfunktionen in der Literatur ist sehr heterogen, zu den verschiedenen Systematisierungen Borowski, Glaubens- und Gewissensfreiheit, S. 241 f.

staatlicher Einwirkung auf die Privatorganisation zur Verfolgung öffentlicher Interessen allerdings nicht recht. So wurde die Kategorie des Grundrechtsschutzes in und durch Organisation[161] für Konflikte in staatlichen Organisationen wie Universitäten entwickelt[162], und die Schutzpflichten sind für Situationen konzipiert, in denen der Bürger vor Ein- und Übergriffen in dessen Sphäre durch andere private Dritte zu schützen ist[163], während der Hybride nicht eindeutig Dritter, sondern auch Teil der Sphäre des Risikoakteurs ist.

Daher bietet es sich an, eine eigene Fallgruppe für staatliche Überformungen der Privatorganisation zu bilden. Zurechnungsgrund ist der Gedanke der Ingerenz: Wenn der Staat auf die private Organisation einwirkt, da er dies zur Durchsetzung öffentlicher Interessen für notwendig erachtet, schafft er eine besondere Gefährdungslage. In der Folge muss er dafür sorgen, dass das Risiko nicht in einen Schaden umschlägt. Allgemein kann auch hier auf das Konsequenzgebot abgestellt werden: Soll mit dem Wissensmittler eine öffentlich-private Zusammenarbeit erreicht werden, dann muss die Struktur auch so ausgestaltet werden, dass das Teamwork funktionieren kann. Das ist nicht der Fall, wenn der Kooperationspartner dadurch ausgeschaltet zu werden droht.

V. *Fazit*

Grenzfiguren sind ungewohnte Phänomene. Sie vermögen daher den Blick für die Grundannahmen des Verwaltungsrechts zu schärfen. Bei der Hybridisierung administrativer Wissensorganisation sind es die kognitiven Voraussetzungen des Verwaltungshandelns, nämlich der Bedarf der Risikoverwaltung an Organisationswissen, die in den Fokus geraten. Gleichzeitig stoßen Entgrenzungsphänomene oftmals auf Befremdung oder auch Ablehnung. So wurde der Annäherung von öffentlicher und privater Sphäre auf dem 69. Deutschen Juristentag mit großer Zurückhaltung begegnet[164]. Diese Reserviertheit mag daran liegen, dass im Hybridmodell

---

161 Trute, Forschung, S. 281 ff.

162 BVerfGE 35, 79 ff. und aus der Nachfolgejudikatur E 43, 268 ff.; E 54, 363 ff. Zum Spektrum organisatorischer Maßnahmen gehört weiter die Besetzung der Kollegialorgane von Rundfunkanstalten, vgl. E 12, 205 ff., und der Bundesprüfstelle für jugendgefährdende Schriften, E 83, 130, 151 ff.

163 Zum Schutzpflichtendreieck siehe nur Calliess, in: HGR II, § 44 Rn. 18 ff.

164 So der Gutachter Habersack, in: Verhandlungen des 69. Deutschen Juristentages, Band I: Gutachten, 2012, Gutachten E („Staatliche und halbstaatliche Eingriffe

gegensätzliche Handlungslogiken in einem einzelnen Gebilde institutionalisiert werden, was eine gewisse Konfliktträchtigkeit impliziert[165]. Bei Zwischenkategorien schwingt immer der Makel des Undeutlichen, Unentschiedenen, Eigentümlichen oder der Widersprüchlichkeit mit[166], auch wenn der Begriff hybrid nicht mehr ausschließlich negativ besetzt ist[167]. Das Beispiel des Wissensmittlers hat diese Problematik von Verflechtungstatbeständen bestätigt. Zugleich konnte gezeigt werden, dass dem – wenn das Aufrechterhalten von Grenzen keine Option ist – durch eine rechtliche Ausformung und Einhegung solcher Phänomene begegnet werden kann. Grenzfiguren verlangen dann nach einer Neujustierung juristischer Dogmen: Beim Hybriden tritt an die Stelle einer staatlichen Aufsicht eine Wirkungsabsicherung der administrativen Wissensorganisation im privaten Bereich und die Frage nach einem sachlichen Grund für die staatliche Indienstnahme der Privatorganisation wird durch ein mehrschichtiges rechtliches Konfliktmanagement abgelöst. Im Recht werden Grenzverwischungen an der Schnittstelle von öffentlicher und privater Organisation häufiger[168]. Vor diesem Hintergrund kann eine derartige Suche nach neuen, den öffentlichen und privaten Bereich umfassenden Lösungen eine Perspektive für den Umgang der Rechtswissenschaft mit der staatlichen Überformung der Unternehmensorganisation darstellen.

---

in die Unternehmensführung“), S. E 14 f.; die Kurzfassung des Gutachtens ist abgedruckt in NJW-Beilage 2012, S. 94 ff.

165 Teubner, ZHR 165 (2001), S. 550 ff., v.a. 562.

166 Birrer, in: Bender, Neue Formen der Wissenserzeugung, S. 57, 63.

167 Die lateinische Bezeichnung hybrida leitet sich wiederum aus dem griechischen hybris ab. Da die Hybris eine Form der Regel- und Grenzüberschreitung beschreibt, die die bestehende Ordnung transzendiert, die „frevelhafte Vermessenheit gegenüber den Göttern“, werden Halbgötter und furchterregende Mischwesen wie Sirenen (Musen mit Fischschwänzen) oder Harpyen (Raubvögel mit Mädchengesicht) als Hybride vorstellig, zum Ganzen Ha, Hype um Hybridität, S. 18.

168 Monographisch Spindler, Unternehmensorganisationspflichten, Teil B.

Literaturverzeichnis

Ahlbrecht, Kathrin, Konfliktregelung und Friedenssicherung im internationalen System, Wiesbaden 2009

Angell, Marcia, Industry-sponsored clinical research: A broken system, JAMA 2008, S. 1069 ff.

Arzneimittelkommission der deutschen Ärzteschaft (AkdÄ), Pharmakovigilanz, 2005. Abrufbar unter: http://www.akdae.de/Arzneimitteltherapie/TE/A-Z/PDF/Pharmakovigilanz.pdf

Artopoeus, Wolfgang, Die Zukunft der Bankenaufsicht, in: Pitschas, Rainer (Hrsg.), Integrierte Finanzdienstleistungsaufsicht. Bankensystem, und Bankenaufsicht vor den Herausforderungen der Europäischen Wirtschafts- und Währungsunion, Berlin 2002, S. 265 ff.

Augsberg, Ino, Von der Gefahrenabwehr zu Risikomanagement und Opportunitätswahrnehmung – Neue Paradigmen im Verwaltungsrecht, in: Funcke, Dorett/ Peter, Claudia (Hrsg.), Wissen an der Grenze. Zum Umgang mit Ungewissheit und Unsicherheit in der modernen Medizin, Frankfurt a.M. 2013, S. 290 ff.

Beck, Heinz (Begr.)/Samm, Carl-Theodor/Kokemoor, Axel (Hrsg.), Gesetz über das Kreditwesen (KWG) Kommentar mit Materialien und ergänzenden Vorschriften, Heidelberg

Berendes, Dirk, Nachträgliche Auflagen im Atomrecht. Eine Untersuchung insbesondere zur Frage der Genehmigungsbedürftigkeit der vom Betreiber zur Erfüllung nachträglicher Auflagen beabsichtigten Maßnahmen, Baden-Baden 1996

Bethge, Herbert, Pluralismus als medienrechtliches Ordnungsprinzip, in: Horn, Hans-Detlef (Hrsg.), Recht im Pluralismus, Festschrift für Walter Schmitt Glaeser zum 70. Geburtstag, Berlin 2003, S. 465 ff.

Birrer, Franz, Combination, hybridisation und fusion of knowledge modes, in: Bender, Gerd (Hrsg.), Neue Formen der Wissenserzeugung, Frankfurt a.M., S. 57 ff.

Blasius, Helga/Müller-Römer, Dietrich/Fischer, Jürgen (Hrsg.), Arzneimittel und Recht in Deutschland, Stuttgart 1998

Boos, Karl-Heinz/Schulte-Mattler, Hermann, Bankenaufsichtliches Überprüfungsverfahren, Die Bank 2001, S. 646 ff.

Borowski, Martin, Die Glaubens- und Gewissensfreiheit des Grundgesetzes, Tübingen 2006

Bundesministerium für Umwelt, Naturschutz und Reaktorsicherheit, Sicherheitsanforderungen an Kernkraftwerke, 03.03.2015. Abrufbar unter: http://www.bfs.de/SharedDocs/Downloads/BfS/DE/rsh/3-bmub/3_0_1.pdf

Burgi, Martin, Funktionale Privatisierung und Verwaltungshilfe. Staatsaufgabendogmatik – Phänomenologie – Verfassungsrecht, Tübingen 1999

Büdenbender, Ulrich/von Heinegg, Wolff/Rosin, Peter (Hrsg.), Energierecht I, Recht der Energieanlagen, Berlin – New York 1999

Casper, Matthias, Der Compliancebeauftragte – unternehmensinternes Aktienamt, Unternehmensbeauftragter oder einfacher Angestellter?, in: Bitter, Georg (Hrsg.), Festschrift für Karsten Schmidt zum 70. Geburtstag, 2009, S. 199 ff.

Dechsling, Rainer, Das Verhältnismäßigkeitsgebot. Eine Bestandsaufnahme der Literatur zur Verhältnismäßigkeit staatlichen Handelns, München 1989

Degenhart, Christoph, Voraussetzungen der Normierung von Betreiberpflichten zur Störfallbeherrschung, in: Koch, Hans-Joachim (Hrsg.), 13. Deutsches Atomrechtssymposium, Baden-Baden 2008, S. 101 ff.

De Larosière-Gruppe, The High-Level Group on Financial Supervision in the EU, Report, 25.02.2008. Abrufbar unter: http://ec.europa.eu/internal_market/finances/docs/de_larosiere_report_de.pdf

De May, Christian, Sinn und Unsinn von Anwendungsbeobachtungen, Med Klin 2000, S. 56 ff.

Dreher, Meinrad, Unternehmensbeauftragte und Gesellschaftsrecht, in: Martens, Claus-Peter (Hrsg.), Festschrift für Carsten P. Claussen zum 70. Geburtstag, Köln – Berlin – München 1997, S. 69 ff.

Di Fabio, Udo, Voraussetzungen und Grenzen des umweltrechtlichen Vorsorgeprinzips, in: Kley, Max Dietrich (Hrsg.), Festschrift für Wolfgang Ritter zum 70. Geburtstag, Steuerrecht, Steuer- und Rechtspolitik, Wirtschaftsrecht und Unternehmensverfassung, Umweltrecht, Köln 1997, S. 807 ff.

ders., Verwaltung und Verwaltungsrecht zwischen gesellschaftlicher Selbstregulierung und staatlicher Steuerung, VVDStRL 56 (1997), S. 235 ff.

ders., Risikovorsorge – uferlos?, ZLR 2003, S. 163 ff.

Drepper, Christian, Differenzierung, Entscheidung und Integration: Dilemmata der Steuerung und Intervention in Organisationen, Berlin 2001

Düsel, Jens, Gespaltene Loyalität: Whistleblowing und Kündigungsschutz in Deutschland, Großbritannien und Frankreich, Baden-Baden 2009

Ebke, Werner F., Wirtschaftsprüfer und Dritthaftung, Bielefeld 1983

Ehlers, Dirk/Pünder, Hermann/Burgi, Martin (Hrsg.), Allgemeines Verwaltungsrecht, 15. Aufl., Berlin 2016

Ehrich, Christian, Amt, Anstellung und Mitbestimmung bei betrieblichen Beauftragten unter besonderer Berücksichtigung des Betriebsarztes, Heidelberg 1993

Eifert, Martin, Regulierungsstrategien, in: Hoffmann-Riem, Wolfgang/Schmidt-Aßmann, Eberhard/Voßkuhle, Andreas (Hrsg.), Grundlagen des Verwaltungsrechts Band I, Methoden, Maßstäbe, Aufgaben, Organisation, München 2. Aufl. 2012, § 19 S. 1319 ff.

Engel, Katja (Hrsg.), 4. Expertengespräch „Mensch-Maschine-Wechselwirkung in Kernkraftwerken" am 14. und 15. April 1999 beim Bundesamt für Strahlenschutz in Salzgitter, BfS-KT-Berichte Band 22

Europäische Kommission, Summary of Responses Green Paper Audit Policy: Lessons from the crisis 04.02.2011. Abrufbar unter.: http://ec.europa.eu/internal_market/consultations/docs/2010/audit/summary_responses_en.pdf

Fehling, Michael, Verwaltung zwischen Unparteilichkeit und Gestaltungsaufgabe, Tübingen 2001

Forster, Karl Heinz, Fragen der Prüfung des Jahresabschlusses durch den Aufsichtsrat, in: ders. (Hrsg.), Aktien- und Bilanzrecht, Festschrift für Bruno Kropff, Düsseldorf 1997, S. 71 ff.

Franzius, Claudio, Modalitäten und Wirkungsfaktoren der Steuerung durch Recht, in: Hoffmann-Riem, Wolfgang/Schmidt-Aßmann, Eberhard/Voßkuhle, Andreas (Hrsg.), Grundlagen des Verwaltungsrechts Band I, Methoden, Maßstäbe, Aufgaben, Organisation, München 2. Aufl. 2012, § 4 S. 179 ff.

Fraunhofer Institute for Systems and Innovation Research (ISI), Assessment of the European Community System of Pharmacovigilance, Stuttgart 2006

Fries, Stephanie, Die arzneimittelrechtliche Nutzen/Risiko-Abwägung und Pharmakovigilanz, Baden-Baden 2009

Fuhrmann, Stefan, Sicherheitsentscheidungen im Arzneimittelrecht. Eine rechtliche Analyse zum Verbot bedenklicher Arzneimittel nach § 5 AMG und zum Nachmarktkontrollsystem unter Berücksichtigung des Lebensmittelrechts, Baden-Baden 2005

Gruppe der zwanzig wichtigsten Industrie- und Schwellenländer (G 20), Declaration Summit on financial markets and the world economy, 15.11.2008. Abrufbar unter: http://www.bundesregierung.de/Content/DE/StatischeSeiten/Breg/G8G20/Anlagen/G20-erklaerung-washington-2008-en.pdf

Gemmeke, Rolf, Nachträgliche Anordnungen unter besonderer Berücksichtigung der Maßnahmen des sogenannten anlageninternen Notfallschutzes, Berlin 1995

Gersinka, Rainer (Hrsg.), Drittes Expertengespräch zum BMU-BfS-Konzept "Mensch-Maschine-Wechselwirkung in Kernkraftwerken" am 28. und 29. April 1994 beim Bundesamt für Strahlenschutz in Salzgitter, Salzgitter 1994

ders. (Hrsg.), Zweites Expertengespräch zum BMU-BfS-Konzept Mensch-Maschine-Wechselwirkung in Kernkraftwerken am 5. und 6. März 1992 beim Bundesamt für Strahlenschutz in Salzgitter, Salzgitter 1992

Gesellschaft für Anlagen- und Reaktorsicherheit mbH (GRS), Aus Betriebserfahrungen lernen: Weiterleitungsnachrichten der GRS. Abrufbar unter: http://www.grs.de/content/aus-betriebserfahrung-lernen-weiterleitungsnachrichten-der-grs

dies., im Auftrag des Bundesministers für Forschung und Technologie, Deutsche Risikostudie Kernkraftwerke, 1990

Glaeske, Gerd/Rebscher, Herbert/Willich, Stephan, Versorgungsforschung: Auf gesetzlicher Grundlage systematisch ausbauen, DÄBl. 2010, A-1295 ff.

Glasl, Friedrich, Konfliktmanagement. Ein Handbuch für Führungskräfte, Beraterinnen und Berater, 11. Aufl., Bern 2013

Gostomzyk, Tobias, Grundrechte als objektiv-rechtliche Ordnungsidee, JuS 2004, S. 949 ff.

Gutknecht-Gmeiner, Maria, Externe Evaluierung durch Peer Review, Qualitätssicherung und –entwicklung in der beruflichen Erstausbildung, Wiesbaden 2008

Hagemann, Ulrich, Bewertung von Arzneimittelrisiken in der Europäischen Union, in: Ott, T./Hefendehl, F.-W./Grosdanoff, P. (Hrsg.), Arzneimittel und Medizinprodukte, Bewertung – Verfahren – Perspektiven, S. 279 ff.

Hahn, Lothar, Sicherheit in der Restlaufzeit, in: Koch, Hans-Joachim (Hrsg.), 11. Deutsches Atomrechtssymposium, Baden-Baden 2002, S. 95 ff.

Hart, Dieter, Staatliche Sicherheitsregulierung und Produktpolitik im Arzneimittelmarkt, in: Veröffentlichungen der Hochschule für Wirtschaft und Politik Hamburg (Hrsg.), Staatliche Wirtschaftsregulierung in der Krise, Opladen 1986, S. 192 ff.

ders., Produktrecht, in: ders./Reich, Norbert (Hrsg.), Integration und Recht des Arzneimittelmarktes in der EG. Eine Untersuchung zum Produkt- und Marktrecht der Gemeinschaft und ausgewählter Mitgliedstaaten, Baden-Baden 1990, S. 7 ff.

Haouache, Gerold, Unternehmensbeauftragte und Gesellschaftsrecht der AG und GmbH. Das Spannungsverhältnis zwischen öffentlich-rechtlichen Anforderungen und gesellschaftsrechtlichen Vorgaben an die Zuständigkeits-, Informations- und Haftungsordnung von Aktiengesellschaft und GmbH am Beispiel der Eigenüberwachung durch Unternehmensbeauftragte, Berlin 2003

Hartmann-Wendels, Thomas/Hellwig, Martin, Arbeitsweise der Bankenaufsicht vor dem Hintergrund der Finanzmarktkrise, Köln 2010

Hasford, Jörg/Lamprecht T., Company observational post-marketing studies: drug risk assessment and drug research in special populations – a study-based analysis, Eur J Clin Pharmacol 1998, S. 369 ff.

ders./Schubert, Ingrid/Garbe, Edeltraut/Dietlein, Gerhard/Glaeske, Gerd, Memorandum zu Nutzen und Notwendigkeit pharmakoepidemiologischer Datenbanken in Deutschland, München – Schwäbisch Gmünd, 2004

Hayden, Cori, Hybride Wissensformen, in: Filtner, Michael/Görg, Christoph/Heins, Volker, Konfliktfeld Natur, 1998, S. 215 ff.

Heitz, Simone, Arzneimittelsicherheit zwischen Zulassungsrecht und Haftungsrecht. Eine Untersuchung zum Verhältnis des Sicherheits- und Haftungsrechts am Beispiel von Zulassungsänderungen, Baden-Baden 2005

Herzig, Norbert/Watrin, Christoph, Obligatorische Rotation des Wirtschaftsprüfers – ein Weg zur Verbesserung der externen Unternehmenskontrolle?, ZfBf 1995, S. 775 ff.

Hesse, Konrad, Grundzüge des Verfassungsrechts der Bundesrepublik Deutschland, 20. Aufl., Heidelberg 1999

Hildebrandt, A.G., Bestandsaufnahme der heutigen Erfassungs- und Bewertungssysteme, in Ferber, H. P./Grosdanoff, P./Kraupp, O./Lehnert, T./, Schütz, W. (Hrsg.). Erfassung und Beurteilung unerwünschter Wirkungen von Arzneimitteln, Berlin – New York 1990, S. 379 ff.

Hiller, Petra, Organisationswissen. Eine wissenssoziologische Neubeschreibung der Organisation, Wiesbaden 2005

Hirschberg, Lothar, Der Grundsatz der Verhältnismäßigkeit, Göttingen 1981

Hoffmann-Riem, Wolfgang, Verwaltungsrechtsreform – Ansätze am Beispiel des Umweltschutzes, in: ders./Schmidt-Aßmann, Eberhard/Schuppert, Gunnar Folke (Hrsg.), Reform des allgemeinen Verwaltungsrechts, Baden-Baden 1993, S. 115 ff.

Hohm, Karl-Heinz, Arzneimittelsicherheit und Nachmarktkontrolle. Eine arzneimittel-, verfassungs- und europarechtliche Untersuchung, Baden-Baden 1990

House of Commons, Health Committee, The influence of the pharmaceutical industry. Fourth Report of Session 2004-05, Volume I. Abrufbar unter: http://www.parliament.the-stationery-office.co.uk/pa/cm200405/cmselect/cmhealth/42/42.pdf

Ipsen, Hans Peter, Gesetzliche Bevorratungsverpflichtung Privater. Erläutert am Modell des Gesetzes über Mindestvorräte an Erdölerzeugnissen vom 9. September 1965 (BGBl. I S. 1217), AöR 90 (1965), S. 393 ff.

International Society of Drug Bulletin (ISDB EU), Berliner Deklaration zur Pharmakovigilanz, Wie sich die Sicherheit von Arzneimitteln verbessern lässt, ISDB Workshop 31. Oktober/1. November 2003, Berlin Januar 2005

Isensee, Josef/Kirchhof, Paul (Hrsg.), Handbuch des Staatsrechts der Bundesrepublik Deutschland, Band V, 3. Aufl., Heidelberg 2007 (Rechtsquellen, Organisation, Finanzen)

Jaeckel, Liv, Gefahrenabwehrrecht und Risikodogmatik. Moderne Technologien im Spiegel des Verwaltungsrechts, Tübingen 2010

Jakobs, Michael Ch., Der Grundsatz der Verhältnismäßigkeit, mit seiner exemplarischen Darstellung seiner Geltung im Atomrecht, Köln – Berlin – Bonn – München 1985

Jessen, Stefanie, Externe Prüfung. Baseler Ausschuss stellt neues Papier zur Konsultation, BaFin Journal Mai 2013, S. 24 ff.

Jost, Peter-Jürgen, Strategisches Konfliktmanagement in Organisationen. Eine spieltheoretische Einführung, 2. Aufl., Wiesbaden 1999

Kane, Edward J., Good intentions and unintended evil. The case against selective credit allocation, Journal of Money, Credit and Banking 1977, S. 55 ff.

ders., Accelerating inflation, technological innovation, and the decreasing effectiveness of banking regulation, The Journal of Finance 1981, S. 355 ff.

Kaufhold, Ann-Kathrin, Transfer und Transformation ökonomischen Wissens, in: Augsberg, Ino (Hrsg.), Extrajuridisches Wissen im Verwaltungsrecht. Analyse und Perspektiven, Tübingen 2013, S. 151 ff.

Kloepfer, Michael (Hrsg.), Umweltrecht, 4. Aufl., München 2016

Kori-Lindner, Claus, Möglichkeiten und Grenzen der Anwendungsbeobachtung, in: Hönig, R./Eberhardt, R./dies./Langen, M. (Hrsg.), Anwendungsbeobachtung, Qualitätsstandards, praktische Durchführung, Beitrag zur Arzneimittelsicherheit und Nachzulassung, Berlin 1998, S. 11 ff

Köck, Wolfgang, Grundzüge des Risikomanagements im Umweltrecht, in: Bora, Alfons (Hrsg.), Rechtliches Risikomanagement. Form, Funktion und Leistungsfähigkeit des Rechts in der Risikogesellschaft, Berlin 1999, S. 129 ff.

Kotulla, Michael, Umweltschutzbeauftragte. Rechtliche Anforderungen an die innerbetriebliche Selbstüberwachung durch Immissionsschutz-, Störfall-, Gewässerschutz- und Abfallbeauftragte, Taunusstein 1995

Kroth, Elmar, Gestiegene Anforderungen an die Pharmakovigilanz – Überblick und Konsequenzen, A&R 2006, S. 66 ff.

Krauss, Rupprecht von, Der Grundsatz der Verhältnismäßigkeit in seiner Bedeutung für die Notwendigkeit des Mittels im Verwaltungsrecht, Hamburg 1955

Kügel, J. Wilfried/Müller, Rolf-Georg/Hofmann, Hans-Peter (Hrsg.), Arzneimittelgesetz Kommentar, München, 2. Aufl. 2016

Lachmayer, Konrad, Wissensbeschaffung durch Private, in: Fuchs, Claudia/Merli, Franz/Pöschl, Magdalena/Sturn, Richard/Wiederin, Ewald/Wimmer, Andreas W. (Hrsg.), Staatliche Aufgaben, private Akteure, Band 1: Erscheinungsformen und Effekte, Wien 2015, S. 157 ff.

Ladeur, Karl-Heinz, Das Umweltrecht der Wissensgesellschaft. Von der Gefahrenabwehr zum Risikomanagement, Berlin 1995

Lasser, Karen E./Allen, Paul E./Woolhandler, Steffie J./Himmelstein, David U./Wolfe, Sidney M./Bor, David H., Timing of New Black Box Warning and Withdrawals for Prescriptions Medication, JAMA 2002, S. 2215 ff.

Leffson, Ulrich, Wirtschaftsprüfung, 5. Aufl., Wiesbaden 1995

Lenenbach, Markus, Kapitalmarkt- und Börsenrecht, Köln 2002

Lerche, Peter, Übermaß und Verfassungsrecht. Zur Bindung des Gesetzgebers an die Grundsätze der Verhältnismäßigkeit und der Erforderlichkeit, 2. Aufl., Nachdruck der Ausgabe von 1961, Goldbach 1999

Letzel, Heinz, Arzneimittelsicherheit: Methodische Aspekte, DÄBl. 1993, A-1190 ff.

ders., Arzneimittelforschung nach der Zulassung, in: Wagner, Wolfgang (Hrsg.), Arzneimittel und Verantwortung, Grundlagen und Methoden der Pharmaethik, Berlin – Heidelberg 1993, S. 309 ff.

Lutz, Peter/Röhl, Hans Christian/Schneider, Andreas, Bankenaufsicht und unternehmerische Entscheidungen, ZBB 2012, S. 342 ff.

Lübbe-Wolff, Gertrude, Grundrechte als Eingriffsabwehrrechte. Struktur und Reichweite der Eingriffsdogmatik im Bereich staatlicher Leistungen, Baden-Baden 1988

Lübbe-Wolff, Gertrude/Steenken, Annette, Privatisierung umweltbehördlicher Aufgaben, ZUR 1993, S. 262 ff.

Markel, Elisabeth Doris, Qualitative Bankenaufsicht: Auswirkungen auf die Bankunternehmungsführung, Sternenfels 2010

Marten, Karl Uwe/Quick, Reiner/Ruhnke, Klaus, Wirtschaftsprüfung. Grundlagen des betriebswirtschaftlichen Prüfungswesens nach nationalen und internationalen Normen, 4. Aufl., Stuttgart 2011

Maurer, Hartmut/Christian Waldhoff, Allgemeines Verwaltungsrecht, 20. Aufl., München 2020

Merten, Detlef/Papier, Hans-Jürgen (Hrsg.), Handbuch der Grundrechte in Deutschland und Europa, Band I: Entwicklungen und Grundlagen, Heidelberg 2004; Band II: Grundrechte in Deutschland, Allgemeine Lehren I Heidelberg 2006; Band III: Grundrechte in Deutschland: Allgemeine Lehren II, Heidelberg 2009

McGauran, Natalie/Wieseler, Beate/Kreis, Julia/Schüler, Yvonne-Beatrice/Kölsch, Heike/Kaiser, Thomas, Reporting bias in medical research – a narrative review, Trials 2010, S. 9, S. 9 ff

Meyer, Rüdiger, Ärzte und Pharmaindustrie: Kritik an zu enger Verflechtung, DÄBl. 2003, A-1705 ff.

Michael, Lothar, Rechtsetzende Gewalt im kooperierenden Verfassungsstaat. Normprägende und normersetzende Absprachen zwischen Staat und Wirtshaft, Berlin 2002

Michaelis, Hans (Hrsg.), Handbuch Kernenergie, 4. Aufl., Frankfurt a.M. 1995

Ministerium für Soziales, Gesundheit, Familie, Jugend und Senioren des Landes Schleswig-Holstein (MSGF), Zur Sicherheit von Kernkraftwerken, Kiel 2009. Abrufbar unter: http://www.schleswig-holstein.de/MELUR/DE/Service/Broschueren/Reaktorsicherheit/broschuereAKWSicherheit__blob=publicationFile.pdf

Möllers, Thomas M.J., Rechtsgüterschutz im Umwelt- und Haftungsrecht. Präventive Verkehrspflichten und Beweiserleichterungen in Risikolagen, Tübingen 1996

Moxter, Adolf, Gesetzlich vorgeschriebener Wechsel des Abschlussprüfers sinnvoll?, Wirtschaftsprüfer-Mitteilungen 1995, S. 134 ff.

Murswiek, Dietrich, Die staatliche Verantwortung für die Risiken der Technik. Verfassungsrechtliche Grundlagen und immissionsschutzrechtliche Ausformung, Berlin 1985

Paruchuri, Srikanth, Inter-organizational networks, intra-organizational networks, and impact of central inventors, Organization science 21 (2010), S. 63 ff.

Paulus, Andreas/Dethloff, Nina/Giegerich, Thomas/Schwenzer, Ingeborg/Krieger, Heike/Ziegler, Andreas/Talmon, Stefan/Schack, Haimo, Internationales, nationales und privates Recht: Hybridisierung der Rechtsordnungen? Immunität, 2014

Pecchioli, Rinaldo M., Bankenaufsicht in den OECD-Ländern: Entwicklungen und Probleme, Baden-Baden 1989

Peemöller, Volker H./Schmalz, Hans/Algner, Markus R., Auswirkungen des Peer Review auf Wirtschaftsprüfer-Praxen, DStR 2003, S. 1135 ff.

Perrow, Charles, Normale Katastrophen. Die unvermeidlichen Risiken der Großtechnologie, 2. Aufl., Frankfurt a.M. 1992

Picot, Arnold/Reichwald, Ralf/Wigand, Rolf T., Die grenzenlose Unternehmung, Information, Organisation und Management, 5. Aufl., Wiesbaden 2010

Pilbeam, Keith, Finance and Financial Markets, 3. Aufl., Hampshire, Basingstoke: MacMillan, 2010

Raue, Frank, Müssen Grundrechtsbeeinträchtigungen wirklich verhältnismäßig sein? AöR 131 (2006), S. 79 ff.

Rehbinder, Eckard/Schink, Alexander, Grundzüge des Umweltrechts, 5. Aufl., Berlin 2018

ders., Andere Organe der Unternehmensverfassung, ZGR 18 (1989), S. 305 ff.

Reiling, Katharina, Der Hybride, 2016

Reimer, Franz, Qualitätssicherung, Grundlagen eines Dienstleistungsverwaltungsrechts, Baden-Baden 2010

Remmert, Barbara, Verfassungs- und verwaltungsrechtsgeschichtliche Grundlagen des Übermaßverbotes, Heidelberg 1995

Rengeling, Hans-Werner, Probabilistische Methoden bei der atomrechtlichen Schadensvorsorge, Köln – Berlin – Bonn – München 1986

Roller, Gerhard, Verpflichtungen zum Nachweis der Störfallbeherrschung, in: Koch, Hans-Joachim (Hrsg.), 13. Deutsches Atomrechtssymposium, Baden-Baden 2008, S. 127 ff

Roth, Hans-Peter, Der Betriebsbeauftragte für Immissionsschutz. Eine rechtliche Betrachtung dieser Institution unter Einbeziehung einer Umfrage bei Gewerbeaufsichtsämtern, Frankfurt a.M. 1979

Roth, Tilmann, Die indirekte Bankenaufsicht durch die Europäische Zentralbank, 2018

Rudolph, Bernd, Die internationale Finanzkrise als Anstoß für Weiterentwicklungen im Risikocontrolling der Banken und für Reformen in der Bankregulierung, in: ders./Strutz, Eric/Szabo, Tea (Hrsg.), Herausforderungen der Finanzmarktkrise für das Bankcontrolling, Düsseldorf 2010, S. 122 ff.

Ruffert, Matthias, Vorrang der Verfassung und Eigenständigkeit des Privatrechts. Eine verfassungsrechtliche Untersuchung zur Privatrechtswirkung des Grundgesetzes, Tübingen 2001

Rygl, David, Länderübergreifende Innovations- und Wissensnetzwerke: Eine empirische Studie in der pharmazeutischen Industrie, Mering 2009

Sachs, Michael, Grundgesetz Kommentar, 8. Aufl., München 2018

Säcker, Franz Jürgen/Rixecker, Roland/Oetker, Hartmut/Limperg, Bettina, Münchner Kommentar zum BGB, Band 6, 8. Auflage 2020

Sand, Ingeborg, Hybrid Law, in: Calliess, Gralf-Peter/Teubner, Gunther/Fischer-Lescano, Andreas, Wielsch, Dan/Zumbansen, Peer, Festschrift für Gunther Teubner zum 65. Geburtstag, 2009, S. 874 ff.

Sanwald, Reto/Huser, Daniel, Rotationspflichten und Abkühlfristen im neuen Revisionsrecht. Cooling-off zum Schutz der Unabhängigkeit der Revisionsstelle, Der Schweizer Treuhänder 2009, S. 461 ff.

Schacherreiter, Judith, Das Franchise-Paradox: hybride Arrangements zwischen Markt und Hierarchie im materiellen und im Kollisionsrecht, Tübingen 2006

Scherzberg, Arno, Risikosteuerung durch Verwaltungsrecht: Ermöglichung oder Begrenzung von Innovationen?, VVDStRL 63 (2003), S. 214 ff.

ders., Der private Gutachter im Umweltschutz, NVwZ 2006, S. 377 ff.

Schlink, Bernhard, Abwägung im Verfassungsrecht, Berlin 1976

Schmidt-Aßmann, Eberhard, Regulierte Selbstregulierung als Element verwaltungsrechtlicher Systembildung, in: Berg, Wilfried u. a. (Hrsg.), Regulierte Selbstregulierung als Steuerungskonzept des Gewährleistungsstaates. Ergebnisse des Symposiums aus Anlass des 60. Geburtstages von Wolfgang Hoffmann-Riem, DV Beiheft 4 (2001), S. 253 ff

ders., Das allgemeine Verwaltungsrecht als Ordnungsidee. Grundlagen und Aufgaben der verwaltungsrechtlichen Systembildung, 2. Aufl., Berlin, Heidelberg, New York 2004

Schneider, Irmela, Von der Vielsprachigkeit zur „Kunst der Hybridation". Diskurse des Hybriden, in: dies., Christian W. Thomsen, Hybridkultur. Netze – Medien – Künste, Köln 1997, S. 13 ff.

Scholl, Patrick, Der private Sachverständige im Verwaltungsrecht, Baden-Baden 2005

Schott, Gisela/Pachl, Henry/Limbach, Ulrich/Gundert-Remy, Ursula/Ludwig, Wolf-Dieter/Lieb, Klaus, Finanzierung von Arzneimittelstudien durch pharmazeutische Unternehmen und die Folgen, DÄBl. 2010, S. 279 ff. und 295 ff.

Schulze-Fielitz, Helmuth, Nach dem 11. September: An den Leistungsgrenzen eines verfassungsstaatlichen Polizeirechts?, in: Horn, Hans-Detlef (Hrsg.), Recht im Pluralismus, Festschrift für Walter Schmitt-Glaeser zum 70. Geburtstag, Berlin 2003, S. 407 ff.

Schwabenbauer, Thomas, Gesetzgeber und Ungewissheit: Legislative Reaktionen auf Risiken, in: Dalibor, Marcel/Fröhlich, Katja/Rodi, Katja/Schächterle, Paul/Scharrer, Jörg (Hrsg.), 50. Assistententagung Öffentliches Recht Greifswald 2010, Risiko im Recht – Risiko im Recht, Baden-Baden 2011, S. 157 ff.

Sethe, Rolf, Compliance, Whistleblowing und Critical Incident Reporting, in: ders./ Heinemann, Andreas/Hilty, Reto M. (Hrsg.), Kommunikation, in: Festschrift für Rolf H. Weber zum 60. Geburtstag, Bern 2011, S. 189 ff.

Sparwasser, Reinhard/Engel, Rüdiger/Voßkuhle, Andreas (Hrsg.), Umweltrecht. Grundzüge des öffentlichen Umweltschutzrechts, 5. Aufl., Heidelberg 2003

Spiecker gen. Döhmann, Indra/ Collin, Peter (Hrsg.), Generierung und Transfer staatlichen Wissens im System des Verwaltungsrechts, Tübingen 2008

Spiegelberg-Planer, Reane/Stern, Warren, International Reporting of Nuclear and Radiological Events at the International Atomic Energy Agency, atw 52 (2007), S. 74 ff.

Spindler, Gerald, Unternehmensorganisationspflichten, Zivilrechtliche und öffentlich-rechtliche Regelungskonzepte, Köln – Berlin – München 2001

Staudt, Ulrich, Die Zentrale Melde- und Auswertestelle des VGB – ein Instrument des Informations- und Erfahrungsaustausches, atw 52 (2007), S. 77 ff.

Stefani, Ulrike, Abschlussprüfung, Unabhängigkeit und strategische Interdependenzen. Eine ökonomische Analyse institutioneller Reformen zur Steigerung der Prüfungsqualität, Stuttgart 2002

Stehr, Nico, Wissenspolitik. Die Überwachung des Wissens, Frankfurt a.M. 2003

Stein, Ekkehart, Die Wirtschaftsaufsicht, Tübingen 1967

Steinmark, T., Betriebsbeauftragte im Umwelt- und Sozialrecht, BB 1983, S. 867 ff.

Stober, Rolf, Private Sicherheitsdienste als Dienstleister für die öffentliche Sicherheit, ZRP 2001, S. 260 ff.

Strulik, Torsten, Risikomanagement globaler Finanzmärkte. Herausforderungen und Initiativen im Kontext der Bankenregulierung, Frankfurt a.M. – New York 2000

Strulik, Torsten/Kussin, Matthias, Finanzmarktregulierung und Wissenspolitik. Basel II – Die aufsichtsrechtliche Konstitution kollektiver Intelligenz?, ZfRSoz 2005, S. 101 ff.

Szelinski, Bert-Axel, Der Umweltschutzbeauftragte, WiVerw 1980, S. 266 ff

Taupitz, Jochen, Die Standesordnungen der freien Berufe. Geschichtliche Entwicklung, Funktionen, Stellung im Rechtssystem, Berlin 1991

Teubner, Gunther, Das Recht hybrider Netzwerke, ZHR 165 (2001), S. 550 ff

Thiele, Alexander, Bachelier, Black & Scholes oder Mandelbrot? Anforderungen an das Recht im Falle divergierender Risikomodelle am Beispiel des "Weltrisikos" Finanzmarkt, in: Dalibor, Marcel/Fröhlich, Katja/Rodi, Katja/Schächterle, Paul/ Scharrer, Jörg (Hrsg.), 50. Assistententagung Öffentliches Recht Greifswald 2010, Risiko im Recht – Risiko im Recht, Baden-Baden 2011, S. 225 ff.

Trouet, Patrick, "Qualitative" Tendenzen im aktuellen Bankenaufsichtsrecht, WM 1996, S. 2188 ff.

Trute, Hans-Heinrich, Vorsorgestrukturen und Luftreinhalteplanung im Bundesimmissionsschutzgesetz, Heidelberg 1989

ders., Die Forschung zwischen grundrechtlicher Freiheit und staatlicher Institutionalisierung. Das Wissenschaftsrecht als Recht kooperativer Verwaltungsvorgänge, Tübingen 1994

ders., Verantwortungsteilung als Schlüsselbegriff eines sich verändernden Verhältnisses von öffentlichem und privatem Sektor, in: Schuppert, Gunnar Folke (Hrsg.), Jenseits von Privatisierung und „schlankem" Staat: Verantwortungsteilung als Schlüsselbegriff eines sich verändernden Verhältnisses von öffentlichem und privatem Sektor, Baden-Baden 1999, S. 13 ff.

ders., Die demokratische Legitimation der Verwaltung, in: Hoffmann-Riem, Wolfgang/Schmidt-Aßmann, Eberhard/Voßkuhle, Andreas (Hrsg.), Grundlagen des Verwaltungsrechts Band I, Methoden, Maßstäbe, Aufgaben, Organisation, München 2. Aufl. 2012, § 6 S. 341 ff.

ders., Die Erosion des klassischen Polizeirechts durch die polizeiliche Informationsvorsorge, in: Erbguth, Wilfried/ Jeand'Heur, Bernd (Hrsg.), Rechtstheorie und Rechtsdogmatik im Austausch, Gedächtnisschrift für Bernd Jeand'Heur, Berlin 1999, S. 403 ff.

Veith, Günther, Störfallbeherrschung aus der Sicht einer Genehmigungs- und Aufsichtsbehörde, in: Koch, Hans-Joachim (Hrsg.), 13. Deutsches Atomrechtssymposium, Baden-Baden 2008, S. 113 ff

Victor, Norbert/Schäfer, H./Novak, H., Arzneimittelforschung nach der Zulassung: Bestandsaufnahme und Perspektiven, Berlin 1991

Volkmann, Ute, Soziologische Zeitdiagnostik, Soziologie 44 (2015), S. 139 ff.

Voss, Henning, Unternehmenswissen als Regulierungsressource, 2019

Wahl, Rainer/Appel, Ivo, Prävention und Vorsorge: Von der Staatsaufgabe zur rechtlichen Ausgestaltung, in: ders. (Hrsg.), Prävention und Vorsorge: Von der Staatsaufgabe zu den verwaltungsrechtlichen Instrumenten, Bonn 1995, S. 1 ff.

Wagner, Thomas, Arzneimittelsicherheit als Risikomanagement, in: Wagner, Wolfgang (Hrsg.), Arzneimittel und Verantwortung – Grundlagen und Methoden der Pharmaethik, Berlin – Heidelberg 1993, S. 295 ff.

Weber, Rudolf, Der Betriebsbeauftragte, Berlin 1988

Weiß, Michael, Hybride Regulierungsinstrumente. Eine Analyse rechtlicher, faktischer und extraterritorialer Wirkungen nationaler Corporate-Governance-Kodizes, Tübingen 2011

Weltgesundheitsorganisation, The importance of pharmacovigilance. Safety monitoring of medicinal products, Genf 2002. Abrufbar unter: http://apps.who.int/medicinedocs/pdf/s4893e/s4893e.pdf

Wendler, Annett, Die Haftung der Betriebsbeauftragten im Strafrecht, insbesondere des Gewässerschutz-, des Gefahrgut- und des Strahlenschutzbeauftragten, Baden-Baden 2010

Wieselhuber, Norbert, Handbuch lernende Organisation, Wiesbaden 1997

Windeler, Jürgen, Anwendungsbeobachtungen – Verharren in der „Schmuddelecke", DÄBl. 2000, A-2756 ff.

Wissenschaftlicher Beirat beim Bundesministerium für Wirtschaft und Technologie, Gutachten Nr. 03/10: Reform von Bankenregulierung und Bankenaufsicht nach der Finanzkrise. Abrufbar unter: http://www.bmwi.de/BMWi/Redaktion/PDF/Publikationen/Studien/reform-von-bankenregulierung-und-bankenaufsicht-wissenschaftlicher-beirat,property=pdf,bereich=bmwi2012,sprache=de,rwb=true.pdf

Wolff, Hans Julius/Bachoff, Hans Otto/Stober, Rolf, Verwaltungsrecht Band 3, 5. Aufl., München 2004

Wundenberg, Malte, Compliance und die prinzipiengeleitete Aufsicht über Bankengruppen, Tübingen 2012

Ungewissheit in der Pandemie – Wissensinfrastrukturen als Antwort?*

Hans-Heinrich Trute

I. Einleitung

Recht soll Erwartungssicherheit gewährleisten. Im Lauf einer Pandemie sind allerdings Wissenschaft(en), Politik, Medien und Recht mit einem hohen Maß an Nichtwissen konfrontiert und dies bei gleichzeitig bestehendem enormen Handlungsdruck. Ähnliches gilt auch für andere große Herausforderungen, wie den Klimawandel. Dort mag die Dringlichkeit von Maßnahmen angesichts des langen Wirkungszeitraums immer wieder mit dem Schein von zeitlichen Handlungskorridoren versehen sein, freilich um den Preis, die relevanten Zeitpunkte zu verpassen.

All das schafft Unsicherheiten und verlangt Neujustierungen, birgt allerdings auch die Gefahr, entlang alter Pfade und Gewohnheiten Handlungen vorzunehmen und Entscheidungen zu treffen, die den Ungewissheitspotentialen nicht Rechnung tragen und damit Beherrschbarkeitsillusionen nachgeben, die sich schnell rächen können.

Die Ungewissheit in der Pandemie ist allerdings schon wegen des Zeitfaktors nicht mit den üblichen, bei Risikoentscheidungen nun einmal bestehenden Wissensproblemen vergleichbar. Man kann nicht abwarten, bis man mehr weiß; es muss angesichts der auf dem Spiel stehenden Rechtsgüter sofort gehandelt werden. Pandemien haben, das bedarf angesichts der Corona-Pandemie keiner eigenständigen Begründung mehr, ein katastrophisches Potential.[1] Die Schäden sind immens[2] und es bedarf daher des Einsatzes enormer Ressourcen, um Pandemien zu verhüten oder aber sie einzudämmen. Gegenüber früheren Pandemien hat sich zudem die Reaktionszeit und damit auch die Zeit für wissenschaftliche Beobach-

---

* Bei diesem Text handelt es sich um eine erweiterte und überarbeitete Fassung des Textes aus GSZ 2020, 93 ff. Für die Genehmigung der Verwendung danke ich Jan-Hendrik Dietrich.

1 Zum Begriff der Katastrophe *Trute*, KritV 2005, 342 (345 f.).

2 Zu den Schwierigkeiten der Schätzung vgl. *Fan/Jamison/Summers*, Bull World Health Organ 2018, S. 129 ff.

tungen eines neuen Virus radikal verkürzt.[3] Zudem ist das Wissen aus früheren Pandemien nur begrenzt instruktiv für die aktuellen Handlungsmöglichkeiten. Jedes Virus kann ein Unikat sein und das weiß man erst, wenn man es genau untersuchen konnte. Im Umgang mit dem Virus kommen zudem eine Reihe spezifischer medizinischer, politischer, normativer, sozio-kultureller und ökonomischer Rahmenbedingungen ins Spiel, die die Ausbreitung je unterschiedlich beeinflussen und so für die effektive Bekämpfung einer Pandemie von erheblicher Bedeutung sind. Das Ausmaß von notwendigen Maßnahmen ist dabei von dem spezifischen Kontext abhängig, von Mobilitätsmustern, Kontaktverhalten, demographischer Struktur und vielen anderen Faktoren. Gut ausgebaute Gesundheitssysteme erleichtern die Zulassung von Risiken, getroffene Vorsorgemaßnahmen verringern (möglicherweise) spätere Freiheitseinschränkungen. Gerade weil die getroffenen (oder nicht getroffenen) Maßnahmen in einem spezifischen sozio-kulturellen Kontext getroffen werden, begrenzt dies die Vergleichbarkeit der Effizienz von Maßnahmen und ihre Übertragbarkeit und vergrößert daher die Wissensprobleme, auch wenn die selektive Verwendung von wirklichen, oft nur vermeintlichen Vergleichsländern ein beliebtes Narrativ des öffentlichen Diskurses geworden ist. Von daher verwundert es nicht, dass in vielen (frühen) Szenarien der Wissenschaft, auch zu COVID-19, das hohe Maß an Ungewissheit betont wird.[4] Erst im Laufe der Pandemien wird dann das Wissen angereichert und selbst nach

---

3 Während frühere Seuchen mit einer Ausbreitungsgeschwindigkeit von wenigen km am Tag oftmals Jahre brauchten, um sich wirklich zu einer Pandemie auszuwachsen und damit in der Sache ungeachtet des ohnehin begrenzten Wissens eine erhebliche Vorbereitungszeit ließen, hatte die Influenzapandemie des H1N1-Erregers im Jahre 2009 schon eine Ausbreitungsgeschwindigkeit von etwa 250-400 km/Tag. Globale Mobilität, Verknüpfung von Handels- und Produktionsketten und weltweite Vernetzung von dichtbesiedelten Ballungszentren bedingen eine große Ausbreitungsdynamik (vgl. dazu *Brockmann*, Dynamik und Ausbreitung von Infektionserkrankungen in einer globalisierten vernetzten Welt, in: Augustin (Hrsg.), Geografie der Gesundheit, 2016, S. 251), die zugleich die Reaktionszeiten international und national deutlich verkürzt. Auch *Saunders-Hastings/Krewski*, Reviewing the History of Pandemic Influenza: Understanding Patterns of Emergence and Transmission, Pathogens 5 (2016), 66; doi: 10.3390/pathogens5040066.

4 Exemplarisch die Erklärung von *Davies et al.*, "The effect of non-pharmaceutical interventions on COVID-19 cases, deaths and demand for hospital services in the UK: a modelling study, medRxiv preprint doi: https://doi.org/10.1101/2020.04.01.20049908: "However, it remains unclear how different combinations of interventions, timings, and triggers for the introduction and lifting of control measures may affect the impact of the epidemic on health services, and what the range of uncertainty associated with these estimates would be."

Jahren der COVID-19-Pandemie bestehen immer noch Ungewissheiten. Gleichwohl muss gerade dann sofort gehandelt werden, wenn die Wissensbasis am wenigsten belastbar ist – zu Beginn einer Pandemie. Darüber hinaus hat eine Pandemie, schon definitionsgemäß, regelmäßig eine internationale Dimension und verlangt, zumal in der Entstehungsphase, nach einer entsprechenden Koordination.[5]

Im Folgenden soll der Wissensbasis und den damit verbundenen Problemen für rechtliche Entscheidungen nachgegangen werden, insbesondere der Institutionalisierung von Wissensinfrastrukturen. Dazu wird zunächst auf die Wissensbasis von Handlungen und Entscheidungen eingegangen (II.).

II. Wissen, Modellierung und Simulation

Jedenfalls während der Pandemie besteht die Wissensbasis für staatliche Handlungen vereinfacht gesagt aus einer Mischung von mehr oder weniger gesichertem wissenschaftlichen Wissen und Wissen aus Modellierungen und Simulationen, das auch genutzt wird, um Szenarien zu konfigurieren, die dann politische Entscheidungsalternativen instruieren.

1. Mehr oder weniger gesichertes wissenschaftliches Wissen

Natürlich gibt es durch Erfahrungen und Untersuchungen früherer Pandemien und Epidemien einen gesicherten Korpus an Wissen über Viren im Allgemeinen und auch einzelner Typen. Spätestens seit der Spanischen Grippe von 1918 haben Epidemiologen und Virologen eine Menge an gesichertem Wissen aufgebaut über Viren und spezifische Typen von Viren,[6] die Charakterisierung von Krankheitsbildern, Verbreitungsmuster, Quantifizierung von Morbidität und Mortalität, die Evaluierung von Präventionsmaßnahmen. Dieses bildet gleichsam die Basis des Wissens. Dieses

---

5 Vgl. dazu das engagierte Plädoyer bei *Farrar/Ahuja*, Spike. The Virus vs the People, 2021, S. 210.

6 Zu den historischen Lernerfahrungen *Morens et al.*, The 1918 influenza pandemic: Lessons for 2009 and the future, Crit Care Med (38) 2010: doi: 10.1097/CCM.0b013e3181ceb25b; *Saunders-Hastings/Krewski*, Reviewing the History of Pandemic Influenza: Understanding Patterns of Emergence and Transmission, Pathogens 5 (2016), 66; doi: 10.3390/pathogens5040066; *Morens et al.*, The Persistent legacy of the 1918 Influenza Virus, N Engl J Med. 361 (2009), 225 ff.

bildet dann auch die Grundlagen für die Modelle der Ausbreitung des Virus und seiner Folgen, die auf eine lange Tradition zurückblicken können. Dazu kommt natürlich medizinisches Wissen über die erforderlichen Behandlungen, ein Aspekt, der je nach Virus allerdings durchaus ebenfalls mit erheblichen Ungewissheiten verbunden sein kann, wie man derzeit sehen kann. Auch insoweit bedarf es der Erfahrung, die Zeit in Anspruch nimmt.

Aber dies ist nur der Teil, der allenfalls mit der üblichen wissenschaftlichen Revisionsmöglichkeit im Lichte neuer Erkenntnisse verbunden ist. Der andere und mit erheblichen Ungewissheiten verbundene Teil betrifft die Besonderheiten eines neuen Virus und im Grunde auch jeder neuen Variante. Das fängt im Grunde schon mit dessen Identifikation an, denn schon insoweit bedarf es zunächst der Erkenntnis, dass es sich bei dem Auftreten von Symptomen um Anzeichen eines neuen oder mutierten Virus handelt.[7] Dieser muss charakterisiert, genetisch sequenziert werden und diese Informationen müssen möglichst weltweit geteilt werden, um die Forschung an diesem Virus voranzutreiben. Das verdeutlicht die enorme Bedeutung eines weltweit funktionierenden Kommunikationsnetzes für diese Informationen.[8] Selbst das ist nur der Beginn der Wissensentwicklung. Die Wirkungsweise, die Ausbreitungsmodalitäten, Infektiosität,[9] die Suszeptibilität (Empfänglichkeit),[10] Infektionsraten, Transmissionswege, Infektionsdauer, Schwere der Krankheitsbilder, Behandlungsmöglichkeiten und notwendige Ressourcen lassen sich im Einzelnen vielleicht in Korridoren schätzen, aber man weiß am Anfang zu wenig, um präzise voraussagen zu können, wie sich einzelne Parameter und damit auch die Pandemie als Ganzes entwickeln werden.[11] Das führt notwendig in ein Dilemma. Zwar gibt es ein breites Wissen aus früheren Pandemien, aber die spezifischen Charakteristika eines Virus, die ganz wesentlich die Dynamik und die Wirkungen des Virus mitbestimmen sind bezüglich des

---

7 *Farrar/Ahuja*, Spike. The Virus vs the People, 2021, S. 73 ff.

8 Vgl. zu unten III.2.

9 Zu den unterschiedlichen Faktoren der Infektiosität, die natürlich auch Konsequenzen für die zu ergreifenden Maßnahmen haben vgl. *Crassly/Fraser*, Mathematical models of infectious disease transmission, Nature Microbiology 2008, 477 f.

10 Zu den unterschiedlichen Dimensionen vgl. *Crassly/Fraser*, Mathematical models of infectious disease transmission, Nature Microbiology 2008, 477, 478.

11 Für eine frühe Einschätzung bei COVID-19 *Anderson et al.*, How will country-based mitigation measures influence the COVID-19 epidemic? The Lancet 395 (2020), 933 f.; allgemein zu den notwendigen Studien zur Verbreiterung der Wissensbasis *Lipsitch* et al., Defining the Epidemiology of Covid-19-Studies Needed, N Engl J Med 2020; 382: 1194 ff.

neuen Typs und seiner evolvierenden Varianten unbekannt und werden erst langsam im Laufe der Ausbreitung wenn nicht entschlüsselt, so doch immerhin näherungsweise bestimmbar. An sich müsste man also vieles wissen, um präzise vorgehen zu können, zugleich aber weiß man wenig und muss doch – abhängig von den Einschätzungen zur Gefährlichkeit des Virus – handeln, möglicherweise mit erheblichen Konsequenzen für eine Vielzahl von Individuen und gesellschaftlichen Teilsystemen.

2. *Modellierung und Simulation*

In diesem Dilemma bieten Modellierungen eine (freilich vorläufige und reversible) weitere Wissensbasis. Modellierungen, die in der Epidemiologie schon seit langem eine wichtige Rolle spielen,[12] bilden im Grunde ein vereinfachendes Modell der Wirklichkeit, in dem das Wissen aus der Entwicklung vergangener Epidemien, etwa der Ausbreitungsdynamik von Viren, Charakteristika ähnlicher Viren, der Infektiosität und anderen Aspekten, die die Ausbreitungsdynamik bestimmen, etwa Mobilitätsdaten und Kontaktverhalten, mit Daten zum neuen Virus verknüpft werden, um dann mögliche Verläufe modellieren zu können und ggf. unterschiedliche Szenarien durchspielen zu können, die dann Grundlage politischer Entscheidungsfindung werden können. Davon zu unterscheiden sind Studien und Laborexperimente, also im Grunde empirische Untersuchungen, die wiederum wichtige Datengrundlagen für Modellierungen bieten, indem sie für die verwandten Parameter Daten zur Verfügung stellen. Diese können wiederum gegen die tatsächliche Entwicklung evaluiert werden, ein keineswegs triviales Unterfangen, zumal dann, wenn die Modellierung zur Entscheidungsunterstützung verwendet wird.[13] Dann ist die induzierte Intervention in Rechnung zu stellen, würde also ein reflexives Modell verlangen – eine andere Form des Präventionsparadoxes, die schwer zu modellieren sein dürfte.

---

12 Zur Entwicklung *Kucharski*, Rules of Contagion. Why Things Spread – and Why They Stop, 2020; eine Darstellung der verschiedenen Modelle, deren Anwendungsbereich und deren Aussagefähigkeit findet sich bei *Traulsen/Gokhale/Shah/Uecker*, The Covid-19-Pandemic: Insights from Basic Mathematical Model, Nova Acta Leopoldina, 2022.

13 *Traulsen/Gokhale/Shah/Uecker*, The Covid-19-Pandemic: Insights from Basic Mathematical Model, Nova Acta Leopoldina, 2022, S. 15.

Die in der Epidemiologie verwendeten Modelle sind durchaus seit langem bekannt und bewährt,[14] sie sind, jedenfalls was ihre mathematische Seite angeht *"pretty much textbook"*, wie der Mathematiker und Modellierer Wallinga sagt.[15] Die Modelle müssen freilich an jede Pandemie und die ihr jeweils ausgesetzte Population angepasst werden, also die vielen soziokulturellen Faktoren, die die Dynamik einer Ausbreitung beeinflussen.[16] Darüber hinaus hängt die Leistungsfähigkeit des Modells von den Zielen seines Einsatzes ab.[17] Als Grundlage für die Entscheidungsfindung wirft dies natürlich auch sensible Fragen der Qualitätssicherung auf.[18] Die vorhandene Ungewissheit betrifft also letztlich alle Aspekte einer Pandemie,[19] von Ausbreitungsmodellen,[20] die die weltweiten Ausbreitungspfade oder eben regionale oder gar lokale Aspekte des pandemischen Geschehens modellieren, bis hin zur Modellierung und Simulierung des Virus und seiner Transmission auf molekularer Ebene, ein Ansatz, der im Moment

---

14 Dazu *Dehning et. al.*, Inferring change points in the spread of COVID-19 reveals the effectiveness of interventions, Science 10.1126science.abb9789 (2020); *Kucharski*, Rules of Contagion. Why Things Spread – and Why They Stop, 2020; *Traulsen/Gokhale/Shah/Uecker*, The Covid-19-Pandemic: Insights from Basic Mathematical Model, Nova Acta Leopoldina, 2022.

15 *Enserink/Kupferschmidt*, With COVID-19, modeling takes on life and death importance, Science 367/6485 (2020), 1415.

16 Dazu der informative Überblick bei *Adam*, Modelling the Pandemic, Nature 580 (2020), 316 ff.; *Enserink/Kupferschmidt*, With COVID-19, modeling takes on life and death importance, Science 367/6485 (2020), 1414 f.; *Mikolajczyk et al*, Influenza. Einsichten aus mathematischer Modellierung, Dtsch Ärzteblatt Int. 106(47): 777 ff.; ausführliche Diskussion eines Ausbreitungsmodells bei *Maier et al.*, Abschätzung der Infektionswelle durch die SARS-CoV-2 VOC Omikron, https://www.rki.de/DE/Content/InfAZ/N/Neuartiges_Coronavirus/Modellierung_Omikronwelle_Bericht.pdf;jsessionid=961CFAA9D446399D89A134382B5EB79F.internet112?__blob=publicationFile.

17 *Traulsen/Gokhale/Shah/Uecker*, The Covid-19-Pandemic: Insights from Basic Mathematical Model, Nova Acta Leopoldina, 2022, S. 14.

18 *Traulsen/Gokhale/Shah/Uecker*, The Covid-19-Pandemic: Insights from Basic Mathematical Model, Nova Acta Leopoldina, 2022, S. 14.

19 Vgl. dazu *Davies et al.* The effect of non-pharmaceutical interventions on COVID-19 cases, deaths and demand for hospital services in the UK: a modelling study, medRxiv preprint doi: https://doi.org/10.1101/2020.04.01.20049908.

20 *Brockmann*, Dynamik und Ausbreitung von Infektionserkrankungen in einer globalisierten vernetzten Welt, in: Augustin (Hrsg.), Geografie der Gesundheit, 2016, S. 251 ff.; ders., Global Connectivity and the Spread of Infectious Diseases, Nova Acta Leopoldina NF Nr. 419 (2017), 129 ff.; *Saunders-Hastings/Krewski*, Reviewing the History of Pandemic Influenza: Understanding Patterns of Emergence and Transmission, Pathogens 5 (2016), 66; doi: 10.3390/pathogens5040066.

eher wissenschaftliche Bedeutung hat, aber die Leistungsfähigkeit künftiger Wissensgenerierungsmodelle beschreibt.[21]

Sie sind insofern in der Lage, komplexere Modelle des pandemischen Geschehens zu schaffen, aber sie bleiben Simulationen, die dann natürlich durch die Daten der tatsächlichen Entwicklung validiert und verfeinert werden können, mit den oben angemerkten Einschränkungen. Diese Modellierung und Simulation hängt durchaus zusammen auch mit der Möglichkeit der elektronischen Surveillance (vgl. § 14 IfSchG), gesteigerter Rechen- und Speicherkapazitäten, schnellerer Diagnostik und der genetischen Sequenzierung, die in großem Umfang Daten liefern, die zur Modellierung genutzt werden können[22] und die bei einem Ausbruch ein kontinuierlich verbessertes Datenbild des Ausbruchs liefern. Vor allem können sie helfen, während der ersten, sehr zeitkritischen Phase die zentralen epidemiologischen Parameter zu identifizieren, wie etwa die basale Reproduktionszahl, Infektiosität und Mortalität abzuschätzen, und damit kurzfristige Vorhersagen der Entwicklung ermöglichen, die Wirkungen von Interventionen abschätzen lassen und diese an die weiteren Vorhersagen anpassen.[23] Selbst dort, wo noch keine zureichenden Daten vorhanden sind, können Modellierungen helfen, immerhin die wichtigsten Fragen zu identifizieren.

Gleichwohl entgehen sie nicht der Ungewissheit. Zwar benutzen Modellierungen längst bekannte und immer wieder adjustierte Modelle.[24] Da aber die Parameter zu Anfang einer Pandemie oftmals nicht bekannt sind, weil sie auf erregerspezifischen und epidemiologisch relevanten Eigenschaften aufruhen und auf eine je spezifische Population treffen, müssen diese Eigenschaften ihrerseits modelliert oder geschätzt werden.[25] Daher unterliegen auch die Modellierungen selbstverständlich der Revision und Anpassung.

---

21 Dazu *Casalino et al.*, AI-driven multiscale simulations illuminate mechanisms of SARS-CoV-2 spike dynamics, International Journal of High Computing Applications 2021 35 (2), S. 432 ff.

22 *Crassly/Fraser*, Mathematical models of infectious disease transmission, Nature Microbiology 2008, 477 ff.

23 Dazu *Dehning et. al.*, Inferring change points in the spread of COVID-19 reveals the effectiveness of interventions, Science 10.1126science.abb9789 (2020).

24 *Adam*, Modelling the Pandemic, Nature 580 (2020), 316 ff.

25 Zu den erheblichen Schwankungen der Modellierungen vgl. *Faranda et al.*, Asymptomatic estimates of SARS-CoV-2 infection counts and their sensitivity to stochastic perturbation, Chaos 30, 051107 (2020); https://doi.org/10.1063/5.0008834.

3. Zusammenfassung

Dieser kurze Überblick zeigt schon, dass zwar ein allgemeines epidemiologisches und virologisches und natürlich auch medizinisches Wissen und klinische Erfahrungen vorliegen, dass aber zumal in der Anfangsphase und auch später noch ein hohes Maß an Ungewissheit vorliegt, dass nur durch weitere Forschung (auch durch den Vergleich mit bereits im Verlauf der Epidemie fortgeschrittenen Populationen) vermindert werden kann. Szenarienbildungen durch Modellierungen und Simulationen helfen, die Entwicklung einzuschätzen und reversible Grundlagen für Entscheidungen zu schaffen. Dies wäre an sich eine Situation, die für weiteres Abwarten spricht. Aber dies ist angesichts der möglichen Konsequenzen keine Option, so dass nur auf dieser Wissensbasis im Modus des Vorläufigen gehandelt werden kann. Dies kann auch kurzfristige Strategieänderungen notwendig machen. Auch dafür bietet diese Pandemie (im internationalen Vergleich) hinreichende Beispiele. Dieses verlangt nicht nur die Anerkennung der Ungewissheit, sondern auch der Volatilität der Wissensgrundlagen. Modellierungen und Simulationen sind das, was sie sind, Projektionen einer möglichen Zukunft, regelmäßig keine Vorhersagen, und keine Grundlage für kausale Annahmen. Die Erfahrung der Vergangenheit determiniert nicht die Wissensgrundlage, von der der neue Virus nur eine noch nicht hinreichend bekannte Variante darstellt, sondern es muss stets mit Überraschungen gerechnet werden.[26] Das entwertet die Modellierungen nicht, aber sie sind deutlich reversibler im Hinblick auf neue Daten. Dafür sind sie aber oftmals auch in anderen Wissenschaften, die es mit enormer Komplexität zu tun haben, die einzigen Wissensgrundlagen für Entscheidungen, man denke etwa an die Klimaforschung, die ohne Modellierungen nicht auskommen könnte.

4. Konsequenzen im Verhältnis von Wissenschaft und anderen Teilsystemen

Für die Wissenschaft ist diese Situation an sich nichts Ungewöhnliches, so wenig wie unterschiedliche Einschätzungen, die aus der Ungewissheit hervorgehen. Im Gegenteil, diese Ungewissheit ist Motor der weiteren

---

26 „It's like you've decided you've got to ride a tiger, except you don't know where the tiger is, how big it is, or how many tigers there actually are", wird der Harvard Epidemiologe *William Hanange* in *Enderink/Kupferschmidt*, With COVID-19, modeling takes on life and death importance, Science 367/6485 (2020), 1415, zitiert.

Entwicklung. Sie verlangt nach und motiviert zu weiteren Forschungen. Die Einschätzungen der Wissenschaft haben daher immer einen Zeitstempel und dessen Kommunikation ist oder sollte doch Teil der wissenschaftlichen Praxis sein. Veränderungen von Einschätzungen sind daher auch nicht ein Zeichen von Beliebigkeit, wie es gelegentlich in der Diskussion auch von verantwortlichen Entscheidungsträgern in polemischer Absicht geäußert wurde. Vielmehr dürfte im Kern ein zwar verhältnismäßig sicherer Bestand von Wissen bestehen, um den herum aber gleichsam der Möglichkeitsraum des Neuen aufgespannt und ggf. immer wieder verändert wird. Aus der Innensicht der Wissenschaft ist diese Volatilität Teil des Wissensgenerierungsprozesses. Das aber bedeutet zugleich, dass etwa einzelne Studien, die zudem von unterschiedlicher Qualität gemessen an den Standards der jeweiligen Disziplin sein können, oftmals nur Indizien und Momentaufnahmen sein können, bis die Diskussion innerhalb der Wissenschaft die Ergebnisse als im Kern stabil ansieht.

Nichts anderes gilt für Modellierungen, die ebenfalls mit unterschiedlichen Ansätzen und Parametern arbeiten und durch die weitere Entwicklung bestätigt oder verändert werden. Denn die Modellierung ist nicht unabhängig von neuen Erkenntnissen und deren Revisionen. Solange die Modellierungen etwa nicht als Vorhersagen der Entwicklung, sondern als Szenarien, als Konstruktion möglicher Zukünfte verstanden werden, die mehr oder weniger wahrscheinlich sein können, wird der Zeitstempel mitkommuniziert.

Wie lange diese Ungewissheit andauert, konnte man in der Pandemie sehr gut beobachten, man denke etwa an die Gefährlichkeit des Virus für Kinder und Jugendliche, ein Problem,[27] das für die Kindergärten und Schulen eine erhebliche Bedeutung hat. Zugleich kann man hieran sehen, welche Probleme der Anknüpfung an „Zwischenstände" sich ergeben und welches Potential der Instrumentalisierung der Wissenschaft sich daraus für andere gesellschaftliche Teilsysteme ergibt, zumindest so lange, wie nicht eine Konsolidierung der Wissensbestände eintritt – oftmals auch darüber hinaus. Exemplarisch könnte der vielfach instrumentalisierte Topos von den „Kindern als Treiber der Pandemie" in den diversen Varianten, in denen er von Interessenverbänden, der Kultusministerkonferenz, den Leh-

---

27 Schon die Auswahl von Studien, die angeblich für oder gegen eine Schulöffnung sprechen, wäre angesichts der Vielzahl der Studien mit erheblichen Schwierigkeiten verbunden, vor allem geben sie häufig nicht das her, für das sie in Anspruch genommen werden, etwa die zu medialer Prominenz kraft Instrumentalisierung gelangte Studie *Zhang et al.*, Changes in contact patterns shape the dynamics of COVID-19 outbreak in China, Science 10.1126/science.abb8001 (2020).

rerverbänden, den Medien, zum Teil auch ärztlichen Fachgesellschaften verwendet worden ist und noch wird, als Lehrstück dienen.[28]

Auf den erheblichen Zeitdruck der Produktion neuen Wissens reagiert das System der Wissenschaft mit einer eigenen Strategie der Wissensproduktion, der enorm schnellen Produktion von kleineren und größeren Studien, angereizt vielfach durch große Fördersummen, die in das Forschungssystem geleitet werden. Die Ergebnisse werden oftmals nicht durch den üblichen Qualitätssicherungsmechanismus des Peer Review gefiltert, weil dieser zu langsam ist. Sie werden daher ganz oder in Teilen auf eigens dafür vorgesehenen Servern vorab veröffentlicht, wie etwa medRxiv. Dies hat zwar durchaus den Sinn, das Wissen über ein neues Virus schnell verfügbar zu machen, auch um andere Forschungen anzuregen, und Diskussionen über die Ergebnisse schnell zu ermöglichen, Doppelungen zu vermeiden, hat aber zugleich enorme Konsequenzen für die Einschätzung des Standes der Wissenschaft, etwa durch Expertiseorganisationen, die für die politische Beratung den Stand des Wissens aufbereiten müssen.[29] Diese reagieren neuerdings mit einem eigenen Instrument von Rapid Reviews.[30] Aber dies kann die Ungewissheit angesichts der Vielzahl von Studien größerer und kleinerer Art vergrößern und die Einschätzung des Standes des Wissens schwierig machen. Die Beschleunigung der Wissensproduktion ist also ein durchaus ambivalentes Unterfangen – auch für andere gesellschaftliche Teilsysteme. Was aus der Perspektive der Wissenschaft Teil des Prozesses ist, kann für andere Teilsysteme eines der Probleme darstellen. Zugleich stellen die Ungewissheiten und die Volatilität der Ergebnisse aber – wie oben gesehen – durchaus auch Potentiale der Instrumentalisierung dar. Die Unsicherheit wird, gut sichtbar, zudem zum Teil und nicht selten in strategischer Absicht, medial enorm verstärkt. Der Erkenntnisprozess der Wissenschaft wird personalisiert, Aufmerksamkeit wird durch Verkürzung und Vereinfachung der Erkenntnisse erzielt, die Ungewissheit als persönliche Fehler zugerechnet, Korrekturen als Inkom-

---

28 Als kleines Fundstück vgl. nur https://www.news4teachers.de/2022/02/immer-mehr-kinder-muessen-wegen-corona-symptomen-zum-arzt-drosten-schulen-treiben-derzeit-die-pandemie-an/.

29 Dazu *Fretheim/Brurberg/Forland*, Rapid Reviews for rapid decision-making during the corona disease (COVID-19) Pandemic, EuroSurveill 2020: 25 (19): pii=2000687, S. 1.

30 *Fretheim/Brurberg/Forland*, Rapid Reviews for rapid decision-making during the corona disease (COVID-19) Pandemic, EuroSurveill 2020: 25 (19): pii=2000687, S. 1; auch National Academy of Science (NAS).

petenz inszeniert. Damit lassen sich treffliche Unsicherheitsverstärkungen erzielen, die zugleich Zerr-Bilder von Wissenschaft erzeugen.[31]

Diese können dann durchaus politische Entscheidungen delegitimieren. Ohnehin hat Politik offenkundig Schwierigkeiten, sich auf den jeweiligen wissenschaftlichen Kenntnisstand zu beziehen, weil dies die eigenen Entscheidungen unter Vorläufigkeitsvorbehalt stellt und die Wissenschaft als Garant zumindest in der öffentlichen Wahrnehmung ausfällt oder doch ausfallen kann. Zudem lässt sich, jedenfalls mit mehr oder weniger begrenztem Erfolg, behaupten, man sei ja nur der Wissenschaft gefolgt. Politik wird nicht zuletzt medial mit neuen Ergebnissen konfrontiert, die scheinbar die getroffenen Entscheidungen entwerten. Die Unsicherheitsabsorption durch Entscheidungen funktioniert insoweit nur noch begrenzt. Es kommt hinzu, dass wissenschaftliches Wissen, selbst dort, wo es hinreichend gehärtet ist, nicht einfach in Anwendungskontexte transferiert werden kann.[32] Ein Problem, dass in diesen Situationen noch verstärkt wird. Es liegt auf der Hand, dass politische Entscheidungen nicht auf den insoweit unübersichtlichen Prozess der Wissenschaft gestützt werden können, jedenfalls nicht ohne weitere Übersetzungsleistungen. Die in Deutschland ohnehin nicht unbedingt geförderte Kultur der Transparenz von wissenschaftlichen Beratungsprozessen erzeugt auch an dieser Stelle weniger Vertrauen als Misstrauen.

III. Wissensinfrastrukturen: eine institutionelle Antwort

Allerdings ist unter dem Eindruck zunehmender Bedeutung der Generierung und Aufbereitung des notwendigen Wissens auch für politische und rechtliche Entscheidungen schon seit langem der Aufbau von Wissensinfrastrukturen als institutionelle Antwort zu beobachten. Dazu werfen wir zunächst einen Blick auf Begriff und Merkmale der Wissensinfrastruktur, bevor wir auf die an der Pandemie orientierten Ausprägungen exemplarisch eingehen werden.

---

31 Darüber hinaus beteiligen sich Wissenschaftler nicht selten an der Medialisierung als Strategie der Reputationsmehrung, etwa wenn sie sich zur Kommunikation ihrer Forschung und der Ergebnisse einer Medienagentur bedienen. Die Ergebnisse solcher Strategien wird man bestenfalls als ambivalent ansehen können – auch unter Reputationsgesichtspunkten. Zum Ganzen schon früh *Weingart*, Stunde der Wahrheit?, 2001, S. 280 ff.

32 Dazu *Trute*, Staatsrechtslehre als Sozialwissenschaft?, in: Schulze-Fielitz (Hrsg.), Staatsrechtslehre als Wissenschaft, DV 2007 Beiheft 7, S. 115 (131 ff.).

1. Begriff und Merkmale von Wissensinfrastrukturen

Das Aufkommen des Begriffs der Wissensinfrastruktur steht zunächst im Zusammenhang mit der Umstellung von Geschäftsprozessen auf den Computer und damit zusammenhängend dann mit den Interessen am Wissensmanagement in Unternehmen und Verwaltungen. Mit dem Aufkommen des Internet werden die Verbindungen zwischen Information/Wissen und Infrastruktur deutlicher, nicht zuletzt mit dem Begriff des Information Super Highways werden Anleihen bei den klassischen physischen raumbeanspruchenden Infrastrukturen genommen, die die Entwicklung der Industriegesellschaft vor allem seit dem 19. Jahrhundert gefördert haben.[33]

Der Begriff der Wissensinfrastrukturen ist vor allem mit dem Aufkommen vernetzter Systeme der Generierung, Speicherung und Verteilung von Daten/Informationen aufgekommen. Insoweit scheint er ein Kind der Digitalisierung und der damit verbundenen Veränderungen der Wissensgenerierung und -verteilung zu sein. Zugleich erlangt die Sammlung von Daten, deren Verarbeitung und Verteilung in der Wissenschaft zunehmende Bedeutung. Die Komplexität bestimmter Phänomene nimmt dabei so zu, dass ohne ein zum Teil auch mehr oder weniger weltweit operierendes institutionelles Arrangement der Sammlung von Daten und ihrer Verarbeitung, also der Generierung von Wissen, die Entwicklungen nicht mehr adäquat beschrieben werden können. Am Beispiel der wissenschaftlichen Bearbeitung des Klimawandels durch die Klimawissenschaft hat *Paul Edwards* diese Entwicklung beschrieben:

> *"Instead, what you are about to read is a historical account of climate science as a global knowledge infrastructure. Climate science systematically produces knowledge of climate. As Ruskin put it in 1839…, it is "a vast machine": a sociotechnical system that collects data, models physical proces-*

33 Dazu zählen etwa Eisenbahn, Straßen, Wasserwege und Häfen, Wasser- und Abwassersysteme, Gas, Elektrizität, Telekommunikation. Zu diesen klassischen Infrastrukturen vgl. ausführlich *van Laak*, Alles im Fluss. Die Lebensadern unserer Gesellschaft, 2018; *Barlösius*, Infrastrukturen als soziale Ordnungsdienste. Ein Beitrag zur Gesellschaftsdiagnose, 2019. Das Regime der Infrastruktur prägt Raum und Zeit, standardisiert Verhalten und Wissen, ermöglicht, fördert oder verhindert Handlungen und ist so, zumal als staatlich institutionalisiertes Arrangement, mit der Steuerung und Kontrolle der Gesellschaft eng verwoben. Insoweit kann man neben der technischen Dimension vor allem die Funktion der Vorleistung für andere gesellschaftliche Teilsysteme, die Regime der Institutionalisierung und Teilhabe, der Raumbeanspruchung unterscheiden; vgl. *Barlösius*, aaO., S. 72 ff.

ses, tests theories, and ultimately generates a widely shared understanding of climate and climate change. This knowledge production begins with observations, but those are only raw materials. Transforming them into widely accepted knowledge requires complex activity involving scientific expertise, technological systems, political influence, economic interests, mass media, and cultural reception. Even the question of what counts as a valid observation in the first place requires considerable negotiation. This knowledge-production system delivers not only specifics about the past and likely future of Earth's climate, but also the very idea of a planetary climate as something that can be observed, understood, affected by human wastes, debated in political processes, cared about by the general public, and conceivably managed by deliberate interventions...... Ultimately, this knowledge infrastructure is the reason we can 'think globally' about climatic change."[34]

Edwards nimmt dabei Anleihen bei der Konzeption von Wissenschaft: dauerhafte wissenschaftliche Gemeinschaften mit gemeinsamen Standards, Normen und Werten, dauerhafte Organisationen und Institutionen wie Bibliotheken, Archive, Wissenschaftseinrichtungen wie Universitäten und Forschungsinstitute, Labore, physikalische Einrichtungen Forschungsinstrumente, ein System von Publikationsfora, Konventionen etc.[35] Will man die Merkmale resümieren, dann kann man Wissensinfrastrukturen verstehen als dauerhaftes Netzwerk von Menschen, Artefakten und Institutionen, die Wissen über den Menschen und die Welt generieren, teilen und erhalten.[36] Dies umfasst dann sehr unterschiedliche Einrichtungen, wie etwa das *Center for Disease Control and Prevention (CDC)*, Wettervorhersagesysteme, das *Intergovernmental Panel on Climate Change* oder Forschungs(-daten-)infrastrukturen, um nur einige aus dem weiten Kanon möglicher Einrichtungen zu nennen.[37] Zugleich wird der langdauernde Prozess der Konsolidierung dieses Wissensfeldes deutlich, die Generierung

34 *Edwards*, A Vast Machine: Computer Models, Climate Data, and the Politics of Global Warming, 2010, S. 8.

35 *Edwards*, A Vast Machine: Computer Models, Climate Data, and the Politics of Global Warming, 2010, S. 17 ff.

36 *Edwards*, A Vast Machine: Computer Models, Climate Data, and the Politics of Global Warming, 2010, S. 17.

37 *C. Borgmann/P.N. Edwards/St. J. Jackson*, Knowledge Infrastructures; Intellectual Frameworks and Research Challenges, https://escholarship.org/uc/item/2mt6j2mh; *Borgman/Darch/Sands/Wallis/Traweek*, The Ups and Downs of Knowledge Infrastruktures in Science: Implications for Data Management, https://escholarship.org/uc/item/3qm659zr; *Borgman & Bourne* (2021). Why it takes a village to manage and share data. *Harvard Data Science Review (under Review).*

von Daten, die Modellbildung und Simulation, also durchaus die Spezifika dieses Feldes, das einerseits mit enormer Komplexität umgehen muss, andererseits ohne Modellierung, Simulation, Evaluation und Anpassung, also Techniken des Umgangs mit großer Ungewissheit, kaum adäquat gedacht werden kann.

Angesichts der Interdependenz der Probleme und ihrer Lösungen bedarf es zudem einer internationalen Koordination. Diese ist wiederum von einer international koordinierten Infrastruktur der Informations- und Wissensgenerierung abhängig. Dies gilt gleichermaßen für die Bekämpfung von Pandemien und den Umgang mit dem Klimawandel.

Eine entscheidende Bedingung ist zeitgerecht zur Verfügung stehendes Wissen. Dieses ist schon für die Identifikation einer möglichen Bedrohung erforderlich, denn es ist keineswegs ausgemacht, dass das Auftreten eines (neuen) Virus zeitgerecht als solches Ereignis identifiziert wird.[38] Und selbstverständlich müssen seine Charakteristik, der Zeitpunkt und die Orte des Auftretens, Ausbreitungsmuster und -geschwindigkeit, Infektiosität, Gefährlichkeit, das Wissen um wirksame Gegenmaßnahmen, vor allem deren Entwicklung sowie unterschiedliche sozio-kulturelle Rahmenbedingungen[39] und Ressourcen aufgeklärt werden. Insoweit bedarf es vor allem auch einer hinreichenden Expertise in der Beurteilung des Vorliegens solcher Bedrohungen und der Distribution des erforderlichen Wissens und dies nicht nur ad hoc, sondern kontinuierlich, um hinreichend vorbereitet zu sein. Jedenfalls kann man verkürzt sagen: Pandemien verlangen nach dem internationalen Recht und international koordinierten Maßnahmen,[40] sie verlangen aber auch eine internationale bzw. weltweit institutionalisierte Wissensinfrastruktur, die zeitgerecht Anzeichen für das

---

38 *Farrar/Ahuja*, Spike. The virus vs. The People, 2021, S. 11 ff., die die Rolle von ProMED (Program for Monitoring Emerging Diseases) als privatem professionellen Netzwerk der International Society for Infection Diseases (https://promedmail.org) bei der Identifikation des Corona-Virus hervorheben und das Verhältnis zu den offiziellen Netzwerken der WHO in dieser Sache schildern.

39 *Kennedy/Nisbett*, Bull World Health Organ 2015, 2.

40 Die internationale Koordination in diesem Feld kann auf eine beeindruckend lange Tradition zurückblicken; dazu *Berendt*, The International Health Regulations and the Executive Authority of The World Health Organization during Public Health Emergencies of International Concern, 2009, S. 11 - 29; *Trute*, How to Deal with Pandemics, in: Eger/Oeter/Vogt (Hrsg.), International Law and the Rule of Law under Extreme Conditions, 2017, S. 114 f. m.w.N. Das internationale Gesundheitsrecht war und ist nicht eben ein bevorzugtes Feld der deutschen akademischen Debatte; vgl. aber *Schmidt am Busch*, Gesundheitssicherung im Mehrebenensystem, 2007; *Klafki*, Risiko und Recht, 2017.

Auftreten einer Pandemie erkennt, beurteilt und das notwendige Wissen weltweit verbreitet. Wie in vielen Fällen so gilt auch hier, dass das Wissenschaftssystem aus sich heraus das Wissen nicht notwendig und zeitgerecht zur Verfügung stellen kann. Vielmehr muss dieses innerhalb des öffentlichen Gesundheitswesens, der Wissenschaft, dem professionellen medizinischen Bereich, der Pharma-Industrie sowie im Zusammenwirken mit sehr verschiedenen Akteuren staatlicher und nichtstaatlicher Art organisiert werden. Zugleich handelt es sich um ein Feld, das in hohem Maße auf Wissen angewiesen ist, in dem aber aufgrund der sachlichen, sozialen und zeitlichen Grenzen des jeweils zur Verfügung stehenden Wissens mit erheblichen Unsicherheiten umgegangen werden muss.[41]

2. *Das internationale Netzwerk*

Das weltumspannende Netzwerk der Pandemiebekämpfung lässt sich neben anderen Funktionen, die es in der internationalen Koordination der Pandemievorsorge und -bekämpfung einnimmt,[42] als ein durch internationales Recht institutionalisiertes Netzwerk der Wissensgenerierung verstehen. Insoweit bewirken die Internationalen Gesundheitsvorschriften (IGV) von 2005[43] die Institutionalisierung einer internationalen Wissensinfrastruktur, ohne die ein effektives Risikomanagement kaum möglich wäre. Freilich, die internationale Seite ist nur die eine, die andere sind europäische und nationale Regelungen und Institutionen. Man hat es bei der Pandemievorsorge und -bekämpfung mit einem multidimensionalen

---

41 In dem Review der WHO zur Implementierung der International Health Regulation heißt es dementsprechend: “In practice, however, decision-making in a public-health emergency is often based on incomplete information, with uncertainty about the threat and the likely effectiveness of response measures. Plans must typically be adapted to the actual circumstances of the event. There may be competing demands within the health system and other sectors, and constraints imposed by limited resources. In a public-health emergency, decision-makers often face political scrutiny and pressure from the public and media. The ability to take informed action, despite the uncertainty dictated by the speed of events, is the essence of crisis management.” WHA Drs. A64/10, 1 (27).

42 Zur Entwicklung der internationalen Zusammenarbeit in diesem Feld vgl. *Liverani/Coker*, JHPPL 2012, 915 ff.; *Berendt*, The International Health Regulations and the Executive Authority of the World Health Organization during Public Health Emergencies of International Concern, 2009.

43 Die IGV wurden durch WHO-Resolution WHA58.3 auf der Grundlage von Art. 21 WHO-Verfassung erlassen.

Governance-Regime zu tun, das im Übrigen nicht nur staatliche Akteure umfasst. Das Governance-Regime umfasst der Sache nach internationale, staatliche und nicht-staatliche Akteure, insbesondere auch und traditionell schon Nicht-Regierungsorganisationen, international tätige Hilfsorganisationen sowie professionelle Expertise-Organisationen. Es ist vertikal in verschiedene Ebenen ausdifferenziert, die internationale Ebene der WHO, die regionale Ebene der EU und natürlich die jeweiligen nationalen Gesundheitssysteme. Auf jeder der Ebenen werden horizontal eine Vielzahl anderer Akteure mit eingebunden, etwa auf der Ebene internationaler Organisationen[44] internationale Handelsregime wie die WTO, internationale Organisationen der FAO und der OLE, die sich mit der Tiergesundheit befassen,[45] Expertise-Organisationen oder in der föderal und kommunal differenzierten Anlage des deutschen Gesundheitssystems eine Vielzahl von Akteuren. Schon dies verdeutlicht, dass es sich hier um ein komplexes Geflecht von Akteuren handelt, dass nur mit erheblichen Koordinationsanstrengungen funktionsfähig gemacht und erhalten werden kann.[46]

Eine zentrale Bedeutung in der Koordination des Netzwerks kommt der WHO zu,[47] die zugleich eine Reihe von Informations- und Wissensgenerierungs- und -verteilungsfunktionen übernimmt.[48] Der wesentliche rechtliche Rahmen für die Bekämpfung von Pandemie ist die Internationale Gesundheitsverordnung (IGV) von 2005,[49] deren Revision in 2005 eine Folge der Erfahrungen mit dem SARS-Ausbruch 2002/2003 war.[50] Ihr

---

44 Vgl. dazu die knappe Schilderung bei *Klafki*, Risiko und Recht, S. 168 f.

45 Ca. ¾ aller Bedrohungen durch Viren entstehen an die Mensch-Tier-Schnittstelle, vgl. *Nutall*, Bull World Health Organ 2014, 310.

46 Überblick bei *Trute* How to deal with Pandemics, in Eger/Oeter/Voigt (Hrsg.), International Law and the Rule of Law under Extreme Conditions, 2017, S. 114 ff.

47 *Berendt*, The International Health Regulations and the Executive Authority of the World Health Organization during Public Health Emergencies of International concern, 2009; *Lee, K.*, The World Health Organization, 2009; *Liverani/Coker*, JHPPL 2012, 915 (916 ff.).

48 Vgl. Art. 2 lit f., j. n., q., Constitution WHO.

49 Sie ist in dem Verfahren des Art. 22 WHO-Verfassung zustande gekommen. Durch das Gesetz zu den Internationalen Gesundheitsvorschriften (2005) (IGV-Gesetz) v. 23.5.2005 (BGBl. II 2007, 930) sind die IGV in deutsches Recht transformiert worden. Darüber hinaus vgl. auch das Gesetz zur Durchführung der Internationalen Gesundheitsvorschriften (2005) (IGV-Durchführungsgesetz – IGV-DG) v. 21.3 2013 (BGBl. I 2013, 566), zuletzt geändert durch Art. 2 G v. 28.5.2021 I 1174 (Nr. 26).

50 Zu den Defiziten in der Pandemie 2020/21 *Bolliky/Huang* The Multilateral Health System Failed to Stop the Coronavirus, Foreign Policy 2020 (https://foreignpolicy.com/2020/03/10/the-multilateral-health-system-failed-to-stop-the-coronavirus/).

Ziel ist die Verhütung, der Schutz, die Kontrolle und die Reaktion auf die grenzüberschreitende Ausbreitung von Krankheiten in einer Weise, die den Risiken für die öffentliche Gesundheit angemessen ist und zugleich eine unnötige Beeinträchtigung des internationalen Verkehrs und Handels verhindert.[51]

Von erheblicher Bedeutung ist insoweit ein zuverlässiges und robustes weltweites Surveillance-Netz,[52] also die fortlaufende Sammlung, Analyse, Bewertung und Verbreitung von Gesundheitsdaten. Dies setzt zum einen voraus, dass alle Mitgliedstaaten hinreichende Kapazitäten haben oder aufbauen,[53] um Surveillance dieser Art durchführen zu können.[54] Darüber hinaus müssen alle diesbezüglichen Informationen auch kommuniziert werden, also ein funktionierendes Kommunikationsnetz,[55] das umfangreiche, inhaltlich spezifizierte Meldepflichten zum Zwecke der Risikoerkennung, -analyse und -überwachung vorsehen muss.[56] Die WHO stellt wiederum al-

---

51 Art. 2 IGV. Diese Rücksicht auf die etwaige Beeinträchtigung des internationalen Verkehrs und Handels entspricht einer langen Tradition in diesem Feld. Die ökonomischen Auswirkungen einer Pandemie können immens sein; vgl. dazu *Condon/Sinha*, http://ssrn.com/abstract=1398445 2009.

52 *Briand/Mounts/Chamberland*, PUHE 2011, 247 ff.; *Robert-Koch-Institut*, Nationaler Pandemieplan I, S. 15 ff.; zu Projekten der Ergänzung der Surveillance-Netzwerke durch neue Formen von event-based surveillance vgl. *Lorthe/Pollak/Lassmann/Brownstein/Cohn/Divi/Herrera-Guibert/Olsen/Smolinski/Madoff*, Bull World Health Organ 2018, 327 ff.; *Schweiger/Buda*, Bundesgesundheitsblatt 2013, 28 ff.; zu den Erfahrungen und Herausforderungen vgl. *Williams/Fitzner/Merianos/Mounts*, Bull World Health Organ 2014, 60 ff.

53 Dies gilt auch für die rechtliche Infrastruktur *Marks-Suktan/Tsai/Anderson/Kastler/Sprumont/Burris*, Bull World Health Organ 2016, 534 ff.; indes ist nach wie vor die Durchsetzung ungeachtet aller Fortschritte nicht zufriedenstellend, vgl. dazu *Suthar/Allen/Cifuentes/Dye/Nagata*, Bull World Health Organ 2018, 110 ff.

54 Art. 5 IGV; vgl. auch *Nutall*, Bull World Health Organ 2014, 310.

55 Die sogenannten WHO-Kontaktstellen (Art. 4 III IGV) und nationalen IGV-Anlaufstellen (Art. 4 II IGV) bilden dieses Netz. Nationale IGV-Anlaufstelle ist gemäß Art. 3 IGV-DG das gemeinsame Melde- und Lagezentrum von Bund und Ländern im Bundesamt für Bevölkerungsschutz und Katastrophenhilfe (GMLZ).

56 Dazu Art. 6 und Art. 7 IGV; WHA Drs. A64/10, 1 (67 ff.) beschreibt dies in dem Evaluationsbericht als gut funktionierendes globales Kommunikationssystem. Zugleich ist nicht zu übersehen, dass es erhebliche Anreize geben kann, die Informationspflichten aus politischen Gründen zu unterlaufen; dies war schon beim Ausbruch SARS 2002/2003 der Fall; zur Entwicklung der Information bei SARS-CoV-2 vgl. auch *Farrar/Ahuja*, Spike. The Virus vs. The People, 2021, S. 11 ff., 37 ff. Zu Anforderungen an die Verwendung mitgeteilter Informationen aus anderen Quellen vgl. *Trute*, How to deal with pandemics, in: Eger/Oeter/Voigt (Hrsg), International Law and the Rule of Law under Extreme Conditions, 2017, S. 115 (130 f.).

len Vertragsstaaten des Netzwerkes und gegebenenfalls zwischenstaatlichen Organisationen Informationen, die sie erhält und die notwendig sind, damit eine erforderliche Maßnahme erfolgen kann, innerhalb des Netzwerkes zur Verfügung (Art. 10.1 IGV), je nachdem, ob schon eine Notlage festgestellt ist oder eine solche erst befürchtet wird. Die Evaluation der National Focal Points, deren eminente Bedeutung für die Wissensgenerierung nicht überschätzt werden kann, zeigte auch schon vor der Corona-Pandemie Schwächen, die in der Corona-Situation noch einmal bestätigt wurden.[57] Dezentrale Wissensgenerierung und zentrale Verteilung des solchermaßen generierten Wissens stellen offenkundig, auch jenseits der Ressourcenfragen, die natürlich von erheblicher Bedeutung sind, und der institutionellen Einbindung in gesundheitsrelevante Felder,[58] einen enorm sensiblen institutionellen Ansatz dar, der immer wieder in Gefahr der Instrumentalisierung für andere Zwecke steht.[59]

Diese Kombination aus Überwachung, Analyse und Information stellt die erste Schicht des Netzwerkes dar und zwar in horizontaler wie vertikaler Hinsicht. Dies wird ergänzt durch spezifische Netzwerke, etwa das *Global Outbreak Alert and Response Network* (GOARN)[60], das vor allem auf technische Hilfe ausgerichtet ist, der *Pandemic Influenza Preparedness Framework* (PIP)[61], der Lücken im System der Überwachung und der

---

57 Dazu gehören etwa fehlendes Wissen um die Bedeutung, fehlende Ressourcen, unzureichende Abstimmung innerhalb der mitgliedstaatlichen Administrationen, fehlendes wissenschaftliches Wissen und politische Einflussnahme. *Haustein et al.*, Should this event be notified to the World Health Organization? Reliability of the International Health Regulations notification assessment process, Bull World Health Organ 2011, S. 296 ff.; *Anema et al.*, Descriptive review and evaluation of the functioning of International Health Regulation (IHR), Annex 2, Globalization and Health 2012, 1 ff.; *Packer*, A survey of International Health Regulations National Focal Points experiences in carrying out their functions, Globalization and Health, 2021, 17 ff.; vgl. auch den Report of the Review Committee on the Functioning of the International Health Regulations (2005) during the COVID-19 response v. 23.04.2021 A 74/9.

58 Report of the Review Committee on the Functioning of the International Health Regulations (2005) during the COVID-19 response v. 23.04.2021 A 74/9, S. 22, Tz 17 f.

59 Vgl. auch insoweit WHA Drs. A64/10, 1 (71).

60 https://extranet.who.int/goarn/sites/default/files/GOARN_one_pager_20210302.pdf.

61 Pandemic influenza preparedness Framework for the sharing of influenza viruses and access to vaccines and other benefits (PIP), 2nd,ed, 2021; https://www.who.int/initiatives/pandemic-influenza-preparedness-framework/governance; dazu *Trute*, How to deal with pandemics, in: Eger/Oeter/Voigt (Hrsg), International Law and

Bekämpfung der Influenza schließen soll.[62] Ziel ist es, die Vorbereitung und Reaktion auf eine Grippeepidemie bzw. Pandemie zu verbessern und den Schutz vor der epidemischen Grippe durch Verbesserung und Stärkung des globalen Grippe-Überwachungs- und Reaktionssystems der WHO mit dem Ziel eines fairen, transparenten, gerechten, effizienten und wirksamen Systems zu stärken.[63] Dies beinhaltet die gemeinsame Nutzung der Influenzaviren, den Zugang zu den Impfstoffen und die gemeinsame Nutzung anderer Vorteile.[64] PIP etabliert dazu ein klar strukturiertes Netzwerk von nationalen Zentren mit vier je unterschiedlichen Funktionen,[65] die zusammen das *Global Influenza Surveillance and Response Network* (GISRS) bilden.[66] Auf diese Weise sollen weltweit die entsprechende Expertise und damit auch die Ressourcen für ein funktionsfähiges Netzwerk zur Verfügung stehen und zugleich ein fairer Vorteilsausgleich geschaffen werden.[67]

Als Weiterentwicklung der Wissensinfrastruktur ist 2021 aufgrund der Erfahrungen mit der SARS-CoV-2-Pandemie der WHO *Hub for Pandemic*

---

the Rule of Law under Extreme Conditions, 2017, S. 115 ff. (131 f.), *ders.*, GSZ 2018, 125 (128).

62 Dazu *Trute*, How to deal with pandemics, in: Eger/Oeter/Voigt (Hrsg.), International Law and the Rule of Law under Extreme Conditions, 2017, S. 115 ff. (131 ff.). Dazu gehören auch die neuralgischen Asymmetrien zwischen Entwicklungsländern und entwickelten Staaten; vgl. dazu die ausführliche Analyse anhand des Falles Indonesien im Jahre 2006/2007 bei *Krishnamurthy*, PHE 2013, S. 129 ff.; im Hinblick auf PIP auch *Krishnamurthy/Herder*, PHE 2013, 272-286.

63 Vgl. zur Evaluation des Ansatzes WHO, Review of the Pandemic Influenza Preparedness Framework, 2016.

64 Zur Notwendigkeit, auch ein Data Sharing System im Bereich der Wissenschaft aufzubauen und für die Pandemiebekämpfung zu nutzen, um zeitgerecht neues Wissen zu generieren vgl. *Littler/Boon/Carson/Depoortere/Methewson/Mietchen/Moorthy/O'Connor/Roth/Segovia*, Bull World Health Organ 2017, 243, im Hinblick auf die Erfahrungen mit dem Ebola- und Zika- Virus.

65 WHO, Pandemic Influenza Preparedness Framework for the sharing of influenza viruses and access to vaccines and other benefits (WHA 65.4), 2011, Ziff. 4.3.

66 http://www.who.int/influenza/gisrs_laboratory/en/; zu den *core terms of reference*, die Voraussetzung der Anerkennung sind, vgl. WHO, Pandemic Influenza Preparedness Framework for the sharing of influenza viruses and access to vaccines and other benefits (WHA 65.4), 2011, Ziff. 4.3. Die Datenbank GISAID (Global Initiative on Sharing All Influenza Data) ist mittlerweile in diesen Rahmen eingebettet und von erheblicher Bedeutung für den Austausch auch von Sequenzierungsdaten.

67 Zur Notwendigkeit hinreichender Kapazitäten und den Erfahrungen bisher *Williams/Fitzner/Merianos/Mounts*, Bull World Health Organ 2014, S. 60 ff.

and Epidemic Intelligence gegründet worden.[68] Er soll als Katalysator dienen, um einen neuen Ansatz der Wissensgenerierung zu entwickeln, der über Gesundheitsdaten hinaus auch Kontextinformationen zur Verfügung haben und in einem multidisziplinären Feld analysiert werden soll. Eine besondere Bedeutung dürften dabei die genetischen Sequenzierungsdaten bekommen, die etwa in der Corona-Pandemie von erheblicher Bedeutung waren, um sofort mit der Entwicklung von Vakzinen zu beginnen.[69]

An diesem Beispiel zeigt sich, wie voraussetzungsvoll die Wissensinfrastrukturen sind, die, wie man am Beispiel der Klimaforschung ebenfalls zeigen könnte, hoch interdependente und enorm komplexe Probleme behandeln, die nicht allein wissenschaftliche und technische Probleme darstellen, deren Funktionieren zudem von der Integration verschiedener Interessenträger abhängig ist. Nationale Forschungssysteme bilden insoweit einen (zweifellos enorm wichtigen), oftmals in arbeitsteilige Zusammenhänge integrierten Knoten in diesem weltweiten Netz der Wissensgenerierung, das Voraussetzung dafür ist, dass in nationalen Systemen valide Entscheidungen getroffen werden können.

3. *Europäische Netze*

Ungeachtet der nur begrenzten Zuständigkeiten der EU im Gesundheitsbereich[70] und möglicherweise gerade deswegen hat die EU eine Wissensinfrastruktur, die die Anstrengungen der WHO aufnimmt, im Gesundheitsbereich aufgebaut. Diese Anstrengungen der WHO werden über die Koordinationsmechanismen des europäischen Rechts und der europäischen Politik damit deutlich verstärkt. Sichtbares Zeichen dafür ist ein Überwachungssystem und Schnellwarn- und Reaktionssystem. Gemäß Beschluss Nr. 2119/98/EG[71] bzw. Beschluss Nr. 1082/2013/EU hat die EU ein Netz

---

68 WHO, Hub for Pandemic and Epidemic Intelligence, https://cdn.who.int/media/docs/default-source/2021-dha-docs/who_hub.pdf?sfvrsn=8dc28ab6_5.

69 Zu den Problemen, die sich durch das Nagoya Protokoll für den Austausch von Sequenzierungsdaten ergeben vgl. *Cueni*, Pandemievorsorge, FAZ Nr. 57 v. 9.3.2022 S. N 2.

70 Dazu auch *Klafki*, Risiko und Recht, 2017, S. 189 ff., mit vielleicht etwas zu skeptischer Einschätzung, da die Koordinationsleistung ganz wesentlich über Informationen und gemeinsame professionelle Orientierung bewirkt werden dürfte.

71 Entscheidung Nr. 2119/98/EG des Europäischen Parlaments und des Rates v. 24.9.1998 über die Schaffung eines Netzes für die epidemiologische Überwachung und die Kontrolle übertragbarer Krankheiten in der Gemeinschaft, ABl. Nr. L 268 v. 3.10.1998, 1 ff. Diese Entscheidung ist mittlerweile durch Art. 20

für die epidemiologische Überwachung und Kontrolle übertragbarer Krankheiten in der Gemeinschaft eingerichtet.[72] Zum anderen wurde 2004 eine europäische Agentur als Koordinierungs- und Beratungsgremium gegründet, das European Center for Disease Prevention and Control (ECDC).[73] Das Health Security Committee, zunächst 2001 als informelles Gremium eingerichtet, ist durch die Entscheidung 1082/2013/EU hinzugekommen. Mittlerweile ist die zur Vorbereitung und Reaktion auf ernste Gesundheitsgefahren eingerichtete Health Emergency Preparedness and Response Authority (HERA) durch die Entscheidung der Kommission vom 16.9.2021 ebenfalls institutionalisiert, die aufgrund der durch Defizite der Vorbereitung gekennzeichnete Situation der Corona-Pandemie und des offenkundig großen Koordinierungsbedarfs als erforderlich erachtet worden ist. Ein wesentlicher Akzent liegt also auf der Wissensgenerierung und Verfügbarmachung von Daten, Standards und Wissen. Dazu dienen nicht zuletzt Plattformen wie Tessy, die sukzessive nunmehr durch eine neue Plattform, EpiPULSE, seit Juni 2021 ersetzt wird.[74]

Schon mit der Entscheidung 2119/98/EG war die Einrichtung eines Netzes auf Gemeinschaftsebene zur Förderung der Zusammenarbeit und Koordinierung zwischen den Mitgliedstaaten mit Unterstützung der Kommission vorgesehen,[75] um die Verhütung und Bekämpfung bestimmter im Anhang der Entscheidung aufgeführten übertragbaren Krankheiten in der Gemeinschaft zu verbessern. Dieses Netz diente (und dient) der epidemiologischen Surveillance sowie als Frühwarn- und Reaktionssystem für die Verhütung und Bekämpfung dieser Krankheiten. Nach Art. 6 Entschei-

des Beschlusses Nr. 1082/2013/EU des Europäischen Parlaments und des Rates v 22.10.2013 zu schwerwiegenden grenzüberschreitenden Gesundheitsgefahren und zur Aufhebung der Entscheidung Nr. 2119/98/EG ABl. L 293 v. 5.11.2013, 1 ff., abgelöst.

72 Zu dem Typus der Informationsnetze in der EU vgl. etwa *Heußner*, Informationssysteme im europäischen Verwaltungsverbund, 2007; *Trute* in Weingart/Wagner (Hrsg.), Wissenschaftliche Politikberatung im Praxistext, 2015, S. 115 (121 ff.).

73 Die Verordnung (EG) Nr. 851/2004 des Europäischen Parlaments und des Rates v. 21.4.2004 zur Errichtung eines Europäischen Zentrums für die Prävention und die Kontrolle von Krankheiten („ECDC“ für „European Centre for Disease Prevention and Control“), ABl. L 142 v. 10.4.2001; dazu auch und zum Hintergrund in der SARS-Krise *Schmidt am Busch*, Die Gesundheitssicherung im Mehrebenensystem, 2007, S. 72 ff.

74 https://www.ecdc.europa.eu/en/news-events/launch-epipulse-new-portal-strengthen-prevention-and-control-infectious-diseases.

75 Dazu auch *Schmidt am Busch*, Die Gesundheitssicherung im Mehrebenensystem, 2007, S. 73 f.; zu den nationalen Differenzen und ihrer Relevanz für die Datengrundlagen vgl. *Reintjes*, JHPPL 2012, 955 ff.

dung 1082/2013/EU wird dieses nunmehr von dem ECDC betrieben und koordiniert.[76] Der Sache nach ist die netzwerkartige Struktur erheblich ausgeweitet worden. Derzeit koordiniert die ECDC 17 (Sub-)Netze,[77] deren Aufgabe durch nach Sachbereich/Krankheit leicht unterschiedliche Akzente gekennzeichnet ist. In der Sache sind sie Netzwerke von Expertise-Organisationen in dem jeweiligen Feld. Ihre Aufgabe besteht regelmäßig darin, vergleichbare, repräsentative und genaue Daten zu sammeln, Entwicklungstrends der betreffenden Krankheiten zu analysieren, rechtzeitig Daten für politische Entscheidungen bereitzustellen, die Einrichtung von Surveillance-Programmen zu fördern und die Qualität nationaler Systeme zu verbessern.[78]

Um die Fähigkeit der Gemeinschaft und der Mitgliedstaaten zum Schutz der menschlichen Gesundheit durch die Verhütung und Bekämpfung menschlicher Krankheiten zu verbessern und die nötigen Koordinationsleistungen erbringen zu können, hat das 2004 gegründete Europäischen Zentrum für die Prävention und die Kontrolle von Krankheiten (ECDC),[79] eine europäische Agentur, die Aufgabe, aktuelle und neu auftretende Bedrohungen der menschlichen Gesundheit durch übertragbare Krankheiten zu ermitteln, zu bewerten und zu kommunizieren. Bei der Erfüllung seines Auftrags berücksichtigt das Zentrum die Zuständigkeiten der Mitgliedstaaten, der Kommission und anderer Gemeinschaftsagenturen sowie die Zuständigkeiten der im Bereich der öffentlichen Gesundheit tätigen internationalen Organisationen,[80] um die Vollständigkeit, Kohärenz und Komplementarität der Maßnahmen zu gewährleisten. Zu den Aufgaben des Zentrums gehören daher Surveillance, die Bereitstellung von wissenschaftlichem Fachwissen, die Information der zuständigen politischen Gremien, die Koordinierung von Überwachungs- und Exper-

76 Darüber hinaus wurde ein Frühwarn- und Reaktionssystem (Early Warning and Response System, EWRS) eingerichtet, mit dem Warnungen vor schwerwiegenden grenzüberschreitenden Gesundheitsgefahren rasch auf Unionsebene übermittelt werden können (Art. 8 Beschluss 1082/2013/EU).

77 https://www.ecdc.europa.eu/en/about-us/who-we-work/disease-and-laboratory-networks.

78 Am Beispiel des EARS-Net (European Antimicrobial Resistance Surveillance Network) vgl. https://www.ecdc.europa.eu/en/about-us/networks/disease-networks-and-laboratory-networks/ears-net-about.

79 Verordnung (EG) Nr. 851/2004 des Europäischen Parlaments und des Rates v. 21.4.2004 zur Errichtung eines Europäischen Zentrums für die Prävention und die Kontrolle von Krankheiten, ABl. L 142 v. 30.4.2004.

80 Zur Zusammenarbeit mit dem WHO-Regionalbüro vgl. *Brown*, Bundesgesundheitsblatt 2013, 47 ff.

tennetzwerken.[81] Die Mitgliedstaaten stellen dem Zentrum daher alle einschlägigen wissenschaftlichen und technischen Daten zur Verfügung, kommunizieren mit dem Zentrum und stellen Unterstützung für die Netze unter der Verantwortung des ECDC sicher.

4. Das Robert-Koch-Institut an der Schnittstelle von Wissenschaft und Politik

Ressortforschungseinrichtungen waren die traditionelle Antwort auf die Wissensprobleme von Politik und Verwaltung in bestimmten Feldern, die zugleich immer auch einen Service für bestimmte wirtschaftliche Bereiche und Standardisierungen übernommen haben.[82] Neuerdings ist, wie soeben gezeigt, vor allem die Ausbildung von europäischen und internationalen Wissensnetzwerken zu beobachten, in die die Einrichtungen und Institute eingebunden werden.[83] Gerade das Feld des Gesundheitsschutzes gegenüber neuen Erregern ist ein exzellentes Exempel für diese Institutionalisierung von Wissensnetzwerken, die verschiedene Aufgaben übernehmen, die Distribution von Informationen über neue Erreger, die Schaffung eines Austausches wissenschaftlicher Expertise, die Unterstützung von Ländern im Aufbau von Gesundheitssystemen, um nur einige zu nennen.

Spätestens mit dem Seuchenrechtsneuordnungsgesetz von 2000, dem Übergang vom eher traditionell orientierten Seuchenrecht zum epidemiologisch orientierten Infektionsschutzgesetz, ist das bereits 1881 als Königlich Preußisches Institut für Infektionskrankheiten gegründete und 1912 dann mit dem Namen Robert Koch verbundene Robert-Koch-Institut (RKI), das aus der Auflösungsmasse des Bundesgesundheitsamtes hervorgegangen ist,[84] zur erweiterten zentralen Beratungseinrichtung von Bund und Ländern an der Schnittstelle von Wissenschaft und Verwaltung ge-

---

81 Art. 4 Verordnung (EG) Nr. 851/2004. Das ECDC betreibt etwa das TESSy-Überwachungsnetz.

82 Dazu *Pfetsch*, Die Entwicklung der Wissenschaftspolitik in Deutschland 1870-1914, 1974, der in dieser Zeit eine erhebliche Steigerung der Mittel für zielorientierte Forschung nachweist, a. a. O., S. 107 f.; *Lundgreen/Horn/Krohn/Küppers/Paslack*, Staatliche Forschung 1870-1980, 1986; *Lenior*, Politik im Tempel der Wissenschaft, 1992, S. 108 ff.; *Stürzbeeker*, Geschichte des Bundesgesundheitsamtes, in: BGA (Hg.), 100 Jahre im Dienste der Gesundheit, 1983, S. 164 ff.

83 Vgl. dazu *Trute*, HStR IV § 88 Rn. 41 ff.; *ders.* Governance des Wissens, in Weingart/Wagner (Hrsg.), Wissenschaftliche Politikberatung im Praxistest, 2015, S. 119 ff.

84 In das BGA wurde das Institut 1952 eingegliedert und nach § 2 Abs. 1 des BGA-NachfG als Bundesinstitut für Infektionskrankheiten und nicht übertragbare

worden. Vorbild war das *Centre for Disease Control and Prevention* (CDC) in Atlanta/USA; heute erfolgt die Vernetzung des Instituts aufgabenbezogen mit den Netzwerken der WHO, des *European Center for Disease Control and Prevention* (ECDC) auf europäischer Ebene und entsprechenden Einrichtungen in Europa. Das RKI soll zentrale Ansprechstelle für staatliche Instanzen in Bund und Ländern, für die Institutionen des Gesundheitswesens, sowie Kooperationspartner wissenschaftlicher Einrichtungen sein[85] und damit zugleich der nationale Knotenpunkt eines Netzwerkes wissenschaftlicher Referenz- und Kompetenzzentren. Für diese koordinierten Netze typisch ist die Einbeziehung einer Reihe von Partnern öffentlicher und privater Natur aus sehr unterschiedlichen, jeweils relevanten Bereichen. Insoweit ist es ein Beispiel für eher netzwerkartige Strukturen der Wissensgenerierung.[86]

Das Gesetz zur Modernisierung der epidemiologischen Überwachung übertragbarer Krankheiten[87] hat noch einmal die (ohnehin schon vorhandene) europäische und internationale Einbettung der Aufgaben des Robert-Koch-Instituts (RKI) gestärkt und geklärt, nicht zuletzt aufgrund der zunehmenden Bedeutung infektions-epidemiologischer Fragen aufgrund des Aufkommens neuer und hochgefährlicher Erreger.[88] Der Notwendigkeit einer Institution für die Überwachung der Aus- und Verbreitung übertragbarer Krankheiten trägt die Einrichtung eines nach einheitlichen Kriterien funktionierenden Systems der fortlaufenden und zeitnahen Erfassung von Daten zum Infektionsgeschehen Rechnung. Diese sind dann Grundlage der kontinuierlichen Analyse des Infektionsgeschehens und der Entwicklung von rationalen Präventions- und Bekämpfungsstrategien. Sie bilden dann auch Grundlage der politischen, rechtlichen und administrativen Strategien zur Prävention und Bekämpfung von Pandemien. Diese Rolle, die in § 4 IfSchG ihren Niederschlag gefunden hat, ist von zentraler

---

Krankheiten als selbstständige Bundesbehörde im Geschäftsbereich des Bundesgesundheitsministeriums errichtet.

85 BT-Drucks. 14/2530, S. 38, zur Evaluation des RKI auch die beiden Berichte des Wissenschaftsrates vom 11. November 2005 (Drs. 6870-05) und Stellungnahme zum Robert Koch-Institut, in: Empfehlungen und Stellungnahmen 1997, Bd. I, Köln 1998, S. 309-346.

86 *Ladeur*, Die Kommunikationsinfrastruktur der Verwaltung, in: Hoffmann-Riem/ Schmidt-Aßmann/Voßkuhle (Hrsg.), Grundlagen des Verwaltungsrechts, § 21 Rn. 108.

87 Gesetz v. 17.7.2017, BGBl. I S. 2615.

88 BT-Drucks. 18/10938, S. 47 f.

Bedeutung im pandemischen Geschehen.[89] Durch das Gesetz zum Schutz der Bevölkerung bei einer epidemischen Lage von nationaler Tragweite[90] hat der Bund im Falle einer solchen Lage seine Kompetenzen deutlich ausgeweitet und trägt damit durchaus temporär der in der Literatur auch teilweise geforderten Zentralisierung von Kompetenzen[91] im Fall einer ernsten Epidemie Rechnung und betont die Rolle des RKI als nationale Behörde zur Vorbeugung und Bekämpfung übertragbarer Krankheiten (§ 4 Abs. 1 IfSchG). Ihm fällt die Aufgabe der Entwicklung und Durchführung epidemiologischer und laborgestützter Analyse sowie Forschung zu Ursache, Diagnostik und Prävention übertragbarer Krankheiten zu. Es wertet die Daten zu meldepflichtigen Krankheiten und meldepflichtigen Krankheitserregern infektionsepidemiologisch aus (§ 4 Abs. 2 Nr. 2, 3, 4 IfSchG), teilt dies mit relevanten Stellen und veröffentlicht die Ergebnisse.[92] Neben der eigenen Forschung in dem Feld, die Voraussetzung einer stets aktuellen Kompetenz ist, gehört die Sammlung der Daten über das Meldesystem und die Aufbereitung der Daten zum aktuellen Geschehen sowie die Auswertung der verfügbaren internationalen Evidenz, etwa zu den Maßnahmen und ihren Wirkungen, mit zu den Aufgaben des RKI, die von besonderer Bedeutung in der Pandemie sind, weil die politischen (und damit auch rechtlichen) Maßnahmen auf dem besten aktuell verfügbaren Wissen gegründet sein müssen. Insoweit soll eine stabile Wissensgrundlage für politische Entscheidungen geschaffen werden.

---

89 Freilich ist die Koordinationsfunktion normativ eher zurückhaltend wegen der Vollzugskompetenzen im deutschen Bundesstaat ausgeprägt. Das in der Allgemeinen Verwaltungsvorschrift über die Koordinierung des Infektionsschutzes in epidemisch bedeutsamen Fällen (IfSGKoordnierungsVwV) von 2013 geregelte Koordinationsverfahren spiegelt die Aufgabenverteilung. Ungeachtet des Einflusses des RKI schon aufgrund von Größe und wissenschaftlicher Kompetenz ist an vielen Stellen eine eher zurückhaltende Ausformung zu erkennen. Dazu BR Drucks 685/13. Zu den Zweifeln an der Effektivität auch *Klafki*, Risiko und Recht, 2017, S. 318 ff.

90 Gesetz v. 27. März 2020 BGBl. I S. 587.

91 *Klafki*, Risiko und Recht, 2017, S. 318 ff. m.w.N.

92 Die nach der vorherigen Rechtslage in § 4 Abs. 1 S. 1 IfSchG vorgesehene Aufgabe Konzeptionen zur Vorbeugung und Verhinderung der Weiterverbreitung zu entwickeln, ist in der Neufassung von S. 1 nicht mehr explizit enthalten, dürfte aber weiterhin zur Aufgabe der Vorbeugung und Verhinderung der Weiterverbreitung gehören. Betont werden sollte nur die Stellung als die nationale Stelle in diesem Feld; vgl. BT-Drs. 19/18111, S. 19 zu Nr. 3 lit. a.

5. Anknüpfung an die Wissensaufbereitung des RKI

Von daher ist es auch folgerichtig, dass die Rechtsprechung in vielen Entscheidungen in Sachen SARS-CoV-2 an die Risikoeinschätzungen des RKI anknüpft.[93] Mit der in § 4 Abs. 1 S. 1 IfSchG getroffenen Feststellung, dass das RKI *die* nationale Behörde zur Vorbeugung und Verhinderung der Weiterverbreitung von Infektionen ist, bringt der Gesetzgeber zum Ausdruck, dass den Einschätzungen des Robert-Koch-Instituts im Bereich des Infektionsschutzes besonderes Gewicht zukommt.[94] Dabei ist deren Einbettung in ein Netzwerk vergleichbarer Einrichtungen gebunden, national und international, die zum Stand des Wissens und der Einschätzungen desselben beitragen. Dieses Netzwerk ist zwar nicht so verdichtet, wie es etwa bei anderen europäischen Netzen der Fall ist,[95] aber der europäische und internationale Austausch trägt doch dazu bei, die Wissensbasis zu konsolidieren.

Diese Funktion der Aufbereitung des Wissensstandes und der Einschätzung der Risikosituation kann auch nicht in gerichtlichen Verfahren, zumal nicht im einstweiligen Rechtsschutz durch den Rückgriff auf den wissenschaftlichen Diskurs ersetzt werden. Dessen Volatilität führt dazu, dass im Grunde Momentaufnahmen erzeugt werden. Dies wäre ähnlich, wenn man einzelne Studien herauspicken wollte, die man einer alternativen rechtlichen Maßstabsbildung zu Grunde legen möchte. Man müsste dann im Grunde diese Studien vor dem Hintergrund der gesamten Studien zu einem bestimmten Thema bewerten, ein diffiziles Unterfangen. Ist das generierte Wissen mit einem zeitlichen und kognitiven Index versehen, dann ist es nicht sinnvoll, dass das aufgrund von einer Metabeobachtung und Einschätzung der Situation gewonnene Wissen nachträglich wiederum in eine Vielzahl von Einzelbeobachtungen aufgelöst werden. Das zu vermeiden ist der Sinn der Institutionalisierung von Wissensinfrastrukturen. Rechtlich müsste das dann so abgebildet werden, dass, jedenfalls solange keine grundlegende Infragestellung der Ergebnisse dieser Einschätzungen erfolgt, die Verwaltung (und Politik) diese Einschätzungen zugrunde legen kann. Dies ist auch aus anderen Bereichen des Risikorechts vertraut.

---

93 Vgl. dazu die Analyse bei *Trute*, Ungewissheit in der Pandemie als Herausforderung, GSZ 2020, 93 (97).

94 Vgl. insoweit auch BVerfG, Beschluss v. 19.11.2021 – 1 BvR 781/21 u.a. – Rn. 178, 191.

95 Vgl. zum Beispiel von EFSA, der europäischen Lebensmittelagentur *Trute*, Democratizing Science: Expertise and Participation in Administrative Decision-Making, in: Nowotny et al., The Public Nature of Science under Assault, 2005, S. 87 ff.

IV. Volatiles Wissen – volatiles Recht?

Die Volatilität des Wissens in einer pandemischen Situation muss sich dem Recht und seiner Kontrolle mitteilen. Das Recht wird gleichsam auf allen Ebenen mit einer gewissen Vorläufigkeit verbunden. Das geschieht schon auf der Ebene des IfSchG. Die besonderen Kompetenzen des Bundes, wie sie in §§ 5, 5a IfSchG vorgesehen sind, sind an das Vorliegen einer vom Bundestag gem. § 5 Abs. 1 festzustellenden epidemischen Notlage von nationaler Bedeutung geknüpft und diese wiederum setzt voraus, dass entsprechende Einschätzungen über deren Beginn und ihr Ende vorliegen. Zudem wird von vornherein ein Bericht zu den Erkenntnissen der Epidemie gefordert (§ 4 Abs. 1a IfSchG). Die Temporalisierung setzt sich fort auf der Ebene der Maßnahmen. Die Corona-Eindämmungsverordnungen sind zum Teil nach Maßnahmen zeitlich (oftmals sehr kurz) befristet. Dieser sonst eher weniger genutzte Mechanismus führt zu einem permanenten Evaluierungsprozess, der auch durch die Rechtsprechung befördert wird, in dem sie Monitoring und Beobachtung der Maßnahmen anregt. Abgesehen von der Veränderung der pandemischen Situation im Zeitverlauf ist im Ausgangspunkt jedenfalls davon auszugehen, dass mit zunehmender Kenntnis und wissenschaftlicher Untersuchung die Genauigkeit der Modellierungen und Risikoeinschätzungen sich verändert. Mit zunehmendem Wissen kann auch die Einschätzung der Maßnahmen und dann auch die Abwägung der konkurrierenden Rechtsgüter präziser werden.[96] Die vom Bundesverfassungsgericht immer wieder eingeforderte Beobachtungs- und Evaluierungsmöglichkeit in grundrechtlichen Kontexten[97] hat im vorliegenden Kontext eine durch das institutionelle Gefüge der Wissensinfrastruktur ermöglichte strukturierte Form, die noch durch die Vollzugskompetenzen der Länder mit ggf. unterschiedlichen Strategien mit Vergleichsmöglichkeiten zumindest im Hinblick auf die Wirksamkeit der Maßnahmen verbunden ist.

96 OVG Mecklenburg-Vorpommern, Beschluss v. 09. April 2020 – 2 KM 293/20 OVG –, juris Rn. 36; HessVGH, Beschluss v. 07. April 2020 – 8 B 892/20.N –, juris Rn. 50 ff.; ThürOVG, Beschluss v. 09. April 2020 – 3 EN 238/20 –, juris Rn. 69.

97 Vgl. nur BVerfGE 150, 1 (110); 143, 216 (240 ff.).

V. Der Streit um die Maßnahmen: Konzept vs. Rosinenpicken

Der Streit um die adäquaten Maßnahmen und deren Dauer muss vor dem Hintergrund der oben beschriebenen Ungewissheit gesehen und bewertet werden. Gerade hier sind vorgebliche Sicherheiten in ihren Auswirkungen durchaus mit erheblichen Folgewirkungen verbunden oder können dies doch sein.

1. Auch hier: Ungewissheit

Dabei ist nicht zu übersehen, dass auch hier das Wissen, selbst nach zwei pandemischen Jahren, immer noch begrenzt ist. Das begleitet die Pandemieforschung schon seit langem[98] und dies ungeachtet der Tatsache, dass man durch Vergleichsstudien sicherlich eine deutlich bessere Wissensgrundlage schaffen kann. Freilich hängen die Maßnahmen in ihrer Wirksamkeit von so vielen demographischen und sozio-kulturellen Faktoren ab, dass die Aussagen doch in ihrer Validität oftmals begrenzt bleiben. Ganz allgemein wird man allerdings sagen können, dass die Verringerung von Sozialkontakten, also all das, was mit Social Distancing gemeint ist, aber auch weitere Maßnahmen der Verhinderung von Kontakten zwischen Infektiösen und möglichen Empfängern zur Verringerung der Infektionen durch Verhinderungen von Übertragungen führt und damit ein entscheidendes Mittel des Umgangs mit einer Pandemie darstellt.[99] Die vorliegenden Untersuchungen beziehen sich oftmals allgemein auf Influenza, dürften aber durchaus auch für diese Pandemie Bedeutung haben.[100]

---

98 WHO, Non-pharmaceutical public health measures for mitigating the risk and impact of epidemic and pandemic influenza; 2019: "The evidence base on the effectiveness of NPIs in community settings is limited, and the overall quality of evidence was very low for most interventions". in Ansätzen auch ECDC Technical Report, Guidelines for the use of non-pharmaceutical measures to delay and mitigate the impact of 2019-nCoV, 2/2020;Davies et al., "The effect of non-pharmaceutical interventions on COVID-19 cases, deaths and demand for hospital services in the UK: a modelling study, medRxiv preprint doi: https://doi.org/10.1101/2020.04.01.20049908: Dazu bereits *Trute*, How to deal with pandemics, in: Eger/Oeter/Voigt (Hrsg), International Law and the Rule of Law under Extreme Conditions, 2017, S. 115 (137 ff.).

99 Vgl. insoweit auch BVerfG, Beschluss v. 19.11.2021 – 1 BvR 781/21 u.a. – Rn. 213 f.

100 European Centre for Disease Prevention and Control (ECDC), Guidelines for the use of non-pharmaceutical measures to delay and mitigate the impact of

Kontaktreduzierungen und Beschränkungen der Mobilität tragen, darüber dürfte wenig Zweifel bestehen, zur Verhinderung der Verbreitung des Virus bei.[101] Beide sollen in der Gesamtheit der Maßnahmen, die ergriffen werden, entweder die Zahl der Neuinfektionen unter einem bestimmten Level halten oder aber ein Aushungern des Virus bewirken, jedenfalls aber die Neuinfektionen so verlangsamen, so steuern, dass keine Überlastung des Gesundheitssystems entsteht. Dies ist letztlich nichts anderes als eine Aussage, die schon aufgrund von epidemiologischen Gesetzen der Ausbreitung getroffen werden kann.[102] Allerdings können die vielen möglichen Maßnahmen ganz unterschiedlich zu dem angestrebten Ziel beitragen. Beginnt die Infektiosität erst zeitlich mit dem Auftreten von Symptomen der Erkrankung, sind möglicherweise die Maßnahmen der normalen Fallidentifikation, Isolierung und Nachverfolgung ausreichend, also individualisierte Maßnahmen gegenüber den Risikoverursachern. Anders ist dies bei einer hohen Anzahl von prä- oder gar asymptomatischen Infektionen, wie bei COVID-19, bei der das klassische Instrumentarium keinen Erfolg verspricht, jedenfalls dann nicht, wenn die Infektiosität hoch ist. Die Gefährlichkeit des Virus mag sehr unterschiedlich sein und deshalb auch sehr unterschiedliche Maßnahmen zur Folge haben. Alles dies steht zudem unter den Bedingungen der zeitlichen und kognitiven Begrenzung des Wissens. Schon diese Überlegungen zeigen an, dass man es nicht mit einfachen Kausalbeziehungen, sondern oftmals mit deutlich komplexeren Ausbreitungsmustern zu tun hat.[103] Von daher liegt es auch auf der Hand,

---

2019-nCoV; 2020. S. 2f.: "However, it is plausible that measures effective against influenza would also work against 2019-nCoV.The primary objective of non-pharmaceutical countermeasures is to reduce the impact of an outbreak by reducing the number of contacts that result in disease transmission. Depending on the extent to which they are implemented, non-pharmaceutical countermeasures can delay the time to epidemic peak and reduce the overall number of cases the number of cases at epidemic peak, and the total number of severe cases and deaths." vgl. auch WHO, Non-pharmaceutical public health measures for mitigating the risk and impact of epidemic and pandemic influenza, 2019, S. 4: "The most effective strategy to mitigate the impact of a pandemic is to reduce contacts between infected and uninfected persons, thereby reducing the spread of infection, the peak demand for hospital beds, and the total number of infections, hospitalizations and deaths."

101 *Diaz-Quijano et al.* Translating transmissibility measures into recommendations for policymakers, RevSaúde Pública 2020; 54:43.

102 Allgemein dazu die Einführung von *Kucharski*, The Rules of Contagion, Why Things Spread – and Why They Stop, 2020.

103 Dazu *Dehning et. al.*, Inferring change points in the spread of COVID-19 reveals the effectiveness of interventions, Science 10.1126science.abb9789 (2020); *Boots-*

dass man nur schwer sehr genaue Aussagen über den exakten Beitrag einzelner Maßnahmen zum gesamten Infektionsgeschehen treffen kann, die gleichsam ein punktgenaues Managements des Infektionsgeschehens durch Einschränkungsmaßnahmen ermöglichen würde.[104] Die durchgängig zu beobachtende Vorlage von Gutachten einzelner Sozialbereiche, wonach diese vergleichsweise wenig oder gar nicht zu einer pandemischen Entwicklung beitragen, unterschätzt einerseits die erhebliche Bedeutung auch kleinerer Beiträge bei gleichzeitiger Möglichkeit eines exponentiellen Wachstums undandererseits das hohe Maß an Ungewissheit über die Wirksamkeit einzelner Maßnahmen und ihr Zusammenwirken, was diese Argumentation als Form zwar eines naheliegenden, aber wenig tragfähigen Rosinenpickens erweist.

2. *Konzeptkontrolle in der Ungewissheit*

Dies wirft zugleich Licht auf die Kontrolle der Entscheidungen über den Verhältnismäßigkeitsgrundsatz. Er erscheint auch in der öffentlichen Diskussion als Allheilmittel der Begrenzung staatlicher Maßnahmen. Aber die Geeignetheit und Erforderlichkeit setzen hinreichende empirische Evidenz über die Förderung der Ziele und das Fehlen von gleich geeigneten Maßnahmen voraus. Gerade daran fehlt es jedoch auf der Ebene der einzelnen Maßnahmen, wie oben dargelegt. Das Dilemma von Handlungsnotwendigkeit bei gleichzeitig vorläufiger und eher schmaler Wissensbasis liegt auf der Hand. Der kaum problematisierte Rekurs auf den Verhältnismäßigkeitsgrundsatz, der pragmatisch mit einer Einschätzungsprärogative des Gesetz- und Verordnungsgebers versehen wird, überdeckt die Grundsatzproblematik, dass die Verhältnismäßigkeit angesichts der Beschränktheit der Wissensbasis nicht oder nur schwer operationalisiert werden kann. Dies jedenfalls dann, wenn man das auf die je einzelnen Maßnahmen herunterbrechen will. Akzeptabel mag dies dann sein, und dafür sprechen derzeit wesentliche Erkenntnisse, wenn man das Gesamt der Maßnahmen beurteilt, denn es ist kaum abweisbar und durch viele Modellierungen bestätigt, dass diese einen ganz wesentlichen Beitrag zur Reduzierung der Infektionszahlen leisten oder geleistet haben. Das ließe sich auch

---

ma/Ferguson, The effect of public health measures on the 1918 influenza pandemic in U.S. cities, PNAS 104/18 (2007), 7588 ff.

104 Vgl. insoweit auch BVerfG, Beschluss v. 19.11.2021 – 1 BvR 781/21 u.a. – Rn. 212; einen Überblick über die frühe Rechtsprechung findet sich bei *Trute*, Ungewissheit in der Pandemie als Herausforderung, GSZ 2020, 93 (99).

noch klassisch über den Verhältnismäßigkeitsgrundsatz abbilden. In der Sache aber trägt das nicht weit. Der entscheidende Punkt dürfte sein, dass hier nicht individuelle Beiträge und einzelne Maßnahmen miteinander abgeglichen werden (können), sondern dass es um die Steuerung von durchaus komplexen Lagen geht, die nur auf einer übergreifenden Ebene adressiert werden können und die auch nur mit einem darauf bezogenen Konzept bekämpft werden können, in dem die Einzelmaßnahmen je einen Teil der Reduktion des Infektionsgeschehens übernehmen, ohne dass dieser jeweils genau beziffert werden könnte. Vielmehr geht es darum, die Lage für alle dadurch akzeptabel zu gestalten, dass die Zahl der Kontakte als Quelle möglicher Infektionen reduziert wird. Da dieses nicht individuell über den Verhältnismäßigkeitsgrundsatz gesteuert werden kann, muss an dessen Stelle ein Gesamtkonzept verlangt werden, das jeweils geeignet ist, das Ziel der Reduktion zu erreichen. Hieran ließe sich dann auch die gerichtliche Kontrolle orientieren und Ansätze in der Rechtsprechung durch den Rekurs auf Art. 3 Abs. 1 GG gibt es durchaus.[105] Aber ob dies durch die Schließung von Einzelhandelsgeschäften und/oder Shoppingmalls, wegen deren Größe oder schlicht wegen des ansonsten induzierten Verkehrs und der damit verbundenen Kontaktsteigerungen, durch Schul- und Kitaschließungen, Schließung von Spielplätzen oder durch Maßnahmen der Kontaktreduzierung erreicht werden kann und in welchem Umfang welche Faktoren daran jeweils beteiligt sind, das alles kann man auch im Vergleich einer größeren Zahl von Staaten nicht mit hinreichender Sicherheit sagen.[106] Ebenso ist das Herauspicken einzelner Studien ein wenig sinnvolles Vorgehen.[107] Letztlich folgen die Maßnahmen insgesamt der Logik, dass die Kontaktreduktion der effektivste Weg der Unterbrechung von Übertragungsketten ist.[108] Ein darauf abgestimmter Kontrollansatz würde dann, wie bei der Kontrolle von Abwägungsentscheidungen,

---

105 OVG Lüneburg, Beschluss v. 30. April 2020 – 13 MN 131/20 –, juris Rn. 26 ff.; OVG Lüneburg, Beschluss v. 29. April 2020 – 13 MN 120/20n – juris Rn. 46 ff.; OVG NRW, Beschluss v. 29. April 2020 – 13 B 512/20.NE –, juris Rn. 74 ff.; OVG Saarland, Beschluss v. 27. April 2020 – 2 B 141/20 –, juris Rn. 34 ff.

106 *Flaxman/ Mishra/ Gandy et al.*, Estimating the number of infections and the impact of non- pharmaceutical interventions on COVID-19 in 11 European countries. Imperial College London (30-03-2020) doi: https://doi.org/10.25561/77731.

107 So aber VerfGH Saarland, Beschluss v. 28. April 2020 LV 7/20 – juris 36.

108 In der Sache auch BVerfG, Beschluss vom 09. April 2020 – 1 BvQ 29/20 –, juris Rn. 89; BVerfG, Beschluss v. 10. April 2020 – 1 BvQ 28/20 –, juris Rn. 14; OVG Schleswig-Holstein, Beschluss v. 09. April 2020 – 3 MR 4/20 –, juris Rn. 18f.; VG Greifswald, Beschluss v. 8. April 2020 – 4 B 339/20 HGW –, juris Rn. 33;

eher danach fragen, ob in dem Konzept nach Maßgabe der Ziele und der vorhandenen Situation alle betroffenen Belange mit der ihnen zukommenden normativen Bedeutung und faktischen Betroffenheit hinreichend berücksichtigt worden sind. Das Bundesverfassungsgericht versucht dieser Problematik durch hinreichende Einschätzungsspielräume des Gesetzgebers Rechnung zu tragen. Der schwer zu leugnenden Tatsache, dass die Sozialbereiche in deutlich unterschiedlicher Weise belastet worden sind und dies ja auch mit erheblichen Akzeptanzproblemen verbunden gewesen ist, hat es dadurch Rechnung tragen wollen, dass im Prüfrahmen des Verhältnismäßigkeitsgrundsatzes der Erforderlichkeit nur hätte Rechnung getragen werden können, wenn dadurch Dritte belastet worden wären. Insofern könne es sich nicht um ein milderes Mittel handeln.[109] Diese Argumentation zeigt freilich sehr deutlich, dass die Maßnahmen in ihrem Ziel eine hohe Interdependenz aufweisen, bei gleichzeitiger Ungewissheit darüber, wie ihr Beitrag im Einzelnen ist. Ein Kontrollkonzept kann dies nur zureichend berücksichtigen, wenn es diese Interdependenz aufnimmt. Die oben vorgeschlagene Konzeptkontrolle leistet eben genau dieses: zu prüfen, ob – Angemessenheit des Gesamtkonzepts unterstellt – die einzelnen Beiträge dazu mit der ihnen zukommenden normativen Bedeutung und faktischen Betroffenheit hinreichend berücksichtigt worden sind. Dass dies gleichwohl mit Einschätzungsspielräumen verbunden ist und sein muss, liegt auf der Hand, lässt aber nicht zu, dass einzelne Sozialbereiche, Gruppen und Einrichtungen einen Beitrag leisten müssen, der erkennbar außerhalb ihrer Bedeutung für das Gesamtgeschehen liegt. Jedenfalls ist das dann rechtfertigungsbedürftig.

Die Einrichtung von Wissensinfrastrukturen, die Daten sammeln, aufbereiten, verteilen, die dafür erforderlichen Standards und Konventionen setzen, Wissen generieren und ebenfalls verteilen, ist ein wichtiges Element zum Umgang mit Ungewissheit und zur Begrenzung der damit verbundenen Risiken. So gesehen sind sie Institutionen, die Unsicherheit absorbieren sollen. Ob dies gelingt hängt nicht zuletzt davon ab, ob es gelingt, das Vertrauen anderer Entscheidungsträger zu gewinnen und zu sichern. Wie schnell dieses verspielt werden kann, zeigt sich in bestimmten Facetten des Handelns der WHO gegenüber China. Der Verdacht der politischen Einflussnahme reicht aus, die Expertiserolle zu gefährden. Ohnehin entscheiden die potentiellen Abnehmer des Wissens nach Maß-

ThürOVG, Beschluss v. 09. April 2020 – 3 EN 238/20 –, juris Rn. 57 f.; VG Bayreuth, Beschluss v. 11. März 2020 – B 7 S 20.223 –, juris Rn. 52.

109 BVerfG, Beschluss v. 19.11.2021 – 1 BvR 781/21 u.a. – Rn. 212.

gabe ihrer eigenen Interessenlage, ob die Angebote an Wissen für sie sinnvoll sind und ob sie diese annehmen wollen. Jedenfalls sind die Wissensinfrastrukturen bei komplexen Problemen enorm voraussetzungsvoll. Ihre Institutionalisierung nimmt erhebliche Zeiträume in Anspruch und sie unterliegen einer kontinuierlichen Anpassung. Auch wenn sie sich in manchen Aspekten von klassischen Infrastrukturen unterscheiden, so haben sie doch eine wichtige Funktion gemeinsam: Sie sind wichtige Vorleistungen für andere Einrichtungen. Darin sind sie schwer zu ersetzen.

Literaturverzeichnis

Adam, Modelling the Pandemic, Nature 580 (2020), 316 ff.

Anderson et al., How will country-based mitigation measures influence the COVID-19 epidemic? The Lancet 395 (2020), 933 f.

Anema et al., Descriptive review and evaluation of the functioning of International Health Regulation (IHR), Annex 2, Globalization and Health 2012, 1 ff.

Barlösius, Infrastrukturen als soziale Ordnungsdienste. Ein Beitrag zur Gesellschaftsdiagnose, 2019.

Berendt, The International Health Regulations and the Executive Authority of The World Health Organization during Public Health Emergencies of International Concern, 2009, S. 11-29.

Bolliky/Huang, The Multilateral Health System Failed to Stop the Coronavirus, Foreign Policy 2020 (https://foreignpolicy.com/2020/03/10/the-multilateral-health-system-failed-to-stop-the-coronavirus/).

Bootsma/Ferguson, The effect of public health measures on the 1918 influenza pandemic in U.S. cities, PNAS 104/18 (2007), 7588 ff.

Borgmann/Edwards/Jackson, Knowledge Infrastructures; Intellectual Frameworks and Research Challenges, https://escholarship.org/uc/item/2mt6j2mh;

Borgman/Darch/Sands/Wallis/Traweek, The Ups and Downs of Knowledge Infrastructures in Science: Implications for Data Management, https://escholarship.org/uc/item/3qm659zr.

Borgman & Bourne (2021). Why it takes a village to manage and share data. Harvard Data Science Review (under Review).

Briand/Mounts/Chamberland, Challenges of global surveillance during an influenza pandemic, PUHE 2011, 247 ff.

Brockmann, Dynamik und Ausbreitung von Infektionserkrankungen in einer globalisierten vernetzten Welt, in: Augustin (Hrsg.), Geografie der Gesundheit, 2016, S. 251.

Brockmann, Global Connectivity and the Spread of Infectious Diseases, Nova Acta Leopoldina NF Nr. 419 (2017), 129 ff.

Brown, The role of the WHO Regional Office for Europe in response to seasonal, avian, and pandemic influenza, Bundesgesundheitsblatt 2013, 47 ff.

Casalino et al., AI-driven multiscale simulations illuminate mechanisms of SARS-CoV-2 spike dynamics, International Journal of High Computing Applications 2021 35 (2), S. 432 ff.

Condon/Sinha, Chronicle of a Pandemic Foretold: Lessons from the 2009 Influenza Epidemic, http://ssrn.com/abstract=1398445 2009.

Crassly/Fraser, Mathematical models of infectious disease transmission, Nature Microbiology 2008, 477f.

Cueni, Pandemievorsorge, FAZ Nr. 57 v. 9.3.2022 S. N 2.

Davies et al., The effect of non-pharmaceutical interventions on COVID-19 cases, deaths and demand for hospital services in the UK: a modelling study, medRxiv preprint doi: https://doi.org/10.1101/2020.04.01.20049908.

Dehning et. al., Inferring change points in the spread of COVID-19 reveals the effectiveness of interventions, Science 10.1126science.abb9789 (2020).

Diaz-Quijano et al. Translating transmissibility measures into recommendations for policymakers, RevSaúde Pública 2020; 54:43.

Edwards, A Vast Machine: Computer Models, Climate Data, and the Politics of Global Warming, 2010.

*Enserink/Kupferschmid*t, With COVID-19, modeling takes on life and death importance, Science 367/6485 (2020), 1415.

European Centre for Disease Prevention and Control (ECDC), Guidelines for the use of non-pharmaceutical measures to delay and mitigate the impact of 2019-nCoV; 2020.

Fan/Jamison/Summers, Bull World Health Organ 2018, S. 129 ff.

Faranda et al., Asymptomatic estimates of SARS-CoV-2 infection counts and their sensitivity to stochastic perturbation, Chaos 30, 051107 (2020); https://doi.org/10.1063/5.0008834.

Farrar/Ahuja, Spike. The Virus vs the People, 2021.

Flaxman/Mishra/Gandy et al., Estimating the number of infections and the impact of non- pharmaceutical interventions on COVID-19 in 11 European countries. Imperial College London (30-03-2020) doi: https://doi.org/10.25561/77731.

Fretheim/Brurberg/Forland, Rapid Reviews for rapid decision-making during the corona disease (COVIS-19) Pandemic, EuroSurveill 2020: 25 (19): pii=2000687, S. 1.

Haustein et al., Should this event be notified to the World Health Organization? Reliability of the International Health Regulations notification assessment process, Bull World Health Organ 2011, S. 296 ff.

Heußner, Informationssysteme im europäischen Verwaltungsverbund, 2007.

Kennedy/Nisbett, The Ebola epidemic: a transformative moment for global health, Bull World Health Organ 2015, 2.

Klafki, Risiko und Recht. Risiken und Katastrophen im Spannungsfeld von Effektivität, demokratischer Legitimation und rechtsstaatlichen Grundsätzen am Beispiel von Pandemien, 2017.

Krishnamurthy, Political Solidarity, Justice and Public Health, Public Health Ethics 6 (2013), 129-141.

Krishnamurthy/Herder, Justice in Global Pandemic Influenza Preparedness: An Analysis Based on the Values of Contribution, Ownership, and Reciprocity, Public Health Ethics 6.3 (2013): 272-286.

Kucharski, Rules of Contagion. Why Things Spread – and Why They Stop, 2020.

Ladeur, Die Kommunikationsinfrastruktur der Verwaltung, in: Hoffmann-Riem/Schmidt-Aßmann/Voßkuhle (Hrsg.) Grundlagen des Verwaltungsrechts, § 21.

Lee, The World Health Organization, 2009.

Lenior, Politik im Tempel der Wissenschaft, 1992.

Lipsitch et al. Defining the Epidemiology of Covid-19 -Studies Needed, N Engl J Med 2020; 382: 1194 ff.

Littler/Boon/Carson/Depoortere/Methewson/Mietchen/Moorthy/O'Connor/Roth/Segovia, Progress in promoting data sharing in public health emergencies, Bull World Health Organ 2017, 243.

Liverani/Coker, Protecting Europe from Diseases: From the International Sanitary Conferences to the ECDC, JHPPL 2012, 915 ff.

Lorthe/Pollak/Lassmann/Brownstein/Cohn/Divi/Herrera-Guibert/Olsen/Smolinski/Madoff, Evaluation of the EpiCore outbreak verification system, Bull World Health Organ 2018, 327 ff.

Lundgreen/Horn/Krohn/Küppers/Paslack, Staatliche Forschung 1870-1980, 1986.

Maier et al., Abschätzung der Infektionswelle durch die SARS-CoV-2 VOC Omikron, https://www.rki.de/DE/Content/InfAZ/N/Neuartiges_Coronavirus/Modellierung_Omikronwelle_Bericht.pdf;jsessionid=961CFAA9D446399D89A134382B5EB79F.internet112?__blob=publicationFile.

Marks-Suktan/Tsai/Anderson/Kastler/Sprumont/Burris, National public health law: a role for WHO in capacity-building and promoting transparency, Bull World Health Organ 2016, 534 ff.

Mikolajczyk et al., Influenza. Einsichten aus mathematischer Modellierung, Dtsch Ärzteblatt Int. 106(47): 777 ff.

Morens et al., The Persistent legacy of the 1918 Influenza Virus, N Engl J Med. 361 (2009), 225 ff.

Morens et al., The 1918 influenza pandemic: Lessons für 2009 and the future, Crit Care Med (38) 2010: doi: 10.1097/CCM.0b013e3181ceb25b

Nuttall, International Health Regulations (2005): taking stock, Bull World Health Organ. 92 (2014), 310.

Packer, A survey of International Health Regulations National Focal Points experiences in carrying out their functions, Globalization and Health, 2021, 17 ff.

Pfetsch, Die Entwicklung der Wissenschaftspolitik in Deutschland 1870-1914, 1974.

Reintjes, Variation Matters: Epidemiological Surveillance in Europe, JHPPL 2012, 955 ff.

Review Committee of the Functioning of the International Health Regulations (2005) during the COVIS-19 response v. 23.04.2021 A 74/9.

Robert-Koch-Institut, Nationaler Pandemieplan I, 2017.

Saunders-Hastings/Krewski, Reviewing the History of Pandemic Influenza: Understanding Patterns of Emergence and Transmission, Pathogens 5 (2016), 66; doi: 10.3390/pathogens5040066.

Schmidt am Busch, Die Gesundheitssicherung im Mehrebenensystem, 2007.

Schweiger/Buda, Erkennung von Influenzaausbrüchen und Rolle der virologischen Diagnostik, Bundesgesundheitsblatt 2013, 28 ff.

Stürzbeeker, Geschichte des Bundesgesundheitsamtes, in: BGA (Hrsg.), 100 Jahre im Dienste der Gesundheit, 1983, S. 164 ff.

Suthar/Allen/Cifuentes/Dye/Nagata, Lessons learnt from implementation of the International Health Regulations: a systematic review, Bull World Health Organ 2018, 110 ff.

Traulsen/Gokhale/Shah/Uecker, The Covid-19-Pandemic: Insights from Basic Mathematical Model, Nova Acta Leopoldina, 2022.

Trute, Katastrophenschutzrecht – Besichtigung eines verdrängten Rechtsgebiets, KritV 2005, 342.

Trute, Democratizing Science: Expertise and Participation in Administrative Decision-Making, in: Nowotny et al., The Public Nature of Science under Assault, 2005, S. 87 ff.

Trute, Staatsrechtslehre als Sozialwissenschaft?, in: Schulze-Fielitz (Hrsg.), Staatsrechtslehre als Wissenschaft, DV 2007 Beiheft 7, S. 115 ff.

Trute, Wissenschaft und Technik, in: Isensee/Kirchhoff (Hrsg.), HStR IV, 3. Aufl. 2006, § 88.

Trute, Governance des Wissens, in: Weingart/Wagner (Hrsg.), Wissenschaftliche Politikberatung im Praxistest, 2015, S. 119 ff.

Trute, How to Deal with Pandemics, in: Eger/Oeter/Vogt (Hrsg.), International Law and the Rule of Law under Extreme Conditions. An Economic Perspective, 2017, S. 115.

Trute, Ungewissheit in der Pandemie als Herausforderung, GSZ 2020, 93.

van Laak, Alles im Fluss. Die Lebensadern unserer Gesellschaft, 2018.

Weingart, Die Stunde der Wahrheit? Zum Verhältnis der Wissenschaft zu Politik, Wirtschaft und Medien in der Wissensgesellschaft, 2001.

WHO, Pandemic Influenza Preparedness Framework for the sharing of influenza viruses and access to vaccines and other benefits (WHA 65.4), 2011.

WHO, Non-pharmaceutical public health measures for mitigating the risk and impact of epidemic and pandemic influenza, 2019.

WHO, Pandemic influenza preparedness Framework for the sharing of influenza viruses and access to vaccines and other benefits (PIP), 2nd ed, 2021; https://www.who.int/initiatives/pandemic-influenza-preparedness-framework/governance.

Williams/Fitzner/Merianos/Mounts, The challenges of global case reporting during pandemic A(H1N1) 2009, Bull World Health Organ 2014, 60 ff.

Zhang et al., Changes in contact patterns shape the dynamics of COVID-19 outbreak in China, Science 10.1126/science.abb8001 (2020).

IV.
Verdichtungsprozesse normativen Wissens

Kanonisches Recht im Spannungsfeld von Theologie und Rechtswissenschaft

Burkhard Josef Berkmann

1 Wissen im Bereich des religiösen Rechts

1.1 Unterschiedlicher Stellenwert des Rechts in den Religionen

Bei der Untersuchung des Zusammenhangs von Wissen und Recht lohnt es sich, auch religiöses Recht, also das interne Recht von Religionsgemeinschaften einzubeziehen, denn der Begriff des Rechts darf nicht auf staatliches Recht verengt werden.[1] Dabei ist die Frage von besonderem Interesse, wie im Bereich des religiösen Rechts Wissen generiert wird, d.h. wie erkannt wird, was Recht ist. Sind die Methoden einfach dieselben wie im Bereich des weltlichen Rechts oder spielt die Tatsache eine Rolle, dass es sich eben um religiöses Recht handelt, so dass gleichermaßen theologische Erkenntnisweisen einfließen?

Ein Vergleich zwischen dem internen Recht verschiedener Religionen zeigt widersprüchliche Rechtsverständnisse und damit auch divergierende Auffassungen über den Stellenwert des Rechts innerhalb der betreffenden Religionsgemeinschaft. Im Judentum und im sunnitischen Islam wird das Recht größtenteils positiv gesehen. Demgegenüber betrachteten die klassischen Daoisten und die frühen Konfuzianisten geschriebenes Recht als eine Verletzung der sozialen Ordnung.[2]

Dem Christentum ist von Anfang an ein ambivalentes Verhältnis zum Gesetz eigen. Der Apostel Paulus stellte dem Gesetz die Gnade gegenüber, schuf aber zugleich erste rechtliche Ordnungen für seine Gemeinden. Thomas von Aquin, einer der wirkmächtigsten Theologen des Mittelal-

1 Vgl. Schuppert, When governance meets religion, 95; Seinecke, Das Recht des Rechtspluralismus, 1f.

2 Vgl. Glenn, Traditions, 317f.; Lee/Lai, Conceptions, 205; Peerenboom, Law and Religion in Early China, 85.

ters, betrachtete das Recht als die gerechte Sache (*res iusta*).[3] Hingegen verbrannte Martin Luther das mittelalterliche Kirchenrecht.[4]

Im letzten Jahrhundert wurde die Existenzberechtigung des Kirchenrechts immer wieder in Frage gestellt, sei es durch den evangelischen Rechtshistoriker Rudolph Sohm (1841–1917), sei es durch eine antijuridische Haltung im Umfeld des Zweiten Vatikanischen Konzils. Für Sohm hat das Recht keinen Platz in der Kirche, weil es ihrem Wesen widerspricht.[5] Allerdings geht er von dem positivistischen und durch Zwangsgewalt charakterisierten Rechtsbegriff seiner Zeit aus.

Mehrere kanonistische Ansätze sowohl auf evangelischer als auch auf katholischer Seite versuchten, Sohm zu widerlegen, indem sie das Kirchenrecht auf die eine oder andere Weise aus dem Wesen der Kirche ableiteten und somit theologisch begründeten. Im Zuge dieser Auseinandersetzung ging es unter anderem um die Frage, wie die Kanonistik Wissen generiert und ob ihre Erkenntnisweise eher der Theologie oder der Rechtswissenschaft gleicht.

Der vorliegende Artikel beschränkt sich dem Fachgebiet des Verfassers entsprechend auf den katholischen Bereich und stellt verschiedene, gegenwärtig vertretene Ansätze vor, die erklären, wie das Wissen vom Kirchenrecht generiert wird. Dabei wird sich zeigen, dass manche in ihrer Methode und in ihrem Rechtsverständnis der Rechtswissenschaft, andere der Theologie näherstehen. Zuerst soll aber dargelegt werden, was unter Kirchenrecht bzw. kanonischem Recht verstanden wird.

1.2 *Das kanonische Recht im Besonderen*

Als Kirchenrecht wird die interne Rechtsordnung einer Kirche bezeichnet, mit der sie ihre eigenen Angelegenheiten regelt. Der Regelungsbereich erstreckt sich vor allem auf die Organisationsstruktur, Ämter und Leitungsorgane, Rechtsstellung der Gläubigen, Verkündigung des Glaubens, Feier der Gottesdienste, Vermögensverwaltung, (Straf-)Sanktionen und Prozesse.

---

3 Vgl. STh IIª-IIae q. 57 a. 1 ad 1.

4 Vgl. Brecht, Martin Luther, 406; Kaufmann, Geschichte der Reformation in Deutschland, 288; Witte, Law and Protestantism, 53.

5 Vgl. Sohm, Kirchenrecht, 1: „Das Kirchenrecht steht mit dem Wesen der Kirche in Widerspruch. […] Das Wesen der Kirche ist geistlich; das Wesen des Rechts ist weltlich.“

Schon in den Quellen der Alten Kirche wurden die Einzelbestimmungen häufig als „Canones“ bezeichnet. Dieser Name leitet sich vom altgriechischen „κανών“ ab, was im ursprünglichen Sinn „Rohrstab“ und im übertragenen Sinn „Maßstab“ oder „Richtschnur“ heißt. Das Kirchenrecht wird daher in der Orthodoxie, im Katholizismus und im Anglikanismus auch als „kanonisches Recht“ und die Kirchenrechtswissenschaft als „Kanonistik“ bezeichnet.

Das Recht der katholischen Kirche ist zu einem erheblichen Teil kodifiziert. Der „Kodex des kanonischen Rechts“ (CIC) von 1983 gilt für die lateinische Kirche, während der „Kodex der Kanones der orientalischen Kirchen“ (CCEO) von 1990 für die katholischen Ostkirchen gilt. Die beiden Gesetzbücher umfassen den Kern des kirchlichen Rechtsbestandes. In vielen Bereichen stellen sie aber nur ein Rahmenrecht dar, das näherer Konkretisierung oder Ergänzung bedarf. Diese erfolgt auf drei hierarchischen Ebenen: Das gesamtkirchliche Recht gilt weltweit. Auf der unteren Ebene befindet sich der Rechtsbestand der einzelnen Diözesen. Auf der Zwischenebene, die meist eine Nation umfasst, ist das Recht zu nennen, das von Bischofskonferenzen oder von Partikularkonzilien erlassen wird.

1.3 Wissen im Spannungsfeld von Theologie und Rechtswissenschaft

Die erkenntnistheoretische Beschäftigung mit der Kanonistik ist deswegen von besonderem Interesse, weil sie im Schnittbereich von Theologie und Jurisprudenz liegt. Zu diesen beiden Wissenschaften hat sie enge Bezüge. Ein alter Aphorismus lautet: „Legista sine canonibus parum valet, canonista sine legibus nihil.“[6] Professuren für Kirchenrecht finden sich sowohl an juristischen als auch an theologischen Fakultäten. Die unterschiedlichen Ansätze bezüglich ihrer Arbeitsweise und die Kontroversen um ihren Status neigen entweder mehr dem einen oder dem anderen Bezugspunkt zu. Das gilt auch für die epistemologische Frage, was eine kanonistische Erkenntnis auszeichnet und wie sie erlangt wird.

Die Kanonistik hat das Kirchenrecht zum Gegenstand. Kanonistisches Wissen ist also, vereinfacht gesagt, Wissen über das Kirchenrecht. Wie Wissen hervorgebracht wird, hängt generell vom Gegenstand ab, in der Kanonistik also davon, was unter dem kanonischen Recht verstanden

6 Merzbacher, Die Parömie „Legista sine canonibus parum valet, canonista sine legibus nihil“, 275–282.

wird.[7] Denn schon in diesem Punkt gründen die Abweichungen zwischen den verschiedenen Schulen, je nachdem, ob das kanonische Recht eher als theologische oder als juristische Größe verstanden wird. Daraus ergeben sich auch unterschiedliche Vorgangsweisen bei der Gewinnung von Wissen. Ziel dieses Artikels ist es, Zusammenhänge zwischen dem jeweiligen Verständnis von kanonischem Recht und der darauf bezogenen Art der Wissensgenerierung aufzuzeigen. Dazu werden drei in der gegenwärtigen Kanonistik vertretene Ansätze in typologischer Weise dargestellt.

2 *Wissen vom kanonischen Recht: Drei Ansätze*

2.1 *Wissen durch Interpretation des Normtexts*

Das erste hier zu behandelnde Rechtsverständnis wird von jenen kanonistischen Strömungen vertreten, die sich nahe an der vermeintlich gängigen weltlichen Jurisprudenz orientieren. Diesem Verständnis zufolge ist Recht – vereinfacht gesagt – das, was im Normtext steht. Wissen über das Recht wird nach der hier vorherrschenden Methode hauptsächlich durch Interpretation des Normtexts gewonnen. Die zentrale Fragestellung lautet: Was ordnet das Gesetz (oder eine andere Rechtsnorm) an? Beziehungsweise: Was entspricht dem Willen des Gesetzgebers?

Dieses Rechtsverständnis ist normativistisch, weil es das Recht in der Norm verortet. Es ist ferner positivistisch, weil es den Bereich des Rechts auf das positiv gesetzte Recht beschränkt. Meistens ist es darüber hinaus mit einer voluntaristischen Konzeption verknüpft, insofern der Ursprung der Norm im Willen des Gesetzgebers gesehen wird. Im Hinblick auf das kanonische Recht kann sich diese Auffassung auf die in c. 17 CIC ausdrücklich festgelegten Interpretationsregeln berufen: „Kirchliche Gesetze sind zu verstehen gemäß der im Text und im Kontext wohl erwogenen eigenen Wortbedeutung; wenn diese zweifelhaft und dunkel bleibt, ist zurückzugreifen auf Parallelstellen, wenn es solche gibt, auf Zweck und Umstände des Gesetzes und auf die Absicht des Gesetzgebers." Nach diesem Rechtsverständnis ist es ausgeschlossen, sich zur Erkenntnis des Rechts auf äußere Faktoren zu stützen wie etwa die soziale Wirklichkeit oder theologische Lehren.

Ein solches Verständnis wird von einigen kanonistischen Schulen und Strömungen vertreten – wenngleich in unterschiedlichem Ausmaß und

7 Vgl. Errázuriz Mackenna, Il diritto e la giustizia nella chiesa, 240.

mit je eigenen Schwerpunkten und Besonderheiten. Zu nennen sind die italienische Laienkanonistik[8], einige in Deutschland vertretene Positionen in Anlehnung an die so genannte „korrekte Kanonistik“ und die Schule der Enttheologisierung[9] des Kirchenrechts. Zwei deutsche Kanonisten lehren beispielsweise: „Vorzuziehen sind korrekte, d.h. in gehorsamer Anwendung der vorgeschriebenen Methoden erzielte und daher höchstwahrscheinlich zutreffende Gesetzesauslegungen.“[10] Charakteristisch für diese Auffassung ist, dass der Kodex von 1983 die theologischen Lehren des Zweiten Vatikanischen Konzils übertrumpft und im Konfliktfall diesen vorgeht.[11] Im Folgenden soll aber der Ansatz Gherris, Professor für Theologie des Kirchenrechts an der Päpstlichen Lateranuniversität,[12] näher vorgestellt werden, weil er sich in jüngerer Zeit direkt mit dem Thema des Wissens befasst hat.

Gherris Erkenntnislehre differenziert zwischen drei Ebenen: der Wissenschaft[13], der Philosophie und der Theologie. Das kanonistische Wissen ordnet er in dieses dreiteilige Schema ein. Auf der wissenschaftlichen Ebene besteht Kanonistik im technisch-exegetischen Studium des normativen Textes.[14] Da er das jedoch als ungenügend betrachtet, nimmt er neben der wissenschaftlichen Dimension („*scienza*“) noch eine „weisheitliche“

8 Diese Schule lehnt die theologische Hermeneutik für die Kanonistik zwar nicht gänzlich ab, sucht den eigentlichen Schlüssel zum Verständnis des Kirchenrechts aber in der Rechtswissenschaft, vgl. Berlingò, Il concetto di diritto canonico nella scuola laica italiana, 63.

9 Vgl. Edelby/Jiménez-Urresti/Huizing, Kirchenrecht und Theologie, 626: „Ohne die Substanz der göttlichen Konstitution der Kirche in Frage zu stellen und um ihr zu dienen, möchte dieses Concilium-Heft den Theologen bei der „Entjuridizierung“ der Theologie, den Kanonisten bei der „Enttheologisierung“ des Kirchenrechtes helfen.“

10 Lüdecke/Bier, Das römisch-katholische Kirchenrecht, 33. Dabei wird die Relevanz anderer Interpretationsvorschläge durchaus gesehen, die darauf hinweisen, dass die Vorstellung, jedem Wort komme genau eine fixierbare Bedeutung zu, hermeneutisch naiv sei. Das blieben aber reine Vorschläge und verbindlich sei allein die vom Gesetzgeber selbst angeordnete Interpretationsmethode (vgl. ebd., 32).

11 Vgl. ebd., 40.

12 Vgl. Gherri, Canonistica e questione epistemologica, 534.

13 Zu beachten ist, dass der italienische Wissenschaftsbegriff „scienza“ enger ist als der deutsche.

14 Vgl. Gherri, Canonistica e questione gnoseologica, 203; ders., Teologia del Diritto canonico, 368: Die kanonische Norm, soweit sie Ausdruck eines spezifischen theologischen Inhalts oder einer theologischen Konzeption in der Zeit ist, muss vor allem verstanden werden gemäß der Absicht des Urhebers, die in der Formalisierung der ursprünglichen normativen Anordnung objektiv festgelegt und enthalten ist.

(„*prudenza*“, vgl. „Jurisprudenz“) an, insofern sich die Kanonistik auf die Lebenswirklichkeit beziehen muss.[15] Sobald es sich aber nicht mehr um die Formulierung des Texts, die Kommentierung der einzelnen Norm und ihre systematische Einordnung in den Kontext handelt, sondern um die Leitprinzipien, die zugrundeliegenden Werte und die institutionellen Grundlagen, geht die Kanonistik von der wissenschaftlichen auf die philosophische Ebene über.[16] Gherri ist sich bewusst, dass in der Kanonistik gewöhnlich auch noch die dritte Ebene einbezogen wird, nämlich die Rechtstheologie. Dies ist in seinen Augen aber gar nicht möglich, weil die Theologie ein anderes Formalobjekt und ein anderes Erkenntnisprinzip hat, zumal sie die „Ordnung des Mysteriums“ rational untersucht.[17] Eine Theologie des Kirchenrechts ist ihm zufolge allenfalls dann möglich, wenn als Formalobjekt nicht die gesamte kirchliche Rechtsordnung, sondern nur das positive göttliche Recht, das geoffenbart ist, herangezogen wird.[18]

2.2 *Wissen durch Verständnis der theologischen Grundlage*

Als Zweites wird nun jenes Kirchenrechtsverständnis erläutert, das sich stark am anderen Bezugspunkt orientiert, nämlich an der Theologie. Kirchenrecht ist dieser Auffassung zufolge geronnene beziehungsweise in Rechtsnormen gegossene Theologie. Kirchenrecht ist eine Anordnung des Glaubens. Die korrekte Erkenntnis des Kirchenrechts beruht folglich auf dem richtigen Verständnis der zugrunde liegenden theologischen, insbesondere ekklesiologischen, kerygmatischen und sakramententheologischen Wahrheiten. Das epistemologische Prinzip ist der Glaube. Die zentrale Fragestellung lautet: Welche rechtlichen Normen und Institutionen ergeben sich aus den kirchlichen Grundvollzügen beziehungsweise aus den Glaubenslehren?

Diese Position kann sich auf Äußerungen von Päpsten stützen, unter denen der Kodex von 1983 erarbeitet wurde. Paul VI. mahnte 1973: „Mit dem II. Vatikanischen Konzil ist jene Zeit endgültig vorbei, da sich gewisse Kanonisten weigerten, den theologischen Aspekt der von ihnen

---

15 Vgl. Gherri, Canonistica e questione gnoseologica, 214.

16 Vgl. ebd., 215.

17 Vgl. ebd., 216. Korrekt ist, dass Kanonistik und Rechtstheologie nicht miteinander verwechselt werden dürfen. Die Rechtstheologie betrachtet das Recht schlechthin, also nicht speziell das Kirchenrecht, als eine menschliche Wirklichkeit, die dem Menschen vom Schöpfer wesenhaft eingestiftet wurde.

18 Vgl. ebd., 217; ders., Teologia del Diritto canonico, 362.

vertretenen Disziplinen oder der von ihnen angewandten Gesetze in Betracht zu ziehen."[19] Johannes Paul II. sagte im Zusammenhang mit dem Inkrafttreten des CIC/1983: „Ich zitiere gern Paul VI., weil er für die Kanonisten ein Meister des Denkens, ein Theologe des Rechts gewesen ist; es war sein Wunsch, dass sich in der Betrachtung des einzigartigen Geheimnisses der Kirche theologische Wissenschaft und Wissenschaft vom Kirchenrecht aufs neue vereinigen sollten [...]."[20] Das Verhältnis von Kirchenrecht und Theologie spiegelt sich im Verhältnis zwischen dem Kodex von 1983 und dem Zweiten Vatikanischen Konzil wider. Die Promulgationskonstitution „*Sacrae disciplinae leges*"[21] stellt diesbezüglich klar: „Wenn es auch unmöglich ist, das von der Lehre des Konzils gezeichnete Bild der Kirche vollkommen in die kanonistische Sprache zu übertragen, so muss sich der Kodex doch immer auf dieses Bild wie auf das vorrangige Beispiel beziehen, dessen Züge er in sich soweit möglich gemäß seiner Natur ausdrücken muss."[22] Coccopalmerio verdeutlichte, als er Präsident des Päpstlichen Rats für die Gesetzestexte war, dass die Kodizes, sofern sich darin im Vergleich zur Lehre des Konzils Widersprüche oder Lücken ergeben, im Hinblick auf die Position des Zweiten Vatikanums interpretiert oder aber auch ergänzt werden müssten.[23]

Das oben prototypisch skizzierte Verständnis von Kirchenrecht findet sich in unterschiedlichen Abwandlungen bei verschiedenen Kirchenrechtsgelehrten, in ihrer intensivsten Form aber in der so genannten „Münchener Schule". Ihr Vater Klaus Mörsdorf betonte, dass das Kirchenrecht eine theologische Grundlage hat, die er in den Grundvollzügen der Kirche, nämlich in der Verkündigung des Wortes Gottes und in den Sakramenten erblickte. Deshalb heißt dieser Ansatz sakramental-kerygmatisch. Sowohl das Wort[24] als auch das Sakrament[25] weisen in seinen Augen bereits *per*

19 Paul VI., Ansprache vom 17. September 1973 an die Teilnehmer des II. Kongresses für Kanonisches Recht in Mailand, 464.

20 Johannes Paul II., Ansprache an die Teilnehmer des Kurses der Päpstlichen Universität Gregoriana (21.11.1983), 519.

21 Johannes Paul II., Promulgationskonstitution: Sacrae disciplinae leges, VII–XIV.

22 Vgl. dazu Berlingò, Giustizia e carità nell'economia della Chiesa, 38; Graulich, Unterwegs zu einer Theologie des Kirchenrechts, 390.

23 Vgl. Coccopalmerio, Die kirchliche communio, 92.

24 Vgl. Mörsdorf, Zur Grundlegung des Rechtes der Kirche, 26: „Der vom Herrn für sich und seine Botschaft erhobene Geltungsanspruch ist rechtlicher Art, weil er sich von der in der Menschwerdung sichtbar und greifbar gewordenen Sendung durch den Vater herleitet."

25 Vgl. ebd., 27: „Die rechtliche Struktur des Sakramentes beruht indessen nicht darauf, daß die Gemeinschaft der Kirche in ein bestimmtes Zeichenverständnis

se eine rechtliche Struktur auf. Infolgedessen ist die Kanonistik für ihn eine theologische Disziplin, die aber mit juristischer Methode arbeitet. „Dem Kanonisten ist damit eindeutig eine theologische Aufgabe gestellt. Der theologische Ort seines Schaffens liegt in der Ebene der sakramentalen Zeichenhaftigkeit der Kirche, auf welcher er mit dem Einsatz der von ihm erwarteten juristischen Arbeitsweise seinen Teil dazu beitragen soll, die Kirche als das für alle Menschen aufgerichtete Zeichen des Heiles glaubwürdig zu erhalten und die Identität der Kirche Jesu Christi zu bewahren."[26] Mörsdorfs Schüler Aymans gelangte aufgrund einer detaillierten Analyse zu einer differenzierteren Formel. Ihm zufolge ist die Kanonistik eine „theologische Disziplin, die gemäß den Bedingungen ihrer theologischen Erkenntnisse mit juristischer Methode arbeitet"[27].

Corecco, ein anderer Schüler Mörsdorfs, rückte das Kirchenrecht noch mehr der Theologie zu, indem er es als theologische Disziplin bezeichnete, die mit theologischer Methode arbeitet.[28] Während die kirchliche Tradition das Recht gemäß Thomas von Aquin als *ordinatio rationis* (Anordnung der Vernunft) betrachtete, bezeichnet Corecco das Kirchenrecht im Unterschied zum weltlichen Recht als *ordinatio fidei* (Anordnung des Glaubens). Das kanonische Gesetz sei als *ordinatio fidei* zu definieren,[29] weil es nicht von irgendeinem menschlichen Gesetzgeber erlassen wird, sondern von der Kirche, deren entscheidendes epistemologisches Kriterium nicht die Vernunft, sondern der Glaube ist.[30] Während Thomas von Aquin die Grundlage des Rechts in der Gerechtigkeit erblickte, identifiziert Corecco die Grundwerte des kanonischen Rechts mit den theologischen Tugenden des Glaubens, der Hoffnung und der Liebe.[31]

---

hineingewachsen ist und dieses als verbindlich und wirksam anerkennt, sondern darauf, daß der Herr den von ihm auserwählten Zeichen ihre sakramentale Sinnbildlichkeit und Wirkmächtigkeit eingestiftet hat."

26 Ders., Kanonisches Recht als theologische Disziplin, 57f.

27 Aymans, Die wissenschaftliche Methode der Kanonistik, 74.

28 Vgl. Corecco, Theologie des Kirchenrechts, 98: „Die kanonistische Wissenschaft muß mit Strenge die theologische Methode anwenden und der juristischen - so wie sie von der modernen Rechtswissenschaft erarbeitet wurde - nur die Rolle einer Hilfswissenschaft überlassen, weil die Verbindung zwischen göttlichem und menschlich-kanonischem Recht nur innerhalb der dem Glauben eigenen Logik und Methodologie festgesetzt werden kann."

29 Vgl. ders., "Ordinatio rationis" oder "ordinatio fidei", 33f.

30 Vgl. ebd., 35. Zur Kritik an dieser Auffassung vgl. Loretan, Klärung des Rechtsbegriffs, 44.

31 Vgl. Corecco, Theologie des Kirchenrechts, 14.

Für Rouco Varela, ebenfalls ein Schüler Mörsdorfs, bezweckt die Kanonistik in erster Linie, „die theologische Substanz, den Hintergrund des ‚*ius divinum*' durchscheinen zu lassen, der sich hinter der positiven kanonischen Norm und deren Implikationen im Blick auf die Kirche als Heilssakrament verbirgt"[32]. Der Prozess der im Glauben erfolgenden Erkenntnis und der intellektuellen Erfassung des kanonischen Rechts spielt sich ihm zufolge in drei Phasen ab: (1) sapientiale, spekulative Phase (Grundprinzipien und -strukturen); (2) historische Phase (Entwicklungen bis heute im *hic et nunc*); (3) wissenschaftliche und praktische Phase (geltende Gesetzgebung, welche die heilsbringenden Imperative der Kirche, die sich aus ihrem theologischen ‚Nährboden' ergeben, im Heute der christlichen Existenz festlegt und verwirklicht).[33]

2.3 Wissen durch Erkenntnis des Gerechten

Das dritte Rechtsverständnis nimmt eine Mittelposition ein, was die Verortung der Kanonistik zwischen Theologie und Jurisprudenz betrifft.[34] Recht ist demnach das, was gerecht ist, beziehungsweise das, was ein Subjekt einem anderen aufgrund der Gerechtigkeit schuldet. Dies gilt sowohl für das weltliche als auch für das kirchliche Recht. Der Rechtsbegriff ist also in beiden Bereichen einheitlich.[35] Lediglich die Güter, um deren gerechte Verteilung es geht, sind teilweise andere. So sind etwa die Verkündigung des Glaubens und die Spendung der Sakramente spezifisch kirchliche Güter, während das materielle Vermögen sowohl im kirchlichen als auch im staatlichen Bereich ein Gut darstellt. Epistemologisch besteht die Erkenntnis des Rechts folglich darin, das Gerechte zu entdecken und vom Ungerechten zu unterscheiden.[36] Sowohl der von einem Gesetzgeber erlassene Normtext als auch die zugrunde liegenden theologischen Einsichten stellen nur Hilfen dar, um zu dieser Erkenntnis zu gelangen.[37] Die zentrale Fragestellung lautet erwartungsgemäß: Was ist gerecht? Beziehungsweise

---

32 Rouco Varela, Die ontologische und epistemologische Stellung des kanonischen Rechts, 163.
33 Vgl. ebd., 162.
34 Vgl. Errázuriz Mackenna, Il diritto e la giustizia nella chiesa, 241.
35 Vgl. Lo Castro, Il mistero del diritto, 222.
36 Vgl. Hervada, Coloquios propedéuticas sobre el derecho canónico, 109.
37 Vgl. Errázuriz Mackenna, Il diritto e la giustizia nella chiesa, 242f.

speziell für das Kirchenrecht: Was ist die gerechte Ordnung im Volk Gottes?[38]

Diese Theorie kann sich auf einen Rechtsbegriff stützen, dessen Wurzeln sowohl in der antiken Philosophie und in der europäischen Rechtstradition (römisches Recht) als auch in der kirchlich-theologischen Tradition liegen. Für Aristoteles ist alles Gesetzliche im weitesten Sinn etwas Gerechtes.[39] Der bedeutende römische Rechtsgelehrte Ulpian bezeichnete das Recht als die Kunst des Guten und Gerechten.[40] Unter Gerechtigkeit verstand er den unwandelbaren und dauerhaften Willen, jedem sein Recht zu gewähren.[41] Die Verbindung von Recht und Gerechtigkeit findet sich nicht nur im römischen Recht, sondern ging ebenso in den kirchlichen Rechtsbereich ein. Von Gratian ist der Satz überliefert: „Recht wird es genannt, weil es gerecht ist."[42] Thomas von Aquin betrachtet das Recht als Gegenstand der Gerechtigkeit.[43] Das Gesetz ist ihm zufolge eine Anordnung, welche von der Vernunft ausgeht [*ordinatio rationis*], das Gemeinwohl zum Zwecke hat und von dem, der das Gemeinwesen vertritt, promulgiert ist.[44] Als Recht bezeichnet Thomas die gerechte Sache selbst [*„ipsam rem iustam"*],[45] weshalb diese Richtung „rechtsrealistisch"[46] genannt wird.[47] Papst Benedikt XVI. ließ eine gewisse Sympathie für diesen Ansatz erkennen, als er hermeneutische Wege kritisierte, die auf den theologischen Grundlagen oder auf pastoralen Anliegen beruhen, und stattdessen eine realistische Perspektive vorschlug, die das Recht als Ausdruck der Gerechtigkeit betrachtet und die Regelungen im Licht der Wirklichkeit auslegt.[48]

38 Vgl. Hervada, Coloquios propedéuticas sobre el derecho canónico, 105.

39 Vgl. Aristoteles, Nikomachische Ethik, V, 3.

40 „Ius est ars boni et aequi." Dig. I.1.1.

41 „Iustitia est perpetua et constans voluntas ius suum unicuique tribuendi." Dig. I,1,10.

42 „Ius autem est dictum, quia iustum est." D 1, 2.

43 „Unde manifestum est quod ius est obiectum iustitiae." STh II-II, q. 57, a. 1.

44 Vgl. STh Ia-IIae qu. 90 art. 4.

45 Vgl. STh IIa-IIae q. 57 a. 1 ad 1.

46 Nicht zu verwechseln mit dem modernen Rechtsrealismus amerikanischer oder skandinavischer Prägung.

47 Vgl. Hervada, Coloquios propedéuticas sobre el derecho canónico, 33. Der rechtsrealistische Ansatz setzt freilich voraus, dass der Mensch überhaupt die Wirklichkeit erkennen kann, vgl. Baura, La realtà disciplinata quale criterio interpretativo giuridico della legge, 713.

48 Vgl. Benedikt XVI., Ansprache anlässlich der Eröffnung des Gerichtsjahres des Gerichtshofes der Römischen Rota, 103–107.

Innerhalb der Kanonistik wird diese Theorie vor allem von der so genannten Schule von Navarra vertreten, die auf Pedro Lombardía und Javier Hervada zurückgeht. Sie brachte Werke hervor, die sich direkt mit der kanonistischen Erkenntnislehre befassen. Wenn Gerechtigkeit darin besteht, jedem sein Recht zu geben, dann bedeutet Rechtserkenntnis, zu wissen, wer etwas geben muss, was zu geben ist und wem.[49] Der Glaube spielt eine Rolle, um die spezifisch kirchlichen Güter adäquat zu verstehen.[50] Er ersetzt die Vernunft aber nicht, sondern muss im Einklang mit dieser stehen.[51] Die rein natürlichen Güter, die es auch in der Kirche gibt, sind dem menschlichen Verstand ohnehin zugänglich.[52] Für Hervada ist die Kanonistik in dem Sinn theologisch, als die Vernunft durch den Glauben erleuchtet wird, aber sie ist juristisch aufgrund ihres Formalobjekts (‚*sub ratione iusti*') und aufgrund ihrer Methode.[53] Da es im Kirchenrecht sowohl geistliche als auch natürliche Rechtsgüter gibt, kann die Kanonistik nutzbringend nicht nur mit den theologischen Disziplinen, sondern auch mit den Humanwissenschaften zusammenarbeiten.[54]

Ferner unterscheidet die Schule von Navarra zwischen der Kanonistik als Wissenschaft („*scienza*") und als Fertigkeit („*prudenza*").[55] Die kanonistische Fertigkeit bezieht sich unmittelbar auf die gerechte Handlung – etwa wenn es um die Feststellung geht, was in einem bestimmten Einzelfall die gerechte Lösung ist. Dabei geht es nicht um die Anwendung abstrakter Normen auf einen Fall, sondern darum, herauszufinden, was in der konkreten Wirklichkeit gerecht ist.[56] Die kanonistische Wissenschaft beschäftigt sich hingegen mit dem, was im Allgemeinen gerecht ist, mit Begriffen, Prinzipien und Regeln, letztlich mit den Gerechtigkeitsbeziehungen in der Kirche.[57] Diese Zusammenhänge erläutert Errázuriz am Beispiel der Ehe.[58] Auf der Ebene der Wissenschaft wird gefragt, was die Ehe im rechtlichen

---

49 Vgl. Buzzo Sarlo, La estructura del saber jurídico y su relevancia en el ámbito canónico, 11.

50 Vgl. Errázuriz Mackenna, Il diritto e la giustizia nella chiesa, 243; Buzzo Sarlo, La estructura del saber jurídico y su relevancia en el ámbito canónico, 183.

51 Vgl. Errázuriz Mackenna, Il diritto e la giustizia nella chiesa, 255.

52 Vgl. ebd.

53 Vgl. Hervada, Coloquios propedéuticas sobre el derecho canónico, 191–195.

54 Vgl. Errázuriz Mackenna, Il diritto e la giustizia nella chiesa, 248f. und 255: z.B. Ethik, Linguistik, Psychologie.

55 Vgl. Buzzo Sarlo, La estructura del saber jurídico y su relevancia en el ámbito canónico, 233, 242 und 249.

56 Vgl. Errázuriz Mackenna, Il diritto e la giustizia nella chiesa, 263.

57 Vgl. ebd., 248 und 260.

58 Vgl. ebd., 258.

Sinne ist und was zu ihrer Gültigkeit im Allgemeinen erforderlich ist. Auf der Ebene der Fertigkeit wird gefragt, ob eine ganz bestimmte, reale Ehe gültig ist. Zu dieser Erkenntnis können andere Wissenschaften wie die Psychologie beitragen. Nur solche Wissenschaften heranzuziehen und die wissenschaftliche Ebene der Kanonistik auszublenden, würde aber zu Pseudoargumentationen führen. Nicht mehr auf dem Boden der Wissenschaftlichkeit wäre es, wenn zur Beurteilung der Gültigkeit einer Ehe politische Argumente oder Empfindungen für oder gegen die Betroffenen zugelassen würden.

3 *Wissen im Dialog mit verschiedenen Disziplinen*

3.1 *Bisherige Entwicklung zunehmender Loslösung*

Im Laufe des 20. Jahrhunderts ließen die Verbindungen der Kanonistik sowohl zur Theologie als auch zur Rechtswissenschaft eher nach. Fantappiè führt dies unter anderem auf die erste Kodifikation des Kirchenrechts im Jahr 1917 zurück, die mit einer Verengung der Methoden einhergegangen sei.[59] Dabei stellte gerade die Wahl der Form eines Kodex eine Anlehnung an die damals modernen Entwicklungen im staatlichen Recht dar, was eher eine Verstärkung des Dialogs hätte erwarten lassen. Seit der zweiten Hälfte des 20. Jahrhunderts ist im deutschen Sprachraum jedoch eine Abnahme der Zahl der kirchenrechtlichen Professuren an juristischen Fakultäten bzw. deren Reduktion auf Kirchenrechtsgeschichte oder Staatskirchenrecht zu diagnostizieren, die mit einer Zurückdrängung des Kirchenrechts in den juristischen Curricula verbunden ist. Oben beschriebene Ansätze, welche die Kanonistik ganz in der Theologie verorteten und angesichts des modernen positivistischen Rechtsbegriffs eine Verbindung mit dem staatlichen Recht ablehnten, trugen ein Übriges zu dieser Entwicklung bei. Wenn das zweitausendjährige Austauschverhältnis mit dem weltlichen Recht unterbrochen wird, isoliert und immunisiert sich die Kanonistik gegenüber kreativen Anregungen und kritischen Anfragen aus diesem Bereich.[60] Das Dekret *Novo codice*[61] des Jahres 2002

---

59 Vgl. Fantappiè, Derecho canónico interdisciplinar, 481.

60 Vgl. Maier, Zum Zusammenhang von „Theologisierung“ und Positivismus im kirchlichen Recht, 44.

61 Bildungskongregation, Dekret: Novo codice. Zur Neuordnung des Studiums an den kanonistischen Fakultäten, 281–285.

erschwerte zudem den Zugang von Juristen zum Kanonistikstudium.[62] Was das Verhältnis zur Theologie betrifft, nährte das von der Kodifikation angestoßene normativistische Rechtsverständnis antijuridische Haltungen im Umfeld und im Nachgang des Zweiten Vatikanischen Konzils, die sich weder durch die oben beschriebenen Aufforderungen der Päpste noch durch den erwähnten dezidiert theologischen Ansatz innerhalb der Kanonistik beheben ließen. Überspitzt wird sogar von einer „einvernehmlichen Scheidung" zwischen Theologie und Kanonistik gesprochen.[63] Die epistemologische Debatte um das Wesen des Kirchenrechts führte, wie Fantappiè konstatiert, wider Erwarten dazu, dass die Isolation von der säkularen Rechtswissenschaft und der Theologie betont wurde.[64]

3.2 Künftige Wege zu neuer Interdisziplinarität

Andererseits lassen sich in jüngerer Zeit vielversprechende Anzeichen für eine neue Interdisziplinarität der Kanonistik beobachten. Innerhalb der Rechtswissenschaft nehmen Tendenzen zu, die von einem exklusiv etatistischen und positivistischen Rechtsbegriff Abstand nehmen und damit ein neues Interesse für religiöse Rechte einschließlich des Kirchenrechts erkennen lassen. So ist für Augsberg klar, dass das Recht heute nicht mehr nur als staatliches Recht gedacht werden kann.[65] In einem ähnlichen Zusammenhang erwähnt er auch religiöses Recht oder religiöse Rechtsordnungen[66] und speziell das jüdische Recht[67]. Schuppert lehnt einen etatistischen Rechtsbegriff ab[68] und zählt Religionsgemeinschaften einschließlich der Kirche zu den Governancekollektiven, die zugleich Rechtsgemeinschaften sind.[69]

Der Austausch zwischen kirchlichem und weltlichem Recht eröffnet ein Forschungsfeld, auf dem sich Fachleute der Rechtsgeschichte, des Staatskirchenrechts und der Rechtsvergleichung begegnen können.[70] Der

62 Vgl. Pree, Profil und Herausforderung der Kanonistik am Beginn des dritten Jahrtausends, 99.
63 Vgl. Del Pozzo, El concurso de la ciencia canónica en la realidad eclesial y en el saber jurídico universal, 523.
64 Vgl. Fantappiè, Derecho canónico interdisciplinar, 481.
65 Vgl. Augsberg, Das Gespinst des Rechts, 482.
66 Vgl. Augsberg, Soziale Integration durch Religionsfreiheit?, 126.
67 Vgl. ebd., 121; Augsberg, „Das moralische Gefühl in mir", 538.
68 Vgl. Schuppert, When governance meets religion, 95.
69 Vgl. ders., Governance of diversity, 171.
70 Vgl. Fantappiè, Derecho canónico interdisciplinar, 492.

Rechtscharakter des kanonischen Rechts verlangt es, dass der wissenschaftliche Diskurs der Kanonistik nicht nur zwischen ihren eigenen Fachvertretern, sondern auch mit der Rechtswissenschaft einschließlich der Rechtsphilosophie und Rechtstheorie gepflegt wird.[71] Was die Zusammenarbeit mit der Theologie betrifft, ist das Potential auf den Gebieten Menschenwürde, Zentralität der Person und Inkulturation des Glaubens längst nicht ausgeschöpft.[72] Ein klarer Blick für das Wesen und die Aufgabe des Rechts ist grundsätzlich für alle Teilbereiche der Theologie bedeutsam: die Pastoraltheologie, die Moraltheologie, die Sozialethik, die Ekklesiologie usw.[73]

Die künftige Interdisziplinarität wird aber über die klassischen Bezugsdisziplinen der Theologe und Rechtswissenschaften hinausgehen und ein breites Spektrum an Humanwissenschaften einbeziehen: Anthropologie, Geschichte, Soziologie, Psychologie usw.[74] Ein komplexeres und vollständigeres Wissen vom Kirchenrecht wird sich nur auf diesem Weg generieren lassen. Wenn es sich dabei nicht nur um Multidisziplinarität, also ein Nebeneinanderstellen von Wissen aus verschiedenen Disziplinen, sondern um echte Transdisziplinarität handeln soll, die aus der Verknüpfung verschiedener Disziplinen neues Wissen generiert, dann kann dies nur durch die Anwendung konkreter Instrumente gelingen, die Fantappiè aufzeigt.[75]

Im Rahmen des vorliegenden Beitrags soll eine besondere Möglichkeit der Interaktion noch ausführlicher hervorgehoben werden: die Vergleichung mit den Rechten anderer Konfessionen und Religionen.[76] Ein Sprichwort sagt: „Wer nur das eigene kennt, kennt auch das eigene nicht." Das Vergleichen bietet eine besondere Möglichkeit, Wissen vom Kirchenrecht und dessen Verflechtungen zu schaffen. Pree wendet die Auffassung, dass Überzeugungen und Lehren nichtkatholischer Glaubensgemeinschaften, auch nichtchristlicher Religionen, zu den potentiellen Erkenntnisorten, näherhin zu den *loci theologici alieni* gehören, auch auf die rechtliche Dimension an.[77] Die komparative Methode lässt erwarten, dass die Charakteristika des katholischen Kirchenrechts deutlicher hervor-

---

71 Vgl. Pree, Profil und Herausforderung der Kanonistik am Beginn des dritten Jahrtausends, 101.

72 Vgl. Fantappiè, Derecho canónico interdisciplinar, 484f.

73 Vgl. Pree, Profil und Herausforderung der Kanonistik am Beginn des dritten Jahrtausends, 99.

74 Vgl. Fantappiè, Derecho canónico interdisciplinar, 484.

75 Vgl. ebd. 491–494.

76 Vgl. Pree, Profil und Herausforderung der Kanonistik am Beginn des dritten Jahrtausends, 101.

77 Vgl. ebd., 98.

treten, seien es jene, die es als religiöses Recht vom staatlichen abheben, seien es jene, die es von anderen religiösen Rechten unterscheiden und mit der kontinental-europäischen Rechtstradition verbinden.[78] Die Weisen, wie in den verschiedenen religiösen Rechtstraditionen Wissen vom Recht, insbesondere vom „göttlichen Recht“ erlangt wird, reichen von der Intuition über die Offenbarung, bis zur Vernunft, wobei gerade die Vernünftigkeit des kanonischen Rechts eine Brücke zum rationalistischen weltlichen Recht schlägt.[79] Fantappiè stellt für die Zukunft das Ziel auf, die epistemologischen Grundlagen des Kirchenrechts durch Forschung in der Rechtsphilosophie, der Geschichte der Rechtssysteme und der Rechtsvergleichung zu stärken, um die allgemeinen und spezifischen Grundlagen des Kirchenrechts zu beleuchten.[80]

3.3 Bezüge unterschiedlicher Art zu Theologie und Rechtswissenschaft

Wenn festgestellt wird, dass die Kanonistik im Schnittbereich von Theologie und Rechtswissenschaft liegt, dann soll das weder bedeuten, dass sie ohne eigenständiges Profil in diesen beiden Wissenschaften aufginge noch dass ihr Verhältnis zu den beiden Bezugswissenschaften von derselben Art wäre. Vielmehr betrifft das Verhältnis zur Theologie eher die kirchenrechtlich geregelten Inhalte – nämlich die kirchlichen Vollzüge –, während das Verhältnis zur Rechtswissenschaft eher die Form der Regelung betrifft, zumal es sich eben um eine rechtliche Regelung handelt. Mit der Rechtswissenschaft teilt die Kanonistik also das Recht als Gegenstand des Wissens, mit der Theologie hingegen das kirchliche Leben.[81] Wo es um die Lösung und Entscheidung von Rechtsfällen geht, muss die Auswahl der heranzuziehenden Elemente nach rechtlichen Kriterien erfolgen, während die theologischen Elemente auf der Ebene der materialen Grundstruktur einer Norm, d.h. auf der Ebene der zugrundeliegenden Werte, Güter und Prinzipien angesiedelt sind.[82] Eine rezente Stellungnahme versucht, durch eine stärkere Differenzierung zwischen *ordinatio fidei* und *ordinatio rationis* zu vermitteln.[83]

---

78 Vgl. Berkmann, Internes Recht der Religionen, 97 und 129.

79 Vgl. Ferrari, Spunti di comparazione, 70f.

80 Vgl. Fantappiè, Derecho canónico interdisciplinar, 499.

81 Vgl. Izquierdo, Teología y derecho canónico, 548.

82 Vgl. Pree, Profil und Herausforderung der Kanonistik am Beginn des dritten Jahrtausends, 97.

83 Vgl. Schüller/Neumann, Ordinatio rationis et/vel ordinatio fidei, 77f.

Dass das kanonische Recht in der Weise, wie Wissen vom Recht gewonnen wird, anders als sonstige religiöse Rechte eine große Nähe zum kontinental-europäischen Rechtsdenken aufweist, ist freilich kein Zufall, sondern verdankt sich der Tatsache, dass sich beide Traditionen ausgehend vom römischen Recht durch 2000 Jahre hindurch gegenseitig beeinflusst und befruchtet haben.[84] In diesem Artikel ging es um das kanonische Recht als Gegenstand des Wissens. Die umgekehrte Frage, nämlich das Wissen als Gegenstand des kanonischen Rechts, wäre ebenfalls ein lohnendes Forschungsthema, insbesondere wenn es um den rechtlichen Schutz religiösen Wissens geht, konnte hier aber nicht behandelt werden.

Literaturverzeichnis

Augsberg, Ino, Das Gespinst des Rechts. Zur Relevanz von Netzwerkmodellen im juristischen Diskurs, in: Rechtstheorie 38 (2007) 479–493.

Augsberg, Ino, „Das moralische Gefühl in mir“. Zu Kants Konzeption menschlicher Freiheit und Würde als Auto-Heteronomie, in: JuristenZeitung 68 (2013) 533–539.

Augsberg, Ino, Soziale Integration durch Religionsfreiheit? Zur Neubestimmung des Religionsverfassungsrechts im Verständnishorizont eines reflexiven Rechtspluralismus, in: Heinig, Hans M./Walter, Christian (Hg.), Religionsverfassungsrechtliche Spannungsfelder, Tübingen 2015, 113–128.

Aymans, Winfried, Die wissenschaftliche Methode der Kanonistik, in: Ders./Egler, Anna/Listl, Joseph (Hg.), Fides et ius. Festschrift für Georg May zum 65. Geburtstag, Regensburg 1991, 59–74.

Baura, Eduardo, La realtà disciplinata quale criterio interpretativo giuridico della legge, in: Ius Ecclesiae 24 (2012) 705–718.

Benedikt XVI., Ansprache anlässlich der Eröffnung des Gerichtsjahres des Gerichtshofes der Römischen Rota (21.1.2012), in: AAS 104 (2012) 103–107.

Berkmann, Burkhard J., Internes Recht der Religionen. Einführung in eine vergleichende Disziplin, Stuttgart 2018.

Berlingò, Salvatore, Giustizia e carità nell'economia della Chiesa. Contributi per una teoria generale del diritto canonico, Torino 1991.

Berlingò, Salvatore, Il concetto di diritto canonico nella scuola laica italiana, in: Errázuriz Mackenna, Carlos J./Navarro, Luis (Hg.), Il concetto di diritto canonico. Storia e prospettive, Milano 2000, 47–71.

Bildungskongregation, Dekret: Novo codice. Zur Neuordnung des Studiums an den kanonistischen Fakultäten (2.9.2002), in: AAS 95 (2002) 281–285.

84 Vgl. Decock, Licht der Welt, 521.

Brecht, Martin, Martin Luther. Sein Weg zur Reformation 1483–1521, Stuttgart ²1983.

Buzzo Sarlo, José G., La estructura del saber jurídico y su relevancia en el ámbito canónico, Rom 2005.

Coccopalmerio, Francesco, Die kirchliche communio, in: Güthoff, Elmar/Haering, Stephan (Hg.), Der Kirchenaustritt im staatlichen und kirchlichen Recht, Freiburg i. Br. 2011, 90–123.

Corecco, Eugenio, "Ordinatio rationis" oder "ordinatio fidei". Anmerkungen zur Definition des kanonischen Gesetzes, in: Ders., Ordinatio fidei. Schriften zum kanonischen Recht, hg. v. Gerosa, Libero/Müller, Ludger, Paderborn 1994, 17–35.

Corecco, Eugenio, Theologie des Kirchenrechts. Methodologische Ansätze, Trier 1980.

Decock, Wim, Licht der Welt. Zur „historischen“ Rolle des Kirchenrechts, in: Concilium 52 (2016) 521–528.

Del Pozzo, Massimo, El concurso de la ciencia canónica en la realidad eclesial y en el saber jurídico universal, in: Ius Canonicum 60 (2020) 505–528.

Edelby, Neophyte/Jiménez-Urresti, Teodore/Huizing Peter, Kirchenrecht und Theologie, in: Concilium 1 (1965) 625–626.

Errázuriz Mackenna, Carlos J., Il diritto e la giustizia nella chiesa. Per una teoria fondamentale del diritto canonico, Mailand 2000.

Fantappiè, Carlo, Derecho canónico interdisciplinar. Ideas para una renovación epistemológica, in: Ius Canonicum 60 (2020) 479–504.

Ferrari, Silvio, Spunti di comparazione, in: Ders. (Hg.), Strumenti e percorsi di diritto comparato delle religioni, Bologna 2019, 69–80.

Gherri, Paolo, Canonistica e questione epistemologica: l'apporto di T. Jimenez Urresti a 40 anni dall'Editoriale di Concilium, in: Apollinaris (2005) 527–578.

Gherri, Paolo, Canonistica e questione gnoseologica, in: Ius Canonicum 83 (2002) 195–218.

Gherri, Paolo, Teologia del Diritto canonico: identità, missione e statuto epistemologico, in: Apollinaris 80 (2007) 333–380.

Glenn, Patrick, Legal Traditions of the World. Sustainable Diversity in Law, Oxford ³2007.

Graulich, Markus, Unterwegs zu einer Theologie des Kirchenrechts. Die Grundlegung des Rechts bei Gottlieb Söhngen (1892–1971) und die Konzepte der neueren Kirchenrechtswissenschaft, Paderborn u.a. 2006.

Hervada, Javier, Coloquios propedéuticas sobre el derecho canónico, Pamplona ²2002.

Izquierdo, César, Teología y derecho canónico. Reflexiones desde la Teología, in: Ius Canonicum 60 (2020) 547–564.

Johannes Paul II., Promulgationskonstitution: Sacrae disciplinae leges (25.1.1983), in: AAS 75 II (1983) VII–XIV.

Johannes Paul II., Ansprache an die Teilnehmer des Kurses der Päpstlichen Universität Gregoriana über den neuen Codex Iuris Canonici (21.11.1983), in: AfkKR 152 (1983) 517-520.

Kaufmann, Thomas, Geschichte der Reformation in Deutschland, Berlin 2016.

Lee, Luke / Lai, Whalen, The Chinese Conceptions of Law: Confucian, Legalist, and Buddhist, in: Barziali, Gad (Hg.), Law and Religion, Aldershot 2007, 203-225.

Lo Castro, Gaetano, Il mistero del diritto. I. Del diritto e della sua conoscenza, Turin 1997.

Loretan, Adrian, Klärung des Rechtsbegriffs, in: Baumeister, Martin/Böhnke, Michael/Heimbach-Steins, Marianne/Wendel, Saskia (Hg.), Menschenrechte in der katholischen Kirche. Historische, systematische und praktische Perspektiven, Paderborn 2018, 41–54.

Lüdecke, Norbert/Bier, Georg, Das römisch-katholische Kirchenrecht. Eine Einführung, Stuttgart 2012.

Maier, Eva, Zum Zusammenhang von „Theologisierung" und Positivismus im kirchlichen Recht. Aktuelle Tendenzen kirchenrechtlicher Lehre und Entscheidungspraxis, in: ÖAKR 38 (1989) 37–51.

Merzbacher, Friedrich, Die Parömie „Legista sine canonibus parum valet, canonista sine legibus nihil", in: Studia Gratiana 13 (1967) 275–282.

Mörsdorf, Klaus, Kanonisches Recht als theologische Disziplin, in: AfkKR 145 (1976) 45–58.

Mörsdorf, Klaus, Zur Grundlegung des Rechtes der Kirche, in: Ders., Schriften zum Kanonischen Recht, Paderborn 1989, 21–45.

Paul VI., Ansprache vom 17. September 1973 an die Teilnehmer des II. Kongresses für Kanonisches Recht in Mailand, in: AfkKR 142 (1973) 463–471.

Peerenboom, Randall, Law and Religion in early China, in: Huxley, Andrew (Hg.), Religion, Law and tradition. Comparative studies in religious law, London 2002, 84-107.

Pree, Helmuth, Profil und Herausforderung der Kanonistik am Beginn des dritten Jahrtausends, in: AfkKR 186 (2017–2019) 74–110.

Rouco Varela, Antonio María, Die ontologische und epistemologische Stellung des kanonischen Rechts. Bemerkungen zu einer Theologie des kanonischen Rechts, in: Ders., Schriften zur Theologie des Kirchenrechts und zur Kirchenverfassung, Paderborn 2000, 141–164.

Schüller, Thomas/Neumann, Thomas, Ordinatio rationis et/vel ordinatio fidei: Diskurs über die Quelle(n) des Kanonischen Rechts, in: Ancilla Iuris (2020) 57–78.

Schuppert, Gunnar F., Governance of diversity: zum Umgang mit kultureller und religiöser Pluralität in säkularen Gesellschaften, Frankfurt a. M.–New York 2017.

Schuppert, Gunnar F., When governance meets religion: Governancestrukturen und Governanceakteure im Bereich des Religiösen, Baden-Baden 2012.

Seinecke, Ralf, Das Recht des Rechtspluralismus, Tübingen 2015 (= Grundlagen der Rechtswissenschaft 29).

Sohm, Rudolph, Kirchenrecht, I. Die geschichtlichen Grundlagen, Leipzig 1892.

Witte, John, Law and Protestantism: The Legal Teachings of the Lutheran Reformation, Cambridge 2009.

Erzeugung und Gebrauch von Wissen in der Rechtsdogmatik

Christian Bumke

A. Drei Eigenschaften rechtsdogmatischen Wissens

Eine wissenschaftliche Disziplin aus der Sicht des Wissens zu betrachten, kann sich als fruchtbar, aber auch schwierig erweisen. Denn Wissen ist zwar ein spezifisches, doch zugleich auch universelles und allgegenwärtiges Phänomen. Vielfältig sind dementsprechend auch die Fragen, die sich mit Blick auf das Wissen stellen lassen.[1] Ich möchte mich im Folgenden auf einen Aspekt konzentrieren, der bislang in der Rechtswissenshaft nicht näher systematisch erforscht wurde, nämlich die konkreten Arten und Weisen, in denen Rechtswissenschaft in der Form der Rechtsdogmatik Wissen über das Recht erzeugt.[2] Wie jede andere (rechts)wissenschaftliche Tätigkeit ist auch die Rechtsdogmatik eine Form von „Second-order-knowledge", also einem Wissen, das vorhandenes Wissen aufbereitet, reflektiert, ordnet und verwaltet.[3]

Drei Eigenschaften werden gewöhnlich genannt, um das rechtsdogmatische Wissen zu charakterisieren, nämlich der mittlere Abstraktionsgrad des

---

1 Siehe allgemein zum Thema Wissen Rainer Schützeichel (Hrsg.), Handbuch Wissenssoziologie und Wissensforschung, 2018; Hubert Knoblauch, Wissen, in: Nina Baur et al. (Hrsg.), Handbuch Soziologie, 2008, S. 465-481; Christoph Engel/Jost Halfmann/Martin Schulte (Hrsg.), Wissen – Nichtwissen – Unsicheres Wissen, 2002; Hans Mohr, Wissen – Prinzip und Ressource, 1999; aus historischer Perspektive Peter Burke, A Social History of Knowledge, 2 Bände, 1997-2012.

2 Siehe dazu Gunnar Folke Schuppert, Wissen – Governance – Recht, 2019, S. 131 ff.; Laura Münkler, Wissen – ein blinder Fleck des Rechts?, in: dies. (Hrsg.), Dimensionen des Wissens im Recht, 2019, S. 1-25, 10 ff.; Alexander Stark, Interdisziplinarität der Rechtsdogmatik, 2020, S. 215 ff. Siehe allgemein zum Themenkomplex Wissen im Recht auch Gunnar Folke Schuppert/Andreas Voßkuhle (Hrsg.), Governance von und durch Wissen, 2008; Hans Christian Röhl (Hrsg.), Wissen – zur kognitiven Dimension des Rechts, 2010; Ino Augsberg (Hrsg.), Extrajuridisches Wissen im Verwaltungsrecht, 2013; ders., Informationsverwaltungsrecht, 2014; Laura Münkler, Expertokratie, 2020, S. 205 ff.

3 Näher Schuppert, Wissen (Fn. 2), S. 105 ff., dabei das Konzept von Jürgen Renn aufgreifend.

Wissens, seine Kanonisierung und Dogmatisierung.[4] Der mittlere Abstraktionsgrad soll den Ort bilden, an dem die Rechtsdogmatik angesiedelt ist. Er soll sich zwischen Gesetz und konkreter Rechtsentscheidung befinden und diese Ebenen miteinander verknüpfen. Diese Einschätzung baut auf der Vorstellung auf, dass die zentrale Aufgabe der Rechtsdogmatik darin besteht, den Prozess der Rechtsanwendung anzuleiten. An Plausibilität verliert die Beschreibung, sobald die traditionelle Aufgabe der Rechtsdogmatik in den Mittelpunkt gerückt wird, den positiven Rechtsstoff zu ordnen. Denn hier wird auch nach Einsichten gesucht, die sich oberhalb von Gesetz und Verfassung bewegen, beispielsweise wenn die Grundbausteine des positiven Rechts expliziert, über ihre Auswahl gestritten oder sie bearbeitet werden. Trotzdem werden sich die weiteren Erkundungen überwiegend auf der mittleren Abstraktionsebene bewegen. Einige der Beispiele zeigen aber auch, dass sich diese pauschale Lokalisierung als unzulänglich erweist.

Die Herausbildung und Bewahrung eines Kanons und der Umgang mit ihm betrifft die Strukturierung des Wissens. Statt von einem Kanon wird auch von „Klassikertexten“ gesprochen. Ein Kanon umreißt einen bestimmten Wissensraum und zeichnet diesen als maßgeblich aus. Worin der Kanon der Rechtsdogmatik besteht, wird unterschiedlich eingeschätzt. Während *Folke Schuppert* die Kanonisierung mit der Entscheidungstätigkeit des Bundesverfassungsgerichts verknüpft,[5] bindet *Philipp Sahm* diese beispielsweise an das Vorhandensein autoritativer Rechts- bzw. Gesetzestexte zurück.[6]

Mit dem Ausdruck „Dogmatisierung“ wird das Phänomen thematisiert, dass rechtsdogmatische Äußerungen einen Autoritätsanspruch[7] oder einen Anspruch auf Verbindlichkeit bzw. Normativität erheben.[8] Über die Existenz dieses Phänomens, seine Berechtigung und den adäquaten Umgang hat sich ein intensives Gespräch entwickelt.[9] Im Wesentlichen lassen sich diesbezüglich drei Positionen ausmachen: Die erste, mit den Namen *Mat-*

---

4 Repräsentativ für die Lokalisierung Anna-Bettina Kaiser, Juristische Methode, Dogmatik und System, in: Wolfgang Kahl/Markus Ludwigs (Hrsg.), Handbuch des Verwaltungsrechts, Bd. 1, 2021, § 24 Rn. 20 ff.; Schuppert, Wissen (Fn. 2), S. 131 ff.; Philipp Sahm, Elemente der Dogmatik, 2019, S. 76 ff., 109 ff. führen die Kanonisierung und Dogmatisierung als maßgebliche Eigenschaften an.

5 Schuppert, Wissen (Fn. 2), S. 144 ff.

6 Sahm, Elemente (Fn. 4), S. 77 ff.

7 Näher Nils Jansen, The Making of Legal Authority, 2010, S. 88 ff.

8 Bspw. Schuppert, Wissen (Fn. 2), S. 151 ff.; Sahm, Elemente (Fn. 4), S. 109 ff.

9 Einen guten Überblick über die Debatte bietet Stark, Interdisziplinarität (Fn. 2), S. 89 ff., 103 ff.

thias Jestaedt und *Oliver Lepsius* verknüpfte Position warnt die Rechtswissenschaft vor einer illegitimen „Selbstermächtigung" und will ihr auferlegen, konzeptionell 1.) zwischen den Normen des Rechtssystems und den Sätzen der Rechtsdogmatik und 2.) zwischen deskriptiver und normativer Rechtsdogmatik zu unterscheiden, wobei zum Teil dafür plädiert wird, auf eine normative Rechtsdogmatik generell zu verzichten.[10] Demgegenüber sieht die zweite Position Wesen und Wert der Rechtsdogmatik gerade im unauflöslichen Ineinandergreifen bzw. Verschleifen rechtswissenschaftlicher und rechtspraktischer Arbeit.[11] Jüngst wurde diese Position von *Wolfgang Kahl* vorgestellt und verteidigt.[12] Sie betont die Notwendigkeit, wissenschaftliche Aussagen über das Recht von rechtspolitischen Vorschlägen zu unterscheiden. Auf diese Weise sollen sich die von der ersten Position angemahnten Gefahren bewältigen lassen.[13] Die dritte Position plädiert für die Etablierung eigenständiger Felder rechtsdogmatischen Arbeitens. Die Rede ist von der Errichtung einer „Wissenschaftsdogmatik".[14] An Bereichen, die sich gewöhnlich außerhalb der alltäglichen prozessualen Kleinarbeit bewegen, mangelt es nicht. Exemplarisch lässt sich dafür auf

---

10 Oliver Lepsius, Kritik der Dogmatik, in: Gregor Kirchhof/Stefan Magen/Karsten Schneider (Hrsg.), Was weiß Dogmatik?, 2012, S. 39-62, 43 ff.; ders., Problemzugänge und Denktraditionen im Öffentlichen Recht, in: Eric Hilgendorf/Helmut Schulze-Fielitz (Hrsg.), Selbstreflexion der Rechtswissenschaft, 2015, S. 53-92, 87 ff.; Matthias Jestaedt, Wissenschaft im Recht, JZ 2014, S. 1-12, 3; ders., Vom Beruf der Rechtswissenschaft – zwischen Rechtspraxis und Rechtstheorie, in: Horst Dreier (Hrsg.), Rechtswissenschaft als Beruf, 2018, S. 227-255, 238 ff.; ders., Wissenschaftliches Recht, in: Kirchhof/Magen/Schneider (Hrsg.), Dogmatik (Fn. 10), S. 117-137, 130; für einen Verzicht auf normative Rechtsdogmatik auch Horst Dreier, Rechtswissenschaft als Wissenschaft – Zehn Thesen, in: ders. (Hrsg.), Beruf (Fn. 10), S. 1-65, 50 ff. Siehe zu normativen Sätzen in der Rechtsdogmatik ausführlich Patrick Hilbert, Systemdenken in Verwaltungsrecht und Verwaltungsrechtswissenschaft, 2015, S. 30 ff.; Stark, Interdisziplinarität (Fn. 2), S. 89 ff.

11 Friedrich Schoch, Verwaltungsrechtswissenschaft zwischen Theorie und Praxis, in: Die Verwaltung, Beiheft 12 (2017), S. 11-32, 17 ff.; Thomas Lobinger, Perspektiven der Privatrechtsdogmatik am Beispiel des allgemeinen Gleichbehandlungsrechts, AcP 216 (2016), S. 28-106, 57 ff.; Martin Morlok, Was heißt und zu welchem Ende studiert man Verfassungstheorie?, 1988, S. 39 ff.; Winfried Brohm, Die Dogmatik des Verwaltungsrechts, VVdStRL 30 (1971), S. 245-312, 247 ff.

12 Wolfgang Kahl, Wissenschaft, Praxis und Dogmatik im Verwaltungsrecht, 2020, S. 65 ff.

13 Kahl, Wissenschaft (Fn. 12), S. 127 f.; Nils Jansen, Rechtsdogmatik, Rechtswissenschaft und juristische Praxis, AöR 143 (2018), S. 623-658, 651.

14 Einen zusammenfassenden Überblick bietet Kaiser, Methode (Fn. 4), Rn. 46 ff.; siehe ferner die Positionierung von Nils Jansen, Recht und gesellschaftliche Differenzierung, 2019, S. 321 ff.

das Phänomen sog. wissenschaftlichen Rechts als einer Spielart Privaten Rechts verweisen, auf die man etwa im internationalen und transnationalen Rechtskontext stößt.[15] Ein wohlvertrautes und vielfach behandeltes Beispiel bilden die UNIDROIT Principles of International Commercial Contracts.[16] Weitere Beispiele stellen die vielen fruchtbar-lehrreichen rechtsvergleichenden Projekte[17] oder die Wiederbelebung des Gedankens eines gemeineuropäischen Privat- und Verwaltungsrechts dar[18].

Nicht nur verschiedene Grundfragen des Rechts, seiner Anwendung und seiner Einbindung in den demokratischen Verfassungsstaat, sondern auch wissenschaftliche und rechtswissenschaftliche Grundverständnisse sowie schließlich Aspekte der juristischen Methodenlehre kommen beim Thema der Dogmatisierung zusammen. Aus ihnen erwächst ein undurchdringbares Geflecht aus Gedanken, Aspekten, Einschätzungen und Über-

---

15 Reinhard Zimmermann, „Wissenschaftliches Recht" am Beispiel (vor allem) des europäischen Vertragsrechts, in: Christian Bumke/Anne Röthel (Hrsg.), Privates Recht, 2012, S. 21-48; Karl Riesenhuber, Privates Recht, Wissenschaftliches Recht, Systembildung, ebd., S. 49-67; James Gordley, The State's Private Law and Legal Academia, in: Nils Jansen/Ralf Michaels (Hrsg.), Beyond the state – rethinking private law, 2008, S. 219-232. Siehe allgemein zum Phänomen des privaten Rechts auch Gunnar Folke Schuppert, The World of Rules, 2017, S. 137 ff.; Lothar Michael, Private Standardsetter und demokratisch legitimierte Rechtsetzung, in: Hartmut Bauer/Karl-Peter Sommermann/Peter M. Huber (Hrsg.), Demokratie in Europa, 2005, S. 431-456.

16 UNIDROIT (Hrsg.), Principles of International Commercial Contracts 2016, 2016; siehe dazu im Kontext der Diskussion um wissenschaftliches Recht Nils Jansen, Making (Fn. 7), S. 66 ff.; allgemein zum Projekt Stefan Vogenauer, in: ders. (Hrsg.), Commentary on the UNIDROIT Principles of International Commercial Contracts (PICC), 2. Aufl. 2015, S. 1 ff.

17 Siehe etwa für das Verfassungsrecht Armin von Bogdandy/Peter M. Huber (Hrsg.), Handbuch Ius Publicum Europaeum, 9 Bände, 2007-2021.

18 Zum Projekt eines europäischen Privatrechts Ole Lando/Hugh Beale (Hrsg.), Principles of European Contract Law Part I, 1995; dies. (Hrsg.), Principles of European Contract Law Parts I and II, 2000; Ole Lando/Eric Clive/Andre Prüm/Reinhard Zimmermann (Hrsg.), Principles of European Contract Law Part III, 2003; Christian von Bar/Eric Clive (Hrsg.), Principles, Definitions and Model Rules of European Private Law: Draft Common Frame of Reference (DCFR), Full Edition 2009, 6 Bände. Nachweise zu weiteren Projekten bei Zimmermann, Recht (Fn. 15), S. 23 ff. Zum Projekt eines europäischen Verwaltungsverfahrensrechts Jens-Peter Schneider/Herwig C. H. Hofmann/Jacques Ziller (Hrsg.), ReNEUAL Model Rules on EU Administrative Procedure – Updated Version 2015, 2017. Siehe in diesem Zusammenhang außerdem das Projekt eines „Global Administrative Law" (dazu Benedict Kingsbury/Nico Krisch/Richard B. Stewart, The Emergence of Global Administrative Law, Law & Contemp. Probs. 68 (2005), S. 15-61).

zeugungen, die es – jedenfalls im Rahmen dieses Beitrags – unmöglich machen, das Phänomen adäquat zu behandeln. Auch an dieser Stelle macht sich zudem ein Defizit der bisherigen Diskussion über Eigenschaften und Wert der Rechtsdogmatik bemerkbar, das darin besteht, dass das konkrete rechtsdogmatische Arbeiten nicht näher studiert und systematisch erschlossen wird. So fehlen den Aussagen, Einschätzungen und Urteilen über „die" Rechtsdogmatik und ihre Entwicklung die konkrete Anschauung und eine ausreichend breite und belastbare Grundlage.

Dieses Defizit bestimmt auch die hier interessierende Wissensthematik. Es bildet den Ausgangspunkt für die weitere Untersuchung. Da es sich nicht kurzerhand beseitigen lässt, wird zunächst auf der abstrakten Ebene umrissen, auf welche Weisen sich das rechtsdogmatische Wissen ordnen lässt (B.I.). Da die dafür erforderlichen Wissensbestände nicht vorhanden sind, wird anschließend die Ordnungsebene verlassen, um konkrete Wissenskonstellationen zu untersuchen (B.II). Ziel ist es, zu zeigen auf welche unterschiedlichen Weisen rechtsdogmatisches Wissen erzeugt wird und welche unterschiedlichen Wissensformen dabei sichtbar werden. Es macht – so die hier vertretene Hypothese – einen entscheidenden methodischen Unterschied, ob analysiert, beschrieben, geurteilt, interpretiert, erklärt, angeleitet, angenommen oder prognostiziert wird.

Zwei Einsichten werden dabei gewonnen, die über das Exemplarische hinausweisen und von allgemeinem Interesse für das rechtsdogmatische Verständnis sein könnten. Die erste Einsicht betrifft das Verhältnis zwischen Recht und anderen Wissensfeldern (unter B.II.1). Dreierlei wird sich dabei zeigen: 1.) Es ist fruchtbar anzunehmen, dass neben spezifischen Wissensfeldern wie Recht, Medizin oder Technik ein unspezifischer Wissensraum existiert, der die speziellen Felder umschließt und aus dem diese hervorgehen. Er wird hier als „Raum des allgemein Praktischen" bezeichnet. 2.) Es bedarf nicht bei jeder Rezeption außerrechtlichen Wissens eines spezifischen Transformationsaktes. Wissenselemente aus dem Raum des allgemein Praktischen lassen sich unter Umständen ohne Zwischenschritt in eine rechtliche Argumentation einbinden. 3.) Bei der Beantwortung schwieriger Rechtsfragen zeigt sich, dass die herkömmliche Beschreibung eines Ausgreifens oder Übergehens auf das Feld der Moral[19] nicht adäquat den Übergang zwischen dem Feld des Rechts und dem Raum des allgemein Praktischen zu erfassen vermag. Der entscheidende Irrtum besteht darin, den Raum des allgemein Praktischen mit einem spezifischen Wis-

19 So bspw. Ronald Dworkin, Law Empire, 1986, S. 225 ff.; Robert Alexy, Begriff und Geltung des Rechts, 1992, S. 126 ff.

sensfeld, nämlich dem der Ethik zu verwechseln. Deshalb lassen sich auch keine weitergehenden Rückschlüsse über das Verhältnis zwischen Recht und Moral aus dem Umgang mit schwierigen Rechtsfragen herleiten. Denn der Raum des allgemein Praktischen weist keine spezifischen Eigenschaften auf.

Die zweite Einsicht steht im Zusammenhang mit der methodologischen Hypothese unterschiedlicher Wissensformen. Sie bezieht sich auf das interpretatorische Verstehen des rechtlich Gebotenen mittels juristischer Argumentation, also die Tätigkeit, die herkömmlich als Auslegung bezeichnet wird. Bei ihr handelt es sich um eine eigenständige Form des Wissens, die sich kategorial von der Analyse, Beschreibung oder Erklärung des rechtlich Gebotenen unterscheidet[20] und sich deshalb auch nicht adäquat mit Hilfe der Unterscheidung ‚deskriptiv/präskriptiv' erfassen lässt. Eine Interpretation kann analysierende, beschreibende und erklärende Elemente enthalten, doch die Interpretation geht unausweichlich über diese Elemente hinaus. Interpretationen können mehr oder minder verlässlich sein und es lässt sich auch sinnvoll davon sprechen, dass mit ihrer Hilfe Einsichten und damit auch Wissen über das Recht gewonnen wird. Sachlich macht es jedoch keinen Unterschied, ob ein Gericht oder eine Rechtsdogmatiker:in interpretieren. Die Interpretation besitzt keine Eigenschaften, die einer genuin wissenschaftlichen Behandlung zugänglich sind. Dadurch unterscheidet sie sich von der Analyse, Beschreibung oder Erklärung des positiven Rechts.

B. Rechtsdogmatische Wissenserzeugung

I. Zugänge und Ordnungsgesichtspunkte

Die rechtsdogmatische Wissenserzeugung lässt sich anhand der Anlässe, Betätigungsfelder oder Formen rechtsdogmatischer Arbeit erkunden und ordnen. Vielfältig und unterschiedlich sind die Anlässe. Es beginnt bei

---

20 Für die Literaturtheorie vertritt Jonathan Culler, Literaturtheorie, 2002, S. 89 ff., eine vergleichbare Position. Die jüngere deutschsprachige allgemeine Hermeneutiktheorie entwickelt sich in die gegenteilige Richtung und sucht nach den Gemeinsamkeiten zwischen interpretatorischen Verstehensvorgängen und wissenschaftlichen Erklärungen – repräsentativ Wolfgang Detel, Geist und Verstehen, 2011, Teil II; Oliver R. Scholz, Verstehen und Rationalität, 3. Aufl. 2016.

den Eigenschaften[21] und der Bedeutung eines einzelnen Merkmals, über den Widerstreit zwischen Regeln, die Prinzipienbildung[22] und die Ausformung von Instituten, hin zur Ausarbeitung von Figuren und Theorien bis zur Konstitution eines Rechtsgebietes,[23] der Fassung von Rechtsregimen (Öffentliches Recht/Privatrecht oder hoheitliches Recht/privaterzeugtes Recht) oder den Beziehungen von Rechtsordnungen. Jede dieser Aufgaben wird in tastender, typischer, erprobter oder unvertrauter Vorgehensweise angegangen. Erarbeitet werden mehr oder minder verlässliche Einsichten. Es wird beurteilt und eingeschätzt. Mit anderen Worten, es wird rechtsdogmatisches Wissen erzeugt. Ein eingehendes Studium der Anlässe würde nicht nur zu einem klaren und übersichtlichen Bild der praktischen Aufgaben und der konkreten Arbeitsweisen führen, sondern auch erlauben, das rechtsdogmatische Instrumentarium zu rekonstruieren. Damit einher gingen die Möglichkeit und Chance, über die allgemeinen Anforderungen wie Widerspruchsfreiheit und Fruchtbarkeit hinaus, spezifische Standards für das rechtsdogmatische Arbeiten frei- und festzulegen.

Eine Annäherung über die Betätigungsfelder verschiebt den Blick auf die vier Grundfunktionen der Rechtsdogmatik.[24] Im Mittelpunkt stehen dann zum einen die Weise, in der rechtsdogmatisches Wissen zur Anleitung der Rechtsanwendungsprozesse erzeugt und auf dieses Wissen zurückgegriffen wird, und zum anderen wie rechtsdogmatisches Wissen erlaubt, den Rechtsstoff zu ordnen und in diesem Prozess neues Wissen hervorzubringen. Wieder anders gestalten sich Wissenserzeugung und -nutzung auf dem Feld normativen Wissens, auf dem neben Entwicklungs-, Vergleichs- und Wirkungsanalysen Maßstäbe für Rechtsreformen erarbeitet werden. Schließlich lässt sich aus dieser Perspektive verfolgen, wie sich Aufmerksamkeiten verschieben, neue Fragen – oft im Verbund mit Rechtsentwicklungen – sichtbar werden und dazu führen, dass Konzepte geändert, Kategorien aufgegeben, Unterscheidungen ersetzt, neue Zugänge erprobt werden. In diesem Sinne wurden in den drei letzten Jahrzehn-

---

21 Eine sehr gute Analyse des Phänomens der Unbestimmtheit eines Merkmals bietet David Lanius, Strategic Indeterminacy in the Law, 2019, S. 152 ff.

22 Näher Claus-Wilhelm Canaris, Systemdenken und Systembegriff in der Jurisprudenz, 2. Aufl. 1983, S. 46 ff.

23 Siehe etwa für die Konstituierung des Umweltrechts Michael Kloepfer, Umweltrecht, 1. Aufl. 1989, §§ 1-6; siehe auch Wolfgang Hoffmann-Riem, Reform des allgemeinen Verwaltungsrechts als Aufgabe – Ansätze am Beispiel des Umweltschutzes, AöR 115 (1990), S. 400-447; für das Kapitalmarktrecht Klaus Hopt, Der Kapitalanlegerschutz im Recht der Banken, 1975.

24 Näher Christian Bumke, Rechtsdogmatik, 2018, S. 45 ff.

ten unter den Stichworten „Reform des Verwaltungsrechts" und „Neue Verwaltungsrechtswissenschaft" die gerichts- und rechtsakzentuierte Ordnung des Verwaltungsrechts um verwaltungs- und verhaltensbezogene Ordnungselemente erweitert und das Lehrgebäude um die Themen „Entscheidungsprozess" und die „Entscheidungs- bzw. Regelungsoptionen" etwa in Form von Regulierungsstrategien vervollständigt.[25]

Wird nach den Formen gefragt, rückt in den Fokus, wie im Generierungsprozess das rechtsdogmatische Wissen strukturiert und zusammengefasst wird. Die Formen prägen darüber hinaus die Art und Weise, wie vom rechtsdogmatischen Wissen Gebrauch gemacht werden kann. Begriffe bilden das A und O. Wie werden Ausdrücke verwendet und die ihnen zugehörigen inhaltlichen Konzepte entwickelt? Die konzeptionelle Arbeit kann sich auf Merkmale eines Gesetzes oder einer richterlichen Entscheidungsregel,[26] aber beispielsweise auch auf Ausdrücke beziehen, die zum Ordnen des Rechtsstoffes genutzt werden. Handelt es sich um ein Gesetzesmerkmal stellen sich u. a. folgende Aufgaben: Es muss geklärt werden, welche Gegenstände mit dem Ausdruck bezeichnet, d. h. welche rechtlichen, sozialen oder natürlichen Phänomene unserer Welt von ihm erfasst werden (= Anwendungsbereich bzw. Extension). Ferner müssen die Eigenschaften der erfassten Gegenstände ermittelt werden. Schließlich muss ein Konzept entwickelt werden, mit dem sich die Bedeutung bzw. Intension unter Berücksichtigung der Extension und des Umgangs mit dem Gesetz adäquat erfassen lässt. Reflektierend lässt sich stattdessen aber auch danach fragen, wie und aus welchen Gründen Unterscheidungen eingeführt und welche Kategorien, Bausteine oder Grundelemente verwendet werden. Ferner lässt sich studieren, wie zur Durchdringung und Ordnung des Rechtsstoffes Prinzipien und Figuren gebildet und Theorien entwickelt werden.

Im Folgenden wird anhand konkreter Beispiele, die zugleich größere dogmatische Themenkomplexe repräsentieren, ein anschaulicher Eindruck von der Erarbeitung und Formung rechtsdogmatischen Wissens gewonnen. Den Schwerpunkt bildet das konzeptuelle Arbeiten, da es in umfassender Weise die rechtsdogmatischen Tätigkeiten prägt. Unterschieden wird dabei zwischen den Betätigungsfeldern der Rechtsanwendung (B.II.1.) und der Ordnungsbildung (B.II.2.). Letzteres wird anschließend

---

25 Siehe dazu nur Wolfgang Hoffmann-Riem/Eberhard Schmidt-Aßmann (Hrsg.), Schriften zur Reform des Verwaltungsrechts, 10 Bände, 1993-2004 und Wolfgang Hoffmann-Riem/Eberhard Schmidt-Aßmann/Andreas Voßkuhle (Hrsg.), Grundlagen des Verwaltungsrechts, 3 Bände, 1. Aufl. 2006-2009.

26 Zu dieser Kategorie Christian Bumke, Richterrecht, in: Hanno Kube u. a. (Hrsg.), Leitgedanken des Rechts, Bd. 2, 2013, § 92 Rn. 5.

erneut betreten, um Systematisierungsprozesse mit Hilfe von Prinzipien zu verfolgen (B.III.). Denn die Erarbeitung von Prinzipien und die Ordnung des Rechtsstoffes mit ihrer Hilfe zählt zur Hohen Schule der Rechtsdogmatik. Immer wieder Anlass zu Sorge und Skepsis gibt der Umgang mit außerrechtlichem Wissen. Aus diesem Grund wird auf die rechtsdogmatische Verarbeitung außerrechtlicher Veränderung eingegangen (B.IV.). Der letzte Themenkomplex, der am Beispiel des Richterrechts veranschaulicht wird, soll zeigen, wie die Rechtsdogmatik Kategorien entwickelt und bearbeitet, um die grundlegenden Ordnungsmechanismen einer Rechtsordnung zu erfassen.

II. Konzeptuelles Arbeiten

1. Konzeptuelle Bearbeitung gesetzlicher Merkmale

Konzeptuelles Arbeiten erfolgt im Zusammenhang mit Fragen der Rechtsanwendung, bei deren Beantwortung Leerstellen, Diffuses oder Grenzfälle beim Umgang mit den Merkmalen eines Gesetzes sichtbar werden. Zwei grundlegend verschiedene Konstellationen gilt es dabei zu unterscheiden. Die erste ist interpretatorischer und die zweite erklärender Natur. Die Beschäftigung mit einem Gesetzesmerkmal ist oft darauf gerichtet, dass durch das Merkmal Gebotene konzeptuell zu erfassen – mit anderen Worten es auf einen Begriff zu bringen. Die interpretatorische Arbeit bewegt sich in den Bahnen der juristischen Argumentation und entzieht sich der Unterscheidung ‚deskriptiv/präskriptiv', da sie eine eigenständige Erkenntnisweise darstellt. Indiz für die Eigenständigkeit ist die sonst bestehende Doppelgesichtigkeit, dass das Gebotene, geboten ist und zugleich auch geboten sein soll. Für dieses Sollen aber ist kein Platz und Bedarf, da es mit dem interpretatorischen Ergebnis, das und das ist geboten, zusammenfällt. Interpretationen können Mängel oder Fehler aufweisen. Es können aber auch verschiedene fehlerfreie Interpretationen für ein Gesetzesmerkmal nebeneinander existieren. Kategorial anders ist es um Erklärungen und Beobachtungen bestellt. Zwar beziehen sich diese nicht auf natürliche, sondern auf soziale bzw. kulturelle Phänomene. Doch besitzen auch sie – insoweit einem natürlichen Phänomen ähnlich – einen Widerstand, der es erlaubt, in vergleichbarer Weise zwischen richtigen und falschen Beobachtungen und Erklärungen zu unterscheiden. Nicht nur die kategoriale Differenz zwischen interpretatorischem Verstehen des Gebotenen einerseits und andererseits dem Erklären von Eigenschaften eines Gesetzesmerkmals wird im Weiteren anhand zweier Streitpunkte um die Menschenwürdegarantie erläutert. Zugleich sollen die beiden Beispiele die konzeptuelle Arbeit und die Generierung rechtsdogmatischen Wissens illustrieren.

a) Das rechtlich Gebotene interpretatorisch verstehen

Beim ersten Beispiel, das mit Hilfe der Habilitationsschrift „Das Klonen von Menschen" von *Jens Kersten* betrachtet werden soll, handelt es sich um die Frage, ob das Klonen von Embryonen mit der Menschenwürdegarantie aus Art. 1 Abs. 1 GG vereinbar ist.[27] Diese Rechtsfrage leitet die konzeptuelle Arbeit an. Sie führt unter anderem zum Maßstab des Art. 1 Abs. 1 GG und damit zum Konzept der Menschenwürde. Dieses Konzept ist komplex und in Teilen diffus und offen, in anderen Teilen heterogen und umstritten.[28] Anteil an seinem Inhalt haben neben der Rechtswissenschaft und anderen Disziplinen vor allem das Bundesverfassungsgericht und die übrige Rechtspraxis.

Ausgangspunkt für die Beantwortung der Rechtsfrage bildet ein mehr oder minder geteilter Bestand an Vorstellungen und Überzeugungen über die Menschenwürde. Dieser Bestand muss zunächst gesichtet und mit Blick auf die Rechtsfrage aufgearbeitet werden. Diese Wissensversicherung geht gewöhnlich über das bloße Registrieren hinaus. Nicht nur werden immer wieder gedanklich-argumentative Weichen gestellt, sondern auch das Material wird gedeutet, neue Aspekte und Linien herausgearbeitet. Der Anspruch bleibt dabei aber rekonstruktiver Art.[29] Doch dann kommt der Punkt, an dem Neuland betreten werden muss. Es müssen Unterscheidungen und Maßstäbe eingeführt werden, um sich in dem unsicheren und unvertrauten Gebiet zurechtzufinden. Es müssen die entscheidungserheblichen Gesichtspunkte benannt und ihre Bedeutung geklärt werden. Und alles muss zu einem Konzept zusammengebunden werden, das sich als Fortschreibung des bisherigen Verständnisses verstehen lässt. In diesem Sinne greift *Kersten* auf die Unterscheidungen ‚Subjekt/Objekt' und ‚na-

---

27 Jens Kersten, Das Klonen von Menschen, 2004; siehe zu dem Themenkomplex auch Horst Dreier, in: ders. (Hrsg.), Grundgesetz, Kommentar, Bd. 1, 3. Aufl. 2013, Art. 1 GG Rn. 105 ff.; Eric Hilgendorf, Klonverbot und Menschenwürde, in: Max-Emanuel Geis (Hrsg.), Festschrift für Hartmut Maurer, 2001, S. 1147-1164; Henning Rosenau, Reproduktives und therapeutisches Klonen, in: Knut Amelung et al. (Hrsg.), Strafrecht, Biorecht, Rechtsphilosophie: Festschrift für Hans-Ludwig Schreiber, 2003, S. 761-781.

28 Siehe dazu ausführlich Manfred Baldus, Kämpfe um die Menschenwürde, 2016.

29 Repräsentativ Kersten, Klonen (Fn. 27), § 9.A.

türlich/gesellschaftlich' zurück und verknüpft diese mit dem Recht auf eine autonome Entwicklung eines Subjektverständnisses. Das daraus entwickelte Konzept führt zu einem umfassend-strikten Verbot, Menschen zu klonen.[30]

Dieses Konzept mit seinen Unterscheidungen, Maßstäben, Weichenstellungen und Argumenten lässt sich auf Stimmigkeit bzw. Widerspruchsfreiheit, Lücken und Unbedachtes, Überzeugungskraft, Anschlussfähigkeit und Erklärungskraft befragen. Außerdem können die Grenzen inhärenter Kritik überschritten werden, indem Prämissen hinterfragt und alternative Verständnisweisen entwickelt, kritisiert und mit ihm verglichen werden.[31] Verläuft das Forschungsgespräch in geglückter Weise, bildet sich ein Kreis plausibler Verständnisweisen heraus, deren Prämissen, Argumentationsstrukturen, Folgen, Stärken und Schwächen bekannt sind, und die mit divergierenden Rechtmäßigkeitsurteilen verknüpft sein können.

Welche Art und Qualität von Wissen entstehen auf diese Weise? Die Vorschläge sind keine Erklärungen, sondern sie bewegen sich auf dem Feld interpretativen Verstehens des Gebotenen. Es handelt sich um einen Kreis möglicher und plausibler Verständnisweisen eines Gesetzesmerkmals und zugleich um das Element einer Regel, das es erlaubt, ein Verhalten, einen Zustand oder ein Ereignis rechtlich zu beurteilen. Handelt es sich um gut ausgearbeitete und durchdachte Vorschläge, kann es sein, dass weder ein eindeutiger Maßstab noch ein verlässliches Verfahren vorhanden sind, um zweifelsfrei zu entscheiden, welcher Vorschlag vorzugswürdig ist. Denn das Gewicht und die Relevanz von Argumenten und die Überzeugungskraft solcher Konzepte hängen (meist oder mitunter) davon ab, welche Prämissen, Lebenswelten, Weltsichten und Überzeugungen geteilt werden. Die Grenzen rationalen Denkens und Arbeitens sind erreicht. Sie lassen sich nur mit Hilfe fester Überzeugungen überwinden. Auch aus diesem Grund ist das Recht auf Gerichte als neutrale Einrichtungen angewiesen, die die kognitive Uneinigkeit überwinden, indem sie sich für ein

30 Kersten, Klonen (Fn. 27), S. 490 ff., 509 ff.

31 Einwände gegen die aus seiner Sicht inflationäre Verwendung der Menschenwürde im Bereich der Biotechnologie und Humangenetik etwa bei Dreier, (Fn. 27), Art. 1 GG Rn. 79 ff., spezifisch gegen Kerstens Position, nach der auch therapeutisches Klonen stets eine Menschenwürdeverletzung darstellt, ebd., Rn. 106 ff. Ähnlich wie Dreier auch Rosenau (Fn. 27), S. 778 ff.; wiederum anders ist die Herangehensweise bei denjenigen, die von einem gestuften Schutz der Menschenwürde ausgehen, siehe in diesem Sinne etwa Matthias Herdegen, Die Menschenwürde im Fluß des bioethischen Diskurses, JZ 2001, S. 773-786, 774 f.; Michael Kloepfer, Humangenetik als Verfassungsfrage, JZ 2002, S. 417-428, 420 f.

bestimmtes Verständnis entscheiden.[32] Aber auch wenn sich das Gebotene nicht verlässlich bestimmen lässt, kann auf solchen Feldern normativen Verstehens praktisch relevantes Wissen erzeugt werden. Nur sollte man sich der unterschiedlichen Qualität und des unterschiedlichen Status der Aussagen und Urteile bewusst sein. Pauschal von Rechtserkenntnis oder von Rechtsfindung zu sprechen, verfehlt die hier beobachtbaren Wissensformen.

Darüber hinaus ist das Beispiel aber auch für das Thema der allgemeinen Wissenserzeugung und -weitergabe lehrreich. Modellhaft lässt sich das Wissen als ein Raum des praktischen Nachdenkens, Urteilens, Argumentierens, Einschätzens, Analysierens, Beobachtens oder Erklärens vorstellen, der hier als Raum des allgemein Praktischen bezeichnet wird. In diesem Raum haben sich spezielle Wissensfelder herausgebildet, die sich wie das Recht, die Medizin oder die naturwissenschaftlichen oder technischen Disziplinen aus einem Kreis spezifischer Argumente, Aspekte, Sichtweisen, Strukturen und anderer genuiner Wissenselemente zusammensetzen. Derartige Verdichtungen beruhen auf vielen verschiedenen Gründen (u. a. Institutionen, Regeln, Diskursen, Praxen).

Für das rechtliche Wissensfeld kann sich der Übergang zum Raum des allgemein Praktischen fließend oder kategorial gestalten. Bei der Klonen-Frage lässt sich ein fließender Übergang beobachten. Einzelne Elemente sind rechtlicher Natur, andere allgemein-praktischer Herkunft. Der Kreis der Argumente und der Argumentationsweisen ist dabei nur durch den Umstand der Verknüpfbarkeit mit der rechtlichen Ausgangsfrage begrenzt. Das Besondere besteht hier nicht darin, dass die allgemein-praktischen Überlegungen durch die Einbindung in ein Konzept der Menschenwürde einen rechtlichen Charakter gewinnen, sondern dass das Konzept nur unter Rückgriff auf allgemein-praktische Überlegungen gewonnen werden kann; und dass auch alternative Verständnisweisen in derselben Weise den Raum des allgemein-praktischen Denkens und Urteilens einbeziehen müssen. Im weiteren Verlauf des Forschungsgesprächs kann sich jedoch aufgrund der Entwicklung der gesetzgeberischen, gerichtlichen oder rechtswissenschaftlichen Praxis das Rechtsgebilde in einer Weise verdichten, dass allgemein-praktische Argumente nicht mehr ohne weiteres einbezogen werden können, sondern es zuvor eines besonderen Rezeptions- und Transformationsaktes bedarf. Aus einem vormals fließenden Übergang ist dann eine kategoriale Grenze zwischen rechtlichem und

32 Alternativ können selbstverständlich solche Festlegungen im demokratischen Verfassungsstaat auch durch den Gesetzgeber erfolgen.

außerrechtlichem Wissen geworden. Anders als es gewöhnlich im Rahmen der Transformationsthematik behauptet wird,[33] bedarf es also nicht stets eines Übersetzungsaktes für die Einbeziehung nichtrechtlichen Wissens.[34] Erforderlich ist dieser nur, wenn es sich entweder um Einsichten, Einschätzungen oder Vorstellungen eines spezifischen Wissensfeldes wie etwa der Medizin handelt oder Rechtspraxis und Rechtsgespräch bezüglich des rechtlich Gebotenen eine Dichte erreicht haben, die ein fließendes Ausgreifen in den Raum des allgemein Praktischen unmöglich macht.

Bemerkenswerterweise sind die fließenden Übergänge zwischen der rechtlichen Sphäre und dem Raum des allgemein Praktischen sowie die Prozesse der Verdichtung bislang nicht eingehender untersucht worden.

Das Phänomen fließender Übergänge könnte schließlich auch eine Erklärung für die Vorstellung sein, dass das Recht auf die Sphäre der Moral ausgreift und deshalb ein notwendiger Zusammenhang zwischen beiden Sphären besteht. Der Irrtum, dem diese Vorstellung dann in Bezug auf den Raum des allgemein Praktischen erliegt, besteht darin, dass dieser Raum über keine spezifische Qualität verfügt. Es kann deshalb dort zwar nach brauchbaren Argumenten oder Gedanken Ausschau gehalten werden. Es gibt aber keinen Grund, warum dieser Raum in einer Weise strukturiert sein sollte, dass sich dort verlässliche Maßstäbe für sämtliche praktischen Fragen des menschlichen Daseins entnehmen lassen sollten.

b) Eigenschaften eines rechtlichen Gegenstandes klären

Statt auf das interpretatorische Verstehen kann die konzeptuelle Arbeit bezüglich eines gesetzlichen Merkmals darauf gerichtet sein, die Eigenschaften der Phänomene – seien es Gegenstände, Zustände, Rechtsgüter, Rechte oder Wertmaßstäbe – zu klären, die von dem Merkmal erfasst werden, oder die Rechtspraxis zu rekonstruieren, die sich bezüglich des Merkmals gebildet hat.

Der juristische Diskurs über die Garantie der Menschenwürde bietet auch hierfür lehrreiches Anschauungsmaterial: Mit Blick auf die Recht-

---

33 Statt aller Starck, Interdisziplinarität (Fn. 2), S. 215 ff.; Münkler, Expertokratie (Fn. 2), S. 247 ff.

34 Denn für eine Einbeziehung eines Gedankens, Arguments oder eines guten Grundes aus dem Raum des allgemein Praktischen ist nicht mehr erforderlich, als dass die Überlegung in den argumentativen Gedankengang aufgenommen wird. Es existiert weder ein Maßstab noch ein Kriterium, um das spezifisch Juristische vom Nichtjuristischen zu unterscheiden.

sprechung des Bundesverfassungsgerichts wurde in den letzten Jahren von verschiedener Seite die These aufgestellt, dass das Verständnis des Gerichts, in Art. 1 Abs. 1 GG ein absolutes, also ein uneinschränkbares abwehrrechtliches Grundrecht zu sehen, nicht mit seiner Praxis vereinbar sei. Denn diese sei durch Abwägungsvorgänge gekennzeichnet.[35]

Um die Richtigkeit dieser These zu prüfen, muss zunächst geklärt werden, 1.) welche Gegenstände (Normen, Ansprüche, Güter, Positionen oder Gründe) auf welche Weise genau abgewogen werden, 2.) muss gezeigt werden, dass diese Abwägung der Vorstellung bzw. Konstruktion eines absoluten, uneinschränkbaren Rechts widerspricht, 3.) müssen die Umstände benannt werden, aus denen sich schließen lässt, dass das Gericht eine solche Abwägung mit Blick auf die Menschenwürde vornimmt, und 4.) soll geklärt werden, ob es nicht möglich ist, die gerichtliche Praxis in einer Weise zu rekonstruieren, die ohne solche Abwägungen auskommt. Die Klärung dieser Punkte steht erst an ihrem Anfang. Mitverantwortlich dafür sind die Eigenarten des grundrechtlichen Forschungsgesprächs. Zum einen werden bestehende Forschungslücken und die Wege ihrer Klärung nicht klar adressiert. Zum anderen fehlt es am Bewusstsein für die unterschiedlichen Wissensarten, sodass beispielsweise der Streit über das rechtlich Gebotene mit konstruktiv-erklärenden Fragen in misslicher Weise vermengt wird. Doch mehren sich bezüglich des letzten Punktes Vorschläge, die die Beantwortung schwieriger Rechtsfragen auch mit Blick auf die Menschenwürde als einen Vorgang beschreiben, der (ganz überwiegend) ohne abwägende Momente auskommt.[36]

Ein weiteres Handicap für die Vorstellung eines absoluten Rechts ergibt sich aus dem Umstand, dass die grundrechtlich geschützten Gegenstände herkömmlich in einer substanziellen Weise gedacht werden. Mit dem At-

---

35 Matthias Herdegen, in: Theodor Maunz/Günter Dürig (Begr.), Grundgesetz, Kommentar, Art. 1 GG Rn. 46 ff. (94. EL Januar 2021); Martin Nettesheim, Die Garantie der Menschenwürde zwischen metaphysischer Überhöhung und bloßem Abwägungstopos, AöR 130 (2005), S. 71-113, 105; Manfred Baldus, Menschenwürdegarantie und Absolutheitsthese, AöR 136 (2011), S. 529-552, m.w.N. S. 535.

36 Ralf Poscher, Menschenwürde, in: Matthias Herdegen/Johannes Masing/Ralf Poscher/Klaus Ferdinand Gärditz (Hrsg.), Handbuch des Verfassungsrechts, 2021, § 17 Rn. 119 ff.; Justus Quecke, Unantastbare Menschenwürde, 2020; Matthias Hong, Abwägungsfeste Rechte, 2019, S. 125 ff.; siehe zur Beantwortung schwieriger Rechtsfragen ohne Abwägung auch Laurence O'Hara, Rationales Entscheiden jenseits von Abwägung, in: Weyma Lübbe/Thomas Grosse-Wilde (Hrsg.), Abwägung. Voraussetzungen und Grenzen einer Metapher für rationales Entscheiden, i.E.

tribut „substanziell" ist folgende Eigenschaft gemeint: Grundrechtlich geschützt werden unter anderem die Freiheit, zu tun und zu lassen, was man will, die körperliche und seelische Konstitution eines Menschen, sein Leben, bestimmte Rechte, etwa das Eigentum an einer Sache, oder eine Rechtsmacht, etwa einen Vertrag oder eine Ehe schließen zu können. All diese Gegenstände erweisen sich im Fall einer hoheitlichen Beeinträchtigung als substanziell, d. h. sie werden durch einen solchen Akt in irgendeiner Weise geschmälert oder beseitigt. Viele begreifen die Menschenwürde auch als einen substanziellen Gegenstand. Mit einem solchen Verständnis gerät jedoch die Vorstellung eines absoluten Rechts in Widerstreit. Wie aus der abwehrrechtlichen Grundrechtsdogmatik wohlvertraut, ergeben sich immer wieder Situationen, in denen eine substanzielle Position beeinträchtigt werden muss, um das Gemeinwohl oder private Interessen zu verwirklichen. Auch mit sehr eng verstandenen Schutzbereichskonzeptionen lassen sich solche Konstellationen nicht vermeiden. Aus diesem Grund wird zwischen Beeinträchtigung und Verletzung unterschieden. Über die Differenz entscheiden die Möglichkeit und Grenzen einer verfassungsrechtlichen Rechtfertigung. In diesem substanziellen Verständnis dürfte – wenn vom Ansatz der Alexyschen Prinzipientheorie abgesehen wird[37] – die wesentliche Ursache für die These der Abwägungsbedürftigkeit zu sehen sein. Da dieselbe hoheitliche Maßnahme unter bestimmten Umständen die Menschenwürde verletzen kann und unter anderen nicht, führt ein substanzielles Verständnis unweigerlich dazu, dass die Maßnahme in beiden Fällen zwar die Substanz der Menschenwürde berührt, aber nur in einem Fall verletzt. Mit anderen Worten also die Berührung in dem einen Fall durch gegenläufige Positionen gerechtfertigt werden kann und im anderen Fall keine hinreichend gewichtigen Rechtfertigungsgründe vorhanden sind. Konstruktiv lässt sich die Menschenwürde aber auch in nichtsubstanzieller Weise verstehen.[38] Es handelt sich dann um den Anspruch, als Mensch nicht herabgewürdigt zu werden, sondern als gleichwertig mit

---

37 Robert Alexy geht davon aus, dass die Garantie der Menschenwürde teils Regel- und teils Prinzipiencharakter hat, wobei die absolute Menschenwürde-Regel ihren Inhalt erst durch eine vorgelagerte Abwägung des Menschenwürdeprinzips mit anderen Prinzipien gewinnt, siehe dazu ders., Theorie der Grundrechte, 1985, S. 94 ff.; ders., Menschenwürde und Verhältnismäßigkeit, AöR 140 (2015), S. 497-513. Alexy folgend Martin Borowski, Grundrechte als Prinzipien, 3. Aufl. 2018, S. 353 ff.; Nils Teifke, Das Prinzip Menschenwürde, 2011, S. 118 ff. Einen abweichenden Ansatz auf Basis der Prinzipientheorie entwickelt Hong (Fn. 36), S. 125 ff., siehe auch ebd., S. 137 ff. für weitere Nachweise zu den Konzeptionen anderer Prinzipientheoretiker.

38 Zur Diskussion siehe Quecke (Fn. 36), S. 158 ff.

seinen Mitmenschen (frei und gleich an Würde) anerkannt zu werden. Dieser Anspruch gilt absolut. Dem Staat ist es strikt verboten, durch seine Akte einen Menschen in einer Weise zu behandeln, die sich als Herabwürdigung bzw. diskriminierende Ausgrenzung erweist. Der substanzielle Schutz des Menschen, seiner Person, seiner seelischen, körperlichen und geistigen Konstitution, seiner Autonomie und Handlungsfreiheit erfolgt durch die übrigen Grundrechte - in erster Linie durch das allgemeine Persönlichkeitsrecht. Eine solches modales bzw. handlungssemantisches Verständnis erlaubt nicht nur an der Vorstellung eines absoluten Schutzes festzuhalten, sondern es lässt sich darüber hinaus auch ein produktiv-fruchtbares Ergänzungsverhältnis zwischen Art. 1 Abs. 1 GG und den übrigen Grundrechten herstellen.

Wie sieht es nun mit dem Wissen aus? Aus nur einem Beispiel lassen sich strukturelle Unterschiede nur thesenartig bzw. hypothetisch herleiten. Zwei markante Unterschiede zum interpretatorischen Verstehen des rechtlich Gebotenen können in dieser Form festgehalten werden: 1.) Schwierige konstruktiv-erklärende Fragen führen nicht zwangsläufig zu einem Streit über das inhaltlich Gebotene. 2.) Bei der Suche nach einer Antwort gelangt man nicht in den allgemeinen Raum praktischen Denkens und Urteilens. Eine Erklärung dafür könnte sein, dass die konstruktiv-erklärenden Fragen auf Phänomene gerichtet sind, die ausschließlich rechtlicher Natur sind, und deshalb auch die Erklärungen allein auf rechtliche Kategorien, Konzepte, Unterscheidungen und Zusammenhänge aufbauen können.

Dieses Allein-im-Recht-Vorhandensein könnte zugleich den maßgeblichen Grund für die Annahme eines Propriums der Rechtswissenschaft bilden.[39] Ohne mit *Kelsen* zwei Welten mit zwei verschiedenen Verknüpfungsprinzipien (Kausalität oder Zurechnung) kreieren zu müssen,[40] ließe sich erklären, warum ein genuin rechtlicher Standpunkt immer wieder behauptet wird.[41] Zur Annahme eines solchen genuin rechtlichen Stand-

---

39 Siehe dazu Christoph Engel/Wolfgang Schön (Hrsg.), Das Proprium der Rechtswissenschaft, 2007; Thilo Kuntz, Auf der Suche nach einem Proprium der Rechtswissenschaft, AcP 219 (2019), S. 254-299.

40 Hans Kelsen, Reine Rechtslehre, 2. Aufl., 1960, S. 1 ff., 78 ff.

41 Siehe etwa Wolfgang Ernst, Gelehrtes Recht, in: Engel/Schön, Proprium (Fn. 39), S. 3-49, 15 ff.; Wolfgang Schön, Quellenforscher und Pragmatiker, ebd., S. 313-321, 317 f.; Thomas Gutmann, Intra- und Interdisziplinarität: Chance oder Störfaktor?, in: Hilgendorf/Schultze-Fielitz, Selbstreflexion (Fn. 10), S. 93-116, 94 ff.; Stark, Interdisziplinarität (Fn. 2), S. 211 ff., dort auch m.w.N. Die disziplinäre Identität wird in verschiedenen Zusammenhängen betont, ohne dass je aufgezeigt wird, welche Konsequenzen eintreten, falls eine Grenzziehung nicht gelingen sollte.

punkts trägt darüber hinaus bei, dass sich im Raum des allgemein Praktischen ein spezifisches Geflecht rechtlichen Denkens, Arbeitens, Urteilens und Wissens beobachten und analysieren lässt. Die Netzwerk-Metaphorik aufgreifend lässt sich dieses Geflecht als dynamisches Gebilde beschreiben, das sich aus einer gewaltigen Zahl von Knoten und Kanten (Objekten und Beziehungen) zusammensetzt.[42] Knoten und Kanten, die oft eingeschlagen werden, werden dichter und stabiler, andere Knoten und Kanten fallen weg und je stärker die Verfestigung und Verdichtung wird, desto aufwendiger gestaltet sich die Veränderung. Neben den Elementen eines dogmatischen Lehrgebäudes, die sich als Gegenstand von Erklärungen ausnehmen, trägt die Art und Weise des rechtsdogmatischen Umgangs mit dem Rechtsstoff, dieses spezifische Bemühen, Durchdringen und Ordnen im Raum der bisherigen rechtsdogmatischen Unterscheidungen, Konzepte und weiteren Ordnungselemente zur Konstitution eines genuin rechtlichen Wissensfeldes bei. Hinzu kommt die gerichtliche Praxis mit ihren Präjudizien und die juristische Argumentationsweise, die vor allem auf dem Gebrauch der vier Kanones sowie weiteren Argumentationsformen und Instrumenten, wie etwa dem Grundsatz der Verhältnismäßigkeit, aufbaut. Zugleich lässt sich aber auch erklären, warum interpretatorische Verstehensfragen, also Fragen nach dem rechtlich Gebotenen, nur so lange als genuin rechtlich erscheinen, als bei ihrer Beantwortung nicht der Raum des allgemein Praktischen betreten wird. Darüber hinaus wird aber auch die generelle Unabgeschlossenheit des Rechts begreifbar. Denn bei Fragen nach dem Gebotenen kann zwar faktisch der Raum des Rechtlichen begrenzt erscheinen. Doch können solche Fragen immer wieder in den Raum des allgemein Praktischen führen. Denn es existiert auf Seiten des Rechts keine allgegenwärtige Torhüterin, die in der Lage ist, eine klare und feste Grenze zwischen dem rechtlichen Verstehen und dem allgemein-praktischen Verstehen zu ziehen. Jedenfalls bei schwierigen Rechtsfragen werden gewöhnlich rechtliche Elemente mit Elementen verbunden, die sich im Raum des allgemein Praktischen befunden haben.

---

42 Grundlegend aufgearbeitet und zugänglich gemacht wird die mathematisch basierte Netzwerkforschung für die Rechtswissenschaft von Corinna Coupette, Juristische Netzwerkforschung, 2019 – für die metaphorische Adaption ist vor allem die Analyse des Gegenstands der Netzwerkforschung hilfreich (ebd., S. 28 ff.).

2. *Konzeptuelles Arbeiten im Rahmen rechtsdogmatischer Ordnungsbildung*

Löst sich die Arbeit am Begriff von den einzelnen Gesetzesmerkmalen und damit auch von konkreten Fragen der Rechtsanwendung tritt der ordnende bzw. systematisierende Aspekt der rechtsdogmatischen Arbeit in den Vordergrund. Über die ordnenden *Rechtsbegriffe*[43] lassen sich nur wenige allgemeine Aussagen machen. Zu sehr können sie sich nach Anlass, Bezugspunkt, Abstraktionsebene und Zielen unterscheiden. Zu einer Gruppe zusammenfassen lassen sich aber immerhin die hier als „übergreifend" bezeichneten Rechtsbegriffe, die ihren Ausgang bei identischen oder verwandten, geschriebenen oder ungeschriebenen Merkmalen des Gesetzes oder gerichtlicher Entscheidungsregeln nehmen (unter a). In diesem Sinne lässt sich nach dem Konzept des Eigentums, Vermögens oder allgemeiner Rechtsgrundsätze des Verwaltungsrechts fragen. Daneben gibt es Kategorien, um deren inhaltliche Konturierung man sich bemüht und deren Gebrauch doch umstritten ist. Die „Schlüsselbegriffe" bilden dafür ein anschauliches Beispiel (unter b). Als Beispiel für eine weitere Begriffskategorie soll dann auf „mehrdimensionale" Rechtsbegriffe eingegangen werden. Manche oder vielleicht sogar die meisten von ihnen lassen sich auch als Schlüsselbegriffe einordnen. Doch rückt die Kategorie der „Mehrdimensionalität" andere Aspekte in den Mittelpunkt der reflektierenden Betrachtung (unter c). Ergänzend wird noch auf die rechtsdogmatische *Figur*[44] eingegangen, die die konzeptuelle Arbeit in dem hier eng verstandenen Sinne bereits überschreitet, da sie den Umgang mit bestimmten Rechtsfragen durch die Praxis einfangen, systematisch erschließen und nach Möglichkeit operationalisieren soll (unter d). Daran anknüpfend der abschließende Hinweis: Der Gebrauch von Substantiven kann zu Unsicherheiten darüber führen, welche Eigenschaften eine begriffliche Kategorie charakterisieren. So lassen sich beispielsweise mit einem einzigen substantivischen Ausdruck ganze Rechtswelten bezeichnen und ihre inhaltliche Erfassung führt zu umfangreichen Gedankengebäuden, die das hier interessierende

---

43 Siehe dazu Heinrich Stoll, Begriff und Konstruktion in der Lehre der Interessenjurisprudenz, in: ders. (Hrsg.), Festgabe für Philipp Heck, Max Rümelin, Arthur Benno Schmidt, 1931, S. 60-117; Günter Ellscheid/Winfried Hassemer (Hrsg.), Interessenjurisprudenz, 1974, S. 153-210, 175 ff.; Martin Flohr, Rechtsdogmatik in England, 2017, S. 48 ff., 59 ff.; Franz Reimer, Methodenfragen im Verwaltungsrecht zwischen Tradition und Innovation, in: Wolfgang Kahl/Ute Mager (Hrsg.), Verwaltungsrechtswissenschaft und Verwaltungsrechtspraxis, 2019, S. 115-132, 129 ff.

44 Dazu näher Bumke, Rechtsdogmatik (Fn. 24), S. 139.

Thema der Begriffsarbeit weit hinter sich lassen. Wie sich die Konstitution eines Rechtsgebietes gestaltet oder sich Rechtsinstitute fassen lassen, sind zentrale Fragen für die rechtsdogmatische Wissenserzeugung und -verwaltung und es sind Fragen, deren Antworten weitgehend unbekannt sind. Sie bleiben im Folgenden ausgespart.

a) Übergreifende Rechtsbegriffe

Basis für die Erarbeitung übergreifend-verallgemeinernder Rechtsbegriffe ist die Annahme, dass es mit Hilfe solcher Konzepte gelingen kann, nicht nur gemeinsame Eigenschaften herauszuarbeiten, die beim Blick auf einzelne Bestimmungen in ihrer Bedeutung unterschätzt werden, sondern vor allem auch die verschiedenen Rechtspraxen bezüglich der verschiedenen Bestimmungen zu vereinheitlichen.

Ein lehrreiches Beispiel für eine solche Auf- und Ausarbeitung findet sich in der Habilitationsschrift von *Martin Morlok* für das Merkmal „Selbstverständnis als Rechtskriterium".[45] Den Ausgang bildet das Wissen um die gelegentliche Relevanz von Selbstverständnissen für die rechtliche Beurteilung, ergänzt um die verbreitete Erfahrung der Selbstverständnisrelevanz als einer punktuellen und zusammenhangslosen Erscheinung und die Unsicherheit darüber, was es mit dem Selbstverständnis und seiner Bedeutung für das Recht letztlich auf sich hat. Der Praxis genügt dieses diffuse Wissen offenbar. In einem rechtsdogmatischen Lehrgebäude sind die Unsicherheiten jedoch bemerkbar. Um sie zu beseitigen nimmt *Morlok* zunächst eine umfangreiche Sichtung der unterschiedlichen expliziten und impliziten Situationen vor, in denen das Selbstverständnis rechtlich berücksichtigt wird.[46] Von diesem Material ausgehend und unter Berücksichtigung soziologischer Überlegungen schlägt *Morlok* vor, welche Phänomene einzubeziehen sind, wenn Fragen des Selbstverständnisses im Recht berührt werden.[47] Es handelt sich um eine beobachtend-analysierende Aufarbeitung und Reflexion des Rechtsstoffes und der mit ihm verknüpften tatsächlichen Phänomene. Diese Versicherung eines vorhandenen rechtlichen Bestandes zählt zu den Grundformen rechtsdogmatischer Wissenserzeugung und Wissensverwaltung. Sie geht – wie hier – gewöhnlich einher mit der Festlegung eines Konzepts, um die interessierenden Erscheinun-

45 Martin Morlok, Selbstverständnis als Rechtskriterium, 1993.
46 Morlok, Selbstverständnis (Fn. 45), 2. Teil.
47 Morlok, Selbstverständnis (Fn. 45), S. 207 ff.

gen (hier: das Selbstverständnis) adäquat zu erfassen. Im nächsten Schritt wird ein Beitrag zum normativen Wissen bzw. Regulierungswissen geleistet, in dem die Regelungssituationen und -aufgaben beschrieben werden, die für und gegen die Einbeziehung des Selbstverständnisses sprechen.[48] Ergänzt und abgerundet wird dieser Teil durch die Darlegung der verfassungsrechtlichen Gebote, aus denen sich eine Pflicht zur Selbstverständnisberücksichtigung ergibt.[49] Die weitere Untersuchung gilt der „Dogmatik der Selbstverständnisberücksichtigung".[50] Da das Phänomen ungeeignet ist, um als ubiquitär einsetzbare Figur gefasst zu werden, lassen sich nur einzelne dogmatische Bauelemente[51] oder exemplarische Einbindungen in das vorhandene dogmatische Lehrgebäude erarbeiten. Letzteres unternimmt *Morlok* mit Blick auf die Freiheitsrechte des Grundgesetzes in ihrer abwehrrechtlichen Dimension.[52] Er zeigt also auf, an welchen Punkten, mit welcher rechtlichen Bedeutung und auf welche Weisen das Selbstverständnis der Grundrechtsträger in die Figur des Abwehrrechts einzubinden ist. Während große Teile dieser Einbindung erklärender Natur sind, handelt es sich bezüglich des Bedeutungsmomentes auch um einen Beitrag zum Verstehen des grundrechtlich Gebotenen.

b) Schlüsselbegriffe

Die Kategorie der „Schlüsselbegriffe"[53] ist schon deshalb interessant, weil sie für Eigenschaften kritisiert und verworfen werden, die die Schlüsselbegriffe nicht besitzen. Denn die unter dem Ausdruck versammelten Begriffe weisen keine familienähnlichen Eigenschaften auf. Das ihnen Gemeinsame resultiert vielmehr aus Anlass, Art und Ziel des Gesprächs über einen Schlüsselbegriff und damit aus Umständen, die keinen Grund darstellen

48 Morlok, Selbstverständnis (Fn. 45), S. 253 ff., 313 ff.

49 Morlok, Selbstverständnis (Fn. 45), 14. Kap.

50 Morlok, Selbstverständnis (Fn. 45), 4. Teil.

51 In diesem Sinne lassen sich Morloks Analysen und Vorschläge einordnen, wie das Selbstverständnis in eine rechtliche Handlungstheorie einzubinden ist (Morlok, Selbstverständnis [Fn. 45], S. 336 ff.).

52 Morlok, Selbstverständnis (Fn. 45), 17. Kap.

53 Näher Andreas Voßkuhle, Die Neue Verwaltungsrechtswissenschaft, in: ders./Martin Eifert/Christoph Möllers, Grundlagen des Verwaltungsrechts, 3. Aufl. 2021, Band 1, § 1 Rn. 40 f.; ders., „Regulierte Selbstregulierung" – Karriere eines Schlüsselbegriffs, in: Die Verwaltung, Beiheft 4 (2001), S. 197-200, 198; Wolfgang Hoffmann-Riem, in: ders./Eberhard Schmidt-Aßmann (Hrsg.), Innovation und Flexibilität des Verwaltungshandelns, 1994, S. 9-66, 19 ff.

können, diese Kategorie zu verwerfen. Als Schlüsselbegriff betrachtet wurden unter anderem „Kooperation“, „Information“, „Verantwortung(steilung)“ oder „Gewährleistungsstaat“.[54] Schlüsselbegriffe machen aufmerksam auf Entwicklungen, Veränderungen oder Unbedachtes, das als – wohlmöglich – elementar oder von erheblicher Bedeutung für das Recht, die Arbeit mit ihm oder das rechtswissenschaftliche Denken und Arbeiten wahrgenommen wird. Die Erkundungen sind offen und darauf angelegt mit anderen Disziplinen ins Gespräch zu kommen, um die unvertrauten Phänomene und Prozesse zu erfassen, zu begreifen und nach Möglichkeit zu erklären, um Anstöße zum Weiter-, Um- und Andersdenken zu erhalten, und vor allem um Ideen zu entwickeln, wie das Bestehende auf das Neue reagieren sollte.[55] Für diese Offenheit bedarf es keines Zaubers. Es genügt, dass auf Phänomene oder Akte rekurriert wird, die nicht ausschließlich rechtlich determiniert sind – ein Erfordernis, das die meisten Gegenstände erfüllen dürften. Schlüsselbegriffe sind aufgrund ihrer Irritations- und Aufmerksamkeitsfunktion unersetzlich. Sie erlauben multidisziplinäres Erkunden und Erproben, Verbindungslinien (neue Knoten und Kanten) zum und innerhalb des rechtsdogmatischen Lehrgebäudes zu ziehen, um – sofern erforderlich – Um- und Anbauten anzugehen.[56] Nicht jeder Schlüsselbegriff erweist sich als fruchtbar. Mancher verliert an Bedeutung, einige entwickeln sich zur Selbstverständlichkeit (z. B. die Multifunktionalität der Grundrechte), und manche gewinnen rechtlich gehaltvolles Profil, das sich aber nicht unmittelbar in Rechtsanwendungsfragen auszuwirken braucht (z. B. Information oder Gewährleistungsstaat).

c) Mehrdimensionale Rechtsbegriffe

Rechtsbegriffe können sich in ihren Bestandteilen beträchtlich unterscheiden und sehr verschieden aufgebaut sein. Bei komplex-diffusen Begriffen

---

54 Voßkuhle, Verwaltungsrechtswissenschaft (Fn. 53), Rn. 40 f.

55 Siehe zu dieser Öffnung und Schließung der Rechtswissenschaft Christian Bumke, Die Entwicklung der verwaltungsrechtswissenschaftlichen Methodik in der Bundesrepublik Deutschland, in: Eberhard Schmidt-Aßmann/Wolfgang Hoffmann-Riem (Hrsg.), Methoden der Verwaltungsrechtswissenschaft, 2004, S. 73-130, 115 ff.; darauf aufbauend Andreas v. Arnauld, Öffnung der öffentlich-rechtlichen Methode durch Internationalität und Interdisziplinarität: Erscheinungsformen, Chancen, Grenzen, VVdStRL 74 (2015), S. 39-87, 46 ff.; siehe auch Bernd Grzeszick, Steuert die Dogmatik?, in: Kirchhof/Magen/Schneider, Dogmatik (Fn. 10), S. 97-109, 102 ff.

56 Zusammenfassend Voßkuhle, Verwaltungsrechtswissenschaft (Fn. 53), Rn. 40 f.

erweist es sich als hilfreich, zwischen verschiedenen Dimensionen oder Gehalten zu unterscheiden. „Autonomie“ ist dafür ein anschauliches Beispiel. Es handelt sich dabei um einen Leitgedanken und Schlüsselbegriff des Privatrechts. Verwoben mit dem Element der Rechtsmacht bildet sie als Privatautonomie eines von dessen maßgeblichen Rechtsprinzipien. Daneben bezeichnet Autonomie einen bestimmten Zustand einer Person aus Sicht des Rechts, bildet die Voraussetzung für die Verhaltenszurechnung und stellt ein grundrechtliches Schutzgut dar.[57] Das für das rechtliche Wissen charakteristische Verwobensein erklärender Elemente in den einzelnen Verstehenskonzepten lässt sich hier genauso beobachten, wie das Wissen in Form von Beschreibungen, Analysen, Rekonstruktionen und Vergewisserungen der Rechtslage. Außerdem lässt sich der Umbau des rechtsdogmatischen Lehrgebäudes verfolgen, in dem sich die einschlägigen elementaren Rechtsveränderungen bezüglich der Autonomie widerspiegeln. Man denke nur an die Möglichkeit, volljährige Personen zu betreuen, ohne sie ihrer Geschäftsfähigkeit zu berauben, die Ausrichtung des Arztrechts am Gedanken der Patientenautonomie, die Einführung von Verbraucher und Unternehmer und schließlich das Grundrecht auf ein selbstbestimmtes Sterben. Auf der Ebene der Erklärung geht es darum aufzuzeigen, dass Autonomie kein irgendwie gearteter psychischer Zustand, sondern eine Zurechnungsentscheidung der Rechtsordnung ist, die dabei verschiedene Aspekte des menschlichen Daseins, Miteinanders und Verhaltens berücksichtigen kann und zum Teil aus verfassungsrechtlichen Gründen einstellen muss. Daraus resultieren verschiedene Möglichkeiten, Autonomie im Rechtssinne zu konstruieren. Auf diese Konstruktionen wiederum wird dann – bewusst oder unbewusst – beim Bemühen zurückgegriffen, das rechtlich Gebotene zu verstehen, also etwa zu bestimmen, ob wirksame Willenserklärungen vorliegen und Anhaltspunkte für ihre gerichtliche Kontrolle vorhanden sind.

Rechtliche Leitgedanken sind jedenfalls dann exzeptionelle Punkte im rechtsdogmatischen Gebäude, wenn sie wie Autonomie charakteristische Momente einer gesamten Rechtsordnung erfassen und zu einem greifbaren Gebilde bündeln, um ein fundamentales Selbstverständnis auszudrücken, dass das rechtsdogmatische Denken und Arbeiten im Einzelnen anleiten soll. Überdies muss sich jede Zeit ihres eigenen Verständnisses ihrer

---

57 Näher mein Überblick Christian Bumke, Autonomie im Recht, in: ders./Anne Röthel (Hrsg.), Autonomie im Recht, 2017, S. 3, 19 ff., und der ergänzende Überblick von Anne Röthel, Forschungsgespräche über Autonomie im Recht, ebd., S. 45 ff.

zentralen Leitgedanken versichern. Die Aufgabe ist groß. Der vorhandene Wissensbestand will gesichtet werden. Doch Unruhe hat ihn erfasst. Veränderungen stellen den Bestand in Frage. Das Alte geht nicht mehr und das Neue lässt sich nur verschwommen erkennen. Die konzeptionellen Bemühungen können, wie das Beispiel der Autonomie zeigt, zu scheinbar einfachen Kategorien wie der des Willens führen. Sie können aber auch in einem diffus-offenen Geflecht von Überlegungen und Vorstellungen enden. Bei dieser Selbstvergewisserungsarbeit wird – auch dafür ist Autonomie ein gutes Beispiel – der Austausch mit anderen Disziplinen gesucht, Erklärungsarbeit unternommen, historisch und rechtsvergleichend gearbeitet.

d) Rechtsfiguren

Eine Rechtsfigur fasst spezifische Momente rechtlichen Wissens zusammen und macht dieses Wissen für die praktische Rechtsarbeit handhabbar. Sie legt den Umgang fest, weist bestimmte Elemente als Merkmale und Folgen aus. Dabei wird eine vorhandene Praxis erfasst und in verfestigender Weise strukturiert und operationalisiert. Die Strukturierung kann mit einer Auswahl einhergehen, bei der Großteile der Praxis einbezogen, manche Erscheinungen aber auch ausgegrenzt werden. Die Stabilität der Figur hängt davon ab, in welchem Umfang schwierige Fragen bezüglich des rechtlich Gebotenen noch offen sind. Mit anderen Worten, wie weit eine Sättigung erreicht und deshalb die Figur einen verlässlichen Umgang mit dem Rechtsstoff anzuleiten vermag. Ein Beispiel für eine solche gesättigte Figur bietet der „Grundrechtsvorbehalt", mit dem sich alle Vorbehalte im Zusammenhang mit den Grundrechten des Grundgesetzes erfassen lassen, die den Gesetzgeber zu Begrenzungen oder zur Ausgestaltung ermächtigen.[58]

III. Bildung von Prinzipien und Ordnen des Rechtsstoffes mit ihrer Hilfe

Die Rechtsordnung bewegt sich ohne Unterlass. Die damit einhergehenden Veränderungen gilt es zu verarbeiten. Sie müssen erschlossen und in die bestehenden dogmatischen Wissens- und Lehrgebäude mittels Integration, Modifikation oder Ergänzung eingebunden werden. Einzelne

---

58 Christian Bumke, Der Grundrechtsvorbehalt, 1998.

verstreute gesetzliche Instrumente können sich wie auch gerichtliche Praxen vermehren und verdichten. In solchen Phasen kann es gelingen, ein Rechtsprinzip zu entdecken, das Rechtsstoff und Entwicklung anzuleiten vermag und zugleich die Grundlage für das Erarbeiten von Regelungstypen bzw. Regelungsmodellen bildet. Verfolgen lässt sich dieser Moment in der Habilitationsschrift von *Andreas Voßkuhle* über „das Kompensationsprinzip".[59]

Der Gesetzgeber hatte über die Jahre gerade im Bereich des Umwelt- und Planungsrechts immer wieder und auf unterschiedliche Weise der Verwaltung ermöglicht, private Betätigungen zuzulassen, obwohl sie über die Grenzen des Erlaubten hinausgingen und mit der Beeinträchtigung privater oder öffentlicher Güter verbunden waren, sofern im Gegenzug unmittelbar oder mittelbar durch tatsächliche Maßnahmen oder finanzielle Leistungen die Beeinträchtigungen ausgeglichen wurden. Der entscheidende Punkt findet sich in dieser Beschreibung bereits wieder.[60] Er besteht darin, in diesem vielgestaltigen Rechtsstoff 1.) das verbindende und anleitende Moment der Kompensation auszumachen, 2.) dieses Moment auf eine dogmatisch fassbare und damit operationable Struktur zurückzuführen und 3.) zu erkennen, dass darin ein Grundgedanke zum Ausdruck kommt, der es erlaubt, im Bestreben um eine Modernisierung des Verwaltungsrechts die Vorteile traditioneller ordnungsrechtlicher Instrumente mit den Vorteilen flexiblen Rechts und der ökonomischen Logik privaten Handelns zu verknüpfen.[61] Dies gelingt *Voßkuhle*, indem er auf der einen Seite das erschließende Potential des alten Kompensationsgedankens erkennt und daraus ein zeitgemäßes Kompensationsprinzip formt und auf der anderen Seite den Rechtsstoff auf fünf Regelungsmodelle zurückführt, die sich als Ausprägung eben dieses Kompensationsprinzips begreifen lassen.[62] Zugleich wird so die Kompensation als zeitgemäßes Set an Regulierungsinstrumenten erschlossen.[63]

Die rechtsdogmatische Tätigkeit gestaltet sich bei der Ausarbeitung solcher Regelungsmodelle oder Regulierungsinstrumente auf andere Weise als beim Umgang mit schwierigen Rechtsanwendungsfragen. Dies lässt sich an der Erarbeitung des „Neutralisierungsmodells" veranschaulichen:[64] Die Basis bildet die gegenwärtige Rechtslage mit ihren gesetzlichen Rege-

---

59 Andreas Voßkuhle, Das Kompensationsprinzip, 1999.
60 Voßkuhle, Kompensationsprinzip (Fn. 59), § 3.
61 Voßkuhle, Kompensationsprinzip (Fn. 59), §§ 3, 9.
62 Voßkuhle, Kompensationsprinzip (Fn. 59), 2. Teil.
63 Voßkuhle, Kompensationsprinzip (Fn. 59), § 9, 3. Teil.
64 Voßkuhle, Kompensationsprinzip (Fn. 59), § 4.

lungen, den gerichtlichen Praxen und der rechtsdogmatischen Aufarbeitung. Das rechtlich Gebotene wird dabei als im Grundsatz hinreichend bestimmt vorausgesetzt. Der Aufgabenbereich, das Gebotene zu verstehen, wird zwar gelegentlich, aber nur am Rande betreten. Im Mittelpunkt stehen die Beschreibung und Analyse, Strukturierung und Ordnung des Rechtsstoffes.[65] Es werden die relevanten Unterscheidungen geklärt,[66] die zentralen Tatbestandsmerkmale studiert und ihre Bedeutung für das Instrument und seinen Gebrauch analysiert.[67] Außerdem werden Abgrenzungen vorgenommen, um das Profil zu schärfen.[68] Es geht darum, einen möglichst klaren und wohlstrukturierten Plan des Regulierungsinstruments einschließlich seines Gebrauchs auszuarbeiten.

Will man das auf diese Weise entstandene Wissen charakterisieren, so stimmen die Attribute, die in den Sinn kommen, mit den Funktionen überein, die allgemein mit dem rechtsdogmatischen Arbeiten assoziiert werden. Es geht um Explikation, Einordnung, Speichern, Stabilisieren, Entlasten, Beherrschen, aber auch um Kontrolle und Kritik,[69] also letztlich um Ordnung und Handhabbarkeit. Daneben, und das ist typisch für diese Form rechtsdogmatischer Ordnungsarbeit, zielen die Bemühungen darauf, normatives oder regulatorisches Erfahrungswissen zu erzeugen. Gelingt es, gesetzliche Regelungskomplexe als handhabbare Instrumente zu fassen, so kann auf diese Weise zunächst der Raum exekutiver Tätigkeiten konturiert werden. Handlungsalternativen und -instrumente werden sichtbar. Dies wird besonders deutlich, wenn sowohl den Schwierigkeiten nachgegangen wird, die es der Verwaltung bereitet, die Äquivalenz zwischen Beeinträchtigung und ihrer Kompensation zu bestimmen, aber auch überlegt wird, auf welche Weisen Kompensationsanordnungen erfolgreich durchgesetzt werden können.[70] Zugleich wird aber auch der Politik regulatorisches Wissen zur Verfügung gestellt. Sie erfährt, welche Instrumente sie aus Sicht des Rechts geschaffen hat und wie diese Instrumente von der Verwaltung genutzt werden.

---

65 Vgl. Voßkuhle, Kompensationsprinzip (Fn. 59), S. 101 f.
66 Z. B. Voßkuhle, Kompensationsprinzip (Fn. 59), S. 110 ff.
67 Z. B. Voßkuhle, Kompensationsprinzip (Fn. 59), S. 115 ff.
68 Z. B. Voßkuhle, Kompensationsprinzip (Fn. 59), S. 124 ff.
69 Umfangreicher Funktionenkatalog bei Kahl, Wissenschaft (Fn. 1), S. 78 ff.
70 Voßkuhle, Kompensationsprinzip (Fn. 59), S. 394 ff., 411 ff.

IV. Bewältigung außerrechtlicher Veränderungen

Einen wichtigen Anstoß für dogmatische Bemühungen bilden unvertraute Fragen an das Recht, die aus gesellschaftlichen oder technischen Entwicklungen resultieren. Gesetzgeberische Werke können neuartige Regeln statuieren und so unbekannte Institute, Handlungsformen oder Strukturen schaffen. Wie sich solche rechtlichen Innovationen dogmatisch einhegen lassen, lässt sich beispielhaft an der Ausarbeitung des „Systemrisikos" als neuen Rechtsbegriff und der „Systemaufsicht" als weitere Grundform hoheitlicher Aufsicht durch *Ann-Kathrin Kaufhold* verfolgen.[71]

1. Der Umgang mit außerrechtlichem Wissen

Die Bewältigung fundamentaler gesellschaftlicher Veränderungen, aber auch die Frage, ob rechtliche Mittel krisenartige Entwicklungen, wenn nicht verhindern, so doch wenigstens beeinflussen können, führt zur Diskussion über Möglichkeiten und Grenzen von Rechtswissenschaft und insbesondere Rechtsdogmatik, auf außerrechtliches Wissen zuzugreifen und es bei der Arbeit mit und am positiven Recht einbeziehen zu können. Ist ein solches inter- bzw. transdisziplinäres Arbeiten möglich?[72] Vorbehalte speisen sich aus wissenschaftstheoretischen Grundannahmen wie der Unterscheidung zwischen Kausal- und Normwissenschaften[73] oder der Autopoiesis gesellschaftlicher Funktionssysteme.[74] Gelegentlich werden sie ergänzt um die Hypothese, dass es weitgehend vom Zufall abhinge, auf welche Wissensbestände zurückgegriffen werde und überdies die hoheitliche Gewalt sowieso nicht in der Lage sei, die Folgen ihrer Real-

---

71 Ann-Kathrin Kaufhold, Systemaufsicht, 2016.

72 Die Diskussionen aufbereitend, zusammenführend und die Möglichkeiten interdisziplinären Arbeitens entfaltend: Stark, Interdisziplinarität (Fn. 2), Teil 2.

73 Matthias Jestaedt, Das mag in der Theorie richtig sein ..., 2006, S. 37 ff.; Oliver Lepsius, Themen einer Rechtswissenschaftstheorie, in: Matthias Jestaedt/Oliver Lepsius (Hrsg.), Rechtswissenschaftstheorie, 2008, S. 1-49, 14 ff. und im Kontext der Steuerungsdiskussion ders., Steuerungsdiskussion, Systemtheorie und Parlamentarismuskritik, 1999, S. 33 f.

74 Bedenken aus systemtheoretischer Perspektive etwa bei Ino Augsberg, Multi-, inter-, transdisziplinär?, in: ders., Wissen (Fn. 2), 2013, S. 3-33, 23; Thomas Vesting, Nachbarwissenschaftlich informierte und reflektierte Verwaltungsrechtswissenschaft – „Verkehrsregeln" und „Verkehrsströme", in: Eberhard Schmidt-Aßmann/Wolfgang Hoffmann-Riem (Hrsg.), Methoden der Verwaltungsrechtswissenschaft, 2004, S. 253-292, 278.

und Rechtsakte abschätzen und einstellen zu können.[75] Auf dieser Ebene setzt sich gewöhnlich die Pragmatik zugunsten fremder Wissensbestände durch. Denn der Rückgriff auf diese Bestände ist – sofern die Rechtsarbeit nicht auf ein sehr enges Verständnis strukturtheoretischer Rechtstheorie beschränkt wird – unausweichlich. Auf der allgemeinen Ebene bleibt dann die Mahnung, einen genuin rechtlichen Standpunkt zu wahren und sich vor den Gefahren transdisziplinären Arbeitens zu hüten.[76] Ergänzt wird dies um die Forderung nach Meta- oder Verkehrsregeln, die den Rezeptionsprozess anleiten und begrenzen sollen, wobei die Erträge bislang bescheiden geblieben sind.[77]

Bezüglich des Rezeptionsvorgangs lassen sich zumindest vier Phasen unterscheiden,[78] nämlich 1.) der Bedarf an außerrechtlichem Wissen, 2.) die Auswahl der fremden Wissensbestände, 3.) die Kontextualisierung des außerrechtlichen Wissens, bei der die wissensprägenden Momente in Form von Fragestellung, Frageinteresse und den Methoden und Arbeitsweisen bei der Wissensgenerierung eingestellt werden. Daran schließt 4.) der Transformationsakt an, bei dem unter Wahrung der Eigenlogik des Rechts die als relevant erachteten Wissenselemente ausgewählt und zu rechtlich relevantem Wissen umgeformt und so für die Rechtsarbeit erschlossen werden. Über diesen Punkt hinaus zu gelangen, ist momentan nicht möglich. Wieder einmal fehlt es an den erforderlichen konkreten Studien in

75 Niklas Luhmann, Kontingenz und Recht (hrsg. von Johannes F. K. Schmidt), 2013, S. 20 ff.; ders., Rechtsystem und Rechtsdogmatik, 1974, S. 9; näher und einschränkend dazu Gunter Teubner, Folgenkontrolle und responsive Dogmatik, Rechtstheorie 6 (1975), S. 179-204.

76 Siehe etwa Christoph Gusy, JöR n.F. 55 (2007), Brauchen wir eine juristische Staatslehre?, S. 41-71, 54 ff.

77 Vesting, Verwaltungsrechtswissenschaft (Fn. 74), 268 f., 280 f.; Karl-Heinz Ladeur, The Postmodern Condition of Law and Societal „Management of Rules", ZfRsoz 27 (2006), S. 87-108, 101; Anne van Aaken, Funktionale Rechtswissenschaftstheorie, in: Jestaedt/Lepsius, Rechtswissenschaftstheorie (Fn. 73), S. 79-104, 81; konkrete Konstellationen untersucht Augsberg, Transdisziplinär (Fn. 74), S. 23 ff.; skeptisch gegenüber der dirigierenden Kraft solcher Kriterien Stark, Interdisziplinarität (Fn. 2), S. 217 ff.; Sophie Schönberger, Mehr Wissenschaft wagen!, JöR n.F. 65 (2017), S. 511-531, 521 f.

78 Stark, Interdisziplinarität (Fn. 2), S. 216 f. teilt den Vorgang in zwei Phasen ein: die Dekontextualisierung des Wissensbestands aus dem nachbardisziplinären Verwendungskontext und die Rekontextualisierung auf Grundlage des eigendisziplinären Erkenntnisinteresses; vgl. auch Andreas Voßkuhle, Methode um Pragmatik im Öffentlichen Recht, in: Hartmut Bauer/Detlef Czybulka/Wolfgang Kahl/ Andreas Voßkuhle (Hrsg.), Umwelt, Wirtschaft und Recht, 2002, S. 172-195, 188 ff., der ein Sieben-Stufen-Modell vorschlägt.

hinreichend großer Zahl und weitgehend an einer systematischen Erschließung der Thematik.[79] Ein Grundmanko besteht in der Pauschalität der Aussagen: Wie hier gezeigt wurde, gibt es Unterschiede zwischen den Wissensformen, sodass Wissen nicht gleich Wissen ist. Zudem unterscheiden sich die Anlässe und Konstellationen, in denen außerrechtliches Wissen rechtliche Bedeutung erlangen kann. Ungleich sind auch die Weisen, in denen fremdes Wissen mit rechtlichen Elementen verknüpft werden. Schließlich – und das dürfte letztlich der entscheidende Punkt sein – ist die anleitende Kraft, die der rechtliche Standpunkt entfalten soll, ungeklärt. Abgesehen von Konstellationen, in denen das Recht implizite oder explizite Regeln aufstellt, von wem auf welche Weise welches außerrechtliche Wissen erhoben und von wem es innerhalb des Rechts auf welche Weise verarbeitet werden soll,[80] ist diese Kraft mehr Wunsch als Ausdruck gefestigter Einsichten in eine rechtliche Rezeptionsmechanik.

2. *Rechtliche Wissenserzeugung auf der Basis außerrechtlichen Wissens*

Die letzte weltweite Finanzkrise bildete den gesellschaftlichen Hintergrund für die rechtswissenschaftliche Beschäftigung mit dem Systemrisiko. Die Krise wurde unter anderem als Ausdruck und Folge der Verwirklichung eines solchen Risikos verstanden. Um solchen Krisen besser begegnen oder sie sogar verhindern zu können, wurden auf europäischer und nationalstaatlicher Ebene neuartige Einrichtungen geschaffen.[81] Das sie konstituierende und ausgestaltende Regelwerk lässt sich rechtsdogmatisch nur erschließen, sofern die maßgeblichen außerrechtlichen Phänomene ein Stück weit verstanden werden. Dazu muss die spezifische Qualität systemischer Risiken geklärt werden,[82] wobei es sachlich naheliegt, sich bei den Wirtschaftswissenschaften über deren Einsichten in systemische Risiken zu informieren.[83] Dabei tritt eine typische Herausforderung sol-

---

79 Um eine Ordnung bemüht sich Stark, Interdisziplinarität (Fn. 2), § 10.

80 Eine solche Konstellation behandelt Ann-Kathrin Kaufhold, Transfer und Transformation ökonomischen Wissens im Recht der Bankenaufsicht, in: Augsberg (Hrsg.), Wissen (Fn. 2), S. 151, 160 ff.

81 Errichtet wurde das European System of Financial Supervision (ESFS), dessen Kernbestandteil die European Supervisory Authorities (ESA) bilden; siehe zur rechtlichen Struktur des ESFS Jakob Schemmel, Europäische Finanzmarktregulierung, 2018, S. 28 ff. und umfassend zu den Kompetenzen der ESA ebd., Kapitel 2-4.

82 Kaufhold, Systemaufsicht (Fn. 71), S. 14.

83 Kaufhold, Systemaufsicht (Fn. 71), S. 4 f., 20 ff.

cher Rezeptionsprozesse hervor: Interessen, Ziele und Arbeitsweisen der Wirtschaftswissenschaften sind anders angelegt als die der Rechtsdogmatik. Im Mittelpunkt stehen abgrenzbare Settings, die sich so modellieren lassen, dass Aussagen bzw. Vorhersagen über das Zusammenspiel ausgewählter Elemente möglich werden. Diese Settings bewegen sich in einem thematischen Raum, der sich als Systemrisiko bezeichnen lässt. Doch ist dieser Raum so komplex, dass er sich einer übergreifenden Modellbildung und deshalb auch einer entsprechenden Begriffs- bzw. Konzeptbildung entzieht.[84] Es existiert folglich kein Konzept „des" Systemrisikos in den Wirtschaftswissenschaften. Für den Transformationsakt bedeutet dies, dass das ökonomische Wissen in einer Weise aufbereitet und ergänzt werden muss, dass es sich für die rechtliche Arbeit verwenden lässt. Die Rechtsdogmatik als Torhüterin des Rechts verwandelt dabei weder die natürlichen und sozialen Tatsachen noch die gewonnenen wirtschaftswissenschaftlichen Einsichten und Gesetzmäßigkeiten. Vielmehr formt sie das rezipierte Wissen um und ergänzt es. *Kaufholds* Ziel ist die Erarbeitung eines heuristischen Konzepts, das die Arbeit mit dem vorhandenen Rechtsstoff und die künftige Gestaltung des Rechts anleiten soll.[85]

Diese Arbeit bewegt sich nicht auf der Ebene von Zurechnung, Tatbestand und Rechtsfolge, sondern auf der der Analyse natürlicher und gesellschaftlicher Gegebenheiten. Angeleitet wird sie durch den neu geschaffenen positiven Rechtsstoff mit den aus ihm erwachsenen Anwendungsfragen und den bereits rechtsdogmatisch erarbeiteten Räumen, insbesondere durch die Aufgabe, das Systemrisiko in Beziehung zu den etablierten Größen Gefahr und Risiko setzen zu können.[86] Den Rahmen für diese Form der Wissenserzeugung steckt das rezipierte Wissen ab. Die rechtsdogmatischen Konzepte müssen mit ihm kompatibel sein.

Gelingt es, das Systemrisiko als Rechtsbegriff auszuarbeiten, so vermag ein solches Konzept mehrere Aufgaben zu erfüllen: Ordnend lässt sich mit seiner Hilfe ein sachlicher Bereich für die rechtliche Regulierung abstecken, indem die relevanten Phänomene und ihre spezifischen Eigenschaften benannt werden. Zugleich wird auf diese Weise eine Verständnisbasis für den Umgang mit systemischen Risiken geschaffen. Auf diese Basis lässt

84 Vgl. Kaufhold, Systemaufsicht (Fn. 71), § 3.

85 Kaufhold, Systemaufsicht (Fn. 71), S. 124 ff.

86 Kaufhold, Systemaufsicht (Fn. 71), S. 346 ff. Die grundsätzliche Kritik müsste an solchen Punkten ansetzen, statt pauschale (Vor-)Urteile und Einschätzungen über das (Nicht-)Vermögen der Rechtswissenschaft/Rechtsdogmatik aufzustellen. Konkrete Mängel und Defizite gilt es zu benennen und zu prüfen, ob sie struktureller Natur und damit unüberwindbar sind oder nicht.

sich auch zurückgreifen, soweit Gesetze auf das Systemrisiko als Tatbestandsmerkmal abstellen.[87] Schließlich kann es sogar gelingen, rechtliche Voraussetzungen und Folgen im Zusammenhang mit dem Systemrisiko, etwa die Verteilung der Lasten einer Systemaufsicht, in dem Konzept zu bündeln.[88]

Die Rezeption fremden Natur-, Gesellschafts- oder Weltwissens und dessen transformatorische Verknüpfung mit dem eigenen Wissen führt – wie auch im vorliegenden Beispiel – gewöhnlich auf die Ebene der Ordnungsbildung. Die entwickelten Konzepte werden dabei in das rechtsdogmatische Lehr- und Wissensgebäude eingeordnet, indem Gemeinsamkeiten und Unterschiede zu verwandten Konzepten und Unterscheidungen aufgezeigt und die Rolle des neuen Konzepts im Lehrgebäude geklärt werden.

V. Richterrecht als Gegenstand rechtsdogmatischer Ordnungsbildung

Bereits die letzten Beispiele rechtsdogmatischer Ordnungsarbeit haben sich nicht auf einer irgendwie gearteten mittleren Abstraktionsebene zwischen Gesetz und Entscheidung bewegt, auf der die Rechtsdogmatik gerne angesiedelt wird. Auf höheren Abstraktionsstufen nimmt die Rechtsdogmatik die Gestalt einer allgemeinen Rechtslehre an. Denn sie muss nicht nur die grundlegenden Ordnungsmechanismen einer Rechtsordnung einbeziehen, sondern auch strukturelle und inhaltliche Grundbausteine entwickeln. Veranschaulichen lässt sich dieses Arbeitsfeld beispielhaft anhand ihrer Bemühungen um die sog. sekundären Regeln einer Rechtsordnung. Damit sind jene Regeln gemeint, aus denen sich ergibt, wie Rechtsnormen bzw. Rechtsakte erzeugt, verändert und aufgehoben werden und welche Rechtswirkungen sie zu entfalten vermögen.[89] Man denke nur an Art. 76 bis 78 GG oder die Regelungen in den §§ 35 bis 52 VwVfG. Durch diese sekundären Regeln unterscheidet sich das Recht von anderen normativen Ordnungen. Auch lässt sich deshalb zwischen dem Gebotenen, dem Geltenden und dem Wirksamen unterscheiden.[90] Gepaart mit Einrichtungen, die wie die Gerichte ausschließlich an das Recht gebunden und an ihm ausgerichtet sind, bilden die sekundären Regeln darüber hinaus einen entscheidenden Grund für die Autonomie des Rechts. Sekundäre Regeln wer-

87 Kaufhold, Systemaufsicht (Fn. 71), S. 354 ff.
88 Näher Kaufhold, Systemaufsicht (Fn. 71), S. 299 ff.
89 Grundlegend Herbert L. A. Hart, The Concept of Law, 3. Aufl. 2012, S. 94.
90 Christian Bumke, Relative Rechtswidrigkeit, 2004, S. 249 ff.

den auf sehr verschiedene Weise aufgearbeitet und geordnet. Eine basale und alte Kategorie, um diesen Rechtsstoff zu ordnen, ist die Rechtsquelle.[91] Mit ihrer strikten Bipolarität, ihrer geringen Bündelungskraft und ihrer Ausrichtung am Gericht ist sie indes nur schlecht geeignet, das komplexe Regime sekundärer Regeln einzufangen und adäquat abzubilden. Als fruchtbarer erweist sich demgegenüber das im Öffentlichen Recht verbreitete Bemühen, sekundäre Regeln zu Rechts- oder Handlungsformen wie Gesetz, Urteil, Verwaltungsakt oder Plan zusammenzubinden.[92] Zumal solche Formvorstellungen hinreichend offen sind, um regulatorisch-funktionale Typologien einzubeziehen und so Ausdifferenzierungsprozesse im positiven Recht abbilden zu können.[93]

Als besonders ertragreich, um Einsichten in die Formen und Prozesse rechtsdogmatischer Wissenserzeugung zu erlangen, erweisen sich diffizile Konstellationen, in denen die Vorstellungen und Konzepte aus einem Zusammenspiel rechtstheoretischer Überzeugungen, verfassungsrechtlicher und gesetzlicher Vorgaben, dem Verständnis des verfassungsrechtlich Gebotenen und einer angemessenen Beschreibung und Rekonstruktion gerichtlicher Praxis erwachsen. Die Handlungsform des Richterrechts ist dafür ein lehrreiches Beispiel.[94] Die thematische Komplexität zwingt dazu, sich auf einige wenige Beobachtungen zu beschränken.

Die maßgebliche Eigenschaft dieser Handlungsform besteht darin, dass sie quer zu den gewöhnlichen Fragen gerichtlicher Rechtsarbeit liegt, die ihren Ausgang bei der Anwendung von Gesetzen und anderen Rechtsquellen nehmen. Diese Fragen führen zum einen zum herkömmlichen methodischen Regelwerk für die Auslegung, Fortbildung und Anwendung eines Gesetzes und zum anderen zu den Auseinandersetzungen über die kompetenziellen Grundlagen, die Reichweite des Vorbehalts des Gesetzes[95]

91 Dazu klassisch Alf Ross, Theorie der Rechtsquellen, 1929; siehe außerdem Josef Esser, Grundsatz und Norm in der richterlichen Fortbildung des Privatrechts, 1956, S. 132 ff. und m.w.N. Fritz Ossenbühl, Gesetz und Recht – Die Rechtsquellen im demokratischen Verfassungsstaat, in: Josef Isensee/Paul Kirchhof (Hrsg.), Handbuch des Staatsrechts, Band 5, 3. Aufl. 2007, § 100 Rn. 1 ff.

92 Gunnar Folke Schuppert, Verwaltungswissenschaft, 2000, S. 135-275.

93 Christian Bumke, Verwaltungsakte, in: Voßkuhle/Eifert/Möllers, Grundlagen (Fn. 53), Bd. 2, § 34 Rn. 87 ff.

94 Siehe hierzu Christian Bumke, Einführung in das Forschungsgespräch über die richterliche Rechtsarbeit, in: ders. (Hrsg.), Richterrecht zwischen Gesetzesrecht und Rechtsgestaltung, 2012, S. 1-31.

95 Dazu m.w.N. Christian Bumke, Verfassungsrechtliche Grenzen fachrichterlicher Rechtserzeugung, in: ders. (Hrsg.), Richterrecht (Fn. 94), S. 33-47, 43 ff.

und den verfassungsrechtlichen Grenzen richterlicher Rechtsfortbildung.[96] Lange führte dies dazu, dass die Diskussion um die unfruchtbare Frage kreiste, ob es sich beim Richterrecht um eine Rechtsquelle handelt oder sich dieses in seinen tatsächlichen Wirkungen erschöpft. Zwischenzeitlich wurde erkannt, dass die Handlungsform eine eigenständige Perspektive eröffnet, die es erlaubt nach den verfassungsrechtlichen Grundlagen,[97] den Erzeugungsbedingungen[98] und den Rechtswirkungen, insbesondere einer prima facie Bindungswirkung zu fragen.[99]

Die Kategorie des Richterrechts erlaubt es, Phänomene, die sich sowohl im Rahmen der Auslegung als auch bei der Rechtsfortbildung beobachten lassen, als Teil ein und derselben Rechtsform zu begreifen. In der Konsequenz läge es dann auch nahe, die etablierten verfassungsrechtlichen Grenzen richterlicher Rechtsfortbildung auf den Bereich der Auslegung zu übertragen. Auch im Rahmen der Auslegung dürfen die Gerichte nicht „ihre eigenen materiellen Gerechtigkeitsvorstellungen an die Stelle derjenigen des Gesetzgebers setzen". „Eine Interpretation, die sich über den klar erkennbaren Willen des Gesetzgebers hinwegsetzt, greift unzulässig in die Kompetenzen des demokratisch legitimierten Gesetzgebers ein." Auslegung und Rechtsfortbildung haben die „gesetzgeberische Grundentscheidung" zu respektieren und müssen sich an der „Regelungskonzeption" orientieren, die dem Gesetz zugrunde liegt.[100]

Abgesehen von dem hier befürworteten Schluss der Maßstabserstreckung auf das Feld der Auslegung bewegen sich die rechtsdogmatischen Bemühungen um das Richterrecht als Handlungsform nicht auf der Ebene des interpretatorischen Verstehens. Das Gebotene wird vorausgesetzt und

---

96 Siehe Mehrdad Payandeh, Judikative Rechtserzeugung, 2017, S. 319 ff.; Helmuth Schulze-Fielitz, in: Horst Dreier (Hrsg.), Grundgesetz, Kommentar, Bd. 2, 3. Aufl. 2015, Art. 20 GG Rn. 103 f., dort jeweils m.w.N. zur Rechtsprechung des BVerfG. Kritisch zu dieser Matthias Jestaedt, Rechtsprechung und Rechtsetzung – eine deutsche Perspektive, in: Wilfried Erbguth/Johannes Masing (Hrsg.), Die Bedeutung der Rechtsprechung im System der Rechtsquellen: Europarecht und nationales Recht, 2005, S. 25-79, 34 ff.

97 Christian Bumke, Richterrecht, in: Hanno Kube et al. (Hrsg.), Leitgedanken des Rechts, 2013, Bd. 1, S. 985-995, 986 ff.

98 Diese wurden bislang vernachlässigt – Überlegungen dazu finden sich bei Payandeh, Rechtserzeugung (Fn. 96), S. 230 ff.; Christian Bumke, Abstrakt-generelle Hinweise des Gerichts – (k)eine judikative Handlungsform, NJW 2021, S. 1366-1370, Rn. 10 ff.

99 Eingehend zur Wirkweise von Präjudizien Payandeh, Rechtserzeugung (Fn. 96), S. 287 ff.

100 Alle Zitate: BVerfGE 149, 126, 154 f. – st. Rspr.; zur Erarbeitung einer Regelungskonzeption als Maßstab siehe auch BVerfGE 128, 193, 211 ff.

angenommen, dass das gesetzgeberische Regelwerk[101] und der übrige in der Rechtspraxis erzeugte Rechtsstoff über eine Stabilität verfügen, die es erlaubt, den Rechtsstoff verlässlich zu analysieren und anschließend zu ordnen. Die Klassifizierung als Handlungsform ist keine Frage von Interpretation und Verstehen, sondern von angemessener Erfassung der rechtlichen Phänomene im rechtsdogmatischen Lehr- und Wissensgebäude. Streiten lässt sich über die Anforderungen, die an eine Handlungsform des Rechts zu stellen sind, und ob das Richterrecht diese Anforderungen erfüllt. Streiten lässt sich auch über die Reichweite des Vorbehalts des Gesetzes[102] und die angemessene Erfassung der prima facie Bindung und ihrer Operationalisierung. Am Ende stehen weder die Wahrheit noch die interpretatorische Überzeugung, sondern das Vermögen, Regeln zu strukturieren und zu ordnen, und Einsichten in das ausschnitthafte Funktionieren der Rechtspraxis zu erlangen. Beides bildet wiederum spezifische Formen rechtsdogmatischen Wissens.

C. Verortung rechtsdogmatischer Wissenserzeugung

I. Rechtswissenschaft, Rechtspraxis und das positive Recht

Rechtsdogmatik ist eine spezifische Weise, dem positiven Recht zu begegnen, es zu bearbeiten, mit ihm umzugehen und es zu praktizieren. Es handelt sich um eine gesellschaftliche Praxis, die an (deutschsprachigen) Universitäten und Hochschulen gelehrt und von Juristen ausgeübt wird und das wissenschaftliche Selbstverständnis vieler deutschsprachiger Rechtswissenschaftler:innen bestimmt. Rechtsdogmatik setzt sich aus vielen verschiedenen Tätigkeiten und entsprechenden Formen der Wissenserzeugung, -betätigung und -verwaltung zusammen. Ein kleiner Ausschnitt dieser Vielfalt wurde hier sichtbar. Vieles in der Rechtspraxis ist keine Rechtsdogmatik. Man denke nur an die konkreten Gerichtsverfahren mit all ihren Elementen und Ereignissen und den Rechtsakten, die aus ih-

101 Z.B. die Vorlagepflichten an die Großen Senate oder das Plenum des BVerfG in §§ 132 GVG, 11 VwGO, 2 RsprEinhG, 16 BVerfGG.

102 Philipp Lassahn, Rechtsprechung und Parlamentsgesetz, 2017, S. 139 ff., 241 ff. Demgegenüber versucht Frauke Kruse, Die verfassungsrechtlichen Grenzen richterlicher Rechtsfortbildung, 2019, aus den Grundrechtsvorbehalten die Notwendigkeit gesetzlicher Eingriffsermächtigungen herzuleiten. Eine Auseinandersetzung mit der Entstehungsgeschichte der Grundrechtsvorbehalte und den Diskussionen um den Gesetzesbegriff im Grundrechtsabschnitt unterbleibt dabei.

nen hervorgehen. Soweit jedoch rechtsdogmatisch gedacht und gearbeitet wird, existiert kein kategorialer Unterschied zwischen Wissenschaft und Praxis. Rechtsdogmatik ist so gesehen mehr als eine Grammatik des positiven Rechts. Sie ist Syntax, Semantik und Pragmatik des Rechts und lässt sich trotzdem vom positiven Rechtsstoff als Gesamtheit aller geschriebenen und ungeschriebenen Regeln unterscheiden, die sich als Bestandteile einer Rechtsordnung qualifizieren lassen.

Sieht man von der Möglichkeit wissenschaftlichen Rechts als einer Erscheinung „Privaten Rechts" oder privater Regulierung ab, so lassen sich die dogmatischen Aussagen der Rechtswissenschaft stets und unschwer vom positiven Rechtsstoff unterscheiden. Jene, die dieser Unterscheidung – wie ich selbst – trotzdem zurückhaltend gegenüberstehen, wollen die Möglichkeit, in dieser Weise zu unterscheiden, nicht in Abrede stellen. Ihnen geht es um einen anderen Punkt, nämlich um den Umstand, dass die rechtsdogmatischen Konzepte, Kategorien und Unterscheidungen das Verständnis des positiven Rechts bestimmen und nur in diesem Sinne es sich dann nicht mehr sinnvoll zwischen dem positiven Recht und seiner rechtsdogmatischen Durchdringung und Fassung unterscheiden lässt. Das positive Recht ist insoweit Teil der gesellschaftlichen Praxis, die wir als Rechtsdogmatik bezeichnen.

Ein solches Verständnis schließt die Annahme nicht aus, dass sich rechtsdogmatische Aussagen und Interpretationen am „nackten" Rechtsstoff bewähren müssen; dieser also Widerstand zu leisten vermag.[103] Dieser „nackte" Rechtsstoff ist aber nicht identisch mit der positiven Rechtsordnung. Denn das würde voraussetzen, dass es das Gebotene im Sinne des „nackten" Rechtsstoffes und das Gebotene im Sinne der gegenwärtigen Rechtsordnung gibt. Der „nackte" Rechtsstoff ist ein nützliches Konstrukt, aber insoweit selbst wiederum Teil der rechtsdogmatischen Praxis. Analytisch lässt sich zwischen rechtsdogmatischen Aussagen und Interpretationen des positiven Rechts und dem positiven Recht unterscheiden. Zugleich lässt sich das positive Recht aber nicht ohne rechtsdogmatisches (Vor-)Verständnis erfassen. Der „nackte" Rechtsstoff ist ein rechtsdogmatisches Instrument, aber auch er stellt nicht das positive Recht in seiner „wahren" Gestalt dar. Was es gibt, sind autoritative Texte (Gesetze, Urteile etc.) in Hülle und Fülle und Praxen (gerichtliche, gesellschaftliche, universitäre) und viele weitere Texte, die sich auf autoritative Texte und

103 Matthias Jestaedt, Die Verfassung hinter der Verfassung, 2009, S. 77 ff. spricht hier von einem Positivierungsnachweis. Von einem Widerstand spricht auch Culler, Literaturtheorie (Fn. 20), S. 96.

Praxen beziehen und schließlich gibt es rechtliche Praxen, die sich auf Texte und andere rechtliche Praxen beziehen. Es bleibt bei der trivialen Unterscheidbarkeit zwischen Sätzen der Rechtsdogmatik und den Normen des positiven Rechts und dem gleichzeitigen Nichtunterscheidbarsein. Die entscheidende konstruktive Frage ist also nicht, wie sich die Aussagen über das positive Recht vom positiven Recht unterscheiden lassen, sondern wie sich ein Unterschied zwischen dem rechtsdogmatisch-interpretatorisch verstandenen positiven Recht und einem positiven Recht herstellen lässt, das als Maßstab für dieses so verstandene Recht dienen soll, das also vor allem rechtsdogmatischen Wissen und aller interpretatorischer Praxis in einer Art natürlichem Zustand existiert und sich in diesem Zustand studieren lässt. Ein solches positives Recht ist eine Illusion.

II. Rechtsdogmatik als wissenschaftliche Tätigkeit

Wenn sich akademische und gerichtliche oder andere praktische Rechtsdogmatik nicht auf kategoriale Weise unterscheiden und sich diese gesellschaftliche Praxis nicht in ihrer Gesamtheit als wissenschaftliche Unternehmung qualifizieren lässt, inwieweit kann es sich dann bei der akademischen Rechtsdogmatik um eine wissenschaftliche Tätigkeit handeln? Eine positive Antwort setzt voraus, dass sich Formen oder Weisen dogmatischer Wissenserzeugung, -betätigung und -verwaltung finden lassen, die sich in adäquater Weise als wissenschaftliches Denken und Arbeiten qualifizieren lassen. Lassen sich also – so ist mit anderen Worten zu fragen – Räume innerhalb der rechtsdogmatischen Praxis ausmachen, in denen neben dem rechtsdogmatischen Selbstverständnis wissenschaftliche Standards als maßgeblich für das eigene Denken und Arbeiten erachtet werden?

Trotz einer langen Skepsis gegenüber ihrem wissenschaftlichen Charakter und den allgegenwärtigen Momenten des Meinungsmäßigen innerhalb der Rechtsdogmatik gehe ich davon aus, dass bestimmte Formen oder Weisen rechtsdogmatischen Denkens und Arbeitens wissenschaftlichen Standards genügen können, die auch für andere praktische, kultur- oder gesellschaftswissenschaftliche Disziplinen bestimmend sind. Angesichts der bisherigen Einsichten über die Rechtsdogmatik spricht vieles dafür, auch bezüglich des wissenschaftlichen Charakters auf bestimmte Formen gesellschaftlicher Praxis zu verweisen, deren institutioneller Rahmen sich aus Hochschulen, Forschungseinrichtungen wie den Max-Planck-Instituten, Veranstaltungen und Publikationsorganen zusammensetzt. Das Rückgrat wissenschaftlicher Arbeit bildet das Forschungsgespräch. Eine wissenschaftliche Arbeit ist eingebunden in das bisherige Forschungsgespräch.

Nur mit Blick auf das Gespräch lässt sich eine fruchtbare Forschungsfrage formulieren und abschätzen, auf welche Weisen und mit welcher Aussicht sich Antworten finden lassen. Wissenschaftliches Arbeiten zeichnet sich durch den sorgfältigen und transparenten Umgang mit den bisherigen Forschungsbeiträgen und Quellen aus. Das Forschungsgespräch und das übrige einschlägige Material sollten umfassend und aufmerksam gesichtet worden sein. Wissenschaftliches Arbeiten sollte getragen sein vom Wissen um den unterschiedlichen Status der aufgestellten Sätze, seien es Aussagen, Einschätzungen, Annahmen oder Urteile. Damit verbunden ist nicht nur die Einsicht in die variierenden Grade der Verlässlichkeit, Unbestimmtheit und Umstrittenheit von Maßstäben, die bei der Arbeit verwendet werden, sondern auch ein Gespür dafür, welche Fragen sich fruchtbar und welche sich kaum sinnvoll beantworten lassen. Trotz aller wissenschaftssoziologischen Skepsis und mancher radikalen wissenschaftstheoretischen Position sind für diese Praxis ferner die Gebote rationalen Denkens und Arbeitens konstitutiv. Zu diesen Geboten zählt insbesondere die Bereitschaft, sich mit Einwänden auseinanderzusetzen, über das eigene Tun reflektierend Rechenschaft abzulegen und auf Gründe zu verweisen, die zwar außerhalb der Naturwissenschaften häufig keinen experimentellen Charakter besitzen, aber doch wenigstens möglichst viele prüfen und nachvollziehen können sollten. Kein einzelnes Element, sondern die aus dieser grob umrissenen Gesamtheit erwachsene Praxis lässt sich als wissenschaftliche Tätigkeit klassifizieren. Und jene rechtsdogmatischen Sätze, die aus einer solchen Praxis erwachsen, lassen sich dann auch als wissenschaftliche Sätze klassifizieren. Neben bestimmten Formaten wie der Dissertation und der Habilitation, die gewöhnlich aus einer (rechts-)wissenschaftlichen Praxis hervorgehen, existieren auch Felder, auf denen sich typischerweise wissenschaftliche Betätigungen beobachten lassen. Einige charakteristische Beispiele wurden hier vorgestellt. Schließlich dürften bestimmte Herangehensweisen oft ein wissenschaftliches Grundverständnis voraussetzen. Zu diesen würde ich das Anfertigen sachlich-, zeitlich- oder kulturell-vergleichender Quer- und Längsschnitte zu Rechtsinstituten oder Regelungskomplexen oder etwa methodische Fragen zählen.

III. Das Gebotene im Wege interpretatorischer Rechtsarbeit verstehen

Die vorliegende Untersuchung kam verschiedentlich auf die Wissenserzeugung bezüglich des rechtlich Gebotenen zu sprechen. Während gewöhnlich keine markanten Grenzen zwischen den verschiedenen Bereichen rechtsdogmatischer Wissenserzeugung gezogen werden, wurde hier das interpretatorische Verstehen des Gebotenen als ein Vorgang verstanden, der sich fundamental von den anderen Bereichen unterscheidet. Auf diesen Unterschied und die besonderen Eigenschaften des Verstehens soll abschließend eingegangen werden.

Die Vorstellungen und Konzepte des Gebotenen, des Verstehens, des Interpretierens und überdies ihres Zusammenspiels sind inner- und außerhalb der Rechtswissenschaft so vielfältig und reichhaltig, dass es weder möglich ist, diese Dinge unverstellt und unberührt zu studieren, noch das eigene Verständnis näher zu entwickeln. Für die hier entwickelte Vorstellung ist die Einsicht entscheidend, dass „das interpretatorische Verstehen des Gebotenen" die beiden im allgemeinen maßgeblichen Unterscheidungen, nämlich ‚beschreiben/vorschreiben' und ‚normativ/nicht-normativ' unterläuft und sich deshalb auch nicht entsprechend klassifizieren lässt.[104] Diese Annahme hat weitreichende Auswirkungen für das Rechtsverständnis und die Rechtsarbeit.

Der Vorgang des Verstehens, insbesondere die interpretatorische Arbeit des positiven Rechts, wird auf zweierlei Weise erfasst. Auf der einen Seite wird diese Tätigkeit, wenn auch aus unterschiedlichen Gründen, als normativ charakterisiert. Auf der anderen Seite wird das Geschehen in einen erkennenden, mehr oder minder empirischen Teil, und in einen konstruierenden oder erzeugenden Teil aufgespalten. Charakteristisch für die interpretatorische Arbeit dürften jedoch Verwobensein und Ambivalenz sowohl im Prozess als auch bezüglich des Ergebnisses sein. Einsichten, Einschätzungen und Eigenanteile im Rahmen einer Interpretation sind in einer meines Erachtens auch analytisch unauflösbaren Weise verbunden und diese Verbundenheit erscheint mir das Charakteristische eines jeden Interpretationsvorgangs, jedenfalls mit Blick auf das rechtlich Gebotene, zu sein. Diese Ambivalenz prägt auch das Gebotene selbst, das so zu verstehen ist, wie es verstanden wird. Insofern macht die Unterscheidung zwischen Deskription und Präskription keinen Sinn. Ein Weg aus diesem Dilemma besteht darin, das interpretatorische Verstehen des Gebotenen als eine eigenständige Form der Wissenserzeugung anzuerkennen, um es aus dem Raum inadäquater Unterscheidungen herauszulösen. Mit diesem Schritt sind keine weiteren Vorfestlegungen verbunden, sodass niemand seine Überzeugungen darüber aufgeben müsste, welcher Natur das rechtlich Gebotene ist. Genauso wenig wird dadurch die Annahme ausgeschlossen, dass es womöglich nur eine richtige Antwort auf das Gebotene gibt.

---

104 Die gegenteilige Position habe ich noch in Christian Bumke, Rechtsdogmatik, 2018, S. 127 ff., vertreten.

Das Gebotene interpretierend zu verstehen ist eine praktische Tätigkeit, die von jeder Jurist:in erlernt werden muss. Wissenschaftlich untersuchen lassen sich wohl die Grundsätze, die die interpretatorische Arbeit anleiten sollten. Doch das interpretatorische Verstehen selbst lässt sich weder bei einfachen oder bei schwierigen Fragen wissenschaftlich disziplinieren. Dadurch unterscheiden sich solche Streitigkeiten auch kategorial von Auseinandersetzungen über Eigenschaften, Elemente, Aufbau und Strukturen der Rechtsordnung und der rechtsdogmatischen Lehrgebäude. „Gute Gesetze" im Savignyschen Sinne[105] oder einfache Fälle, wie etwa die Frage, wie schnell man höchstens auf einer Straße fahren darf, wenn die Sichtweite nebel-, schneefall- oder regenbedingt unter 50 Meter beträgt (vgl. § 3 Abs. 1 Satz 3 StVO), bedürfen weder interpretatorischer Anstrengungen noch wissenschaftlicher Bearbeitung. Sie werfen keine Verständnisfragen auf, sodass sich auch nicht sinnvoll nach den Anteilen von Einsicht, Einschätzung und Eigenanteil fragen lässt. Doch erinnern diese Konstellationen daran, dass die Verlässlichkeit des Verstehens beträchtlich variieren kann.

Literaturverzeichnis

Alexy, Robert, Begriff und Geltung des Rechts, 1992

Alexy, Robert, Menschenwürde und Verhältnismäßigkeit, AöR 140 (2015), S. 497-513

Alexy, Robert, Theorie der Grundrechte, 1985

Augsberg, Ino (Hrsg.), Extrajuridisches Wissen im Verwaltungsrecht, 2013

Augsberg, Ino, Informationsverwaltungsrecht, 2014

Augsberg, Ino, Multi-, inter-, transdisziplinär?, in: ders. (Hrsg.), Extrajuridisches Wissen im Verwaltungsrecht, 2013, S. 3-33

Baldus, Manfred, Kämpfe um die Menschenwürde, 2016

Baldus, Manfred, Menschenwürdegarantie und Absolutheitsthese, AöR 136 (2011), S. 529-552

Bogdandy, Armin von/ Huber, Peter M. (Hrsg.), Handbuch Ius Publicum Europaeum, 9 Bände, 2007-2021

Borowski, Martin, Grundrechte als Prinzipien, 3. Aufl. 2018

Brohm, Winfried, Die Dogmatik des Verwaltungsrechts, VVdStRL 30 (1971), S. 245-312

---

105 Friedrich Carl von Savigny, System des heutigen römischen Rechts, Band 1, 1840, S. 212 ff, 222 ff.

Bumke, Christian, Abstrakt-generelle Hinweise des Gerichts – (k)eine judikative Handlungsform, NJW 2021, S. 1366-1370

Bumke, Christian, Autonomie im Recht, in: ders./Röthel, Anne (Hrsg.), Autonomie im Recht, 2017, S. 3

Bumke, Christian, Der Grundrechtsvorbehalt, 1998

Bumke, Christian, Die Entwicklung der verwaltungsrechtswissenschaftlichen Methodik in der Bundesrepublik Deutschland, in: Schmidt-Aßmann, Eberhard/Hoffmann-Riem, Wolfgang (Hrsg.), Methoden der Verwaltungsrechtswissenschaft, 2004, S. 73-130

Bumke, Christian, Einführung in das Forschungsgespräch über die richterliche Rechtsarbeit, in: ders. (Hrsg.), Richterrecht zwischen Gesetzesrecht und Rechtsgestaltung, 2012, S. 1-31

Bumke, Christian, Rechtsdogmatik, 2018

Bumke, Christian, Relative Rechtswidrigkeit, 2004

Bumke, Christian, Richterrecht, in: Kube, Hanno et al. (Hrsg.), Leitgedanken des Rechts, 2013, Bd. 1, S. 985-995

Bumke, Christian, Richterrecht, in: Kube, Hanno u. a. (Hrsg.), Leitgedanken des Rechts, Bd. 2, 2013, § 92

Bumke, Christian, Verfassungsrechtliche Grenzen fachrichterlicher Rechtserzeugung, in: ders. (Hrsg.), Richterrecht zwischen Gesetzesrecht und Rechtsgestaltung, 2012, S. 33-47

Bumke, Christian, Verwaltungsakte, in: Voßkuhle, Andreas/Eifert, Martin/Möllers, Christoph, Grundlagen des Verwaltungsrechts, 3. Aufl. 2021, Bd. 2, § 34

Burke, Peter, A Social History of Knowledge, 2 Bände, 1997-2012

Canaris, Claus-Wilhelm, Systemdenken und Systembegriff in der Jurisprudenz, 2. Aufl. 1983

Coupette, Corinna, Juristische Netzwerkforschung, 2019

Culler, Jonathan, Literaturtheorie, 2002

Detel, Wolfgang, Geist und Verstehen, 2011, Teil II

Dreier, Horst, in: ders. (Hrsg.), Grundgesetz, Kommentar, Bd. 1, 3. Aufl. 2013, Art. 1 GG

Dreier, Horst, Rechtswissenschaft als Wissenschaft – Zehn Thesen, in: ders. (Hrsg.), Rechtswissenschaft als Beruf, 2018, S. 1-65

Dworkin, Ronald, Law Empire, 1986

Engel, Christoph/Halfmann, Jost/Schulte, Martin (Hrsg.), Wissen – Nichtwissen – Unsicheres Wissen, 2002

Engel, Christoph/Schön, Wolfgang (Hrsg.), Das Proprium der Rechtswissenschaft, 2007

Ernst, Wolfgang, Gelehrtes Recht, in: Engel, Christoph/Schön, Wolfgang (Hrsg.), Das Proprium der Rechtswissenschaft, 2007, S. 3-49

Esser, Josef, Grundsatz und Norm in der richterlichen Fortbildung des Privatrechts, 1956

Flohr, Martin, Rechtsdogmatik in England, 2017

Gordley, James, The State's Private Law and Legal Academia, in: Jansen, Nils/ Michaels, Ralf (Hrsg.), Beyond the state – rethinking private law, 2008, S. 219-232

Grzeszick, Bernd, Steuert die Dogmatik?, in: Kirchhof, Gregor/Magen, Stefan/ Schneider, Karsten (Hrsg.), Was weiß Dogmatik?, 2012, S. 97-109

Günter Ellscheid/Winfried Hassemer (Hrsg.), Interessenjurisprudenz, 1974

Gusy, Christoph, JöR n.F. 55 (2007), Brauchen wir eine juristische Staatslehre?, S. 41-71

Gutmann, Thomas, Intra- und Interdisziplinarität: Chance oder Störfaktor?, in: Hilgendorf, Eric/Schulze-Fielitz, Helmut (Hrsg.), Selbstreflexion der Rechtswissenschaft, 2015, S. 93-116

Hart, Herbert L. A., The Concept of Law, 3. Aufl. 2012

Herdegen, Matthias, Die Menschenwürde im Fluß des bioethischen Diskurses, JZ 2001, S. 773-786

Herdegen, Matthias, in: Maunz, Theodor/Dürig, Günter (Begr.), Grundgesetz, Kommentar, Art. 1 GG (94. EL Januar 2021)

Hilbert, Patrick, Systemdenken in Verwaltungsrecht und Verwaltungsrechtswissenschaft, 2015

Hilgendorf, Eric, Klonverbot und Menschenwürde, in: Geis, Max-Emanuel (Hrsg.), Festschrift für Hartmut Maurer, 2001, S. 1147-1164

Hoffmann-Riem, Wolfgang, in: ders./Schmidt-Aßmann, Eberhard (Hrsg.), Innovation und Flexibilität des Verwaltungshandelns, 1994, S. 9-66

Hoffmann-Riem, Wolfgang, Reform des allgemeinen Verwaltungsrechts als Aufgabe – Ansätze am Beispiel des Umweltschutzes, AöR 115 (1990), S. 400-447

Hoffmann-Riem, Wolfgang/Schmidt-Aßmann, Eberhard (Hrsg.), Schriften zur Reform des Verwaltungsrechts, 10 Bände, 1993-2004

Hoffmann-Riem, Wolfgang/Schmidt-Aßmann/Voßkuhle, Andreas (Hrsg.), Grundlagen des Verwaltungsrechts, 3 Bände, 1. Aufl. 2006-2009

Hong, Matthias, Abwägungsfeste Rechte, 2019

Hopt, Klaus, Der Kapitalanlegerschutz im Recht der Banken, 1975

Jansen, Nils, Recht und gesellschaftliche Differenzierung, 2019

Jansen, Nils, Rechtsdogmatik, Rechtswissenschaft und juristische Praxis, AöR 143 (2018), S. 623-658

Jansen, Nils, The Making of Legal Authority, 2010

Jestaedt, Matthias, Das mag in der Theorie richtig sein ..., 2006

Jestaedt, Matthias, Die Verfassung hinter der Verfassung, 2009

Jestaedt, Matthias, Rechtsprechung und Rechtsetzung – eine deutsche Perspektive, in: Erbguth, Wilfried/Masing, Johannes (Hrsg.), Die Bedeutung der Rechtsprechung im System der Rechtsquellen: Europarecht und nationales Recht, 2005, S. 25-79

Jestaedt, Matthias, Vom Beruf der Rechtswissenschaft – zwischen Rechtspraxis und Rechtstheorie, in: Dreier, Horst (Hrsg.), Rechtswissenschaft als Beruf, 2018, S. 227-255

Jestaedt, Matthias, Wissenschaft im Recht, JZ 2014, S. 1-12

Jestaedt, Matthias, Wissenschaftliches Recht, in: Kirchhof, Gregor/Magen, Stefan/ Schneider, Karsten (Hrsg.), Was weiß Dogmatik?, 2012, S. 117-137

Kahl, Wolfgang, Wissenschaft, Praxis und Dogmatik im Verwaltungsrecht, 2020

Kaiser, Anna-Bettina, Juristische Methode, Dogmatik und System, in: Kahl, Wolfgang/Ludwigs, Markus (Hrsg.), Handbuch des Verwaltungsrechts, Bd. 1, 2021, § 24

Kaufhold, Ann-Kathrin, Systemaufsicht, 2016

Kaufhold, Ann-Kathrin, Transfer und Transformation ökonomischen Wissens im Recht der Bankenaufsicht, in: Augsberg, Ino (Hrsg.), Extrajuridisches Wissen im Verwaltungsrecht, 2013, S. 151

Kelsen, Hans, Reine Rechtslehre, 2. Aufl., 1960

Kersten, Jens, Das Klonen von Menschen, 2004

Kingsbury, Benedict/Krisch, Nico/Stewart, Richard B., The Emergence of Global Administrative Law, Law & Contemp. Probs. 68 (2005), S. 15-61

Kloepfer, Michael, Humangenetik als Verfassungsfrage, JZ 2002, S. 417-428

Kloepfer, Michael, Umweltrecht, 1. Aufl. 1989

Knoblauch, Hubert, Wissen, in: Baur, Nina et al. (Hrsg.), Handbuch Soziologie, 2008, S. 465-481

Kruse, Frauke, Die verfassungsrechtlichen Grenzen richterlicher Rechtsfortbildung, 2019

Kuntz, Thilo, Auf der Suche nach einem Proprium der Rechtswissenschaft, AcP 219 (2019), S. 254-299

Ladeur, Karl-Heinz, The Postmodern Condition of Law and Societal „Management of Rules", ZfRsoz 27 (2006), S. 87-108

Lando, Ole/Beale, Hugh (Hrsg.), Principles of European Contract Law Part I, 1995

Lando, Ole/Beale, Hugh (Hrsg.), Principles of European Contract Law Parts I and II, 2000

Lando, Ole/Clive, Eric/Prüm, Andre/Zimmermann, Reinhard (Hrsg.), Principles of European Contract Law Part III, 2003

Lanius, David, Strategic Indeterminacy in the Law, 2019

Lassahn, Philipp, Rechtsprechung und Parlamentsgesetz, 2017

Lepsius, Oliver, Kritik der Dogmatik, in: Kirchhof, Gregor/Magen, Stefan/Schneider, Karsten (Hrsg.), Was weiß Dogmatik?, 2012, S. 39-62

Lepsius, Oliver, Problemzugänge und Denktraditionen im Öffentlichen Recht, in: Hilgendorf, Eric/Schulze-Fielitz, Helmut (Hrsg.), Selbstreflexion der Rechtswissenschaft, 2015, S. 53-92

Lepsius, Oliver, Steuerungsdiskussion, Systemtheorie und Parlamentarismuskritik, 1999, S. 33 f.

Lepsius, Oliver, Themen einer Rechtswissenschaftstheorie, in: Jestaedt, Matthias/Lepsius, Oliver (Hrsg.), Rechtswissenschaftstheorie, 2008, S. 1-49

Lobinger, Thomas, Perspektiven der Privatrechtsdogmatik am Beispiel des allgemeinen Gleichbehandlungsrechts, AcP 216 (2016), S. 28-106

Luhmann, Niklas, Kontingenz und Recht (hrsg. von Schmidt, Johannes F. K.), 2013, S. 20 ff.

Luhmann, Niklas, Rechtsystem und Rechtsdogmatik, 1974

Michael, Lothar, Private Standardsetter und demokratisch legitimierte Rechtsetzung, in: Bauer, Hartmut/Sommermann, Karl-Peter/Huber, Peter M. (Hrsg.), Demokratie in Europa, 2005, S. 431-456

Mohr, Hans, Wissen – Prinzip und Ressource, 1999

Morlok, Martin, Selbstverständnis als Rechtskriterium, 1993

Morlok, Martin, Was heißt und zu welchem Ende studiert man Verfassungstheorie?, 1988

Münkler, Laura, Expertokratie, 2020

Münkler, Laura, Wissen – ein blinder Fleck des Rechts?, in: dies. (Hrsg.), Dimensionen des Wissens im Recht, 2019, S. 1-25

Nettesheim, Martin, Die Garantie der Menschenwürde zwischen metaphysischer Überhöhung und bloßem Abwägungstopos, AöR 130 (2005), S. 71-113

O'Hara, Laurence, Rationales Entscheiden jenseits von Abwägung, in: Lübbe, Weyma/Grosse-Wilde, Thomas (Hrsg.), Abwägung. Voraussetzungen und Grenzen einer Metapher für rationales Entscheiden, i.E.

Ossenbühl, Fritz, Gesetz und Recht – Die Rechtsquellen im demokratischen Verfassungsstaat, in: Isensee, Josef/Kirchhof, Paul (Hrsg.), Handbuch des Staatsrechts, Band 5, 3. Aufl. 2007, § 100

Payandeh, Mehrdad, Judikative Rechtserzeugung, 2017

Poscher, Ralf, Menschenwürde, in: Herdegen, Matthias/Masing, Johannes/Poscher, Ralf/Gärditz, Klaus Ferdinand (Hrsg.), Handbuch des Verfassungsrechts, 2021, § 17

Quecke, Justus, Unantastbare Menschenwürde, 2020

Reimer, Franz, Methodenfragen im Verwaltungsrecht zwischen Tradition und Innovation, in: Kahl, Wolfgang/Mager, Ute (Hrsg.), Verwaltungsrechtswissenschaft und Verwaltungsrechtspraxis, 2019, S. 115-132

Riesenhuber, Karl, Privates Recht, Wissenschaftliches Recht, Systembildung, in: Bumke, Christian/Röthel, Anne (Hrsg.), Privates Recht, 2012, S. 49-67

Röhl, Hans Christian (Hrsg.), Wissen – zur kognitiven Dimension des Rechts, 2010

Rosenau, Henning, Reproduktives und therapeutisches Klonen, in: Amelung, Knut et al. (Hrsg.), Strafrecht, Biorecht, Rechtsphilosophie: Festschrift für Hans-Ludwig Schreiber, 2003, S. 761-781

Ross, Alf, Theorie der Rechtsquellen, 1929

Röthel, Anne, Forschungsgespräche über Autonomie im Recht, in: Bumke, Christian/Röthel, Anne (Hrsg.), Autonomie im Recht, S. 45 ff.

Sahm, Philipp, Elemente der Dogmatik, 2019

Schemmel, Jakob, Europäische Finanzmarktregulierung, 2018

Schneider, Jens-Peter/Hofmann, Herwig C. H./Ziller, Jacques (Hrsg.), ReNEUAL Model Rules on EU Administrative Procedure – Updated Version 2015, 2017

Schoch, Friedrich, Verwaltungsrechtswissenschaft zwischen Theorie und Praxis, in: Die Verwaltung, Beiheft 12 (2017), S. 11-32

Scholz, Oliver R., Verstehen und Rationalität, 3. Aufl. 2016

Schön, Wolfgang, Quellenforscher und Pragmatiker, in: Engel, Christoph/Schön, Wolfgang (Hrsg.), Das Proprium der Rechtswissenschaft, 2007, S. 313-321

Schönberger, Sophie, Mehr Wissenschaft wagen!, JöR n.F. 65 (2017), S. 511-531

Schulze-Fielitz, Helmuth, in: Dreier, Horst (Hrsg.), Grundgesetz, Kommentar, Bd. 2, 3. Aufl. 2015, Art. 20 GG

Schuppert, Gunnar Folke, The World of Rules, 2017

Schuppert, Gunnar Folke, Verwaltungswissenschaft, 2000

Schuppert, Gunnar Folke, Wissen – Governance – Recht, 2019

Schuppert, Gunnar Folke/Voßkuhle, Andreas (Hrsg.), Governance von und durch Wissen, 2008

Schützeichel, Rainer (Hrsg.), Handbuch Wissenssoziologie und Wissensforschung, 2018

Stark, Alexander, Interdisziplinarität der Rechtsdogmatik, 2020

Stoll, Heinrich, Begriff und Konstruktion in der Lehre der Interessenjurisprudenz, in: ders. (Hrsg.), Festgabe für Philipp Heck, Max Rümelin, Arthur Benno Schmidt, 1931, S. 60-117

Teifke, Nils, Das Prinzip Menschenwürde, 2011

Teubner, Gunter, Folgenkontrolle und responsive Dogmatik, Rechtstheorie 6 (1975), S. 179-204

UNIDROIT (Hrsg.), Principles of International Commercial Contracts 2016, 2016

von Arnauld, Andreas, Öffnung der öffentlich-rechtlichen Methode durch Internationalität und Interdisziplinarität: Erscheinungsformen, Chancen, Grenzen, VVdStRL 74 (2015), S. 39-87

van Aaken, Anne, Funktionale Rechtswissenschaftstheorie, in: Jestaedt/Lepsius, Rechtswissenschaftstheorie (Fn. 73), S. 79-104

Vesting, Thomas, Nachbarwissenschaftlich informierte und reflektierte Verwaltungsrechtswissenschaft – „Verkehrsregeln“ und „Verkehrsströme“, in: Schmidt-Aßmann, Eberhard/Hoffmann-Riem, Wolfgang (Hrsg.), Methoden der Verwaltungsrechtswissenschaft, 2004, S. 253-292

Vogenauer, Stefan, in: ders. (Hrsg.), Commentary on the UNIDROIT Principles of International Commercial Contracts (PICC), 2. Aufl. 2015, S. 1 ff.

von Bar, Christian/Clive, Eric (Hrsg.), Principles, Definitions and Model Rules of European Private Law: Draft Common Frame of Reference (DCFR), Full Edition 2009, 6 Bände

von Savigny, Friedrich Carl, System des heutigen römischen Rechts, Band 1, 1840

Voßkuhle, Andreas, „Regulierte Selbstregulierung" – Karriere eines Schlüsselbegriffs, in: Die Verwaltung, Beiheft 4 (2001), S. 197-200

Voßkuhle, Andreas, Das Kompensationsprinzip, 1999

Voßkuhle, Andreas, Die Neue Verwaltungsrechtswissenschaft, in: ders./Eifert, Martin/Möllers, Christoph, Grundlagen des Verwaltungsrechts, 3. Aufl. 2021, Band 1, § 1

Voßkuhle, Andreas, Methode um Pragmatik im Öffentlichen Recht, in: Bauer, Hartmut/Czybulka, Detlef/Kahl, Wolfgang/Voßkuhle, Andreas (Hrsg.), Umwelt, Wirtschaft und Recht, 2002, S. 172-195

Zimmermann, Reinhard, „Wissenschaftliches Recht" am Beispiel (vor allem) des europäischen Vertragsrechts, in: Bumke, Christian/Röthel, Anne (Hrsg.), Privates Recht, 2012, S. 21-48

Kanonisierungs- und Dogmatisierungsprozesse in Recht und Religion. Historisch-vergleichende Beobachtungen[1]

Nils Jansen

Die Erwartung von Eindeutigkeit charakterisiert westliche Vorstellungen von Normativität. Verbindlichkeit, so meinen wir, setzt die Möglichkeit von Gewissheit voraus. Im Recht geht es deshalb vor allem anderen ganz formal um Rechtssicherheit; und schon im zweiten Jahrhundert galten Glaubensbekenntnisse unter Christen als „Kanon der Wahrheit".[2] Strukturell ambige Normativität bleibt, so scheint es, unfassbar: institutionell und gesellschaftlich unwirklich.[3] Die Frage liegt deshalb nahe, wie es überhaupt möglich ist, normatives Wissen in dieser Weise eindeutig zu verfestigen, also zu dogmatisieren bzw., wo es um Texte geht, zu kanonisieren oder auch umgekehrt, wie dogmatisierte Normativität sich wieder verflüssigen lässt.[4]

Nun ist das naheliegende Mittel zur Stabilisierung juristischen Wissens das Gesetz. Immer wieder haben Menschen gehofft, sich mittels klarer Gesetze von der Rabulistik ungeliebter Juristen befreien zu können. Das theologische Pendant findet sich im protestantischen Programm, die Wahrheit *sola scriptura*: allein im Rückgriff auf das geoffenbarte Wort Gottes, zu fin-

---

1 Der Text gibt meinen Vortrag im Wesentlichen unverändert wieder; er bildet im Kern eine aktualisierte und überarbeitete Neuauflage meines Aufsatzes „Dogmatisierungsprozesse in Recht und Religion", in: Jansen/Oestmann (Hg.), Gewohnheit. Gebot. Gesetz, 125-154.

2 Essen, Spätantike Dogmatisierungsprozesse, 3. Vgl. auch den Kath. Katechismus, Rn. 172 ff.

3 Andernorts gilt diese enge Verknüpfung von Normativität und Bestimmtheit nicht: Glaubensbekenntnisse erscheinen nur im Christentum in zugleich theologisch-doktrinaler und verbindlicher Form. Religionen, die ihre Identität weniger durch Doktrinen als durch kultische und rituelle Aspekte definieren, können abweichende Lehren durchaus als legitime Interpretationen der Offenbarung akzeptieren und zeichnen sich damit durch eine weitgehende „Häresietoleranz" aus. Und solange Meinungsverschiedenheiten im Islam als eine „Gnade" galten, waren divergierende Rechtsansichten unterschiedlicher Schulen selbstverständlich: Rohe, Das islamische Recht, 27 ff. m.w.N.

4 Dazu jüngst Gärtner et al. (Hg.), Normative Krisen.

den. Freilich sehen sich Menschen, seit sie Gesetze und Offenbarungstexte schreiben, damit konfrontiert, dass normative Texte normative Gewissheit gerade nicht zu gewährleisten vermögen: Von jeher irritieren solche Texte durch den „Skandal",[5] dass sie den Streit um das Recht bzw. den rechten Glauben nicht beenden, sondern an die Stelle alter Fragen den neuen Streit um die Bedeutung des Referenztextes treten lassen. Man kann hier nur entweder – in protestantischem Geist – auf die Gnade Gottes und eine „freie Uebereinstimmung der Gemüther im Glauben" hoffen[6] oder die Notwendigkeit normativer Entscheidungen akzeptieren. Ohnehin gewinnen autoritative Texte eine eindeutige Bedeutung nicht ohne ein gemeinsames Wissen über grundlegende Begriffe und Deutungsmuster. Man muss wissen, was eine „Gesamtschuld" oder ein „Vertrag" ist, wenn man entsprechende Gesetze verstehen will, und man kann die Bibel kaum ohne eine erlernte Vorstellung von „Offenbarung", „Trinität" und „Gott" lesen. Eindeutigkeit setzt voraus, dass Grundbegriffe, Deutungsmuster und Ordnungsvorstellungen – gerade auch hinsichtlich der Standards normativer Argumentation – als verbindliches Wissen gelten. Dogmatisierungsprozesse verfestigen solche Ordnungsvorstellungen und Deutungsmuster[7] als professionell tradiertes Wissen; Kanonisierungsprozesse etablieren Texte, die solches Wissen formulieren, als Autoritäten.

Will man solche Prozesse analysieren, so führt eine isolierte Analyse der Begriffsgeschichten von „Dogma" und „Dogmatik" nicht weiter: Beide Begriffe sind verhältnismäßig jung; sie werden von Juristen und Theologen je unterschiedlich verstanden; und ihre Bedeutung war auch innerhalb dieser Diskurse niemals stabil.[8] Während katholische Dogmatik sich auf anerkannte Dogmen bezieht und damit die Existenz solcher Dogmen voraussetzt, sind solche „Dogmen" im Recht atypische Ausnahmen. Ohnehin ist der Begriff der juristischen Dogmatik auf den deutschen Sprachraum beschränkt, erscheint hier aber heute bemerkenswert unbestimmt und gerät zunehmend unter Druck: „Dogmatik" ist, was Juristen betreiben, wenn sie Kommentare und vergleichbare Texte verfassen, die das geltende Recht in einer geordneten Form darstellen.

In diesem Sinne geht es mir zunächst um Methoden, die regeln, was als ein „gutes" oder ein „relevantes", also ein akzeptables bzw. inakzeptables Argument gilt. Beachtung verdienen auch institutionelle Prozesse und

---

5 Fögen, Römische Rechtsgeschichten, 177 ff., 181.
6 Schleiermacher, Ueber den eigenthümlichen Werth, 445.
7 Vgl. Thier, Dogmatik und Hierarchie, 220.
8 Siehe nur Herberger, Dogmatik; Filser, Dogma.

Strukturen, etwa die Unterscheidung des Rechts von seiner Beschreibung bzw. Anwendung, die prozedurale Verlagerung normativer Entscheidungen auf Konzile oder Gerichte, sowie die Rationalisierung von Dissens in wissenschaftlichen Schulen. Natürlich gehört hierher auch die Kanonisierung von Texten, i.e. wissenschaftlichen *books of authority*, offiziellen Lehrverlautbarungen oder gerichtlichen Entscheidungssammlungen und nicht zuletzt auch die mediale Inszenierung und Institutionalisierung solcher Ordnungsvorstellungen und Deutungsmuster.

I. Religion und Recht

Neue Rechtsfragen finden ihre Antworten normalerweise, indem sich eine „herrschende Meinung" bildet oder die Frage höchstrichterlich entschieden wird. Man kann aber immer auch nach dem politischen Gesetzgeber rufen; das bedeutet dann eine von Wahrheits- und juristischen Richtigkeitsansprüchen entlastete, dezisionistische Normsetzung. In diesem Sinne beruhen Rechtsnormen auf dem *sic volo, sic iubeo* eines Herrschers.

Ganz anders liegt es in der Religion, die menschlicher Willkür prinzipiell entzogen ist. Bis heute heißt es im Katholischen Katechismus: „Seit Jahrhunderten bekennt die Kirche in all den vielen Sprachen, Kulturen, Völkern und Nationen ihren einzigen, vom einen Herrn empfangenen … Glauben".[9] Eine institutionelle Trennung einer von Wahrheitsansprüchen entlasteten Normsetzung einerseits und einer im Modus der Wahrheit argumentierenden Theologie andererseits ist deshalb ebensowenig möglich wie echter dogmatisch-doktrinaler Wandel. Glaubenswahrheiten gelten grundsätzlich zeitlos.[10] Auch ein Konzil und das päpstliche Lehramt müssen ihre Verlautbarungen an vorausgesetzten religiösen Wahrheiten messen lassen. Religiöse Erneuerungsprozesse gewinnen ihre Dynamik deshalb typischerweise im Rückgriff auf unvordenkliche Traditionsbestände.

9 Kath. Katechismus, Rn. 172.

10 Siehe aber weiterführend Seewald, Dogma im Wandel; id., Reform. Seewald betont nicht nur, was offensichtlich zutrifft, dass auch zentrale Lehren der Römischen Kirche im Laufe ihrer Geschichte teils fundamentalen Neuerungen unterzogen worden seien, sondern argumentiert darüber hinaus, dass die Kirche sich solchem Wandel dogmatisch öffnen müsse, weil das Evangelium dem Menschen immer in der Geschichte entgegentrete und deshalb Verkündung immer historisch bedingt sei.

Diese Unterschiede verbieten einen simplifizierenden Vergleich von religiösen und rechtlichen Dogmatisierungsprozessen etwa unter dem Gesichtspunkt, dass es sich gleichermaßen um textbezogene Normwissenschaften handele. Die Externalisierung von Problemen, die sich mit theologischen Argumenten nicht lösen lassen, auf einen Normsetzer war deshalb ausgeschlossen. Möglicherweise bildet das mit einen Grund dafür, dass die christliche Dogmengeschichte seit dem Mittelalter normalerweise mehr als Abwehr von Irrlehren denn als innovativer Prozess dargestellt wird,[11] dass es immer wieder auch eine Geschichte der Verfolgung von Häretikern war, und dass die theologische Lehre in der Römischen Kirche bis heute strikter lehramtlicher Kontrolle unterliegt. Im Recht brauchten widerständige Ansichten niemals mit Strafgewalt verfolgt zu werden; und eine institutionelle Kontrolle richtiger Lehre wurde – soweit ersichtlich – niemals erwogen. Rechtliche und religiöse Dogmatisierungsprozesse folgen einer je eigenen Logik; sie sind von unterschiedlichen wissenssoziologischen Strukturen geprägt. Gerade deshalb bildet es eine spannende Frage, ob sich nicht auch gleiche oder ähnliche Strukturelemente identifizieren lassen.

II. Methoden

Juristen und Theologen haben immer wieder spezifische Methoden entwickelt, um Probleme zu lösen und Problemlösungen zu rationalisieren. Beispiele sind die Lehre von der Auslegung von Gesetzen oder die historisch-kritische Methode in der Theologie. Solche Methoden sind weit mehr als bloße Erkenntnisverfahren zur Analyse komplexer Probleme: Sie definieren den Kreis zulässiger Argumente und statuieren damit Argumentations- und Deutungsmuster, die einen normativen Diskurs in kaum zu überschätzender Weise prägen.

Im Recht lässt sich das bereits für das Römische Recht zeigen. Anders als in Griechenland, wo es niemals ein dem römischen vergleichbares stabiles und hochkomplexes Rechtssystem gab, war der Blick der Juristen in Rom methodisch auf spezifisch privatrechtliche Fragen beschränkt, wobei die Römer Rechtsverhältnisse zudem nur aus der Perspektive der beteiligten Parteien in den Blick genommen, Erwägungen staatlicher Gesellschafts- und Wirtschaftspolitik also ausgeblendet haben. Von der Gefahrprävention oder der Bekämpfung unanständigen Geschäftsgebarens ist des-

---

11 Vgl. Neuner, Wie lehren die Kirchen, 126 f.

halb kaum etwas zu lesen. Nur mittels dieser Reduktion der Komplexität des Rechts war es möglich, zu gemeinsamen Wertungen und eindeutigen Regeln zu gelangen; und es ist deshalb umso bemerkenswerter, dass die Juristen an diesem *legal point of view* festgehalten haben, obgleich dieser offenkundig nicht der Regulierungsperspektive ihrer Herrscher entsprach, die das Privatrecht schon deshalb als Mittel politischer Steuerung nutzen mussten, weil ihnen eine Verwaltung lange Zeit nicht zur Verfügung stand.

Freilich: Methoden gewährleisten ebensowenig normative Eindeutigkeit wie autoritative Texte. Dazu sind andere bzw. zusätzliche Mechanismen erforderlich wie die Kanonisierung autoritativer Referenztexte oder allgemein anerkannter „Prinzipien" (Axiome) aber auch institutionelle Mechanismen. Gerade die Römische Kirche ist immer wieder einen stark politisierten institutionellen Weg gegangen. Demgegenüber haben Juristen einerseits Normtexte wie das *Corpus iuris civilis* notfalls auch ohne herrschaftlichen Anwendungsbefehl zu autoritativen Rechtsgrundlagen gemacht, andererseits spezifisch juristische Mechanismen entwickelt, deren Zweck gerade in der – notfalls willkürlichen – Stabilisierung bestimmter Ergebnisse besteht. Bereits in der mittelalterlichen Rechtswissenschaft war das Bewusstsein um die Ergebnisoffenheit der Texte und der scholastischen Argumentation mit einer offenbar spezifisch juristischen Bereitschaft zu professioneller Selbstbindung verbunden.[12] Das zeigt sich insbesondere in der Akzeptanz von Autoritätsargumenten: Bis ins 18. Jahrhundert war die *communis opinio* als entscheidendes juristisches Argument akzeptiert; auch heute gibt der Verweis auf eine ständige Rechtsprechung meist den Ausschlag. Solche Argumente werden nur dort gebraucht, wo es kein erkennbar stärkeres Sachargument für die eine oder andere Ansicht zu einer Streitfrage gibt.

III. Institutionen

Seit der Wiederentdeckung der Digesten fanden rechtliche Dogmatisierungsprozesse ihren diskursiven Ort lange Zeit primär an Universitäten: in gelehrten Kommentaren, Traktaten und wissenschaftlichen Konsilien. Die Dogmatisierung des Rechts verlief damit in einer nur schwach institutionalisierten Form: nicht nur außerhalb von Parlamenten, sondern auch

12 Zum Ganzen Ranieri, Kasuistik und Regelbildung, 160, 165 ff.; Coing, Europäisches Privatrecht, 124 f.

außerhalb rechtlicher Institutionen. Erst in der zweiten Hälfte des 20. Jahrhunderts ist es hier zu einer Verschiebung des Zentrums juristischen Wissens vom Wissenschafts- ins Rechtssystem gekommen; bis heute wird über juristische Ordnungsvorstellungen, Definitionen und Systematisierungen nicht letztverbindlich entschieden.

Die Religion bietet hier ein Gegenmodell. Noch vor der Institutionalisierung des Christentums in der Römischen Kirche nutzte man Foren wie Bischofssynoden, um Wahrheitsfragen verbindlich zu entscheiden. Mit der Kirchenpolitik Konstantins erhielt dieser Prozess eine staatspolitische Dimension, die die Dogmatisierung des Christentums signifikant verstärkte. Das Nizäische Glaubensbekenntnis wurde unter der politischen Leitung Konstantins verabschiedet.[13]

Mit der Verrechtlichung der Römischen Kirche in den Gregorianischen Reformen[14] sowie der Institutionalisierung theologischer Lehre an den Universitäten kam es dann seit dem 12. Jahrhundert zu weiteren Dogmatisierungsschüben.[15] Die wahre Lehre geriet in den Fokus institutioneller Großkontroversen. Päpste und Konzile, Orden, wie die Franziskaner und Dominikaner, Universitätsfakultäten und die Amtskirche stritten nicht nur um theologische Fragen, sondern zugleich um die Autorität, verbindlich im Namen der Kirche zu sprechen. Den institutionellen Ort für solche Kontroversen und damit auch für verbindliche Lehraussagen bildeten Lehrverurteilungen im Rahmen großer Theologenprozesse, also förmlich institutionalisierter, quasigerichtlich inszenierter Verfahren, die aber nicht juristisch, sondern mit theologischen Argumenten entschiedenen wurden.[16] Wieder sollten institutionelle Mechanismen theologische Wahrheiten und die kirchliche Autorität gegenüber abweichenden Ansichten und persönlicher Widersetzlichkeit verbindlich durchsetzen und stabilisieren.

Im Recht lassen sich institutionelle Dogmatisierungen nur in schwächerer Form beobachten. Hierher gehört insbesondere die Institutionalisierung von Gerichten als „inoffiziellen“ Normsetzern seit dem 17. Jahrhundert. Diese Entwicklung begann mit der Gleichsetzung des *usus fori* mit Gewohnheitsrecht, die allerdings bedeutungslos blieb, solange Gerichtsentscheidungen nicht publiziert wurden. Genau das war freilich seit

---

13 Zum Ganzen Brennecke, Bischofsversammlung und Reichssynode, 35 ff.; Essen, Spätantike Dogmatisierungsprozesse, 30 ff.

14 Thier, Canon Law, 134 f.

15 Hierzu und zum Folgenden Filser, Präzisierung und Systematisierung, 95 ff.; Neuner, Wie lehren die Kirchen, 126 ff.; s. auch Berman, Law and Revolution.

16 Vgl. Steckel, Häresie, 90 ff.

dem 17. Jahrhundert geschehen, als gelehrte Autoren Entscheidungen auszugsweise publizierten und im Rahmen gelehrter Abhandlungen darüber berichteten. Seit dem ausgehenden 18. Jahrhundert hat die deutsche Richterschaft die Publikation ihrer Entscheidungen dann aber in eigene Hände genommen und sich in „offiziellen" Entscheidungssammlungen als selbständig gestaltender Akteur im professionellen Diskurs präsentiert.[17] Sie folgte damit dem Beispiel juristischer Spruchfakultäten, die seit dem 17. Jahrhundert ihre im Rahmen von Aktenversendungen ergangenen Entscheidungen publiziert hatten. Diese Formalisierung der judiziellen Publikationspraxis zielte auf eine Aufwertung der Rechtsprechung als Rechtsquelle. Wie in England sollte derart veröffentlichten Entscheidungen die gesetzesanaloge Autorität eines bindenden Präjudizes zukommen.[18] Ebenso wie bei der späteren Kodifikation des Privatrechts ging es um die Etablierung von Autoritäten, die eindeutige Aussagen möglich machen sollten, was galt.[19] Bisweilen wurden Entscheidungen deshalb sogar in offiziellen Gesetzesblättern veröffentlicht.[20] „Umfang, Bildung und Wirkung von Richterrecht (sind also) ... von ... der Formulierung und ... der Veröffentlichung von Urteilen bestimmt und geprägt".[21] Es ist gewiss kein Zufall, dass Gerichte heute Leitsätze und Maßstäbeteile formulieren und damit unmissverständlich zum Ausdruck bringen, wie weit sie Urteile als präjudiziell verstanden wissen wollen.

IV. Texte

Heute wird „Autorität" in erster Linie von Personen oder von Institutionen – insbesondere vom Staat und seinem Recht – ausgesagt. Selbstverständlich ist das nicht: Im Mittelalter war Autorität eine Eigenschaft, die in erster Linie und jedenfalls unmittelbar Texten zukam.[22] Die Kanonisierung autoritativer Referenztexte bildet deshalb einen wichtigen

---

17 Haferkamp, Science of Private Law, 257 f.

18 Mohnhaupt, Sammlung und Veröffentlichung von Rechtsprechung, 415 f.

19 Vgl. Duve, Autorität, 244 f.

20 Rudorff, Das hannoversche Privatrecht, 7; Mohnhaupt, Sammlung und Veröffentlichung von Rechtsprechung, 417 f.

21 Ranieri, Publizierte europäische Rechtsprechung, LII.

22 Damit einher geht eine Bedeutungsverschiebung von „Autorität"; wo von der Autorität des Staats bzw. seines Rechts die Rede ist, geht es nicht um das, was Römer auctoritas genannt hätten, sondern um potestas; zu diesen Verschiebungen in der politischen Theorie des 16. und 17. Jahrhunderts: Jansen, Informal Authorities, 482 ff.

Aspekt von Dogmatisierungsprozessen. Denn wenn bestimmte Texte als Ausgangs- und Bezugspunkt normativer Argumentation gelten, ohne dass dies weiter zu begründen wäre,[23] so etablieren solche Texte offenkundig verbindliche Ordnungsvorstellungen und Deutungsmuster.

Nun kann die Autorisierung von Texten das Resultat förmlicher Prozesse bilden. Das gilt im Recht insbesondere für Gesetze, in der Religion für Konzilsbeschlüsse und lehramtliche Verlautbarungen. Solche Autorität verdankt sich der Autorität der jeweiligen Institution. Interessanter sind hier informelle Prozesse, die zur Kanonisierung bestimmter Referenztexte führen. Solche Texte bestimmen juristische Diskurse bis heute. Nichtlegislative Kodifikationen, also Regelwerke, die nicht von der Autorität eines Gesetzgebers gedeckt sind, haben im 20. Jahrhundert sogar neue Aktualität gewonnen; beispielhaft stehen hier die *American Restatements*, die im amerikanischen *common law* gesetzliche Kodifikationen ersetzen, sowie die *UNIDROIT Principles of International Commercial Contracts* und die vielen nichtlegislativen Kodifikationen zum transnationalen Wirtschafts- und zum europäischen Privatrecht.[24] Die Grenzen normativer Diskurse – und damit u.U. auch die Rechtsquellen und sonstige Textautoritäten – werden „von innen", von den Teilnehmern am theologischen bzw. juristischen Diskurs bestimmt, nicht „von außen", von der Politik oder Gesellschaft, vorgegeben.[25]

Es verwundert deshalb nicht, dass die Textautoritäten in juristischen und theologischen Diskursen ein bemerkenswert buntes Bild bieten. Insbesondere haben kanonische Texte auch im Recht nicht notwendig die Form gesetzlicher Normen. Daneben stehen Entscheidungssammlungen sowie die juristische Kommentarliteratur: Argumente, die ihren Weg nicht in einen anerkannten Kommentar gefunden haben, werden von Gerichten nur ausnahmsweise berücksichtigt;[26] und in den unteren Instanzen wird mancher Kommentar durchaus wie ein Gesetz angewendet.[27] Natürlich ist das kein neues Phänomen. Die *Glossa ordinaria*, der erste und wichtigste Kommentar zum *Corpus iuris civilis*, galt vielerorts wie ein Gesetz; Interpretationen des römischen Rechts, die nicht in der Glosse anerkannt waren,

---

23 Hierzu und zum Folgenden Jansen, Making Legal Authority, 42 ff. und passim.

24 Vgl. Vogenauer (Hg.), Commentary on the UNIDROIT Principles; Jansen/Zimmermann (Hg.), Commentaries on European Contract Laws.

25 Luhmann, Recht der Gesellschaft, 15, 98 ff.; Teubner, Recht als autopoietisches System.

26 Vgl. Jansen, Making Legal Authority, 108 f.

27 Zur Autorität und Steuerungsfunktion von Kommentaren vgl. Kästle-Lamparter, Welt der Kommentare, 321 ff., 332 ff.

wurden von Gerichten allenfalls ausnahmsweise berücksichtigt: „Quicquid non agnoscit glossa, nec agnoscit curia".[28]

Ähnlich standen im theologischen Diskurs des Mittelalters neben den heiligen Schriften früh andere Autoritäten wie die Kirchenväter und später die *Glossa ordinaria*. Seit dem 13. Jahrhundert waren die *Sententiae* des *Petrus Lombardus* zum Gegenstand theologischer Vorlesungen und wissenschaftlicher Kommentare geworden; dieser Text verlor seinen hervorgehobenen Status, als Dominikaner zu Beginn des 16. Jahrhunderts in Köln, Paris und Salamanca die *Summa Theologiae Thomas von Aquins* an Stelle der Sentenzen zur Vorlesungsgrundlage machten und damit eine allgemeine *Thomas*-Renaissance einläuteten.[29]

Freilich entspricht eine enge Bindung an tradierte kanonische Texte nicht immer den Bedürfnissen eines normativen Diskurses. Neue Fragen und Probleme lassen sich mit den alten Texten möglicherweise nicht adäquat beantworten. Es kann dann wünschenswert sein, die Bindung an einen solchen Text zu lockern. Ein Mittel dazu ist die methodisch-argumentative Distanzierung vom Text. Denn die Autorität normativer Texte hängt nicht zuletzt von den methodischen Standards ab, die den Umgang damit leiten: Wo erwartet werden darf, dass normative Argumentation in der Exegese eines bestimmten Textes besteht, ist dessen Autorität naturgemäß größer, als wenn die Aussagen des Textes nur einen – wenn auch wichtigen – Topos im normativen Diskurs bilden. Mit dem Übergang von einer exegetischen zu einer freieren Argumentation geht deshalb typischerweise eine emanzipierende Distanzierung von einer Textautorität einher – paradigmatisch zeigt das die Relativierung des altprotestantischen Schriftprinzips durch die historisch-kritische Methode *Schleiermachers*, die bekanntlich zu einer zuvor unvorstellbaren Dynamisierung der evangelischen Theologie führte.[30]

Ein anschauliches Beispiel für eine Distanzierung von einer zunehmend veraltenden Textautorität bietet der gemeinrechtliche Diskurs: Am Aus-

---

28 Vgl. Kästle-Lamparter, Welt der Kommentare, 328 m.w.N.

29 Näher Brett, Liberty, 102f., 125 m.w.N. auch zum kirchenpolitischen Hintergrund; s. auch Seelmann, Theologie und Jurisprudenz, 20 ff. In diesen Kontext gehört auch Cajetans aufwändig glossierte Neuausgabe der moraltheologischen Abschnitte der Summa: Cajetan, Secunda Secundae Summae Theologiae S. Thomae Aquinatis Cum Commentariis … Caietani; zuerst 1507 bis 1522; dazu Hallensleben, Communicatio, 20 ff., 58 ff.

30 Lauster, Prinzip und Methode, 1 (und passim). Aus der protestantischen Stimmenvielfalt im 20. Jahrhundert etwa Ebeling, Bedeutung der historisch-kritischen Methode, 10 ff., 27 ff., 36 ff.; Käsemann, Einheit der Kirche, 221 ff.; Pannenberg, Krise des Schriftprinzips, 13 ff.

gangspunkt stand hier die *Glossa ordinaria*, die den Text des *Corpus iuris civilis* eng mit kommentierenden Erläuterungen verknüpfte (Abb. 1): Die meist kurzen Glossierungen waren durch „Fußnotenzeichen“ unmittelbar mit einzelnen Sätzen oder Begriffen des römischen Referenztextes verbunden; in der Sache ging es um eine Wortexegese einzelner Textpassagen.[31] Demgegenüber sahen die späteren Digestenkommentare von einem Abdruck des Digestentextes ab. An die Stelle enger Exegese trat jetzt ein aus heutiger Sicht oft kurios freier Umgang mit den Quellen; das machte es möglich, juristisches Neuland zu erschließen.

Während der folgenden Jahrhunderte nahm diese distanzierende Emanzipation gegenüber dem Digestentext weiter zu. Waren die Kommentare der italienischen Legisten und auch noch der deutschen Autoren des frühen 17. Jahrhunderts typischerweise auf die einzelne *lex*, also auf kurze Abschnitte mit wenigen Sätzen, bezogen, so sind spätere Kommentare von Autoren wie *Voet* und *Stryk* nur noch nach Titeln gegliedert.[32] Innerhalb dieser Titel folgten sie aber einer je eigenen systematisierenden Ordnung. Erläutert wurde jetzt also nicht mehr die einzelne *lex*, sondern ein Rechtsinstitut als Ganzes. Noch weitergehend waren *Augustin Leysers* „Meditationes ad Pandectas“ (1713-1748) eine Sammlung von selbständigen Abhandlungen zu einzelnen Sachproblemen. Die Digesten fungierten hier nurmehr als äußere Ordnung. Es war nur konsequent, dass die Juristen des 19. Jahrhunderts schließlich auch diese Pandektenordnung hinter sich ließen und das „heutige“ Gemeine Recht im Rahmen systematisch neu konzipierter Lehrbücher erörterten. Damit trat der intellektuelle Anspruch eines logisch folgerichtigen Systems in ein offen sichtbares Spannungsverhältnis zur überkommenen Autorität der römischen Referenztexte. Der Systemanaspruch einer dynamisch innovativen Rechtswissenschaft hatte die Verbindlichkeit der römischen Texte weiter relativiert. Es ist vor diesem Hintergrund bemerkenswert, dass das 20. Jahrhundert von einer gegenläufigen Entwicklung gekennzeichnet ist: Längst hat der Kommentar das Lehrbuch als primäre Literaturform abgelöst.[33]

Schon diese Beobachtung zeigt die besondere Bedeutung medialer Gestaltung für Dogmatisierungs- und Kanonisierungsprozesse. Im Pandektenlehrbuch waren gleichermaßen das Wissenschaftsideal eines systematisch gefassten Rechts und die Distanz zu den Quellen sichtbar; zugleich wurde

---

31 Näher Kästle-Lamparter, Welt der Kommentare, 156 ff. m.w.N.

32 Vgl. im Überblick Kästle-Lamparter, Welt der Kommentare, 38 ff.; näher Thier, Exegesesammlung und Ordnungsentwurf, 207-247.

33 Jansen, Aufstieg des Kommentars, 25-44.

damit das Postulat logischer Folgerichtigkeit unmittelbar wirksam. Denn durch seine Form zwang das Pandektenlehrbuch dem juristischen Diskurs den Systemgedanken auf. Man kann diese Werke gar nicht verstehen, ohne das Recht als System zu begreifen.

Nun blicken die juristische und theologische Dogmatik normalerweise auf die Inhalte von Texten und widmen der Form dieser Texte wenig Aufmerksamkeit. Gleichwohl lässt sich kaum bezweifeln, dass der methodische Umgang mit einem Text und damit auch dessen Autorität nicht zuletzt davon abhängen, in welcher Form dieser Text im normativen Diskurs präsent ist.[34] Normatives Wissen wird nämlich nur dann verbindlich, wenn es von Menschen internalisiert wird, dem Einfluss einzelner entzogen ist und in diesem Sinne objektiv gilt. Nur dann können Juristen und Theologen davon ausgehen, dass sich auch ihre Diskurspartner an diesem Wissen ausrichten. Es liegt deshalb nahe, mit der Kultursoziologie das Augenmerk auf die Inszenierung solcher Wissensbestände zu legen. Denn soziale Institutionen erscheinen für den einzelnen Menschen nicht zuletzt deshalb als objektiv und unverfügbar, weil sie ihm „immer schon auf Schritt und Tritt in symbolischen Formen gegenübertreten".[35] Auch bei der Etablierung religiöser oder rechtlicher Institutionen bildet die Inszenierung von Autorität einen ganz entscheidenden Faktor; ein Beispiel bietet hier wieder das Konzil von Nikaia, wo es Konstantin gelang, sich und die Bischöfe als Teil eines politisch-religiösen Herrschaftsverbandes zu präsentieren, dem es zukam, Glaubensfragen letztverbindlich zu entscheiden.

Interessanter ist freilich die unmittelbare Inszenierung normativer Deutungsmuster und Ordnungsvorstellungen. In den Häresieprozessen geschah das negativ, durch die symbolische Ausrottung von Irrlehren; anschaulich zeigen das mittelalterliche Bücherverbrennungen. Ähnlich nahm man etwa Johannes Hus vor seiner öffentlichen Hinrichtung auf dem Scheiterhaufen wie auf dem Theater seine priesterlichen Gewänder ab, man entstellte seine Tonsur und setzte ihm eine Mütze mit der Aufschrift „Dies ist ein Erzhäretiker" auf den Kopf.[36] Die Ausrottung seiner Lehren wurde in dieser Symbolik wirksam.

Von besonderer Bedeutung ist die Inszenierungsbedeutung formaler Gestaltung insbesondere bei Texten, wie die Glosse zum *Corpus iuris* Justinians, deren Autorität sich nicht unmittelbar von einer institutionellen

---

34 Jansen, Making Legal Authority, 111-136.

35 Stollberg-Rilinger, Des Kaisers alte Kleider, 9 ff. (10) m.w.N.

36 Neuner, Wie lehren die Kirchen, 141.

Autorität wie der Kirche oder des Staats ableitet. Erstmals präsentierte man hier das Recht als eine exegetische Wissenschaft und setzte damit die neue Idee ins Bild, Konflikte rational mittels einer Exegese autoritativer Referenztexte zu lösen; bekanntlich bildete diese Idee einen zentralen Aspekt juristischer und theologischer Reformbewegungen in der ersten Hälfte des 12. Jahrhunderts. Hier wurde die Sprache des Rechts deskriptiv, juristische Aussagen wurden wahrheitsfähig.[37]

Für die mittelalterlichen Juristen musste es also einerseits darum gehen, das *Corpus iuris* als autoritativen Text zu etablieren, und andererseits darum, ihre Aussagen als korrekte Interpretationen dieses Texts zu präsentieren. Hier bot das Buch die Möglichkeit, Autorität ins Bild zu setzen, indem man den Referenztext ins Zentrum einer Seite und in größeren Buchstaben schrieb und mit häufig kostbaren Miniaturen schmückte, die seine besondere Würde und Autorität unterstrichen. Wichtiger war freilich, dass dieser Zentraltext von den glossierenden Anmerkungen gerahmt war. Diese Darstellungsform hatte sich aus der mittelalterlichen Lehre entwickelt: Die ersten Glossen hatten die Bedeutung eines lateinischen Worts an den Rand oder zwischen die Zeilen des lateinischen Textes notiert. Freilich hielt man an die Form der Glosse fest, als aus den individuellen Glossen große, systematisch angelegte Apparate geworden waren.[38]

Im bildlich geprägten, hierarchisch denkenden Mittelalter musste diese Gestaltung unweigerlich gedankliche Beziehungen und Rangverhältnisse zwischen einzelnen Textkörpern erzeugen.[39] Es ist deshalb bemerkenswert, dass die Glossen zu Rechtstexten ganz anders als die Glossen zur Heiligen Schrift präsentiert wurden (Abb. 2). Denn während man hier Marginal- und Interlinearglossen miteinander kombinierte, verschwanden die Interlinearglossen aus den juristischen Texten.[40] Bei der Heiligen Schrift stand die Autorität des Textes nämlich außer Frage; hier ging es vor allem um die enge intellektuelle Verbindung zwischen der wahren Lehre und dem

37 Näher Jansen, Making Legal Authority, 114; id., Recht und gesellschaftliche Differenzierung, 43-73, jeweils m.w.N.

38 Kästle-Lamparter, Welt der Kommentare, 163 ff. Auch diese Kommentare als Glosse zu produzieren, war aufwändig; viel einfacher wäre es gewesen, die Anmerkungen als Fußnoten unter den Text zu setzen oder die Kommentare jeweils an einen Absatz des Referenztextes anzufügen. Derartige Textformen waren im Mittelalter auch durchaus bekannt, weil sie in der Spätantike üblich gewesen und ins Mittelalter tradiert worden waren. Ganz offenkundig wurde die mediale Form der Glosse also bewusst gewählt. Vgl., mit etwas anderer Akzentuierung, Kästle-Lamparter, Welt der Kommentare, 169 f.

39 Wehde, Typographische Kultur, 119 ff., 168 ff.; Raible, Semiotik der Textgestalt.

40 Vgl. auch Kästle-Lamparter, Welt der Kommentare, 170 ff.

Heiligen Text. Demgegenüber etablierte die juristische Glossengestalt eine deutliche Trennung zwischen dem Zentraltext und seiner Glosse, die für die institutionelle Trennung zwischen dem Recht und seiner wissenschaftlichen Beschreibung stand. Bis heute bildet diese Trennung ein selbstverständliches institutionelles Element westlichen Rechtsdenkens, obwohl das Recht als Menschenwerk doch in der Hand juristischer Eliten entsteht und eine strikte Trennung des Rechts von seiner Beschreibung immer artifiziell war. Auch für das *Corpus iuris civilis* galt, dass die Bedeutung einzelner Textstellen sich häufig erst aus der Glosse ergab. Gleichwohl war diese Unterscheidung für die soziale Funktion des Rechts von entscheidender Bedeutung. Sie differenzierte den juristischen Diskurs einerseits und Politik und Religion andererseits. Juristen internalisieren diese Unterscheidung; sie wissen, dass sie nicht willkürlich auf der Grundlage umstrittener *policies* oder Glaubenswahrheiten argumentieren dürfen. Für sie ist die intrinsische Rationalität des Rechts ebenso selbstverständlich wie die Geltung politischer Gesetzgebung.

Die *Glossa ordinaria* setzte die institutionelle Unterscheidung des Rechts von seiner Beschreibung als eine soziale Tatsache medial in Szene. Sowohl durch ihre Gestalt als auch in ihrer exegetisch-deskriptiven Sprache präsentierte die Glosse sich als eine bloße Erklärung des Zentraltextes. Umgekehrt wurde dieser Text damit zur normativen Rechtsquelle. Wenn die Unterscheidung dabei unmittelbar zu sehen war, so bildete das einen wichtigen Beitrag dazu, ihren artifiziellen Charakter zu verdrängen. Denn hier wurde die kategoriale Unterscheidung des Rechts von seiner peripheren Beschreibung unmittelbar evident. Stand ein Rechtssatz im Zentraltext, so galt er als Recht, stand er am Rand, so handelte es sich nur um eine juristische Aussage über das Recht. Damit wurde diese Differenzierung unmittelbar anschaulich; das war für ihre Plausibilität und damit für die Legitimität und Anerkennung beider Texte von entscheidender Bedeutung. Bis ins 17. Jahrhundert produzierte man deshalb trotz der enormen damit verbundenen Kosten nur ausnahmsweise unglossierte Exemplare des *Corpus iuris*.

V. Einige Ergebnisse

Dogmatisierungen erweisen sich nach allem als ausgesprochen komplexe, je historisch einzigartige Prozesse, in denen ein verbindliches Wissen über Grundbegriffe, Deutungsmuster und Ordnungsvorstellungen für einen normativen Diskurs stabilisiert werden. Solche Prozesse können auf ganz verschiedenen Ebenen ablaufen – es geht nicht nur um methodische Standards, sondern insbesondere auch um die Autorisierung bzw. Kanonisierung von Institutionen und Texten. Dabei sind Dogmatisierungen nur dort erforderlich, wo einerseits ein Bedürfnis nach normativer Eindeutigkeit besteht und es andererseits keinen „zwanglosen Zwang des besseren Arguments“ gibt. In Religion und Recht ist das auf Schritt und Tritt der Fall. Daher die besondere Bedeutung der symbolischen Inszenierung und medialen Gestaltung kanonischer Texte. Dogmatisierte Wissensbestände müssen sichtbar werden, um eine allgemeine Präsenz im normativen Diskurs zu erlangen und für den Einzelnen als unverfügbar zu gelten. Genau deshalb verbindet „Dogmatik“ und „dogmatisches Denken“ – trotz aller Unterschiede – Juristen und Theologen: Der professionelle Umgang mit solchen Wissensbeständen bleibt das Proprium beider Fachdiskurse.

Abbildung 1: Corpus Iuris Civilis (Digesta) mit Glossa Ordinaria[41]

41 Digesten (Infortiatum), italienisches Manuskript, ca. 1270-1280, Free Library of Philadelphia (Signatur: Lewis E 244), fol. 50 v.

Abbildung 2: Biblia sacra cum glossa ordinaria[42]

Apocalipsis. C XIII.

dei: et habent testimonium iesu christi. Et stetit sup arenā maris. C. XIII.

Et uidi de mari bestiam ascendentem habentem capita septem et cornua decem et sup cornua eius decem diademata: et sup capita eius nomina blasfemię. Et bestia quā vidi similis erat pardo. et pedes eius sicut pedes ursi. et os eius sicut os leonis. Et dedit illi draco virtutē suā et potestatem magnā. Et vidi vnū de capitibus suis q̄si occisum in mortē. et plaga mortis eius curata est. Et admirata ē vniuersa terra post bestiam. Et adorauerunt draconem: qui dedit potestatem bestię. et adorauerūt bestiā dicentes: Quis similis bestię. et quis poterit pugnare cū ea? Et datum ē ei os loquens magna et blasfemias. et data ē illi potestas facere menses .xlij. Et aperuit os suum in blasfemias ad deū. blasfemare nomen eius et tabernaculum eius et eos qui in celo habitant. Et datū est illi bellum facere cū sanctis: et vincere illos. Et data ē ei potestas in omnē tribum et populum et linguam et gentem. et adorauerūt eam omnes qui inhabitabant terram: quorum non sunt scripta nomina in libro vitę agni qui occisus ē ab origine mundi. Si quis habet aures audiendi audiat. Qui in captiuitatē duxerit. in captiuitatem vadet. qui in gladio occiderit: oportet eum gladio occidi. Hic ē patiētia et fides sanctorum. Et vidi aliam bestiā ascendentē de terra. et habebat cornua duo similia agni. Et loquebatur sicut draco. Et potestatem prioris bestię omnem faciebat in conspectu eius. et fecit terram et habitātes in ea adorare bestiam primam: cuius curata ē plaga mortis. Et fecit signa magna. vt etiam ignem faceret de celo descendere in terram in conspectu hominum. Et seduxit habitantes in terra, propter signa quę data sunt illi facere in cōspectu bestię. dicēs habitantibus in terra vt facerent imaginem bestię quę habet plagam gladij et vixit. Et datum est illi vt daret spiritum imagini bestię. et vt loquatur imago bestię. et faciat vt quicunque non adorauerit imaginem bestię occidatur. Et faciet omnes pusillos et magnos et diuites et pauperes et liberos et seruos habere characterem in dextera manu aut in frontibus suis. et nequis possit emere aut vendere nisi habeat characterē aut nomē bestię aut numerū nominis eius. Hic sapiētia ē. Qui habet itellectū

42 Straßburg 1480 (Alfred Rusch).

Literatur

Berman, H.J., Law and Revolution. The Formation of the Western Legal Tradition, 1983

Brennecke, H.C., Bischofsversammlung und Reichssynode. Das Synodalwesen im Umbruch der konstantinischen Zeit, in: v. Lilienfeld, F./Ritter, A.M. (Hg.), Einheit der Kirche in vorkonstantinischer Zeit. Vorträge, gehalten bei der Patristischen Arbeitsgemeinschaft, 2.-4. Januar 1985 in Bern, 1989, 35-53

Brett, A.S., Liberty, Right and Nature. Individual Rights in Later Scholastic Thought, 1997

Cajetan, T., Secunda Secundae Summae Theologiae S. Thomae Aquinatis Cum Commentariis ... Caietani, zuerst 1507 bis 1522

Coing, H., Europäisches Privatrecht, Bd. I: Älteres Gemeines Recht (1500 bis 1800), 1985

Duve, T., Mit der Autorität gegen die Autoritäten? Überlegungen zur heuristischen Kraft des Autoritätsbegriffs für die neuere Privatrechtsgeschichte, in: Oesterreicher, W./Regn, G./Schulze, W. (Hg.), Autorität der Form – Autorisierung – Institutionelle Autorität, 2003, 239-256

Ebeling, G., Die Bedeutung der historisch-kritischen Methode für die protestantische Theologie und Kirche, in: Zeitschrift für Theologie und Kirche 47 (1950), 1-46

Essen, G., Spätantike Dogmatisierungsprozesse zwischen kirchlicher Traditionsbildung, hellenistischer Wissenskultur und römischer Verfahrensordnung, in: *id.*/ Jansen (Hg.), Dogmatisierungsprozesse, 23-37

Essen, G./Jansen, N. (Hg.), Dogmatisierungsprozesse in Recht und Religion, 2011

Filser, H., Dogma, Dogmen, Dogmatik. Eine Untersuchung zur Begründung und zur Entstehungsgeschichte einer theologischen Disziplin von der Reformation bis zur Spätaufklärung, 2001

– Präzisierung und Systematisierung des christlichen Glaubens auf der Basis von Dogmen und Glaubensartikeln im frühen und hohen Mittelalter, in: Essen/Jansen (Hg.), Dogmatisierungsprozesse, 95-123

Fögen, M.T., Römische Rechtsgeschichten. Über Ursprung und Evolution eines sozialen Systems, 2002

Gärtner, C. et al. (Hg.), Normative Krisen. Verflüssigung und Verfestigung von Normen und normativen Diskursen, 2019

Haferkamp, H.-P., The Science of Private Law and the State in Nineteenth Century Germany, in: Jansen, N./Michaels, R. (Hg.), Beyond the State. Rethinking Private Law, 2008, 245-267

Hallensleben, B., Communicatio. Anthropologie und Gnadenlehre bei Thomas de Vio Cajetan, 1985

Herberger, M., Dogmatik. Zur Geschichte von Begriff und Methode in Medizin und Jurisprudenz, 1981

Jansen, N., Dogmatisierungsprozesse in Recht und Religion, in: *id.*/Oestmann, P. (Hg.), Gewohnheit. Gebot. Gesetz. Normativität in Geschichte und Gegenwart: eine Einführung, 2011, 125-154

– Informal Authorities in European Private Law, in: Maastricht Journal of European and Comparative Law 20 (2013), 482-505

– Recht und gesellschaftliche Differenzierung. Fünf Studien zur Genese des Rechts und seiner Wissenschaft, 2019

– The Making of Legal Authority. Non-legislative Codifications in Historical and Comparative Perspective, 2010

– Vom Aufstieg des Kommentars und Niedergang des Lehrbuchs. Fünfzehn Beobachtungen zur Entwicklung juristischer Literaturformen in Deutschland im 20. Jahrhundert, in: Kästle-Lamparter, D./Jansen, N./Zimmermann, R. (Hg.), Juristische Kommentare. Ein internationaler Vergleich, 2020, 25-44

Jansen, N./Zimmermann, R. (Hg.), Commentaries on European Contract Laws, 2018.

Katechismus der Katholischen Kirche, 1993

Käsemann, E., Begründet der neutestamentliche Kanon die Einheit der Kirche?, in: *id.*, Exegetische Versuche und Besinnungen, Bd. I, 6. Aufl. 1970, 214-223

Kästle-Lamparter, D., Welt der Kommentare. Struktur, Funktion und Stellenwert juristischer Kommentare in Geschichte und Gegenwart, 2016

Lauster, J., Prinzip und Methode. Die Transformation des protestantischen Schriftprinzips durch die historische Kritik von Schleiermacher bis zur Gegenwart, 2004

Luhmann, N., Das Recht der Gesellschaft, 1995

Mohnhaupt, H., Sammlung und Veröffentlichung von Rechtsprechung im späten 18. und 19. Jahrhundert in Deutschland. Zu Funktion und Zweck ihrer Publizität, in: Battenberg, F./Ranieri, F. (Hg.), Geschichte der Zentraljustiz in Mitteleuropa. Festschrift für Bernhard Diestelkamp zum 65. Geburtstag, 1994, 403-420

Neuner, P., Wie lehren die Kirchen verbindlich? Dogmatisierungsprozesse im Spätmittelalter und in der Reformationszeit, in: Essen/Jansen (Hg.), Dogmatisierungsprozesse, 125-151

Pannenberg, W., Die Krise des Schriftprinzips, in: *id.*, Grundfragen systematischer Theologie. Gesammelte Aufsätze, Bd. I, 3. Aufl. 1979, 11-21

Raible, W., Die Semiotik der Textgestalt. Erscheinungsformen und Folgen eines kulturellen Evolutionsprozesses, Abh. Heidelb.Ak.Wiss., Phil.-hist. Kl. 1991, Abh. 1

Ranieri, F., Die publizierte europäische Rechtsprechung und ihre Quellen (1800-1945). Inhalt und Ziele einer Dokumentation, in: *id.* (Hg.), Gedruckte Quellen der Rechtsprechung in Europa (1800-1945), Halbbd. I, 1992, XXXV-LXXI

– Kasuistik und Regelbildung bei der Rechtsfindung im europäischen Ius commune des 16.-17. Jahrhunderts, in: Essen/Jansen (Hg.), Dogmatisierungsprozesse, 153-187

Rohe, M., Das islamische Recht. Geschichte und Gegenwart, 2009

Rudorff, O., Das hannoversche Privatrecht, Hannover 1884

Schleiermacher, F., Ueber den eigenthümlichen Werth und das bindende Ansehen symbolischer Bücher, in: *id.*, Sämtliche Werke, Erste Abtheilung: Zur Theologie, Bd. V, Berlin 1846, 423-454

Seelmann, K., Theologie und Jurisprudenz an der Schwelle zur Moderne. Die Geburt des neuzeitlichen Naturrechts in der iberischen Spätscholastik, 1997

Seewald, M., Dogma im Wandel. Wie Glaubenslehren sich entwickeln, 2018

– Reform. Dieselbe Kirche anders denken, 2019

Steckel, S., Häresie. Kirchliche Normbegründung im Mittelalter zwischen Recht und Religion, in: Jansen, N./Oestmann, P. (Hg.), Gewohnheit. Gebot. Gesetz. Normativität in Geschichte und Gegenwart: eine Einführung, 2011, 73-97

Stollberg-Rilinger, B., Des Kaisers alte Kleider. Verfassungsgeschichte und Symbolsprache des Alten Reiches, 2008

Teubner, G., Recht als autopoietisches System, 1989

Thier, A., Canon Law, in: Basedow, J./Hopt, K.H./Zimmermann, R. (Hg.), Max Planck Encyclopedia of European Private Law, Bd. I, 2012, 133-137

– Dogmatik und Hierarchie. Die Vernunftrechtslehre, in: Essen/Jansen (Hg.), Dogmatisierungsprozesse, 217-238

– Zwischen Exegesesammlung und Ordnungsentwurf. Zur Kommentarliteratur des gelehrten Rechts in der Frühen Neuzeit, in: Kästle D./Jansen N. (Hg.), Kommentare in Recht und Religion, 2014, 207-247

Vogenauer, S. (Hg.), Commentary on the UNIDROIT Principles of International Commercial Contracts (PICC), 2. Aufl. 2015

Wehde, S., Typographische Kultur. Eine zeichentheoretische und kulturgeschichtliche Studie zur Typographie und ihrer Entwicklung, 2000

V.
Wissen und Recht im Zeichen der Digitalisierung

Der Umgang mit Wissen bei der digitalisierten Rechtsanwendung*

Wolfgang Hoffmann-Riem

Die Digitalisierung und die durch sie ausgelöste digitale Transformation vieler Bereiche in Staat und Gesellschaft[1] haben auch für den Umgang mit Recht erhebliche Bedeutung.[2] Für die Nutzung digitaler Techniken bei der

---

* Unveränderter Wiederabdruck des zunächst im Archiv des öffentlichen Rechts 145 (2020), S. 1–39, erschienenen Textes.

1 Zur digitalen Transformation vgl. L. Floridi, Die 4. Revolution – Wie die Infosphäre unser Leben verändert, 2015; A. Bounfour, Digital Futures, Digital Transformation, 2016; F. Stalder, Kultur der Digitalität, 2016; T. Cole, Digitale Transformation, 2. Aufl. 2017; C. Keese, Silicon Germany: Wie wir die digitale Transformation schaf fen, 2017; Stengel/van Looy/Wallaschkowski (Hrsg.), Digitalzeitalter – Digitalgesellschaft: Das Ende des Industriezeitalters und der Beginn einer neuen Epoche, 2017; R. Pfliegl/C. Seibt, Die digitale Transformation findet statt! e&i Elektrotechnik und Informationstechnik, 2017, 333–339; V. Mayer-Schönberger/T. Ramge, Das Digital. Markt, Wertschöpfung und Gerechtigkeit im Datenkapitalismus, 2017; A. Rolf, Weltmacht Vereinigte Daten. Die Digitalisierung und Big Data verstehen, 2018; Kolany- Raiser/Heil/Orwar/Hoeren (Hrsg.), Big Data und Gesellschaft: Eine multidisziplinäre Annäherung, 2018; H. Zech, Künstliche Intelligenz und Haftungsfragen, ZfPW 2019, 198; S. Zuboff, Das Zeitalter des Überwachungskapitalismus, 2018; A. Nassehi, Muster. Theorie der digitalen Gesellschaft, 2019.

2 Aus der reichhaltigen Literatur zu diesem Themenkomplex s. O. Raabe/R. Wacker, Recht ex Machina: Formalisierung des Rechts im Internet der Dienste, 2012; K. N. Kotsoglou, Subsumtionsautomat 2.0, JZ 2014, 451 ff.; Y. Frese, Recht im zweiten Maschinenzeitalter, NJW 2015, 2090 f.; G. Buchholtz, Legal Tech. Chancen und Risiken der digitalen Rechtsanwendung, JuS 2017, 955 ff.; V. Boehme-Neßler, Die Macht der Algorithmen und die Ohnmacht des Rechts. Wie die Digitalisierung das Recht relativiert, NJW 2017, 3031 ff.; C. Ernst, Algorithmische Entscheidungsfindung und personenbezogene Daten, JZ 2017, 1026 ff.; Klafki/Würkert/Winter (Hrsg.), Digitalisierung und Recht, 2017; M. Hartung, Gedanken zu Tech und Digitalisierung, BLJ 2017, 151 ff.; Breidenbach/Glatz (Hrsg.), Rechtshandbuch Legal Tech, 2018; Hartung/ Bues/Halbleib (Hrsg.), Legal Tech, Die Digitalisierung des Rechtsmarkts, 2018; Schulz/ Schunder-Hartung (Hrsg.), Recht 2030. Legal Management in der digitalen Transformation, 2019; C.-M. Leeb, Digitalisierung, Legal Tech und Innovation, 2019; G. Buchholtz, Artificial Intelligence and Legal Tech: Challenges to the Rule of Law, in: Wischmeyer/Rademacher (Hrsg.), Regulating Artificial Intelligence, 2020, S. 175 ff.; J. Wagner, Legal Tech und Legal Robots: der Wandel im Rechtswesen durch neue Technologien und Künstliche Intel-

Rechtsanwendung, insbesondere bei der Erbringung (vor allem anwaltlicher) Rechtsdienstleistungen, hat sich der – zunächst vor allem in den USA geprägte – Begriff Legal Technology (Legal Tech) auch in Deutschland durchgesetzt. Andere ziehen insbesondere für rechtswissenschaftliche Analysen den Begriff „Computational Law" vor[3] oder kombinieren beide Begriffe in dem Sinne, dass Legal Technology auf der Anwendung von Computational Law beruhe.[4]

Der Gebrauch von Wissen beim Einsatz digitaler Techniken im Recht ist Thema dieses Beitrags.

A. *Zum Einsatz digitaler Techniken in der Rechtsordnung*

Digitale Techniken sind durch die Nutzung von (digitalen) Algorithmen gekennzeichnet.[5] Dies sind in einer computerlesbaren (digitalen) Sprache formulierte Regeln, die Aufgaben nach Maßgabe bestimmter Entscheidungsschritte erfüllen. Dabei können die Entscheidungsprogramme von vornherein festgelegt und darauf ausgerichtet sein, bestimmte Eingaben zu verarbeiten. Immer wichtiger werden allerdings sog. lernende Algorithmen, die insbesondere unter Nutzung künstlicher (also nicht menschlicher, sondern technologisch konstruierter) Intelligenz (KI)[6] nicht oder

---

ligenz, 2. Aufl. 2020. Auch stellen sich Fragen nach den durch die Digitalisierung ausgewirkten Änderungen auf das Verfassungsrecht. Dazu s. E. Peuker, Verfassungswandel durch Digitalisierung. Digitale Souveränität als verfassungsrechtliches Leitbild, 2020.

3 Dies gilt insbesondere für das von M. Hildebrandt initiierte Forschungsprojekt „Accounting as a human being in the era of computational law" (COHOBICOL), https://www.cohubicol.com/contact. Dazu s. auch u. Fn. 125.

4 S. dazu M. Genesereth in dem Essay Computational Law. The Cop in the Backseat, Codex X: The Center for Legal Information, Stanford University, 2015. Im Summary heißt es u. a.: „Legal technology based on Computational Law has the potential to dramatically change the legal profession, improving the quality and efficiency of legal services and possibly disrupting the way law firms do business."

5 Eine kritische Analyse der vielfältigen Funktionen von Algorithmen findet sich bei R. Kitchin, Thinking critically about and researching algorithms, Information, Communication & Society 2016, 1 et seq.

6 Zu ihr s. allg. S. Russell/P. Norvig, Künstliche Intelligenz, 3. Aufl. 2012; W. Ertel, Grundkurs künstliche Intelligenz, 4. Aufl. 2016; bitkom, Künstliche Intelligenz verstehen als Automation des Entscheidens, Leitfaden 2017. Zu Einsatzmöglichkeiten s. Die Bundesregierung, Eckpunkte der Bundesregierung für eine Strategie Künstliche Intelligenz vom 18. Juli 2018; Unabhängige Expertengruppe für künstliche Intelligenz, Ethik-Leitlinien für eine vertrauenswürdige KI, 2019 – eingesetzt

doch nicht ausschließlich nach einem definierten Muster und in der Folge mit Hilfe vorgegebener Entscheidungsschritte vorgehen, um Eingaben des Anwenders zu verarbeiten. Vielmehr können sie auch eigene Wahrnehmungen und frühere Erfahrungen verarbeiten.[7] Sie können insbesondere über die Fähigkeit verfügen, Muster zu erkennen, und gelernte Muster auf neue Datensätze anzuwenden. Sogenannte maschinelle Lernsysteme[8] haben u. a. die Fähigkeit, Bilder zu bewerten, Sprache in Texte zu übersetzen oder Prognosen auf der Grundlage der Auswertung von Vergangenem zu erstellen. Besonders hoch entwickelte intelligente Systeme können Zusammenhänge, Strukturen und Architekturen so erfassen, dass sie in der Lage sind, sich neuen Problemsituationen anzupassen, indem sie ihre Entscheidungsregeln autonom, also unabhängig von der menschlichen Programmierung, verändern. Möglich ist es auch, dass die Programme sich autonom unter Nutzung neuronaler Netze[9] durch Schaffung neuer Vernetzungen zwischen den Neuronen fortentwickeln. Hier wird von „Deep Learning" gesprochen.[10] Die in spezifischen Kontexten geschaffenen digitalen Architekturen nutzen üblicherweise eine Mehrzahl von Algorithmen und sind auf spezifische Hardware angewiesen. Daher bürgert es sich zunehmend ein, von algorithmischen Systemen zu sprechen.

Sowohl einfache, als auch intelligente algorithmenbasierte Systeme lassen sich in fast allen Bereichen des Rechts nutzen, also bei seiner Setzung, Auslegung, Anwendung und Implementierung, auch bei der Rechtsbera-

---

von der EU-Kommission –, gibt im Glossar (S. 49) eine ausführliche Definition von KI; Zech (Fn. 1); M. Martini, Blackbox Algorithmus – Grundfragen einer Regulierung Künstlicher Intelligenz, 2019, S. 19 ff.; W. Hoffmann-Riem, Artificial Intelligence as a Challenge for Law and Regulation, in: Wischmeyer/Rademacher (Hrsg.), Regulating Artificial Intelligence, 2020, S. 1 ff.; Europäische Kommission, Weißbuch. Zur Künstlichen Intelligenz – ein europäisches Konzept für Exzellenz und Vertrauen, 19. 2. 2020, COM (2020), 65 final; Ebers/Heinze/Krügel/Steinrötter (Hrsg.). Künstliche Intelligenz und Robotik. Rechtshandbuch, 2020.

7 Nähere Erklärungen bei H. Zech, Risiken Digitaler Systeme: Robotik, Lernfähigkeit und Vernetzung als aktuelle Herausforderungen für das Recht, 2020.

8 Zum Machine Learning und dessen Anwendung beim juristischen Arbeiten: H. Surden, Machine Learning and Law, Washington Law Review 89 (2014), 87 ff.; E. Alpaydin, Machine Learning, 2016. Das Wort Maschine (machine) ist hier als Rechenregel oder Algorithmus zu verstehen.

9 Zu ihnen s. Zech (Fn. 1), 201 f.

10 Zu ihm s. I. Goodfellow/Y. Bengio/A. Courville, Deep Learning, 2016; Stalder (Fn. 1), 177 ff.; C. D. Müller-Hengstenberg/S. Kirn, Intelligente (Software-) Agenten: Eine neue Herausforderung für unser Rechtssystem? Multimedia & Recht 2014, 307 ff.; Martini (Fn. 6), S. 23 f.

tung, in der Rechtswissenschaft und beim Zugang zum Recht.[11] Das Verhältnis von algorithmischen Systemen und menschlichen Entscheidern kann auf unterschiedliche Weise gestaltet werden. Wird der menschliche Entscheidungsfindungsprozess nicht durch Algorithmen ersetzt, stützt sich dieser aber auf algorithmisch berechnete (Teil-)Informationen, lässt sich von *algorithmenbasierten* Entscheidungen sprechen.[12] Soweit demgegenüber der menschliche Einfluss ausscheidet und stattdessen automatisiert vorgegangen wird, handelt es sich um *algorithmendeterminierte* Entscheidungen. Diese können voll- oder teilautomatisiert sein. Zu erwähnen sind – gewissermaßen als Mittelweg – auch *algorithmengetriebene* Entscheidungen, nämlich menschliche Entscheidungen, die durch die Ergebnisse algorithmischer Systeme in einer solchen Weise vorgeprägt werden, dass diese die tatsächlichen Entscheidungsspielräume der Menschen einschränken.

Algorithmische Systeme können sowohl zur bloßen Unterstützung herkömmlicher rechtsbezogener Tätigkeiten als auch zur Ergänzung einzelner rechtsgeprägter Tätigkeiten genutzt werden. Auch können rechtliche Regeln ganz oder teilweise in Algorithmen übersetzt oder durch sie sogar ersetzt werden. Digitale Technik kann sämtliche Arbeitsschritte der Rechtsanwendung beeinflussen, so die Recherche nach rechtlichen Inhalten, die Sachverhaltsermittlung, die Auslegung und Subsumtion, den Vollzug rechtlicher Entscheidungen, die Rechtsgestaltung, die Anpassung überkommenen Rechts an Änderungen in anderen zu berücksichtigenden Normen. Möglich werden auf der Grundlage digitaler Analyse von Texten, beispielsweise Gerichtsurteilen, auch IT-gestützte Vorhersagen künftiger gerichtlicher oder administrativer Entscheidungen, etwa als Hilfe für strategische Prozessführung oder für die Rechtsberatung. Einsetzbar sind auch sogenannte Rechts-Generatoren, die nach Eingabe eines Sachverhalts eine rechtliche Beurteilung – jedenfalls einfach gelagerter Fälle – abgeben.[13] Digitale Techniken werden ebenso für die Gestaltung von

---

11 S. dazu beispielsweise die Beiträge in Gschwend/Hettich/Müller-Chen/Schindler/Wildhaber (Hrsg.), Recht im digitalen Zeitalter. Festgabe Schweizer Juristentag 2015 in Sankt Gallen, 2015. Eine ausführliche und systematische Übersicht über Tätigkeitsfelder von Legal Tech und entsprechende Begriffe finden sich bei Wagner (Fn. 2). Auf unterschiedliche Möglichkeiten der Systematisierung des Einsatzes von Legal Tech gehe ich hier nicht ein. S. als Beispiele O. Goudenough, Legal Technology 3.0, in: Huffigton Post v. 2. 4. 2015, http://www.huffingtonpost.com/oliver-r-goodenough/legal-techno logy-30_b_6603658.html.

12 Zu diesem Begriff und den beiden folgenden s. Gutachten der Datenethikkommission, Berlin 2019, S. 24, 161.

13 Wagner (Fn. 2), S. 47 ff.

Verträgen (nicht nur der notwendig digital gefassten Smart Contracts)[14] und anderer Rechtsakte eingesetzt (wie etwa Testamenten), als auch für die Führung von Registern (wie Grundbüchern) oder für die Erfassung von Anlässen rechtlicher Haftung und für die Verwirklichung von Sanktionen bei Rechtsverletzungen. Derartige Möglichkeiten werden schon gegenwärtig vielfältig genutzt.[15] Grundsätzlich möglich sind auch automatisierte Verwaltungsentscheidungen (s. u. I) und – zurzeit in Deutschland noch nicht zugelassen – automatisierte Gerichtsentscheidungen ~~staatlicher Gerichte~~.[16] Möglichkeiten für den Einsatz digitaler Techniken im Bereich der Justiz gibt es demgegenüber viele, allerdings auch Einwände dagegen.[17]

Die Nutzung digitaler Techniken mit Bezug auf Recht ist nicht auf Juristen und deren professionelles Handeln begrenzt, sondern kann auch durch juristische Laien erfolgen. Denn auch für ihr Handeln gibt es digitale Hilfsmittel, etwa über das Internet zugängliche Rechtsdienstleistungen (näher dazu u. G).

---

14 Zu ihnen s. etwa M. Kaulartz, Rechtliche Grenzen bei der Gestaltung von Smart Contracts, in: Taeger (Hrsg.), Smart World – Smart Law? Weltweite Netze mit regionaler Regulierung, 2016, S. 1023 ff.; M. Müller, Bitcoin, Blockchain und Smart Contracts, ZfIR 2017, 600; M. Heckelmann, Zulässigkeit und Handhabung von Smart Contracts, NJW 2018, 504 ff.; K. Eschenbruch, Smart Contracts, NZBau 2018, 3 ff.; T. Kuntz, Konsens statt Recht? Überlegungen zu Chancen und Herausforderungen der Blockchain-Technologie aus juristischer Sicht, AcP 220 (2020), 51/80.

15 Belege dafür finden sich in der in Fn. 2 zitierten Literatur.

16 Gerichte nutzen aber anderweitig digitale Techniken. S. dazu etwa G. Britz, Von der elektronischen Verwaltung zur elektronischen Verwaltungsjustiz, DVBl 2007, 993 ff.; S. Vogelsang/J. Krüger, Legal Tech und die Justiz – ein Zukunftsmodell? (Teil 1), juris 2019, 398 ff.; (Teil 2), juris 2010, 90 ff. S. auch D. Jost/J. Krempe, E-Justice in Deutschland, NJW 2017, 2703 ff.; W. Bernhardt, Quo vadis Digitalisierung der Justiz?, juris 2018, 310 ff.; P. Enders, Einsatz künstlicher Intelligenz bei juristischer Entscheidungsfindung, JA 2016, 721 ff. Zur Praxis s. auch Abschlussbericht der Länderarbeitsgruppe, Legal-Tech: Herausforderung für die Justiz, 2019, S. 6–7.

17 S. dazu den in Fn. 16 genannten Berichts, insbes. S. 56 ff.; S. auch die Antwort der Bundesregierung zu dem im Bericht diskutierten Vorschlag der Einführung eines beschleunigten Online-Verfahrens, BT-Drucks. 19/13237 v. 18. 09. 2019.

B. Wissen, Daten und Informationen

In diesem Beitrag interessiert das Verhältnis von Rechtsanwendung und Wissen.[18] Gegenstand von Wissen sind – allgemein gesprochen – Kenntnisse und Fertigkeiten, die individuell oder kollektiv zum Umgang mit Problemen eingesetzt werden können, hier für die Arbeit an und mit dem Recht. Rechtsetzung, -auslegung und -anwendung sind vielfältig auf Wissensgenerierung, -speicherung, -aggregation und -verarbeitung angewiesen.

Der Begriff des Wissens wird in der Literatur häufig in Relation zu den Begriffen Daten und Informationen gesetzt. Die dafür verwendeten Definitionen sind uneinheitlich.[19] Ich gehe von folgendem Verständnis aus: Digitales Handeln besteht in der Erfassung und Verarbeitung von Daten, das heißt von „semantikfreien" (maschinellen) Trägern von codierten Informationen.[20] Diese können im Vorgang der Mitteilung der codierten Information durch einen Sender an einen Empfänger von diesem semantisch wahrgenommen werden, also Bedeutung erhalten und dadurch mit dem Inhalt dessen, was vom Empfänger erfasst wurde, zur Information werden.[21] Es kann sich dabei um auf soziale Praktiken bezogene alltagsweltliche Informationen handeln, aber auch um für spezifische Zwecke geordnete, verknüpfte und systematisch bewertete Informationen. Solche Informationen können auch die Qualität wissenschaftlich erarbeiteten Wissens haben.[22] Solches Wissen – Wissen im engeren Sinne – umfasst wissenschaftlich fundierte Informationen über einen Bestand von Erkenntnissen, der in dem jeweiligen sozialen Kontext der Generierung, Aneignung und Verwendung von Informationen aufgrund der angewandten wissenschaft-

---

18 Allgemein zu diesem Verhältnis s. etwa K.-H. Ladeur, Recht – Wissen – Kultur, 2016; G. F. Schuppert, Wissen, Governance, Recht. Von der kognitiven Dimension des Rechts zur rechtlichen Dimension des Wissens, 2019; Münkler (Hrsg.), Dimensionen des Wissens im Recht, 2019.

19 S. die Beiträge in: Spiecker gen. Döhmann/Collin (Hrsg.), Generierung und Transfer staatlichen Wissens im System des Verwaltungsrechts 2008, insbes. M. Albers, Die Komplexität verfassungsrechtlicher Vorgaben für das Wissen der Verwaltung, S. 50, 54 f. und von W. Kluth, Die Strukturierung von Wissensgenerierung durch das Verwaltungsorganisationsrecht, S. 73,75 ff.; s. ferner T. Vesting, Die Bedeutung von Information und Kommunikation für die verwaltungsrechtliche Systembildung, in: Hoffmann- Riem/Schmidt-Aßmann/Voßkuhle (Hrsg.), Grundlagen des Verwaltungsrechts, Bd. II, 2. Aufl. 2012, § 20, Rn. 11 ff.

20 S. etwa H. Zech, Information als Schutzgegenstand, 2012, S. 25, 35 ff. Hier wird von der syntaktischen Ebene von Informationen gesprochen.

21 Dies betrifft in der Terminologie von Zech (Fn. 20) die semantische Ebene.

22 Zum Gegenüber von praktischem und wissenschaftlichem Wissen vgl. statt vieler T. Vesting, Die Medien des Rechts: Computernetzwerke, 2015, S. 60 ff.

lichen Methoden, Deutungsmuster und Verwendungserfahrungen als hinreichend bewährt und insofern als wissenschaftliches Wissen gilt.

Nicht nur wissenschaftlich fundiertes Wissen wird bei der Arbeit mit dem Recht genutzt.[23] Verwendbar und regelmäßig unverzichtbar sind bei rechtlich geprägtem Handeln auch Informationen ohne eine solche „Veredelung". Dabei kann es sich etwa um auf eigener persönlicher Erfahrung beruhende Einsichten oder um durch Heuristik[24] gewonnene Annahmen handeln. Sie können relativ ungeordnet oder für spezifische Zwecke geordnet, verknüpft und systematisch bewertet sein, dies auch mit Hilfe der Nutzung digitaler Techniken. Aber auch die nicht systematisch ausgewerteten oder spezifisch geordneten Informationen sind für den Umgang mit Recht wichtig, auch etwa als Inputs für digitale Entscheidungsfindung.

C. Arten rechtserheblichen Wissens

Ich ordne für den Zweck dieses Beitrags alle Informationen über Fakten und Normen unter den Begriff des Wissens (im weiteren Sinne), denn alle können für den Einsatz von Recht Bedeutung haben, ohne dass dies von einer bestimmten Zuordnung des Typs der Information abhängt. Dabei beschränke ich mich auf die Bereiche der Auslegung und Anwendung von Recht.

Ausgangspunkt meiner Überlegungen ist sogleich erfolgende ~~eine~~ Bestandsaufnahme unterschiedlicher Arten von Wissen mit Bedeutung für den Umgang mit Recht. Auf mögliche Besonderheiten analoger oder digitaler Handlungsformen gehe ich dabei noch nicht ein.Bei allen Kategorien muss mitgedacht werden, dass für sie nicht nur die Verwendung von Wissen bedeutsam ist, sondern auch die Art des Umgangs mit Nichtwissen.[25]

---

23 Dazu W. Hoffmann-Riem, „Außerjuridisches" Wissen, Alltagstheorien und Heuristiken im Verwaltungsrecht, DV 2016, 1 ff.

24 Zur Heuristik s. D. Kahnemann, Schnelles Denken, langsames Denken, 15. Aufl. 2014; G. Gigerenzer, Heuristics, in: Engel/Gigerenzer (Eds.), Heuristics and the Law, 2006, 17 et seq.; Zu ihrer Bedeutung im Recht s. auch W. Hoffmann-Riem, Innovation und Recht – Recht und Innovation. Recht im Ensemble seiner Kontexte, 2016, S. 307 ff. Kritisch zum Einsatz von Heuristiken durch Richter J. Risse, Der Homo iuridicus – ein gefährliches Trugbild, NJW 2018, 2848.

25 Zu letzterem s. U. Beck, Weltrisikogesellschaft, 2007, S. 21. Er meint sogar, das Reden von der Wissensgesellschaft sei euphorisch; es liege näher, von einer Nichtwissens-Gesellschaft zu sprechen; s. a. W. Hoffmann-Riem, Wissen als Risiko – Unwissen als Chance, in: Augsberg (Hrsg.), Ungewissheit als Chance, 2009, S. 17 ff.; W. Wehling, Die Vielfalt und Ambivalenz des Nicht-Gewussten: Frage-

- *Textbezogenes Normwissen:* Wissen über Rechtsgrundlagen (insbesondere Normtexte, aber auch Präjudizien) und deren Bedeutung/Sinn;
- *Normbezogenes Meta-Wissen:* Wissen über die Methodik der Auslegung und Anwendung von Recht, über Rechtsdogmatik, Rechtstheorien oder über den Umgang mit Präjudizien;
- *Realbereichswissen:* Wissen über die technologische, ökonomische, politische, kulturelle, ökologische u. ä. Realität, die bei der Normsetzung prägend war und auf den Inhalt eingewirkt hat und gegebenenfalls im Laufe der Zeit durch Wandel verändert wurde. Dieser Realbereich ist auch insoweit – also möglicherweise mit im Laufe der Zeit gewandeltem Gehalt – Bezugspunkt des Regelungsprogramms der Norm und insofern ihr Bestandteil;[26] ein Wandel im Realbereich kann daher auch zur Veränderung des Normgehalts führen;[27]
- *Sachverhaltswissen:* Wissen über die bei der Anwendung von Recht im Einzelfall – etwa einem Rechtskonflikt – maßgebenden Tatsachen und Wissen über die Ermittlung ihrer Relevanz (etwa Wissen über den Umgang mit Beweismitteln sowie über Beweislastregeln);
- *Folgenwissen/Prognosewissen:* Wissen über verfügbare Entscheidungsformen und -inhalte (Output-Wissen); Wissen über normativ legitimierte Mikrofolgen des Entscheidens oder Nicht-Entscheidens für Betroffene (Impact-Wissen), aber auch Wissen über mögliche darüber hinaus reichende, normativ legitimierte oder nicht legitimierte Makrofolgen für die Gesellschaft (Outcome-Wissen). Bedeutsam ist auch Wissen über die Grundlagen der Folgeneinschätzung und über den Grad der Wahrscheinlichkeit des Eintritts solcher Folgen;
- *Kontextwissen:* Wissen über die konkreten Umstände und die gesellschaftlichen und politischen Zusammenhänge, in die der Umgang mit Recht im Anwendungsfall eingebettet ist und die auf die Rechtsverwirklichung einwirken können.

---

stellungen und theoretische Konturen der Soziologie des Nichtwissens, in: Peter/Funcke (Hrsg.), Wissen an der Grenze, 2013, S. 43 ff. Auch Informationsasymmetrien führen bei einzelnen Akteuren zu Nichtwissen, s. zu Beispielen R. Broemel, Wissensgenerierung im Regulierungsverfahren, in: Münkler (Fn. 18), S. 139, 1144 ff.

26 Näher zu dieser Konzeption des Realbereichs s. Hoffmann-Riem (Fn. 24), 113 ff.

27 S. etwa B. Fateh-Moghadam, Innovationsverantwortung im Strafrecht: Zwischen Strict Liability, Fahrlässigkeit und erlaubtem Risiko – zugleich ein Beitrag zur Digitalisierung des Strafrechts, ZSTW 131 (4) (2019), 863, 872 ff.

- *Entscheidungswissen:* Wissen über die Art der Erheblichkeit und Wirkungskraft der für die Herstellung der Entscheidung prägenden unterschiedlichen Faktoren, insbesondere in Gestalt von vier Unterfällen:
  - *Unterfall Verfahrenswissen:* Wissen über prozedurale Vorgaben und Möglichkeiten sowie über möglichst erfolgversprechende (formelle, aber auch informelle) Vorgehensweisen;
  - *Unterfall Organisationswissen:* Wissen über Kompetenzen und Strukturen der die Entscheidung treffenden oder an ihr nur mitwirkenden Organisation(en);
  - *Unterfall Ressourcenwissen:* Wissen über verfügbare Ressourcen (insbesondere Zeit, Finanzen, Personal) und die Art ihrer Einsatzbarkeit und Wirkungskraft;
  - *Unterfall Kooperationswissen:* Wissen über Möglichkeiten oder Pflichten zur Kooperation mehrerer beim Umgang mit Recht, etwa über das Zusammenwirken hoheitlicher und privater Akteure (z. B. im Felde „regulierter Selbstregulierung")
- *Regulierungstechnisches Wissen/Steuerungswissen:* Wissen über verfügbare Steuerungsinstrumente und über die Möglichkeiten und Schwierigkeiten der Sicherung ihrer Bewirkungstauglichkeit;
- *Begründungswissen:* Wissen über die bei der Herstellung einer Entscheidung maßgeblich gewordenen, möglichst rechtlich legitimierten Gründe und über die Notwendigkeit und Möglichkeit der Darstellung der Rechtfertigung der Entscheidung als rechtmäßig und sachrichtig;[28]
- *Implementationswissen:* Wissen über die Um- und Durchsetzung, insbesondere über die Chancen der Befolgung einer Entscheidung;
- *Beobachtungswissen:* Wissen über beobachtbare Vorgehensweisen unterschiedlicher Akteure beim Umgang mit Recht und über die Nutzung solcher Beobachtungen für das weitere Vorgehen;
- *Lernwissen:* Verarbeitung der aus Anlass von Entscheidungen und kritischen Reflektionen gewonnenen Erfahrungen für zukünftiges Entscheiden, darunter auch Auswertungen etwa in Statistiken oder Dokumentationen in Datenbanken usw. („Wissensvorsorge").

Um Wissen einsetzen zu können, muss es den Wissensverwendern verfügbar sein. Es kann von ihnen selbst generiert oder durch kommunikative Vermittlung zugänglich gemacht und dann von ihnen angeeignet worden sein. Soll Wissen verantwortungsvoll eingesetzt werden, müssen die Annahmen gegebenenfalls auf Richtigkeit und Verwendungstauglich-

---

28 Zum Unterschied von Rechtmäßigkeit und Sachrichtigkeit s. Hoffmann-Riem (Fn. 24), S. 93 ff.

keit überprüft werden. Die Generierung, Aneignung, Aggregierung und Prüfung von Wissen sowie dessen Verwendung kann durch menschliches Handeln erfolgen, sich aber ergänzend und eventuell ersetzend digitaler Techniken bedienen.

Im Zuge menschlichen Handelns können je spezifische Wissenskulturen, darunter auch spezifische Kulturen des Umgangs mit Nichtwissen, maßgebend werden. Derartige Kulturen sind auch im Bereich der Rechtswissenschaft und -praxis bedeutsam[29], gegebenenfalls mit Unterschieden je nach den besonderen Berufsrollen der Akteure.[30] Kulturen im Umgang mit Wissen können durch die Wertehaushalte der Beteiligten, vorherige Erfahrungen, die Sozialisation der handelnden Personen, soziale Praktiken, Deutungsmuster und vieles andere mehr geprägt sein. Wichtig sind auch die verfügbaren speziellen Handlungskompetenzen (Sachkompetenz, Methodenkompetenz, Sozialkompetenz, aber auch personenspezifische Kompetenzen, etwa die persönliche Einstellung, Werteorientierung und Motivation). Dies illustriert, dass rechtserhebliches Wissen vielfach nicht als schlicht Feststehendes abgerufen werden kann. Es bedarf einer Konkretisierung in je spezifischen Handlungskontexten.[31] Im Zuge der Rechtsanwendung kann auch Rechtserzeugung erfolgen.[32] Der Konkretisierungsauftrag bezieht sich – oder bezog sich jedenfalls herkömmlich – auf menschliches Handeln. Ob und wieweit sich insofern Unterschiede ergeben und sachlich gerechtfertigt sind, je nachdem ob Menschen allein entscheiden, ob (menschengemachte) digitale algorithmische Systeme rechtliche Regeln implementieren oder ob Mensch und Maschine Entscheidungen in Kooperation treffen, ist bisher noch nicht genügend erforscht (siehe auch unten E). Viel spricht dafür, dass sich die Unterschiede erheblich auf den Entscheidungsprozess und das Entscheidungsergebnis und die Art seiner Rechtfertigung auswirken.

---

29 Zu prägenden Faktoren s. etwa T. Kuntz, Auf der Suche nach einem Proprium der Rechtswissenschaft, AcP 219 (2019), 254/274 ff.

30 Hier sei allgemein auf rechtssoziologische Untersuchungen zum Handeln in Rechtsberufen verwiesen, so etwa auf die zur Richtersoziologie.

31 Zur Aufgabe der Konkretisierung beim Umgang mit Recht s. K. Hesse, Grundzüge des Verfassungsrechts der Bundesrepublik Deutschland, 20. Aufl. 1995/1999, S. 24 ff.; F. Müller/R. Christensen, Juristische Methodik, Bd. 1, 11. Aufl. 2013, Rn. 274 ff.

32 Dazu T. Kuntz, Zur Erzeugung von Recht in der Anwendung, AcP 216 (2016), 866/873 ff.

D. Menschliche und künstliche Intelligenz

Soweit Menschen Wissen generieren, speichern, sich aneignen und verwenden, erfolgt dies unter Einsatz menschlicher Intelligenz. Dieser Begriff verweist auf kognitive bzw. geistige, aber auch auf soziale und emotionale Fertigkeiten.

Die Digitalisierung erweitert das Intelligenzthema um das des Einsatzes von künstlicher Intelligenz (KI).[33] KI soll neue, die Potentiale der Digitalisierung nutzende Möglichkeiten zur Bewältigung von Aufgaben entwickeln und nutzen helfen. Im Ausgangspunkt versucht KI, die durch menschliche Intelligenz geprägten Erkenntnis- und Entscheidungsfähigkeiten strukturell nachzuahmen. Es geht insofern darum, menschliche Denkstile, Orientierungen und Handlungsregeln möglichst weitgehend digital zu rekonstruieren und dabei so zu erfassen und einzusetzen, dass jedenfalls in bestimmten Bereichen Leistungen möglich werden, die menschlicher Leistung zumindest gleichwertig sind oder sogar solche, die menschliche Intelligenz überschreiten. Die Anreicherung der Leistungsfähigkeit geschieht unter anderem mit Hilfe aktionsfähiger Hochleistungsrechner und insbesondere durch die Nutzung von Analyseergebnissen, welche durch die Erfassung und Auswertung großer Mengen digitaler Daten möglichst unterschiedlicher Art und in möglichst hoher Qualität generiert werden (Nutzung von Big Data). Diese Analyse erfolgt unter Einsatz einer speziell erarbeiteten Big-Data Analytik.[34]

Die Leistungsfähigkeit intelligenter Systeme wird gegenwärtig durch die Entwicklung künstlicher neuronaler Netze gesteigert, die im Ausgangspunkt am biologischen Vorbild der Vernetzung von Neuronen im menschlichen Gehirn und damit an dem neuronal gestützten Prozess

---

33 S. die Nachw. oben (Fn. 6). Zu wichtigen, mit KI verbundenen rechtserheblichen Problemfeldern s. die Beiträge in: Wischmeyer/Rademacher (Fn. 2).

34 Zur Beschreibung von Big Data und der darauf abgestimmten Analytik s. statt vieler W. Hoffmann-Riem, Rechtliche Rahmenbedingungen für und regulative Herausforderungen durch Big Data, in: Ders (Hrsg.), Big Data – Regulative Herausforderungen, 2018, S. 12, 20 f. Deutscher Ethikrat, Big Data und Gesundheit – Datensouveränität als informationelle Freiheitsgestaltung, 2017, S. 54 definiert Big Data wie folgt: „Big Data ist der Umgang mit großen Datenmengen, der darauf abzielt, Muster zu erkennen und daraus neue Einsichten zu gewinnen, und der hierzu angesichts der Fülle und Vielfalt der Daten sowie der Geschwindigkeit, mit der sie erfasst, analysiert und neu verknüpft werden, innovative, kontinuierlich weiterentwickelte informationstechnologische Ansätze nutzt".

menschlichen Entscheidens orientiert sind.[35] Solche neuronalen Netze sollen Informationen zwar ähnlich wie ein menschliches Gehirn verarbeiten, aber dessen Leistungsfähigkeit in bestimmten Hinsichten möglichst übersteigen. Trainierte neurale Netzwerke sind in ihrem Verhalten ex ante nur schwer vorherzusehen und ex post allenfalls eingeschränkt erklärbar.[36]

Dass intelligente Systeme den Einsatz menschlicher Intelligenz vollständig erübrigen werden, ist nicht anzunehmen. Zu erwarten aber ist, dass ihre Einsatzmöglichkeiten weiter ausgebaut werden. Die damit verbundenen Chancen und Risiken sind gegenwärtig Gegenstand vieler Ausarbeitungen, Debatten und Prognosen.[37]

E. Menschliche und technische (hier digitale) Konstrukte

Beim Einsatz digitaler Techniken kommt es vielfach zu einer Kombination von menschlichem Handeln als sozialen Konstrukten mit in Algorithmen bzw. algorithmischen Systemen abgebildeten technischen Konstrukten.[38] Die genutzten Algorithmen beruhen allerdings zumindest im Ausgangspunkt auf einer menschlichen Programmierung. Diese kann durch eine einzelne Person entwickelt worden sein; meist entsteht die Programmierung jedoch in einem komplexen Softwareentwicklungsprozess unter Be-

---

35 S. dazu als Einführung G. D. Rey/K. F. Wender: Neuronale Netze. Eine Einführung in die Grundlagen, Anwendungen und Datenauswertung, 3. Aufl. 2018. S. – statt vieler – auch Zech (Fn. 1), 201.

36 Dazu s. Zech (Fn. 1), 202.

37 Hier sei auch auf die Befürchtung verwiesen, KI könne außer Kontrolle geraten oder Gemeinwohl gefährden. S. dazu die Nachweise in: Scherer, Regulating Artificial Intelligence Systems: Risks, Challenges, Competencies, and Strategies, Harvard Journal of Law & Technology 29 (2016), 353/355. S. auch die gezielt alarmierend geschriebenen Arbeiten von N. Bostrom, Superintelligence, paths, dangers, strategies, 2013; und von M. Tegmark, Life 3.0. Being Human in the Age of Artificial Intelligence, 2017; D. Baecker, 4.0 oder Die Lücke die der Rechner lässt, 2018. Ferner Y. N. Harari, Homo Deus. Eine Geschichte von morgen, 2018. Zu den Warnern zählt auch S. Hawking, Kurze Antworten auf Große Fragen, 4. Aufl. 2018, S. 209 ff., 213 ff. Zur Entwicklung ethischer Grundsätze für KI s. die Stellungnahme der von der EU-Kommission eingesetzten High-Level Expert Group on Artificial Intelligence, Ethics Guidelines for Trustworthy AI, April 2019; G. Teetzmann, Schutz vor Wissen? Forschung mit doppeltem Verwendungszweck zwischen Schutzpflichten und Wissenschaftsfreiheit, 2020.

38 Zu Unterschieden von menschlichen und technischen Konstrukten s. W. Hoffmann-Riem, Verhaltenssteuerung durch Algorithmen – Eine Herausforderung für das Recht, AöR 142 (2017), 1/28 ff.

teiligung mehrerer Personen, gegebenenfalls verteilt auf unterschiedliche Institutionen. Bei den Akteuren handelt es sich auch beim Handeln im Hinblick auf Recht keineswegs stets oder auch nur ausschließlich um Juristen; gefragt sind vor allem Informatikspezialisten, möglichst solche, die auch über juristische Fertigkeiten verfügen. Auch der Grundstein lernender Algorithmen muss zunächst von Menschen programmiert werden, bevor diese ihre Entscheidungsregeln autonom weiterentwickeln können.

Auf sozialem Verhalten beruht es auch, wenn bei der Programmierung von Software und dem Design algorithmischer Systeme menschliche Erfahrungen, Ziele und Wertungen eingearbeitet und erwünschte oder erwartete Folgen der zu treffenden Entscheidungen berücksichtigt werden. Dafür maßgebende Parameter sollen im Zuge der Programmierung zur dekontextualisierten Nutzung in die Technologie eingebettet werden, so dass diese im Idealfall anschließend rein technisch verwendet und bei lernenden algorithmischen Systemen rein technisch fortentwickelt werden können.

Allerdings kann der menschliche Faktor auch bei der nachfolgenden Anwendung der digitalen Technologien für rechtliche Entscheidungen entscheidungserheblich bleiben. Das ist bei „nur“ algorithmenbasierten Entscheidungen[39] der Fall, etwa in Situationen, in denen die Lösung konkreter Probleme auf weitere Informationen angewiesen ist, die nicht technisch generiert werden können, sondern von Menschen als Input bereitgestellt werden müssen. Dies kann etwa den Sachverhalt als Grundlage einer rechtlichen Entscheidung betreffen oder Informationen über nach der Programmierung erfolgte Veränderungen des Realbereichs oder über neue Rechtsnormen, die sich auf die Auslegung der anzuwendenden Norm auswirken. Soweit die Auswertung des Inputs allerdings unter alleiniger Nutzung digitaler Techniken erfolgt, ist dies ein ausschließlich technischer Vorgang.

F. *Vorteile und Grenzen der Nutzung algorithmischer Systeme in der Rechtsanwendung*

Wird über den Einsatz menschlicher oder stattdessen die Nutzung technischer Konstrukte im rechtlichen Bereich entschieden,[40] erfordert dies

39 Zu diesem Begriff s. o. bei Fn. 12.

40 Zum Vergleich der Nutzung von Machine Learning für rechtliche Entscheidungen, insbesondere Entscheidungen unter Unsicherheit, mit „menschlicher Rechts-

Einschätzungen über die jeweils bessere Leistungsfähigkeit. Als Vorteile[41] der Nutzung digitaler Techniken werden insbesondere Arbeitserleichterungen, Möglichkeiten zur Steigerung der Entscheidungsgeschwindigkeit, der Effizienz (so hinsichtlich des Ressourceneinsatzes), der Fähigkeit zur Verarbeitung großer Mengen von gegebenenfalls sehr heterogenen Informationen und verbesserte Möglichkeiten für Folgenabschätzungen betont. Auch kann der Zugang zum Recht erleichtert werden. Gesehen werden Chancen zur Verbesserung der Wirksamkeit eingesetzter Instrumente, etwa in Situationen der Skalier- und Kalkulierbarkeit von Lebens- und Naturartikulationen. Auch bestehen ausgefeilte Möglichkeiten zur Datenkorrelation, wenn auch keine zur Erfassung der im Recht besonders bedeutsamen Kausalbeziehungen.[42] Die mit Hilfe von KI und Big Data ermittelten Korrelationen können allerdings manchen – insbesondere den nur begrenzt empirisch fundierten – Kausalannahmen der Rechtsanwender oder auch den bei dem Einsatz von Recht häufig verwendeten (bloßen) Kausalhypothesen überlegen sein.

Bei der Wahl zwischen menschlichen und digitalen Vorgehensweisen ist allerdings zu berücksichtigen, dass algorithmische Systeme manche für das Handeln natürlicher Personen oder bei Interaktionen zwischen ihnen typische, auch bei Akten der Wissensverarbeitung zwecks Rechtsanwendung wichtige Fähigkeiten nicht nutzen können. Denn nicht alle der oben (C) erwähnten Wissensarten sind digitalisierbar und selbst bei denjenigen Arten, bei welchen dies möglich erscheint, besteht keine Sicherheit, dass in digitaler Software alles Wesentliche abbildbar und abgebildet ist.[43]

Insbesondere wirkt es sich bei der Nutzung algorithmischer Systeme als Restriktion aus, dass die für die Programmierung benötigten, häufig komplexen Informationen zu maschinenverständlichen, rein logikbasierten Strukturen vereinfacht werden müssen. Für Rechtsanwendung bedeutsame Wissensarten, deren Komplexität nicht ohne Verluste reduziert werden

---

anwendung“ s. Y. Hermstrüwer, Artificial Intelligence and Administrative Decisions Under Uncertainty, in: Wischmeyer/Rademacher (Fn. 2), S. 199 ff.

41 S. dazu auch weitere Angaben in der in Fn. 2 aufgeführte Literatur.

42 Zur Begrenzung digitaler Instrumente auf die Erfassung von Korrelationen s. M. Hildebrandt, Smart Technologies and the End(s) of Law, 2016, 37 et seq.

43 Die Beantwortung der Fragen ob, wie und wieweit der Einsatz digitaler Techniken auf die für die Verfügbarkeit und anschließenden Verarbeitung von Wissen erheblichen Faktoren abgestimmt werden kann, setzt eigenständige und ausführliche Klärungen voraus. Ein verantwortungsvoller Einsatz digitaler Techniken bedarf einer technikorientierten Epistemologie.

kann, lassen sich auf derartige Weise nicht in technische Regeln einbeziehen.[44]

Zu den durch den gegenwärtigen Stand der Technik bedingten Einengungen gehört, dass die Wissensbestandteile – etwa Wertvorgaben und Erfahrungswissen – für die Programmierung sowie als Input digitaler Systeme explizit verfügbar sein müssen. Das für menschliches Handeln einschließlich der Auslegung und Anwendung von Recht so wichtige implizite Wissen[45] scheidet daher für die Programmierung aus.

Soweit in einem Aufgabenfeld Wissenslücken bestehen und neues Wissen generiert werden soll, setzt dies Kenntnisse darüber voraus, was denn (noch) nicht gewusst wird[46] (sog. spezifisches Nichtwissen). Unspezifisches Nichtwissen, also ein Zustand ohne diese Kenntnisse, kann nicht Anlass für eine gezielte Wissenssuche sein, einerlei ob sie analog oder digital erfolgen soll. Vermutlich werden intelligente Systeme im Rahmen selbstlernender Algorithmen neue Wege zur Umwandlung von unspezifischem zu spezifischem Nichtwissen und anschließend zum Wissenserwerb erarbeiten können. Es ist aber sehr unwahrscheinlich, dass dies für alle im Recht wichtigen Bereiche unspezifischen Nichtwissens gelingen kann.

Wird die Suche nach Erkenntnissen durch menschliche Kreativität und Intuition erleichtert oder ist der Erfolg der Suche gar auf sie angewiesen, kann die Hilfe digitaler Techniken versagen und ein Rückgriff auf menschliche Fähigkeiten empfehlenswert oder gar unverzichtbar sein. Auch das für Juristen bei der Rechtsanwendung unter Einschluss der Suche nach und der Verarbeitung von Wissen wichtige Judiz – eine spezifische Art des juristischen Urteilsvermögens – kann digital nicht ersetzt werden.[47] Soweit die Rechtsordnung den Maßstab der Billigkeit – etwa bei Haftungsfragen (siehe § 829 BGB) – vorgibt, dürfte Gleiches gelten. Soweit Defizite beim Einsatz der digitalen technischen Konstrukte bestehen, die bei menschlichem Handeln nicht oder nicht in gleicher Intensität und gleicher Gewichtigkeit auftreten, aber wichtig sind, ist menschliches Handeln vorzu-

44 Einen Überblick über unterschiedliche Ansätze zur algorithmenfundierten Aufbereitung rechtsnormativ erheblicher Texte leisten die Beiträge in: Livermore/Rockmore (Eds.), Law as Data. Computation, Text, and the Future of Legal Analysis, 2019.

45 Zu diesem Begriff grundlegend: M. Polanyi, The Tacit Dimension, 1966.

46 Zu Nichtwissen s. Fn. 25.

47 S. statt vieler S. Hähnchen/R. Bommel, Digitalisierung und Rechtsanwendung, JZ 2018, 334/337.

ziehen;[48] jedenfalls soweit digital gesteuerte Maßnahmen nicht aufgrund besonderer Vorteile der Digitalisierung auch aus normativer Sicht trotz dieses Mangels vorzugswürdig sind.

Zumindest beschränkt ist – jedenfalls noch – auch die Fähigkeit, eine komplexe, eine Vielfalt von Informationen und Wertvorgaben verarbeitende Abwägung unter kontextbezogener Justierung und Zuordnung der Abwägungskriterien vorzunehmen. Defizitär ist insbesondere die Möglichkeit, mit komplexen Je-desto-Formeln zu arbeiten.[49] Zwar können auch komplexe Entscheidungsprozesse durch Computer simuliert, aber nicht strukturidentisch „nachgebaut" werden. Beispielsweise reichen Computer regelmäßig nicht in Situationen, in denen eine kollektive, auch interessengeprägt und gruppendynamisch ablaufende Beratung vorgesehen ist oder in denen kooperativ Lösungen unter Bezugnahme auf konkret betroffene, subjektiv wahrgenommene Interessen ausgehandelt werden sollen, die zu einer Optimierung der wechselseitig betroffenen – ggf. auch stark subjektiv geprägten – Interessen führen (sollen/können).

Die für die Auslegung von Normen besonders wichtige argumentativ geleitete Sinndeutung ist eine schon für Menschen häufig schwierige Aufgabe. Beim Einsatz von Algorithmen stößt sie auch technisch bedingt auf erhebliche Grenzen.[50] An deren Überwindung wird gegenwärtig allerdings unter Einsatz von KI gearbeitet.

Ein weiteres für einen Rechtsstaat besonders wichtiges Problem ist die Sicherung der Zurechenbarkeit, Nachvollziehbarkeit, Erklärbarkeit und Kontrollierbarkeit von Entscheidungen. Grenzen gibt es insoweit schon bei menschlichem Handeln, etwa weil die Handelnden ihrer nicht näher aufgeschlüsselten Intuition gefolgt sind oder weil sie die von ihnen im Zuge der Herstellung der Entscheidung verfolgten Interessen oder Vorurteile durch geschickte Argumentation verbergen. Auch die Programmierung von Software kann von solchen Faktoren beeinflusst sein. Welche Faktenannahmen und Wertungen liegen der Softwareentwicklung – auch der

---

48 S. auch K. Wiegerling, Daten, Informationen, Wissen, in: Breidenbach/Glatz (Fn. 2) S. 24.

49 Zu ihnen s. etwa R. Poscher, Eingriffsschwellen im Recht der inneren Sicherheit, Die Verwaltung 41 (2008), 345 ff.; M. Klatt/J. Schmidt, Spielräume im öffentlichen Recht, 2010, insbes. S. 9 ff. Als ein Beispiel s. BGHZ 181, 253. Optimistischer hinsichtlich der Leistungsfähigkeit digitaler Techniken Hermstrüwer (Fn. 40), 203.

50 Vgl. M. Hildebrandt, Law as computation in the era of artificial legal intelligence. Speaking law to the power of statistics, University of Toronto Law Journal 68 (2018), 1 et seq.

ihr gegebenenfalls vorangehenden Indexierung[51] – zugrunde und sind sie rechtlich hinreichend legitimiert? Programmierer können bewusst oder unbewusst Wertungen – auch Vorurteilen – folgen, die rechtlich missbilligt sind und beispielsweise zu Diskriminierungen führen.[52] Sind sie in die digitalen Programme eingebaut, besteht dieses Risiko für alle Anwendungsfälle.

Beim Einsatz von IT-Systemen gibt es insbesondere spezifische Grenzen der Nachvollziehbarkeit und Erklärbarkeit, insbesondere wegen der typischen Black-Box-Eigenschaften vieler algorithmischer Systeme.[53] So sind die digital vermittelten Parameter den für die Entscheidung Verantwortlichen und erst recht den von einer Entscheidung Betroffenen oder den Kontrollinstanzen regelmäßig nicht bekannt oder die Wirkungsweise ist ihnen nicht oder nicht voll zugänglich. Das Problem verstärkt sich bei lernenden Algorithmen, bei denen nicht einmal den Programmierern bekannt ist, was aus den Algorithmen aufgrund weiterer Lernschritte und Trainingserfolge geworden ist, insbesondere, wieweit bisherige Annahmen geändert oder Verhaltensvorgaben umgestellt worden sind.[54] Zwar gibt es Möglichkeiten zur Rekonstruktion von Strukturen und Vorgehensweisen – etwa auf dem Wege des Reverse Engineering –, sie sind aber bisher nur begrenzt einsetzbar. Für Näheres zum Problem der Nachvollziehbarkeit, Kontrollierbarkeit, Erklärbarkeit und Begründbarkeit verweise ich auf Ausarbeitungen von *Thomas Wischmeyer*.[55] Diese zeigen, dass noch erheblicher Forschungsbedarf besteht.

---

51 Zu Bemühungen um automatische Indexierungen s. G. Reiner/M. Cumyn/M. Hudon/S. Mas, Designing a Database to assist Legal Thinking: A new Approach to Indexing using Facets, Manuscript 2019.

52 Fallbeispiele aus der Nutzung ungenauer und vor allem vorurteilsbehafteter Daten („dirty data") als Grundlage der Software für Predictive Policing bei R. Richardson/J. M. Schultz/K. Crawford, Dirty Data, Bad Predictions: How Several Rights Violations Impact Police Data, Predictive Policing Systems, and Justice, New York University Law Review 94 (2019), 192 et seq. Zur Diskriminierungsproblematik s. auch H. Steege, Algorithmische Diskriminierung durch Einsatz von künstlicher Intelligenz, MMR 2019, 715 ff.

53 Dazu und den Möglichkeiten rechtlicher Reaktion s. M. Martini, Blackbox Algorithmus – Grundfragen einer Regulierung künstlicher Intelligenz, 2019. S. auch T. Wischmeyer, Artificial Intelligence and Transparency: Opening the Black Box, in: Wischmeyer/Rademacher (Fn. 2), S. 75 ff.

54 Es gibt aber auch Möglichkeiten zum „Einfrieren" der durch Lernen des algorithmischen Systems neu gestalteten Software, so dass sie – wenn auch in veränderter Weise – ggf. rekonstruiert werden kann. Sie arbeitet dann weiter deterministisch.

55 Dazu differenziert T. Wischmeyer, Regulierung intelligenter Systeme, AöR 143 (2018), 1, 18 ff., 42 ff.; Ders., Algorithmische Systeme und neue Begründungsar-

Zur Sicherung von Transparenz und zur Bewältigung der Probleme der Nachvollziehbar- und Kontrollierbarkeit können solche wie die in der EU-DSGVO genutzten Instrumente – wie Rechtsschutz durch Technikgestaltung, Durchführung von prospektiven und gegebenenfalls retrospektiven Folgenabschätzungen, Erarbeitung von Verhaltensregeln und Zertifizierungen (vgl. insbesondere Art. 25, 35, 35 f., 40 ff. DSGVO) – ihrem Typ nach hilfreich sein; allerdings muss berücksichtigt werden, dass solche Instrumente sich dort nur auf den Umgang mit personenbezogenen Daten beziehen, so dass sie einer Neukonzeption für auch andere Bereiche digitaler Rechtsanwendung bedürfen. Insbesondere ist darauf hinzuweisen, dass nicht personenbezogene (etwa industrielle, anonymisierte, aggregierte oder synthetische) Daten in der Praxis immer wichtiger werden.[56] Der Umgang mit digitalen Techniken darf bei der Rechtsanwendung nicht auf das Problem des persönlichkeitsbezogenen Datenschutzes reduziert werden, sondern muss vielfältige Rechtsschutzdimensionen berücksichtigen.

G. Einsatz digitaler Plattformen zur Rechtsdurchsetzung in relativ einfach gelagerten Fällen

In der Legal-Tech-Literatur wird unter anderem betont, dass die Digitalisierung den Zugang zum Recht auch für juristische Laien erleichtern oder gar erst ermöglichen kann. Hier geht es insbesondere um den Zugang zu Normwissen, gegebenenfalls ergänzt um den zu Entscheidungswissen und Verfahrens- und Organisationswissen.

---

chitektur, in: Eifert (Hrsg.), Digitale Disruption und Recht, 2020, S. 73 ff. Speziell zum Problem begrenzter Transparenz s. Ders. (Fn. 2). Zu Zweifeln an der Berechtigung der hohen Bedeutung von Transparenz zur Sicherung von Zurechenbarkeit und Verantwortung s. J. A. Kroll/J. Huey/S. Barocas/E. W. Felten/J. R. Reidenberg/D. G. Robinson/H. Yu, Accountable Algorithms, University of Pennsylvania Law Review 165 (2017), 633–705; Zech (Fn. 1), S. 205.

56 S. etwa A. Wiebe, Schutz von Maschinendaten durch das sui-generis Schutzrecht für Datenbanken, GRUR 2017, 338 ff (insbesondere zur Diskussion um ein Leistungsschutzrecht für solche Daten – m. w. Hinw.). Zu Recht gegen viele Engführungen, insbesondere die Vernachlässigung der Relevanz von Datenkontexten, in der Diskussion um Daten und Digitalisierung R. Broemel/H.-H. Trute, Alles nur Datenschutz? Zur rechtlichen Regulierung algorithmenbasierter Wissensgenerierung, Berliner Debatte Initial 27 (2016), 50 ff.; W. Hoffmann-Riem, Digitale Disruption und Transformation, in: Eifert (Fn. 55), S. 143 ff. (Teil VIII, 5b). S. a. Europäische Kommission, Eine europäische Datenstrategie, COM (2020), 66 final.

Hierfür hat sich in jüngerer Zeit ein besonderer Markt insbesondere für die Bewältigung von relativ einfach gelagerten, massenhaft auftauchenden Problemlagen entwickelt. Gesprochen wird insofern sogar von der Möglichkeit der Industrialisierung von Rechtsdienstleistungen, etwa zur zügigen und kostengünstigen Abwicklung von Standardrechtsfällen. Zu erwähnen ist – unter Hinweis auch auf die mögliche sozialpolitische Bedeutung ihres Einsatzes – spezifische digitale Software, die es juristischen Laien ermöglicht, ihr Recht erleichtert durchzusetzen.

Ein Beispiel sind Fluggastrechteportale, wie etwa „Flightright.de". Bei ihnen können sich Fluggäste melden, deren Flüge verspätet waren, um die Aussicht auf eine Entschädigung anhand von Prüfrastern, die unter anderem auf der Auswertung maßgebender Rechtsnormen und früherer Entscheidungen aufbauen, digital prüfen zu lassen. Wird sie bejaht, kümmert die Firma sich – z. B. gegen Zahlung einer Provision – um die Durchsetzung, und zwar weitgehend auf digitalem Wege, hilfsweise auch durch Einschaltung von Rechtsanwalt und Gericht. Andere Firmen generieren eigeninitiativ beispielsweise aus Passagierlisten und digital verfügbaren Verspätungsinformationen Daten über betroffene Passagiere und bieten ihnen nach digitaler Prüfung unaufgefordert die Durchsetzung der Entschädigung an.

Ein anderes Beispiel ist die Plattform „wenigermiete.de", auf der Mieter kostenlos prüfen lassen können, ob die von ihnen gezahlte Miete – gemessen am Mietenspiegel – zu hoch ist. Falls ja, können sie die Ansprüche aus dem Mietverhältnis an einen Inkassodienstleister – wie Lexfax – abtreten, der sich ohne Kostenrisiko für den Mieter beim Vermieter um eine einverständliche oder hilfsweise um eine gerichtlich durchgesetzte Korrektur der Miethöhe kümmert. Ein andere – von Rechtsanwälten betriebene – Plattform, nämlich „gegen.hartz.de", bietet die kostenlose Überprüfung von Hartz IV-Bescheiden und bei Aufdeckung möglicher Fehler die Einlegung von Rechtsbehelfen an.

Diese Beispiele erfassen im Wesentlichen Situationen, in denen Rechte wegen eines Missverhältnisses zwischen Aufwand und möglichem Ertrag – ein Beispiel ist die erwähnte Wahrnehmung von Fluggastrechten – oder wegen fehlender Rechtskenntnisse und vor allem fehlender Finanzmittel – ein Beispiel dafür ist die Überprüfung und Korrektur von Hartz IV-Bescheiden – bisher weitgehend nicht durchgesetzt werden. Solche Plattformen sammeln und verarbeiten Wissen und können auf dieser Grundlage zur Durchsetzung von Rechtschutz, insbesondere Verbraucherschutz[57], beitragen und das bisher erhebliche Vollzugsdefizit reduzieren. Zugleich können sie als ein Korrektiv gegenüber Machtasymmetrien in Rechtsbeziehungen wirken.

Auch für bisher durch den Einsatz von Rechtsanwälten getätigte rechtliche Alltagsgeschäfte werden digitale Rechtsprodukte angeboten. Digital verfügbar sind beispielsweise Vorschläge zur Gestaltung von Verträgen, die digital ohne professionelle Hilfe – etwa unter Nutzung sogenannter Online-Masken – mit Bezug auf den jeweiligen Einzelfall ausgefüllt werden können.

Derartige Dienstleistungen sind eine Herausforderung für das in Deutschland noch bestehende (relative) Rechtsanwaltsmonopol, das auch als Monopol für den „gewerblichen" Umgang mit rechtsrelevantem Wissen gedeutet werden kann. Allerdings dürfen nach dem Rechtsdienstleistungsgesetz (RDL) gewisse Rechtsdienstleistungen auch von anderen Personen erbracht werden.[58] Es ist zu erwarten, dass die Digitalisierung weitere Aufweichungen des Rechtsanwaltsmonopols bringen und damit auch den Umgang mit und die Konkretisierung von rechtsbezogenem Wissen nachhaltig verändern wird.

H. Nutzung digitaler Techniken zur Rechtsdurchsetzung in komplexen Entscheidungssituationen

Anspruchsvoller ist der Einsatz digitaler Instrumente bei der Nutzung von Wissen für Rechtsanwendung außerhalb leicht standardisierbarer Problemlagen.

Für Rechtsanwendung ist typisch, dass neben der Identifikation eines Problems hinreichende Informationen tatsächlicher Art erforderlich sind, so auch um klären zu können, welche Normen den Beurteilungsmaßstab bilden. Das Auffinden der Norm selbst ist für juristische Profis meist nicht besonders schwierig. Schwieriger ist die Ermittlung des Regelungsgehalts,

---

57 Zu dem auch sonst viel diskutierten Problem des Verbraucherschutzes in Zeiten der Digitalisierung s. statt vieler U. Di Fabio, Vom autonomen Verbraucher zum vernetzten Nutzer: Wie verändert die digitale Gesellschaft den Verbraucherschutz?, in: Blättel-Mink/Kenning (Hrsg.), Paradoxien des Verbraucherverhaltens. Dokumentation der Jahreskonferenz 2017 des Netzwerks Verbraucherforschung, 2019, S. 3 ff.

58 So schon zur Rechtslage vor der Änderung des RDG i. J. 2020 BGH, NJW 2020, 208 ff.

insbesondere wenn die Normen – wie häufig – durch Vagheit oder Mehrdeutigkeit der Begriffe geprägt sind oder wenn die Normen sich im Wesentlichen auf Rahmen- oder Zielvorgaben beschränken und Optionen für unterschiedliche Entscheidungen ermöglichen.[59] Gleiches gilt, wenn Normen in multidimensionale oder multistrukturelle Normverbünde bzw. in Mehrebenensysteme – insbesondere die des EU-Rechts – eingebunden sind. Neuland ist vielfach auch insoweit zu betreten, als hoheitlich gesetzte und privat verantwortete Regeln aufeinander zu beziehen sind – eine im IT-Bereich häufige Situation.[60] Zur Erfassung der bisher schon – etwa durch Gerichte – erfolgten Konkretisierungen maßgebender Normen sind weiterhin traditionelle Kommentare oder bewährte Online-Datenbanken wie Juris, beck-online oder Jurion nutzbar. Letztere gehören schon in den Bereich von Legal Tech, sind aber jetzt nur noch Vorgängerversionen zu den immer weiter fortentwickelten und noch in der Entwicklung befindlichen Wissensmanagementsystemen. Darunter fallen auch Meta-Suchsystemen (wie Solcara von Thomson Reuters), die eine Suche in verschiedenen Informationsquellen und die Verknüpfung der internen Datenbestände mit externen ermöglichen.

Digitale Suchprogramme zum Auffinden von rechtserheblichen Texten, Dokumenten und bisher genutzten Argumentationen – also der Einsatz zum sog. Legal Information Retrieval[61] – können in vielen Situationen der Rechtsarbeit wertvolle Hilfen leisten.[62] Suchsysteme werden insbesondere entwickelt, um erleichtert Zugang zu erheblich mehr und möglichst

59 Zur Offenheit und Komplexität von Recht s. Hoffmann-Riem (Fn. 24) S. 80 ff. m. w. Hinw.

60 Als ein Beispiel privater Normierung sei auf die Normsetzungsfunktion von Plattformen verwiesen, dazu s. H. Schweitzer, Digitale Plattformen als private Gesetzgeber: Ein Perspektivwechsel für die europäische „Plattformregulierung", ZEuP 2019, 1 ff. S. ferner D. Wielsch, Die Ordnungen der Netzwerke. AGB – Code – Community Standards, in: Eifert/Gostomzyk (Hrsg.), Netzwerkrecht, 2018, S. 61 ff.

61 Dazu s. statt vieler K. D. Ashley, Artificial Intelligence and Legal Analytics. New Tools for Law Practice in the Digital Age, 6th printing 2019, 11 et seq. and passim.

62 Zu computergestützten Textanalysen s. etwa F. Vogel/R. Christensen/S. Pötters, Richterrecht der Arbeit – empirisch untersucht. Möglichkeiten und Grenzen computergestützter Textanalyse am Beispiel des Arbeitnehmerbegriffs, 2015; F. Vogel/H. Hamann/J. Gauer, Computer assisted legal linguistics: Corpus analysis as a new tool for legal studies, 2017, https://doi.org/10.1111/lsi.12305; S. auch das Forschungsprojekt von E. Ruppert/D. Hartung/P. Sittig/T. Gschwander/L. Rönneburg/T. Killing/C. Biemann, Law Stats – Large-Scale German Court Decision Evaluation using Web Service Classifiers, Bucerius Law School, 2019.

auch vielfältigeren Informationen zu erhalten als es die häufig auf Zufälligkeiten aufbauende personengebundene Suche nach Dokumenten und weiteren Materialien leisten kann.[63]

Besonders nützlich ist das Auffinden vorangegangener Entscheidungen zu vergleichbaren Problemlagen. Darum ist insbesondere die amerikanische Wissenschaft und Praxis bemüht – angesichts der starken Bedeutung von Präjudizien im amerikanischen Recht ein naheliegendes Vorgehen.[64] Derartige Auswertungen sind im Wesentlichen textorientiert. Sie müssen sich daher auf die von den jeweiligen Gerichten oder Verwaltungsbehörden in der Begründung dargebotene Darstellung des Ergebnisses und dessen Rechtfertigung begrenzen und sich insofern mit der Analyse eines textgebundenen Ausschnitts rechtsanwendungserheblicher Faktoren begnügen.[65]

Software kann auch Parameter für die Ermittlung der Vergleichbarkeit von Entscheidungen bereitstellen. Es können die Unterschiede in den verwendeten Argumentationen herausgearbeitet und Muster erfolgreicher Argumentation entdeckt werden.[66] Auch kann es gelingen, hinter bestimmten Argumentationen liegende Konzepte zu entschlüsseln. Vorangegangene Entscheidungen, ergänzt um die Auswertung von Kommentierungen und gegebenenfalls auch von kritischen Reflexionen in der Wissenschaft, können ein Anstoß für neue Ideen sein, wie eine Norm am besten aus-

---

63 Für die Qualität der Suchsysteme sind neben den Suchalgorithmen die für die Suche eingesetzten Indexierungen wichtig. Zur Bedeutung der insbesondere für Suchsysteme eingesetzten Suchalgorithmen und der für die Suchbegriffe wichtigen Indexierungen s. Reiner/Cumyn/Hudon/Mas (Fn. 51).

64 Beispielsweise hat eine Gruppe von Wissenschaftlern mit Hilfe einer digitalen Netzwerkanalyse alle Entscheidungen des U. S. Supreme Court aus den Jahren 1791– 2005 ausgewertet, um besonders intensiv zitierte und daher als besonders wichtig eingeschätzte Präjudizien herauszufiltern, s. dazu J. H. Fowler/T. R. Johnson/J. F. Spriggs II/S. Jeon/P. J. Wahlbeck, Network Analysis and the Law: Measuring the Legal Importance of Precedence at the U. S. Supreme Court; Political Analysis 15 (2007), 324–346.

65 Die vor allem in den USA beliebte Erklärung von Gerichtsentscheidungen unter Rückgriff auf Charakteristika der beteiligten Richter – dies ist insbesondere mit Bezug auf den U. S. Supreme Court geschehen, dessen Entscheidungen häufig erkennbar machen, welche Richter in welche Richtung entschieden haben – erlauben keineswegs den Zugriff auf alles für die Analyse der Herstellung der Entscheidung Wissenswerte. In Frankreich ist Derartiges sogar gesetzlich verboten.

66 Die dafür genutzte Mustererkennung ist eine besonders wichtige Technik. Dass Mustererkennung generell für modernen Gesellschaften überragende Bedeutung hat, ist die zentrale These von Nassehi (Fn. 1).

gelegt wird, um eine aus der Sicht der Suchenden optimale Lösung zu erreichen.

Manches lässt sich hier ausschließlich automatisiert erledigen. Vielfach aber ist eine Überprüfung und Verarbeitung der Ergebnisse durch Menschen unverzichtbar. Dies ist insbesondere der Fall, wenn ungewohnte Umstände des konkreten Falls zu erfassen oder außerrechtliche, für das Verständnis der Normen wichtige Prämissen einzuschätzen sind. Ferner kann die Wirkkraft der Kontexte der Normanwendung, insbesondere die Beachtung der Bedeutung informeller Verfahrensweisen, menschengebundene Einschätzungen erfordern. Dabei kann der Unterschied zwischen dem – zum Teil formell, vielfach auch informell geprägten und gelegentlich netzwerkartig verknoteten – Prozess der Herstellung der Entscheidung[67] und dem der Darstellung der Rechtmäßigkeit der Entscheidung in den ausformulierten Gründen, für die stärker auf standardisierte Argumentationsbausteine zurückgegriffen wird, zu berücksichtigen sein.

Auf digitalem Weg zugängliche Hilfen reichen jedenfalls vielfach allein nicht. Dies gilt etwa für eine Deutung von Normen, auch als Basis zum Auffinden von neuen Wegen und Argumenten zur Lösung alter oder neuer Probleme. Selbst soweit dies KI-gestützt möglich ist, muss gesichert sein, dass die von intelligenten Systemen erzeugten Alternativen rechtlich hinreichend legitimiert sind. Auch die Verarbeitung ungewöhnlicher faktischer oder normativer Informationen oder der Umgang mit veränderten Situationen erfordern regelmäßig menschliches Handeln oder jedenfalls eine Kollaboration zwischen IT-System und Mensch.

Vor allem, aber nicht nur, in den USA wird intensiv an Softwareprogrammen gearbeitet, die den Sinn rechtlicher Texte differenziert erfassen sollen, dabei auch Kontexte einbeziehen, darauf aufbauend rechtliche Argumentationslinien erarbeiten und Gründe für das Treffen bestimmter Entscheidungen formulieren können. Ich verweise für Näheres auf die Analyse und Vorschläge von *Kevin Ashley*,[68] deren Bewährung in der Praxis und gegenüber kritischen wissenschaftlichen Analysen aber noch weitgehend aussteht.

Die Auswertung vorhandener Dokumente kann auch darauf ausgelegt sein, Vorhersagen über die zu erwartende Entscheidung, etwa eines Ge-

67 Zu dem insbesondere von N. Luhmann, Recht und Automation, 1966, S. 50 ff. betonten Unterschied zwischen der Darstellung und der Herstellung einer Entscheidung s. auch statt vieler Hoffmann-Riem (Fn. 24), S. 98 ff. m. w. Hinw.

68 Ashley (Fn. 61).

richts, zu treffen. Der Einsatz von Predictive Analytics[69] für Legal Prediction ist eine vor allem in den USA seit der Blütezeit des Legal Realism in den 1920er- Jahren geübte und nunmehr durch die Digitalisierung neu aufgelegte Vorgehensweise insbesondere als Grundlage für Rechtsberatung oder strategische Prozessführung.[70] *Daniel Martin Katz* hat in einem schon 2013 erschienenen Artikel über „Quantitative Legal Prediction" Möglichkeiten dafür herausgearbeitet und das Werk im Untertitel mit den optimistischen Worten versehen: „How I learned to stop worrying and start preparing for the data-driven future of legal services."[71] In der Nutzung der über Textanalysen zu analysierenden Vergangenheit als Basis zur Vorhersage der Zukunft sieht er eine große, aber leistbare Herausforderung.[72]

Die dafür befürwortete Technik der Vorhersage beansprucht, auch der Komplexität rechtlicher Systeme und der Vielfalt der entscheidungsrelevanten Faktoren gerecht zu werden.[73] Da sie aber nur durch Algorithmen abbildbare Komplexitätsfaktoren berücksichtigen kann, bleibt ein Teil der für die Rechtsanwendung wichtigen, nicht oder nur unzureichend digitalisierbaren Faktoren – etwa die nicht per se illegitimen, durch Entscheidungskulturen, Juristensozialisation, informelle Handlungsstrategien und spezifische Entscheidungskontexte geprägten – außer Acht. Da die gewählte Methode im Übrigen aufgrund der technischen Besonderheit digitaler Vorgehensweisen auf quantitative Methoden vertraut (und bisher fast nur solche einsetzen kann), könnte der Verzicht auf komplexe qualitativ orientierte Vorgehensweisen sich als Defizit erweisen, etwa bei der Erfassung

---

69 Dazu s. V. R. S. Hoch, Big Data und Predictive Analytics im Gerichtsprozess, MMR 2020, 295 ff. J. Geberding/G. G. Wagner, Qualitätssicherung für „Predictive Analytics" durch digitale Algorithmen, ZRP 2019, 116.

70 Ein Beispiel: D. M. Katz/M. J. Bommarito/J. Blackman, A General Approach for Predicting the Behavior of the Supreme Court for the United States, PLoS ONE 12 (4), 2017. Die Untersuchung erfolgte retrospective für Entscheidungen von 1816–2015. Eine auf deutsches Recht bezogene Untersuchung: B. Waltl/G. Bonczek/E. Scepankova/J. Landthaler/F. Matthes, Predicting the Outcome of Appeal Decisions in Germany's Tax Law, in: International Federation for Information Processing (IFIP): Policy Modelling and Policy Informatics, 2017. S. a. J. Risse/M. Morawietz, Prozessrisikoanalyse: Erfolgsaussichten vor Gericht bestimmen, 2017. Zur Prognose von EGMR-Entscheidungen s. Aletras/Tsarapatsanis/Preotiuc-Pietro/Lampos, Predicting judicial decisions of the European Court of Human Rights: A Natural Language Processing perspective, abrufbar unter: https://doi.org/10.7717/peerj-cs.93.

71 D. M. Katz, Quantitative Legal Prediction, Emory L. J. 62 (2013), 909–966.

72 Katz (Fn. 71), 953.

73 Katz (Fn. 71), 962 ff. m. w. Hinw. zu Literatur zum Umgang mit Komplexität dort in Fn. 231.

der Bedeutung von Entscheidungskulturen und Handlungskontexten und der Vorgehensweise bei Abwägungen oder Aushandlungen. Im Übrigen muss berücksichtigt werden, dass auch bei quantitativen Methoden eine Vielzahl von Wertungen maßgebend wird, bei denen gesichert sein muss, dass sie nicht im Widerspruch zu rechtlichen Wertungsvorgaben stehen.[74]

Aufgrund der Fokussierung der Analysen auf Texte besteht ein erhebliches Risiko, dass bei solchen Vorgehensweisen sonstige wichtige Faktoren der Rechtsauslegung und -anwendung unberücksichtigt bleiben. Dies ist insbesondere der Fall, soweit für die Entscheidung auf der Ebene ihrer Herstellung Faktoren maßgebend waren, die nicht zum ausdrücklichen Gegenstand der Darstellung der Rechtfertigung geworden sind. Betroffen können davon insbesondere Wirkungen der digital nicht voll abbildbaren oder abgebildeten, aber rechtlich legitimierten Steuerungsfaktoren aus den Bereichen Organisation, Verfahren, Personal und Ressourcen (s. o. C) sein.

Zu verweisen ist im Übrigen darauf, dass eine Methode wie die von *Katz* genutzte nicht modelliert und auch nicht fingiert, was Menschen tatsächlich tun. Sie orientiert sich unter Auswertung großer Datenmengen mit Hilfe von KI an den Ergebnissen früheren, in Texten abgebildeten Handelns und ermittelt in probalistischer Vorgehensweise Wahrscheinlichkeiten über das erwartbare Verhalten in vergleichbaren Situationen.[75] Dabei kann sie mögliche Besonderheiten des für die neue Entscheidung maßgeblichen Sachverhalts nicht oder nur schwer einbeziehen. Auch können sich normativ relevante Faktoren – darunter auch die des Realbereichs der Normen[76] – im Laufe der Zeit geändert haben, ohne dass dies schon in die verfügbare Software integriert worden ist. Hier, aber auch sonst ist in vielen Situationen eine ergänzende menschliche Prüfung erforderlich. Dies gilt erst recht, wenn Rechtsanwender eine Änderung der bisherigen Rechtspraxis anstreben und deshalb neue Argumentationen – insofern auch neues Wissen – erarbeiten wollen.

---

74 Das Wertungsproblem wird zu Recht in der auf quantitative Rechtswissenschaft ausgerichteten Untersuchung von C. Coupette/A. M. Fleckner, Quantitative Rechtswissenschaft. Sammlung, Analyse und Kommunikation juristischer Daten, JZ 1918, 379 ff., insbes. 383 ff., betont.

75 Vgl. Katz (Fn. 71), 918.

76 Zu ihm s. oben (Fn. 26).

I. Insbesondere: Automatisierte Entscheidungen

Ein expandierendes Anwendungsgebiet von Legal Tech sind teil- oder vollautomatisierte Rechtsanwendungsentscheidungen beim Handeln Privater sowie auch hoheitlicher Akteure.

1. EU-Recht

Die DSGVO der EU hat ein Verbot formuliert, Entscheidungen, die eine rechtliche Wirkung oder wesentliche Beeinträchtigung für eine Person nach sich ziehen, ausschließlich auf eine automatisierte Entscheidung zu stützen (s. insbes. Art. 22 Abs. 1, 3; 13 Abs. 2 lit. f; 14 Abs. 2 lit. g; 15 Abs. 2 Hs. 2 lit. h DSGVO),[77] also auf solche Entscheidungen, die allein algorithmendeterminiert erfolgen. Dieses Verbot vollautomatisierter Entscheidungen ist allerdings relativ eng, weil es sich nur auf die „ausschließliche", also auf jegliche menschliche Mitwirkung verzichtende, Automatisierung der Verarbeitung bezieht und ferner nur Fälle erfasst, in denen die Person der Entscheidung „unterworfen", ihr also ohne ihren Willen ausgesetzt, wird und die belastend wirkt („beeinträchtigt"). Darüber hinaus kennt Abs. 2 eine Reihe von Ausnahmen, darunter die der ausdrücklichen Einwilligung[78] der betroffenen Person. Auf teilautomatisierte Entscheidungen erstreckt sich das Verbot ohnehin nicht,[79] obwohl auch sie den Entschei-

---

77 Näher zu dem Inhalt dieser Regeln s. die Kommentierungen in Kühling/Buchner (Hrsg.), Datenschutz-Grundverordnung, 2. Aufl. 2018; Simitis/Hornung/Spiecker gen. Döhmann (Hrsg.), Datenschutzrecht, 2019.

78 Das im Datenschutzrecht besonders häufig genutzte Einwilligungserfordernis nimmt zwar auf die Autonomie von Personen Rücksicht, kann dies aber nicht oder allenfalls begrenzt leisten, wenn es Anlässe oder gar Zwänge gibt, die Einwilligung auch ungeachtet von Zweifel zu erteilen. Diese Problematik ist in der Literatur intensiv im Hinblick auf das Einwilligungserfordernis insbesondere im Bereich von Social Data diskutiert worden. S. statt vieler Y. Hermstrüwer, Informationelle Selbstgefährdung, 2016; Hoffmann-Riem (Fn. 24), 646 f., 656, 665 ff. S. auch BVerfG, EuRGZ 2019, 683, Rn. 85. Das Erfordernis einer Einwilligung zur Nutzung bestimmter nicht personenbezogener (etwa industrieller, für die Produktion von Gütern oder Leistungen wertvoller) Daten wäre anders (etwa wirtschafts-, patent- oder urheberechtlich) zu begründen, s. Hoffmann-Riem (Fn. 55) unter IX. Aber auch insoweit muss angesichts der vielen digital erleichterten Zugangsmöglichkeiten zu Daten gefragt werden, wie weit personengebundene Schutzvorkehrungen – wie ein Einwilligungserfordernis – einen wirksamen Schutz ermöglichen.

79 S. Martini (Fn. 53), 172 ff.

dungsspielraum menschlicher Entscheider erheblich beschränken können. Auch ist keineswegs gesichert, dass die ergänzend tätigen menschlichen Entscheider die der Teil-Vorentscheidung zugrunde liegenden faktischen und wertenden Annahmen und Steuerungsleistungen wirklich voll nachvollziehen und überprüfen und bewusst ihrem weiteren Vorgehen zugrunde legen (können). Als Mittel zur nachhaltigen Regulierung automatisierter Eingriffe könnte Art. 22 DSGVO sich aufgrund seiner Einschränkungen in der Praxis als „stumpfes Schwert“ erweisen.[80]

Art. 13 Abs. 2 lit. f DSGVO will dafür vorsorgen, dass die von einer automatisierten Entscheidungsfindung betroffene Person informiert auf das Entscheiden einwirken kann. So sieht Art. 13 Abs. 2 lit. f DSGVO vor, dass sie „aussagekräftige Informationen über die involvierte Logik sowie die Tragweite und die angestrebten Auswirkungen einer derartigen Verarbeitung“ zur Verfügung gestellt bekommt bzw. verlangen kann. In dem Erwägungsgrund 63 der DSGVO ist allerdings als Einschränkung vorgesehen, dass der Schutz von Geschäftsgeheimnissen[81], des geistigen Eigentums und der Urheberschaft von Software durch die Auskünfte nicht beeinträchtigt werden darf. Gleiches dürfte für Amtsgeheimnisse gelten.

Bei der Bewertung dieser Regelung ist zu berücksichtigen, dass die DSGVO nicht allgemein – also über den Persönlichkeitsschutz hinausreichend – Anforderungen an automatisierte Entscheidungen und an die dabei erfolgende Wissensverarbeitung normiert hat. Sie gilt also nicht für automatisierte Entscheidungen unter alleiniger Nutzung nicht personenbezogener Informationen.[82] Nicht erfasst sind automatisierte Entscheidungen im Hinblick auf industrielle Produktionen, etwa im Bereich von Industrie 4.0 – oder auf Aktionen auf Finanzmärkten. Gleiches gilt für den Einsatz ursprünglich personalisierter, aber zwischenzeitlich anonymisierter, etwa aggregierter, Daten.[83] Hier bedarf es, sofern überhaupt Re-

80 So T. Hoeren/M. Niehoff, KI und Datenschutz – Begründungserfordernisse automatisierter Entscheidungen, Rechtswissenschaft 2018, 47/54.

81 Dazu s. etwa das Gesetz zum Schutz von Geschäftsgeheimnissen (GeschGehG).

82 Zu ihnen s. etwa Datenethikkommission (Fn. 12), S. 141 ff.

83 Für den IT-Bereich steigt, dies sei erneut betont, der – vor allem wirtschaftliche – Wert nicht personenbezogener Daten im Vergleich zu personenbezogenen gegenwärtig deutlich an. Auch ihr Gebrauch bedarf in Vielem rechtlicher Regelungen, die sich aber weitgehend in den jeweils spezifischen Rechtsgebieten bewähren müssen. Vgl. dazu – statt vieler – T. Riehm, Rechte an Daten – Die Perspektive des Haftungsrechts, VersR 2019, 714 ff. S. auch die Verordnung 2018/1807 über einen Rahmen für den freien Verkehr nicht-personenbezogener Daten in der Europäischen Union sowie die darauf bezogenen Leitlinien COM (2019) 250 final.

gelungsbedarf besteht, weiterer – ggf. in bereichsspezifische Regelungen einzubauender – Regeln über die Fundierung von automatisierten Entscheidungen durch solche Daten.

Im Übrigen ist zu berücksichtigen, dass die DSGVO den für die Nutzung digitaler Techniken wichtigen Einsatz lernender algorithmischer Systeme nicht gesondert erfasst hat. Da solche Systeme gegenwärtig verstärkt zum Einsatz kommen, wird es nur begrenzt gelingen, die mit ihnen verbundenen Probleme unter Anwendung der DSGVO angemessen zu bewältigen, so die der begrenzten Nachvollziehbarkeit, der Sicherung hinreichender Entscheidungsqualität und der (auch gerichtlichen) Kontrollierbarkeit.

2. Nationales deutsches Recht

a) Automatisiertes Verwaltungshandeln

Ich beschränke mich jetzt auf den Einsatz digitaler Techniken am Beispiel des Verwaltungshandelns. Diese Möglichkeit ist auch in Deutschland nicht neu, da Algorithmen in der Verwaltung seit langem nicht nur zur Dokumentation und Systematisierung und insofern auch zur Vorbereitung von Entscheidungen genutzt werden, sondern ebenso für manche definitiven Verwaltungsakte, wie etwa Rentenbescheide.[84] Aus jüngerer Zeit gibt es ergänzende ausdrückliche Ermächtigungen für automatisierte Entscheidungen, so im Verwaltungsverfahrensgesetz (§§ 3a; 24 Abs. 1, 28 Abs. 2, Nr. 4, 2. Alt.; 35a; 37 Abs. 2, 3, 4; 41 Abs. 2a VwVfG), im Sozialgesetzbuch X (§ 31a), im Straßenverkehrsgesetz (§ 6g) und in der Abgabenordnung

84 Zu solchen älteren Verwendungsweisen s. die Hinw. von H. P. Bull, Der „vollständig automatisiert erlassene" Verwaltungsakt – zur Begriffsbildung und rechtlichen Einhegung von E-Government, DVBl 2017, 409 ff., mit weiterführenden Überlegungen zu der Frage, wann eine Verwaltungsentscheidung als vollständig automatisiert angesehen werden sollte (410 f.). S. auch B. Lohmann, Die digitale Verwaltung, in: Hill/Kugelmann/Martini (Hrsg.), Digitalisierung in Recht, Politik und Verwaltung, 2018, S. 9 ff.

(§ 155 Abs. 4, s. a. § 88 Abs. 5 S. 3 Nr. 3[85]). Ich behandele § 35a VwVfG[86] etwas näher.

Diese Norm verdeutlicht, dass der Gesetzgeber weiterhin vorrangig auf menschlich verantwortete Verwaltungsentscheidungen und damit auf menschlich verarbeitetes Wissen vertraut und deren Automatisierung dort nicht zulassen will, wo er den menschlichen Faktor für die Ausfüllung von Optionenräumen als unverzichtbar ansieht,[87] und zwar bei algorithmenbasierten und erst recht bei algorithmendeterminierten Entscheidungen.

Gewissermaßen als rechtlicher Sicherungsanker wird vorgesehen, dass die Möglichkeit für automatisierte Entscheidungen nach § 35a VwVfG durch Rechtsvorschrift zugelassen sein muss. Gefordert ist aber keine ausdrückliche Zulassung, sodass nicht ausgeschlossen ist, dass im Wege der Auslegung von Normen häufig angenommen werden wird, dass es ihrem Sinn entspricht, von einer Zulassung auszugehen.

Es darf in der eine automatisierte Entscheidung ermöglichenden Norm ferner weder Ermessen eingeräumt sein noch ein Beurteilungsspielraum bestehen. Dies nimmt auf die schon erwähnten Schwierigkeiten der Programmierung von Wertungen und insbesondere Abwägungen in einem Algorithmus Rücksicht. Nach Sinn und Zweck dieser Regelung muss Gleiches für andere Formen von Entscheidungsspielräumen gelten, wie etwa Einschätzungsprärogativen oder die Einräumung von Regulierungsermessen.[88]

Die Kategorisierung des Beurteilungsspielraums als Ausschlusskriterium der Automatisierung ist regelungstechnisch allerdings fragwürdig. Dieser

---

85 Zum – nicht völlig neuen – Einsatz automatisierter Verfahren im Steuerrecht, insbesondere den dort eingesetzten Risikomanagementsystemen, s. M. Maier, Verfassungsrechtliche Aspekte der Digitalisierung des Besteuerungsverfahrens, JZ 2017, 614 ff.; N. Braun Binder, Algorithmisch gesteuertes Risikomanagement in digitalisierten Besteuerungsverfahren, in: Unger/Ungern-Sternberg (Hrsg.), Demokratie und künstliche Intelligenz, 2019, S. 161 ff.

86 Aus der Literatur s. N. Braun Binder, Vollständig automatisierter Erlass eines Verwaltungsaktes und Bekanntgabe über Behördenportale, DÖV 2016, 891 ff., T. Siegel, Automatisierung des Verwaltungsverfahrens, DVBl 2017, 24 ff.; A. Berger, Der automatisierte Verwaltungsakt, NVwZ 2018, 1269 ff.; A. Guckelberger, E-Government: Ein Paradigmenwechsel in Verwaltung und Verwaltungsrecht? in: VVDStRL 78 (2019), 235/263 ff.; H. Kube, E-Government: Ein Paradigmenwechsel in Verwaltung und Verwaltungsrecht? in: VVDStRL 78 (2019), 299/301 ff, 307 ff.; M. Stegmüller, Vollautomatische Verwaltungsakte – eine kritische Sicht auf die neuen § 24 I 3 und § 35a VwVfG, NVwZ 2018, 353 ff.

87 So auch L. Prell, in BeckOK-VwVfG, 40. Aufl. (1. 1. 2020), § 35a, para. 14.

88 So F. O. Kopp/U. Ramsauer, Verwaltungsverfahrensgesetz, 20. Aufl. 2019, Rn. 14 zu § 35a.

Begriff wird üblicherweise in der Rechtswissenschaft und -praxis auf unbestimmte Rechtsbegriffe angewandt, aber nur insoweit, als dem Gesetz durch Auslegung zu entnehmen ist, dass die Konkretisierung dieses Begriffs der Verwaltung allein übertragen ist, die Möglichkeit einer späteren Korrektur durch Gerichte also entfällt.[89] Für die ex ante zu beurteilende Frage, ob und wieweit eine automatische Entscheidung unter rechtsstaatlichen Aspekten hinzunehmen ist, kann an sich nicht entscheidend sein, ob und wieweit die Anwendung eines Rechtsbegriffes ex post richterlicher Kontrolle unterliegt. Maßgebend dürfte vielmehr die Art des eingeräumten Entscheidungsspielraums sein. Da viele Begriffe in irgendeiner Hinsicht unbestimmt sind, wollte der Gesetzgeber vermutlich andeuten, dass nicht für alle, sondern nur für die mit spezifischen, allein der Verwaltung übertragenen Wertungsaufgaben verkoppelten unbestimmten Rechtsbegriffe die Automatisierung ausgeschlossen wird. In der Kommentarliteratur wird dies auch für Fälle angenommen, in denen beispielsweise durch Verwaltungsvorschrift eine Selbstbindung der Verwaltung möglich wäre, so dass der Sache nach von einer gebundenen Entscheidung ausgegangen werden könne.[90] In gleicher Weise könnte bei Ermessensermächtigungen in Situationen einer Ermessensreduzierung auf Null[91] vorzugehen sein.

Hinsichtlich der Erfassung und Verwertung von Wissen im Hinblick auf die der Entscheidung zugrunde zu legenden Tatsachen belässt der Gesetzgeber es grundsätzlich bei dem für Verwaltungsverfahren allgemein maßgebenden Untersuchungsgrundsatz (§ 24 Abs. 1 S. 1 VwVfG): Insbesondere Sachverhaltswissen, aber vielfach auch Prognosewissen ist durch die Behörde „von Amts wegen" zu ermitteln. Satz 3 von Absatz 1 dieser Norm sieht allerdings vor, dass dabei auch die durch eine automatische Einrichtung zum Erlass von Verwaltungsakten ermittelten Tatsachen als Entscheidungsgrundlage genommen werden dürfen. Es wird aber ergänzt, dass dies nicht ausreicht, wenn die Beteiligten für den Einzelfall bedeutsame tatsächliche Angaben gemacht haben, die im automatischen Verfahren nicht ermittelt wurden. Diese sind eigenständig zu berücksichtigen, also durch menschliche Bewertung. Insofern muss es zu einer (begrenzten)

---

89 Hierfür ist die sog. normative Ermessenslehre entwickelt worden. Zu ihr s. W. Hoffmann-Riem, Eigenständigkeit der Verwaltung, in: Hoffmann-Riem/Schmidt-Aßmann/Voßkuhle (Hrsg.), Grundlagen des Verwaltungsrechts, Bd. I, 2. Aufl 2012, Rn. 78 m. w. Nachw. in Fn. 432.

90 So etwa L. Prell, in: BeckOK-VwVfG, 39. ed., 1. 4. 2018, § 35a, Rn. 13–16.

91 Dazu allgemein statt vieler Kopp/Ramsauer (Fn. 88), Rn. 49 f. zu § 40.

Überprüfung der automatisierten Wissensverarbeitung durch eine natürliche Person kommen.

Das Vorbringen von aus Sicht Betroffener wichtiger Tatsachen setzt allerdings die Kenntnis einer bevorstehenden Entscheidung, verbunden mit der Möglichkeit, von der Verwaltung gehört zu werden, voraus. Für Verwaltungsakte, welche die Behörde „mit Hilfe automatisierter Einrichtungen erlassen" will, darf die Behörde nach § 24 Abs. 2, Nr. 4 VwVfG aber von der Anhörung absehen, sofern sie „nach den Umständen des Einzelfalls nicht geboten ist". Ob dies der Fall ist, kann die Behörde ohne Einschaltung des Betroffenen entscheiden.

Das deutsche Verwaltungsverfahrensrecht normiert die Pflicht zur ausdrücklichen Begründung von schriftlichen oder elektronischen Verwaltungsakten, auch von elektronisch bestätigten Verwaltungsakten (§ 39 Abs. 1 VwVfG). Eine Begründung soll allerdings bei automatisierten Entscheidungen entbehrlich sein, wenn sie „nach den Umständen des Einzelfalls nicht geboten ist" (§ 39 Abs. 2 Nr. 3 VwVfG). Anhaltspunkte für die Klärung der Entbehrlichkeit enthält das Gesetz nicht.

Begründungen dienen zur Sicherung der faktischen Legitimation hoheitlichen Handelns (Akzeptanzsicherung, Befriedung u. a.), vor allem aber zur Sicherung der Gesetzmäßigkeit der Entscheidung und der Ermöglichung arbeitsteiliger Kontrolle (Eigenkontrolle der Verwaltung, Fremdkontrolle durch Gerichte und gegebenenfalls durch die Öffentlichkeit unter Einschluss der Wissenschaft). In der Begründung von Verwaltungsakten sind daher „die wesentlichen tatsächlichen und rechtlichen Gründe mitzuteilen, die die Behörde zu ihrer Entscheidung bewogen haben. Die Begründung von Ermessensentscheidungen soll auch die Gesichtspunkte erkennen lassen, von denen die Behörde bei der Ausübung ihres Ermessens ausgegangen ist" (§ 39 Abs. 1 S. 2, 3 VwVfG).[92]

Eine Begründung[93] soll unter anderem das für die Entscheidung verarbeitete Wissen offenbaren, darunter insbesondere die Tatsachengrundlagen (insbesondere Sachverhalts- und Realbereichswissen), aber auch die rechtliche Argumentation (den Einsatz von Normwissen und normbezogenem Metawissen), gegebenenfalls bis hin zur Darlegung der erwarteten Wirkungen der Entscheidung (entsprechendes Prognose- und Implementationswissen). Solche Angaben sind auch bei automatisierten Entschei-

92 Dazu s. statt vieler Wischmeyer (Fn. 55), 1, 54 ff.

93 Zu den verschiedenen Funktionen von Begründungen s. statt vieler Kopp/Ramsauer (Fn. 88), Rn. 4, 4a zu § 39, hinsichtlich Ermessensentscheidungen s. die Kommentierung zu § 40.

dungen grundsätzlich möglich – jedenfalls soweit die Vorgehensweise aufklärbar und erkennbar ist. Dies ist eine bei lernenden Systemen, insbesondere den nicht überwachten, nicht gesicherte Vorgabe. Im Übrigen dürfte zu erwarten sein, dass in der Praxis mit vorgefertigten Textbausteinen gearbeitet wird und damit das Risiko besteht, dass den Besonderheiten des Einzelfalls – darunter seiner spezifischen Kontextgebundenheit – nicht hinreichend Rechnung getragen wird. Bei automatisierten Entscheidungen ist im Übrigen davon auszugehen, dass die Nutzung von entscheidungserheblichem Tatsachenwissen schon wegen der Andersartigkeit des nutzbaren Verfahrens – so passen §§ 24 ff. VwVfG weitgehend nicht – eine andere Qualität erhält als bei menschlichem Vorgehen. Besonders wichtig ist, dass bei der Tatsachenermittlung im Verwaltungsverfahren der Grundsatz der freien Beweiswürdigung gilt.[94] Er verweist auf die Maßgeblichkeit der freien, aus dem Gesamtergebnis des Verfahrens gewonnenen persönlichen Überzeugung. Algorithmische Systeme aber haben keine persönliche Überzeugung und können diese auch nicht nachbilden. Daher ist es schwer vorstellbar, Gründe für eine automatisierte Überzeugungsbildung anzugeben und für die Rechtfertigung der Entscheidung in der Begründung (s. § 39 Abs. 1 VwVfG) zu benennen.

Ein weiteres Problem: In einem Rechtsstaat ist die Möglichkeit gerichtlicher Kontrolle besonders wichtig. Auch für automatisierte Entscheidungen gilt die Garantie gerichtlichen Rechtsschutzes nach Art. 19 Abs. 4 GG. Für effektiven Rechtsschutz[95] genügt es nicht, die für die Ausgangsentscheidung genutzten algorithmischen Systeme nunmehr ebenso für die ggf. nachfolgende gerichtliche Überprüfung einzusetzen. Insofern ist auch darauf zu verweisen, dass Gerichte die angegriffenen Verwaltungsakte nur in spezifischer Hinsicht überprüfen dürfen; insbesondere ist das gerichtliche Prüfverfahren nicht wie ein Verfahren zum Neuerlass des Verwaltungsaktes gestaltet.

Unverzichtbar für die gerichtliche Kontrolle ist die Nachvollziehbarkeit der Gründe der Verwaltungsentscheidung und damit insbesondere die Möglichkeit, sich mit dem von der Verwaltung zugrunde gelegten automatisierten Entscheidungsprogramm und der Art des durch dieses verarbeiteten Wissens auseinanderzusetzen. Dies würde erleichtert, wenn die

---

94 Er ist zwar in § 24 VwVfG nicht ausdrücklich erwähnt und in § 69 VwVfG nur angedeutet, gilt aber nach allgemeiner Meinung ebenso wie im Gerichtsverfahren (§ 108 VwGO) auch im Verwaltungsverfahren. S. dazu statt aller Kopp/Ramsauer (Fn. 88), Rn. 30 ff. zu § 69.

95 Auf die Diskussion um E-Justice (dazu s. Nachweise in Fn. 16) kann hier nicht eingegangen werden.

eingesetzte Software selbst Auskunft über die ihre Entscheidung tragenden Gründe geben könnte. Hilfreich dafür könnte die – in der Entwicklung befindliche, aber noch nicht ausgereifte – sog. Explainable Artificial Intelligence sein.[96] Gegenwärtig fehlt es jedenfalls an rechtsstaatlich hinreichenden Möglichkeiten der Nachvollziehbarkeit und Kontrolle des Vorgehens von komplexen algorithmischen Systemen.

Eine wirksame gerichtliche Kontrolle der Entscheidung wird auch erschwert oder gar unmöglich gemacht, wenn die eingesetzten algorithmischen Systeme und damit die der Entscheidung zugrunde gelegten Regeln den Gerichten gegenüber nicht offengelegt werden.[97] Gegenwärtig fehlen rechtliche Vorgaben über die Art und Reichweite von Offenlegungspflichten. Weder ist geklärt, ob und wieweit Algorithmen selbst (unter Einschluss des in einer Computersprache verfassten Quellcodes, welcher das Programm formal so exakt und vollständig beschreibt, dass ein Computer dieses in Maschinensprache übersetzen und ausführen kann) dem Gericht gegenüber offenzulegen sind. Soweit dies nicht gefordert wird – dafür kann es gute Gründe geben –, wäre zu entscheiden, ob jedenfalls die dem algorithmischen System zugrunde gelegten Kriterien und Maximen sowie ob und wieweit bei lernenden Algorithmen auch die Trainingsdaten und -ergebnisse dem Gericht zugänglich gemacht werden müssen. Insoweit wäre allerdings auch zu klären, wieweit anhand nur begrenzter Informationen hinreichende Einblicke in die Entscheidungsregeln und damit auch die Funktionsweise des algorithmischen Systems gewonnen werden können.

Soweit es keine Verpflichtung zur Offenlegung des Quellcodes der Algorithmen, des Input-Datensatzes oder der ihnen zugrunde liegenden Kriterien und der Wirkungsweise des algorithmischen Systems gibt, ist auch den Adressaten eines Verwaltungsaktes regelmäßig nicht zugänglich, worauf die Entscheidung letztlich beruht. Unbekannt sind solche Informationen insbesondere in Fällen der Anerkennung des Schutzes der Algorithmen oder der maßgebenden Kriterien als Geschäfts- oder Amtsgeheimnisse.[98] Dies verkürzt die Reichweite des in Art. 19 Abs. 4 GG garantierten Rechtsschutzes.

96 Dazu W. Samek/G. Montavon/A. Vedaldi/L. K. Hansen/K.-R. Müller (Eds.), Explainable AI, 2019; Wischmeyer (Fn. 55), 61, m. w. Nachw. in dortiger Fn. 247; Guckelberger (Fn. 86), 278.

97 Dazu Hoeren/Niehoff (Fn. 80), 47/54.

98 So verbietet beispielsweise im Steuerrecht § 88 Abs. 5 S. 4 der Abgabenordnung die Veröffentlichung von Risikomanagementsystemen, „soweit dies die Gleichmäßigkeit und Gesetzmäßigkeit der Besteuerung gefährden könnte“, vgl. dazu

Kommen lernende Systeme zum Einsatz, sind die Schwierigkeiten besonders groß. Hier ist ja sogar für Spezialisten, selbst für die Programmierer, häufig nicht nachvollziehbar, wie die aktuell eingesetzte – seit der Erstprogrammierung gegebenenfalls durch Lernen veränderte – Software im Einzelnen vorgegangen ist und insbesondere Wissen verarbeitet hat.[99] Auch insoweit wäre es erforderlich, neue – rechtstaatlich verantwortbare – Wege zur Erfassung der Vorgehensweisen lernender Algorithmen zu entwickeln. Eine Gruppe US-amerikanischer Wissenschaftler fordert daher zur Ermöglichung entsprechender Informationen mit guten Gründen, eine eigene Richtung interdisziplinärer Forschung zum Verhalten von Maschinen zu etablieren – vergleichbar der auf Menschen bezogenen Verhaltensforschung.[100]

Im Übrigen: Selbst wenn die Algorithmen und weitere auf deren Einsatz bezogene Informationen dem Gericht offengelegt werden, sichert dies unter gegenwärtigen Bedingungen nicht stets die Möglichkeit ihres richtigen Verständnisses. Richter sind üblicherweise keine Algorithmenexperten. Viele werden auf die Hilfe von IT-Experten angewiesen sein. Dazu, wieweit diese eingeschaltet werden dürfen oder müssen und wieweit das Gericht auf deren Einschätzung vertrauen darf, stehen noch überzeugende Antworten und ggf. erforderliche besondere rechtliche Vorgaben aus. Ebenso ist offen, ob es zukünftig gelingen wird, genügend Justizpersonal

---

auch M. Martini/D. Nink, Wenn Maschinen entscheiden ... – vollautomatisierte Verfahren und der Persönlichkeitsschutz, NVwZ-extra 10/2017, 1, 10. S. ferner Braun Binder (Fn. 85), S. 161 ff.

99 Siehe A. Tutt, The FDA for Algorithms, Administrative Law Review 96 (2017), 83/102. Dort schreibt er zu lernenden Systemen: „Even if we can fully describe what makes them work, the actual mechanisms by which they implement their solutions are likely to remain opaque: difficult to predict and sometimes difficult to explain. And as they become more complex and more autonomous, that difficulty will increase."

100 I. Rahwan/M. Cebrian/N. Obradovich/J. Bongard/J.-F. Bonnefon/C. Breazeal/J. W. Crandall/N. A. Christakis/I. D. Couzin/M. O. Jackson/N. R. Jennings/E. Kamar/I. M. Kloumann/ H. Larochelle/ D. Lazer/ R. McElreath/ A. Mislove/ D. C. Parkes/A. Pentland/M. E. Roberts/A. Shariff/J. B. Tenenbaum/M. Wellman, Machine Behavior, Nature 2019, 477 et seq. Die Autoren verweisen insbesondere darauf, dass komplexe (lernende) KI-Agenten nicht länger allein aus ihrem internen Bauplan heraus verstanden werden können, sondern nur im Zusammenspiel von Maschine und Umwelt – so die Umschreibung von Fateh-Moghadam (Fn. 27), 866.

zu gewinnen, das neben rechtlichen Kompetenzen auch über hinreichende Informatikkenntnisse verfügt.[101]

b) *Automatisierter Vollzug von Rechtspflichten*

Ich komme zum Einsatz von Legal Tech/Computational Law beim Entscheidungsvollzug bzw. der Sanktionierung von Rechtsverstößen. Dabei gehe ich zunächst auf Verträge ein, die eine Reaktion auf eine Rechtsverletzung automatisiert ermöglichen. Prototyp sind die sogenannten Smart Contracts.[102] Dies sind ausschließlich digital gefasste Verträge, die von entsprechend konfigurierter Software verstanden werden können und die für den Fall einer Vertragsverletzung den Vollzug oder jedenfalls die Sanktionierung automatisiert sichern.[103] Dafür benötigt die Software auch Informationen als Basis zur Klärung der Frage, ob die rechtlichen Verpflichtungen eingehalten wurden. Ein relativ einfaches Beispiel einer solchen mit „Technoregulierung durch Design"[104] arbeitenden Konstruktion ist ein Mietvertrag, der – geeignete Technik und Konnektivität vorausgesetzt – sichert, dass die Mietwohnung bei Mietzahlungsverzug automatisch verschlossen wird. Dies allein bedeutet zwar nicht Vertragserfüllung, schafft aber einen Anreiz dafür.

---

101 Hier stellen sich auch neue Aufgaben für die Ausbildung. Insofern gibt es auch in Deutschland vermehrte Anstrengungen um eine u. a. die Informatik einbeziehende Juristenausbildung. So arbeiten verschiedene Hochschulen an „Data Literacy Education"-Projekten zwecks Vermittlung von zukunftsorientierten Kompetenzen und Förderung entsprechender Forschung, so die Leuphana-Universität Lüneburg: „Data-driven x" bzw. „DATA-x". Die Bucerius Law School hat ein „Center für Legal Technology and Data Society" gegründet, das Lehr- und Forschungsinhalte an Überschneidungsstellen von digitalen Techniken und Recht in interdisziplinärer und -nationaler Weise entwickeln soll.

102 Zu ihnen s. die Nachweise in Fn. 14.

103 Zur Bedeutung des Unterschieds von Normbefolgung und Normvollzug im Bereich von Legal Tech s. Fateh-Moghadam (Fn. 27), 871 f.

104 Generell zu diesem Regelungstyp s. statt vieler K. Yeung, Towards an Understanding of Regulation by Design, in: Brownswood/Yeung (Eds.), Regulating Technologies, 2008, S. 79 et seq.; The European Data Protection Board, Guidelines 4/2019 on Art. 25 Data Protection by Design and by Default, adapted on November 2019. Zur Kritik insbesondere mit Blick auf die begrenzte Technikneutralität von Maßnahmen der Designgestaltung im Zuge unternehmerischer Selbstgestaltung A. Roßnagel, Technik, Recht und Macht. Aufgabe des Freiheitschutzes in Rechtsetzung und -anwendung im Technikrecht, MMR 2010, 222/227.

Ein anderes Beispiel des automatischen Vollzugs rechtlicher Vorgaben ist die sogenannte Content Curation,[105] also etwa die Verwendung von Filtertechnologie zur digitalen Durchsetzung der Beachtung von Urheberrechten bei einer Verbreitung geschützter Werke über das Internet. Das Wissen über die mögliche Rechtsverletzung wird bei solcher Content Curation regelmäßig digital gesammelt und ausgewertet. Dies setzt auch digital verfügbares Wissen über bestehende Urheberrechte und Fähigkeiten zu der digitalen Überprüfung von Werken (wie Musikstücken), ob Urheberrecht beachtet wurde, voraus – eine keineswegs triviale Aufgabe.

In das Feld der Content Curation gehören auch Vorkehrungen zur Entdeckung und Unterbindung von sogenannten Fake News oder Hate News.[106] Hier ist Wissen zur Einordnung einer Nachricht als objektiv falsch oder als rassistisch o. ä. erforderlich. Solches Wissen wird von Unternehmen wie Facebook oder Google gegenwärtig zum einen digital gesammelt und geprüft, zum anderen durch menschliche Beobachtung und Auswertung gewonnen.[107] Die dafür anwendbaren Maßstäbe sind vielfach vage und wertungsoffen. Führt die Prüfung zur Einordnung einer Nachricht als unzuträglich und besteht dann eine Pflicht zur Unterbindung der Zugänglichkeit des Kommunikationsinhalts, ist dies in anderer Hinsicht wissensrelevant. Es wird nämlich eine Information – etwa die bei der Informationsfilterung zu Recht oder zu Unrecht als Hate News oder Fake News eingeordnete Äußerung – im Zuge der Selbstentscheidung durch die Unternehmen unterdrückt. Als Ergebnis wird die Zugänglichkeit der Information und damit auch ihrer Wissensinhalte in spezifischen Verbrei-

---

105 S. dazu K. Dankert, Normative Technologie in sozialen Netzwerkdiensten, KritV 2015, 49/56 f.; G. Kastl, Filter – Fluch oder Segen? Möglichkeiten und Grenzen von Filtertechnologien zur Verhinderung von Rechtsverletzungen, GRUR 2016, 671 ff.; K. Yeung, Dürre Zeit für Freiheit im Rahmen von Recht und Gesetz? Blockchain, Transaktionssicherheit und das Versprechen automatisierter Rechtsdurchsetzung, in: Otto/Gräf (Hrsg.), 3TH1CS. Die Ethik der digitalen Zeit, 2018, 154 ff.; A. Ingold, Governance of Algorithms, Kommunikationskontrolle durch „Content Curation“ in sozialen Netzwerken, in: Unger/von Ungern-Sternberg (Fn. 85), S. 183 ff.

106 Zur Diskussion darüber s. statt vieler G. Nolte, Hate-Speech, Fake News, das „Netzwerkdurchsetzungsgesetz“ und Vielfaltsicherung durch Suchmaschinen, ZUM 2017, 552 ff.; Eifert/Gostomzyk (Fn. 60); I. Löber/A. Roßnagel, Das Netzwerkdurchsetzungsgesetz in der Umsetzung, MMR 2019, 71; C. Sahl/N. Bielzer, NetzDG 2.0 – Ein Update für weniger Hass im Netz, ZRP 2020, 2 ff.

107 Der Frage, ob es unter rechts- und demokratiestaatlichen Aspekten angemessen ist, solche grundrechtserheblichen Entscheidungen in erster Linie den globalen, oligopolistisch arbeiten Social Media-Unternehmen anzuvertrauen, kann hier nicht nachgegangen werden.

tungsgebieten, vielfach aber auch weltweit, versperrt. Hier stellen sich Fragen der Legitimität privat-autonomer „Zensur“.[108]

Wird das Können einer Person automatisiert schon durch die Technik selbst beschränkt, erfolgt die Verhaltensbeeinflussung nicht mit Hilfe der für die Wirkung rechtlicher Normen regelhaft typischen Vorgaben in den Kategorien des Dürfens/Nichtdürfens oder Sollens, sondern unmittelbar durch Beschränkung des (faktischen) Könnens. Vertraut wird auf die Zwangswirkung technischer Systeme. Derartige technische Regeln sind „self-executing“. Sicheres Wissen über das Bevorstehen einer Vollzugsmaßnahme haben Betroffene nach geltendem Recht regelmäßig nur, wenn sie ihnen vorher angedroht wurde oder sie angehört wurden. Die Kenntnis von einer bevorstehenden Sanktion kann ein Mittel zur Wahrung der Autonomie der Betroffenen sein: Sie können etwa selbst entscheiden, ob es für sie Gründe gibt, gegebenenfalls eine Sanktion zu riskieren.

Die Möglichkeit zur Verweigerung der Regelbefolgung kann in Ausnahmefällen sogar erwünscht sein, so wenn regelkonformes Verhalten dem Sinn einer Regel näherkommt als ihre „blinde“ Befolgung. Dies kann in so genannten Dilemma-Situationen[109] der Fall sein. Ein relativ harmloses Beispiel ist es, wenn im Straßenverkehr eine Regel der Straßenverkehrsordnung missachtet wird, um einen sonst drohenden Unfall zu vermeiden. Der Soziologe *Niklas Luhmann* hat für solche Sondersituationen den Begriff der „brauchbaren Illegalität“ geprägt.[110] Bei der Konzeption der Software für automatisierte Kraftfahrzeuge stellen sich nicht nur Fragen danach, ob es zulässig sein soll, durch Software die Einhaltung von normativen Regeln – etwa der Höchstgeschwindigkeit oder Vorfahrtsvorgaben – technisch zu erzwingen,[111] sondern auch, ob und gegebenenfalls wie

---

108 Zu weiteren Problemdimensionen – hier zur Durchsetzung von Persönlichkeitsschutz durch das Verlangen auf Entfernung/Änderung von Informationen, die über Suchmaschinen zugänglich sind – s. auch die Entscheidungen des BVerfG, EuGRZ 2019, 683 ff.; 702 ff. („Recht auf Vergessen I und II“).

109 Zu ihnen s. statt vieler Ethik-Kommission Automatisiertes und Vernetztes Fahren, Bericht Juni 2017, S. 11, 16 ff.; E. Hilgendorf, Dilemma-Probleme beim automatisierten Fahren, ZStW 130 (2018), 674.

110 N. Luhmann, Funktion und Folgen formaler Organisation, 2. Aufl. 1972, S. 304 ff.

111 Zu solchen und zu vielen weiteren Fragen T. Rademacher, Wenn neue Technologien altes Recht durchsetzen: Dürfen wir es unmöglich machen, rechtswidrig zu handeln? JZ 2019, 702 ff., m. w. Hinw. s. auch ders., Artificial Intelligence and Law Enforcement, in: Wischmeyer/Rademacher (Fn. 2), S. 225 ff.; Fateh-Moghadam (Fn. 27), 871 f.; M. Becker, Von der Freiheit, rechtswidrig handeln zu können, ZUM 2019, 636 ff.

Reaktionen bei der Verwicklung in Dilemmasituationen in technischen Regeln programmiert werden können und sollen sowie ob und wieweit die dabei eingebauten Vorzugsentscheidungen ethisch vertretbar sind.[112]

Automatisierte Reaktionen auf und gegebenenfalls Sanktionen bei Regelverletzungen sind für die davon Begünstigten wegen der erleichterten Durchsetzbarkeit regelmäßig von Vorteil, nicht aber für die von der Sanktion Bedrohten. Sie werden regelhaft vorher nicht angehört. Daher haben sie mangels Kenntnis des Vorwurfs einer Rechtsverletzung und deren bevorstehenden Ahndung keine Chance, der Sanktion auszuweichen. Auch entfällt die Möglichkeit, rechtzeitig Einwände – etwa alternatives Wissen – vorzubringen oder die angeblich verletzte Regel als solche oder deren Anwendung im Einzelfall als rechtswidrig anzugreifen. Hier führt der Einsatz digitaler Techniken zur Veränderung der Wirkungsweise von Recht[113] und zugleich zu Veränderungen in den Machtverhältnissen der an dem Rechtsverhältnis Beteiligten. Dies ist ein Beispiel unter mehreren dafür, dass beim Einsatz digitaler Techniken in Gestalt automatisierter Entscheidungen auch auf die gerechte Verteilung von Wissensmacht geachtet werden muss.[114]

Solche und weitere Probleme werden im Zuge des Ausbaus der Digitalisierung auch mit Bezug auf Verwaltungshandeln zunehmend zu bewältigen sein.

Werden Möglichkeiten automatisierten Verwaltungsvollzugs geschaffen, wird insbesondere vorzusorgen sein, dass der Schutz durch Grundrechte nicht erodiert,[115] und es wird zu sichern sein, dass gegebenenfalls funktionale Äquivalente für die im „alten Recht“ enthaltenen Vorkehrungen der Rechtsstaatlichkeit (rechtliches Gehör, Begründung, Rechtsmittel u. a.) und demokratischer Verantwortung bereit stehen,[116] um wirkungsvollen Schutz zu gewähren. Zu beantworten sind aber auch Grundsatzfragen: Müssen bzw. dürfen wirklich alle Normen auf einen Vollvollzug

---

112 Dazu s. den in Fn. 109 erwähnten Bericht.

113 Eingehend insbes. zu sogenannten digitalen Impossibility Structures und den durch diese ausgelösten Veränderungen der Rechtsdurchsetzung, auch ihrer Intensität, s. die in Fn. 111 nachgewiesene Literatur.

114 Zum Machtproblem sei erneut verwiesen auf Roßnagel (Fn. 104).

115 Zur Grundrechtsgeltung in Zeiten der Digitalisierung statt vieler: U. Di Fabio, Grundrechtsgeltung in digitalen Systemen, 2016; C. Hoffmann/A. D. Luch/S. Schulz/K. C. Borchers, Die digitale Dimension der Grundrechte, 2015.

116 Zu solchen Grundsätzen und zugleich ihrer (auch) ethischen Fundierung s. Datenethikkommission (Fn. 12), S. 41 ff.

ausgerichtet sein?[117] Sollte die Rechtsordnung sogar Spielraum für die Möglichkeit zivilen Ungehorsams belassen?

J. Schlussbemerkung

Nach der heute in der Technik- und Innovationswissenschaft vorherrschenden sozio-kulturellen, am Konstruktivismus orientierten Erklärung von Technikentwicklungen sind diese nicht allein technikdeterminiert. Sie sind in soziotechnische Systeme mit unterschiedlichen in ihnen wirkenden Interessen integriert;[118] sie werden vielfach durch soziale Innovationen[119] begleitet oder auch angestoßen.

Angesichts der Dynamik der technologischen Entwicklung und der beim Einsatz digitaler Instrumente gesehenen Vorteile insbesondere im Bereich von Legal Tech/Computational Law ist die Prognose nicht gewagt, dass die Anwendungsbereiche für den Einsatz digitaler Techniken für den Umgang mit Recht in der Zukunft stark ausgeweitet und in der Praxis vielfältig eingesetzt werden. Ein kräftiger Schub für die Nutzung der Möglichkeiten der Digitalisierung ist auch im Zuge der Bewältigung der Corona-Pandemie~~2020~~ zu erwarten. So vertrauen die zur Krisenbewältigung seit Anfang 2020 geschaffenen Gesetze, Verordnungen und Allgemeinverfügungen vermehrt auf digitale Kommunikation und Auswertungen.[120] Die zur Krisenbewältigung jedenfalls zunächst angeordneten oder empfohlenen Schließungen oder Nutzungsbeschränkungen von Einrichtungen, in denen Menschen arbeiten (wie Betriebe, Behörden, Geschäfte) oder in denen sie lernen (wie Schulen, Universitäten) haben zu vielfältigen Aktivitäten zur Kompensation des Wegfalls oder der Beschränkung von Kommunikation unter Anwesenden geführt, insbesondere zu neuen Formen der Nutzung des Internet oder anderer digitaler Kommunikationsmöglichkeiten (beim Verkehr mit Behörden, durch Vernetzung von Arbeiten im Ho-

---

117 Zu Risiken des Totalvollzugs s. auch Datenethikkommission (Fn. 12), S. 71, 217.

118 S. statt vieler I. Schulz-Schaeffer, Innovation als soziale Konstruktion von Technik und Techniknutzung, in: Blättel-Mink/Schulz-Schaeffer/Windeler (Hrsg.), Handbuch Innovationsforschung, 2019, https://doi.org/10.1007/978-3-658-17671-6_45-1.

119 Zu diesem Begriff s. J. Hohwaldt/M. Schwartz, Soziale Innovation, in: Blättel-Mink/Schulz-Scheffer/Windeler (Hrsg.), Handbuch Innovationsforschung, 2020 (i. E.). Zu Innovationen im Recht allgemein s. die Beiträge in Hoffmann-Riem (Hrsg.), Innovationen im Recht, 2016.

120 S. beispielsweise die in Nr. 14 des BGBl I 2020 aufgeführten Gesetze und Verordnungen.

me Office, in der eigenen Wohnung erbrachte digitale Prüfungsleistungen; Webinare u. a. m.). Es ist anzunehmen, dass hier schon technische und soziale Innovationen entstanden sind und noch entstehen werden, die auch für die Zukunft nutzbar bleiben, darunter auch solche mit Auswirkung auf das Recht.

Die Entwicklung der Digitalisierung wird gegenwärtig von vielen kleinen und großen Akteuren vorangetrieben, aber maßgebend doch weitgehend durch solche Unternehmen geprägt, die im Zuge der digitalen Transformation starke Machtstellungen gewonnen haben, darunter die globalen Oligopolisten der Digitalwirtschaft (wie Facebook, Google, Microsoft, Amazon).[121] Diese verfügen dank ihrer globalen Marktstellung über immense wirtschaftliche und davon abgeleitete kommunikative und politische Macht. Sie sind auch maßgebende Akteure bei der Entwicklung digitaler Techniken. Unter Verwendung digitaler Techniken, dabei insbesondere künstlicher Intelligenz und Big-Data-Analytik, haben sie Zugang zu vielem und vielfältigem Wissen, auch Möglichkeiten zur Erarbeitung neuen Wissens, auf das die Bürgerinnen und Bürger – weitgehend auch die staatlichen Behörden – nur begrenzt zugreifen können. Diese Unternehmen sind auch in dem Felde der Entwicklung und der Anwendung von Legal Tech aktiv. Sie können unter anderem durch das Design der Software auch auf die Art des Wissenszugangs und der Wissensverarbeitung im Bereich des Rechts Einfluss nehmen.

Hier ist mit besonderem Nachdruck festzustellen: Die Generierung, Aneignung, Speicherung und Verwendung von Wissen ist vielfach machtgeprägt. Umso wichtiger ist es, dass die gestaltende Macht des Rechts unter Einsatz auch der verfassungsrechtlich fundierten staatlichen Schutz- und Gewährleistungsaufträge genutzt wird.[122] Zu ihnen gehört der Auftrag

---

121 Zu der Entstehung und Nutzung ihrer Macht s. statt vieler Zuboff (Fn. 1); U. Dolata, Plattform-Regulierung. Koordination von Märkten und Kuratierung von Sozialität im Internet, Berliner Journal für Soziologie, 2020, https://doi.org/10.1007/s11609- 020-00403-9. Speziell zur Situation im Internet: Friedrich-Ebert-Stiftung, Wer regiert das Internet? 2019. S. zur Machtproblematik auch die Anmerkungen in BVerfG, EuGRZ 2019, 683, Rn. 85–88; NJW 2019, 1935, Rn. 15.

122 Allgemein zu objektiv-rechtlichen Grundrechtsgehalten und Schutzpflichten s. Dolderer, Objektive Grundrechtsgehalte, 2000; Jaeckel, Schutzpflichten im deutschen und europäischen Recht, 2010; Szczekalla, Die sogenannten grundrechtlichen Schutzpflichten im deutschen und europäischen Recht, 2002; U. Schliesky/S. Schulz, Schutzpflichten und Drittwirkungen im Internet: Das Grundgesetz im digitalen Zeitalter, 2014; S. V. Knebel, Die Drittwirkung der Grundrechte und -freiheiten gegenüber Privaten. Regulierungsmöglichkeiten sozialer Netzwerke, 2018. Bemerkenswert sind Ausführungen des BVerfG in jüngeren Ent-

der Schaffung von Voraussetzungen zur Möglichkeit der realen Ausübung von Freiheit. Dies kann und wird es häufig erfordern, die wirtschaftliche, politische und gesellschaftliche Macht einzelner Träger mit dem Ziel der Sicherung von Individual- und Gemeinwohlinteressen einzuhegen und dabei auch den Zugang zu gesellschaftlich wichtigem Wissen möglichst zu erleichtern. Bei Ausgestaltungen ist auch die Vorsorge dafür wichtig, dass ethische und gesellschaftspolitische Wertungen maßgeblich werden können.[123]

Ein insbesondere für die Rechtswissenschaft wichtiges Thema ist, wie sich der Einsatz von digitalen Techniken auf die Erhebung, Analyse, Aggregation und Verwendung von Wissen auch insoweit auswirken wird, als die Qualität des Rechts und der Prozesse der Rechtsanwendung in den je verschiedenen Sektoren der Rechtsordnung betroffen sind. Besondere Aufmerksamkeit verdient die Frage, ob die bisher entwickelten rechts- und sozialstaatlichen und demokratisch fundierten Sicherungen der Qualität von Recht[124] auch in Zukunft ausreichen oder ob nach Ergänzungen oder gar funktionalen Äquivalenten zu ihrer Sicherung gesucht werden muss. Dabei stellt sich nicht zuletzt die Frage, ob es gelingt, auch im Kontext digitaler Rechtsanwendung eine eigenständige Methodik zu entwickeln, die sich zwar der Funktionsweise digitaler Techniken bedient, sich ihnen aber nicht im Wege der Unterordnung anpasst.[125]

---

scheidungen über die Wahrnehmung der Regelungsverantwortung gegenüber machtvollen Unternehmen des IT-Bereichs, s. etwa BVerfGE 128, 226/249 f; 148, 267/280; 152, 152, Rn. 77; BVerfG,NJW 2019, 1915, rn. 15. Allgemein zur staatlichen Gewährleistungsverantwortung s. R. Ruge, Die Gewährleistungsverantwortung des Staates und der Regulatory State, 2004; C. Franzius, Gewährleistung im Recht: Grundlagen eines europäischen Regelungsmodells öffentlicher Dienstleistungen, 2009; H. Schulze-Fielitz, Grundmodi der Aufgabenwahrnehmung, in: Hoffmann- Riem/Schmidt-Aßmann/Voßkuhle (Fn. 89) S. 823, 896 ff.

123 Hierzu sei erneut auf den Bericht der Datenethikkommission (Fn. 12) verwiesen. Über Forschung zur Übersetzung ethischer Wertungen in auch rechtliche Vorgaben für technologische Entwicklungen s. van den Hoven/Vermaas/van de Poel (Eds.), Handbook of Ethics, Values and Technological Design, 2015; B. Friedman/D. G. Henry, Value-sensitive Design, 2019.

124 Als ein Beispiel für Befürchtungen der Beeinträchtigung der – insbesondere demokratisch legitimierten – Qualität von Recht J. Danaher, The Threat of Algocracy: Reality, Resistance and Accommodation, Phil. Law. Technol. 29 (2016), 245 et seq. Dazu s. auch S. Unger, Demokratische Herrschaft und künstliche Intelligenz, in: Unger/von Ungern-Sternberg (Fn. 85), S. 113 ff.

125 Auf die Verwirklichung dieses Ziels ist das von der EU-Kommission großzügig finanzierte Projekt COHUBICOL ausgerichtet (nähere Informationen unter: https:// www.cohubicol.com): „The overarching goal is to develop a new her-

Risiken der Einebnung der Komplexität und Differenziertheit der Rechtsanwendung bestehen insbesondere bei der Begrenzung der Sichtweise und in der Folge der digitalen Analyse und praxisbezogenen Ausrichtung auf Texte. Es sei noch einmal betont: Die im Zuge der Nutzung von algorithmischen Systemen erfolgende Ausblendung von in der Rechtsanwendung wirksamen nicht textgebundenen Entscheidungsfaktoren dürfte erhebliche Auswirkungen auf die Qualität von Recht – jedenfalls gemessen am Recht im bisherigen Verständnis – haben. Den Defiziten stehen auch Vorzüge digitaler Entscheidungen gegenüber. Ob sie mögliche Einbußen in der Qualität rechtlicher Entscheidungen aufwiegen werden, ist einstweilen offen.

Ich schließe mit der Formulierung einiger mir besonders wichtiger Aufmerksamkeitsfelder: Droht durch den Einsatz digitaler Techniken beim Umgang mit Recht nicht nur in praktisch rechtssetzungs- und anwendungsbezogener, sondern auch in rechtstheoretischer und methodischer Hinsicht ein digitaler Neopositivismus? Besteht das Risiko, dass die „Computergerechtigkeit“ der Rechtsetzung und -anwendung Vorrang vor der inhaltlichen Sachgerechtigkeit erhält?[126] Wie steht es um das Risiko, dass die Programmierer bei der Bewältigung der schwierigen Aufgabe, vage und wertausfüllungsbedürftige Normen in technische Regeln zu „übersetzen“, versucht sein könnten, die in den rechtlichen Vorgaben enthaltenen Spielräume zugunsten der leichteren Standardisierbarkeit auszublenden? Allgemeiner: Können die Kontingenz von Recht und die Notwendigkeit der kontextbezogenen Konkretisierung von Recht im Zuge der digitalen Programmierung und Anwendung angemessen berücksichtigt werden? Ferner: Wie lässt sich bei der Programmierung die gebotene demokratische Legitimation für die Vorgehensweise und für die auf dieser Basis getroffenen Entscheidungen gewährleisten; insbesondere: wie beim Einsatz lernender Systeme, die ihre Software autonom fortentwickeln?

Ziele, wie sie auch dem herkömmlichen Positivismus wichtig waren, – so die rechtsstaatliche Forderung möglichst rationaler Begründung rechtlichen Handelns, die Sorge für die Vorhersehbarkeit, Berechenbarkeit, Nachvollziehbarkeit und Kontrollierbarkeit rechtlicher Interventionen, die Anbindung rechtsgeprägter Entscheidungen an die in demokratische Verfahren eingebundene Rechtsetzung – sollten nicht in Frage gestellt

---

meneutics for computational law, based on (1) research into the assumptions and (2) the implications of computational law, and on (3) the development of conceptual tools to rethink and reconstruct the Rule of Law in the era of computational law“.

126 Diese Frage stellt beispielsweise auch Kube (Fn. 86), S. 309.

werden. Ihre Verwirklichung ist gegenwärtig allerdings auf Faktoren angewiesen, die über die analytischen und entscheidungsorientierten Vorgehensweisen des herkömmlichen Positivismus hinausgehen. Die oben (C) dargestellte Ausdifferenzierung von rechtserheblichen Wissensarten verdeutlicht dies. Es besteht zwar kein Anlass, den gegenwärtigen und in der Zukunft ablaufenden technologischen und sozialen Wandel aufzuhalten und die damit verbundenen Chancen auszulassen. Wohl aber sollte er chancenfördernd sowie risikomindernd rechtlich mitgestaltet werden. So sollte er durch auf die transformative Entwicklung abgestimmte Reaktionen bei der Entwicklung auch theoretischer Konzepte zu seiner Analyse handhabbarer und geeigneter Methoden und hinreichend komplexer Praxen begleitet werden. Dazu wird es gehören, einen differenzierenden, Vielfaltspotentiale wahrenden Umgang mit Wissen beim Einsatz von algorithmischen Systemen bei der Rechtsanwendung zu sichern.

Literaturverzeichnis

Abschlussbericht der Länderarbeitsgruppe, Legal-Tech: Herausforderung für die Justiz, 2019.

Albers, Marion: Die Komplexität verfassungsrechtlicher Vorgaben für das Wissen der Verwaltung, in: Spiecker gen. Döhmann, Indra/Collin, Peter (Hrsg.): Generierung und Transfer staatlichen Wissens im System des Verwaltungsrechts, Tübingen 2008, S. 50 ff.

Aletras, Nikolaos/Tsarapatsanis, Dimitrios et al.: Predicting judicial decisions of the European Court of Human Rights: A Natural Language Processing perspective (https://doi.org/10.7717/peerj-cs.93).

Alpaydin, Ethem: Machine Learning, Cambridge 2016.

Ashley, Kevin D.: Artificial Intelligence and Legal Analytics. New Tools for Law Practice in the Digital Age, 6th printing Cambridge 2019.

Bader, Johann/Ronellenfitsch, Michael (Hrsg.): BeckOK-VwVfG, 40. Aufl. (1. 1. 2020).

Baecker, Dirk, 4.0 oder Die Lücke die der Rechner lässt, Leipzig 2018.

Beck, Ulrich: Weltrisikogesellschaft, Frankfurt a. M. 2007.

Becker, Maximilian: Von der Freiheit, rechtswidrig handeln zu können, ZUM 2019, S. 636 ff.

Berger, Ariane: Der automatisierte Verwaltungsakt, NVwZ 2018, S. 1269 ff.

Bernhardt, Wilfried: Quo vadis Digitalisierung der Justiz?, juris 2018, S. 310 ff.

Bitkom e.V. (Hrsg.): Künstliche Intelligenz verstehen als Automation des Entscheidens, Leitfaden, Berlin 2017.

Boehme-Neßler, Volker: Die Macht der Algorithmen und die Ohnmacht des Rechts. Wie die Digitalisierung das Recht relativiert, NJW 2017, S. 3031 ff.

Bostrom, Nick: Superintelligence, paths, dangers, strategies, Oxford 2014.

Bounfour, Ahmed: Digital Futures, Digital Transformation, Heidelberg 2016.

Braun Binder, Nadja: Algorithmisch gesteuertes Risikomanagement in digitalisierten Besteuerungsverfahren, in: Unger, Sebastian/Ungern-Sternberg, Antje von (Hrsg.): Demokratie und künstliche Intelligenz, Tübingen 2019, S. 161 ff.

–: Vollständig automatisierter Erlass eines Verwaltungsaktes und Bekanntgabe über Behördenportale, DÖV 2016, S. 891 ff.

Breidenbach, Stephan/Glatz, Florian (Hrsg.): Rechtshandbuch Legal Tech, München 2018.

Britz, Gabriele, Von der elektronischen Verwaltung zur elektronischen Verwaltungsjustiz, DVBl 2007, S. 993 ff.

Broemel, Roland: Wissensgenerierung im Regulierungsverfahren, in: Münkler, Laura (Hrsg.): Dimensionen des Wissens im Recht, Tübingen 2019, S. 139, S. 1144 ff.

Broemel, Roland/Trute, Hans-Heinrich: Alles nur Datenschutz? Zur rechtlichen Regulierung algorithmenbasierter Wissensgenerierung, Berliner Debatte Initial 27 (2016), S. 50 ff.

Buchholtz, Gabriele: Artificial Intelligence and Legal Tech: Challenges to the Rule of Law, in: Wischmeyer, Thomas/Rademacher, Timo (Hrsg.): Regulating Artificial Intelligence, Cham 2020, S. 175 ff.

–: Legal Tech. Chancen und Risiken der digitalen Rechtsanwendung, JuS 2017, S. 955 ff.

Bull, Hans P.: Der „vollständig automatisiert erlassene" Verwaltungsakt – zur Begriffsbildung und rechtlichen Einhegung von E-Government, DVBl 2017, S. 409 ff.

Cole, Tim: Digitale Transformation, 2. Aufl. München 2017.

Coupette, Corinna/Fleckner, Andreas M.: Quantitative Rechtswissenschaft. Sammlung, Analyse und Kommunikation juristischer Daten, JZ 73 (2018), S. 379 ff.

Danaher, John: The Threat of Algocracy: Reality, Resistance and Accommodation, Phil. Law. Technol. 29 (2016), S. 245 ff.

Dankert, Kevin: Normative Technologie in sozialen Netzwerkdiensten, KritV 2015, S. 49 ff.

Datenethikkommission der Bundesregierung (Hrsg.): Gutachten der Datenethikkommission, Berlin 2019.

Deutscher Ethikrat, Big Data und Gesundheit – Datensouveränität als informationelle Freiheitsgestaltung, 2017.

Di Fabio, Udo: Grundrechtsgeltung in digitalen Systemen, München 2016.

–: Vom autonomen Verbraucher zum vernetzten Nutzer: Wie verändert die digitale Gesellschaft den Verbraucherschutz?, in: Blättel-Mink, Birgit/Kenning, Peter (Hrsg.): Paradoxien des Verbraucherverhaltens. Dokumentation der Jahreskonferenz 2017 des Netzwerks Verbraucherforschung, Wiesbaden 2019, S. 3 ff.

Die Bundesregierung, Eckpunkte der Bundesregierung für eine Strategie Künstliche Intelligenz vom 18. Juli 2018.

Dolata, Ulrich: Plattform-Regulierung. Koordination von Märkten und Kuratierung von Sozialität im Internet, Berliner Journal für Soziologie, 29 (2019), S. 179 ff.

Dolderer, Michael: Objektive Grundrechtsgehalte, Berlin 2000.

Ebers, Martin/Heinze, Christian et al. (Hrsg.): Künstliche Intelligenz und Robotik. Rechtshandbuch, München 2020.

Enders, Peter: Einsatz künstlicher Intelligenz bei juristischer Entscheidungsfindung, JA 2016, S. 721 ff.

Ernst, Christian: Algorithmische Entscheidungsfindung und personenbezogene Daten, JZ 2017, S. 1026 ff.

Ertel, Wolfgang: Grundkurs künstliche Intelligenz, 4. Aufl. Wiesbaden 2016.

Eschenbruch, Klaus/Gerstberger, Robert: Smart Contracts, NZBau 2018, S. 3 ff.

Ethik-Kommission Automatisiertes und Vernetztes Fahren, Bericht Juni 2017.

Europäische Kommission, Eine europäische Datenstrategie, COM (2020), 66 final.

Europäische Kommission, Weißbuch. Zur Künstlichen Intelligenz – ein europäisches Konzept für Exzellenz und Vertrauen, 19. 2. 2020, COM (2020), 65 final.

Fateh-Moghadam, Bijan: Innovationsverantwortung im Strafrecht: Zwischen *Strict Liability*, Fahrlässigkeit und erlaubtem Risiko – zugleich ein Beitrag zur Digitalisierung des Strafrechts, ZSTW 131 (4) (2019), S. 863 ff.

Floridi, Luciano: Die 4. Revolution – Wie die Infosphäre unser Leben verändert, Berlin 2015.

Fowler, James H./Johnson, Timothy R. et al.: Network Analysis and the Law: Measuring the Legal Importance of Precedence at the U. S. Supreme Court; Political Analysis 15 (2007), S. 324 ff.

Franzius, Claudio: Gewährleistung im Recht: Grundlagen eines europäischen Regelungsmodells öffentlicher Dienstleistungen, Tübingen 2009.

Frese, Yorck: Recht im zweiten Maschinenzeitalter, NJW 2015, S. 2090 ff.

Friedman, Batya/Hendry, David: Value-sensitive Design, Cambridge 2019.

Genesereth, Michael: Computational Law. The Cop in the Backseat, Codex X: The Center for Legal Information, Stanford University, 2015.

Gerberding, Johannes/Wagner, Gert G.: Qualitätssicherung für „Predictive Analytics" durch digitale Algorithmen, ZRP 2019, S. 116 ff.

Gigerenzer, Gerd: Heuristics, in: Engel, Christoph/Gigerenzer, Gerd (Hrsg.): Heuristics and the Law, Cambridge 2006, S. 17 ff.

Goodfellow, Ian/Bengio, Yoshua/Courville, Aaron: Deep Learning, Cambridge 2016.

Goudenough, Oliver R.: Legal Technology 3.0, in: Huffigton Post vom 2.4.2015 (http://www.huffingtonpost.com/oliver-r-goodenough/legal-technology-30_b_6603658.html).

Gschwend, Lukas/Hettich, Peter et al. (Hrsg.): Recht im digitalen Zeitalter. Festgabe Schweizer Juristentag 2015 in Sankt Gallen, Zürich/Sankt Gallen 2015.

Guckelberger, Annette: E-Government: Ein Paradigmenwechsel in Verwaltung und Verwaltungsrecht?, VVDStRL 78 (2019), S. 235 ff.

Hähnchen, Susanne/Bommel, Robert: Digitalisierung und Rechtsanwendung, JZ 2018, S. 334 ff.

Harari, Yuval Noah: Homo Deus. Eine Geschichte von morgen, München 2018.

Hartung, Marcus: Gedanken zu Tech und Digitalisierung, BLJ 2017, S. 151 ff.

Hartung, Markus/Bues, Micha-Manuel et al. (Hrsg.): Legal Tech, Die Digitalisierung des Rechtsmarkts, München 2018.

Hawking, Stephen: Kurze Antworten auf Große Fragen, 4. Aufl. Stuttgart 2018.

Heckelmann, Martin: Zulässigkeit und Handhabung von Smart Contracts, NJW 2018, S. 504 ff.

Hermstrüwer, Yoan, Informationelle Selbstgefährdung, Tübingen 2016.

–: Artificial Intelligence and Administrative Decisions Under Uncertainty, in: Wischmeyer, Thomas/Rademacher, Timo (Hrsg.): Regulating Artificial Intelligence, Cham 2020, S. 199 ff.

Hesse, Konrad: Grundzüge des Verfassungsrechts der Bundesrepublik Deutschland, 20. Aufl. Heidelberg 1995/1999.

High-Level Expert Group on Artificial Intelligence, Ethics Guidelines for Trustworthy AI, 2019.

Hildebrandt, Mireille: Law as computation in the era of artificial legal intelligence. Speaking law to the power of statistics, University of Toronto Law Journal 68 (2018), S. 1 ff.

–: Smart Technologies and the End(s) of Law, Cheltenham/Northampton 2016.

Hilgendorf, Eric: Dilemma-Probleme beim automatisierten Fahren, ZStW 130 (2018), S. 674 ff.

Hoch, Veronica R. S.: Big Data und Predictive Analytics im Gerichtsprozess, MMR 2020, S. 295 ff.

Hoeren, Thomas/Niehoff, Maurice: KI und Datenschutz – Begründungserfordernisse automatisierter Entscheidungen, Rechtswissenschaft 2018, S. 47 ff.

Hoffmann-Riem, Wolfgang: „Außerjuridisches" Wissen, Alltagstheorien und Heuristiken im Verwaltungsrecht, DV 2016, S. 1 ff.

–: Artificial Intelligence as a Challenge for Law and Regulation, in: Wischmeyer, Thomas/Rademacher, Timo (Hrsg.): Regulating Artificial Intelligence, Cham 2020, S. 1 ff.

–: Digitale Disruption und Transformation, in: Eifert, Martin (Hrsg.), Digitale Disruption und Recht, Baden-Baden 2020, S. 143 ff.

–: Eigenständigkeit der Verwaltung, in: Hoffmann-Riem, Wolfgang/Schmidt-Aßmann, Eberhard et al. (Hrsg.): Grundlagen des Verwaltungsrechts, Bd. I, 2. Aufl. München 2012.

–: Innovation und Recht – Recht und Innovation. Recht im Ensemble seiner Kontexte, Tübingen 2016.

–: Rechtliche Rahmenbedingungen für und regulative Herausforderungen durch Big Data, in: ders. (Hrsg.), Big Data – Regulative Herausforderungen, Baden-Baden 2018.

–: Verhaltenssteuerung durch Algorithmen – Eine Herausforderung für das Recht, AöR 142 (2017), S. 1 ff.

–: Wissen als Risiko – Unwissen als Chance, in: Augsberg, Ino (Hrsg.), Ungewissheit als Chance, Tübingen 2009, S. 17 ff.

Hoffmann-Riem, Wolfgang (Hrsg.): Innovationen im Recht, Baden-Baden 2016.

Hoffmann, Christian/Luch, Anika D. et al.: Die digitale Dimension der Grundrechte, Baden-Baden 2015.

Hohwaldt, Jürgen/Schwartz, Michael: Soziale Innovation, in: Blättel-Mink, Birgit/Schulz-Schaeffer, Ingo et al. (Hrsg.): Handbuch Innovationsforschung, 2020.

Ingold, Albert: Governance of Algorithms, Kommunikationskontrolle durch „Content Curation" in sozialen Netzwerken, in: Unger, Sebastian/Ungern-Sternberg, Antje von (Hrsg.): Demokratie und künstliche Intelligenz, Tübingen 2019, S. 183 ff.

Jaeckel, Liv: Schutzpflichten im deutschen und europäischen Recht, Baden-Baden 2001.

Jost, David/Krempe, Johann: E-Justice in Deutschland, NJW 2017, S. 2705 ff.

Kahneman, Daniel: Schnelles Denken, langsames Denken, 15. Aufl. München 2014.

Kastl, Graziana: Filter – Fluch oder Segen? Möglichkeiten und Grenzen von Filtertechnologien zur Verhinderung von Rechtsverletzungen, GRUR 2016, S. 671 ff.

Katz, Daniel M.: Quantitative Legal Prediction, Emory L. J. 62 (2013), S. 909 ff.

Katz, Daniel M./Bommarito, Michael J. et al.: A General Approach for Predicting the Behavior of the Supreme Court for the United States, PLoS ONE 12 (4), 2017.

Kaulartz, Markus: Rechtliche Grenzen bei der Gestaltung von Smart Contracts, in: Taeger, Jürgen (Hrsg.): Smart World – Smart Law? Weltweite Netze mit regionaler Regulierung, Edewecht 2016, S. 1023 ff.

Keese, Christoph: Silicon Germany: Wie wir die digitale Transformation schaffen, München 2017.

Kitchin, Rob: Thinking critically about and researching algorithms, Information, Communication & Society 2016, S. 1 ff.

Klafki, Anika/Würkert, Felix et al. (Hrsg.): Digitalisierung und Recht, Hamburg 2017.

Klatt, Matthias/Schmidt, Johannes: Spielräume im öffentlichen Recht, Tübingen 2010.

Kluth, Winfried: Die Strukturierung von Wissensgenerierung durch das Verwaltungsorganisationsrecht, in: Spiecker gen. Döhmann, Indra/Collin, Peter (Hrsg.): Generierung und Transfer staatlichen Wissens im System des Verwaltungsrechts, Tübingen 2008, S. 73 ff.

Knebel, Sophie V.: Die Drittwirkung der Grundrechte und -freiheiten gegenüber Privaten. Regulierungsmöglichkeiten sozialer Netzwerke, Baden-Baden 2018.

Kolany-Raiser, Barbara/Heil, Reinhard et al. (Hrsg.): Big Data und Gesellschaft: Eine multidisziplinäre Annäherung, Wiesbaden 2018.

Kotsoglou, Kyriakos N.: Subsumtionsautomat 2.0, JZ 2014, S. 451 ff.

Kroll, Joshua A./Huey, Joanna et al.: Accountable Algorithms, University of Pennsylvania Law Review 165 (2017), S. 633 ff.

Kube, Hanno: E-Government: Ein Paradigmenwechsel in Verwaltung und Verwaltungsrecht?, VVDStRL 78 (2019), S. 299 ff.

Kühling, Jürgen/Buchner, Benedikt (Hrsg.), Datenschutz-Grundverordnung, 2. Aufl. München 2018.

Kuntz, Thilo: Auf der Suche nach einem Proprium der Rechtswissenschaft, AcP 219 (2019), S. 254 ff.

–: Konsens statt Recht? Überlegungen zu Chancen und Herausforderungen der Blockchain-Technologie aus juristischer Sicht, AcP 220 (2020), S. 51 ff.

–: Zur Erzeugung von Recht in der Anwendung, AcP 216 (2016), S. 866 ff.

Ladeur, Karl-Heinz: Recht – Wissen – Kultur, Berlin 2016.

Lahmann, Henning/Engelmann, Jan: Wer regiert das Internet?, Bonn 2019.

Leeb, Christina-Maria: Digitalisierung, Legal Tech und Innovation, Berlin 2019.

Livermore, Michael A./Rockmore, Daniel N. (Hrsg.): Law as Data. Computation, Text, and the Future of Legal Analysis, Santa Fe 2019.

Löber, Isabell/Roßnagel, Alexander: Das Netzwerkdurchsetzungsgesetz in der Umsetzung, MMR 2019, S. 71 ff.

Lohmann, Beate: Die digitale Verwaltung, in: Hill, Hermann/Kugelmann, Dieter et al. (Hrsg.): Digitalisierung in Recht, Politik und Verwaltung, Baden-Baden 2018, S. 9 ff.

Luhmann, Niklas: Funktion und Folgen formaler Organisation, 2. Aufl. Berlin 1972.

–: Recht und Automation in der öffentlichen Verwaltung, Berlin 1966.

Maier, Moritz: Verfassungsrechtliche Aspekte der Digitalisierung des Besteuerungsverfahrens, JZ 2017, S. 614 ff.

Martini, Mario: Blackbox Algorithmus – Grundfragen einer Regulierung Künstlicher Intelligenz, Berlin 2019.

Martini, Mario/Nink, David: Wenn Maschinen entscheiden… – vollautomatisierte Verfahren und der Persönlichkeitsschutz, NVwZ-extra 10/2017, S. 1 ff.

Mayer-Schönberger, Viktor/Ramge, Thomas: Das Digital. Markt, Wertschöpfung und Gerechtigkeit im Datenkapitalismus, Berlin 2017.

Müller-Hengstenberg, Claus D./Kirn, Stefan: Intelligente (Software-) Agenten: Eine neue Herausforderung für unser Rechtssystem?, Multimedia & Recht 2014, S. 307 ff.

Müller, Friedrich/Christensen, Ralph: Juristische Methodik, Bd. 1, 11. Aufl. Berlin 2013.

Müller, Martin: Bitcoin, Blockchain und Smart Contracts, ZfIR 2017, S. 600 f.

Münkler, Laura (Hrsg.): Dimensionen des Wissens im Recht, Tübingen 2019.

Nassehi, Armin: Muster. Theorie der digitalen Gesellschaft, München 2019.

Nolte, Georg: Hate-Speech, Fake News, das „Netzwerkdurchsetzungsgesetz“ und Vielfaltsicherung durch Suchmaschinen, ZUM 2017, S. 552 ff.

Peuker, Enrico: Verfassungswandel durch Digitalisierung. Digitale Souveränität als verfassungsrechtliches Leitbild, Tübingen 2020.

Pfliegl, Reinhard/Seibt, Claus: Die digitale Transformation findet statt!, e&i Elektrotechnik und Informationstechnik, 2017, S. 333 ff.

Polanyi, Michael: The Tacit Dimension, Garden City 1966.

Poscher, Ralf: Eingriffsschwellen im Recht der inneren Sicherheit, Die Verwaltung 41 (2008), S. 345 ff.

Raabe, Oliver/Wacker, Richard: Recht ex Machina: Formalisierung des Rechts im Internet der Dienste, Berlin 2012.

Rademacher, Timo: Artificial Intelligence and Law Enforcement, in: Wischmeyer, Thomas/Rademacher, Timo (Hrsg.): Regulating Artificial Intelligence, Cham 2020, S. 225 ff.

–: Wenn neue Technologien altes Recht durchsetzen: Dürfen wir es unmöglich machen, rechtswidrig zu handeln?, JZ 2019, S. 702 ff.

Ramsauer, Ulrich (Hrsg.): Verwaltungsverfahrensgesetz, 20. Aufl. München 2019.

Reiner, Günter/Cumyn, Michelle et al.: Designing a Database to assist Legal Thinking: A new Approach to Indexing using Facets, Manuscript 2019.

Rey, Günter D./Wender, Karl F.: Neuronale Netze. Eine Einführung in die Grundlagen, Anwendungen und Datenauswertung, 3. Aufl. Bern 2018.

Richardson, Rachida/Schultz, Jason M. et al.: Dirty Data, Bad Predictions: How Several Rights Violations Impact Police Data, Predictive Policing Systems, and Justice, New York University Law Review 94 (2019), S. 192 ff.

Riehm, Thomas: Rechte an Daten – Die Perspektive des Haftungsrechts, VersR 2019, S. 714 ff.

Risse, Jörg: Der Homo iuridicus – ein gefährliches Trugbild, NJW 2018, S. 2848 ff.

Risse, Jörg/Morawietz, Matthias: Prozessrisikoanalyse: Erfolgsaussichten vor Gericht bestimmen, München 2017.

Rolf, Arno: Weltmacht Vereinigte Daten. Die Digitalisierung und Big Data verstehen, Marburg 2018.

Roßnagel, Alexander: Technik, Recht und Macht. Aufgabe des Freiheitschutzes in Rechtsetzung und -anwendung im Technikrecht, MMR 2010, S. 222 ff.

Ruge, Reinhard: Die Gewährleistungsverantwortung des Staates und der Regulatory State, Berlin 2004.

Ruppert, Eugen/Hartung, Dirk et al.: Law Stats – Large-Scale German Court Decision Evaluation using Web Service Classifiers, Bucerius Law School, 2019.

Russell, Stuart/Norvig, Peter: Künstliche Intelligenz, 3. Aufl. München 2012.

Sahl, Jan C./Bielzer, Nils: NetzDG 2.0 – Ein Update für weniger Hass im Netz, ZRP 2020, S. 2 ff.

Samek, Wojciech/Montavon, Grégoire et al. (Hrsg.): Explainable AI, Cham 2019.

Scherer, Matthew U.: Regulating Artificial Intelligence Systems: Risks, Challenges, Competencies, and Strategies, Harvard Journal of Law & Technology 29 (2016), S. 353 ff.

Schliesky, Utz/Herzog, Roman (Hrsg.): Schutzpflichten und Drittwirkungen im Internet: Das Grundgesetz im digitalen Zeitalter, Baden-Baden 2014.

Schulz-Schaeffer, Ingo: Innovation als soziale Konstruktion von Technik und Techniknutzung, in: Blättel-Mink, Birgit/Schulz-Schaeffer, Ingo et al. (Hrsg.): Handbuch Innovationsforschung, Wiesbaden 2019 (https://doi.org/10.1007/978-3-658-17671-6_45-1).

Schulz, Martin/Schunder-Hartung, Anette (Hrsg.): Recht 2030. Legal Management in der digitalen Transformation, Frankfurt a. M. 2019.

Schulze-Fielitz, Helmuth: Grundmodi der Aufgabenwahrnehmung, in: Hoffmann-Riem, Wolfgang/Schmidt-Aßmann, Eberhard et al. (Hrsg.): Grundlagen des Verwaltungsrechts, Bd. I, 2. Aufl. München 2012, S. 823 ff.

Schuppert, Gunnar Folke: Wissen, Governance, Recht. Von der kognitiven Dimension des Rechts zur rechtlichen Dimension des Wissens, Baden-Baden 2019.

Schweitzer, Heike: Digitale Plattformen als private Gesetzgeber: Ein Perspektivwechsel für die europäische „Plattformregulierung", ZEuP 2019, S. 1 ff.

Siegel, Thorsten: Automatisierung des Verwaltungsverfahrens, DVBl 2017, S. 24 ff.

Simitis, Spiros/Hornung, Gerrit et al. (Hrsg.): Datenschutzrecht, Baden-Baden 2019.

Spiecker gen. Döhmann, Indra/Collin, Peter (Hrsg.): Generierung und Transfer staatlichen Wissens im System des Verwaltungsrechts, Tübingen 2008.

Stalder, Felix: Kultur der Digitalität, Berlin 2016.

Steege, Hans: Algorithmische Diskriminierung durch Einsatz von künstlicher Intelligenz, MMR 2019, S. 715 ff.

Stegmüller, Martin: Vollautomatische Verwaltungsakte – eine kritische Sicht auf die neuen § 24 I 3 und § 35a VwVfG, NVwZ 2018, S. 353 ff.

Stengel, Oliver/van Looy, Alexander et al. (Hrsg.): Digitalzeitalter – Digitalgesellschaft: Das Ende des Industriezeitalters und der Beginn einer neuen Epoche, Wiesbaden 2017.

Surden, Harry: Machine Learning and Law, Washington Law Review 89 (2014), S. 87 ff.

Szeczekalla, Peter: Die sogenannten grundrechtlichen Schutzpflichten im deutschen und europäischen Recht, Berlin 2002.

Teetzmann, Constantin: Schutz vor Wissen? Forschung mit doppeltem Verwendungszweck zwischen Schutzpflichten und Wissenschaftsfreiheit, Baden-Baden 2020.

Tegmark, Max: Life 3.0. Being Human in the Age of Artificial Intelligence, London 2017.

The European Data Protection Board, Guidelines 4/2019 on Art. 25 Data Protection by Design and by Default, adapted on November 2019.

Tutt, Andrew: The FDA for Algorithms, Administrative Law Review 96 (2017), S. 83 ff.

Unabhängige Expertengruppe für künstliche Intelligenz, Ethik-Leitlinien für eine vertrauenswürdige KI, 2019.

Unger, Sebastian: Demokratische Herrschaft und künstliche Intelligenz, in: Unger, Sebastian/Ungern-Sternberg, Antje von (Hrsg.): Demokratie und künstliche Intelligenz, Tübingen 2019, S. 113 ff.

van den Hoven, Jeroen/Vermaas, Pieter E. et al. (Hrsg.): Handbook of Ethics, Values and Technological Design, Dordrecht 2015.

Vesting, Thomas: Die Bedeutung von Information und Kommunikation für die verwaltungsrechtliche Systembildung, in: Hoffmann-Riem, Wolfgang/Schmidt-Aßmann, Eberhard et al. (Hrsg.): Grundlagen des Verwaltungsrechts, Bd. II, 2. Aufl. München 2012, § 20, Rn. 11 ff.

Vesting, Thomas: Die Medien des Rechts: Computernetzwerke, Weilerswist 2015.

Vogel, Friedemann/Hamann, Hanjo et al.: Computer assisted legal linguistics: Corpus analysis as a new tool for legal studies, 2017 (https://doi.org/10.1111/lsi.12305).

Vogel, Friedemann/Pötters, Stephan et al.: Richterrecht der Arbeit – empirisch untersucht. Möglichkeiten und Grenzen computergestützter Textanalyse am Beispiel des Arbeitnehmerbegriffs, Berlin 2015.

Vogelsang, Stephanie/Krüger, Jochen, Legal Tech und die Justiz – ein Zukunftsmodell? (Teil 1), juris 2019, S. 398 ff.; (Teil 2), juris 2020, S. 90 ff.

Wagner, Jens: Legal Tech und Legal Robots: der Wandel im Rechtswesen durch neue Technologien und Künstliche Intelligenz, 2. Aufl. Wiesbaden 2020.

Waltl, Bernhard/Bonczek, Georg et al.: Predicting the Outcome of Appeal Decisions in Germany's Tax Law, in: International Federation for Information Processing (IFIP): Policy Modelling and Policy Informatics, 2017.

Wehling, Peter: Die Vielfalt und Ambivalenz des Nicht-Gewussten: Fragestellungen und theoretische Konturen der Soziologie des Nichtwissens, in: Peter, Claudia/Funcke, Dorett (Hrsg.): Wissen an der Grenze, Frankfurt a. M. 2013, S. 43 ff.

Wiebe, Andreas: Schutz von Maschinendaten durch das sui-generis Schutzrecht für Datenbanken, GRUR 2017, S. 338 ff.

Wiegerling, Klaus: Daten, Informationen, Wissen, in: Breidenbach, Stephan/Glatz, Florian (Hrsg.): Rechtshandbuch Legal Tech, München 2018, S. 24 ff.

Wielsch, Dan: Die Ordnungen der Netzwerke. AGB – Code – Community Standards, in: Eifert, Martin/Gostomzyk, Tobias (Hrsg.): Netzwerkrecht, Baden-Baden 2018, S. 61 ff.

Wischmeyer, Thomas: Künstliche Intelligenz und neue Begründungsarchitektur, in: Eifert, Martin (Hrsg.), Digitale Disruption und Recht, Baden-Baden 2020, S. 73 ff.

–: Artificial Intelligence and Transparency: Opening the Black Box, in: Wischmeyer, Thomas/Rademacher, Timo (Hrsg.): Regulating Artificial Intelligence, Cham 2020, S. 75 ff.

–: Regulierung intelligenter Systeme, AöR 143 (2018), S. 1 ff.

Yeung, Karen: Dürre Zeit für Freiheit im Rahmen von Recht und Gesetz? Blockchain, Transaktionssicherheit und das Versprechen automatisierter Rechtsdurchsetzung, in: Otto, Philipp/Gräf, Eike (Hrsg.): 3TH1CS. Die Ethik der digitalen Zeit, Berlin 2018, S. 154 ff.

–: Towards an Understanding of Regulation by Design, in: Brownswood, Roger/ Yeung, Karen (Hrsg.): Regulating Technologies, Oxford 2008, S. 79 ff.

Zech, Herbert: Information als Schutzgegenstand, Tübingen 2012.

–: Künstliche Intelligenz und Haftungsfragen, ZfPW 2019, S. 198 ff.

–: Risiken Digitaler Systeme: Robotik, Lernfähigkeit und Vernetzung als aktuelle Herausforderungen für das Recht, Berlin 2020.

Zuboff, Shoshana: Das Zeitalter des Überwachungskapitalismus, Frankfurt a. M. 2018.

Möglichkeiten und Grenzen der Künstlichen Intelligenz in der Rechtsanwendung

Wolfgang Schulz/Johannes Schmees

A. *Einführung*

Das Themenfeld der „Künstlichen Intelligenz“ und der algorithmischen Entscheidungssysteme hat sich mittlerweile nicht nur in einer derart ausufernden Weise entwickelt, dass es einer umfassenden Betrachtung nur schwer zugänglich ist. Auch ist es in den letzten Jahren zu einem Magnet für spezifische Erkenntnisinteressen der Rechtswissenschaft in ihren zahlreichen Facetten geworden. So verschieden die rechtswissenschaftlichen Perspektiven, wie beispielsweise die des Medienrechts auf den Einsatz algorithmischer Entscheidungssysteme als Inhaltsmoderatoren durch Intermediäre[1], auch seien mögen: Neu ist die Beschäftigung des Rechts und der Rechtswissenschaft mit Künstlicher Intelligenz, Algorithmen und Automatisierung nicht.[2] Recht und Informatik blicken, gerade in Deutschland, auf ein langes und wechselseitiges Verhältnis zurück, in welchem bereits viele Fragen und Herausforderungen identifiziert worden sind. [3] Die Aktualität des Thema ist vielmehr den neueren technischen Entwicklungen

---

1 Siehe beispielsweise Dreyer/Schulz, Künstliche Intelligenz, Intermediäre und Öffentlichkeit. Bericht an das BAKOM. Weiter Elkin-Koren u. a., Is It Time to Abolish Safe Harbor? When Rhetoric Clouds Policy Goals. Perel/Elkin-Koren, Black Box Tinkering: Beyond Disclosure in Algorithmic Enforcement, Fla. Law Rev. 2017, 181; Heldt, Upload-Filters: Bypassing Classical Concepts of Censorship?, JIPITEC 2019.; weiter Lischka, Wie Algorithmen Öffentlichkeit strukturieren: Grundlagen, Folgen, Lösungsansätze, AfP 2018, 388; Dreyer/Schulz, The General Data Protection Regulation and Automated Decision-making: Will it deliver?: Potentials and limitations in ensuring the rights and freedoms of individuals, groups and society as a whole, Discuss. Pap. Ethics Algorithms 2019.

2 Siehe nur beispielsweise Luhmann, Recht und Automation in der öffentlichen Verwaltung 1997; Fiedler, Rechenautomaten in Recht und Verwaltung, Juristen-Zeitung 1966, 689; Kilian, Juristische Entscheidung und elektronische Datenverarbeitung 1974; Harris, Judicial Decision Making and Computers, Villanova Law Rev. 1967, 272.

3 Umfassend dazu Pohle, in: Pohle/Lenk (Hrsg.), Der Weg in die „Digitalisierung“ der Gesellschaft 2021, S. 263 ff.

und damit einhergehenden Möglichkeiten des Einsatzes geschuldet, die auch in Europa zunehmend – durch private wie staatliche Akteure – zu beobachten sind.[4]

Dies greift der vorliegende Beitrag auf. Sein Ziel ist es, zunächst ein kritisches Begriffsverständnis zu etablieren. Dabei wird der Begriff der Künstlichen Intelligenz aus Perspektive der Informatik wie aus der Perspektive der Rechtswissenschaft erörtert. Anschließend wendet sich der Beitrag den Dimensionen der Anwendung von Systemen Künstlicher Intelligenz in der Rechtsanwendung zu. Auf einen Überblick über die betroffenen Rechtsgrundsätze bei der Automatisierung der Rechtsanwendung folgt dann ein Ausblick auf die Entwicklungen des Rechts, der Rechtspraxis und der Rechtswissenschaft.

B. Der Begriff der künstlichen Intelligenz

I. Künstliche Intelligenz in der Informatik

Mit zunehmendem Einsatz von Technologien der Künstlichen Intelligenz in der Gesellschaft korrespondiert ein hierauf bezogener, breiterer und intensiverer öffentlich-gesellschaftlicher wie wissenschaftlicher Diskurs. Auffällig ist bei näherer Betrachtung, dass dort ein Begriffsverständnis vorherrscht, das nahe legt, es handele sich bei „Künstlicher Intelligenz" um ein klar beschreibbares, ja monolithisches technisches Konstrukt, das losgelöst von sozialen Prozessen, gleich einem Naturphänomen, den hier sozio-technologischen Wandel vorantreibe. Dabei ist nicht nur die Definition des Begriffs selbst – meist Englisch „Artificial Intelligence (AI)" – auch in der Informatik uneinheitlich.[5] Eher ist er ein sammelnder Überbegriff für verschiedene technische Entwicklungen, die alle algorithmischen Datenverarbeitung nutzen, ansonsten sich aber erheblich unterscheiden können (bspw. Robotik, Sprach- und Bildverarbeitung, Prediction oder Scoring).[6]

---

4 Siehe nur Algorithm Watch, Automating Society Report 2020.

5 Krafft u. a., Defining AI in Policy versus Practice.

6 Siehe u.a. mit weiteren Nachweisen und Anmerkungen Yeung, Responsibility and AI, A study of the implications of advanced digital technologies (including AI systems) for the concept of responsibility within a human rights framework, Council of Europe study DGI(2019)05, S. 16; The European Commission´s High Level Expert Group on Artificial Intelligence, A Definition of AI, S. 6. Eine häufig genutzte

Weiterhin kann „Künstliche Intelligenz“ sich auf ein Forschungsgebiet, eine bestimmte Technologie oder die konkrete Anwendung eines Systems beziehen. Der Begriff wird damit von einer Vielzahl von Akteuren in verschiedener Weise verwendet, um verschiedene Dinge zu bezeichnen. Dem steht der Umstand gegenüber, dass zur Steuerung und Regelung dieser technischen Entwicklung ein fundiertes Verständnis der Methoden und Technologien wie auch eine Definition, die technische wie soziale Aspekte miteinander vereint, notwendig sind. Viele Definitionen von Künstlicher Intelligenz werden in der Wissenschaft kritisch betrachtet, nicht weil sie falsch sein mögen, sondern weil sie nicht hilfreich sind.[7]

Ohne die Begriffsgeschichte differenziert nachzuzeichnen, ist es gleichwohl wichtig zu bemerken, dass seit der Dartmouth Conference im Jahre 1956, gemeinhin als Startpunkt der Künstlichen Intelligenz als Forschungsgebiet der Informatik bezeichnet, der Vergleich der „Maschine“ mit dem Menschen und seiner Art der Problemlösung („Intelligenz“) charakteristisch und prägend für den Diskurs über Künstliche Intelligenz ist. Kritisch wird dabei seit langem nicht nur das uneinheitliche zugrundeliegende definitorische Konzept von „Intelligenz“ diskutiert, sondern auch die prinzipielle Fähigkeit informationstechnischer Systeme hinterfragt, diese zu simulieren; im Anschluss ist der Begriff der Künstlichen Intelligenz selbst beachtenswerten Kritikpunkten ausgesetzt.[8]

Einem solchen Vergleich gerecht werdende, generelle, menschliche Fähigkeiten Kontextunabhängig simulierende, „starke“ Künstliche Intelligenz zu erschaffen, liegt nach Einschätzung der informatischen Fachwelt (wohl) noch in einiger Ferne.[9] Die Route hin zu einer humanäquivalenten oder gar superhumanen Künstlichen Intelligenz im ganz wörtlichen Sinne müsste bis zu ihrem Ziel noch einige bedeutende konzeptionelle Durchbrüche passieren, die einige Jahrzehnte dauern werden.[10] Überdies funktionieren solche algorithmischen Entscheidungssysteme nicht wie der menschliche „Geist“, besitzen keine Selbsterkenntnis oder ein Bewusst-

---

Arbeitsdefinition findet sich bei Mainzer, Künstliche Intelligenz – Wann übernehmen die Maschinen? 2019, S. 3.

7 So Wang, On Defining Artificial Intelligence, J. Artif. Gen. Intell. 2019, 1 (5).

8 Exemplarisch bei Fuchs, Verteidigung des Menschen 2020, S. 43. Weiter kritisch Brödner, in: Pohle/Lenk (Hrsg.), Der Weg in die „Digitalisierung“ der Gesellschaft: Was können wir aus der Geschichte der Informatik lernen? 2021, S. 73.

9 Siehe hierzu auch Marcus, The Next Decade in AI: Four Steps Towards Robust Artificial Intelligence, arXiv:2002.06177 2020; Marcus/Davis, Rebooting AI 2019.

10 Siehe auch Russell, Human Compatible, S. 77 ff.

sein, auch wenn Selbstwahrnehmung der Systeme eine zunehmende Rolle spielt.[11]

In der Forschung wie in der praktischen Implementation wird die Konzentration derzeit eher auf technische Lösungen für spezifische, konkrete Probleme fokussiert. Beide Entwicklungsrichtungen profitieren gleichwohl von den jeweiligen Fortschritten, zumal in der Regel die gleichen Methoden angewandt werden.[12]

Integraler Bestandteile der beschriebenen Systeme sind Algorithmen, die für sich gesehen alleine gut definierte, schrittweise Instruktionen zum Ziele der Lösung eines mathematischen Problems sind.[13] Weitergehend lässt sich stark vereinfacht folgendermaßen unterscheiden: Erste besonders erfolgsversprechende Systeme waren sogenannte Expertensysteme. Diese logikbasierten Konstrukte nutzen kodiertes menschliches Expertenwissen und Inferenzen, um konkrete Probleme zu lösen. Ihre festgelegten (Entscheidungs-)Regeln können zwar äußert effektive Problemlösungen leisten, ihrem konservativen und abgeschlossenen Ansatz sind jedoch auch Leistungsgrenzen inhärent.

Anders verhält es sich mit den Systemen, die den derzeitigen Hype[14] der Künstlichen Intelligenz ausgelöst haben und besonderer Magnet des öffentlichen und wissenschaftlichen Interesses sind, und durch Entwicklungen um die Jahrtausendwende. Anders als die deduktiven Expertensysteme verwenden diese induktive Methoden und wurden durch die Kombination theoretischer und methodischer Fortschritte mit erhöhter rechnerischer Leistungskraft von Computern sowie der steigenden Verfügbarkeit maschinenlesbarer Daten vorangebracht.[15] Diese induktive und datenge-

---

11 So auch resümierend und in kritischer Auseinandersetzung mit den Thesen Turings Fuchs, [Fn. 8], S. 60 ff.

12 Siehe zu historischen Grundlagen und dem Schluss, dass hierdurch die Entwicklung in Richtung eines generelleren Ansatzes bereitet wird Franklin, in: Frankish/Ramsey (Hrsg.), The Cambridge Handbook of Artificial Intelligence 2014, S. 30.

13 Siehe Kroll u. a., Accountable Algorithms, Univ. Pa. Law Rev. 2017, 633; Krafft/Zweig, in: Mohabbat-Kar/Thapa/Parycek (Hrsg.), (Un)berechenbar? Algorithmen und Automatisierung in Staat und Gesellschaft 2018, S. 207; Martini, Blackbox Algorithmus – Grundfragen einer Regulierung Künstlicher Intelligenz 2019, S. 17; Dräger, Wir und die intelligenten Maschinen 2019, S. 26.

14 Ob diese rasante und von Optimismus geprägte Entwicklung weiter Bestand haben wird und sich insgesamt positiv entwickeln wird, wird derzeit mit guten Gründen auch kritisch betrachtet, siehe beispielsweise Floridi, AI and Its New Winter: from Myths to Realities, Philos. Technol. 2020, 1 (2).

15 Letztgenannter Umstand wird häufig unter dem Label „Big Data" diskutiert, siehe ausführlich beispielsweise Kolany-Raiser u. a., Big Data: Gesellschaftliche Herausforderungen und rechtliche Lösungen, 1. Aufl. 2019. Mit datenschutz-

triebene Vorgehensweise hat sich in verschiedenen Anwendungsbereichen, wie z. B. der Spracherkennung und komplexen Computerspielen, als sehr nützlich erwiesen und half bei der Bewältigung von Forschungsproblemen in anderen Disziplinen, wie z. B. der Physik und den Ingenieurwissenschaften.[16] Infolgedessen ist maschinelles Lernen (ML) zum dominierenden Paradigma in der KI geworden Dies hat zu Lösungen für Probleme geführt, die lange Zeit als unerreichbar galten, wie z. B. bei der Spracherkennung oder Sprachübersetzung. Grundlage dafür sind oftmals Nachbildungen von Gehirnstrukturen in künstlichen neuronalen Netzen, die in verschiedenen Ebenen arrangiert „deep learning"[17] ermöglichen; aber auch „traditionelle" Algorithmen sind lernfähig. Aus den Trainingsdaten entsteht ein statistisches Modell, das dann die Funktionsweise des Systems prägt.

Erwähnenswert ist hier, dass es sich dabei um vorhersehbare technische Entwicklungen handelt, deren Grundlagen schon vor Jahrzehnten gelegt wurden (auch künstliche neuronale Netze werden seit Jahrzehnten genutzt).[18] Allerdings hat das Innovationstempo auch Experten in der Informatik überrascht. Diese datengetriebene, induktive Vorgehensweise hat sich als vorherrschendes Paradigma etabliert, mit der Folge, dass den Daten verhältnismäßig mehr Gewicht als den eingesetzten Algorithmen zugesprochen wird.[19]

Hierdurch fällt Licht auf einen weiteren Grund dafür, dass Versuche einer einheitlichen Definition von Künstlicher Intelligenz allenfalls begrenzt hilfreich sind. Künstliche Intelligenz ist ein technologisches Entwicklungsfeld, das als „moving target" Objekt ständigen Wandels in Entwicklung und Wahrnehmung ist.[20] Dies korrespondiert mit der bereits erwähnten parallelen Entwicklung und Forschung in Richtung einer generellen, „starken" Künstlichen Intelligenz als Mechanismus genereller Problemlösung einerseits, und der prävalenten Strömung in Richtung „schwacher" Künstlicher Intelligenz zur Lösung spezifischer Probleme.

---

rechtlichem Bezug beispielsweise Wachter/Mittelstadt, A Right to Reasonable Inferences: Re-Thinking Data Protection Law in the Age of Big Data and AI, Columbia Bus. Law Rev. 2019, 1.

16 Siehe z. B. Dunjko/Briegel, Machine learning & artificial intelligence in the quantum domain: a review of recent progress, Rep. Prog. Phys. 2018; Schmidt u. a., Recent advances and applications of machine learning in solid-state materials science, Npj Comput. Mater. 2019, 1.

17 Siehe LeCun u. a., Deep learning, Nature 2015, 436 (436); Fuchs, [Fn. 8], S. 48.

18 Russell, [Fn. 10], S. 63.

19 Russell u. a., Artificial intelligence 2016, S. 27.

20 Bertolini, Artificial Intelligence and Civil Liability, S. 15.

Und selbst in letzterem Bereich divergieren die konkreten Ansätze der Konstruktionen von Systemen Künstlicher Intelligenz in Technik, Form, Funktion und Autonomie.

Die Frage, was sinnvollerweise als „KI“ bezeichnet werden kann, hat neue Bedeutung erhalten, da zunehmend auch andere Disziplinen und auch multidisziplinäre Teams diesen Gegenstand bearbeiten und daher auch eingrenzen müssen. Ein derart heterogenes Feld einer einheitlichen, kohärenten und nutzbaren Definition zuzuführen ist ein mühsames Unterfangen mit streitbarer Aussicht auf Erfolg.[21] Gerade die Akzeptanz in den zahlreichen unterschiedlichen wissenschaftlichen Disziplinen, mit ihren eigenen Perspektiven, Methoden und Forschungszielen, für ein einheitliches Verständnis zu erreichen, scheint nahezu ausgeschlossen. Viel eher ist der Begriff der Künstlichen Intelligenz ein terminologischer Referenzpunkt interdisziplinärer Kooperation zu verstehen, ein „Komplexbegriff“[22], der die Orientierung auf ein geteiltes Problemverständnis verstärkter Automatisierung erlaubt, ohne dazu eine konkrete Arbeitsdefinition zu benötigen. Von diesem ausgehend werden Problemstellungen behandelt, die in Bezug zu fortgeschrittener Automatisierung sozialer Prozesse stehen, die – zumindest teilweise – Folge der Fortschritte in den beschriebenen Informationstechnologien beruhen, die man „Künstliche Intelligenz“ nennen kann.

Hilfreich ist die nähere Beschäftigung mit dem Begriffsverständnis trotz aller terminologischer Streitigkeiten und Feinheiten damit sehr wohl. Die Erkenntnis von der Schwierigkeit einer Definition veranlasst den unvoreingenommenen Betrachter dazu, sich näher mit den facettenreichen und inhärent komplexen sozio-technischen Konzepten zu beschäftigen, die dem Bereich der Künstlichen Intelligenz in der Informatik zugeordnet werden. Erst auf dieser Ebene können die Strukturelemente der sozio-technischen Systeme anvisiert werden, die ganz konkret eingesetzt werden als Implementation von Technologien der künstlichen Intelligenz – mit ethischen wie rechtlichen Konsequenzen. Dazu gehört es beispielsweise, die Bedeutung unterschiedlicher Datentypen (bspw. Trainings-, Anwendungs- und Evaluationsdaten) zu erkennen.

---

21 Insofern wird vorgeschlagen, den Begriff der algorithmischen Entscheidungssysteme vorzuziehen, siehe u.a. Algorithm Watch, Atlas der Automatisierung, S. 7. Siehe als Beispiel auch Krafft u. a., How to regulate algorithmic decision-making: A framework of regulatory requirements for different applications, Regul. Gov. 2020.

22 Siehe dazu Gottschalk-Mazouz, in: Ammon/Heineke/Selbmann (Hrsg.), Wissen in Bewegung: Vielfalt und Hegemonie in der Wissensgesellschaft 2007, S. 21.

II. Rechtliche Perspektive

Auf der Basis der Beobachtungen aus technischer Perspektive kann nun dargelegt werden, welche Aspekte von Technologien der Künstlichen Intelligenz aus rechtlicher, rechtswissenschaftlicher Perspektive von besonderer Relevanz sind. Entsprechend werden hier die spezifischen technischen Funktionen und Methoden beleuchtet und eingeordnet – ohne, dass dabei der Anspruch der Vollständigkeit erhoben werden kann, da KI-basierte Systeme – wie dargestellt – vielfältig und die rechtlichen Anwendungsmöglichkeiten entsprechend zahlreich sind. Gleichzeitig müssen relevante technische Aspekte so ausgeleuchtet werden, dass eine fundierte rechtswissenschaftliche Perspektive auf diese soziotechnischen Systeme erreicht wird.

Für normative – ethische, rechtliche und regulatorische – Aussagen sind die gesellschaftlichen Auswirkungen maßgeblich, welche wiederum von der konkreten Implementierung des informationstechnischen Systems abhängig sind. Isoliert betrachtete technische Spezifikationen eines eingesetzten Systems gewährleisten keine hinreichende Informationsbasis dafür, plausible Aussagen über gesellschaftliche Folgen und Risiken tätigen zu können. Daher ist die Beschreibung des jeweiligen sozio-technischen Systems erforderlich und die Fokussierung auf „den" Algorithmus oftmals begrenzt hilfreich.[23] Systeme der Künstlichen Intelligenz können rechtlich nicht ohne Beachtung des Kontexts ihres Einsatzes verstanden und untersucht werden.[24]

1. Relevante technische Grundzüge

Aus spezifisch rechtlicher Sicht beachtenswert sind Systeme Künstlicher Intelligenz aus verschiedenen Gesichtspunkten. Ein großer Teil der Systeme, die Objekt aktuellen Interesses sind, nutzen Techniken des sogenannten „Maschinellen Lernens" (englisch „Machine Learning (ML)"), die notwendigerweise in ihren Grundzügen zu erläutern sind.

---

23 Siehe weiter Zweig u. a., Wo Maschinen irren können: Verantwortlichkeiten und Fehlerquellen in Prozessen algorithmischer Entscheidungsfindung, Arbeitspapier Algorithmenethik 2018, (32). Weiter Karafyllis, in: Liggieri/Müller (Hrsg.), Mensch-Maschine-Interaktion: Handbuch zu Geschichte – Kultur – Ethik 2019.

24 Siehe Johnson/Verdicchio, Reframing AI Discourse, Minds Mach. 2017, 575; Zweig u. a., Socioinformatics - The Social Impact of Interactions between Humans and IT 2014.

Im Gegensatz zu – unter Umständen stark performativen – regelbasierten Systemen werden dabei Modelle verwendet, die auf Analysen von Trainingsdatensätzen, bestehend aus historischen Falldaten, nach Pattern und Korrelationen beruhen.[25] Hierdurch werden (Entscheidungs-)Regeln abgeleitet, die zur Entscheidung neuer Fälle, eingespeist durch als neue Input-Daten, verwendet werden. Solche „lernenden" Systeme durchgehen folglich eine „Trainingsphase": Durch die Analyse mittlerweile immer zugänglicherer großer Datensätze finden sie Korrelationen und Strukturen in diesen auf, leiten Regeln ab, re-evaluieren die initialen Ergebnisse und verbessern sich dadurch konstant.[26] Momentan werden diese Entscheidungssysteme mehr und mehr unter Verwendung und Integration sogenannter Neuronaler Netze (englisch „Neural Networks") konstruiert, bestehend aus Input- und Output-Neuronen und zwischengeschalteten „Hidden Layers".[27] Durch diese adaptive Herangehensweise sind Systeme in der Lage, „intelligent" in einem aktuellen Sinne zu funktionieren, als dass sie Probleme unabhängig und effizient lösen.[28]

Insgesamt wird ein solches System durch mehrere Algorithmen gebildet, sie bilden Komponenten, die miteinander interagieren und sich im Verlaufe der Zeit ändern.[29] Entsprechend irregeleitet ist es, über den Algorithmus zu diskutieren, wie zuweilen über die Qualität einzelner algorithmischer Vorhersagen und Bewertungen; vielmehr gilt es regelmäßig, algorithmische Systeme umfassend zu betrachten.[30] So gerät der häufig vermisste oder unterschlagene Umstand zurück in das Bewusstsein, dass Menschen sehr wohl (noch) eine essenzielle Rolle in der Entwicklung und

---

25 Zweig u. a., On Chances and Risks of Security Related Algorithmic Decision Making Systems, Eur. J. Secur. Res. 2018, 181 (187).

26 Beschreibungen des „Deep Learning" bei Schmidhuber, Deep learning in neural networks: An overview, Neural Netw. 2015, 85; Hoeren/Niehoff, Artificial Intelligence in Medical Diagnoses and the Right to Explanation, Eur. Data Prot. Law Rev. 2018, 308. Zu einer Beschreibung von „Machine Learning" bei Boscoe, Creating Transparency in Algorithmic Processes, Delphi - Interdiscip. Rev. Emerg. Technol. 2019, 12.

27 Siehe LeCun u. a., [Fn. 17], 436 (437); Hoeren/Niehoff, [Fn. 26], 308 (310); Marcus/Davis, [Fn. 8], S. 39.

28 Mainzer, [Fn. 6], S. 3.

29 Zweig u. a., [Fn. 24], 181 (186). Ein illustratives Beispiel ist die Anatomie des Google-Algorithmus, beschrieben von ihren Schöpfern, Brin/Page, The anatomy of a large-scale hypertextual Web search engine, Comput. Netw. ISDN Syst. 1998, 107.

30 Zweig u. a., [Fn. 25], 181 (185); Zweig u. a., [Fn. 23], (13).

im Einsatz von algorithmischen Entscheidungssystemen ganz allgemein spielen.[31]

2. *Spezifische Merkmale von Systemen Künstlicher Intelligenz*

Es können spezifisch den Technologien der Künstlichen Intelligenz zuzuordnende Risiken benannt werden. Diese sind einerseits von den kontextbezogenen Risiken abzugrenzen, andererseits können sie jene aber auch verstärken. Schaut man – wegen der oben genannten definitorischen Probleme mit aller Vorsicht – auf die ebenfalls oben genannten technischen Phänomene, die mit KI assoziiert werden, gibt es erstaunlich wenige rechtlich relevante Spezifika, die bei Datenverarbeitung mit „traditionellen" Algorithmen nicht zu beobachten sind.

a) Andere Wissensspeicherung in Neuronalen Netzen: Folgen für die Nachvollziehbarkeit

Implikationen für die Rechtswissenschaft folgen aus der Opazität von KI-Systemen, die im Vergleich zu traditionellen informationstechnischen Systemen Wissen anders speichern.[32] Vor allem bei der Nutzung der beschriebenen Neuronalen Netzwerke trifft dies zu. Die gerade aus rechtlicher Perspektive zentral interessante Nachvollziehbarkeit eines Entscheidungsprozesses ist angesichts der Komplexität der Systeme nur schwer zu gewährleisten. Ein wirklich kausales Verständnis der Entscheidungswege und -regeln des KI-Systems zu erlangen ist nicht trivial, wenn auch in Art und Ausmaß von der Art des Systems (etwa des ML-Modells) abhängig, und daher die generelle Rede von einer „Blackbox" irreführend.

Dabei ist der Ruf nach Transparenz alleine wenig hilfreich. Eine konstruktive Perspektive der Rechtswissenschaft muss die Anforderung konkret benennen, also welches Ziel – erstens – durch Transparenz zu erreichen werden soll, welches Verständnis – zweitens – zu Erreichung dessen bezüglich des Entscheidungsprozesses zu etablieren ist, und schließlich – drittens – welcher Akteur dieses Wissen erwerben soll, namentlich der

31 Wischmeyer, Regulierung intelligenter Systeme, Arch. Öffentl. Rechts AöR 2018, 1 (14).

32 The European Commission´s High Level Expert Group on Artificial Intelligence, Ethics Guidelines for Trustworthy Artificial Intelligence, S. 6.

Endnutzer, Regulatoren oder andere.[33] Auf dieser Basis kann dann bestimmt werden, ob ein KI-Systems so nachvollziehbar operiert, dass seine Operationen hinreichend erklärt werden können, um die Transparenzanforderung zu erfüllen.

In diesem Zusammenhang stehen auch Bestrebungen in der Informatik, „erklärbare" Künstliche Intelligenz zu entwickeln (englisch „Explainable AI"), anfangs noch unabhängig von, nun aber beschleunigt durch Vorhaben und Bestrebungen in Regulierung und in der Rechtswissenschaft.[34]

Darüber hinaus liegt nahe, dass eine derartige Erklärung ihre angestrebte Funktion nur erfüllen kann, wenn für Betroffene interpretierbare und für den jeweiligen Zweck hilfreiche Informationen enthalten sind. Auf Trainingsdaten basierende maschinelle Optimierungen stimmen nicht mit „herkömmlichen", menschlichen semantischen Erklärungen überein.[35] Die Information, welche künstlicher Neuron eine Kategorisierung bewirkt hat, mag informatisch richtig sein, bietet aber keine Grundlage abzuschätzen, ob die Entscheidung rechtfehlerhaft war und mit Aussicht auf Erfolg angegriffen werden kann. Ohne Wissen über das Entscheidungsmodell können weder Kenntnisse über Design und Zweck des Systems ausreichen, um rechtlich sinnvolle Erklärungen des generierten Outputs zu erhalten.[36] Entsprechend bleibt die wissenschaftliche Debatte akut.[37] Hier liegt Potential für interdisziplinäre Kooperation.

Kontrovers wird diskutiert, ob es in diesem Kontext ein „Recht auf Erklärung" (englisch „right to explanation") im geltenden Recht schon gibt oder jedenfalls geben sollte. So ist in Bezug zu Art. 22 DSGVO umstritten,

---

33 Instruktiv hierzu Heldt, Transparenz bei algorithmischen Entscheidungen – Food for Thoughts, Comput. Recht 2018, 494.

34 Siehe weiterführend Doshi-Velez u. a., Accountability of AI Under the Law: The Role of Explanation; Goodman/Flaxman, European Union regulations on algorithmic decision-making and a „right to explanation", AI Mag. 2017, 50; Miller, Explanation in artificial intelligence: Insights from the social sciences, Artif. Intell. 2019, 1.

35 Burrell, How the machine 'thinks': Understanding opacity in machine learning algorithms, Big Data Soc. 2016, 205395171562251 (12).

36 Siehe weiter Páez, The Pragmatic Turn in Explainable Artificial Intelligence (XAI), Minds Mach. 2019, 441.

37 Siehe unter anderem Edwards/Veale, Slave to the Algorithm? Why a „Right to an Explanation" Is Probably Not the Remedy You Are Looking For, Duke Law & Technology Review 2017, 18; Wachter u. a., Counterfactual Explanations Without Opening the Black Box: Automated Decisions and the GDPR, Harvard Journal of Law & Technology 2018, 841; Kaminski/Malgieri, Algorithmic impact assessments under the GDPR: producing multi-layered explanations, Int. Data Priv. Law 2021, 125.

ob dort ein solches Recht auf Erklärung bei Entscheidungen durch automatisierte Systeme vorgesehen wird.[38] Bemerkenswert ist, dass im Dezember 2020 veröffentlichten ersten Entwurf des Digital Services Act der EU ein Recht der europäischen Kommission vorgesehen wird, Plattformen dazu zu verpflichten, Erklärungen bezüglich ihrer Datenbestände und Algorithmen bereitzustellen. Hier bahnt sich eine weitere Normierung von Erklärbarkeitspflichten an.

Bei dem möglichen Einsatz von KI-System in der Rechtsanwendung ist also auch nach den Anforderungen an die Erklärbarkeit des Zustandekommens einer Entscheidung zu fragen. Allerdings erscheint hier die Differenz von Erklären und Begründen relevant. „Oft übersehen wird, dass eine Begründung keine naturwissenschaftliche Erklärung aller für die Entscheidung kausal gewordener Faktoren ist."[39] Rechtliche Entscheidungen müssen rechtlichen Anforderungen an ihre Begründung genügen.[40] Das bedeutet allerdings nicht, dass ihr Zustandekommen vollständig nachvollzogen werden muss. Dies ist auch – oder gerade – bei menschlichen Entscheidungen nur begrenzt der Fall und für das Funktionieren des Rechtssystems auch nicht nötig. Entscheidend dafür, was erklärt werden muss, sind die Voraussetzungen der jeweiligen Kontrollnormen.

b) Andere, neue Fehlertypen

Systeme der Künstlichen Intelligenz werden weiter in den Zusammenhang mit anderen, neuen Typen von Fehlern gestellt, die durchaus rechtliche Fragestellungen und Konsequenzen auslösen können. Auch dies liegt in der Funktionsweise von ML begründet und kann daher als Spezifikum angesehen werden, soweit KI-Systeme darauf beruhen.

Relevant ist dies insbesondere für rechtliche Regulierung, die auf Integrität und Qualität des Systems und seiner Entscheidungen abzielen. Zahl-

---

38 Kritisch beispielsweise Wachter u. a., Why a Right to Explanation of Automated Decision-Making Does Not Exist in the General Data Protection Regulation, Int. Data Priv. Law 2017, 76. Weiter zu Art. 22 DSGVO und algorithmischen Entscheidungssystemen Binns/Veale, Is that your final decision? Multi-stage profiling, selective effects, and Article 22 of the GDPR, Int. Data Priv. Law 2021, 319.

39 So und weiter ausführlich zur Begründbarkeit KI-basierter Verwaltungsentscheidungen Wischmeyer, in: Eifert (Hrsg.), Digitale Disruption und Recht: Workshop zu Ehren des 80. Geburtstags von Wolfgang Hoffmann-Riem 2020, S. 78.

40 Siehe schon Kischel, in: Kube/Mellinghof/Morgenthaler/Palm/Puhl/Seiler (Hrsg.), Leitgedanken des Rechts: Paul Kirchhof zum 70. Geburtstag 2013, S. 382; Alexy, Theorie der juristischen Argumentation 2015, S. 17.

reiche Möglichkeiten fehlerhafter Interpretation der Systeme, die Menschen nicht unterlaufen würden, können teils gravierende Folgen haben.[41] Beispiel hierfür kann das Phänomen des „Catastrophic Forgetting" sein. Damit die Tendenz künstlicher neuronaler Netze bezeichnet wird, abrupt und komplett zuvor erlernte Informationen während des Lernprozesses neuer Informationen zu „vergessen".[42] Wann und warum dies auftritt, ist noch nicht vollständig verstanden. Systeme, die eigentlich die rechtlichen Anforderungen erfüllen, können so unter Umständen unbemerkt und schlagartig wichtige Eigenschaften verlieren.

Auch kann es zu einem sogenannten Overfitting kommen, bei der das System bei zu verengtem Trainingsdatensatz primär die spezifischen Muster von Einzelfällen lernt, sodass bei neuen, untrainierten Fällen kaum Möglichkeiten der Entdeckung der tatsächlich relevanten Muster und Korrelationen bestehen, mit der Folge von unvorhersehbaren, möglicherweise unhaltbaren Entscheidungen aufgrund von Annahmen des Systems, die keine validen Rückschlüsse auf die Wirklichkeit erlauben.[43] Einzelne Pixel in einem Bild können dann bspw. dazu führen, dass das Bild völlig falsch zugeordnet wird. Dies kann auch für Manipulationen ausgenutzt werden, etwa bei Steuerzeichen wie Verkehrsschildern.

c) Autonomie der technischen Systeme

Aus rechtlicher Perspektive ist weiterhin die gesteigerte Autonomie technischer Systeme bei Nutzung von Techniken Künstlicher Intelligenz bedeutsam. Jedenfalls soweit eine neue Stufe von Autonomie erreicht wird, kann man hier von einem kategorialen Unterschied gegenüber Systemen ohne KI sprechen. Sozio-technische Systeme verändern sich dann in ihrer Entscheidungsarchitektur (bzw. diese wird verändert, um Rationalisierungseffekte der Automatisierung nutzbar zu machen), die Mensch-Maschine-In-

---

41 Beispielsweise im strafrechtlichen Kontext, siehe Yeung, Responsibility and AI, A study of the implications of advanced digital technologies (including AI systems) for the concept of responsibility within a human rights framework, Council of Europe study DGI(2019)05, S. 37; Barabas, in: Dubber/Pasquale/Das (Hrsg.), The Oxford Handbook of Ethics of AI 2020.

42 Siehe dazu French, Catastrophic forgetting in connectionist networks, Trends Cogn. Sci. 1999, 128.

43 So mit weiteren Nachweisen Dreyer/Schmees, Künstliche Intelligenz als Richter? — Wo keine Trainingsdaten, da kein Richter – Hindernisse, Risiken und Chancen der Automatisierung gerichtlicher Entscheidungen, Comput. Recht 2019, 758 (759).

teraktion wandelt sich.[44] Dadurch stellen sich Fragen der Verantwortung, Zurechnung und Haftung.[45]

Je nach Rechtssystem und Rechtsgebiet ruft dies Fragen auf, wenn technische Aktanten so selbständig werden, dass es sinnvoll erscheinen kann, ihnen Handlungen zuzuschreiben. So kann beispielsweise das Konzept der Rechtsfähigkeit neu betrachtet werden.[46] Aus Sicht des Verfassungsrechtes stellt sich hiervon ausgehend die fundamentale – und hier nicht zu beantwortende – Frage, ob etwa Robotern Grundrechte zukommen könnten und damit, welches Menschenbild der Verfassung überhaupt zugrunde liegt.[47] Aus einer zivilrechtlichen Perspektive wäre zu klären, unter welchen Voraussetzung es sinnvoll wäre, einer KI-basierten Maschine eine Rechtspersönlichkeit zuzuordnen, bspw. das Vorliegen einer Haftungsmasse, in die vollstreckt werden könnte.[48] Dies sind alles eher utopische Überlegungen, da sie wohl eine „starke KI" voraussetzen, allerdings hilfreich

---

44 Siehe auch Dettling/Krüger, Erste Schritte im Recht der Künstlichen Intelligenz, Multimed. Recht 2019, 211. Weiter The European Commission´s High Level Expert Group on Artificial Intelligence, Ethics Guidelines for Trustworthy Artificial Intelligence, S. 15.

45 Umfassend bei Rademacher, in: Eifert (Hrsg.), Digitale Disruption und Recht: Workshop zu Ehren des 80. Geburtstags von Wolfgang Hoffmann-Riem 2020, S. 45. Siehe weiter Bertolini, Artificial Intelligence and Civil Liability; Borges, Rechtliche Rahmenbedingungen für autonome Systeme, Neue Juristische Wochenschr. 2018, 977; Ernst, Algorithmische Entscheidungsfindung und personenbezogene Daten, JuristenZeitung 2017, 1026 (1027).

46 Siehe Schirmer, Von Mäusen, Menschen und Maschinen – Autonome Systeme in der Architektur der Rechtsfähigkeit, JuristenZeitung 2019, 711.

47 Siehe beispielsweise Karanasiou/Pinotsis, Towards a legal definition of machine intelligence: the argument for artificial personhood in the age of deep learning, ICAIL 2017, 117 sowie Walterman, On the legal responsibility of artificially intelligent agents, Tech. Reg. 2021, 35. Instruktiv und kritisch zu dem Bild vom Menschen in einem digitalen Zeitalter Fuchs, [Fn. 8]. Dieser utopischen Frage eher aufgeschlossen ist der Epilog bei Marcus/Davis, [Fn. 9], S. 200. Im weiteren Sinne zu Robotik und Menschenrechten Liu/Zawieska, From responsible robotics towards a human rights regime oriented to the challenges of robotics and artificial intelligence, Ethics Inf. Technol. 2020, 321.

48 Vergleiche die Entschließung des Europäischen Parlaments v. 16. Februar 2017 mit Empfehlungen an die Kommission zu zivilrechtlichen Regelungen im Bereich Robotik, 2015/2103(INL); weiter zur Diskussion die Mitteilung der Komission vom 19. April 2016, COM(2016) 180 final sowie Jakl, Jakl: Das Recht der Künstlichen Intelligenz, Multimed. Recht 2019, 711; Borges, [Fn. 45], 977; Keßler, Keßler: Intelligente Roboter – neue Technologien im Einsatz, Multimed. Recht 2017, 589. Kritisch Riehm, Riehm: Nein zur ePerson!, Recht Digit. 2020, 42.

zum besseren Verstehen der rechtlichen Konstrukte wie „Rechtspersönlichkeit".

In Bezug auf die Haftung von Erstellern und Betreibern kann ein altes Gedankenexperiment Wirklichkeit werden: Ein technisches System, z.B. ein Roboter, kann so autonom werden, dass der Betreiber (oder Hersteller) unter dem gegebenen Haftungsregime nicht genug Kontrolle hat, um eine Haftung für Schäden zu begründen, die der Roboter verursacht.[49] Von Ethikern wird überzeugend argumentiert, dass die Menschenrechte der Opfer in diesem Fall eine Änderung des Haftungsregimes verlangen.[50] Der Grad der Autonomie, den KI ermöglicht, macht dieses Szenario jedoch von einem Gedankenspiel zu einer echten Herausforderung für Haftungssysteme. Die möglichen Auswirkungen bestehender Haftungs-, Verantwortungs- und Rechenschaftsregelungen auf die Entwicklung von KI und umgekehrt der Druck, der durch die Implementierung von KI-Systemen auf diese Regelungen ausgeübt wird, schaffen ein neues Feld der rechtlichen Forschung von erheblicher Komplexität.[51]

3. *Allgemeine Aspekte algorithmischer Entscheidungssysteme*

Ein großer Teil jener problematischen Aspekte, die für die Rechtswissenschaft mit Blick auf die Veränderung der Rechtsanwendung von Interesse sind, können bei näherer Betrachtung eher in einem weiteren Sinne dem Bereich der algorithmischen Entscheidungssysteme (englisch „Algorithmic Decision Making (ADM)") zugeordnet werden. Sie werden nicht durch die Funktionsweise von KI-Systemen bedingt, unter Umständen aber intensiviert.

Wie bereits speziell zur Künstlichen Intelligenz ausgeführt, sind auch „traditionelle" Algorithmen und algorithmische Entscheidungssysteme technische wie soziale Konstrukte, die *für* spezifische Kontexte und *in* spezifischen Kontexten kreiert werden.[52] Domänenspezifisch können dabei

49 Dazu ausführlich Matthias, Automaten als Träger von Rechten 2010.

50 Siehe Liu/Zawieska, A new human rights regime to address robotics and artificial intelligence, Jusletter IT 2017; Liu/Zawieska, [Fn. 47], 321 (326).

51 Beachtenswert dazu Rademacher, [Fn. 45], S. 71. Siehe auch Yeung, Responsibility and AI, A study of the implications of advanced digital technologies (including AI systems) for the concept of responsibility within a human rights framework, Council of Europe study DGI(2019)05, S. 49.

52 Siehe Hoffmann-Riem, Verhaltenssteuerung durch Algorithmen – Eine Herausforderung für das Recht, Arch. Öffentl. Rechts AöR 2017, 1 (28).

die Analyse von Daten und die Entscheidungsprozesse erheblich divergieren.[53] Ignoranz gegenüber diesen Umständen führt zu der stellenweise auch in der Rechtswissenschaft verbreiteten irrigen pauschalen Annahme, dass algorithmische Entscheidungssysteme und ihre Ergebnisse eine objektivere und überlegene Form der Analyse, Vorhersage und Bewertung einer zunehmend komplexen Welt sind.[54]

Zunächst muss differenziert werden: Nicht jedes algorithmische Entscheidungssystem generiert vollkommen autonom einen Output als „Entscheidung". Gerade zur Entscheidungsunterstützung werden algorithmische Systeme zunehmend eingesetzt.[55] Die Abgrenzung kann sich dabei in alle Richtungen als kompliziert erweisen: In gewissen Entscheidungsarchitekturen ist es nur bei äußert granularer Untersuchung möglich, fundierte Aussagen darüber treffen zu können, ob ein algorithmisches Entscheidungssystem den Menschen nur faktisch unterstützt, oder schon dessen Entscheidung (vor-)programmiert, ja übernimmt.[56] Schließlich zeigen Studien plausible Zweifel auf, dass die Interaktion und Kooperation von Menschen mit algorithmischen Entscheidungssystemen in rechtlichen Prozessen die gewünschten synergetischen Effekte erzielen können.[57] Der hier oft als Bedingung genannte Konzept vom „Human in the Loop" (wonach letztlich, rechtsverbindlich der Mensch entscheiden muss)[58], kann sich in der Praxis als Fiktion erweisen.

Dennoch kann Künstliche Intelligenz in einigen Bereichen die Leistungsfähigkeit erhöhen und sinnvolle Beiträge leisten. Gerade zur Kategorisierung wie zum Auffinden atypischer Fälle sind solche Systeme geeignet. Die Erkennung und Verarbeitung von Sprache erzielt immer weitere Fortschritte und kann in Bereichen der Übersetzung, aber auch der juristischen Textanalyse erhebliche Vorteile erzielen. Ermöglichte Automatisie-

---

53 Siehe auch Orwat, Diskriminierungsrisiken durch Verwendung von Algorithmen 2020, S. 21.

54 So kritisch Ernst, [Fn. 44], 1026 (1029); Fuchs, [Fn. 8], S. 64.

55 Siehe ausführlich bei Zweig u. a., [Fn. 23], (12); Stevenson/Doleac, Algorithmic Risk Assessment in the Hands of Humans.

56 Ausführlich und grundlegend dazu Zweig u. a., [Fn. 23], (13) und Binns/Veale [Fn. 38], 319. Sowie Brennan-Marquez u. a., Strange Loops: Apparent versus Actual Human Involvement in Automated Decision-Making, Berkeley Technol. Law J. 2019, 745; Binns, Human Judgment in algorithmic loops: Individual justice and automated decision-making, Regul. Gov. 2020, 1.

57 Green/Chen, The Principles and Limits of Algorithm-in-the-Loop Decision Making, Proc. ACM Hum.-Comput. Interact. 2019, 1.

58 Zu den Definitionen und Verständnissens dieses Konzepts ausführlich bei Brennan-Marquez u. a., [Fn. 56], 745 (749).

rung von Teilbereichen des gesellschaftlichen und wirtschaftlichen Lebens auch physischer Art durch Robotik können potenziell gesamtgesellschaftliche Gewinne erzielen.[59]

Dem stehen einige typische Probleme gegenüber, die hier summarisch angeführt werden sollen. Sie werden bisweilen als KI-Probleme thematisiert, obwohl auch nicht KI-basierte, lernende Systeme sie hervorrufen könne.

So können sogenannte Feedbackloops entstehen, die sich bislang insbesondere im automatisierten Wertpapier-Handel sowie bei algorithmischen Empfehlungssystemen für Kommunikationsinhalte[60] als kritisch erwiesen haben. Im letztgenannten Fall lernt das System (bspw. der Vorschlagsalgorithmus einer Video-Plattform) die Präferenzen des Nutzers und bietet ihm immer mehr und ggf. sogar radikalere Inhalte derselben Art.[61]

Im Übrigen können Kategorisierungen nicht nur aus Gründen der Diskriminierung zweifelhaft sein[62], fällt diese fehlerhaft aus, kann dies im Einzelfall zu drastischen, nachteiligen Konsequenzen für die beurteilte Person führen – beispielsweise, wenn Bürger bei einem datengetriebenen Profiling als False-Positive in die Kategorie der strafrechtlich relevanten Rückfälligen eingeordnet werden.[63]

In der Summe wird deutlich, dass algorithmische Entscheidungssysteme – gleich ob autonom oder unterstützend implementiert, gleich ob unter Nutzung von Techniken der Künstlichen Intelligenz oder nicht – die Entscheidungsarchitektur, auch aus rechtlicher Perspektive drastisch verändern. Überzeugend ist der Befund, dass in diesem Sinne das dynamische Verhältnis von Mensch und Maschine enger und intensiver wird, nicht aber der Schluss auf die Konsequenz einer Humanisierung der Maschinen.[64] Vielmehr entstehen Friktionen zwischen bisheriger Analysemetho-

---

59 Mit Bezügen zur Robotik auch Compagnucci u. a., Robotics, AI and the Future of Law 2018; Schwintowski, Wird Recht durch Robotik und künstliche Intelligenz überflüssig?, Neue Juristische Online-Z. 2018, 1601.

60 Siehe weiter Heldt/Schmees, in: Benedek/Kettemann (Hrsg.), Freedom of Expression and the Internet 2020.

61 Die praktischen Folgen, etwa kommunikative Echokammern, werden allerdings oftmals überschätzt, Forschungsüberblick bei Mahrt, Beyond Filter Bubbles and Echo Chambers: The Integrative Potential of the Internet 2019.

62 Ausführlich dazu Orwat, [Fn. 53].

63 Siehe Yeung, Responsibility and AI, A study of the implications of advanced digital technologies (including AI systems) for the concept of responsibility within a human rights framework, Council of Europe study DGI(2019)05, S. 37.

64 Siehe Kersten, Menschen und Maschinen, Rechtliche Konturen instrumenteller, symbiotischer und autonomer Konstellationen, JuristenZeitung 2015, 1 (8).

den der Rechtswissenschaft und der Konstruktion der Entscheidungsstrukturelemente, die Systeme Künstlicher Intelligenz einbinden. So werden formal separierte Schritte des Entscheidungsprozesses zusammengezogen oder auf der temporalen Achse vorverlagert in den Prozess der Auswahl der Trainingsdaten oder der Supervision des Trainings des Systems. Normative Entscheidungen werden nicht mehr aufgrund von Sozialisation oder Sanktion befolgt, sondern als selbstausführende Regel zur Techno-Regulierung (englisch „Techno-Regulation“).[65] Zum einen stellt sich die Frage, welcher eigenständiger Wert der Unterscheidung von Entscheidungen in einer rechtlichen Entscheidungsarchitektur zuzusprechen ist. Zum anderen führt es erneut zu einer fundamentalen Frage, namentlich der, ob es das Desideratum, vielleicht sogar Voraussetzung einer freien Gesellschaft ist, die Freiheit zum Rechtsverstoß unter dem Tragen der Konsequenzen gewährleisten.[66]

C. Dimensionen der Rechtsanwendung und KI

I. Die Diskussion um den „Subsumtionsautomaten“

Unter dem Stichwort des „Subsumtionsautomaten“ wird schon langem die Möglichkeit oder Unmöglichkeit einer automatisierten Rechtsanwendung diskutiert.[67] Aktuelle Überlegungen sind vielmehr durch den Faktor bedingt, dass KI-Systeme heute die oben beschriebenen neuen Leistungsstufen erreicht haben. Bei einer nach jetzigem Stand automatisierten Rechtsanwendung gäbe es keine Notwenigkeit mehr, mit schematischen Ontologien zu arbeiten, sondern vor allem prädiktive Bewertungen, die auf der Analyse historischer Falldaten aus heterogenen Datenquellen beruhen. Beantworten lässt sich die Frage nach der Möglichkeit eines solchen Subsumtionsautomaten im Ergebnis nur in Abhängigkeit zu dem jeweils vertretenen juristischen Methodenverständnis. Vertritt man ein rein mechanisches Subsumtionsverständnis, erscheint es offensichtlich, dass Konditionalpro-

65 Siehe dazu Bayamlıoğlu/Leenes, The ‘rule of law’ implications of data-driven decision-making: a techno-regulatory perspective, Law Innov. Technol. 2018, 295.

66 Siehe dazu die instruktiven Überlegungen von Rademacher, Wenn neue Technologien altes Recht durchsetzen: Dürfen wir es unmöglich machen, rechtswidrig zu handeln?, JuristenZeitung 2019, 702. Hierzu auch Möllers, Die Möglichkeit der Normen 2015, S. 455–456. Für eine breitere Perspektive Brownsword, Law Disrupted, Law Re-Imagined, Law Re-Invented, Technol. Regul. 2019, 10.

67 Vergleiche nur Fiedler, [Fn. 2], 689; Luhmann, [Fn. 2]; Harris, [Fn. 2], 272.

grammierungen normativer Aussagen in algorithmisch Entscheidungssysteme übersetzen lassen.[68]

Weiterführende Gedankengänge stoßen jedoch schnell an die Grenzen einer solchen Sicht. Vieles spricht dafür, dass Rechtsanwendung ein kreativer, sozialer und diskursiver Prozess ist.[69] Ein Ersatz dessen durch die algorithmisch generierte Prognose, wie ein bestimmtes Gericht entscheiden würde, mag sie noch so elaboriert sein, bildet aber kein funktionales Äquivalent.

Man beachte nur die Charakterisierung der juristischen Methodenlehre durch *Wank* als strukturierte Argumentationslehre, nicht zur Gewährleistung eines „richtigen“, „gerechten“ Ergebnisses im Stande, sondern nur zur Errichtung des Rahmens vertretbarer juristischer Argumentation und Hilfe bei Auffinden, Einordnung und Gewichtung der Argumente.[70] Es gibt den Fall, dass Entscheidungen von konkreten Einzelfällen nicht logisch aus den maßgeblichen rechtlichen Normen noch aus sicher begründeten Sätzen eines noch so zu denkenden Systems zusammen mit empirischen Sätzen logisch folgen, noch zwingend unter Zuhilfenahme von Regeln der juristischen Methodenlehre einer zwingenden Begründung zugeführt werden können.[71] Dort ist dann dem Entscheidungsträger ein Spielraum überlassen, innerhalb dessen er, indeterminiert von rechtlichen Normen, methodischen Regeln und Sätzen aus juristischen Systemen, zwischen verschiedenen „Lösungen“ zu wählen hat, als singulärer normativen Satz.[72] Dies zeigt insbesondere auch der Soraya-Beschluss des BVerfG mit Blick auf die Rechtsprechung, in dem es heißt:

> „(…) Die Aufgabe der Rechtsprechung kann es insbesondere erfordern, Wertvorstellungen, die der verfassungsmäßigen Rechtsordnung immanent, aber in den Texten der geschriebenen Gesetze nicht oder nur unvollkommen zum Ausdruck gelangt sind, in einem Akt des bewertenden Erkennens, dem auch willenhafte Elemente nicht fehlen, ans Licht zu bringen und in Entscheidungen zu realisieren. Der Richter muß sich dabei von Willkür freihalten; seine Entscheidung

68 Siehe dazu Gless/Wohlers, in: Böse/Schumann/Toepel (Hrsg.), Festschrift zum 70. Geburtstag von Professor Dr. Dr. h.c. mult. Urs Kindhäuser 2019, S. 155. Kritisch dazu auch Dreyer/Schmees, [Fn. 43], 758 (762). Umfassend zur Rechtsanwendung bei Binns, Analogies and Disanalogies Between Machine-Driven and Human-Driven Legal Judgement, J. Cross-Discip. Res. Comput. Law 2021, (3).

69 Siehe dazu auch Darnstädt, Die Suche nach dem richtigen Weg, NJW 2019, 1580.

70 Wank, Juristische Methodenlehre 2020, S. 13.

71 Siehe auch Alexy, [Fn. 40], S. 22.

72 Siehe auch Alexy, ebd., S. 22.

> muß auf rationaler Argumentation beruhen. Es muß einsichtig gemacht werden können, daß das geschriebene Gesetz seine Funktion, ein Rechtsproblem gerecht zu lösen, nicht erfüllt. Die richterliche Entscheidung schließt dann diese Lücke nach den Maßstäben der praktischen Vernunft und den ‚fundierten allgemeinen Gerechtigkeitsvorstellungen der Gemeinschaft' (*BVerfGE 9, 338 (349)*).“[73]

So kann die Anwendung von Recht nicht als „Sozial-Mathematik“, sondern als textgebundene soziale Praxis verstanden werden, die als Kreativakt verbunden ist mit dem spezifisch „menschlichen“ Weg der Entscheidungsfindung, der auf impliziten Normen und sogenanntem „tacit knowledge“, implizitem Wissen aufbaut.[74] Solange algorithmische Entscheidungssysteme ein solches „Weltverständnis“ nicht spezifisch erlernen können, bildet dies eine inhärente Barriere für eine funktionale, autonome Implementation in juristische Entscheidungsprozesse.[75] Freilich beruht dies auf einem unveränderten Verständnis von der Erfüllung der Funktion von Recht durch Rechtstexte.[76] Dieses ist selbst aber im Fluss, und muss entsprechend in weitere Ausblicke und Überlegungen mit aufgenommen werden.[77]

II. Recherche und „Medien der Rechtsanwendung“

Algorithmische Systeme beeinflussen weiter die „Medien der Rechtsanwendung“ und die Recherche. Nicht nur Rechts selbst ist medialisiert, klassischer Weise etwa in Gesetzestexten, die Rechtsanwendung bedient sich weiterer Medien, deren Charakteristika die Rechtspraxis prägen (und umgekehrt).[78] Der Einzug von KI in diese Praxis kann so simpel sein wie die weiterverbreitete Nutzung von Suchmaschinen bei und zum Zwecke der Rechtsanwendung. Auch die Nutzung von Google bei der Suche nach Rechtsvorschriften, Urteilen und rechtswissenschaftlicher Literatur ist der Einsatz von Künstlicher Intelligenz in der Rechtsanwendung.

---

73 BVerfG, v. 14. Februar 1973, 1 BvR 112/65, 1973, Soraya., Rn. 38.

74 Siehe umfassend auch zu Wertungen und Abwägungen im Recht als schwer formalisierbare soziale Praxis Dreyer/Schmees, [Fn. 43], 758 (761).

75 Siehe Dreyer/Schmees, ebd., 758 (763).

76 Zu diesem Verständnis einleitend Vogel, in: Vogel/Christensen (Hrsg.), Recht ist kein Text. Studien zur Sprachlosigkeit im verfassten Rechtsstaat. Mit einem Vorwort von Friedrich Müller. 2017, S. 11.

77 Siehe dazu Binns, [Fn. 68]; Guckelberger, Modernisierung der Gesetzgebung aufgrund der Digitalisierung, Öffentl. Verwalt. 2020, 797.

78 Dazu umfassend bei Vesting, Medien des Rechts: Sprache, 1. Aufl. 2011.

Aber auch in anderer Hinsicht verändern sich diese Elemente der Rechtspraxis. Dies ist teils schon durch die Errichtung und weiterverbreitete Nutzung juristischer Datenbanken erfolgt, die sehr wohl große Vorteile für Rechtspraxis und Rechtswissenschaft bieten. Andererseits ist eine bekannte Gefahr der Digitalisierung von Rechtstexten die Präjudizfixiertheit. Dabei können Rechtsanwender wie Gerichte jeweils eigene Wertungen zulassen, zumal das Recht in seiner Interpretation fluid in der Rückbindung an gesellschaftliche Wertungen ist.[79] Entsprechend kann es zu einem Verlust der „Dignität des Einzelfalles" kommen. Die Besonderheiten des aktuellen Falles drohen beim Vergleich mit Präjudizen an Bedeutung zu verlieren.[80]

Einer Verengung der genutzten Quellen durch eine fehlgeleitete algorithmische Mediatisierung der Rechtsanwendung und Recherche muss entschieden entgegengetreten werden, zumal das Potenzial einer manipulativen Limitierung – sozusagen algorithmisch generierte Zitierkartelle – besteht.[81] Auch aus verfassungsrechtlichen Gründen ist eine Digitalisierung von Gesetzestexten in der Form der Übersetzung in maschinenlesbaren Softwarecode kritisch zu betrachten.[82]

III. Weitere Formen von KI-basierter Unterstützungssysteme („Legal Technology 3.0")

Es gibt zahlreiche weitere Möglichkeiten, wie algorithmische Systeme als Unterstützungssysteme im Rahmen der Rechtsanwendung effektiv genutzt werden können. Nicht umsonst werden in Mahnverfahren, in der Steuerverwaltung sowie ganz allgemein im Rahmen der Anwendung des § 35a VwVfG, der die Möglichkeit des Erlasses von Verwaltungsakten vollständig durch automatische Einrichtungen bei Zulassung durch Rechtsvorschrift und Nichtvorliegen von Ermessen oder Beurteilungsspielraum vorsieht[83], algorithmische Systeme zur Unterstützung oder Vollautomatisierung vorgesehen oder bereits genutzt. Gerade Standardpraktiken können weitgehend einer algorithmischen Automatisierung zugeführt werden, ob

---

79 Ausführlich und kritisch dazu Dreyer/Schmees, [Fn. 43], 758 (760).

80 Siehe Morlok, in: Vogel (Hrsg.), Zugänge zur Rechtssemantik 2015, S. 82.

81 Zu der Rolle von Datenbanken, siehe Schuhr, in: Vogel (Hrsg.), Zugänge zur Rechtssemantik 2015, S. 93.

82 Siehe dazu Guckelberger, [Fn. 77], 797.

83 Ausführlich, auch zur Funktion der Norm bei Stelkens, in: Verwaltungsverfahrensgesetz, 9. Aufl. 2018, § 35a VwVfG, Rn. 1 ff.

Entwurf und Prüfung von Verträgen oder der Erlass von Massen-VAs. Auch Rechtsprechungsanalysen zur Optimierung der Wahl von Gerichtsständen und der Analyse von Argumenten sind für die Praxis wertvoll und werden durch Systeme wie *Westlaw Edge* schon bereitgestellt.

Schließlich besteht „die besondere Leistungsfähigkeit computergestützter Algorithmen darin, komplexe Kontext- und damit Gebrauchsfälle vorzustrukturieren und rekurrente Sprachmuster sichtbar zu machen."[84] Hierdurch können gefestigte dogmatische Strukturen identifiziert werden, die eine weitere Analyse und Argumentation vereinfacht ermöglichen. Rein rational-kausale Herleitungen können alleine hierdurch jedoch noch nicht abgeliefert werden.[85]

Weitere Bedeutung gewinnt Legal Tech 3.0. bei der Prozessführungsstrategie, also etwa – wenn das Prozessrecht Spielräume bietet – der Suche nach einem Gericht, das nach der bisherigen Rechtsprechung hohe Chancen bietet, den Fall zu gewinnen, oder bei der Suche nach Gegenden, in denen möglichst viele eine Abmahnung ohne Prüfung akzeptieren.[86]

IV. Zwischenfazit: Eine veränderte Rolle der Rechtswissenschaft?

Insgesamt lässt sich ein Bild zusammensetzen, das den Schluss auf eine möglicherweise veränderte Rolle der Rechtswissenschaft nahelegt. Argumentationsmusteranalysen könnten Dogmatisierungen und Theoriebildungen möglicherweise partiell funktional ersetzen, also eine traditionelle Funktion der Rechtswissenschaft für die Rechtsanwendung übernehmen.[87] Ob es zu einer vollständigen Resorption der Rechtsanwendung durch algorithmische Entscheidungssysteme kommt, kann gleichwohl derzeit schon auf Ebene der Machbarkeit mit guten Gründen bezweifelt werden.[88] Allerdings müsste sich die Rechtswissenschaft mit einer Änderung

---

84 So Vogel u. a., Richterrecht der Arbeit – empirisch untersucht. Möglichkeiten und Grenzen computergestützter Textanalyse am Beispiel des Arbeitnehmerbegriffs., 1. Aufl. 2015, S. 89.

85 Siehe Dreyer/Schmees, [Fn. 43], 758 (761); Vogel u. a., [Fn. 84], S. 89.

86 Zu solchen Fällen vgl. Gless/Wohlers, [Fn. 68], S. 148; Martini/Nink, Subsumtionsautomaten ante portas? – Zu den Grenzen der Automatisierung in verwaltungsrechtlichen (Rechtsbehelfs-) Verfahren, Dtsch. Verwaltungsblatt 2018, 1128.

87 Unter dem Stichwort der „Hinweise auf Sedimente juristischer Dogmatik" bei Vogel u. a., [Fn. 84], S. 90.

88 Siehe hierzu Dreyer/Schmees, [Fn. 43], 758. Zu der adaptiven Natur des text-gesteuerten Recht siehe Hildebrandt, The adaptive nature of text-driven law, J. Cross-Discip. Res. Comput. Law 2021.

der Praxis neuen Aufgaben stellen. Sicherlich kann ihnen die Funktion einer methodischen Qualitätssicherung bei der Einbindung technischer Systeme zukommen, etwa auch die Markierung der jeweils erforderlichen Ebene von Erklärbarkeit. Darüber hinaus könnte, ja müsste sie schon heute in Technik eingeschriebene Normativität sichtbar und hierdurch effektiv diskutierbar machen. Schließlich kann die Rechtswissenschaft helfen, das Recht auf die Veränderungen der Entscheidungsarchitekturen einzustellen.

D. Betroffene Rechtsgrundsätze bei der Automatisierung der Rechtsanwendung

In der Folge der algorithmischen Automatisierung von Rechtsanwendung sind fundamentale Rechtsgrundsätze berührt, die hier kursorisch zu erörtern sind.

Wenig überraschen kann ganz fundamental der Menschenwürdegehalt des Art. 1 GG in die Überlegungen einbezogen werden[89], wenn nach der Objektformel ein Eingriff in die Menschenwürde erfolgt, wenn der konkrete Mensch zu einem Objekt staatlichen Handelns reduziert wird, zu einer vertretbaren, also kalkulierbaren Größe.[90] Die Argumentation liegt nahe, dass genau dies der Fall ist, wenn die probabilistischen Methoden von Systemen künstlicher Intelligenz durch den Staat zur Entscheidungsfindung bezüglich einzelner Bürger angewandt werden.[91] Denn letztlich ist der Mensch hier Objekt einer Berechnung auf statistischer Grundlage. Besonders unvereinbar erscheine dies, wenn Einzelne aufgrund der Wahrscheinlichkeitsberechnung eines algorithmischen Systems als „False Positives" eingeordnet werden, und sie entsprechenden nachteiligen Rechtsfolgen unterliegen. Potenziell können die Möglichkeiten diesen Umstand verstärken, dass Betroffene unter Umständen kein Wissen davon haben, dass sie Gegenstand derartiger Berechnungen mit negativen Konsequenzen

89 Dazu grundlegend Dreyer, in: Hoffmann-Riem (Hrsg.), Big Data - Regulative Herausforderungen 2018.

90 Herdegen, in: Grundgesetz-Komment., 88. EL, August 2019, Maunz/Dürig, Art. 1 Abs. 1 GG, Rn. 36. Weiter BVerfG, Urt. v. 17. August 1956, 1 BvB 2/51, BVerfGE 5, 85.

91 Siehe dazu auch umfassend Dreyer, [Fn. 89], S. 137. Ein kritischer Blick auf die Herausforderungen, die die digitale Technologien für das Menschenwürdekonzept des Grundgesetzes aufwerfen bei Schliesky, Digitalisierung - Herausforderung für den demokratischen Verfassungsstaat, Ein Beitrag zur Zukunftsfähigkeit des Grundgesetzes am Vorabend des 70. Geburtstages, Neue Z. Für Verwaltungsrecht 2019, 693.

sind, und selbst dann möglicherweise keine hinreichenden Informationen über die Mechanismen der Entscheidungsarchitektur erhalten, um mögliche Rechtsschutzbegehren effektiv geltend zu machen.

Das offensichtliche Gegenargument ist, dass auch bei menschlichen Entscheidungsträgern falsche Bewertungen von Menschen erfolgen: Wo Menschen entscheiden, finden menschliche Fehler statt.[92] Hauptmotiv, neue Technologien in rechtliche Entscheidungsprozesse einzubinden, ist gerade die Eliminierung solcher Fehler. Menschen sind ebenso opak in ihrer Entscheidungsfindung, unterliegen Vorurteilen und kognitiven Verzerrungen.[93] Auch die Rechtssoziologie hat lange für sich erkannt, dass die Urteilsgründe eines Gerichts nicht vollkommen mit den realen, wahren Gründen der Entscheidung übereinstimmen, und die Justiz als Institution von Menschen für Menschen inhärent imperfekt wie jene ist.[94]

Einem solchen „Analogvergleich" können jedoch ebenso Argumente entgegengesetzt werden. In der Umkehr sind jedoch algorithmische Entscheidungen nur möglich, wenn ex ante eine Entscheidung darüber getroffen wurde, ob das errechnete Risiko von Falschbeurteilungen akzeptabel ist und eine Implementation des Systems stattfinden soll.[95] Kontrastierend dazu wird im etablierten humanzentrierten Entscheidungsprozess ein solches Risiko nicht akzeptiert und weitestgehend zu meiden gesucht, indem Entscheidungsakteure, mithin Richter und Beamte, hohen Ausbildungs- und Einstellungsvoraussetzungen sowie prozessualen Anforderungen unterliegen. Letztere eröffnen zudem die Möglichkeit, die Entscheidung ex post anzufechten.

Es verwundert so nicht, dass angesichts der unvorhersehbaren Ergebnisse lernender algorithmischer Entscheidungssysteme deren Fähigkeit angezweifelt wird, bindende rechtliche Entscheidungen zu treffen.[96] Auch Aspekte des Rechtsstaatsprinzips sprechen hierfür.[97] Der Komplexität der

---

92 Dies wurde auch von der europäischen Kommission in ihrem White Paper zu Künstlicher Intelligenz anerkannt, siehe: Strutcture for the White Paper on Artificial Intelligence – a European Approach, S. 8.

93 In diese Richtung auch Wischmeyer, [Fn. 31], 1 (44).

94 Siehe Lautmann, Justiz - die stille Gewalt 2011, S. 9.

95 Kritisch in dieser Hinsicht sowie bezüglich des sog. „Overfitting" auch Dreyer/Schmees, [Fn. 43], 758 (760). Siehe auch mit dem Resümee, dass die Entscheidung eines Algorithmus nicht für „die eine" richtige Entscheidung stehe Ernst, [Fn. 45], 1026 (1029).

96 Siehe Bull, Digitalisierung als Politikziel – Teil II — Politisch-praktische Fragen der Verwaltungsautomation, Comput. Recht 2019, 547.

97 Ausführlich dazu auch Zalnieriute u. a., The Rule of Law and Automation of Government Decision-Making, Mod. Law Rev. 2019, 425.

Implementation von KI-Systemen kann eine Undurchschaubarkeit folgen, ob ein streitiges Ergebnis bestimmten menschlichen Akteuren oder Institutionen zuzurechnen ist.[98] So kann es dazu führen, dass autonome oder assistierende Systeme zu einem Rückzug menschlicher Entscheidungsträger aus rechtlichen Entscheidungsprozessen beitragen, und Planungen und Entscheidungen immer weiter an Maschinen delegiert werden.[99]

Wiederholt muss der Rechtsschutz erwähnt werden. Handeln des Staates darf, unabhängig vom Grad der Belastung und wie sehr auch ein Bedarf nach routinierten Entscheidungsprozessen bestehen mag, in einem freiheitlichen Rechtsstaat nicht undurchschaubar sein und würde mit einem schlichten Verweis auf die Richtigkeit dessen den Bürger zum unmündigen Objekt staatlicher Verfügbarkeit machen.[100] Schon die grundsätzliche Nachvollziehbarkeit technischer Prozesse mit der Folge belastender Erkenntnisse für Bürger und ihre staatsferne Überprüfbarkeit bilden eine Grundvoraussetzung für freiheitlich-rechtsstaatliche Verfahren.[101] Freilich bleibt im Detail noch unklar und damit weiterhin Objekt wissenschaftlicher Verhandlung, welche genauen Anforderungen an Erklärbarkeit, Nachvollziehbarkeit und Transparenz notwendigerweise zu stellen sind. Es bleibt weiterhin eine Notwendigkeit, klare Anforderungen an die Technologie zu gewinnen, so wie der VGH Saarland die Anforderung eines Zugangs zu Rohmessdaten oder „anderen, gleichermaßen zuverlässigen Verteidigungsmitteln" als einen Ansatz formuliert hat.[102] In jedem Fall bedarf es der Formulierung klarer Anforderungen und Maßstäbe.[103]

---

98 Siehe auch Yeung, Responsibility and AI, A study of the implications of advanced digital technologies (including AI systems) for the concept of responsibility within a human rights framework, Council of Europe study DGI(2019)05, S. 21.

99 Als eine der größeren Gefahren der Implementation algorithmischer Entscheidungssysteme sieht dies Fuchs, [Fn. 8], S. 64.

100 So bemerkenswert der VGH Saarland, Urt. v. 5.7.2019 – Lv 7/17, S. 19.

101 Siehe VGH Saarland, Urt. v. 5.7.2019 – Lv 7/17, S. 19.

102 Siehe VGH Saarland, Urt. v. 5.7.2019 – Lv 7/17, S. 21 ff. Diese Notwendigkeit zeigt auch exemplarisch die Wahlcomputer-Entscheidung des BVerfG, Urt. v. 3.3.2009, - 2 BvC 3/07, Rn. 117 ff., BVerfGE 123, 39, wonach auch rechtsstaatlich begründet „die Transparenz und Kontrollierbarkeit staatlicher Machtausübung" die zuverlässige wie niederschwellige Überprüfbarkeit der Funktion informationstechnischer Systeme sowie die Erkennbarkeit diesbezüglicher (Software-)Fehler erforderlich machen kann. Mit plausibler, kritischer Einordnung dessen Wischmeyer, [Fn. 39], S. 84.

103 So auch das Plädoyer bei Wischmeyer, ebd., S. 86.

Hierbei sind nicht nur politische Akteure gefordert[104], auch die Rechtswissenschaft muss von ihrem reaktiven Modus wechseln in eine aktiv soziotechnische Prozesse begleitende und beeinflussende Rolle. Dabei ist spezifisches Wissen über die zugrundeliegenden Informationstechnologien und Entscheidungsarchitekturen unabdingbar.

E. Ausblick

Die Ausführungen gingen bislang davon das, dass die Rechtsanwendung sich wandelt, das Recht selbst in seiner Medialität aber im Grundsatz durch KI-Systeme nicht verändert wird und dass diese isolierte Betrachtung der Praxis überhaupt sinnvoll ist. Viel spricht dafür, dass anstelle von, oder zumindest neben textbasiertem Recht eine Daten- und Algorithmen-Basierung von Recht Bedeutung erlangt.[105] Dies führt auf grundsätzliche Diskussionen über Normativität und der Funktion von Recht in der Gesellschaft zurück, die hier nicht nachgezeichnet werden können. Man kann, mit *Vesting*, davon ausgehen, dass die sich etablierende Wissensordnung der Netzwerkkultur das Recht der Gesellschaft grundlegend verwandelt. KI und neuronale Netze transformieren diese Ordnung weiter, besonders durch die oben beschrieben induktive Logik, das Primat des Besonderen und das „Ende der Abstraktion“.

Bei der weiteren Analyse können Vergleiche und Auseinandersetzungen zwischen den jeweiligen Strukturelementen Erkenntnisse erzielen, die das rechtswissenschaftliche Wissen erweitern.[106] Es wird auf eine rechtswissenschaftliche wie technische Ausdifferenzierung unterschiedlicher hybrider Entscheidungsarchitekturen ankommen, um materielle verfassungsrechtliche Grundanforderungen zu erfüllen.[107] Ob in dem jeweiligen sozio-technischen System weiter dem Menschen als Akteur eigenständige Entschei-

---

104 Kurz zu den Herausforderungen für die europäische Gesetzgebung und mit weiteren Nachweisen Hildebrandt, The Artificial Intelligence of European Union Law, Ger. Law J. 2020, 74 (78).

105 Siehe auch Vesting, Computernetzwerke, 1. Aufl. 2015, S. 87. Weiterhin Binns, [Fn. 68].

106 Siehe nur Hildebrandt, Smart technologies and the end(s) of law 2016; Hildebrandt, [Fn. 87]; Binns, [Fn. 68].

107 So zu Gerichten und richterlicher Unabhängigkeit Dreyer/Schmees, [Fn. 43], 758 (764).

dungsqualität zukommt, muss präzise untersucht und beständig reflektiert werden.[108]

In der Folge wird es vermutlich auch zu einer weiteren Änderung der Rechtspraxis kommen. Eine Entlastung der Praxis von Fällen, die formal gesehen rechtlicher Natur sind, aber für die die Funktionsweise des Rechts als diskursiven Prozess nicht bedeutsam ist, kommt hier in den Blick. Offensichtlich werden dort aber auch erneut Abgrenzungsfragen eröffnet, denn jeder Fall kann das Potential haben, das Verständnis von Rechtsbegriffen herauszufordern und diese damit zu konkretisieren.

Auch müssen – neben Fragen demokratischer Legitimation[109] – gerade auch bei dem staatlichen Einsatz von Systemen Künstlicher Intelligenz Grundsätze der Rechtsstaatlichkeit beachtet werden. Bereits bei der Gestaltung der Systeme und angesichts der zu erwartenden zunehmenden Autonomie sollten diese ebenso wie die Notwendigkeit der demokratischen Legitimation sowie die durch Grundrechte gezogenen Grenzen beachtet werden als „Rule of Law by Design".[110]

Besonders zu betonen ist die Notwendigkeit der Öffnung der Rechtswissenschaft gegenüber anderen Disziplinen. Eine solche ist ohnehin schon aufgrund ihrer erheblichen Erkenntnisgewinne für rechtswissenschaftliche Forschung einerseits und der Anregung anderer Disziplinen mit rechtswissenschaftlichen Wissen andererseits zu propagieren. Die Entwicklung und umgreifende Implementation algorithmischer Entscheidungssysteme in gesellschaftlichen und rechtlichen Prozessen macht eine solche Interdisziplinarität unabdingbar, wenn die Rechtswissenschaft ihre Stellung als Regelungswissenschaft auch in digitalen Zeiten behaupten will und soll.

---

108 Mehmel/Schulz, 9 Thesen zu Chancen und Risiken, demokratischer Legitimation und rechtsstaatlicher Kontrolle bei der Algorithmisierung der Verwaltung, S. 2.

109 Dazu umfassend Herold, Demokratische Legitimation automatisiert erlassener Verwaltungsakte, 1. Aufl. 2020.

110 Mehmel/Schulz, 9 Thesen zu Chancen und Risiken, demokratischer Legitimation und rechtsstaatlicher Kontrolle bei der Algorithmisierung der Verwaltung, S. 2.

Literaturverzeichnis

Alexy, Robert, Theorie der juristischen Argumentation: die Theorie des rationalen Diskurses als Theorie der juristischen Begründung; Nachwort (1991): Antwort auf einige Kritiker, 8. Auflage Auflage, Frankfurt am Main 2015.

Algorithm Watch, Automating Society Report 2020, Automating Society Report 2020.

Algorithm Watch, Atlas der Automatisierung, .

Barabas, Chelsea, Beyond Bias: "Ethical AI" in Criminal Law, in: *Dubber, Markus D. / Pasquale, Frank / Das, Sunit (Hrsg.)*, The Oxford Handbook of Ethics of AI, Beyond Bias: "Ethical AI" in Criminal Law, 2020.

Bayamlıoğlu, Emre / Leenes, Ronald, The 'rule of law' implications of data-driven decision-making: a techno-regulatory perspective, Law Innov. Technol. 2018, 295–313.

Bertolini, Andrea, Artificial Intelligence and Civil Liability, 2020, 1–136.

Binns, Reuben, Human Judgment in algorithmic loops: Individual justice and automated decision-making, Regul. Gov. 2020, 1–15.

Binns, Reuben, Analogies and Disanalogies Between Machine-Driven and Human-Driven Legal Judgement, J. Cross-Discip. Res. Comput. Law 2021.

Binns, Reuben/Veale, Michael, Is that your final decision? Multi-stage profiling, selective effects, and Article 22 of the GDPR, International Data Privacy Law 2021, 319-332.

Borges, Georg, Rechtliche Rahmenbedingungen für autonome Systeme, Neue Juristische Wochenschr. 2018, 977–982.

Boscoe, Bernadette, Creating Transparency in Algorithmic Processes, Delphi - Interdiscip. Rev. Emerg. Technol. 2019, 12–22.

Brennan-Marquez, Kiel / Susser, Daniel / Levy, Karen, Strange Loops: Apparent versus Actual Human Involvement in Automated Decision-Making, Berkeley Technol. Law J. 2019, 745–771.

Brin, Sergey / Page, Lawrence, The anatomy of a large-scale hypertextual Web search engine, Comput. Netw. ISDN Syst. 1998, 107–117.

Brödner, Peter, "Machines that think" - die "KI"-Illusion und ihre Wurzeln, in: *Pohle, Jörg/Lenk, Klaus (Hrsg.)*, Der Weg in die "Digitalisierung" der Gesellschaft, 1. Auflage, Marburg 2021, 67-82

Brownsword, Roger, Law Disrupted, Law Re-Imagined, Law Re-Invented, Technol. Regul. 2019, 10–30.

Bull, Hans Peter, Digitalisierung als Politikziel – Teil II — Politisch-praktische Fragen der Verwaltungsautomation, Comput. Recht 2019, 547–552.

Burrell, Jenna, How the machine 'thinks': Understanding opacity in machine learning algorithms, Big Data Soc. 2016, 205395171562251.

Compagnucci, Marcelo Corrales / Fenwick, Mark / Forgó, Nikolaus (Hrsg.), Robotics, AI and the Future of Law, 2018.

Dettling, Stefan / Krüger, Heinz-Uwe, Erste Schritte im Recht der Künstlichen Intelligenz, Multimed. Recht 2019, 211–217.

Doshi-Velez, Finale / Kortz, Mason / Budish, Ryan / Bavitz, Christopher / Gershman, Samuel J. / O'Brien, David / Shieber, Stuart / Waldo, Jim / Weinberger, David / Wood, Alexandra, Accountability of AI Under the Law: The Role of Explanation, 2017, .

Dräger, Jörg, Wir und die intelligenten Maschinen: wie Algorithmen unser Leben bestimmen und wir sie für uns nutzen können, 1. Auflage Auflage, München 2019.

Dreyer, Stephan, Predictive Analytics aus der Perspektive von Menschenwürde und Autonomie, in: *Hoffmann-Riem, Wolfgang, LL.M. (Hrsg.)*, Big Data - Regulative Herausforderungen, Predictive Analytics aus der Perspektive von Menschenwürde und Autonomie, 1, Baden-Baden 2018.

Dreyer, Stephan / Schmees, Johannes, Künstliche Intelligenz als Richter? — Wo keine Trainingsdaten, da kein Richter – Hindernisse, Risiken und Chancen der Automatisierung gerichtlicher Entscheidungen, Comput. Recht 2019, 758–764.

Dreyer, Stephan / Schulz, Wolfgang, Künstliche Intelligenz, Intermediäre und Öffentlichkeit. Bericht an das BAKOM, 2019.

Dreyer, Stephan / Schulz, Wolfgang, The General Data Protection Regulation and Automated Decision-making: Will it deliver?: Potentials and limitations in ensuring the rights and freedoms of individuals, groups and society as a whole, Discuss. Pap. Ethics Algorithms 2019.

Dunjko, Vedran / Briegel, Hans J., Machine learning & artificial intelligence in the quantum domain : a review of recent progress, Rep. Prog. Phys. 2018, https://kops.uni-konstanz.de/handle/123456789/42865.

Edwards, Lilian / Veale, Michael, Slave to the Algorithm? Why a „Right to an Explanation" Is Probably Not the Remedy You Are Looking For, 2017, .

Elkin-Koren, Niva / Nahmias, Yifat / Perel (Filmar), Maayan, Is It Time to Abolish Safe Harbor? When Rhetoric Clouds Policy Goals, 2019, .

Ernst, Christian, Algorithmische Entscheidungsfindung und personenbezogene Daten, JuristenZeitung 2017, 1026.

Fiedler, Herbert, Rechenautomaten in Recht und Verwaltung, JuristenZeitung 1966, 689–696.

Floridi, Luciano, AI and Its New Winter: from Myths to Realities, Philos. Technol. 2020, 1–3.

Franklin, Stan, History, motivations, and core themes, in: *Frankish, Keith / Ramsey, William M. (Hrsg.)*, The Cambridge Handbook of Artificial Intelligence, History, motivations, and core themes, Cambridge 2014.

French, Robert M., Catastrophic forgetting in connectionist networks, Trends Cogn. Sci. 1999, 128–135.

Fuchs, Thomas, Verteidigung des Menschen - Grundfragen einer verkörperten Anthropologie, Berlin 2020.

Gless, Sabine / Wohlers, Wolfgang, Subsumtionsautomat 2.0 Künstliche Intelligenz statt menschlicher Richter?, in: *Böse, Martin / Schumann, Kay H. / Toepel, Friedrich (Hrsg.)*, Festschrift zum 70. Geburtstag von Professor Dr. Dr. h.c. mult. Urs Kindhäuser, Subsumtionsautomat 2.0 Künstliche Intelligenz statt menschlicher Richter?, 2019.

Goodman, Bryce / Flaxman, Seth, European Union regulations on algorithmic decision-making and a „right to explanation“, AI Mag. 2017, 50–57.

Gottschalk-Mazouz, Niels, Was ist Wissen? Überlegungen zu einem Komplexbegriff an der Schnittstelle von Philosophie und Sozialwissenschaften, in: *Ammon, Sabine / Heineke, Corinna / Selbmann, Kirsten (Hrsg.)*, Wissen in Bewegung: Vielfalt und Hegemonie in der Wissensgesellschaft, Was ist Wissen? Überlegungen zu einem Komplexbegriff an der Schnittstelle von Philosophie und Sozialwissenschaften, 1. Aufl, Weilerswist 2007.

Green, Ben / Chen, Yiling, The Principles and Limits of Algorithm-in-the-Loop Decision Making, Proc. ACM Hum.-Comput. Interact. 2019, 1–24.

Guckelberger, Annette, Modernisierung der Gesetzgebung aufgrund der Digitalisierung, Öffentl. Verwalt. 2020, 797–809.

Harris, Allen, Judicial Decision Making and Computers, Villanova Law Rev. 1967, 272–312.

Heldt, Amélie Pia, Transparenz bei algorithmischen Entscheidungen – Food for Thoughts, Comput. Recht 2018, 494–500.

Heldt, Amélie Pia, Upload-Filters: Bypassing Classical Concepts of Censorship?, JIPITEC 2019.

Heldt, Amélie Pia / Schmees, Johannes, Freedom of Expression and Algorithms, in: *Benedek, Wolfgang / Kettemann, Matthias C. (Hrsg.)*, Freedom of Expression and the Internet, Freedom of Expression and Algorithms, 2, S.l. 2020.

Herdegen, Matthias, in: Maunz, Theodor / Dürig, Günter (Hrsg.), Grundgesetz-Kommentar, 88. EL, August 2019 München, Kommentierung zu Art. 1 Abs. 1 GG.

Herold, Viktoria, Demokratische Legitimation automatisiert erlassener Verwaltungsakte, 1. Auflage, 2020.

Hildebrandt, Mireille, Smart technologies and the end(s) of law: novel entanglements of law and technology, Paperback edition Auflage, Cheltenham, UK Northampton, MA, USA 2016.

Hildebrandt, Mireille, The Artificial Intelligence of European Union Law, Ger. Law J. 2020, 74–79.

Hildebrandt, Mireille, The adaptive nature of text-driven law, J. Cross-Discip. Res. Comput. Law 2021.

Hoeren, Thomas / Niehoff, Maurice, Artificial Intelligence in Medical Diagnoses and the Right to Explanation, Eur. Data Prot. Law Rev. 2018, 308–319.

Hoffmann-Riem, Wolfgang, Verhaltenssteuerung durch Algorithmen – Eine Herausforderung für das Recht, Arch. Öffentl. Rechts AöR 2017, 1–42.

Jakl, Bernhard, Jakl: Das Recht der Künstlichen Intelligenz, Multimed. Recht 2019, 711–715.

Johnson, Deborah G. / Verdicchio, Mario, Reframing AI Discourse, Minds Mach. 2017, 575–590.

Kaminski, Margot E / Malgieri, Gianclaudio, Algorithmic impact assessments under the GDPR: producing multi-layered explanations, Int. Data Priv. Law 2020.

Karafyllis, Nicole C., Soziotechnisches System, in: *Liggieri, Kevin / Müller, Oliver (Hrsg.)*, Mensch-Maschine-Interaktion: Handbuch zu Geschichte – Kultur – Ethik, Soziotechnisches System, Stuttgart 2019.

Karanasiou, Argyro / Pinotsis, Dimitris, Towards a legal definition of machine intelligence: the argument for artificial personhood in the age of deep learning, Proceedings of the 16th edition of the International Conference on Articial Intelligence and Law 2017, 119–128.

Kersten, Jens, Menschen und Maschinen, Rechtliche Konturen instrumenteller, symbiotischer und autonomer Konstellationen, JuristenZeitung 2015, 1.

Keßler, Oliver, Keßler: Intelligente Roboter – neue Technologien im Einsatz, Multimed. Recht 2017, 589–594.

Kilian, Wolfgang, Juristische Entscheidung und elektronische Datenverarbeitung: methodenorientierte Vorstudie, Darmstadt 1974.

Kischel, Uwe, Rationalität und Begründung, in: *Kube, Hanno / Mellinghof, Rudolf / Morgenthaler, Gerd / Palm, Ulrich / Puhl, Thomas / Seiler, Christian (Hrsg.)*, Leitgedanken des Rechts: Paul Kirchhof zum 70. Geburtstag, Rationalität und Begründung, Heidelberg 2013.

Kolany-Raiser, Barbara / Heil, Reinhard, M.A. / Orwat, Carsten / Hoeren, Thomas (Hrsg.), Big Data: Gesellschaftliche Herausforderungen und rechtliche Lösungen, 1. Auflage, München 2019.

Krafft, P. M. / Young, Meg / Katell, Michael / Huang, Karen / Bugingo, Ghislain, Defining AI in Policy versus Practice, Proceedings of the AAAI/ACM Conference on AI, Ethics, and Society 2020, 72–78.

Krafft, Tobias / Zweig, Katharina, Wie Gesellschaft algorithmischen Entscheidungen auf den Zahn fühlen kann, in: *Mohabbat-Kar, Resa / Thapa, Basanta E.P / Parycek, Peter (Hrsg.)*, (Un)berechenbar? Algorithmen und Automatisierung in Staat und Gesellschaft, Wie Gesellschaft algorithmischen Entscheidungen auf den Zahn fühlen kann, 2018.

Krafft, Tobias D. / Zweig, Katharina A. / König, Pascal D., How to regulate algorithmic decision-making: A framework of regulatory requirements for different applications, Regul. Gov. 2020.

Kroll, Joshua A. / Huey, Joanna / Barocas, Solon / Felten, Edward W. / Reidenberg, Joel R. / Robinson, David G. / Yu, Harlan, Accountable Algorithms, Univ. Pa. Law Rev. 2017, 633–705.

Lautmann, Rüdiger, Justiz - die stille Gewalt: Teilnehmende Beobachtung und entscheidungssoziologische Analyse, 2011.

LeCun, Yann / Bengio, Yoshua / Hinton, Geoffrey, Deep learning, Nature 2015, 436–444.

Lischka, Konrad, Wie Algorithmen Öffentlichkeit strukturieren: Grundlagen, Folgen, Lösungsansätze, AfP 2018, 388–391.

Liu, Hin-Yan / Zawieska, Karolina, A new human rights regime to address robotics and artificial intelligence, Jusletter IT 2017.

Liu, Hin-Yan / Zawieska, Karolina, From responsible robotics towards a human rights regime oriented to the challenges of robotics and artificial intelligence, Ethics Inf. Technol. 2020, 321–333.

Luhmann, Niklas, Recht und Automation in der öffentlichen Verwaltung: eine verwaltungswissenschaftliche Untersuchung, 2., unveränd. Aufl Auflage, Berlin 1997.

Mahrt, Merja, Beyond Filter Bubbles and Echo Chambers: The Integrative Potential of the Internet, Berlin 2019.

Mainzer, Klaus, Künstliche Intelligenz – Wann übernehmen die Maschinen?, Berlin, Heidelberg 2019.

Marcus, Gary, The Next Decade in AI: Four Steps Towards Robust Artificial Intelligence, arXiv:2002.06177 2020, http://arxiv.org/abs/2002.06177.

Marcus, Gary / Davis, Ernest, Rebooting AI: building artificial intelligence we can trust, 1. Auflage Auflage, New York 2019.

Martini, Mario, Blackbox Algorithmus – Grundfragen einer Regulierung Künstlicher Intelligenz, 2019.

Martini, Mario / Nink, David, Subsumtionsautomaten ante portas? – Zu den Grenzen der Automatisierung in verwaltungsrechtlichen (Rechtsbehelfs-) Verfahren, Dtsch. Verwaltungsblatt 2018, 1128–1137.

Matthias, Andreas, Automaten als Träger von Rechten: Plädoyer für eine Gesetzesänderung, Zweite durchgesehene und korrigierte Auflage, Berlin 2010.

Mehmel, Friedrich-Joachim / Schulz, Wolfgang, 9 Thesen zu Chancen und Risiken, demokratischer Legitimation und rechtsstaatlicher Kontrolle bei der Algorithmisierung der Verwaltung, 2018, .

Miller, Tim, Explanation in artificial intelligence: Insights from the social sciences, Artif. Intell. 2019, 1–38.

Möllers, Christoph, Die Möglichkeit der Normen: über eine Praxis jenseits von Moralität und Kausalität, Erste Auflage, Berlin 2015.

Morlok, Martin, Intertextualität und Hypertextualität im Recht, in: *Vogel, Friedemann (Hrsg.)*, Zugänge zur Rechtssemantik, 53, Intertextualität und Hypertextualität im Recht, Berlin 2015.

Orwat, Carsten, Diskriminierungsrisiken durch Verwendung von Algorithmen - Studie für dieAntidiskriminierungsstelle des Bundes, Berlin 2020.

Páez, Andrés, The Pragmatic Turn in Explainable Artificial Intelligence (XAI), Minds Mach. 2019, 441–459.

Perel, Maayan / Elkin-Koren, Niva, Black Box Tinkering: Beyond Disclosure in Algorithmic Enforcement, Fla. Law Rev. 2017, 181–221.

Pohle, Jörg, "Eine juristische Disziplin der Zukunft" - An der Schnittstelle von Recht und Informatik, in: *Pohle, Jörg/Lenk, Klaus (Hrsg.)*, Der Weg in die "Digitalisierung" der Gesellschaft, 1. Auflage, Marburg 2021, 263-294

Rademacher, Timo, Wenn neue Technologien altes Recht durchsetzen: Dürfen wir es unmöglich machen, rechtswidrig zu handeln?, JuristenZeitung 2019, 702.

Rademacher, Timo, Künstliche Intelligenz und neue Verantwortungsarchitektur, in: *Eifert, Martin (Hrsg.)*, Digitale Disruption und Recht: Workshop zu Ehren des 80. Geburtstags von Wolfgang Hoffmann-Riem, Künstliche Intelligenz und neue Verantwortungsarchitektur, Baden-Baden 2020.

Riehm, Thomas, Riehm: Nein zur ePerson!, Recht Digit. 2020, 42–48.

Russell, Stuart J., Human Compatible: Artificial Intelligence and the Problem of Control, 1. Auflage Auflage, New York 2019.

Russell, Stuart J. / Norvig, Peter / Davis, Ernest / Edwards, Douglas, Artificial intelligence: a modern approach, 3. Auflage Auflage, Essex 2016.

Schirmer, Jan-Erik, Von Mäusen, Menschen und Maschinen – Autonome Systeme in der Architektur der Rechtsfähigkeit, JuristenZeitung 2019, 711.

Schliesky, Utz, Digitalisierung - Herausfordernug für den demokratischen Verfassungsstaat, Ein Beitrag zur Zukunftsfähigkeit des Grundgesetzes am Vorabend des 70. Geburtstages, Neue Z. für Verwaltungsrecht 2019, 693–701.

Schmidhuber, Jürgen, Deep learning in neural networks: An overview, Neural Netw. 2015, 85–117.

Schmidt, Jonathan / Marques, Mário R. G. / Botti, Silvana / Marques, Miguel A. L., Recent advances and applications of machine learning in solid-state materials science, Npj Comput. Mater. 2019, 1–36.

Schuhr, Jan C., Datenbanken gerichtlicher Entscheidungen als Zugang zu juristischer Semantik? Bemerkungen zur Kommentierung von Gesetzen im gewalteilten, demokratischen Staat, in: *Vogel, Friedemann (Hrsg.)*, Zugänge zur Rechtssemantik, Datenbanken gerichtlicher Entscheidungen als Zugang zu juristischer Semantik? Bemerkungen zur Kommentierung von Gesetzen im gewalteilten, demokratischen Staat, Berlin, München, Boston 2015.

Schwintowski, Hans-Peter, Wird Recht durch Robotik und künstliche Intelligenz überflüssig?, Neue Juristische Online-Z. 2018, 1601–1609.

Stelkens, in: Stelkens / Bonk / Sachs (Hrsg.), Verwaltungsverfahrensgesetz, 9. Auflage 2018, VwVfG § 35a Vollständig automatisierter Erlass eines Verwaltungsaktes.

Stevenson, Megan T. / Doleac, Jennifer L., Algorithmic Risk Assessment in the Hands of Humans, 2019, .

The European Commission´s High Level Expert Group on Artificial Intelligence, A Definition of AI, 2018, .

The European Commission´s High Level Expert Group on Artificial Intelligence, Ethics Guidelines for Trustworthy Artificial Intelligence, 2019, .

Vesting, Thomas, Sprache, 1. Auflage, Weilerswist 2011.

Vesting, Thomas, Computernetzwerke, 1. Auflage, Weilerswist 2015.

Vogel, Friedemann, Zur Einleitung: (Un)Recht jenseits von Text und Sprache? - Vom Text zum Subtext, in: *Vogel, Friedemann / Christensen, Ralph (Hrsg.)*, Recht ist kein Text. Studien zur Sprachlosigkeit im verfassten Rechtsstaat. Mit einem Vorwort von Friedrich Müller. Zur Einleitung: (Un)Recht jenseits von Text und Sprache? - Vom Text zum Subtext, 1, Berlin 2017.

Vogel, Friedemann / Pötters, Stephan / Christensen, Ralph, Richterrecht der Arbeit – empirisch untersucht. Möglichkeiten und Grenzen computergestützter Textanalyse am Beispiel des Arbeitnehmerbegriffs., 1. Auflage, Berlin 2015.

Wachter, Sandra / Mittelstadt, Brent, A Right to Reasonable Inferences: Re-Thinking Data Protection Law in the Age of Big Data and AI, Columbia Bus. Law Rev. 2019, 1–130.

Wachter, Sandra / Mittelstadt, Brent / Floridi, Luciano, Why a Right to Explanation of Automated Decision-Making Does Not Exist in the General Data Protection Regulation, Int. Data Priv. Law 2017, 76-99.

Wachter, Sandra / Mittelstadt, Brent / Russell, Chris, Counterfactual Explanations Without Opening the Black Box: Automated Decisions and the GDPR, Harvard Journal of Law & Technology 2018, 841-887.

Walterman, Antonia, On the legal responsibility of artificially intelligent agents: Adressing three misconceptions, Technology and Regulation 2021, 35-43.

Wang, Pei, On Defining Artificial Intelligence, J. Artif. Gen. Intell. 2019, 1–37.

Wank, Rolf, Juristische Methodenlehre: Methodenlehre in der Anwendung, München 2020.

Wischmeyer, Thomas, Regulierung intelligenter Systeme, Arch. Öffentl. Rechts AöR 2018, 1–66.

Wischmeyer, Thomas, Künstliche Intelligenz und neue Begründungsarchitektur, in: *Eifert, Martin (Hrsg.)*, Digitale Disruption und Recht: Workshop zu Ehren des 80. Geburtstags von Wolfgang Hoffmann-Riem, Künstliche Intelligenz und neue Begründungsarchitektur, Baden-Baden 2020.

Yeung, Karen, Responsibility and AI, A study of the implications of advanced digital technologies (including AI systems) for the concept of responsibility within a human rights framework, Council of Europe study DGI(2019)05, .

Zalnieriute, Monika / Moses, Lyria Bennett / Williams, George, The Rule of Law and Automation of Government Decision-Making, Mod. Law Rev. 2019, 425–455.

Zweig, Katharina / Neuser, Wolfgang / Pipek, Volkmar / Rohde, Markus / Scholtes, Ingo (Hrsg.), Socioinformatics - The Social Impact of Interactions between Humans and IT, Cham 2014.

Zweig, Katharina A. / Lischka, Konrad / Fischer, Sarah, Wo Maschinen irren können: Verantwortlichkeiten und Fehlerquellen in Prozessen algorithmischer Entscheidungsfindung, Arbeitspapier Algorithmenethik 2018.

Zweig, Katharina A. / Wenzelburger, Georg / Krafft, Tobias D., On Chances and Risks of Security Related Algorithmic Decision Making Systems, Eur. J. Secur. Res. 2018, 181–203.

Verzeichnis der Autorinnen und Autoren

Ino Augsberg, CAU zu Kiel
Burkhard Josef Berkmann, LMU München
Christian Bumke, Bucerius Law School, Hamburg
Peter Collin, MPI für Rechtsgeschichte und Rechtstheorie, Frankfurt a.M.
Thomas Duve, MPI für Rechtsgeschichte und Rechtstheorie, Frankfurt a.M.
Wolfgang Hoffmann-Riem, Bucerius Law School, Hamburg
Nils Jansen, WWU Münster
Ann-Katrin Kaufhold, LMU München
Karl-Heinz Ladeur, Universität Hamburg
Katharina Reiling, Universität Konstanz
Johannes Schmees, Hans-Bredow-Institut, Hamburg
Wolfgang Schulz, Hans-Bredow-Institut / Universität Hamburg
Gunnar Folke Schuppert, WZB Berlin
Margrit Seckelmann, Leibniz-Universität Hannover
Hans-Heinrich Trute, Universität Hamburg
Wolfgang van den Daele, WZB Berlin
Thomas Vesting, Goethe-Universität Frankfurt a.M.